# 中華大藏經

續編 16

漢傳注疏部（一） 第一〇册

中華書局

# 第一六册目録

〇二八四

# 仁王般若實相論卷第二〔一〕

（首缺）

十有三□……□衆明□……□脩法供□……□般若波□……□明仁王等觀報仏三寶，脩法〔二〕供養。行□……□至成一花臺，明諸王等觀法仏三寶，脩法供養。行□……□方仏，諸天人散花，經文所以而來。答曰：明諸王等脩□□□行訖，更欲興願，是故摠舉觀行，无鄣无㝵，遍覆大千，躰真□□，乃至如雲而下，是以有此經文也。又解，歡喜无量者，明意業供養，□□即散百万億花至如雲而下，明身業供養。三從願過去仏至般若波羅蜜，明口業供養。神通變化已下，表三種世間。從一花入无量花乃至入芥子中者，明同躰淨土，是正覺世間。二從一仏身入无量衆生身乃至六道身者，是廿五有衆生世間。入地、水、火、風者，明国土世間。仏身不可思議者，結上正覺世間。衆生不可思議者，結上廿五有衆生世間。世界不可思議者，結上国土世間。尒時，十六大国王聞仏説十万億偈般若波羅蜜歡喜者，躰悦相應，故云歡喜。即散百万億莖花者，法現在心成行，行有因義曰花，行用非一稱散，故云即散百万億花。於虚空中變成一坐者，顯无鄣㝵行，与虚空平等相應也。十方諸仏共坐説般若者，明證教二道无二爲共，坐爲證道，説爲教道，故云共坐説〔三〕般若波羅蜜。无量大衆共一坐者，雖居學地，躰无二也。金羅花散釋迦者，顯其因行，自躰調柔，雖從緣用而性不改，故云持金羅花散釋迦牟尼仏上。復散八万四千般若波羅蜜花於虚空中變成白雲臺者，明自性清淨因行也。雷吼花者，先際教行也。妙覺花者，後際果行□……□也。天人花者，世間報行方便行也。蓋中天人散恒河沙□……□前方便，雖同世相，皆真實般若，故云而下所説般若□……□者，自躰果實，故云爲母。神通生處者，雖是真實而无相不相，自在无㝵，故曰神通生處。時仏爲王現五不思議者，彰如来具足五忍行也。三種法身者，爲顯所脩之道，除三鄣故顯也。五種不思議者，明因道无㝵也。三種身者，明果道也。一花入无量花、无量花入一花者，自利无鄣㝵行也。一仏土入无量仏土、无量仏土入一仏土者，直明土躰无鄣㝵。无量仏土入一毛孔土、一毛孔土入无量毛孔土者，明廣大无鄣㝵也。无量須弥无量大海入一芥子中者，明大小无鄣㝵，故云无量須弥无量大海入芥子中。一仏身乃至入地、水、火、風身者，明正報也。仏身不思議者，不捨生死行也。衆生身不可思議者，不捨涅槃行也。世界不可思議者，法界无鄣㝵行也。

## 受持品

問曰：散花供養，融相平等，云何起行能流通也？答曰：十三大士習觀發解，成就行德，則能流通。

就此品中有三分經文：從初至開空法道，明月光王發問；二從大牟尼言至受持般若波羅蜜，明答其所問；三從時諸大衆竟品，明諸人悟道。就發問中有二句經文：從尒時月光王至各各説般若波羅蜜，明王心中所念諸仏所行甚深妙事；二從白仏言至開空法道，正發問於口。尒時，月光王心念者，念前品中三種法身也。口言者，正顯實相，先明所念，故云口言。見釋迦者，顯方便法身，不捨世間而證涅槃，故言見釋迦牟尼。現无量神力者，亦見千花臺上寶滿仏是一切仏化身主，不捨涅槃而與集用也。見世界上仏者，法界身也。白仏言已下，釋口言也。如是般若不可説者，言語道断故。言不可説、不可解者，二乘莫闚故。云不可解、不可以識識者，凡夫絶分，故云非識識。

問曰：般若真性，言語道断，心行處滅，備云何許德行，諸善男[四]子深解此經，如法爲一切衆生開發无相寂滅妙道也？答曰：有十三大士備真觀法門，能流通也。

就答中有二句經文：第一略揔舉法師德行，勸興供養；二從善男子至般若波羅蜜，廣弁内護、外護二種行德，但言十三者，甄如来也。就第二分中有二句經文：其法師者至等无有異，明内護行德；二從仏告波斯匿王至受持般若波羅蜜，明外護行德。就内護行中有二句經文：一離明十三法師行德成就，能解、能説；二從善男子如是諸菩薩至等无有異，揔舉十三法師備上行德，勸[五]能善説。

一一門中有二句：從初至是不定人，明方便對治脩入行；二從是定人者至入僧伽陁位，明成就行德。習種法師初觀地水火風空識者，觀六大不淨也。次觀十四根者，觀十四根不淨也，唯是有相，不彰八无漏。常脩三界乃至不淨觀門，觀三界有爲滓穢，通名不淨，故云不淨觀門。住在仏家者，想信心中以真如爲家，故云住在仏家。脩六和敬者，三業行慈，同戒、同見、同學。行八万四千般若波羅蜜者，同脩八万四千行也。習種性者，此人創脩入理智，微知身有性，故云習種性。入生空位者，作人无我觀。不起五逆者，經云，父母是報恩田，羅漢、和合僧、仏是其福田，於此二田不生逆害，故云不起五逆。不起六重者，不犯四禁，不沽酒，不説四衆罪過，故云不起六重。廿八輕者，依《梵網經》有卌八輕。始從欲受国王位、轉輪王位、百官位時，應先受菩薩戒，一切鬼神護王身、護百官身，諸仏歡喜。於和上、阿闍利、大同學，不起迎禮拜，不如法供養，七寶百味物而供給之。若不尒者，犯輕垢罪。乃至皆以信心受戒者，若国王、太子、百官、四部弟子，自恃[六]高貴，欲滅破仏法，制我弟子，不聽出家行道，亦復不聽造立形像、仏塔、經律，如是者犯輕垢罪。仏法經書，作返逆罪，言非仏説，无有是處者，生不傍也。能以一阿僧祇劫脩伏忍者，明行之階劫也。始入僧伽陁位者，此云習種性也。

就性種中有二句經文：從初至念念不去心，明對治方便行；二從以二阿僧祇至住波羅陁位，明成就行德。性種性者，自躰能解己身中性，故云種性。性者，正因之理，与仏果爲種，不從因生，不爲物壞，故云言性種性。行十惠觀、滅十顛倒者，四念處觀，除常樂我淨倒，慈悲施惠觀，除貪、瞋、癡，作因緣觀，除断常樂我患，故云行十惠觀，滅十顛倒及我人。乃至脩護空觀，觀既成就，假相不起，故言无也。亦常行百万波羅蜜，念念不去心者，發心興行，徹其後際也。二阿僧祇劫行正道法，往波羅蜜陁位者，魏言性種，故云波羅陁位。道種性者，能与初爲道，故云道種性。觀一切法无生住滅者，明三相空也。謂五受者，觀五受陰空也。從三界乃至不可得故者，明三界二帝皆如也。常入第一義帝者，向所觀中第一，是第一義帝。心心寂滅，生三界者，不繫業未亡，故云受生三界也。業習果報者，繫業之餘也。順道生者，實以願力故生，故云順道生。

三阿僧祇劫脩行八万億般若波羅蜜，乃至住阿毗跋致位者，證不退位也。

就歡喜地中有二句經文：從初至一切淨土，明對治方便行；二從常脩捨觀故至常授与人，明成就熟行德。復次，善覺摩訶薩住平等忍者，明初地歡喜大士信忍下品，故言住平等忍。脩行四攝法，念念不去心者，明此菩薩始登无生相真證位中，行四攝行，内外自他，備一切德行，故言，脩行四攝，念念不去心。入无相，捨滅三界貪煩惱者，明捨攝真行，緣相不染，故云入无相，捨滅三界貪等煩惱。於第一義帝而不二者，明證平等真空也。攝衆生法性无爲者，除自躰鄣㝵，顯真實性也。緣理而滅乃至无相无爲者，除智鄣。住初忍時乃至非智緣滅无相无爲者，除煩惱鄣也。无自他相、无无相故者，爲明初地除此三鄣，具三无爲也。无量方便皆現前觀者，起下六種方便行也。實相方便者，是實智也。於第一義乃至不顛倒者，明實智行用也。二從遍學至一切學，明遍學方便，即是不住道也。三迴向方便者，迴向薩若，故云迴向方便。四魔自在方便者，於非道而行仏道，而不爲四魔所動，故經云，行於非道而通達仏道，即是證也。五一乘方便者，於不二相通達法界衆生无諸罣㝵，是故云一乘方便。六變化方便者，以願力自在，處處現生，故云變化方便。善男子結成六種方便。初覺觀智至實智照，結上初句。實智方便巧用不證者，結上遍學方便。不次者，結上迴向方便。不出者，結上魔自在方便。不倒者，結上第六變化方便。第五一乘方便相同，故不別結也。譬如水之与波不一不異者，与實智方便作喻也。入此功德藏門者，結上六種方便寂用行也。无三界業習生乃至常脩捨觀者，結上入无相。捨滅三界貪煩惱登鳩摩羅位者，結上善覺菩薩。以四大寶藏常授与人者，明菩薩常以四攝化物无求，故言四大寶藏常与授人，結上四攝念念不去心。

就離垢地中有二句經文：從初至住中忍〔七〕中，明對治方便行；二從以五阿僧祇劫至化一切衆生，明成熟行德。復次，德惠菩薩者，是離垢菩薩也。以四无量心者，自脩十善，教人行十善，四等是諸善根本，故言用四无量心也。滅三界瞋等煩惱者，十惡業中，煞業在初，業由或發，今欲顯以不煞之業對治煞業，故云滅瞋等煩惱。住中忍中者，信忍中品也。行一切功德者，脩三業澄潔，德无不備，故行一切功德。大慈觀心心常現在前者，結上四无量心也。入无相闍陁波羅者，作无相達觀，證離垢地，故云入无相闍陁波羅。

就第三明地中，從初至得三明一切功德觀故，明對治方便行。二常以六阿僧祇至受持一切法，明成熟行德。復次，明惠道人者，明第三地菩薩廣博多學，爲衆生說法，能作照明，故名明惠道人。常以无相忍中行三明觀者，信忍上品，智无分別，於中起行，故言无相忍中也。善入八禪，遊神四等，五通无滯，朗鑒三世，故言行三明觀，知三世法无来去今住處也。心心寂滅者，神弥静，照踰明，故云心心寂滅。盡三界癡煩惱者，无明闇心，鄣智惠目，故三界癡煩惱。得三明一切功德觀故者，闇相既息，真明照顯，衆德純備，故言得三明一切功德觀故，即還成上三明觀也。常以六阿僧祇劫集无量明波羅蜜者，德行階劫故也，亦云脩行時節。入伽羅陁位，无相行受持一切法者，還成上常以无相忍中也。

就第四地中，有二句經文：從初至滅三界一切見，明對治方便行；二從亦以七阿僧祇劫至常不離心，明成孰行德。復次，尒炎聖覺達菩薩者，此四地大士順忍下品，布施持戒，多聞轉增，威德熾盛，名爲炎地。逆五見流者，四地大士脩道品等觀，不存能解、能入，諸見不起，故云逆五見流。集无量功德者，此道品行，戒定智惠，備成无缺，故云集无量功德。住須陁洹位者，經云，秦言觀明炎地。常以天眼乃至身通觀者，五通義，如前釋。滅三界一切見者，結上逆五見流。亦以七阿僧祇劫者，結上集无量功德行。五神通乃至常不離心，結上五通。

就第五地中有二句經文：從初至即入斯陁含位，明對治方便行；二從復集行八阿僧祇劫至不去心，明成熟行德。復次，勝達菩薩於順道忍者，五地大士，順忍中品，功德力威，一切諸魔不能俎懷，故名難勝地。以四无畏者，用无畏智觀境，故云以四无畏智觀。解那由他帝内論者，經云，一者顯示正因果，二者顯示所作不懷，不作不来，故云内論。外道論者，亦有二種：一者能屈他論，二者自申己義，故云外道論。藥方論者有四種：一者顯示善知病；二者顯示病因；三者顯示能除已起之病；四者顯示已除之病，令不重起，故云藥方論。工巧論者，顯示種種世業，如金鐵師、木師等，及餘種種明處，故云工巧論。呪術論者，顯示巧便言辞，故言呪術。我是一切智人者，如是菩薩求五明處，爲无上菩提大智衆具究竟滿，故名爲一切智人，釋一切智无畏。滅三界癡等煩惱，我相已盡者，釋漏盡无畏。智地地中有所出，故名出道者，名无漏出要道也，釋盡苦道无畏。有所不出，故名鄣道者，名煩惱鄣也，釋鄣道无畏。逆三界疑，欲明五地菩薩煩惱微薄也。脩集无量功德者，相微行備，能度鄣難，即入難勝地，故言集无量功德，入斯陁含位。復行八阿僧祇劫中，據行階劫也。行諸陁羅尼門者，用摠持行也。常行无畏觀不去心者，結成上四无畏觀。已化岳[八]。

就第六地中有二句經文：從初至一相无相而无二，明對治方便行；二從證阿那含至一切仏国土，明成熟行德。復次，常現真實住順忍中者，明六地大士證順忍上品，故云住順忍中。現前地者，《毗婆沙》云鄣魔事，以菩薩道法皆現在前，故云名現前地。作中道觀者，法界因緣寂滅无二，故云作中道觀。盡三界集因集業一切煩惱者，因緣集，故謂之有，非曰有是有，因緣散，故謂之无，非曰有是无，无有无无，故言盡三界集因集業一切煩惱故。觀非有非无，一相无相而不二者，非有有，非无无，故言非有非无，亦无一相，无異相，故言一相无相而无二。證阿那含位者，秦言薄流現前地也。復以九阿僧祇劫集照明中道者，行之階劫作十種，照十二因緣觀，故言復以九阿僧祇劫集照明中道故。樂力生一切仏国土者，現无量身入諸仏土，教化衆生，故言樂力生一切仏国土故。

復次，玄達菩薩者，《毗婆沙》云去三界遠近法王位，故云玄達菩薩。十阿僧祇劫中者，脩道時節，亦可行之階劫也。脩无生法樂忍者，證无生忍下品故也。滅三界習因業果者，无鄣㝵智觀三界二習色心果報，盡无遺餘，故言滅三界習因業果故，住最後身。功用究竟，此身最終，故言住後身中。无量功行皆成就者，明此菩薩与无功用作其因行，衆德圓備，故云无量功行皆成就。盡智、无生智、五分法身皆滿足者，功中用極也。住第十地者，前三後七，故云十地。羅漢者，秦言過三界遠行地也。常行三空門者，无有十相，名爲无相，於廿五有不作願求，故云无願，无廿五有，故曰空也。門者，躰通无㝵，名之爲門。百千万億三昧具足者，功德叢林，調直定心，皆悉備滿也。弘化法藏者，功用已竟，无相无爲，以真法藏化利无窮，故言弘化法藏。

復次，等覺者，三道中无學之始，故云等覺。住无生忍中者，住无生忍中品也。心心寂滅者，解脱相也。而无相者，躰寂滅也。无身身者，法身相也。无知知，般若相也。而用心乘於群方之方者，聖智无知，万品俱照，釋上无知知。淡泊住於无住之住者，法身无像，殊形並應，釋上无身身。在有常脩空，處空常万化者，寘擁无謬，動与事會，釋上无相相。霔照一切法者，聖心平等，照无二也。知是處非處乃至十力觀者，十力義如前釋。而能住摩訶羅伽位者，秦言變化生不動地。化一切国土衆生者，以无功用心，如一切衆生形，故言化一切国土衆生。千阿僧祇劫行十力法者，行之階劫也。心心相應，常入見仏三昧者，運運寂滅，自然流入薩波若海，故云，心心相應，常入見仏三昧。

復次，惠光神變者，明九地菩薩，其惠轉明，調柔增上，故言惠光神變。住上上无生忍者，是无生忍上品也。滅心心相者，心習已盡，无明亦除，故言滅心心相。法眼見一切法者，无法不見也。三眼者，摠舉三眼。色者，明天明，見鄣外色也。空者，惠眼鑒也。見者，肉眼鄣内也。以大願力者，仏藏變通藏，以一心中一時行，故言以大願力。常生一切淨土者，明嚴土化物也。万阿僧祇劫集无量仏光三昧，明行之階劫也。而能現百万乃至諸仏神力者，无量大千世界中作仏形也。住婆伽梵位者，秦言惠光妙善地也。亦常入仏華三昧者，結上三昧乃至諸仏神力也。

就十地中有三句經文：從初至而未能等无等等，明法說；二從譬如有人至无不斯了，明設喻；三從住理盡三昧至仏惠三昧，明合喻。就法說中有六子句經文：從初至金剛臺，明行相階劫，證後學心；二從善男子至不名爲見，明照理未周；三從所謂見者至所知見覺，明仏見理周盡；四從頂三昧至不見不覺，釋上第二見理未周；五從唯仏頓解不名爲信，釋成第三見理周盡；第六從漸漸伏至无等等，釋成初句行之階劫。復次，觀仏菩薩住寂滅忍者，明仏及菩薩同用此忍也。從習忍至頂三昧者，明三賢十聖也。皆名爲伏一切煩惱者，明三賢菩薩伏而非断，從初地至十地，亦伏亦断，唯仏頓断也。而无想信者，是徵名輕毛人也。滅一切煩惱，无导道也。生解脱智者，解脱道也。照第一義諦者，舉其境界。不名爲見者，見理未周，故不名爲見。所謂見者是薩婆若者，明種智圓備，見理周盡。是故我從昔来常説唯仏所知見覺者，結上薩若婆也。惠雖起滅者，明縁智也。以能无生无滅者，真證智也。此心若滅者，除煩惱鄣累。无不滅者，除智鄣也。入理盡金剛三昧，同真際，等法性者，行躰固堅，一相无相也。而未能等无等等者，未能全同仏也。

善男子如是諸菩薩者，摠舉始從習種終至法雲菩薩，非一也。皆能一切十方諸如来国土中教化衆生者，明十三法師皆能随力随分教化衆生。正説者，教道清淨也。正義者，證道清淨。受持讀誦者，攝法脩相亦清淨。解達實相者，向明四行理用相應也。結其實用，故云等无有異。

就外護行中有六句經文：一從仏告波斯匿王至解其義理，明以大法摠付諸王，不委凡庶；二(九)大王吾今所化至七難也，明勸諸王弘通大法，光揚三寶，能除七難，獲得七福德；三從大王至事帝釋，明經理深重，説供養法用，勸王受持；四從大王五今五眼至七難火起，明国王弘經，咸得賢聖鎮国，七難不起；五從大王若未来世至而供養之，明仏使五大菩薩護其国土，勸立形象而供養之；六明三寶可遵，歷別付囑十六国王。仏告波斯匿王，我當滅度後，法滅盡時者，明其時節，事須假護也。受持乃至皆由此般若波羅蜜者，明其利益功能。大作仏事者，寂而常用故，言大作仏事。是故付囑諸国王乃至故不付囑者，明道託時，興非威不舉，宜憑外護，故付諸王，不付四部衆也。汝當受持讀誦，解其義理者，正勸諸王受持解説，故言，受持讀誦，解其義理。

就第二句中有二子句經文：從初至帝王歡喜，略摠舉滅除諸難，以勸於時；二從云何爲難至爲七難也，廣明七難，表以事勸。七難中前二，天道失度，表現於上，次四，地儀殊易，事變於下，後之一難，人情暴乱，傷害於世，特宜受持，以消不詳。日月失度者，君臣不和，迭相鄣閉，君无正化之力，臣无傳正之能，是以應勤講説此經，爲一難也。廿八宿失度乃至各各變現，四方諸集所以暴乱者，良由正教不行於四方也。大火燒国已下，明民之失行，同感此難，不得偏在君臣。南方主禮，禮以防姓，姓逸過度，火難起也。北方主智，智能判疑，飲酒過度，水難起也。東方主仁，仁以養生，煞害過度，風難起也。中央是土，土主於信，忘語過度，木石燋然，五穀不登，地難起也。西方是金，金主於義，取与不節，是以賊難起也。此五其致浩博，且略舉其要以對七難，即明七要，欲令興護之者，識達違順，中若不實，外絶滋茂，是以就般若以彰七要。

第三句中有二子句經文：一從大王至亦名龍寶神王，明難般若利益功能；二從告大王至如事帝釋，正明所脩行法，菩薩一切衆生心識之神本。七要者，初一明本實，下七就實彰行，就七中，前四自利行，後三利他行。一切国王之父母者，明方便妙惠，故云父母。亦名神符者，明二智与教道相稱。亦名壁鬼珠者，明對治行也。如意珠者，欲明由對治故顯實證。護国珠者，攝伏行也。天地鏡者，示果過行也。龍寶神王，利潤成就行也。幡等皆云九者，彰其因行也。七寶案以經置上者，明七方便行必依教也。若王行時常放其前者，明依教脩行，前句弁法用，此明真脩。如此有異足一百步，是經常放千光明者，略舉十地，一地有百，故云放千光明。令千里内七難不起，罪過不生者，明對治行也。若王住時作七寶帳者，行成處彰，住隨分行，圓陰已之能，故曰帳也。七寶高坐者，与法空相應，名爲坐，餘句類而可知。如事父母，如事帝釋者，供養行也。大王我五眼明見三世乃至得爲帝王主者，明仏五眼鑒達因果，善德達順，歷侍多世，方勘制御綱，攝伏天下，特勸護持如經，得爲帝王主。故是爲一切聖人乃至作大利益者，明諸仁王等若脩至德之行，感聖在於国土，利潤世間，如經作大利故。若王福盡時乃至七難必起者，明諸国王行乖世禮，縱情放逸，不順聖法，故灾難必起也。大王若未来世乃至而供養之者，明諸仁王等若能專心擁護三寶，仏之威神，令五忍菩薩演化護国，得大利益，如經受持三寶者，我使五大菩薩往護其国，故大王五今三寶付囑汝等。乃至受持般若波羅蜜者，明如来歷別付囑十六国王，勸令受持、流通、行化也。

就第三分中有六子句經文：一明大衆阿須輪王厭世多難，願不受生；二明十六国王棄国重位，遵脩妙行；三明十八梵天脩三乘同觀，入定發通，散花供養；四明其餘諸衆既登聖果，深入禪定，用神通花供養於仏；五明十千菩薩興大悲心，救濟三世苦惱衆生，願令同證无邊三昧；六明復有十億菩薩行登窮學，證真法性，成正覺果。大衆聞仏説七可畏，身毛爲竪者，明對治交競。願不生彼国者，行願既立，捨本所居。即以国事付弟〔一〇〕出家者，後資於前，故名付弟，是利他義也。更脩勝進，曰出家脩道。四大四色勝出相者，八勝處觀，觀心彰勝，故云出相。四大四色不用識空者，十一切入也。世忍初地相者，伏忍五忍之初，故言初地相。第一義帝九地相者，六地明般若波羅蜜爲第一義，九地相者，前三是堅忍，從歡喜地至現前，故言九地相也。捨凡夫身者，捨忍伏，故言捨凡夫身。入六地身者，七地身是三界功用相心之身，七地終心，故須捨之，如經捨七報身。入八法身，八地至十地，八地、九地皆有上、中、下，寂滅忍上、下，故言入八法身。有解入八法身者，八地以上，清淨菩提无功用行，真无學道，故言入八法身。證一切行者，釋上入義。般若波羅蜜者，顯究竟道是真證法。十八梵天阿須輪王得三乘觀同无生境者，明三乘同觀空无生理也，如經得三乘觀同无生境。復散花供養者，色界諸梵等入深妙定，發神通花供養也。初供養者，摠列。華下九種花，從入定以彰花名，入空處定發通智，以不思議花供養於仏。下八種花名，皆因定發通，現不思議行義，故言卌七品花而散仏上。又解，空花乃至卌七品花者，盡是伏忍中九行，習性道種，一中有三爲九。及九百億大菩薩衆者，摠舉十地，言九言億者，彰因義未足。其餘一切證道迹果者，六地已還，皆是方便行未具足故，云道迹。心空花，七地行。心樹花，八地行。下二花，九地十地。而散仏者，因趣果也。及一切衆者，行无不集。十千菩薩者，據位彰十，據行彰千。念来世衆生證覺者，勝進成就。從妙覺三昧至一切行三昧，皆是十地以還，訖伏忍攝，是因行故，與三昧之稱。復有十億現成正覺者，始彰果德。

## 囑累品

釋秀許

就此品中有五分經文：從初至化一切衆生，説流通利益分；二從後五濁惡世至將滅不久，明滅法之相；三從大王怪乱吾道至正法不久，舉七誡勸脩，令識患捨離分；四從十六大国王至當如仏教，明諸国王奉受持分；五從尒時大衆竟經，明時大衆普持正法分。

仏告波斯匿王，我誡勅汝者，明如来誡約月光王弘護三寶也。吾滅度後八十年者，正法之中，四百廿年後八十年也。八百年者，像法之中有一千年，後二百年有法滅之相也。八千年者，千五百後，亦有遺文在外道典藉中，猶有利益也。

无三寶信男信女者，是千五百年後也。付囑国王四部弟子者，事在正像法中也。教能顯理，名開空法道。又解，開空法道者，性照圓旨，法无不通，故言開空法道。脩七賢行者，習種前七方便，是行善故，言脩七方便。十善行者，是集善根衆生，是正善故，言行十善。

後五濁惡世已下，明法滅之相。五濁世者：一劫濁，二煩惱濁，三見濁，四命濁，五衆生濁。七衆八部祥共作制者，正是法滅之相也。有七惡事者：一不聽出家行道；二不得造立仏象塔形；三立統官制衆；四安藉紀僧；五比丘地立，白衣高坐；六放兵奴爲比丘；七受别請法。問曰：仏在世時，亦有兵奴出家，何故後世放兵奴出家以爲惡事？答曰：一以不識根性；二爲飽煖而已，无心求道。是以滅法，故不聽也。知識比丘共爲一心親善者，吉凶之時，迭相資助，同彼俗礼也。比丘爲作意會者，專脩世行，如似出家人，一生之中方博乞求，造立象塔，不遵戒定。求福如外道法者，相雖似善，特違仏意。都非吾法者，非如来真軌。

第三明誡勸。初一明末世諸王恃己威勢，失御於時，以滅正法，勸應順仏教法，弘顯三寶。二明下世之中四部弟子諸国王等，以非法、非律，横与三寶作其留難，勸應順法，光揚三寶。三明未来世中四部弟子，諸小国王、郡官、百辟，自壞仏法，非是外道，應脩和敬，莫相是非。四明人怪仏教无正信，死入地獄，餘報下劣，應重遵三寶，依法脩行。五明若以俗法禁制衆僧，是滅法之相，不應依俗律治出家人。六明来世弟子自作罪咎，破国因緣，非三寶也。七明諸比丘多求名利，向国王、王子説破法因緣，是故勸諸比丘不應求名利也。

一從尒時十六大国王聞仏七誡所説至當如仏教，明諸仁王聞仏誡勸，哀感靈祇，震動大千，自廣受持，順仏教法。二從尒時大衆至是无仏世，明諸天受持。三從尒時无量大衆至般若波羅蜜，明大衆受持。

又解，五滅後八十八百八千者，舉未入者入，未熟者熟，未解脱者令解脱。无仏法僧及信男信女時者，將明法由人弘，故先列也。此經三寶者，舉真實三脩，故云三寶。付諸国王、四部弟子者，欲令内、外二脩行也。爲三界衆生者，利他行中起真實緣集。五濁惡世訖於王子者，揔舉脩相對法随分不同也。自是高貴，滅破吾法者，未證謂證，是增上慢力人也。作法制我弟子者，見世間之行，随情已，執之爲是。不聽出家行道者，見背俗專精，言非出家道，接以情事，唱言好人，亦不聽造仏象者，脩法身行不成。仏塔形者，亦无報身行。立官制衆者，各起朋黨，稱法主也。安藉記僧者，国已習者不明，不問是非，緣在勝位，故云安藉記僧。比丘地立，白衣高坐者，以出道爲劣，世行爲高也。兵奴爲比丘者，以諭諂之行出利方便也。受別請法者，非是和合有宗行也。法滅不久者，非是真脩相。大王怪乱吾道者，正明外護失宜也。大王法末世時，明脩相失宜，皂白交雜，故言但有脩相之名也。作非法之行者，与脩法相違也。横与仏法衆僧作大非法者，唯有世法相，永出家正軌。作諸過罪者，對治道隱也。繫縛比丘如獄囚者，雖復觀脩，不就出離，亦可竟局品限也。我滅度已下，正明涅槃行也。

仁王般若實相論卷第二

真言語

依本挍竟，比丘顯秀寫，流通後代，代代不絶。

**校勘記**

〔一〕底本據中村不折藏敦煌本第〇三四號。

〔二〕「三寶脩法」，底本殘，據下文補。

〔三〕「説」，底本脱，據上文補。

〔四〕「男」，底本作「界」，據《仁王經》（《大正藏》本，下同）改。

〔五〕「勘」，疑爲「堪」。

〔六〕「恃」，底本作「侍」，據《梵網經》（《大正藏》本）改。

〔七〕「忍」，底本作「思」，據《仁王經》改。

〔八〕「已化岳」，底本字體與其餘文字差异很大，且文意不相連貫，疑爲衍文。

〔九〕「二」，疑後脱「從」字。

〔一〇〕「弟」，底本作「第」，據《仁王經》改，下同。

（周慧整理）

〇二八五

# 仁王經疏[一]

□……□如何昔來□□□仏說時，阿難聞時更无先後，簡去傳聞，成上我聞，故云一時。異說如是。次弁過非，先以事驗，後引文證。事驗如何？如經中說：「阿難是佛得道夜生。」如小乘中佛成道已過六七日，即便說經，阿難爾時猶在懷抱，身不豫會。佛成道已過廿年，方始出家，卅年後，方爲侍者。自斯已前，所說諸經，多不親聞。雖不親聞，而所集經，亦云「一時」。明知「一時」非簡傳之謂。又小乘中不得說言阿難是權，何由得言說聽一時？人復反徵：「云何得知阿難是佛得道夜生，將來破我？」爲證此義，須知阿難立字因緣。「阿難陀」者，是外國語，此名歡喜之名，三因緣立。一、過去因緣。如經中說：「釋迦行菩薩時，作一陶師，名曰大光。值過去世，釋迦文佛父名淨飯，母名摩耶，侍者弟子名曰阿難。因土眷屬，如今无別，因即發願：願我當來成得佛道，還如今佛。由斯本願，今得成佛，故今侍者，還字阿難。」二、現在因緣。阿難比丘，面貌端正，世人見者，莫不歡喜，是故字歡喜。是故經中讚嘆阿難：「面如月，目清蓮[二]，佛法海水，阿難心[三]。」三、父母立字。父母何緣與字歡喜？喜時生故。何者喜時？所謂如來得道夜時。如來十九踰城出家，既出家已，五年習定，六年自餓，身極羸瘦。父王遣人，恒往膳伺，知極微惙，常恐不令。菩薩後時知餓非道，受食乳糜，欲取正覺。魔作是念：「若佛道成空，我境界闕道未成，當敗其志。」遂率官屬十八億萬，持諸苦[四]具來怖菩薩。菩薩于時入勝意慈定，令魔眷屬顛倒墮落。魔既被降，便作是念：「菩薩力大，非[五]我能勝，當惱其父。」遂便往詣淨飯宮上，唱如是言：「悉達太子昨夜了矣！」王時聞已，從床[六]而墮，良久乃蘇，便爲傷嘆，念：「子在家當爲輪王，何期出家空无所獲？」未久之間，菩提樹神以佛道成，復持天花〔七〕慶賀父王。當成佛時，天雨妙花而爲供養，故持慶王，其時亦往淨飯宮上，唱如是言：「大王當知，地天太子昨夜明星出時，降魔兵衆，成得佛道。」王時生疑：「向者有天言我子死，今復有天云子成道，何者可信？」菩提神曰：「我言可信！向者是魔，故相惱耳。我是菩提樹神，以佛於我樹下得道，故相慶賀。」王時作念：「我子在家當爲輪王，今日出家爲法輪大王，彼此无失。向者聞死，今忽聞活，一〔八〕重大喜；復聞道成，兩重大喜。」未久之間，王弟斛飯夜生阿難，寅〔九〕抱詣王：「弟〔一〇〕於昨夜生此一男。」王時對曰：「我子成道，汝復生男，衆慶併集，與字歡喜。」以斯驗求，定知阿難得道夜生。阿難既是得道夜生，何由得言説聽一時？

事驗如此，次以文證。佛初成道，在波羅㮈仙人鹿苑，爲五比丘轉四諦法，名《轉法輪經》。佛滅度後，阿難比丘先集此經，將集此經，先昇高坐，説偈自言：

佛初説法時　爾時我不見
如〔一一〕是展轉聞
佛遊波羅㮈，爲五比丘衆轉四諦法輪。彼經之中，道已傳聞，復言「一時」，明知「一時」非簡傳之辭。

辨非如此，次顯正義。言「一時」者，就佛解釋爲化之辰，目之爲時。於佛一代，化時衆多，爲簡餘時，是故言「一」。「一時」之言，經中大有。如《涅槃》説：「我於一時，在迦尸國；我於一時，在恒河岸；我於一時，在尸首林；我於一時，在王舍城。」如是非一，今言「一時」，共彼相似，云何得知一時從後，非是屬前？准依《地經》，所以得知。《華嚴》大本《十地品》初，故言「我聞一時」。

聖教雖衆，略要唯二：一、聲聞藏；二、菩薩藏。教聲聞法，名聲聞藏；教菩薩法，名菩薩藏。聲藏中所教有二：一聲聞聲聞，二緣覺聲聞。聲聞〔一二〕聲聞者，是人本來求聲聞道，樂觀四諦，成聲聞性，於最後身，值佛欲小，如來爲説四真諦法，而得悟道。本聲聞性，今復聞聲而得悟道，是故名爲聲聞聲聞。經言：「爲求聲聞之者説四真諦。」據斯爲論。緣覺聲聞者，是人本來求緣覺道，常樂觀察十二緣法，成緣覺性，於最後身，值佛爲説十二緣法，而得悟道。本緣覺性，於最後身聞聲悟道，是故名爲緣覺聲聞。經言：「爲求緣覺之者説十二緣」。據此爲言。此二雖殊，同期小果，藉教處等，以是義故，齊号聲聞。對斯二人，所説之法名聲聞藏。菩薩藏中所教亦二：一、是漸入，二、是頓悟。言漸入者，是人過去曾習大法，中聞覺小，後還入大，大從小來，謂之爲漸。故經説言：「除先修習學小乘者，我今亦令入是法中」。此即是其漸入菩薩。言頓悟者，有諸衆生久習大乘相應善根，今始見佛，即能入大，大不由小，目之爲頓。故經説言：「或有衆生世世已來常受我化，始見我身，聞我所説，即皆信受，入如來惠」。此是頓悟。漸入菩薩，藉淺階遠；頓悟菩薩，一越解大。頓漸雖殊，以其當時受大處一，是故對斯二人所説名菩薩藏。

聖教雖衆，要不出此。故龍樹云：「佛滅度後，迦葉、阿難於王舍城結集三藏爲聲聞藏；文殊、阿難在鐵圍山結集摩訶衍爲菩薩藏」。《地持》亦云：「佛爲聲聞菩薩行出苦道，説修多羅，結集經者集爲二藏，以説聲聞所行爲聲聞藏，説菩薩行爲菩薩藏」。《地持》復言：「十二部經，唯方廣部是菩薩藏，餘十一部是聲聞藏」。故知聖教无出此二，此二亦名大乘、小乘，半、滿教等，名雖變改，其義不殊。今此經者，二藏之中菩薩藏收，爲根熟人頓教法輪。

已知教分齊，次釋其名。今言「佛説仁王護國波若波羅蜜」者，蓋乃標經部別名也。諸經所以皆首題其名者，爲求所明法。此經以真性爲宗，故始樹舉。但諸經立不同，乃有多種：或就法爲名，如《涅槃經》《波若經》等；或就人爲目，如《薩和檀[三]》《須達拏》等；或就事立秤，如《枯樹經》等；或就喻彰[一四]名，如《大雲經》《寶篋[一五]經》等；或就人法並彰，如《勝鬘經》等；或事法雙舉，如彼《方等大集經》等；或法喻俱[一六]題，如《華嚴經》等；或人事並立，如《舍利弗問病經》等。如是非一。今此經者，人法爲名，「如來所説」是其人名，「波若波羅蜜」是其法名。法藉人通，故須樹人；法是所顯[一七]，故[一八]須舉法。但諸經首列[一九]人有四：一、題説人，如《勝鬘》等；二、舉問人，如彼《彌勒所問經》等；三、舉所説，如《睒子經》《薩和檀》等；四、舉所化人，如《玉耶經》《須摩提女》等。今舉所説人。説者不同，有其五種：一是佛説，二是聖弟子説，三諸天説，四神仙説，五變化説。此經如來聖弟子説。

開皇十九年六月二日抄寫訖。

**校勘記**

〔一〕底本據斯二五〇二。

〔二〕「面如月目清蓮」，《維摩義記》《大正藏》本，下同）作「面如滿月目若清蓮」。

〔三〕「阿難心」，《維摩義記》前有「入」字。

〔四〕「苦」，底本作「菩」，據《維摩義記》改。

〔五〕「非」，底本作「悲」，據《維摩義記》改。

〔六〕「床」，底本作「林」，據《維摩義記》改。

〔七〕「花」，底本作「化」，據文意改。

〔八〕「一」，底本脱，據《維摩義記》補。

〔九〕「寅」，底本後衍「説」字，據《維摩義記》删。

〔一〇〕「弟」，底本作「第」，據《維摩義記》改。

〔一一〕「如」，底本後衍「時」字，據《維摩義記》删。

〔一二〕「聲聞」，底本脱，據文意補。

〔一三〕「檀」，底本作「樹」，據《維摩義記》改。

〔一四〕「彰」，底本作「障」，據《維摩義記》改，下同。

〔一五〕「篋」，底本脱，據《維摩義記》補。

〔一六〕「俱」，底本作「但」，據《維摩義記》改。

〔一七〕「顯」，底本脱，據《維摩義記》補。

〔一八〕「故」，底本脱，據《維摩義記》補。

〔一九〕「列」，底本作「別」，據《維摩義記》改。

（司冰霜整理）

〇二八六

# 仁王般若經疏[一]

## 仁王般若經疏目次[二]

吉藏法師撰



仁王般若經疏目次終

校勘記

〔一〕底本據《卍續藏》，校本據《大正藏》。

〔二〕底本原校云目録新作。

## 仁王般若經疏卷上一

吉藏法師撰

### 佛說仁王護國般若波羅蜜經序品第一

所集不同，隨流各異，不能具出。天台

智者於衆經中闊明五義，今於此部例亦五門分別。第一，釋經名。第二，出經體。第三，明經宗。第四，辨經用。第五，論經相。標其名字，示其名下之體，明其綱宗，辨其功用，論其教相。此則一經大意略盡，委釋具如《法華經》初。今略明之。

第一，釋名者，但諸經受名不同，自有單法立名，或單譬受稱，或單人立名，或法譬雙説，或人、法雙彰。所言單法者，如《大涅槃》等從果法立名，《大品般若》《十地》《漸備》從因受稱。單譬者，《枯樹》《七車》《譬喻》等經，直引譬事得名也。單人者，如《七女》《老女》等經也。法譬通説者，如《華嚴》《法華》《金剛般若》等經也。人、法雙彰者，如《維摩》《勝鬘》《四天王問般若》《仁王般若》等經也。

所言佛説者，自覺覺他，故名爲佛，聖言宣暢，故名説。仁王，仁者，施恩布德，故名爲仁，統化自在，故名爲王。護國者，仁王是能護，國土是所護，由仁王如法治道，萬民適樂，國土安穩。若仁王望般若，般若是能護，由持般若故仁王安穩。由人柄法，仁王是能護，般若是所護。今仁王、般若皆是能護，國土是所護。般若者，《大智論》有二釋。第四十三卷解般若，秦言智慧。開善藏師並用此翻。佛國土語般若，此翻智慧。又第七十卷解般若不可稱，般若定實相，甚深極重，智慧輕薄，是故不可稱。莊嚴旻師以此文云：般若名含五義，智慧止是一條，非正翻譯。二師各執即成論，皆不得般若意。

問：論既有二文，今云何通釋。

答：且依論解，般若有二種：一、方便門，二、實相門。所言翻者，約方便門翻爲智慧。言不可翻者，般若非愚非智，故云不可翻也。

但解智慧，經論不同。《淨名經》云分二字解，云：知一切衆生心念，如應説法，起於智業。不取不捨，入一相門，起於慧業。

舊釋此文，智是有解，慧是空解。今則不爾，衆生心念何必是有，入實相門何必是空，謂善得此意也。《成實論》合解智慧二字，文云：真慧名智，此意言慧即是智。又云慧義，經中説解智是慧義。故名智慧合釋也。

問：經論何故語言或出或没，或開或合，不分明一途示人耶。

答：聖人非不能一途分明示人，而今出没之言者，此有深意。以衆生本來執著難動，以是因緣繫屬於魔，生死不絶，苦輪常轉，不悟正道，今若復作一途定説，更增其住著，所以不定出没，動其生死根栽，令得迴悟正法。故不定之説，爲益厚矣。若學者定執經論一文，以成一家之義，爲謬甚矣。

問：五部八部内，何者攝也。

答：五部，如此經説。八部者，《大品》《小品》《光讚》《放光》《文殊問》《金剛般若》《道行》《天王問般若》。此《仁王問般若》，是《天王問般若》攝。人王亦是天王也，故知天王問般若所攝也。

次，釋波羅蜜者，名彼岸到。波羅名彼岸，蜜名爲到。捨相會實，名到彼岸。又因能達果，名到彼岸。應言到彼岸，而存胡本名波羅蜜。

經者，名修多羅，此翻爲法本。理不自發，藉教以顯，教爲理本。教不自起，由理故生，理爲教本。教理相由，並説爲本。今正取文爲理本。小乘論有五義：一、出生，出生諸義故；二、涌泉，義味無盡故；三、顯示，顯示諸義故；四、繩墨，除邪得正故；五、結縵，貫穿諸義故。俗訓爲本。經者，綖也。文經義緯，織成行者之心，故名經也。

言序品第一者，發起由藉，名之爲序。義類相從，稱之爲品。八内居初，名第一也。

略簡仁王波若位地名字不同。仁王者，依《瓔珞經》云，有十四王：一、粟散王，十善下品；二、習種菩薩銅輪王；三、性種菩薩銀輪王；四、道種菩薩金輪王，亦名轉輪王；五、初地菩薩四天王；六、二地菩薩忉利天王；七、三地菩薩琰魔天王；八、四地菩薩兜率天王；九、五地菩薩化樂天王；十、六地菩薩他化自在天王；十一、七地菩薩初禪王；十二、八地菩薩二禪王；十三、九地菩薩三禪王；十四、十地菩薩四禪王。今言仁王者，即是十善下品粟散王，十四王内最下品也。

第二，出經體。以五忍、十地爲體。故下文云：五忍是菩薩法。具列五忍竟，下結文云：名爲諸佛菩薩修般若波羅蜜。故知因修般若，得證五忍。一切佛菩薩無不由此五忍而成聖，故知五忍十地爲體。五忍義，下文委釋也。

第三，明經宗。夫欲講讀經前，須識大旨。此經以無生正觀爲宗，離有無二見，假言中道，故下文云：波若無知無見，不行不受，不生不滅，以般若不可思議故。不生不滅者，是中道之異名。不思議，寂滅之別稱，亦名佛性，即十方佛母。一大事者，即其事也。

問：宗體有何差別。

答：諸法本來寂滅，何宗何體。今欲爲緣顯示，於無名相中，假名相説，分爲異也。若就通門，宗亦是體，體亦是宗。今約別門，輪輞喻宗，内空喻體。宗如網領，體如毛目。意云：振裘持領，舉網提綱，裘網之體，毛目自張。宗體之異，其義如是。

第四，辨經用。此經以外、内二護爲用。内護者，下文云：爲諸菩薩説護佛果因緣，護十地行因緣。所言外護者，下文云：吾今爲汝説護國土因緣，令國土獲安，七難不起，災害不生，萬民安樂，名外護也。

第五，明教相。夫欲弘宣正法，須識教之偏圓，方得了悟所稟之教。若具明教相，諸經不同，備如《法華玄義》釋。今略明之。

若江東諸師，三種分教：一者，頓教，謂佛初出世，頓説深理也；二者，漸教，謂從淺至深也；三者，無方不定教，謂深淺無定也。但就漸教中，有二説：一云漸有四時，此經是第二時説，是大乘；二云漸有五時，此經是第二時説，三乘通教也。二師並説般若是第二時説，故《大品》云見第二法輪轉。今謂不爾。若以《大品》對初教，云是第二時者，《法華譬喻品》云：昔於波羅捺，今復轉最妙。且對初教，明亦應是第二時教。《涅槃》亦云：昔於波羅捺，今於拘尸那城説《大涅槃》。亦對初教，應是第二時。後學宜自研尋，不可妄依舊説也。

又十地論師四宗、五宗分佛教，今不復繁文闊説。今依菩提流支，直作半滿分教。若小乘教名半字、名聲聞藏，大乘名滿字、名菩薩藏，今尋諸經論，斯言當矣。所言小乘半教者，若明其至理，但人、法二空。語其因果，但説有作四諦。斯乃教不盡宗，語不極義，説稱小根，進成小行，有所缺德，名之爲半，故云小乘名聲聞藏。大乘滿字教者，若明其理，至極平等，無得正觀不二爲宗。語其因果，即説無作四諦。斯乃教稱大乘宗，語極圓旨，説稱大根，進成大行，具足無缺，名之爲滿，故云大乘名菩薩藏也。今此經者，二藏之中是大乘滿字菩薩藏攝，是故經言行獨大乘。三賢十聖忍中行，唯佛一人居淨土，故云大乘滿教謂菩薩藏也。

次，入經文。然諸佛説經，本無章段。始自道安法師，分經以爲三段：第一序説，第二正説，第三流通説。序説者，由序義，説經之由序也。正説者，不偏義，一教之宗旨也。流通者，流者宣布義，通者不擁義，欲使法音遠布無壅也。所以有三説者，欲明勝人致教必有因緣，先明序説。開漸既彰，正經宜辨，故復正説。聖人大悲無限，衆生受化無窮，非止復益當時，乃欲遠傳後世，故有第三流通也。然此三，非是三故三，乃是一三耳。序即是正，乃至流通即序，例如三寶，一三、三一也。

文處者，此經有八品，分爲三段：第一，《序品》，即爲序分；第二，《觀空品》下六品，爲正説分；第三，以《囑累》一品，名流通分。若依文判者，《受持品》末佛告月光下，即是付屬。但前品明付囑辨不起七難，後品明付囑辨經分齊，故言《付屬品》名流通也。

就《序品》中，爲二：初，明證信序；第二，明發起序。諸師因此二序雖復種種不同，今以四雙往收，義無不盡。第一，證信對發起；第二，對通序明別序；第三，對如來序明阿難序；第四，對經前序明經後序。阿難親承音旨，名證信序。發起正經，故云發起序。衆經同有，名通序。發起各異，故名别序。佛口自説，名如來序。阿難證信，名阿難序。佛所説者，名經前序。阿難後結集證信，名經後序。諸師雖復種種穿鑿，煩而無當，今置而不論。

今且依經前經後一雙，以釋二序。二序即爲二别。從初至大衆僉然而坐，名爲經後序。佛在世時，未有此序。佛臨欲涅槃時，勅阿難云：我滅後，結集法藏時，當安如是等事。故云佛滅後序。第二，從爾時十號下，明説經時序。當説經時，以事開發，故云説經時序。今前明佛滅後序。若依《大智論》，直依文帖釋，不辨子段多少。後諸師説亦無定，或五或六。今依《金剛仙論》，作六句分别：一、如是，表信相；二、我聞，明阿難承旨，證述而不作；三、一時，明聞經時節；四、明佛化主；五、明住處，明説聽有方；六、辨同聞，證不虚謬。然此六事不可一向屬阿難。

如是我聞：

如是我聞，得一向屬阿難。一時已下，

義有兩兼。若阿難結集法藏，遺旨令安，屬經後。當説經時非可無時處徒衆，以此而望，即屬經前也。此是無名相中一時，假名分別，不可以定執以爲諍論也。然釋如是，有二：初、釋置如是因緣，二、釋如是名義。置如是因緣者，出處不同。今依龍樹釋。

何以一切經初安如是者，《大智論》第二卷云：佛將滅度，阿難心没憂海。阿泥盧豆是其從兄，云，汝爲傳法藏人，不應同於凡夫。若有所疑，須及時問。阿難猶抱感。阿泥盧豆教爲四問，佛滅度後，我等云何行道。誰當作師。惡口車匿云何共住。佛經初作何等語。阿難騰此問佛。佛答初問云，依自法，修四念處。答第二問云，解脱戒經是大師。答第三問云，車匿應梵法治。答第四問云，我三僧祇劫集法藏初，應安如是等語，三世諸佛悉如是説也。

第二，釋如是名義。如是者，信順之辭。佛法大海，信爲能入，智爲能度。言如是者，乃爲信也。是故有信之人言是事如是，是其信相。不信之人言是事不如是，是不信相。故經首稱如是也。故肇師云：夫如是者，蓋是信順之辭，信則所言之理順，順則師資之道成。經無豐約，非信不傳。其如是者，正是信也。又，如是者，不差異義。今明此法無依、無得、無戲論，畢竟清淨，真實可信，故稱如是也。我聞者，佛勅阿難出法藏時，當言我從佛邊聞，恐人不信阿難，以人廢道也。我與無我，性無有二，爲世俗故説我耳。聞亦如是，耳根聲塵及以耳識，三處無聞，和合亦不聞，今言聞者，不聞聞也。

問：阿難是佛得道夜半生，年二十五，始來事佛。佛自成道所説甚多，其人並不在坐，而悉稱我聞者，其義如何。

答：《報恩經》第六卷具述阿難乞諸願，所未聞經願佛重説，故皆是親承也。《釋論》

第二阿難自説偈云：佛初説法時，爾時我不見，如是展轉聞，佛在波羅捺，佛爲五比丘，初開甘露門，説四真諦法。此謂佛重説名展轉聞也。《菩薩處胎經》云：佛在雙林，已入金棺，起授金手，問阿難，自我前來爲諸菩薩説大乘方等經，汝悉知不。對曰，唯佛乃知。又問，我昔昇忉利天爲母説法，汝知不。答曰，不知。又問，我處在龍宫爲諸龍説法，汝知不。答曰，不知。又問，我昔處胎轉妙法輪，汝知不。答曰，不知。如是問竟，佛告阿難，汝今諦聽，我當爲汝一一解説。如來口密，一時併授。阿難得佛覺三昧，一時併領。阿難得佛覺三昧，出《舍利弗問經》阿難修悟不忘禪，宿習總持，得佛覺三昧也。若依《金剛仙論》，明三種阿難：一、大乘阿難，即阿難海，持大乘法藏；二、中乘阿難，即阿難陀婆羅，持中乘法藏；三、小乘阿難，即名阿難賢，持小乘法藏。今此經，理玄相寂，因圓果滿，廣大如法界，究竟如虚空，故云阿難海稱我聞也。

問：《大智論》云諸法皆無，云何稱我。

答：雖知諸法皆無，隨俗故，世流布語，假名爲我，故無過也。

一時，佛住王舍城

一時者，即説經之時，如説《涅槃》二月十五日，此經三十年正月八日，爲時。時有三種：一、三摩耶時，即長時；二、迦羅時，是短時；三、佉樓時，是不長不短時。今言時者，三摩耶時。而衆師雖復穿鑿，終成無當。若存龍樹之風，須破。破一時，説三摩耶也。

佛者，佛國語云佛陀，此云覺者。既自覺悟，又能覺他，故名爲佛。《智度論》云：佛陀，外國語，此云智者。知三世衆生數，非衆生數也。

住王舍城者，有三：初、明住，二、明王舍，三、耆闍崛山。住者，天住、梵住、聖住。

六欲天名天住，初禪以上名梵住，三乘人名聖住。此三住中，佛多住聖住。又有八住：一者，天住，住四禪；二、梵住，住四無量心；三者，威儀住，住四威儀也；四者，聖住，住三空；五者，壽命住，住五分法身；六者，依止住，住王舍城耆闍崛山也；七者，教化住，住十六大國；八者，佛住，住第一義諦。所言住，蹔時名在，久居名住。亦可經停名住也。王舍城者，外國云摩訶悦祇伽羅。摩訶言大，悦祇此言王舍，伽羅此云城。摩伽陀國有十二城。摩訶陀者，名持甘露處。凡有十二城者，一、區祇尼大城，二、富樓那跋檀大城，三、阿監車多羅大城，四、弗迦羅婆大城，五、王舍大城，六、舍婆提大城，七、婆羅捺大城，八、迦毗羅婆大城，九、瞻婆城，十、婆翅多城，十一、物晱彌城，十二、鳩樓城。此十二城中，後六城，佛少住。前六城中，佛不住前四城，多住後二城。二城中，多住王舍城，爲報法身恩故。少住舍婆提，爲報生身恩故。何故名王舍城。此城四天王共造，多有諸王，佛是法輪王，從多以得稱，故名王舍城。摩迦陀國王生一子，一頭兩面四手。時人觀之以爲不祥。王則裂其身首，棄之草野。有羅刹女鬼，名曰梨羅，還合其身，以乳養之。年既成長，大有力勢，能吞併諸國，獲八萬四千王，置五山内，立城治化。以多王所舍，故云王舍城。諸因緣非一，不能具述。

耆闍崛山中，

耆闍崛山中者，王舍城有六精舍：一、竹園精舍，在平地，迦園〔二〕陀長者之所造；去城西北三十里；二、少力獨上山精舍；三、七葉穴山精舍；四、四天王穴山精舍；五、蛇穴精舍；六、祇闍崛山精舍。此翻鷲頭山，耆闍名鷲，崛名頭。此山頂似鷲，王舍城人見其似鷲故，因傳名鷲頭山。又王舍城南，多諸尸陀林，鳥獸來食，多集諸鷲鳥，故云鷲頭山也。五山者，東方象頭，南方馬頭，西方羊頭，北方師子頭，中央鷲頭也。

與大比丘衆八百萬億，學無學，皆阿羅漢。

與大比丘衆者，第六，列同聞衆。夫一切經初列衆，不出四種：一者，影響衆；二者，結緣衆；三者，發起衆；四者，當機衆也。

一、影響衆者，如分身諸佛來聽法也。二、結緣衆者，於此未悟，作後世得悟因緣，名結緣衆。三、發起衆者，法身菩薩更相表發也。四、當機衆者，説經正被得道衆也。此經既爾，餘皆類爾。就同聞衆中，有二：初、别列衆，二、總結。就别列中，衆雖十二，大判爲三：第前之十衆，當此土衆；第十一，他方衆；第十二，化衆。

就前十衆，若從大列，應先菩薩，後及聲聞。若從小列，應先列優婆夷等。今何故先列聲聞，後列菩薩。然佛法内有二種道：一者，顯現道；二者，祕密道。今以顯現道，先列聲聞。復菩薩現漏未盡，則形無定方，若在先列，恐世人疑，故先列聲聞也。

就聲聞衆中，有五段：一、舉大比丘衆名，二、列數，三、出位，四、歎德，五、總結。與之言共。大者名勝，亦云多。比丘五義，如《智度論》，一名乞士，二名破煩惱，三名號比丘，四[三]受戒名比丘，五名怖魔。乞士者，清淨活命，如《舍利弗因緣》説也。破惡者，比名惡，丘名能，能破惡故名比丘。三名號比丘，如胡漢夷處，各各有號，故名比丘。四、受戒名比丘。五、比名能，丘名怖，能怖魔軍，故名比丘。比丘非一，故復名衆。

八百萬億下，第二，列數。

學無學，皆阿羅漢下，第三，顯位地。阿羅漢有三義：初、阿羅漢名應供，二、阿羅漢名不生，三、阿樓佉名殺賊。通徒一一皆有三義。下三果人何故皆名羅漢。亦分有三義，又舉勝以歎。

有爲功德、無爲功德、

有爲功德下，第四，歎德。有爲功德、無爲功德者，有爲舉智德，無爲是舉斷德。若約境，道諦是有爲，滅諦是無爲。施功名功，歸已曰德，故名功德也。

無學十智、有學八智、有學六智、三根、十六心行、

無學十智者，四諦、法、比、等智、他心，及盡、無生，此第四果方具。

有學八智者，是那含人除盡、無生，具餘八智。

言有學六智，謂須、斯二人，除盡、無生，在無學故。除他心智，未得根本禪故。除等智，先有非始得故。亦可須陀具六智，以等智非須陀人斷結智，故除之。

三根者，一、未智根，在見道未重決斷故；二、已智根，在修道重決斷故；三、無智根，在無學道更不求勝智故。三藏師云：一、自性根，本是凡夫；二、引取根，十信至十地；三、得果根，佛地。若依《大品經》論，未知欲知根在見道和合九無漏根，作未知欲知根體；二、知根在修道中增進九根，作知根體；三、知已根在無學道增進九根，作知已根體。

十六心行者，若具作經文，應云十六心、十六行。經家巧故，一十六心[三]該通二法。十六心者，依小乘，苦法忍、苦法智、苦類忍、苦類智、集法忍、集法智、集類忍、集類智、滅法忍、滅法智、滅類忍、滅類智、道法忍、道法智、道類忍、道類智，爲十六心也。十六行者，四諦下各四行，苦、空、無常、無我，因、集、緣、生，滅、盡、妙、離，道、正、迹、乘，亦名十六諦。又解：亦可斷見道惑十六心，謂八忍八智是也。若依三藏法師所出十六心者，三十心合爲四，登地有十，金剛心，佛地，合十六也。

法假虚實觀、受假虚實觀、名假虚實觀、

言法假觀者，五陰等法，是名法假。五陰成衆生，是爲受假。取上二假上名，是名名假。無體藉他，名之爲假。法假虚實觀者，相形解也。法假是實，二假是虚，故云法假虚實觀也。名假虚實觀者，名假是虚，法假、受假是實，故云虚實觀也。三藏師就三性解：法假是真實性，受假是依他性，名假是分别性也。法是真實法，假立以對俗。受是妄想依他之心受納前境。名假即是一切名相。與《大品》相應也。一一假並稱虚實觀者，執著成虚，忘境爲實。觀者，觀察觀達爲義也。若依正觀明假者，不如此。因緣生法，即空即假即中。言假名者，寂滅無得之名也。

三空觀門、四諦、十二因緣，無量功德皆成就。

三空者，空、無相、無作。空無二十五有，名空解脱門。無其十相，名無相解脱門。於二十五有不作願求，名無作解脱門。亦名三三昧，亦名三解脱門。此之二法有何等異。三三昧通漏無漏，三解脱門一向無漏。三藏師云：三假空名三空，三空即三無性之理。又解：十八空，名空門。破男女相，名無相門。不願中求，名無作門。

四諦者，有作、無作二種四諦。小乘之人，智照未窮，智稱有量，境不極妙，故稱有作。大乘之人，以無心之真智，照無相之虚宗，境窮智極，名爲無作。今日所論者，是有作四諦。分段生死逼迫名苦，不虚名諦。業及煩惱名集，不虚名諦。寂泊名滅，不虚名諦。八道分名道，不虚名諦。

問：云何名諦。

答：有人言以境爲諦。若爾，一切牛馬畜生亦應有諦。今解不爾。智照如實，名之爲諦。故《思益經》云：知苦無生，集無和合，於畢竟滅法中，無生無滅，於一切法平等，以不二法得道，名爲聖諦。

十二因緣者，過去二因，現在五果，現在三因，未來二果，故云十二也。

無量功德皆成就下，第五，總結也。

復有八百萬億大仙緣覺，非斷非常四諦十二緣皆成就。

復有八百萬下，第二，列緣覺衆，有四：初、舉數，二、標名，三、歎德，四、總結。初、八百萬者，舉數也。二、標名，有三別。初、大仙緣覺者，昔因中作國王，將諸綵女入園遊戲竟，暫時睡息。未睡之間，樹林精妙，色葉蓊欝，忽爾綵女毁壞。王即思惟：我不久亦當如此。以外況内，即成大辟支佛，故名大仙緣覺。二、佛去世後，閑居靜室，結跏趺坐，獨悟思惟，忽然成道，名獨覺辟支佛。三、有七生須陀洹，藉前解脱分善根，人七天七反生，更不受第八生，即成小辟支佛。三種辟支佛中，先者最大，從因緣以得道，故名大仙緣覺也。

非斷非常下，第三，歎德。觀十二因緣，過去二因緣，成現在五果，非斷。現在三因緣，入未來，非常。又從緣生故非斷，生已滅故非常。又因緣相續有，非斷。即法無自性，非常。

皆成就者，第四，總結也。

問：緣覺出無佛世，無師自悟，今何故列爲同聞衆。

答：諸大仙人在雪山中，悟因緣以得道。今聞如來放光動地，尋光而來，故阿難即列爲同聞也。

第三，菩薩衆，有五：初、列數，二、標名，三、位地，四、歎德，五、總結。

復有九百萬億菩薩摩訶薩，皆阿羅漢實智功德、方便智功德，

九百萬億者，列數。九千萬爲九百億。

菩薩摩訶薩下，二、標名。摩訶薩，翻

爲大道心衆生，應云摩訶菩提薩埵。此言大道心衆生，以義訓釋。亦云開士，以道開物故也。亦云道人，以道所成故。

皆阿羅漢下，第三，位地。羅漢有三義，菩薩亦有三義，故菩薩爲羅漢也。《大集經》云：大法菩薩名阿羅漢。《大品經》：聲聞若智若斷，皆是菩薩無生法忍。故云皆阿羅漢也。

實智功德下，第四，歎德。實智者，實相般若。方便智者，方便般若。此實，方便實。此方便，實方便也。亦云鑒虚照實，名實智。清淨功用不著，名方便智。功德者，施功名功，歸己曰德。亦云忘功遺德，故云功德也。

行獨大乘，四眼、五通、三達、十力、四無量心、四辯、四攝、金剛滅定，一切功德皆成就。

行獨大乘者，不雜二乘，名行獨大乘。又菩薩有二種：一者，三乘化；二者，純大乘。演讚其純大乘，故云行獨大乘。



四眼者，肉、天、慧、法。以菩薩在因，未得佛眼也。

五通者，身通、天眼、天耳、他心、宿命。以菩薩漏未盡故，除漏盡通。

三達者，一、宿命達，二、天眼達，三、漏盡達。此三能知自他事虚及實，名爲達道理。三達是佛得，菩薩隨分，亦云仰習果德。

十力者，菩薩十力：一、發心堅固力，二、大慈力，三、大悲力，四、精進力，五、禪定力，六、智慧力，七、不厭生死力，八、無生法忍力，九、解脱力，十、無礙力。

四無量心者，慈、悲、喜、捨。慈能與樂。悲能拔苦。喜與衆生增上樂。捨，捨於煩惱，又捨上三心。

四辯者，一、法辯，識萬法名體，爲諸法立名；二、辭辯者，解一切衆生六道種種殊方異類言音；三、樂説辯者，自有無窮辯，樂爲彼説，又善見衆生樂聞之機，名樂説辯；

四、義辯者，經云：無量劫集毗伽羅論故，得法辨，集第一義故，得義辨。

四攝者，一、布施，引不信衆生，令入信；二、愛語，引已入者，令修行；第三，利行，令修行者，得解利益；四、同事，菩薩同其事業，引之入聖位也。

金剛滅定者，三藏師云：通十地皆名金剛，又得十地上忍也。金剛者，亦名首楞嚴三昧。夫金剛者，阻壞萬物，不爲萬物所壞。菩薩以此智慧斷煩惱，不爲煩惱所壞。《釋論》三種金剛，如金剛輪，能滅煩惱是。金剛力，碎身舍利是。金剛三昧，金剛滅定是。

一切功德皆成就者，第五，總結也。

復有千萬億五戒賢者，皆行阿羅漢，十地迴向，五分法身具足，無量功德皆成就。

第四，明五戒賢者衆，有四：初、列數，二、標名，三、歎德，四、總結也。

初、千萬億，舉數。

五戒賢者，標名。如提婆[四]波利等問佛：何不爲我説四、六戒。佛答：五戒者，天地之大數。在天即爲五星，在地爲五岳，在人爲五藏，在陰陽爲五行，在帝爲五帝，在世爲五德，在色爲五色，在法爲五戒。以不殺生配東方，東方是木，木主於仁。仁以養生爲義，是故以不殺生配東方。北方是水，水主於智。智者不盜竊爲義，故以不盜配北方。西方是金，金主於義。行義之人豈可邪淫耶，故以不邪淫配西方。南方是火，火主於禮。禮防於失，飲酒之人多有過失，故以不飲酒配南方。中央是土，土主於信。妄語之人乖角兩頭，是真失信，故以不妄語配中央。賢者，調心修道名賢，假名行人名之爲者。

皆行阿羅漢下，第三，歎德。阿羅漢者，此通名，以分有無生不著義。又復修羅漢向，名行阿羅漢。十地謂歡喜、離垢、明、炎燒然、難勝、現前、遠行、不動、善慧、法雲。迴向謂十道種，始從救護一切衆生，離衆生相，乃至第十法界無量迴向。迴向有二種：一者，下迴向，所修功德與一切衆生；二者，所作功德迴向薩波若，是上迴向。五分法身者，謂戒、定、慧、解脱、解脱知見也。凡夫惑累，以五陰爲身。聖人清高，以五分法身爲體。

無量功德下，第四，總結也。

復有十千五戒清信女，皆行阿羅漢，十地皆成就，始生功德、住生功德、終生功德，三十生功德皆成就。

第五，復明清信女衆，有四：初、舉數，二、標名，三、歎德，四、總結。

初、十千者，舉數。

清信女者，標名。外國云優婆夷，此云清信女。夷者，名女。

皆行阿羅漢者，十地等，如上説。始生，入地心。住生，經停住地心。終生，滿地心。三十生者，十地一一地各有三生，謂入、住、滿，十地合爲三十生也。

皆成就者，第四，總結也。

復有十億七賢居士，德行具足。二十二品、十一切入、八除入、八解脱、三慧、十六諦、四諦，四三二一品觀，得九十忍。一切功德皆成就。

第六，明七賢居士衆，亦四：初、列數，二、標名，三、歎德，四、總結。

初、列數。有十億者，十千爲一萬，十萬爲一億，百萬爲十億。

七賢居士下，第二，標名。七賢有二義。一、依小乘者：一、五停心觀，二、别相念處，三、總相念處，四、煗法，五、頂法，六、忍法，七、世第一法。此等調心順道，故名爲賢。二[五]、依大乘：一、初發心人，二、名有相行人，三、名無相行人，四、名方便行，五、名習種性，六、性種性，七、道種性。此七在地前調心順道，名爲七賢。言居士者，外國積財滿億名居士。

德行具足下，第三，歎德。歎德中，有三：

初總，次別，後結。別中，有六門歎。

一，歎其道品。二十二品者，此人有見道前，唯具四念處、四正懃、四如意足、五根、五力，合二十二道品也。

第二，歎十一切入。入之言處，青、黄、赤、白，地、水、火、風，空處、識處，爲十也。

三，歎八勝處，亦名八除入。一、内有色相，外觀色少，若好若醜。二、内有色相，外觀色多，若好若醜。三、内無色相，外觀色少，若好若醜。四、内無色相，外觀色多，若好若醜。五、青。六、黄。七、赤。八、白。

第四，歎八解脱。一、内有色相外觀色。二、内無色相外觀色。三、觀淨色。四、空處。五、識處。六、無所有處。七、非相處。八、滅盡解脱。

第五，歎三慧，謂乾慧地名聞慧，四善根名思慧，苦忍已上名修慧。

六，歎四諦十六諦，如上説。

言四三二一品者，歎德中，第三，結。釋有三義。

一，所謂四三二一品觀得九十忍者，四即四現忍，從下向上舉之，燸第四，頂第三，忍第二，世第一法是第一。四即四現忍，三即除前燸法，二即除前頂法，一即除前忍法。四三二一，合十品觀。欲界至非想九地，即爲九十忍也。

第二義者，四即四諦，三即三諦，二即二諦，一即一實諦。言得九十忍者，地前三賢，一習種性，二性種性，三道種性，於此三十心中，作下中上三品觀。三十心合有九十品觀，名九十忍也。

第三，三藏師解：四即四果，三即三果，二即二果，一即一果。言九十忍者，二十二品從登地已上至佛，合十一位。十一位有定慧二品，合二十二品。修行此法，從二十二品，至四三二一，合八十一品。從此法出四禪四空滅定，合九十忍也。

一切功德下，第四，總結也。

復有萬萬億九梵，三淨、三光、三梵[六]，五喜樂天，天定、功德定，味常樂神通，十八生處功德皆成就。

第七，列梵衆，有四：初、總標數，二、別列名數，三、歎德，四、總結。

初、以萬數萬故，故云萬萬億也。

三淨下，第二，別列數。三淨者，第三禪三天，謂小淨、無量淨、遍淨。三光是第二禪三天，謂少光、無量光、光音。三梵者，是初禪三天，一、梵衆，二、梵輔，三、大梵。五喜樂天者，四禪有九天，一、果實天，二、小果天，三、廣果，四、無相，此四天不論，唯列後五。五喜樂者，是五淨居天。此人喜樂論義，名喜樂。一、無煩，二、無熱，三、善現[七]，四、善可見[八]，五、色究竟。

天定功德下，第三，歎德。天定者，報定，即是報禪，報五陰也。功德定者，淨定，即是淨禪，善有漏五陰。味者，即是味定，愛著禪定也。常樂神通者，修得神通、報得神通二種也。

十八生處功德皆成就，總結上四禪十八天也。

復有億億六欲諸天子，十善果報神通功德皆成就。

第八，列欲界六天衆，有四：初、列數，二、列名，三、歎德，四、總結。

初、億億者，億億重數也。

六欲天下，第二，列名。四天王：東方提頭賴吒，此云持國主；南方毗留勒叉，此云增長主；西方毗留博叉，此云雜語主；北方毗沙門，此云多聞主。二者，忉利天，此云戲樂，亦云三十三天。三者，炎摩天，此云善分，亦名善時。四，兜率陀天，此云知足。五者，化樂天，自化樂具而娱樂也。六者，他化自在天，他化五欲樂具而自在受樂，名他化自在也。

十善下，第三，歎德。不起十惡，即爲十善。得六天報，故云十善報也。

功德皆成就下，第四，總結也。

復有十六大國王，各各有一萬二萬乃至十萬眷屬，五戒、十善、三歸功德清信行具足。

第九，列人王衆，亦有四：初、列數，二、明眷屬，三、歎德，四、總結。

初、云十六國者，列數也。

各各下，明眷屬也。

五戒十善下，三、歎德。三歸功德者，佛未出，歸敬邪三寶，諸天邪師以爲佛寶，四韋陀等以爲法寶，諸外道等以爲僧寶。如來出世，方歸敬正三寶。清信行者，四信成就，故云清信也。又普得大乘正信，名清信也。言具足者，佛、法、僧、戒，四信隨分具足也。

復有五道一切衆生。

第十，列五道衆。或聖慈力得來法會，應列六道，修羅鬼道攝故也。

復有他方不可量衆。

第十一，列他方聖衆，文相可知也。

復有變十方淨土，現百億高座，化百億須彌寶華，各各座前華上有無量化佛。有無量菩薩比丘八部大衆各各坐寶蓮華，華上皆有無量國土。

第十二，列變化衆。此是不思議菩薩，故能變十方淨土及佛衆等，來至此土。就文，爲三：一、明不思議力能變土；二、有無量下，明不思議力能現佛及菩薩；三、一一佛各各下，明不思議力能説般若。

初、明變土者，文云十方者，六方及四維也。淨土者，如西方淨土也。百億者，百億日月，百億須彌也。

有無量化佛下，二、明不思議力能現佛及菩薩。後明八部者，一、刹利衆，二、沙門衆，三、婆羅門，四、四天王衆，五、三十三天衆，六、六欲天衆，七、魔衆，八、梵衆。又言龍鬼八部者，一乾闥婆，二毗舍闍，此二屬提頭賴吒天王；三名鳩盤荼，四名薜荔多，此二屬毗留勒叉天王；五龍，六富單那，此二屬毗留博叉天王；七名夜叉，八名羅刹，此二屬毗沙門天王。

一一國土佛乃大衆，如今無異。一一國土中，一一佛及大衆各各説《般若波羅蜜》。他方大衆及化衆，此三界中衆，十二大衆，皆來集會，坐九劫蓮華座。其會方廣九百五十里，大衆僉然而坐。

一一佛及大衆各各説《般若》者，三、明不思議力能説法。

上來別列十二衆竟。他方大衆下，別列十二衆内，第二，總結衆多少。言他方大衆者，結前第二他方衆。言及化衆者，結前第三變化衆。言此三界中者，結前第一此方十二衆。言十二衆者，總結前三衆。九劫蓮華者，九層華座也。廣九百五十里者，如雙林法會十二由旬，能容巨衆，今會亦爾，雖復局狹而容甚多也。大衆僉然而坐者，皆坐聽法也。

問：何故諸天有不聞法者，三途而來受道。

答：天台智者言，於此《涅槃經》，於戒緩者不名爲緩，於乘緩者乃名爲緩。於此作四句分別，自有乘急而戒緩，戒急而乘緩，俱急，俱緩。以其過去持戒修定故生天，以其過去不修慧故不得聞經。三途而來受道者，以其破戒墮三途，以其過去世修慧故爲聲光所招。俱急俱緩，可知。

爾時，十號三明大滅諦金剛智釋迦牟尼佛，初年月八日，方坐十地，入大寂室三昧，

爾時十號者，自此下，次，釋説經時節。就中，有七段：第一，明如來入三昧分；第二，放光；第三，現華；第四，地動；第五，疑問；第六，作樂歎佛并召十方衆來集；第七，起定。

第一，入定，入三昧分中，爾時者，當

爾之時。十號，表德，使物歸依。三明，表圓鑒三世，精識物機。大滅者，歎佛斷德，表自無縛，能解於他。金剛者，歎佛智德。又，爾時者，將欲説法時。十號，表名德遠聞，爲物歸信。三明，表見衆生根性。大滅，即是涅槃。金剛者，非因中金剛，是究竟果地金剛道種智也。釋迦，能仁也。諸佛各以一德彰號，如彌勒名慈氏，何佛無慈，此即以慈爲名，名曰慈氏，釋迦能仁亦如是也。

初年月八日者，此明時節，成道三十六年正月八日説此經。佛成道七年方説餘般若。案諸文記，二十九年至今，時應成道後，三十六年成道，生年六十六方説此經也。

言方坐十地者，以其因圓乃證佛果，名方坐十地。此乃反舉昔因，非始坐也。又云：此是佛十地。初、甚深難知廣明智德地，二、清淨身不可思議地，三、海藏地，四、神通智德地，五、明德地，六、無垢炎光開相地，七、廣勝法界藏明界地，八、無礙智慧地，九、無邊億莊嚴迴向能照明地，十、毗盧遮那智藏地。此出《同性經》。

入大寂室，如來説法先須入定者，觀機審理，所以入定也。欲明如來寂而常用，用而常寂，豈可有入出之殊。八地已上，無出入定，如來豈有入起定耶。正示世人軌則，如來説般若尚入定思惟，況復餘人不思而説耶。

思緣，放大光明，照三界中。復於頂上出千寶蓮華，華上至非想非非想天，光亦復爾，乃至他方恒河沙諸佛國土。

文云思緣者，最大教起，緣大智明察，故云思緣也。又解：思緣者，欲説般若，思無相義。緣者，緣如法性理也。

放大光明下，説經時節中，第二，明放光。大光明者，是現希有事，令未信者生信，已信者令得增益，亦欲令衆生破無明闇，得智慧明也。光有二種：一、神通光，二、智慧光。何故放神通光。但有緣諸子散在十方，若不放光召集，不知説般若之因緣，所以放光也。分别法相，稱物根機故，放智慧光也。照三界中者，光之所及也。復頂上蓮華者，第三，神力，或覩光而發機，或見華而得益，故現華也。上至非想者，華所至也。此經明無色界有色也。光亦復爾者，同於華也。乃至他方者，非但照此方，亦遍十方也。恒河沙佛國者，表化道相通也。

時無色界雨無量變大香華，香如車輪，華如須彌山王，如雲而下。

時無色界者，有人解云：無色界雖無麤色，有其細色。今解不然。色無色相，而無色不色，故云無色界。色欲諸天既聞般若，歡喜雨華供養。就中，有三：初、無色界天雨華，二、色界天雨華，三、欲界六天雨華。無色界雨華中，有三子句：初、雨無量大香華，二、香如車輪，三、華如須彌山如雲而下。十八梵天王雨百變異色華。六欲諸天雨無量色華。其佛座前自然生九百萬億劫華，上至非想非非想天。

十八下，第二，色界天雨百變異色華。第三，欲界天雨華中，初明無量華，次明華生九百萬億劫華，次明華所及處也。初，放光，欲令衆生破闇得明；次，現華，欲令衆生修因得果也。

是時，世界其地六種震動。

是時世界其地六種者，第四，神力動地。何故動地。欲動衆生有所得心，令悟無所得般若也。六動者，東涌西没，西涌東没，南涌北没，北涌南没，邊涌中没，中涌邊没。又解：如《地經》説，動、涌、震、起、擊、吼，爲六也。

仁王般若經疏卷上一

校勘記

〔一〕「園」，底本原校疑爲「蘭」。
〔二〕「匹」，疑爲「四」。
〔三〕「心」，疑衍。
〔四〕「婆」，疑爲「謂」。
〔五〕「二」，底本作「一」，據文意改。
〔六〕「梵」，底本無，據《佛説仁王般若波羅蜜經》（《大正藏》本）補。
〔七〕「現」，疑爲「見」。
〔八〕「可見」，疑爲「現」。

# 仁王般若經疏卷上二

吉藏法師撰

爾時，諸大衆俱共僉然生疑，各相謂言：四無所畏、十八不共法、

爾時諸大衆俱共僉然下，説經時節中，第五，疑問分。就文，有四別：初，大衆同疑；各相謂言下，第二，發言論辨；前已爲我等下，第三，序其疑事；時十六大國王下，第四，明如來事不可知。

初，文云僉然者，咸皆然也。

第二，論辨，各相謂言者，互相諮門〔一〕也。四無畏者，欲出其疑情，先舉佛德，故明四無畏也。一、一切智，二、漏盡，三、盡苦道，四、説鄣道。通名無畏者，《十住毗婆娑》云：不懼外難，故云無畏。十八不共者，一、身無失，二、口無失，三、念無失，四、無異想，五、無不定心，六、無不知已捨心，七、大欲無減，八、精進無減，九、念無減，十、慧無減，十一、解脱無減，十二、解脱知見無減，十三、身業隨智慧行，十四、口業隨智慧行，十五、意業隨智慧行，十六、智慧知過去世無礙，十七、智慧知未來世無礙，十八、智慧知現在世無礙。

五眼法身大覺世尊，前已爲我等大衆，二十九年説《摩訶般若波羅蜜》《金剛般若波羅蜜》《天王問般若波羅蜜》《光讚般若波羅蜜》。今日如來放大光明，斯作何事。

五眼者，如來一眼即究竟諸道，何須此五。將境即智，故有此五。肉眼者，照金剛已還一切諸法皆盡。天眼者，照如來果第一義諦名爲障外。慧眼者，照常無常等一切法空。法眼者，照一切有爲法因果理事。佛眼者，即究竟諸道也。法身者，真法爲體，妙解爲軀，故云法身也。大覺者，覺中之極，名大覺也。世尊者，外國云路伽那伽，此云世尊。路伽名世，那伽名尊。

前已爲我等下，第三，序疑事。二十九年已説四《般若》，今復三十年初月八日放光明，與前何異。於王舍城耆闍崛山説《大品》，至舍衛國説《金剛般若》《天王問般若》，後還王舍城耆闍崛山説《光讚般若》。《道行般若》具出《光讚般若》。今日如來放大光明斯作何事，正出疑情，不決辭也。依《金剛仙論》明八部般若，此經明五部也。

時，十六大國王中，舍衛國主波斯匿王，名曰月光，德行十地、六度、三十七品、四不壞淨，行摩訶衍化，

時十六大國下，第四，明如來事不可知。文有二：初，出波斯匿王名；德行下，歎德。

初，釋名者，且明二因緣。若依父母立名，曰勝軍。與如來同日而生，後人大雄略，能破强敵，凡所鬬處恒勝，父母立字名曰勝軍。二、月光者，世人所號也。佛如日光，波斯匿王助佛，猶如月光，故名月光也。

德行十地下，次，明歎德。所言十地者，如上説。六度者，一、檀，捨財爲能；二、尸羅，防非爲義；三、忍，以息瞋爲功；四、精進，以策懃爲用；五、禪，攝心爲德；六、般若，觀達無義。具《智度論》釋。三十七

品者，三、四、二、五、單七、隻八。名雖三十七，以十法爲根本，謂信、戒、念、定、慧、精進、思惟、除、喜、捨。十中，開六合四，爲三十七。開六者，分信爲二，信根、信力；戒分爲三，正語、正業、正命；念分爲四，念根、念力、念覺支、正念也；精進有八，四正懃、精進根、精進力、精進覺支、正精進；開定爲八，四如意足、定根、定力、定覺支、正定；開慧爲八者，四念處、慧根、慧力、擇法覺支、正見也。四不壞淨者，信佛、信法、信僧、信戒不壞也。行摩訶衍化者，月光所弘大乘也。

次第問居士寶蓋法、淨名等八百人，復問須菩提、舍利弗等五千人，復問彌勒、師子吼等十千人，無能答者。

次第問者，請決所疑也。居士寶蓋乃至師子吼等十千人無能答者，如來放光，不知欲説何等法，非下位所知，如來出定，會當自説，所以不答也。

時，波斯匿王即以神力作八萬種音樂，十八梵、六欲諸天亦作八萬種音樂，聲動三千乃至十方恒河沙佛土，有緣斯現。彼他方佛國中，南方法戈菩薩共五百萬億大衆俱來入此大會，東方寶柱菩薩共九百萬億大衆俱來入此大會，北方虛空性菩薩共百千萬億大衆俱來入此大會，西方善住菩薩共十恒河沙大衆俱來入此大會。六方亦復如是，作樂亦然，亦復共作無量音樂，覺悟如來。

時波斯匿王下，説經時序中，第六，明月光及諸天等作樂歎佛，召集十方衆來聞經。就中，有三：初、月光作八萬種音樂，二、十八梵下，諸天作樂歎佛，三、彼他方下，明十方菩薩雲集，作無量音樂，覺悟如來。南方法戈菩薩者，各以一德彰其號也。入二禪尚無爲聲判所動，今言覺悟如來者，此明有機感佛耳。

佛即知時，得衆生根，即從定起，方坐蓮華

師子座上，如金剛山王。大衆歡喜，各各現無量神通，地及虛空，大衆而住。

佛即知時下，説經時序中，第七，明如來起三昧分。知時者，大乘法可説之時。得衆生根者，知物機熟也。即從定起者，明如來善深達緣起，善識物機，欲現大用故，所以起也。如來三業益物，上明放光雨華，是身業益物也。空品已下，吐音陳教，明口業益物也。身口不孤，必兼於意業，意業冥加，動地等是意業益物也。將欲現口業，所以出定也。方坐蓮華師子座者，蓮華是濡膩，欲現奇特相也。師子座者，如《釋論》云：非是實師子，亦非木石師子，以如來是人中師子，所坐之處，若座若床，皆名師子也。如金剛山王者，譬如須彌山安處大海，不爲四風所動，表明如來智慧安處法性虛空，不爲四種邪師所動，故言金剛山王也。大衆歡喜各各現無量神通者，上見如來入定，廣現神力，情疑不決故，所以不喜，今見出定坐師子座將欲説法，決我等疑，生我等解，慶利之深，故名喜也。地乃[三]虛空，大衆而住者，有神通者在空中停，無神通者在地也。

## 仁王護國般若波羅蜜經觀空品第二

上來至此，明序分。自此下，明正説分。序義既周，正宗宜顯，所以明正説也。就正宗文中，品雖有六，義約爲四：第一，前之三品，明能護波若，亦名内護；第二，《護國》一品，明所護之國，亦名外護；第三，《散華》一品，示物供物儀，令人供養；第四，《受持》一品，明弘經人德行相貌，勸將來依憑學經。

就前三品，即爲三別：《觀空》一品，明護果；《教化》一品，明護十地因，教物起行；《二諦》一品，論辨二諦不二。護果内，非無因，爲成護果。護因中，非無果，爲明其因。無分別中，因果本來清淨，爲因緣故，作一途說耳。勿作有所得心定執也。

所言觀空者，諸佛菩薩以無相妙慧照無相妙境，內外並冥，緣觀俱寂，故言觀空也，故下文云見境見智非聖見也。又言觀者，無得正觀也。空者，諸法實相、法性本際異名也，非二乘所見空也。就此品，分爲三段：第一，明申告大衆；第二，從爾時大王下，三問答，月光諮請，明護果之義；第三，從佛說法時下，明時會得益。就第一申告中，有四子句：初、知十六國王意；二、吾今下，許說；三、諦聽下，勅聽；四、時波斯匿王下，散華供養。

爾時，佛告大衆：知十六大國王意欲問護國土因緣。吾今先爲諸菩薩，說護佛果因緣、護十地行因緣。

爾時佛告大衆者，將欲爲說，所以聖命也。十六大國王意欲問護國土因緣者，王者本欲令七難不起，妖灾消滅，境土清夷，萬民安樂，此王者本意。此則生下外護經文，即《護國品》也。

吾今先爲下，二、明許說。夫欲備其內外，先立其內行，內行若成，外護得備，所以先明內護也。護佛果者，即生此品護果經文。護十地行者，生下《教化品》護因經文。

諦聽，諦聽，善思念之，如法修行。時波斯匿王言：善，大事因緣故。即散百億種色華，變成百億寶帳，蓋諸大衆。

諦聽下，三、明勅聽許說。將欲爲說，先誡約時衆。諦聽者，即聞慧也。善思念之，即思慧也。如法修行，即修慧也。

時波斯匿王下，四、散華供養。王言善者，述成如來所說也。順理益物，名之爲善。大事因緣者，明說波若，言窮理寂，即《法華》明一大事因緣也。散華者，欲明虔敬於法，散華供養也。變成寶帳者，表明於佛田內，行因雖小，感果乃大，喻若小華成寶帳也。蓋諸大衆者，表慈悲普覆也。

爾時，大王復起作禮，白佛言：世尊，一切菩薩云何護佛果，云何護十地行因緣。

爾時大王復起作禮下，品中大段第二，月光諮問護果義。就中，有三問答，即爲三別。初一問答，明生法二空本來寂滅，與佛果無二。第二問：衆生不可得，云何可化。答：因緣尚寂，何況衆生。第三問智空：智若是有，可辨照用。智既虚寂，云何可辨照。答：法尚體空，何況於智。初問答中，初問，後答。就問中，二句：初、月光請；二、一切菩薩下，出所請之事。初請中，大王復起作禮者，月光既爲扣玄之主，將欲興問，先表虔敬也。第二，所請事中，初句請護佛果，後句請護十地行。

佛言：菩薩化四生，不觀色如、受想行識如、衆生我人常樂我淨如、知見壽者如、菩薩如、六度四攝一切行如、二諦如，

佛言云下，第二，佛答。中二：初、總標化四生；二、從不觀色如下，別約諸科，釋生、法二空不可得，同於如義，與佛果無二無別。

問：月光既稱問護佛果因緣，佛應答佛果事，何故云化四生耶。

答：諸師云云，不能具出。今云：欲示因果不二，明衆生畢竟空，與佛無別。故《淨名經》云：衆生如，彌勒如，一如無二。例如《涅槃》云：我者，即如來藏義。此經所辨四生等一切法，悉皆是如，與佛無異。若知四生與佛一無二，即是護佛果。如此問答，豈是世人所解。自非久種善根，多值諸佛，了悟一切法空，只可與此文相應耶。

所言四生者，從母胎生，故名胎生。毗舍佉母生三十二卵，名爲卵生。如菴羅波利淫女，名爲濕生。劫初人，皆化生也。

二、不觀色如下，別約諸科，明生、法二空。有二：初，廣明空；是故一切下，第二，總結。

初，明空中，四句：初、明法空；二、衆生下，明生空；三、六度者，明行空；四、二諦下，明二諦境教亦寂。

初，文言不觀色如者，諸解非一，不能具出。今依《大智論》解：從緣生法，體性自無，不假智推方無也。此欲明緣觀俱寂也。故《大品》云：色尚不可得，何況非色。如體經意，應具明四句，今爲存略故，但云不觀色耳，受想行識例爾。三藏師云：若遣色歸如，應云觀色如，而文云不觀色如者，若遣色存如，則觀心未淨。今圓觀，不觀色，不觀如，不見空有，不見境智也。下去諸句，例皆爾也。

衆生下，第二，明生空，七句。五陰中生，故名衆生。我者，計五陰爲我。人者，假名行人。常樂我淨者，明衆生體空也。衆生顛倒横計，於苦、無常、無我、無淨中，計常樂我淨，故言生死空也。今謂衆生、我、人名顛倒法，常樂我淨四德是清淨法，若能體知此二畢竟空，故云爲如。此中欲明生死、涅槃不二。如者，佛性、法性，正道不二之異名也。知見壽者，意識名知，眼識名見，色心不斷，名爲壽者。菩薩者，大道心名爲菩薩，今謂前明衆生所化，今辨菩薩能化，能所皆淨，故云如也。

第三，明行空，有三句：一、六度，二、四攝，三、總一切諸行法，明此等一切菩薩行法，皆如故有也。

第四，明二諦如者，以空有爲世諦，有空爲第一義諦，故《涅槃》云：第一義諦如即世諦如。佛言如是如是，至後《二諦品》自當别釋。

是故一切法性真實空，不來不去，無生無滅，同真際，等法性，無二無别，如虚空。是故陰入界無我，無所有相。是爲菩薩行化十地般若波羅蜜。

是故下，第二，總結，答上問護果護因。文有二：初，結上生法二空，同法性，等真際，無二無別，明四生如，與佛如無異，即明護果義。是爲菩薩行化十地下，結答護十地行因緣義，明菩薩觀解，即護因義。

初，結上生、法二空。文言一切法性者，實相之異名也。真實空者，非二乘所解空也。來[三]無所從，名不來。去無所至，名不去。然法性雖無去來，而宛然去來。不生不滅者，法本不生，有何滅乎。同真際者，同於諸法實際也。等法性者，《釋論》云法名涅槃。性名本分種等者，一切諸法中悉有安樂性，安樂性者即涅槃之異名也。無二無別者，有人言：無人在法外，名無二。無法在人外，名無別。今謂不然。明四生與常樂四德無二無別也。如虛空者，總喻無人、法也。是故陰、入、界無我，結上人無我。無所有相，結法無我。

是爲菩薩下，明菩薩觀解，即結答上護因問，以悟無所得故，能證十地波若也。故《金剛般若》云：皆以無爲法而有差别。見自他皆無爲，即以無爲爲菩薩體也。白佛言：若諸法爾者，菩薩護化衆生，爲化衆生耶。

白佛言下，第二，問答，月光重請前義：衆生尚不可得，云何可化。就文，有二：初問，次答。問中，有三。初，領上義。若諸法爾者，牒前也。二、舉疑事。菩薩護化衆生者，王雖聞上説四生同真際、等法性，猶執衆生與佛有異：若如上解，直是護化衆生，何關護佛果。三、正難。若如上説，衆生畢竟空寂，菩薩爲化衆生者。王聞佛上説衆生相寂，即作空解，云無能化所化，故生疑也。

大王，法性、色、受、想、行、識、常、樂、我、淨，不住色，不住非色，不住非非色，乃至受、想、行、識亦不住非非住。

大王下，第二，答，文有五别。初，約悟入以答。若就諸佛菩薩心，本無所化及能化。二、約出用，隨世諦，故有可化衆生耳。三、還結歸悟入。四、明邪正。二見皆名爲見。五、結。若能隨俗，名字見。實無所見，名正見也。

第一，就悟入答者，文言法性即色、受、想、行、識。問：何故就法性以答。衆生無始來著有情深故，佛舉性空以答。法性者，第一義空之異名也。就此文有二：初，約法明不住；何以故下，釋不住義是正見。初，約五陰、四德俱離名言，同絶四句，顯不住行。言不住色者，知色空不住，不但不住色，非色亦不住，亦色亦空亦不住。不但不住亦色亦空，亦不住非色非空。言語道斷，心行處滅，故言不住非不住。又言不住非非色者，既言色非色俱不可得住，豈况非非色當有住也。何以故。非色如，非非色如。世諦故，三假故，名見衆生。一切生性實故，乃至諸佛三乘、七賢、八聖亦名見，六十二見亦名見。大王，若以名名見一切法，乃至諸佛、三乘、四生者，非非見一切法也。

何以故下，釋上不住義。非色如者，非折[四]色然後始空，色體本來空，故云非色如。非非色如者，非離色外别有空，色則空也。

第二，隨世俗故衆生可化。文有二：初、舉惑本；二、能化由惑故，見世諦所化也。文言世諦故、三假故，如來依世諦、三假故，名見一切衆生，即有能化也。

第三，還結成上悟入衆生不可得義也。文言一切衆生性實故。一切衆生，即前所明四生也。性實故，一切衆生即體是寂，皆性實也。

第四，明邪正二見俱是見著。文言乃至諸佛下。此句即通舉凡聖，故言乃至。下更分别邪正。小乘以六十二見爲邪，計諸陰有即常見，執諸陰無即斷見，因此斷、常，生六十二見。然解六十二見不同，且依《釋論》明六十二見，歷於五陰而明。神及世間常，是事實，餘妄語，是見依色。神及世間無常，是事實，餘妄語，是見依色。神及世間亦常無常，是事實，餘妄語，是見依色。神及世間非常非無常，是事實，餘妄語，是見依色。色上有四句，受、想、行、識上，亦各具四句，合有二十句。世界無[五]邊無邊，亦歷五陰有二十句。死後如去不如去，歷五陰復二十句。合六十句。身即神，身異神，復有二句。合爲六十二見也。

第五，結。若能隨俗名字見，實無所見，是名正見。文言大王若以名名見一切法者，但有名無實也。乃至三乘諸佛、四生亦但有名字。若能如此見，非妄想見，名真實見也。白佛言：般若波羅蜜有法，非非法，摩訶衍云何照。大王，摩訶衍見非非法，法若非非法，是名非非法空。

白佛言般若波羅蜜下，第三，明智照。文問答爲二。

問云：波若爲是有法，爲是無法。若是有法，可辨照用。般若既非有，云何照用。非非法者，應云非有非無。但此經簡略，故直云非非法也。一非，非有。二非，非無。摩訶衍既非有無，云何辨照。此即舉體以難用。摩訶衍，即般若也。故下文云：能運載名摩訶衍，即滅爲金剛。論其照用名般若，取其運載即是乘義，故《大智論》會此二名同爲一也。

大王下，第二，答。文有六：第一，約悟入以明法空；第二，從但法集故有下，約出用隨俗以答；第三，從善男子見法衆生下，舉非顯是；第四，從大王是經名味句下，挌量顯勝；第五，從大王見境見智下，結上，舉非顯是；第六，從善男子若有修習下，勸信受持，答上問護佛果義。

就第一悟入中，即爲二別：初、略答；二、從法性下，別歷諸科廣答。初，略文云：摩訶衍見非非法，法若非非法，是名非非法空。非非法者，非有非無也。法若是有，可如有而知法。若是無，可如無而照。以法非有非無，故聖照一切如虛空矣。今言見者，乃是無見之見，非是定性之見。法若非非法，舉法體空寂，去離有無，名爲中道。若能知有無性離中何所中。是名非非法空者，正明能觀所觀空。故生法師云：非無有宗，宗之者無相。聖智非無有照，照之者無心。故以無心之智，照無相之宗也。境智俱寂也。

法性空，色、受、想、行、識空，十二入空，十八界空，六大法空，四諦空，十二緣空。

法性下，第二，別歷諸科以明空，顯護佛果之般若也。文有二：初、約法明空，顯成實智義；二、內空下，更舉十二空，結上空義。初，約法明空，有二：初，就色釋空；次，從剎那下，約心辨空。

所言法性者，明一切法本性清淨，即大乘般若體。色受想行識空者，明五陰果報空。十二入是受用空，十八界是性別空。《大智度論》云：以對病不同，說斯三種。爲疑心數衆生，說於五陰。爲疑色衆生，說十二入。爲疑色心等衆生，說十八界。六大名遍到空，故《阿含經》云：六王各諍其大。地云：我能勝載一切萬物，故稱爲大。水云：我能澍潤一切。火云：我能燒照一切。風云：我能生動一切。空云：我能容受一切。識云：若無我者，色則敗壞。雖復各稱我大，識爲主也。故云：四大圍空，識居其中。五大就有法以辨空，第六空大就無法以辨空。今言有無者，是其相待之名也。四諦者，是境空。十二因緣，是義空。生、住、滅，是三世法空。十二因緣義空者，還分折苦、集之境。故過去二因，現在三因，此五是集。現在五果，未來二果，此七是苦諦。故云：十二因緣，其義甚深。又，十二因緣者，明十二因緣本來寂滅，非二乘所知故也。

是法即生、即住、即滅，即有即空。剎那剎那，亦如是法生、法住、法滅。

是法即生者，牒上色等諸法，集起故生。即住者，有爲暫時遷停名住。即滅者，不起即滅也。即有即空者，集起故即有自體，空故即空。故《淨名經》云：亦生亦老亦滅。此中應廣明三相，復須悉破，今不具説。剎那亦如是下，就心辨空。法生、法住、法滅者，釋心法亦具三相也。

何以故。九十剎那爲一念。一念中，一剎那經九百生滅。乃至色一切法亦如是。

何以故下，釋上色心空故也。九十剎那爲一念乃至一切法亦如是。上廣辨其色，略辨其心。今就内廣明其心，略釋其色空。聖人善巧，廣略互舉。若依《釋論》，此即是散空也。將欲明空，先立其法。法雖無量，不出色心。色法者，從細微成麤微，從四微成四大，從四大成諸根。此明色法也。九十剎那爲一念，一念中，一剎那遷九百生滅。一念有九十剎那，合遷八萬一千生滅。以生滅折剎那，剎那折一念，如是心法不可得。此明心空。以四大分諸根，諸根不可得。以四塵分四大，四大不可得。以麤微分四微，四微不可得。以細微分麤微，麤微不可得。摧色至於極微，窮心盡於生滅。色盡心窮，豁然無所住。無住之住，不知何以目之，强名爲空。即是護佛果也。一切法亦如是者，結上色、心空也。

以般若波羅蜜空故，不見緣，不見諦，乃至一切法空。

以般若波羅蜜空故，不見緣，不見諦者，上舉法以明智空，今舉智以明法空。不見緣者，心空也。不見諦者，境空也。又解：不見緣者，十二緣也。不見諦者，四諦也。乃至一切法空，總結釋空也。約法明空竟。

內空下，次更舉空，結上諸空。上別此總，即顯成總別皆空。若能了悟諸法本來空，是名真護佛果也。

若依《大論》明十八空，先總問：若廣說，諸法無量，空隨諸法亦應無量。略說，應一空，所謂一切法空。今何以但說十八空。答：若略說，即事不周。若廣說，即事繁。如服藥少，則病不除。多則更增其患。空亦如是，若說一空，則不能破種種邪見及諸煩惱。若隨種種邪見說空，則過多。今說十八空，正得其中。今辨十二，亦如是。

內空、外空、內外空、有爲空、無爲空、無始空、性空、第一義空、般若波羅蜜空、因空、佛果空、空空故空。

內空者，所謂內六入無神我。外空者，外六塵無我所。內外空者，內外外[六]合觀，皆無我我所。有爲空者，色、心因緣和合，生諸陰、界、入等，無所有。無爲空者，虛空數滅，非數滅也。亦應有有爲、無爲合觀，文略故也。無始空者，將明無始，故先明有始。《涅槃》云：從冥初生大。若依《釋論》，從世性生覺，是名爲始。破此始故，名無始空也。性空者，諸法本無。衆生計不同，或謂未來性有，乃至性諦如來性等決定是有。並爲此空所破。如經說：眼空，無我我所。何以故。性自爾，乃至意等亦如是。第一義空者，諸法實相不破不壞也。對世諦得名也。是諸法實相亦不可得。何以故。無愛著故。般若波羅蜜空者，《涅槃》云：大空者，是波若空也。《釋論》云：十方俱空，名大空也。因空者，金剛已還，皆悉空寂，名因空。佛果空者，十力乃至十八不共法等空，名佛果空也。空空故空者，《釋論》云：空空者，先以法空破內外等法，後以此空破是諸空，是名空空。問：空與空空有何等異。答：空破五陰，空空破空。如服藥能破病，病破已，藥亦應出。若藥不出，即復是病。以空滅諸煩惱病，恐空復爲患，是故以空捨空，故名空空也。

但法集故有，受集故有，名集故有，因集故有，果集故有，十行故有，佛果故有，乃至六道一切有。

但法集下，答中第二，約隨俗故，約出用以答。上辨於空，同入於實。今辨其有，則爲三假所成名爲有。假義如上説也。法集故有者，以細色成麤色，名法集故有。言受集者，即是受假。地等四大攬細四塵成，名爲受集。言名集者，即是名假。名字句等攬聲塵成，故稱名集故有。因集故有者，煩惱業等從緣集起，名因集故有也。果集故有者，五陰等報從結業生，名果集故有。十行故有者，從十信至十地從緣集起，通名十行故有也。佛果故有者，菩提、涅槃從因行而得，故名佛果故有。乃至六道一切有者，前列衆内但列五道，修羅入鬼道，今具列諸有，故云乃至六道一切有也。

善男子，若菩薩見法衆生我人知見者，斯人行世間，不異於世間，於諸法而不動不到不滅，無相無無相，一切法亦如也。

善男子若菩薩見法衆生下，答中第三，舉失顯得。文有二：初、舉失；二、於諸法下，顯得。

初，舉失者，若執我想，未忘著法之心，彌動重者，斯人同於世情，故不異世間也。

於諸法而不動下，次，顯得。若折色得空，斯則壞法，名爲動也。若能體解色即是空，謂不動也。不到者，《智度論》云：平等之法一切聖人所不能到。善告[七]白佛言：乃可餘聖不能到，佛何故不到。佛言：乃至佛亦不能到。何以故。佛即平等，平等即是佛，佛與平等無二故，名不到也。不滅者，法本不然，今則無滅。無相無無相者，一切諸法皆是一相，所謂無相。一切法亦如也者，明一切法同一無所得也。

諸佛、法、僧亦如也。即是初地一念心具足

八萬四千般若波羅蜜。

諸佛、法、僧亦如也者，類同上釋。即是初地一念心具足八萬四千波羅蜜者，是無爲法中而有差别，無所得一念具足一切。今言八萬四千者，是一途法門耳。一念者，論初地菩薩以真如爲心，豈有一念也。今以借下地之一念，況上地之積德，故云一念也。八萬四千波羅蜜者，案《賢劫經》辨三百五十度，始從修行度、光曜度，終至分舍利度，爲三百五十度也。一度中則有六度，合二千一百度。一度中復有十善，則合爲二萬一千度也。以四善根分之，即八萬四千諸波羅蜜也。亦對八萬四千諸塵勞門。

即載名摩訶衍。即滅爲金剛，亦名定，亦名一切行。如《光讚般若波羅蜜》中説。大王，是經名味句，百佛千佛百千萬佛説名味句。

即載名摩訶衍者，若據其照用，目爲般若。論其運載，名之爲衍。能運人向佛，故云載名摩訶衍。即滅爲金剛者，能破煩惱，名即滅爲金剛。離散亂故，名爲定。能利自他，無德不包，故云一切行也。如《光讚》者，引證也。

大王是經名味句下，答中第四，校量顯勝。是經者，此《般若經》。名味句者，《釋論》云：一字曰字，二字曰名。如菩一字，提爲一字，二字不合，不得爲名。若合説者，始得爲名。四字成句，或三字、四字、八字，皆名爲句。句下所以，名爲味也。百佛千佛説名味句者，明諸佛道同。然諸佛雖殊，其説無二，無二之説，即是一也。

於恒河沙三千大千國土中，盛無量七寶，施三千大千國土中衆生，皆得七賢四果，不如於此經中起一念信，何況解一句者。句非句非非句故，般若非句，句非般若，般若亦非菩薩。

於恒河沙三千大千國土乃至不如於此經中起一念信者，此正舉校量。初，明財施三千。後，皆得七賢。四果下，明法施四果。不如於此經中起一念信者，無所得般若信，勝前有所得財法二施也。何況解一句者，信心尚過，何況解句義也。言句非句者，句無句相故也。亦無非句相故，非非句。又云：句非句者，非句，句非般若者，般若是智，句是文，文字性離也。非非句者，非前二句也。般若智皆無所有，故云般若非句，句非般若也。般若亦非菩薩者，人法殊別也，此是無別之別也。

何以故。十地三十生空故，始生、住生、終生不可得，地地中三生空故。亦非薩婆若，非摩訶衍空故。

何以故下，釋上人法皆空。十地三十生空故者，分波若爲十分，即十地也。一地有三生，合爲三十生也。十地既空，所以般若即空也。亦非薩波若，非摩訶衍空故者，非薩波若者，因時非果也。非摩訶衍者，照非運義也。亦者，般若但直非，非菩薩，亦非果智及乘義也。空故者，如上釋也。

大王，若菩薩見境、見智、見説、見受者，非聖見也，倒想見法凡夫人也。見三界者，衆生果報之名也。

大王，菩薩見境見智下，答中第五，結上，舉非顯是。就文，有二。初，舉非。從六識下，明顯是。舉非中，見境見智者，上明境、智俱空，今菩薩若有見境、智之別者，非聖見也。見境者，是其塵執。見智者，是識執。言見説見受者，是其人執。此等不見人、法二空，故名非聖見也。妄執人法，惑心翻境，名爲倒想見法。違理背聖，名曰凡夫也。見三界者，衆生果報之名也。此三界者，器世間。三界報者，衆生受用住處名爲果報也。六識起無量欲無窮，名爲欲界藏空。惑色所起業果，名爲色界藏空。惑心所起業果，名爲無色界藏空。

二、從六識起無量下，結顯是，明空義。就文，有二：初、明染法空；二、薩波若下，明淨法空。

前中：初，明分段生死，明三界藏空；根本無明下，明變易生死體空。

初，明分段空者，六識起無量欲者，從五欲生遍起煩惱。依欲而生，故名爲藏也。空者，即體自無也。

惑色所起下，明色界藏空。若論煩惱，即色愛住地，從色而生。色界之中具有五陰，色最强，故言色也。若論其業，不動行也。若論果報，猶屬分段。

惑心所起業果名爲無色界藏空者，無色界唯有四衆，闕無色界〔八〕，故云心也。若論煩惱，有愛住地。若論其業，不動行。若論果報，猶屬分段。若論依報，欲色二界辨有宫殿住處，無色界唯心寂漠，無宫殿也。

三界空，三界根本無明藏亦空。三地九生滅，前三界中餘無明習果報空。

三界空者，總結上三界皆空也。三界根本無明藏亦空者，明變易生死體空。有二：先明因空，次明果空。根本無明藏是因空。無明猶如大地能生煩惱，故名根本也。若論其業，即生漏業。若論果報，即變易三界。

三地九生滅下，次，明果空。言三地九生滅，釋有二義：一者，八、九、十地皆有三心，合九生滅也；第二義者，變易三界中各有三種意生身，名三地九生滅。初地至五地，名三昧樂行意生身。六、七二地，名覺法自性意生身。八地已上，名種類俱生無作行意生身。三藏師云：一、見地，在初地；二、修地，在二地已去；三、究竟地，在十地。此三地中，各有初生、次住、終滿，爲九生滅也。言前三界中餘無明習果報空者，上來明五住正使，此言無明習氣也。

金剛菩薩得理盡三昧故，惑果生滅空，有果空，因空故空。薩婆若亦空，滅果空。

金剛菩薩得理盡三昧者，十地菩薩照窮因盡，故云理盡也。惑果生滅空者，微習故云惑。惑者，一切煩惱。果者，是三界與界外一切果也。生滅空者，是無礙道空。故《瓔珞經》云：等覺菩薩與妙覺佛生滅爲異。此明法身帶於生滅也。有果空者，苦諦無相，名有果空。集諦無生，名因空。

自上來明染法空竟。薩婆若亦空，明淨法空。薩婆若空，明智德空。滅果空者，明斷德空。德行雖衆，不出此二也。又，薩婆若亦空者明菩提空，滅果空者明涅槃空。

惑前已空故，佛得三無爲果：智緣滅、非智緣滅、虚空。薩婆若果空也。

惑前已空故者，如來已出衆惑之外，故云惑前已空。又解：未斷煩惱時，本來寂滅，故云惑前已空。佛得三無爲果者，總舉三德也。智緣滅者，名數緣滅無爲。非智緣滅者，非數緣滅無爲。虚空者，法性虚空無爲。薩婆若果空者，明佛果體空。

善男子，若有脩習聽説，無聽無説，如虚空，法同法性，聽同説同，一切法皆如也。

善男子若有修習聽説下，答中第六，勸行信受持護佛果義。就文，有二：初，正勸信，明聽説同如虚空；次，大王下，總結答前問。初文云聽説同如虚空。故《大品》云：聽如幻人聽，説如幻人説，故無説無聽，答上問也。故《淨名經》云：夫説法者無説無示，其聽法者無聞無得也。如虚空，法同法性，聽同説同，一切法皆如也。如虚空者，況上聽説如虛空也。法同法性者，《淨名》云：法同法性，入諸法故也。論其空理，絶於聽説，故云一切法皆如也。

大王，菩薩修護佛果，爲若此。護般若波羅蜜者爲護薩婆若、十力、十八不共法、五眼、五分法身、四無量心一切功德果，爲若此。

　大王菩薩修護佛果爲若此者，總結答上護果義也。護般若波羅蜜者爲護薩婆若者，廣舉其因，爲成其果，欲明因無別因，由果故因，果無別果，由因故果，是故護因即爲護果。十八不共法乃至五分法身者，廣舉果德由因得也。

佛説法時，無量人衆皆得法眼淨，性地、信地有百千人皆得大空菩薩大行。

　佛説法時無量人下，品中第三大段，明諸人悟道。法眼淨者，小乘見道，初證四諦明白，故云法眼淨也。今説大乘，何以得小果者，説是其一，但受悟不同，所得果異。如《淨名》云：但佛以一音演説法，衆生隨類各得解。又釋云：如來布慈悲雲，雨實相雨，大根大莖受其大潤，小根小莖受其小潤，悟在物根，不在法也。又云：始證初地名見道，亦名法眼淨。性地者，即十解已上。信地即十信已下。皆得大空者，初地已上二空增長，心㝠大寂，名大空也。大行者，初地已上八萬四千諸度行也。

仁王般若經疏卷上二

**校勘記**

〔一〕「門」，疑爲「問」。

〔二〕「乃」，疑爲「及」。

〔三〕「來」，底本作「求」，據文意改。

〔四〕「折」，疑爲「析」，下同。

〔五〕「無」，疑爲「有」。

〔六〕「外」，疑衍。

〔七〕「告」，底本原校疑爲「吉」。

〔八〕「界」，底本原校云一作「象」，一作「衆」。

# 仁王般若經疏卷中三

吉藏法師撰

## 仁王護國般若波羅蜜經菩薩教化品第三

前品依空護佛果，即方便智實智。此品依五忍十地化衆生，即實智方便，故言《教化品》。前品非無因，爲成其果。此品非無果，爲成其因。又，起如幻教迹，化如幻衆生，故云《教化品》。就此品中，分爲二段：初問，二答。初問中，三：初、問十地自利行相，二、問利他行化相，三、問所化衆生德行相貌。

白佛言：世尊，護十地行菩薩云何行可行，云何行化衆生，以何相衆生可化。

初段中，護十地者，牒所修十地位也。言云何行可行者，問何等行法可依之修行，成十地，得自行。第二，問云何行化衆生者，問菩薩行化用何等法化衆生。第三，問言以何相衆生可化者，問所化衆生之體相。

佛言：大王，五忍是菩薩法，伏忍上、中、下，信忍上、中、下，順忍上、中、下，無生忍上、中、下，寂滅忍上、下，名爲諸佛菩薩脩般若波羅蜜。

佛言下，第二，答前三問，即爲三段。初，從五忍是菩薩法下，説十四忍具足，答初問自行。從白佛言云何菩薩本業清淨乃至諸鬼神現身修行般若，答前第二外化行問。從佛告大王汝先言下，竟《品》，答第三問。

就前自行中，有二：初，略説五忍，明自行體；善男子下，第二，廣分别十四忍，顯自行相。就前略中，有二意：初、生起，二、立五忍意。

初、生起者，伏忍上、中、下，即是得

聖方便行。二、信忍上、中、下，即是入聖之初門。三、順忍上、中、下，即是順無生果之近緣。四、無生忍上、中、下，即是向果之功能。五、寂滅忍上、下，即是因果合説。

就立五忍意，有三段：初，五忍是菩薩法，表五忍屬人；二，伏忍上、中、下，出五忍位；名爲諸佛菩薩下，第三，結釋。

初文可知。第二出位中，伏忍上、中、下者，習忍下，性忍中，道種忍上，在三賢位。信忍上、中、下，初地下，二地中，三地上。順忍上、中、下，四地下，五地中，六地上。無生忍上中下，七地下，八地中，九地上。寂滅忍上、下，十地下，佛地上。

善男子，初發相信恒河沙衆生修行伏忍，於三寶中生習種性十心，信心、精進心、念心、慧心、定心、施心、戒心、護心、願心、迴向心，是爲菩薩能少分化衆生。

善男子下，第二，廣分別十四忍，開五忍爲十四忍。初，明習種性名習忍，即有三段：初、標修忍人，二、別列十種心，三、是爲菩薩下，明化衆生功能。文言初發相信恒河沙衆生修行伏忍者，解云：無量恒河沙世界人天、二乘修行種種功德聚，集作一分，正與信心菩薩等也。文言：於三寶中生習種性。三寶道理，即是果報。立志遠大，故不怯弱。於三寶勤策勵，即是信習一切種智之本性十信。

已超過二乘一切善地。一切諸佛菩薩長養十心爲聖胎也。

次第起於乾慧性種性，有十種心。所謂四意止，身受心法，不淨、苦、無常、無我也。三意止。三善根，慈施慧也。三意止，所謂三世過去因忍、現在因果忍、未來果忍也。

超過二乘地者，此是大乘之解，故過二乘。

成大乘法身種子，名爲聖胎也。

次第二，明中忍性種性。文有三：初、

總舉性種十心；二、所謂下，別列十心；三、是菩薩下，明中忍功能。

云次第起於乾慧者，小乘法中習種之外，前別有乾慧地未得理解潤心故，今此對初地真解，名種性爲乾慧地也。

第二，別列十心中，四意止是四念處，三意止即三善根，不貪善根即是施，不瞋善根即是慈，不癡善根即是慧。下文釋謂慈施慧。三意止者，過去無明、行，名因忍。三因五果現在，名因果忍。未來生、老死，名爲果忍。是菩薩亦能化一切衆生，已能過我人知見衆生等想，及外道倒想所不能壞。

復有十道種性地，所謂：觀色識想受行，得戒忍、知見忍、定忍、慧忍、解脱忍。觀三界因果，空忍、無願忍、無想忍。觀二諦虚實一切法無常，名無常忍。一切法空，得無生忍。

是菩薩亦能化一切衆生者，第三，明中忍功能。觀五陰無我故，已過我人等想。觀三世因果非常非斷故，外道等不能破壞。此經性種性，在十解十行。依《華嚴》，十住爲習種，十行爲性種。依《華嚴》，十解爲十住，一名發心住，乃至十灌頂住。十行者，一名歡喜行，乃至十名真實行。

第三，道種性，明上忍。有三：初、總明五陰觀；二、别明十堅心；三、是菩薩下，結上忍功能，化衆生。十堅者，五分法身、三空忍、觀二諦虚實一切無常忍、一切法空得無生忍。

是菩薩十堅心，作轉輪王，亦能化四天下，生一切衆生善根。

又信忍菩薩，所謂善、達、明中行者，斷三界色煩惱縛，能化百佛千佛萬佛國中，現百身千身萬身神通，無量功德。常以十五心爲首，四攝法、四無量心、四弘願、三解脱門，是菩薩從善覺地至於薩婆若，以此十五心爲一切行根本種子。

又順忍菩薩，所謂見、勝、現法，

是菩薩下，結上忍功能，化衆生德。十堅心，結自利德。作轉輪王下，結化他德。此經明名道種性，《華嚴》名十迴向，一名救護一切衆生離衆生相迴向，乃至十名法界無量迴向。此經作金輪王，故化四天下。依下文，上品十善鐵輪王化一閻浮提。習種銅輪王化二天下，除東北二方。性種性銀輪王化三天下，除北方。此處經文略耳。又此四王在閻浮，統領餘三天下，與佛相似。

又信忍下，明信忍有三種：一、想信，輕毛菩薩；二、久信，三賢是；三、證信，初地已上。

就信忍，文有四。初，標信忍名德。又信忍菩薩，出名。所謂善達明中行者，出信忍德。斷三界下，第二，斷障。能化百佛下，第三，明所化國土。初地現百身，二地現千身，三地現萬身。常以十五心爲首下，第四，起勝修。

初，出德内，善達明中行者，總標信忍等三位。善者，善覺忍，此在初地。達者，是觀達忍，在二地。明者，是明慧忍，在三地。三昧照明，名爲明慧。

斷三界色煩惱縛者，初、二、三地觀色諦無相，不取著色法，故離色縛。道理亦觀心諦無生，文隱顯，從多説耳。

第三，所化國土中乃至萬佛世界，此明神通化益。依《他〔二〕經》，攝報果中，初地化百佛世界，二地化千佛世界，三地化萬佛世界，現身等亦爾。依願智果，皆言不可數。

第四，起勝修行者，初地行布施攝令生信，愛語攝令生解，利行攝令起因，同事攝令得果。亦名同事，謂苦樂事同也。言四無量心者，是利他心，此具三緣：一、衆生緣，緣假名衆生與樂；二、法緣，緣五陰法數；三、名無緣，緣諸衆生五陰無所得。一、慈，是與樂心也。二、悲，是拔苦心。三、喜，是慶物心。四、捨，是平等心。緣境無限，故名無量。四弘誓願者，是利他願。未度苦，令度苦。未解集，令解集。未得安道，令得安道。未得涅槃，令得涅槃。三解脱門者，是無漏三三昧。離縛，名解脱。通人至果，名之爲門。《婆娑》云：一名無願，能厭生死；二名無相，能樂涅槃；三名空定，觀生死涅槃二俱無相。如《地持菩薩分品》説。依下偈文，初地作四天王，二地作忉利天王，三地作夜摩天王。初地名歡喜，二地名離垢，三地名明地。此三地同在信忍位。

第三，解順忍。文有四：初、總標順忍菩薩名；二、見勝下，舉順等三位；三、能斷下，明離障分齊；四、現一身下，明現土起用化生。

初，總標可知。等[三]二明位者，見者，是第四炎地，下文云名炎慧地。勝者，是第五難勝地，下文云名勝慧忍。現法者，是第六現前地，下文云名現法忍。第三，明離障分齊。

能斷三界心等煩惱縛故，現一身於十方佛國中，無量不可説神通化衆生。

又無生忍菩薩，所謂遠不動觀慧，亦斷三界心、色等習煩惱故，現不可説不可説功德神通。

文云斷三界心煩惱縛者，此之三位能觀三界心諦無生無所得。不取心相，知心無生故，能斷迷心煩惱。通論，亦斷迷色惑。今從多故，但斷迷心耳。此是無名相中説，不可定以一文爲執，而講者須深知此意。

第四，現土中。文云現一身於十方國化衆生者，依《地經》，攝報果炎地菩薩能現一億身，能化一億佛國衆生等。難勝地攝報果，能現千億身，化千億世界衆生等。現前地攝報果，能現百千億身，化衆生亦爾。此約階位爲言。若願智果中，皆不可計知。依此經，四地爲兜率天王，五地爲他化樂天王，六地爲化樂天王。若依六天次第，應五地爲化樂天王，六地爲他化天王。此文誤也。

第四，明無生忍。就文，有四：初、總標忍名；二、所謂下，出位；三、亦斷下，治障；四、現不可說下，現土。

初文，可知。第二，出位。中言遠者，遠行地。不動者，不動地。觀慧者，善慧地。七地，下文遠達忍。八地，下文等觀忍。九地，下文慧光忍。

三、明治障。云亦斷三界心色等習煩惱等者，此三位深證心色無生故，能斷色心等習。依《地論》，七地斷細相習障，八地斷無相行障，九地斷不能利益衆生障。

四、明現土。經云現不可說神通者，依《地論》，七地攝報果中，現百千億那由他身，化衆生亦爾。八地攝報果，現百萬三千大千世界微塵身，化衆生等亦爾。九地，現十阿僧祇百千佛土微塵數身，化衆生亦爾。依經下文，七地爲初禪王，八地爲二禪王，九地爲三禪王。此等皆是菩薩無生自在，不可定執也。

復次，寂滅忍，佛與菩薩同用此忍。入金剛三昧，下忍中行，名爲菩薩。

第五，明寂滅忍。寂者是定，滅者是慧。寂而常照，照而常寂，故名寂滅忍。文有五：初、明位地分齊；二、入金剛三昧下，明行差別；三、共觀下，明因異果；四、盡相無相下，彰果異因；五、善男子一切衆生下，歎果殊勝。

初，文云佛與菩薩同用此忍者，是法雲地菩薩。依《地論》，斷於諸法中不得自在障，爲無礙道。佛者，一切智一切種智依止智體圓滿，名解脱道。前之四忍斷生死未盡，不得寂滅之名。

第二，明行差別。入金剛三昧，下忍中行，名菩薩者，此定堅固永不退，名金剛三昧。

無礙道因位所攝，名下忍。依《地經》，攝報果得十不可説佛土微塵三昧等。

上忍中行，名爲薩婆若。共觀第一義諦，斷三界心習無明，盡相爲金剛。盡相無相，爲薩婆若。超度世諦第一義諦之外，爲第十一地薩云若。覺非有非無，湛然清淨，常住不變。同真際，等法性。無緣大悲，教化一切衆生。

上忍中行名爲薩婆若者，解脱道果位所攝，名爲上忍位。薩婆若者，此云一切智。此忍因果位别，唯分上、下二品。前之四忍同是因位故，各分三品。此無差别中作差别名，豈可定執。此處五忍是通，因果無礙解脱皆名爲忍，不同小乘唯見道無礙八忍。

第三，明因異果中，共觀第一義者，與佛同觀實諦，名共觀也。斷三界心習無明者，依《地論》，此斷微智障名心習無明，觀空諦究竟無礙道中斷心習無明盡，亦斷色習。文略不論耳。言盡相爲金剛者，能破生死因果究竟，名爲盡也。

第四，明果異因。文云盡相無相爲薩婆若者，非但盡相，亦盡無相。所謂緣觀並寂，境智俱寂，始是圓滿顯現，故名盡相無相。薩婆若者，云一切智。證中道一實諦，故云出二諦之外。十地是學果，佛十一地是無學果。絶相非有，備德非無。離染故清淨，離苦故常樂。會於無，德絶妄，名法身也。故云：同真際，等法性。無緣大悲教化一切衆生者，是應身。

乘薩婆若乘，來化三界。

善男子，一切衆生煩惱不出三界藏，一切衆生果報二十二根不出三界，諸佛應化法身亦不出三界。三界外無衆生，佛何所化。是故我言：三界外别有一衆生界藏者，外道《大有經》中説，非七佛之所説。

大王，我常語：一切衆生斷三界煩惱果報盡者，名爲佛。

乘薩婆若乘來化三界者，是化身。又前是化他心，後是化他身。

第五，歎德殊勝。文有六：一、明所化三界；二、諸佛應身下，明能化應身；三、從三界外下，明三界攝生周盡；四、我言三界外別有一衆生界藏下，明非邪顯正；五、大王下，歎果異因；六、衆生本業下，舉因顯果。

初，明所化三界。文言煩惱不出三界者，是集諦。三界有二種：一分段，二變易。文言果報二十二根不出三界者，此明苦諦。二十二根者，眼等六根，苦、樂、憂、喜、捨五，合爲十一，男、女、命三，爲十四，信、進、念、定、慧五，爲十九，三無漏根，未知根、已知根、無知根，爲二十二根。二十一根不出分段三界。無知根在無學，出分段三界。不出者，不出四住習氣三界。二十二根義，如别章。

第二，明能化。文言諸佛應化法身亦不出三界者，謂所化衆生，故言不出三界。若舉實而言，三界本來清淨，何出不出。

第三，明三界攝生周盡。文云三界外無衆生者，分段、變易二種三界外，更無生死衆生可化也。

第四，非邪顯正。文言三界外别有一衆生界者，外道《大有經》中説，非七佛之所説者，若依舊説流來義，即同外道《大有》所説。二種生死外别有生死衆生藏者，即是舊説無明義也。是外道邪説，非佛正説。

第五，歎果異因中，言我常語一切衆生斷三界煩惱果報盡名爲佛者，斷盡分段、變易二種也。

自性清淨，名覺薩云若性。是衆生本業，是諸佛菩薩本所修行。五忍中，十四忍具足。

自性清淨者，煩惱既盡，體無瑕揳也。此是斷德也。名覺薩云若者，此云一切智，是其智德也。

第六，舉因顯果。文云：衆生本業是諸佛菩薩本所修行。十三忍是菩薩修，名因行。第十四忍是佛德，名顯果。上來至此，答自利行竟。

白佛言：云何菩薩本業清淨化衆生。佛言：從一地乃至後一地，自所行處及佛行處一切知見故。本業者，若菩薩住百佛國中，作閻浮四天王，修百法門，二諦平等心，化一切衆生。若菩薩住千佛國中，作忉利天王，修千法門，十善道化一切衆生。若菩薩住十萬佛國中，作炎天王，修十萬法門，四禪定化一切衆生。

白佛言下，答第二利他行相問，文有二。初，騰前問。月光去前問既遠，今更重發起。云何菩薩本業清淨者，十地是菩薩本業，菩薩以慈悲智慧，於生死、涅槃二處無染，名本業清淨也。佛言下，正答問，以顯利他行相。有三：初、略答前問；二、若菩薩住百佛下，廣答；三、散無量下，慶蒙法利，供養讚歎。

初，文言從一地至後一地，謂從初地至佛地也。言自所行處者，謂是因地。及佛行處，謂果地也。無緣之照，因果並賓，故云一切智見也。

若菩薩住百佛下，第二，廣答。十地爲十別。就初地，文有五句。

一、住百佛下，明所化國土。

二、作閻浮王下，明攝位。謂作人中四種輪王及四天王。依《地經》，初地作鐵輪王。《瓔珞經》云：修行十信一劫二劫三劫，修十信善有三品，上品善鐵輪王化一天下，中品善粟散王，下品善人中王。十住銅輪王，十行銀輪王，十迴向金輪王。初地已上瑠璃寶瓔珞。初地百寶瓔珞，七寶相輪，四天王萬子爲眷族。十住爲銅輪王。若爾十住位已過初地，豈可以一經執爲定解。故彼經云：是諸地無名無相，但應化故言有。

三、從百法門下，辨所解法門。此乃一念解百法門也。

四、二諦已下，明自行證理。真俗無相，名平等心。

五、化一切衆生，明利他行相。

二地至十地，例有四句。

二地，四者。初、若菩薩住千佛下，明所化土。二、作忉利天王下，明增上生相。《地經》云二地作金輪王。《瓔珞》與此經同，作忉利王。修[三]千法門下，明所解法門。四、十善道化一切衆生下，明利他行相。

三地，四者。初、若菩薩住十萬下，明所化土。二、作琰魔天王下，明增上生相。故《地經》云作忉利王。《瓔珞經》同此經，作琰魔天王。三、修十萬法門下，明所解法門。四、禪定化一切衆生下，明利他行相，以禪定益物也。

若菩薩住百億佛國中，作兜率天王，修百億法門，行道品化一切衆生。

四地，四者。初、若菩薩住百億下，明所化土。二、作兜率下，明增上生相。故《地經》云作琰魔天王。《瓔珞經》同此經，爲兜率天王。三、修百億法門下，明所解法門。四、道品化一切衆生下，明利他行相，以道品化衆生也。

若菩薩住千億佛國中，作化樂天王，修千億法門，二諦、四諦、八諦化一切衆生。

五地，四者。初、若菩薩住千億下，明所化土。二、作化樂天王下，明增上生相。故《地經》作兜率天王。《瓔珞經》亦同此經，爲化樂天王。三、修千億法門下，明所解法門。四、二諦下，明利他行相。真、俗二諦。又，有作四諦、無作四諦，爲八諦。亦可修八法爲八諦，謂無常、苦、空、無我爲四，常、樂、我、淨爲四，故有八也。又云：八諦者，相諦、差別諦、説諦[四]成諦、事諦、生諦、盡無生智諦、令入道智諦、菩薩及成就如來智諦。覺有爲法相續故，善知生諦。覺煩惱滅故，善知盡無生諦。此之八名，與《瓔珞經》十六諦中八名相似，未詳所出。

若菩薩住十萬億佛國中，作他化天王，修十萬億法門，十二因緣智化一切衆生。

六地，四者。初、住十萬億佛國下，明所化土。二、作他化天王下，明增上生相。《地經》云作化樂天王。《瓔珞經》同此經，云作他化天王。三、修十萬億法下，明所知法門。四、十二緣下，明利他行相。自知十二，教化令知。

若菩薩住百萬億佛國中，作初禪王，修百萬億法門，方便智願智化一切衆生。

七地，四者。初、住百萬億下，明所化土。二、作初禪王下，明增上生相。《地經》作他化天王。《瓔珞經》千色光慧瓔珞作梵天王。三、修百萬億法門下，明所知法門。四、方便智下，明利他行相，以二智化衆生。

若菩薩住百萬微塵數佛國中，作二禪梵王，修百萬微塵數法門，雙照方便禪〔五〕通智化一切衆生。

八地，四者。初、住百萬下，明所化土。二、作二禪梵王下，明增上生相。《地經》云作梵王，王一千界。《瓔珞經》梵師子瓔珞光光天王。三、修百萬下，明所知法門。四、雙照方便下，明利他行相，以神通化衆生也。

若菩薩住百萬億阿僧祇微塵數佛國中，作三禪大梵王，修百萬億阿僧祇微塵數法門，四無閡智化一切衆生。

九地，四者。初、住百萬億下，明所化土。二、作三禪王下，明增上生相。《地經》作梵王，王二千界。《瓔珞》云作淨居天王。三、修百萬億下，明所知法門。四、四無礙智下，明利他行相，以四辨化衆生也。

若菩薩住不可説不可説佛國中，作第四禪大

靜天王三界主，修不可説不可説法門，得理盡三昧，同佛行處，盡三界源，教化一切衆生。如佛境界，是故一切菩薩本業行淨。若十方諸如來亦修是業，登薩婆若果，作三界王，化一切衆生。

十地，四者。初、住不可説下，明所化土。二、作第四禪王下，明增上生相。《地經》云作大自在天王，王三千界。《瓔珞經》作大淨居天王。三、修不可説下，明所知法門。四、得理盡三昧下，明利他行相，以三昧化衆生。以金剛定照窮佛性，名理盡。同佛眼見，名同佛地。又同寂滅忍，名同佛行處。善斷有頂種，名盡三界源。

佛地，有三：初、十方諸如來下，明自得薩婆若果；二、三界王下，明增上生相；三、化一切下，明化益行相。第二廣答利他問竟。

爾時，百萬億恒河沙大衆，各從座起，散無量不可思議華，燒無量不可思議香，供養釋迦牟尼佛及無量大菩薩，合掌聽波斯匿王説般若波羅蜜。今於佛前以偈讚曰：

爾時百萬億下，大段第三，大衆慶蒙法利供養。文五：初、設供養；二、今於佛前下，明月光讚佛所説十一地行相能利衆生；三、時諸大衆聞月光下，明衆聞月光所讚，獲益無量；四、佛告諸得道下，明佛讚月光起行長久，所説不虚，亦云發月光本行；五、是十四法門下，牒上法門。結歎〔六〕修學。亦云三世凡聖同修。

初，供養，先華，後香，讚十四婆若。就行門，是菩提心華，大乘戒香。

第二，讚中，先經家序列。後正偈讚，合五十九偈，以讚誦上事。就五十九偈，大分有三：初、有六行，總頌上義；二、十善下，四十五行，别頌十四忍功德；三、從三賢下八行，重結歎上五忍等功德也。就六行總頌中，有四。初三句，歎佛三業：初一句，歎身業；

次一句，歎意業；後一句，歎口業。

世尊導師金剛體　心行寂滅轉法輪
八辯洪音爲衆説　時衆得道百萬億
時六天人出家道　成比丘衆菩薩行
五忍功德妙法門　十四正士能諦了
三賢十聖忍中行　唯佛一人能盡源
佛衆法海三寶藏　無量功德攝在中

八辯者，依《梵摩喻經》，一、最好，二、易了，三、調和，四、柔濡，五、不誤，六、不妄，七、尊慧，八、深遠。洪者，大音也。

第二，從時衆下，一行半，明衆獲益無量。天無出家法，今言出家者，必依佛出生死家。人有剃除鬚髮出家成比丘衆，天有捨俗入道成菩薩僧。

第三，從五忍下，兩行，總歎五忍功德。五忍行深妙法門。十四聖人窮證不虚，名諦了。習性道種，調心學觀，名三賢。十聖者，十地也。等覺以下，會真名聖。此十三人同在因位，爲造修未息，名忍中行。佛居果位，窮證實相，名盡源。

第四，佛衆下，一行，歎一體三寶。佛是佛寶，衆是僧寶，法是法寶。一體三寶包含藴蓄，稱之爲藏。無德不備，故云攝在其中。

又分前六行爲二：初五行，歎三寶；後一行，結歎也。前五行，爲三：初三句，歎佛；次三句，歎僧；次兩行，歎法。

十善菩薩下，第二，有四十五行，别頌上十四忍。就中，分六段：初，二行，頌上伏忍前方便；第二，習種下，有七行，頌伏忍上、中、下功德；第三，從善覺下，有十行，頌信忍上、中、下功德；第四，從炎慧下，八行，頌順忍上、中、下功德；第五，從遠達下，十行，頌無生忍上、中、下功德；第六，從灌頂下，八行，頌寂滅忍上、下功德。

十善菩薩發大心　長别三界苦輪海
中下品善粟散王　上品十善鐵輪王

習種銅輪二天下　銀輪三天性種性
道種堅德轉輪王　七寶金光四天下

十善菩薩，即是第一頌外凡夫。發一念菩提心故，破無始有輪，故云長別三界苦輪海也。十信雖未出三界，已發大心，求出三界，已能離三惡道，文總言長別也。《瓔珞經》：爾時，住前名信根菩薩，亦名假名菩薩，亦名名字菩薩。若一劫、二劫、三劫修十信，上品善鐵輪王、中品粟散王、下品人王中具足一切煩惱。此經中下品善粟散王，此明其勝王也。習種下，七行，第二頌上地前伏忍三十心。爲二。前兩行，別歎三品，爲三種輪王。

伏忍聖胎三十人　十信十心十堅心
三世諸佛於中行　無不由此伏忍生
一切菩薩行本源　是故發心信〔七〕心難
若得信心必不退　進入無生初地道
教化衆生覺中行　是名菩薩初發心
善覺菩薩四天王　雙照二諦平等道
權化衆生遊百國　始登一乘無相道
入理般若名爲住　住生德行名爲地
初住一心足德行　於第一義而不動

伏忍下，第二，五行，總歎三品。三十心，爲二：初，一行，列伏忍三十心；三世諸佛下，四行，歎伏忍功能。聖胎者，與十聖爲胎也。十信、十心、十堅心，誦上三十心也。

第二，歎伏忍功能中，四行，分爲三：初三句，明伏忍能生一切諸佛賢聖；次三句，明發心功能；次一行，總結。前三句，爲二：初句，明三世諸佛，此舉所生人；下二句，出能生之本。次三句，即爲三：初句，明發心難；次句，明第七住不退；次句，明不退方便所證道。

第三，教化衆生下，兩句，通結因果化行。

善覺下，十行，第三，誦信忍。分爲二：前八行，誦上三地；三忍下，二行，結歎。

前八行，爲三：初四行，誦上初地信忍下品；次二行，誦上二地信忍中品；次兩行，誦上三地信忍上品。前四行，爲二：前一〔八〕行半，歎初地菩薩能統化之功德；第二，有兩行半，明入地功能。前二〔九〕句，歎其智慧，即爲三別：初句，明攝報果增上生；次，明地中觀行，證會無生，達真化俗，爲雙照，悲智並行，故云平等；次，明地中化國土廣狹。第二功能中，有五句，即爲五別：初句，越凡得聖，入一乘無相道；次句，明入地心所入勝利名爲住；次句，明生成佛智名爲地；次句，結滿地心；次句，明心相無生，悟理不動，故云於第一義而不動。

第二段，有兩行，誦上二地，即爲四。初句，釋地名。

離達開士忉利王　現形六道千國土
無緣無相第三諦　無無無生無二照
明慧空照炎天王　應形萬國導群生
忍心無二三諦中　出有入無變化生
善覺離明三道人　能滅三界色煩惱

開士者，菩薩大士也。忉利者，地中王。次句，明所化土廣狹。次句，無緣者，無有內心緣也。無相者，無有二諦相。離此緣、相，名第三諦。又云：無緣，知心無緣。無相者，色無相。此二體空，名第三諦。此次句，無無者，即無真、俗二諦，故云無無也。無生者，即是初地無生。無二照者，無有真、俗二見，故云無二照也。

第三，明慧下，兩行，頌上三地信忍上品。即爲四別：初句，釋地名，出地中王；次句，明所化土；次句，明信忍上品，入三諦照境，窮盡色、心空諦，名三諦中；次句，出有入無者，明三地菩薩緣有化生而不執，即是出有。即有知空，名入無。神通改易，故云變化生也。

善覺離明下，兩偈，總誦上信忍。初句，誦前三位。覺是初地，離是二地，明是三地也，故云三道人。第二句，歎斷德。能滅三界色煩惱者，明地斷障。此處是變化色煩惱也。

還觀三界身口色　法性第一無遺照
炎慧妙光大精進　兜率天王遊億國
實智緣寂方便道　達無生照空有了
勝慧三諦自達明　化樂天王百億國
空空諦觀無二相　變化六道入無間
法現開士自在王　無二無照達理空

身口色者，變化色也。觀色同法性，故無遺照。炎慧下，第四段，八行，誦上四地已上順忍。

就八行，有二段：前六行，頌上順忍；後兩行，總頌結止。前六行，有三：兩行，誦下品；次兩行，頌中品；次兩行，頌上品。前兩行，即爲四句：初句，名精進者，四地精進增上；次句，明地中王所化土也；次明實智者四地化。令證他故，名實智也。清淨不著，即是方便道也。此之實智是方便實，地稱實故，言緣實也。實智觀空，方便智照有，故言達無生照空有了。

勝慧下，二行，四句即爲四別：初句，地名，自達三明也；次句，明地中王所化土也；次句，空空者，以空遣空，故言空空也，無二相者，無二諦相也；次句，明六道化生也。

法現下，頌六地，四句即爲四別。法現即是現前地。開士即是地中人，名爲大士，亦名開士。自在王即攝報果。無二無照，即理空也。

三諦現前大智光　照千億土教一切
炎勝法現無相定　能洗三界迷心惑
空慧寂然無緣觀　還觀心空無量報

三諦者，即是第三[一〇]諦。現前者，即是大智現前也。照千億土下，即是所化土。炎勝下，二行四句，即總誦上，結句。初句四字，頌上三地名。炎是四地。勝是五地。現是六地。下三字，難勝地功能。次句，斷障故云能洗，洗迷心惑。次句，明實智息緣。緣觀並寂，故云寂然無緣觀。次句，還觀心空，非不觀色，從多分言觀心空。無量報者，方便智無量功德報也。

遠達無生初禪王　常萬億土教衆生

未度報身一生在　進入等觀法流地

始入無緣金剛忍　三界報形永不受

觀第三義無二照　二十一生空寂行

三界愛習順道定　遠達正士獨諦了

遠達下，第五段，有十行偈，頌上七地已上無生忍。分爲三段：前五行，頌上七地無生忍下品；次三行，頌上八地無生忍中品；次兩行，頌上九地無生忍上品。

前五行中，即爲十句。初，遠達者，七地名遠達地，《大品》名深入。無生即是地中行。初禪王即是地中王。借相解義，初禪王也。次句，萬億者，明所化土分齊，故言萬億土。一生在者，地前有分段生，初地已上但有變易生，今言七地一生在者，借相解義，故言報身一生在。又解：七地功用生即是變易生，故云一生在。八地已上無有功用生，但有無功用變易生也。雙觀，故言等。無功用水，故言法流。始入者，背功用相生，故言始入。息相堅固，故言無緣金剛忍。離三界習，故言不受。又云：不受未來分段報，故云界報形永不受。八地已上更受二禪身者，是變易也。得中道第一義，故云無二照。從初地至七地已來，地別三生，故云二十一生。達法無所有，故言空寂行。三界愛習者，三界無明習也。獨諦了者，七地菩薩了功用無相，故言獨諦了。

等觀菩薩二禪王　變生法身無量光

入百恒土化一切　圓照三世恒劫事

返照樂虚無盡源　於第三諦常寂然

等觀下，三行六句，頌上八地，即爲六別。初句，明二禪王者，明利他人。八地菩薩忘功息相，雙觀二諦，遍修萬行，入大法流水，齊觀空有，故云等觀。第二句，明八地已上得大法身，名利他身也。第三句，名入百恒土者，是利他行。第四句，圓照恒劫者，明利他智。第五句，八地已上得反照智，苦樂並虚，而世間人多以苦實樂虚，今此八地菩薩觀虚實平等，盡於無盡源也。又解：反照樂受性苦，名爲虚。無始皆苦，名無盡源。第六句，中道第一義諦不遷，故云常寂然也。

慧光開士三禪王　能於千恒一時現
常在無爲空寂行　恒沙佛藏一念了

慧光開士下，二行偈，四句，頌上九地。初句，三禪王者，明利他人。第二句，一時者，明利他身。第三句，歎無功用行。第四句，歎無功用智教，故云一念了。

灌頂菩薩四禪王　於億恒土化群生
始入金剛一切了　二十九生永已度
寂滅忍中下忍觀　一轉妙覺常湛然
等慧灌頂三品士　除前餘習無明緣
無明習相故煩惱　二諦理窮一切盡

灌頂菩薩下，第六段，有八行，頌上寂滅忍。有兩段：初五行，頌十地寂滅忍下品；後三行，頌寂滅忍上品。前五行，十句。灌頂者，在十三法師上，即是諸師頂蓋，故名灌頂。言五地王者，欲界及四禪王也。亦可是五淨居王也。此是明利他人。第二句，於億恒土者，明益他行。第三句，明金剛心。初達堅固，故云始入金剛一切了。第四句，明二十九生者，十地應三十生，何故但説二十九生者，留一生，佛地方盡。第五句，言下忍觀者，結十地菩薩，明因分齊。第六句，一轉妙覺者，明得果分齊。第七句，等慧灌頂三品士者，總頌，結前八、九、十地。同得淨土，故云三品士。等即八地，慧即九地，灌頂是十地。第八句下三句，明離障分齊。除前餘習無明緣者，八地已上唯斷無明色心等習煩惱，故云除前餘習無明緣也。無明習相故煩惱者，是諸舊煩惱四住地，是客煩惱。能所並寂，境智俱寂，故云理窮一切盡。

圓智無相三界王　三十生盡等大覺
大寂無爲金剛藏　一切報盡無極悲
第一義諦常安穩　窮源盡性妙智存

圓智無相下，第二，三行，頌佛地上忍，即爲六別。圓智者，境盡智無，名圓智，即是一切種智。三界王者，無上法王，亦十三王外，佛是法輪王。三十生盡者，十地各三生盡也。因成果熟，故言等大覺。大寂無爲，即上忍。言金剛者，無惑之金剛也。言一切報盡者，分段、變易俱盡也。言無極悲者，明其恩德，即是無緣大悲。第一義諦常安穩[二]者，涅槃、佛性理中精寂，名爲第一。深有所以，名爲義。知一切法不二之相，故言常安穩。窮源盡性者，因盡名窮源，見終名盡性。種智常凝，故名云妙智存。上來四十五行，别頌五忍竟。

三賢十聖住果報　唯佛一人居淨土
一切衆生暫住報　登金剛源居淨土
如來三業德無極　我今月光禮三寶
法王無上人中樹　覆蓋大衆無量光
常口説法非無義　心智寂滅無緣照
人中師子爲衆説　大衆歡喜散金華
百億萬土六大動　含生之生受妙報
天尊快説十四王　是故我今略歎佛

三賢十聖下，大段第三，八行，總結五忍。中有三：初兩行，明淨土分齊；第二，一行，歎如來三業功德；後之五行，歎三業益物。

初句，云三賢十聖住果報者，住分段變易報土也。又三賢住分段同居報土，十聖住實報無障礙報土。第二句，云唯佛者，無[三]一人住常寂光土。第三句，云暫住報者，前二十[三]皆是生滅無常。第四句，云金剛源者，唯佛一人居純清淨土。

第三，一行，歎三業功德中，上半口業歎，下半身業歎。文相顯可知。

就後五行，歎三業利益中，初行，言法王無上人中樹者，明身光益物。如來無上法王道王大千陰覆一切，喻如世間樹，故云覆蓋大衆。第二行，初句歎口説。如來説常無常一切法皆深有所以，故云非無義。下句歎意業。寂，如來大寂。三昧不緣而照，因緣相絶，故云無緣照。第三行，明師子吼説，除疑令衆生歡喜。第四行，身通六動，令衆生得果。第五行，結歎。天尊快説者，佛出世人、天之表，故云天尊快説。十四王者，習種銅輪、性種銀輪、道種金輪王，十地名十，即爲十三。佛爲三界王，合前十三，爲十四王也。是故我今略歎者，月光自謙慧光微薄，不能廣歎如來智，故云略歎佛也。

時，諸大衆聞月光王歎十四王無量功德藏，得大法利。即於座中有十恒河沙天王，十恒河沙梵王，十恒河沙鬼神王，乃至三趣，得無生法忍。八部阿須輪王現轉鬼身，天上受道。三生入正位者，或四生、五生，乃至十生得入正位，證聖人性，得一切無量果報。

時諸大衆下，第三，明大衆聞法得益。長行，有三段：初，明諸天人得益；乃至下，第二，三趣獲利；三生下，第三，得道延促不同，獲益遲疾。

初，明天王得無生忍。就別，七地已上名無生忍。就通，初地已上名無生忍。三趣得益生者，無生通上下。三趣者，人、天、神三趣也。非三途，三途不堪不受道故。八部者，四天王住下，有四修羅王：一、羅睺阿修羅王，二、毗摩質多羅阿修羅王，三、般利阿修羅王，四、毗樓闍阿修羅王。須彌山下，復有四大阿修羅：一、恐㲈，二、富樓摩，三、婆羅呵，四、兜牟樓。故云八部阿修羅也。出《三藏記》也。三生下，第三，明入道延促。有四句：三生、四生、五生、十生。經歷不同，延促有異。聞法已後，更經三、四等生，得入也。所言正位者，有二義：一、人空正位，十解已上得人空；二、法空正位，初地已上得無生正位。

仁王般若經疏卷中三

## 校勘記

〔一〕「他」，疑爲「地」。

〔二〕「等」，底本原校疑爲「第」。

〔三〕「修」，疑前脱「三」字。

〔四〕「諦」，疑衍。

〔五〕「禪」，底本作「神」，據校本改。

〔六〕「歡」，底本原校疑爲「勸」。

〔七〕「信」，底本作「儒」，據校本改。

〔八〕「一」，底本作「二」，據文意改。

〔九〕「二」，疑爲「三」。

〔一〇〕「三」，底本作「二」，據校本改。

〔一〕「穩」，底本作「隱」，據校本改。下一「穩」字同。

〔二〕「無」，底本作「佛」，據校本改。

〔三〕「士」，底本作「土」，據校本改。

# 仁王般若經疏卷中四

吉藏法師撰

佛告諸得道果實天衆：善男子，是月光王已於過去十千劫中，龍光王佛法中，爲四住開士，我爲八住菩薩。今於我前大師子吼。如是，如是。

佛告諸得道果實天衆下，第四，佛述讚月光久供多佛。文有五段：第一，發月光本迹；如是如是下，第二，略述；第三，從善男子下，訖有心得無心得，廣述；第四，從是以波若功德下，訖不可思議，歎波若忘言離著如風空中行；第五，從善男子此功德藏，訖功德，狹量月光所説與十三法師所説勝劣。

第一，發迹中，有二：初、告天上得道賢聖衆；二、善男子下，發月光迹。四住者，十地明義，即第四炎地。八住，即第八不動地。師子吼者，歎教是了義決定之説。

如是下，第二，略述中，二句：初，述月光所説；第二，引佛證誡。如是如是者，述可之言。

如汝所解，得真義説，不可思議，不可度量，唯佛與佛乃知斯事。善男子，其所説十四般若波羅蜜，三忍，地地上中下三十忍，一切行藏，一切佛藏，不可思議。

如汝所解者，稱其義也。不可思議者，無得正觀異名也。不可度量者，非二乘下位之境界也。唯佛與佛者，第二，引佛證誡月光所説。

善男子下，第三，廣述。文有四：初、略述十四忍；二、何以故下，廣述十四忍功能；三、一切衆生下，舉空釋成；四、結無心得。

初，略述十四忍中，所説十四波若者，總牒前所説十四忍名。十四波若，名異體同。下別明十四，言三忍者，伏忍中三忍，一信，二止，三堅忍。言地地上中下爲三十忍者，釋有二義：一、就十地各有上中下，爲三十忍；二、就伏忍中習種爲下，性種名中，道種名上，三位各十，故成三十忍。前解爲正。一切行藏者，即是名因藏。一切佛藏，是名果藏。辨佛果地功德蘊積名藏，即是佛圓覺忍。通前十三，爲十四波若。因果俱證無所得，名不可思議。

何以故。一切諸佛是中生，是中滅，是中化，而無生無滅無化，無自無他，第一無二，非化非不化，非相非無相，無來無去，如虛空故。

何以故下，第二，廣述十四忍功能。文有二：初，約出用；次，約悟入。初，約出用者，諸法本自不生，今亦不滅，以因緣故，於無分別中爲衆生説有生滅。文云一切諸佛是中生者，依忍化現成佛名生。是中滅者，滅惑化隱名滅。是中化者，依忍化衆生也。次，約悟入，明無生滅等。文云無生無滅無化者，上來爲緣出用，説生滅化等諸事，若知生等即無生滅，故不假言，恐衆生隨名著相故，還點向所説生者名無生，無滅無化等例然。亦得用無生破前生，無滅故破前滅，無化破前化生也。無自無他者，自心不生名不自，不見前境故云無他。亦云：不見自名滅我，不見他名滅我所。第一無二者，境智俱寂，故云第一無二也。非化非不化者，無得正觀居心，有時説化爲不化，有時説不化爲化，故云非化非不化。豈得以常人定執消文也。非無相者，恐衆生聞悟入之言，謂皆無所有，故云非無相。如《大品》云：無所得，得如是得無所得義耳。無來無去者，來無所從，去無所至，乃至無依無得，故云如虚空。

一切衆生無生滅，無縛解，非因非果，非不因果，煩惱、我、人、知、見、受者，我所者，一切苦受行空故，一切法集幻化五陰，無含無散，法同法性，寂然空故。法境界空，空無相，不轉不顛倒，不順幻化。

一切衆生下，第三，舉空釋成就中，有五子段：一、明衆生空，從一切苦受下；二、明法空，從法境界空下；三、明境空，從無三寶下；四、明凡聖空，波若無知下；五、明知空。

初，明生空。文云衆生無生滅。衆生本無所得，離苦故云無生無滅，離集故無縛無解。無集故非因，無苦故非果。以因緣隨俗，非不因果。衆生假名，非無佛性因，非無涅槃果。衆生生死，名煩惱。五陰中生，名我。假名行者，名人。意識名知者。眼識爲見者。命根不斷名壽者。文云受者，即領違順名受者。

於五陰中見我所者。明生空竟。

第二，明法空。文云一切苦受行空故者，觀五陰内一切苦皆[二]空。五陰和合名法集。以無其實名幻化。五陰本來清淨，故云無含無散。體知五陰即是真如，故云法同法性寂然空故。

第三，明境空。文云法境界空。能觀之心既淨，所觀之境亦空，故云境界空。實相門中無相不相，故云空無相。相不能動，故云不轉。離惑故，以名不顛倒。離解故，名不順。知諸法空，故名幻化。無三寶，無聖人，無六道，如虛空故。般若無知無見，不行不緣，不因不受，不得一切照相故行道相，斯行道相如虛空故。法相如是，何可有心得無心得。

第四段，明凡聖空。無三寶，無聖人，名聖空。無六道，名凡空。

第五段，明智空。文云波若無知。波若名智慧，今言無知者，絶於知相，故言無知。不可定智慧審。波若下諸句例然。無知無見，忘於見知也。緣觀並寂，故云不行不緣。不受波若名，故云不因不受。内證真如，故云不得一切照相。諸法無所有，故云斯行道相如虛空故。亦云無分別故同虛空。

第四，結。法相如是盡皆空者，何可有心得無心得也。又云：以離有相故不可有心得，以離無相故不可無心得。

是以般若功德不可衆生中行而行，不可五陰法中行而行，不可境中行而行，不可解中行而行，是故般若不可思議。而一切諸佛菩薩於中行故，亦不可思議。一切諸如來，於幻化無住法中，化亦不可思議。

是以波若下，大段第四，明波若忘言離著。就中，有二：初，依空起行；第二，歎説。

就起行中，有四句：初、明不可得衆生中行而行，以生空無所有故；二、不可得五陰中行而行，以法空無所有故；三、不可得境中行而行，以境空無所有故；四、不可得解中行以〔三〕而行，以知空無所有故。

第二，歎說中，有三：第一、是故波若不可思議，歎十四波若；二、出生三世諸佛不可思議；三、知俗虛幻，而能化益。

善男子，此功德藏，假使無量恒河沙第十三灌頂開士說是功德，百千億分中，如王所說，如海一渧。我今略述分義功德，有大利益，一切衆生亦爲過去來今無量諸如來之所述可，三賢十聖讚歎無量，是月光王分義功德。

善男子下，大段第五，狹量說中，有二：一、正狹量；第二、我今下，歎說利益。

初，就狹量中，歎月光所說功德如大海水，十地菩薩說如海一滴。又解：不然。月光所說如海一滴，十地菩薩說如大海水，以是勝故。經言，灌頂開士說是功德百千億分中，王所說如海一滴，不及十地菩薩說如大海。

第二，利益中，有三：初、我今下，約釋迦所說，以明月光說真能益衆生；二、去來今下，約三世佛述印可；三、三賢下，約四十賢聖，歎月光分義功德。挍量竟。

善男子，是十四法門，三世一切衆生、一切三乘、一切諸佛之所修習，未來諸佛亦復如是。若一切諸佛菩薩不由此門得薩婆若者，無有是處。何以故。一切諸佛及菩薩無異路故。是故，一切諸善男子，若有人聞諸忍法門，信忍、止忍、堅忍、善覺忍、離達忍、明慧忍、炎慧忍、勝慧忍、法現忍、遠達忍、等覺忍、慧光忍、灌頂忍、圓覺忍者，

善男子是十四法門下，大段第五，牒上所說，結勸修學。就中，有三：第一，明三世同修，顯行要勝；第二，若有人聞下，歎益勸修；第三，時諸衆中有十億下，明聞說獲益。

就初，顯行要勝中，文有三：初、正明

三世同修同説；二、若一切諸佛菩薩不由下，明上同修同説所以；三、何以故下，傳釋上同修意，以無異道故。

若有人聞下，第二，歎益勸修。就中，有二：初、更列十四忍名；二、是人超過下，歎經功能。初、列十四忍名：一、信忍，謂習種性；二、止忍，謂性種性；三、堅忍，謂道種性；四、善覺忍，謂初地；五、離達忍，謂二地；六、明慧忍，謂三地；七、炎慧忍，謂四地；八、勝慧忍，謂五地；九、法現忍，謂六地；十、遠達忍，謂七地；十一、等覺忍，謂八地；十二、慧光忍，謂九地；十三、灌頂忍，謂第十地；十四、圓覺忍，謂佛地如來萬德。

是人超過百劫千劫無量恒河沙生生苦難。入此法門，現身得報。

時，諸衆中有十億同名虚空藏海菩薩，歡喜法樂，各各散華，於虚空中，變成無量華臺，上有無量大衆説十四正行。十八梵六欲天王亦散寶華，各坐虚空臺上，説十四正行，受持讀誦，解其義理。無量諸鬼神現身，修行般若波羅蜜。

是人超過下，第二[三]，明歎經功能。第二，歎益勸修訖。

第三，時諸下，大衆聞法獲益，散華供養。文有三：初，菩薩歡喜，供養十四忍名十四正行；二、十八梵天歡[四]喜供養；三、無量諸鬼神下，明鬼神供養。略不明餘衆供養。言十八梵者，初禪有三，謂：一、梵衆，二、梵輔，三、大梵。二禪有三：一、小光，二、無量光，三、光音。三禪有三：一、小淨，二、遍淨，三、無量淨。第四禪有九：一、福生，二、福愛，三、廣果，此三天凡聖共住；四、無想天，唯外道凡夫住；五、無煩，六、無熱，七、善現，八、善可見，九、色究竟，此五唯那含等聖人住。唯第四禪有色地，故云十八梵，不説無色界。言鬼神現身修行者，以其過去修敬故，令[五]得修行波若，以其毁戒故墮鬼中。

答第二問，明利他行相竟。

佛告大王：汝先言云何衆生相可化，若以幻化身見幻化者，是菩薩真行化衆生。衆生識初一念識，異木石，生得善，生得惡，惡爲無量惡識本，善爲無量善識本。

第三，佛告大王汝先言下，答前所化衆生問。文有三：第一，欲答，故牒其問故[六]云何衆生相可化；第二，若以幻化下，正答；第三，時衆下，明得益。

就正答中，有二。

初，就悟入以答，亦名略答，亦名爲無所得以答。文云若以幻化身見幻化者是菩薩真行化衆生者，知身相本自不生，爲化衆生故名幻化身。衆生本來不有而今言化者，以不有而有，故云見幻化也。知能化所化本來清淨，故云真行化衆生也。

衆生識初一念下，第二，廣答，亦云約出用答，亦云約俗諦幻有答。文有五：初，定是善惡心異木石；第二，色名色蓋下，出五陰名；第三，蓋者下，釋名廣解；第四，大王下，簡凡聖色麁細不同；第五，衆生者下，明一切法結屬世諦。

初云，衆生識初一念識異木石，生得善，生得惡，惡爲無量惡識本，善爲無量善識本，乃至金剛菩薩者，解者不同，不能具出。今且依經以釋。《涅槃經》云：如雪山藥，如是一味，隨其流處有種種味，其藥真味停留在山，猶如滿月。合譬云一味者，譬佛性。以煩惱故，出種種味，所謂地獄畜生等。今謂一味者，即是無所得不二之真性也。復云：如是一味隨其流處有種種味異者，依無所得真性，起有所得妄想，即成無明煩惱，起業成六道報也。又《大品》云：諸法無所有如是有，如是有如無所有，是事不知，名爲無明。實相與無明住地，本來無前後，但衆生於無所有中横起憶想分别，長流六道。變迷得解，知煩惱本來是涅槃，有何初後。故此經云：初一念識支，本識解性，故異木石耳。文云生得善生得惡者，緣善境界起於識善，此識善則從自性真實善正因所生，復緣善事而起此識，則善也。若緣惡境界起於識惡，此識惡則從無明熏習生因所生，復緣惡事而起此識，則名惡也。惡爲無量惡識本，善爲無量善識本者，此初一念善惡之識，熏習之功，各生無量善惡習果也。

初一念金剛，終一念，於中生不可説不可説識，成衆生色心，是衆生根本。色名色蓋，心名識蓋、想蓋、受蓋、行蓋。蓋者，陰覆爲用。身名積聚。

初一念金剛，終一念，於中生不可説不可説識。此意：於生死内，既無明緣，念念起生滅心也，故云不可説識。此明成衆生因也。成衆生色心者，辨果。文云衆生根本者，結初一念識是成衆生本。又解：初一念者，此明相續之始，此乃無始爲始。金剛終一念者，若小乘分段終，大乘變易終也。

色名色蓋下，第二，略出五陰名。

蓋者下，第三，釋名廣解。蓋者，陰覆爲用。身名積聚。假名之身爲五陰所成，故云積聚。

大王，此一色法生無量色。眼所得爲色，耳所得爲聲，鼻所得爲香，舌所得爲味，身所得爲觸，堅持名地，水名潤，火名熱，輕動名風，生五識處名根。如是一色一心，有不可思議色心。

此一色法生無量色者，依《成實》，十四種色爲色陰，陰蓋衆生，不能得出離生死。初，明五塵色。次，明四大色。次，明五根色。文相甚顯。如是一色下，總結色心有不可思議色心。

大王，凡夫六識麁故，得假名青、黄、方、圓等無量假色法。聖人六識淨故，得實法、色、香、味、觸一切實色法。衆生者，世諦之名也。

若有若無，但生衆生憶念，名爲世諦。

大王凡夫六識下，第四，簡凡聖色，麁細分別。凡夫六識總相聚法，故言得假名上青、黄。聖人分別四微等，故言得實。又云：聖人緣法界六識，得真實法也。

衆生者世諦之名下，第五，明衆生一切法屬世諦。文有三：初，總標一切屬世諦；第二，相續假下，明三假屬世諦；第三，大王下，明諸佛賢聖稱境而知，皆如幻有，結屬世諦。

前總中，有二：初，明一切法皆如空花，悉屬世諦；二、無佛出世前下，明立因緣名字。就前，有二。初，明衆生若有若無皆如幻化，名爲〔七〕因。

世諦，假誑幻化故有。乃至六道幻化。衆生見幻化，幻化見幻化。婆羅門、刹利、毗舍、首陀、神我等色心，名爲幻諦、幻諦法。無佛出世前，無名字，無義，名幻法。幻化無名字，無體相，無三界名字，無善、惡、果報六道名字。

假誑幻化故有，乃至六道亦如幻化，名爲無果。以衆生虚妄憶想爲假誑所成，故有人天六道之名。若達此妄本來不有，故云幻化見幻化也。二、婆羅門下，明貴賤皆如幻化，悉入世諦。又解：前明凡夫取假色爲實。次，幻化見幻化下，明聖人知假色是虚。此文應言幻師見幻，而言衆生者，此是佛衆生也。

第二，立因緣名字中，有二。初，明無佛出世，無一切因緣名字。

大王，是故諸佛出現於世，爲衆生故，説作三界六道名字，是名無量名字，如空法、四大法、心法、色法。相續假法，非一非異，一亦不續，異亦不續。非一非異，故名續諦。

二，大王下，明佛出世爲衆生立一切世界六道無量種種色心等名字，可知。

第二，明三假屬世諦。一、相續假者，與成實師異。若見諸法是一，是常見。若見諸法念念異，是斷見。離此二見，知前法生後，後法法次第生法，此明因緣續義。故文云一亦不續，異亦不續，絶於前後故，故不相續也。相待假法，一切名相待，亦名不定相待。如五色等法，有無一切等法，一切法皆緣成假成衆生，俱時因果，異時因果，三世善惡一切幻化是幻諦衆生。

相待假者，有二：亦名别待，亦名通待。如長短、老少、好惡，名爲别待。如長待不長，一切萬物皆不定不長，外隨待一物，故云不定，亦名通待。

緣成假者，即因成假。四塵成四大，四大成五根，五根成衆生，故緣成。文云五色者，云五根爲五色，亦云青、黄、赤、白、雜色爲五色。文云俱時因果，現在五果三因，名俱時因果。異時因果者，過去二因望現在五果，名異時。又云：俱時因是緣因，異時因是生因。若約外法，梁椽[八]成舍，名俱時。十二時成日，名異時因果。

大王，若菩薩如上所見衆生幻化，皆以假誑，如空中華。十住菩薩諸佛五眼如幻諦而見，菩薩化衆生，爲若此。時諸有無量天子及諸大衆，得伏忍者，得空無生忍，乃至一地十地不可思議德行。

第三，大王下，明諸佛菩薩五眼亦名世諦。文云若菩薩如上所見衆生幻化，如空中花。衆生本來無所有，以虚妄而有，譬如空花。諸佛五眼如幻諦而見，如境而知，如理而知照，緣觀並寂，故云爲若此也。

時諸有無量下，答問中大段第三，聞法獲益。初，諸天子下，明得道人。伏忍下，明得益差别。地前三賢名伏忍。空忍者，四地已上順無相空。以七地已上，名無生忍。初三地信忍，略不説之。初地名一地，至法雲名十地。廣大如虚空，名不可思議德行也。

# 仁王護國般若波羅蜜經二諦品第四

此品所以而來者，上觀空教化，明實智方便皆空不二。亦可了護因護果畢竟無差。起如幻化，以化衆生。化不孤起，必有所觀境界教。境界教是何。所謂二諦。二諦者，真、俗非一名爲二，即不虚名諦，故云《二諦品》。二諦之義，佛法大宗。若欲委論境之與教，諸解非一，不能具述。今言二諦者，以因緣空有爲世諦，因緣有空爲真諦。至論諸法本來不二，爲因緣故説言二耳。就此中一品，有三番問答，論辨二諦不二，即爲三别：第一問答，正辨二諦不二；第二問答，明説法不二；第三問答，正辨法門不二。就前問答中，有二：初問，後答。就初問中，有三：一問，二難，三結問，正辨二諦有無。文言：第一義諦中有世諦不。此正是問也。

爾時，波斯匿王白佛言：第一義諦中有世諦不。若言無者，智不應二。若言有者，智不應一。一二之義，其事云何。

若言無者，智不應二：方便智、實智。若言有者，聖人智不應一。若論其理，不一不二。若定爲一，凡夫見俗而應見真。若定有者，智不應一。此正難也。一二之義，其事云何。此正結問也。但一二之言既難，所以月光有問，故言：一二之[九]，其事云何。

佛告大王：汝於過去七佛已問一義二義。汝今無聽，我今無説。無聽無説，即爲一義二義故。諦聽諦聽，善思念之，如法修行。七佛偈如是：

佛告下，第二，佛答也。就答中，有三：初，長行歎問；二，引七佛偈爲證；第三，大王下，長行正報其難。

初，長行歎問，有三：初、歎問；二、略示義宗；三、誡勑。初，歎問，出王本行願。先已於過去論一二義竟，今何故更問此事。汝今下，第二，略示義宗。汝今無聽，我今無説者，如幻無所説，何須汝聞。故言無聽。聽者如幻人，無所聽，何須我説。如是無聽無説，而不防聽説宛然。一二之義亦爾。故《淨名》云：夫説法者無説，聽法者無聞。若心存聽説，即是二見，豈得與此經相應。諦聽諦聽下，第三，誡勅勸修。依三慧而修行，方能達解一二之義也。諦聽諦聽者，即是聞慧。善思念之，即是思慧。如法修行，即是修慧。

第二，引七佛偈，有八行半，分爲四别：第一，三偈，約因緣空有，以明二諦不二；第二，有三行，約情解見一二，以明二諦不二；第三，有兩行，就譬以明二諦不二；第四，半行，結勸屬人。

初，三偈，即爲三别：初偈，標因緣空有二諦章門；次偈，解釋；第三偈，結。初偈上半，約有空以明真諦。下半偈，約空有以明世諦。

無相第一義　無自無他作

因緣本自有　無自無他作

法性本無性　第一義空如

諸有本有法　三假集假有

無無諦實無　寂滅第一空

諸法因緣有　有無義如是

無相第一義者，此辨真諦也。如來説法前後不同，先説世諦，後明真諦。此明從淺入深。自有先説真諦，後明俗諦。此明宗歸有本。無相者，實相之理絶於有無，名爲無相。物莫能測，名第一。仲贖所以，名之爲義。無自無他作者，本來無相，豈是今無。既言本無相，何忽有造作。故云無自無他作。依如西域九十五種外道，以四作往收，義無不盡。故《涅槃》云：非自作，非他之所作，亦非共作，非無因作，是故勝出諸外道。此經只有二種，存略故耳。因緣本自有者，明因緣空有爲世諦。因緣本自有，豈是今有。既言本有，故言無自無他作。故《大智論》云：

十二因緣是誰所作。佛言：非佛作，非菩薩作，乃至非一切聖人所作。故云無自無他作也。

法性下，一偈，爲二：上半釋前上半，下半釋前下半。法性本無性者，即是前無相第一義。諸法實相，名爲法性。法性以無性爲法性。此是對性説無性。若無有性，亦無無性。第一義空如者，即是第一義空。以無依無得，故名空如。諸有本有法者，釋前因緣本自有。三假集假有者，此明無體藉他故有也。

第三偈，無無諦實無，還結前無相第一義。寂滅第一空，結無自無他作無。諸法因緣有，結前因緣本自有。有無義如是，總結前十一句也。有者，結前三偈下半，明有。無者，結前三偈上半，明無。故云有無義如是也。又釋：無無諦實無者，二無遣二實，故云無無諦實無。寂滅第一空者，有自體本無，故云寂滅第一空。一切有爲法皆依六因、四緣生，故言諸法因緣有。又解：無無諦實無者，一無去於上諸有，一無去於上無，故云無無也。諦實無智照如實智，故云諦實無。寂滅第一空者，寂滅法中最精，絶四句，離百非，不同二乘斷空，故云第一空。諸法因緣有，有無義如是者，總結上也。又解：無無者，一無無世諦，一無無真諦也。

有無本自二　譬如牛二角
照解見無二　二諦常不即
解心見不二　求二不可得
非謂二諦一　非二何可得
於解常自一　於諦常自二
通達此無二　真入第一義

有無本自二下，第二，有三偈，就一異，約情解，以辨二諦不二。初偈，略明一二。第二偈，解釋。第三偈，結歎。初偈，爲二：上半約二情明二諦，下半約觀解明不二。上半，初句法説，次句譬説。

有無本自二者，有即非無，無即非有，故言本自二。何以得知有無。下句譬云：如似牛二角。二角相别，似於有無義不相即。同在一頭，似有無體一。

照解見不二下，下半約觀解。佛菩薩心内達照諸法，畢竟清淨，何曾二不二。爲對於二，故云照解見不二。有人云：見不二即是一。此是一異之見，豈是照解。二諦常不即者，還約二情，故云不即。第二偈，約達解之心，以釋前偈，於緣見一二。解心見不二者，釋前偈上句。前即於緣見有無。今辨了悟此有無之二，於解即不二。求二不可得者，釋第二句譬説。但迷故説二，譬之二角。變迷成解，此二本來不二，求二畢竟無從，故云不可得。非謂二諦一者，釋前下半初句照解見無二。本對二説無二，其二既無[一〇]，豈得存一，故云非謂二諦一。以此而推，無二豈得還同一見。非二何可得者，一既不可得，何況二耶。

第三行，結歎。上半結前。於解常自一者，結前解心見不二。此一對二説一，莫作一解。於諦常自二者，結前有無本自二。又解：於解常自一者，二諦體一。於諦常自二者，結其義異。通達此無二者，下半歎益，明内外並寂，有無雙寂，無依無得，平等清淨。故云：通達此無二，真入第一義。

世諦幻化起　譬如虚空華
如影三手無　因緣故誑有
幻化見幻化　衆生名幻諦
幻師見幻法　諦實則皆無
名爲諸佛觀　菩薩觀亦然

世諦幻化起下，第三，有兩偈，約譬明二諦爲二。初，一行半，明世諦人法同於幻化。後，幻師下，半行，約譬明真諦。世諦幻化起，譬如虚空華者，明世諦虚誑不實，喻若空華，但誑肉眼，妄見爲有，如浮雲電，如風送火，譬如空華，無所有。如影三手無，因緣故誑有者，此是無因緣，但有虛假之名，而無其實也。幻化見幻化者，衆生體是其幻，復染幻塵，名幻見幻也。衆生名幻諦者，世諦也。上明法幻，今明人化也。幻師見幻法者，下半明真諦。諸佛菩薩譬幻師，三界虛妄是幻法。諦實則皆無者，迷故見有，變迷實照，則知皆無，對有説無，有息無消，緣觀俱寂也。

名爲諸佛觀下，第四，半偈，舉觀，結屬人。初句，就果人知於二諦，故云名爲諸佛觀。第二句，就因人知於二諦，故云菩薩觀亦然也。

大王，菩薩摩訶薩於第一義中，常照二諦化衆生，佛及衆生一而無二。何以故。以衆生空故，得置菩提空。以菩提空故，得置衆生空。以一切法空故空空。何以故。般若無相，二諦虛空，般若空於無明，乃至薩婆若無自相無他相故。

大王下，第三，正釋其所難，明二諦不二。於中，有三：初，舉果對因，以明二諦不二；第二，五眼下，偏就果以釋不二；第三，菩薩未成佛下，雙結因果以釋不二。

就初舉果對因中，有二：初，約菩薩能化見不二，照凡夫二乘所見二諦；佛及下，廣明所化衆生及法悉空不二。初，能化，文云菩薩於第一義中常照二諦化衆生者，於中道一實諦內，常照空有二諦化衆生。所言常照二諦者，即大悲般若化衆生以波若，故在生死而不著，則異於凡夫。以大悲故不住涅槃，異於二乘。不捨生死，異於二乘。不捨涅槃，異於凡夫。故言常照二諦化衆生。舊云第一義不説俗。是何言哉。

佛及下，二，廣明所化衆生及法悉空不二。就中，有二：初明生空，後辨法空。生空文言佛及衆生一而無二者，佛及衆生本來寂滅，同無所得，故云一而無二。虛妄分別見衆生爲因地，佛爲果地。達觀之上，體知佛及衆生本來寂滅，故云一而無二。此無二者，是因緣假名。對破二見言一，二息一消，一藥病俱遣，亦是遣無遣有。何以故下，釋。以衆生空故，得置菩提空。衆生與菩提同無所得。衆生如與菩薩如無異，故言置，非是兩物相置也。

次，明法空。文言以一切法空故空空。一切法空者，總標諸法空也。法門無量，不可具出。今總標一切攝無盡，故云一切法空故。爲衆生無始已來滯有情深，今借空智以遣有。復滯於空，今以空治空，故名空空。故《智論》十八空中，破内空外空内外空竟，次，明空空。以空治前三種空，故云空空。又解：一空，空於智；一空，空二諦法也。

何以故下，釋二空。文言般若無相者，釋其智空。以智無生相，名之爲空。文言二諦虚空者，釋其二諦法空。以一切畢竟清淨，故言虚空。文言波若空於無明者，因緣之法本性自空，不須智推，然後明空。但衆生虚妄不知，故復假智照得空。故《涅槃》云：諸法雖空，要因菩薩修空見空也。乃至薩波若無自相，無他相者，内盡於觀，名爲無自。外清諸緣，名爲無他也。

五眼成就時，見無所見，行亦不受，不行亦不受，非行非不行亦不受，乃至一切法亦不受。菩薩未成佛時，以菩提爲煩惱。菩薩成佛時，以煩惱爲菩提。何以故。於第一義而不二故，諸佛如來乃至一切法如故。

五眼下，第二，偏就果地以明能見所見不二。文言見無所見者，此見是無見之見。言無所見者，諸法本來清淨，何所見耶。而言見者，隨俗故，無過。《法華》明佛眼見六道衆生。《大品》明五眼不見衆生。《法華》即無見之見。《大品》即見之無見。此經舉所見之非無，以顯能見非有。行亦不受者，《大品》無受三昧具有五句。此中正有四句。若將乃至一切亦不受即是第五句。行亦不受者，《大智論》云：行亦不受者，治其有見。不行亦不受者，除其無見。説無爲治有，非謂有此無。説有以除無，非謂有此有。談無未曾無，説有未曾有。對治因緣，故有此説。欲使兩見之徒俱詣正觀，夷有無，均生滅，亡道俗，泯二際，故云行不行等皆不受。亦不受有，亦不同無，無二過故。非行非不行者，有因尚不得，何況無因。一切法亦不受者，依《大智論》，即是不受亦不受也。

菩薩未成佛下，第三，雙結因果不二。文言菩薩未成佛時以菩提爲煩惱者，譬如結巾爲兔，解者見巾，妄者見兔。亦如病者食甜爲苦，病差以向苦爲甜。更無别異法，由妄故，見不生死爲生死。煩惱亦爾。迷故，菩提即是煩惱。悟之，煩惱即是菩提。迷故，則四方易位。悟也，則廓爾無遺。

何以故下，釋上煩惱即菩提。於第一義而不二者，煩惱與菩提同無所有，云不二。

諸佛乃至一切法皆絶心行，故稱爲如。第一問答竟。

白佛言：云何十方諸如來一切菩薩不離文字而行諸法相。大王，法輪者，法本如，重誦如，受記如，不誦偈如，無問而自説如，戒經如，譬喻如，法界如，本事如，方廣如，未曾有如，論義如。是名味句、音聲、果文字記句，一切如。若取文字者，不行空也。

二、白佛言下，第二問答，明説法不二。有二：初問，後答。

就初問中，有二意。初、問意言：云何上説菩薩於第一義諦中常照二諦化衆生。第一義諦中有何所化，而言佛菩薩常説十二部經化衆生，不離文字而得解脱，文字即寂。若爲行諸法相，云何第一義中化衆生。二、遠取上問：前空品明護佛果護十地，第一義中無能護所護。云何護佛果護十地化衆生也。

第二答中，有四：初，明所説十二部經

如；第二，大王如如下，明三種佛性；若菩薩下，第三，出修之方法；大王若菩薩護佛下，第四，結。

就初，有二：前約十二部經，明二諦教如；是名味句下，次，勸依文字取如，莫取名字。

十二部經者，法輪即法本如，西土名修多羅，此名法本，謂詮理之本，亦可與十二部經爲本。言法本如者，明諸法本來是如。如者，不一不二之異名。非但真諦是如，只世諦亦如，今文正爾。以隨俗方便，故名世諦，即此世諦體本來不可得，名之爲如。餘十一部例然。不同舊説：法本是世諦，如是真諦。此是真俗二見耳。豈是約二諦以明如。重誦如者，此間語，梵本名祇夜，以偈重誦前長行中義。受記如者，此間語，外國名和伽羅那，以記説未來世得佛果故。《成實論》明解義經，以其問答解釋，明因得果故。不頌偈如者，此間〔二〕語，梵本名伽陀，以汎爾偈説，不頌長行故。無問而自説如者，此間語，西土名優陀那，以不待請説故。戒經如者，此間語，梵本名尼陀那。此是因緣經，以因事制戒故。譬喻如者，外國名阿波陀那，以藉事説法故。法界如者，西土名伊帝曰多伽，此間應云本事，佛説法界畔。亦云：以説過去十八界事故。本事如者，外國名闍陀伽，此間名本生經，以説自身本生事故。前本事經説自他十八界故。方廣如者，外國名毗佛略，以説法空方廣理故。未曾有如者，外國名阿浮陀達摩，以説神通變化事故。論議如者，外國名憂婆提舍，以問〔三〕答辨理故。

是名味句下，大段第二，明依文字取如，不取名字也。就中，有五。一、名味句是應説。二、音聲是正説。音聲者，一胸，二喉，三咽，四舌根，五齒，六脣，七鼻，八頂。由此動，方有音聲説也。三、果報是能説。四、一切如即是所說。依此說實無法可說，故《金剛波若》云：無法可說，是名說法。五、若取文字者，舉失顯得。以執文字作解，不達文字性離，故名不行空也。

大王，如如文字，修諸佛智母，一切衆生性根本智母即爲薩婆若體。諸佛未成佛，以當佛爲智母，未得爲性。已得薩婆若。三乘般若不生不滅，自性常住。一切衆生以此爲覺性故。

大王如如文字下，答問中第二，明三種佛性：初、現常佛性，二、當常佛性，三、了因佛性。佛性非當現，而約緣當現不同，故有三種之說。若無依無得，隨緣說者，無過。若執當現是定實者，即成諍論。初，現常文言如如文字，修諸佛智母，一切衆生性根本智母即爲薩婆若體者，以前聞十二部經如，故知文字即是如。如即是波若，波若爲佛母，故云智母。言一切衆生性根本智母者，知衆生性不可得即如，故云即爲薩婆若體。達解衆生與薩婆若不一不二，何當何現。破當故說現耳。

諸佛未成佛下，第二，明當果佛性。何以得知。文云：諸佛未成佛，當佛以爲智母，未得爲性。故知當有非現有。現有者，有隱性。當無者，無當性。故知顯故名當，隱故名現。論其實性，體絶諸非當非現，現以因緣故說當說現耳。

已得下，第三，明了因佛性，明三乘波若了出不生不滅。以得波若正觀，體知生者不生，滅者不滅，故云自性常住。一切衆生，虚妄因緣，輪迴六趣。體知虚妄無從，即是不生不滅，故云以此自性常住爲覺性也。

若菩薩無受，無文字，離文字，非非文字，修無修，爲修文字者，得般若真性般若波羅蜜。大王，若菩薩護佛，護化衆生，護十地行，爲若此。

若菩薩下，答問中，第三，出修之方法，

有二。初、出修方法。文言無受，無文字，離文字，非非文字，修無修，爲修文字者者，以知文字性離，心無所依，文理並頽，修不修俱寂，故云：非非文字，修文字也。二、爲修文字者下，明體知上修之方法。體知波若修故，得名性波若。以無得爲得，實無所得也。

大王若菩薩護佛果下，答問中，第四，結上護化衆生，護十地行。能護、所護，亦同修之方法也。護佛者，護果。護十地行者，護因。護化衆生者，利他行也。

白佛言：無量品衆生，根亦無量，行亦無量。法門爲一，爲二，爲無最耶。大王，一切法觀門，非一，非二，乃至無量。一切法亦非有相，非非無相。若菩薩見衆生見一見二，即不見一不見二。一二者，第一義諦也。

白佛言無量品衆生下，第三問答，明法門不二。就中，有二：初問，次答。初，月光舉所化衆生無量品，明其人別。根亦無量，明其根別。行亦無量，明其行別。此三既異，未知能化法門爲一，爲二，爲無量也。

大王一切法觀門下，第二，佛答中，有三：第一，正答法門不二；大王七佛説下，第二，歎教勸修，明經功德；大王此經下，第三，定經名字，勸令受持。

就初正答法門不二中，有四：初，正答前問，明法門不二；從若菩薩下，二，舉非顯是，以釋前問；從大王若有若無下，第三，明諸諦教門，攝一切法皆歸於空；從衆生品品下，第四，結酬前問。初正答問中，文云大王一切法觀門下，答前三句：非一，答初問；非二，答前第二問；乃至無量，答第三問。應云非無量，而言乃至無量者，欲顯非無量之無量。一二義既非，無量亦爾。互文現意耳。一切法亦非有相下，重舉絶四句，釋前一切法觀門。經家存略，直標破有無二句，餘句可知。亦非有相者，破有相。非非無相者，即是第四句破非無相，故言非非無相。有人言：非非者是誤，應云非無相。此是不識經耳。第二，若菩薩下，舉非顯是。先，舉非。文云若菩薩見衆生者，即著我人也。見一見二者，即同僧佉、衛世師一異之見也。次，明顯是。文云一二者，第一義諦也。以知正因緣之一二畢竟清淨，無依無得。知此一二相寂滅，故云第一義諦也。

大王，若有若無者，即世諦也。以三諦攝一切法空諦、色諦、心諦故，我説一切法不出三諦。我人知見、五受陰空，乃至一切法空。衆生品品根行不同故，非一非二法門。

第三，大王下，明諸諦空中，有三：初，明世諦；次，明三諦攝法；三，明世諦終歸空也。

初，世諦，文云若有若無者，此意明，凡夫定執有無，故名世諦也。

次，明三諦攝法。文云一切法空諦者，三藏師云：諸法本性爲空諦也。凡夫色麤顯，據色爲端，名爲色諦。三乘人修道無漏心，名爲心諦。若義論，生死、涅槃各有三諦。生死三者，天、人、四大色是色諦，八識心是心諦，於生死上無涅槃是空諦。涅槃三者，天人真實色是色諦，二真實心名心諦，無生死四顛倒名空諦也。教雖説三，理非三也。

我人知見下，第三，明世諦還歸於空。

衆生品品下，第四，總結酬上問。衆生品品者，酬前無量品衆生。根者，酬上根亦無量。行者，酬上行亦無量。非一非二法門者，酬上能化法門爲一，爲二，爲無量。

大王，七佛説摩訶般若波羅蜜，我今説般若波羅蜜，無二無别。汝等大衆受持讀誦解説是經功德，有無量不可説不可説諸佛。一一佛教化無量不可説衆生，一一衆生皆得成佛。是佛復教化無量不可説衆生，皆得成佛。

大王七佛下，答中第二段，歎教勸修，明經功德。文有六別：初，明諸佛道同；汝等下，第二，勸持；有無量下，第三，別列三番佛；是上三佛下，第四，總牒上三佛，明説波若分教多少；況復下，第五，校量；時諸下，第六，聞法獲益。

第一，諸佛道同。文云七佛所説我今説波若無二無別者，通釋。釋迦爲七佛，明已所説同於六佛，顯法真正。同無所得，故無二無別。

第二，勸持。文云汝等大衆受持。《大智論》解受持云：聞而奉行爲受，久久不失爲持，故云受持。讀誦解義，可解。

第三，舉三番佛化衆生。從無量不可説諸佛，是第一。二、從一一佛教化無量不可説衆生，一一衆生皆得成佛已來，爲第二番佛。從是佛復教化無量不可説衆生下，第三番佛也。

是上三佛説《般若波羅蜜經》八百萬億偈，於一偈中復分爲千分，於一分中，説一分句義不可窮盡，況復於此經中起一念信，是諸衆生超百劫千劫十地等功德，何況受持讀誦解説者功德。即十方諸佛，等無有異。當知是人即是如來，得佛不久。

時諸大衆聞説是經，十億人得三空忍，百萬億人得大空忍、十地性。

第四，是上三佛下，總牒上三種多佛。一一佛各説八百萬億偈，顯所説既廣，今分教少多。有三句：初、分經作八百萬億偈，二、於一偈中分爲千分，三、於一分中説一分句義不可窮盡。

第五，況復下，況信校量。文言一念信超十地者，一念無所得波若信，勝有所得百千劫修行十地功德也。文云諸佛等無有異，當知是人即是如來，得佛不久者，佛非當非現，破當故云即是如來，破現故云得佛不久。

豈可執當現等，當以爲諍論耶。

第六，時諸大衆下，聞法獲益。文云十億人得三空忍者，謂空、無相、無作也。言大空忍者，在十地内本智證如，名大空忍。亦云：無所得空，故云大空忍。言十地性者，在初地已上聖種性也。

大王，此經名爲《仁王問般若波羅蜜經》，汝等受持《般若波羅蜜經》。是經復有無量功德，名爲護國土功德，亦名一切國王法藥、服行無不大用、護舍宅功德，亦護一切衆生身。即此《般若波羅蜜》，是護國土，如城塹、牆壁、刀劍、鉾楯。汝應受持《般若波羅蜜》，亦復如是。

大王下，答問内第三段，定經名字，勸持。文有三：初，總列經名，勸人受持；復有無量下，第二，顯經功能；從汝應下，第三，結勸受持。

第一，列名内，云此經名《仁王問波若》者，此經有二名。若從能請人爲名，名爲《仁王問經》。二從功能立目，名《護國經》。道理通護一切衰惱等事，但護國爲宗，故偏名護國也。

第二，顯經功能，令人樂持。云復有無量功德者，總顯功德廣多。下別顯功能，有四：初，護國亦護王身；二、明護舍亦護人身；三、即此下，結波若是護國；四、如城下，喻顯護國。城塹如戒。城高顯譬大乘。塹在城下，外而復小，譬小乘。皆有防非止惡義。牆壁如定，安身之用。墻廣譬大乘，壁小譬小乘。刀劍如智慧，鉾楯如戒定。

第三，汝應下，結勸受持也。

仁王般若經疏卷中四

**校勘記**

〔一〕「苦皆」，底本作「菩薩」，據校本改。

〔二〕「以」，疑衍。

〔三〕「二」，疑爲「一」。

〔四〕「歡」，底本作「勸」，據校本改。
〔五〕「令」，疑爲「今」。
〔六〕「故」，疑衍。
〔七〕「爲」，疑後脱「無」字。
〔八〕「椽」，底本作「緣」，據校本改。
〔九〕「之」，底本原校疑後脱「義」字。
〔一〇〕「無」，底本脱，據校本補。
〔一一〕「間」，底本作「問」，據文意改。
〔一二〕「問」，底本作「間」，據校本改。

# 仁王般若經疏卷下五

胡吉藏撰

## 仁王護國般若波羅蜜經護國品第五

正説六品中，上來三品明能護般若，辨經力用。生菩薩二利，能護佛因果，及知四生相寂，了語〔一〕因果本來不二，得出世利益，已竟於前。今此一品，明所護國土，辨世間利益。上《空品》初，十六國王意欲問護國土法用，佛先答：爲諸菩薩，説護佛果十地行因緣。上來三品諸説觀門，明能護般若，因而生解。內德既圓，外化復顯。經之威力，使國無灾，民主獲安，故名爲護。所護是何。題名爲國。國者，王化封疆〔二〕，名之爲國。盛辨此義，因以標名，故云《護國品》。

問：何故弘此經能護國土。

答：其意衆多，今略明三義故能護國土。一者，般若是佛母，能生諸佛。今弘宣般若，稱可佛心，爲佛神通之所擁護，能使七難不生，萬民安樂。二者，大乘經是菩薩所學。由講此經，十方菩薩雲集此土，聽受大乘。以菩薩神通大故，能令七難不起。三者，此大乘經是十方護法天龍鬼神等之所愛敬。由講此經，天龍神等悉來聽法，擁護國土，能除七難，灾障不起，故能護國也。

此品分爲五別：初、明護國行法；大王昔日下，第二，引昔顯今，明益非虚；大王十六大國下，第三，勸物修行；爾時釋迦下，第四，得益；吾今下，第五，結。

就第一段中，復有四別：初、明護國行法；二、大王國土亂時下，明七難正壞國土，以爲所護；三、從不但護國已下，明護餘臣庶等，亦名護福；四、從不但護福亦護衆難下，明護餘人八難。

就初護國行法中，又分爲三：初、勅聽許説；二、當國土欲下，明須護時節；三、當請百佛下，正明護國行法。

爾時，佛告大王：汝等善聽，吾今正説護國土法用。汝當受持《般若波羅蜜》，當國土欲亂、破、壞、劫、燒、賊來、破國時，當請百佛像、百菩薩像、百羅漢像、百比丘衆、四大衆、七衆，共聽是經。請百法師講《般若波羅蜜》。百師子吼高座前，燃百燈，燒百和香，百種色華，以用供養三寶。三衣什物，供養法師。小飯中食亦復以時。

初，文云告大王者，誡聽也。吾今者，許爲正説。汝當受持下，勸王修行也。始是答上《空品》中問護國土因緣。

二、明須護時節。文云當國土欲亂者，明七難將起，壞國惱民，故國王修德攘灾，令萬民安樂。文云劫燒，未必劫燒也。言賊者，有二：一、外，劫盗禽獸；二、内，所作諸煩惱。賊既有二，護亦有二：一、外，即百部鬼神；二、内，所謂功德智慧。若内若外，皆是諸佛菩薩神力也。

三、明行法中，又分爲四別：初、從請百佛下，列七種福田，明福田闊大；二、從百師子下，標列六種供養之具，明供養事；三、從大王一日二時下，第三教其説法儀式；四、從百部鬼神下，明諸善神王聞經歡喜，擁護國土。

初、明七種福田。一者，百佛。二、百菩薩。三、百羅漢。此等就入涅槃後，故但請像，以其末世七難急故。若就佛在世時，亦請佛菩薩羅漢等身。四、百比丘衆。五、四大衆，一比丘，二比丘尼，三優婆塞，四優婆夷。六、七衆，前四大衆外，更加式叉摩尼、沙彌、沙彌尼爲七也。七、請百法師。法師等七種，何故皆百。略舉圓數，以應百部鬼神也。

二、明六種供養具中，一、百師子坐。以佛及法師坐此座上説妙法，名師子座。二、燃百燈。三、百和香。四、百種色華。五、三衣什物。什物者，三衣、鉢、坐具、剃刀、褐子、烏子、刀子、漉水帒、鉢帒、針筒。六、小飯中食。用此六種，供養三寶。百高座者，以有百法師故。燈香華各有百者，以供養百佛等故。

三、明説法儀式。

時，大王，一日二時講讀此經。汝國土中有百部鬼神。是一一部，復有百部，樂聞是經。此諸鬼神護汝國土。

文云一日二時講者，午前午後也。

四、明善神護國土。文云百部鬼神者，三藏師云：出《金銀仙人義經》，此經外國不來。此仙人領諸鬼神。鬼神根本有十部，一一部各有十部，故云百部也。

根本十者，一、大神，能化作諸神。二、童子神。摩醯首羅兒犯仙人，仙人法不殺小兒，故仙人記：年十六成大仙，必死。此言不可勉。摩醯力住此兒恒年十四。以小兒爲部，黨害世間小兒。若年十五，此兒不復害。三、母神，童子乳母也。四、梵神。摩醯首羅，面上三目，有一切智。若失物，呪，小兒面更生一目，直往取物。得物，還失目。五、象頭神，好障礙他一切善惡事願，令不成就。六、天龍神，多貪嗔。七、羅羅神，好犯人天，有善惡二健兒。八、沙神，食肉，薄福，身如沙土。九、夜叉神，有大神通。十、羅刹神，翻名極難。

言百部者，是鬼神王也。一一部復有百部鬼神者，是前神王眷族也。是諸鬼神皆欲得人，行般若。若不弘宣，好爲損害。由國内講此經，諸鬼神等爲聞法故，悉來護國，令無七難。由無七難，得講得聽，故云樂聞此經也。明行法竟。

大王，國土亂時，先鬼神亂。鬼神亂，故萬民亂，賊來劫國，百姓亡喪，臣、君、大[三]子、王子、王王子[四]、百官共生是非，天地恠異，二十八宿星道日月失時失度，多有賊起。大王，若火難、水難、風難，一切諸難，亦應講讀此經。法用如上説。

第二，明七難正壞國土。七難者，一、鬼神難，二、賊難，三、臣君太子百官難，四、二十八宿難。大王下三灾，合前，爲七難。此意由國無三寶，復不講讀大乘，鬼神等無聞正法故，惡心滋多，惱亂萬民。萬民復亂，及以衰死故，外賊來侵國耳。又百部鬼神樂聞正法，由其國中不講經故，諸鬼神瞋忿，故起七難惱亂國。

二十八宿者，角、亢、弖、房、心、尾、箕，是東方宿也；斗、牛、女、虚、危、室、壁，是北方宿也；奎、婁、胃、昴、畢、觜、參，是西方宿也；井、鬼、柳、星、張、翼、軫，是南方宿也。一方有七，四七二十八宿也。失度者，於上度數錯亂，故曰失度也。

日月失度者，天有三百六十五度四分度之一。日一日行一度，一歲一周天。月一日行十三度十九分之七，行一月一周天。又天道，日月所行，乃有無量。大判有三道，謂冬至之日行於南道，夏至日行於北道，春秋二分行於中道。

護難法用同上，故云如上説也。

大王，不但護國，亦有護福。求富、貴官位、七寶如意、行來，求男女，求慧解名聞，求六天果報，人中九品果樂，亦講讀此經。法用如上説。

大王不但護國下，第三，明護臣庶等法用。有九種福：一、富，二、貴官位，三、七寶如意，四、行來安隱，五、男女，六、慧解，七、名聞，八、六天果，九、人中九品果也。

九品者，九品人。上、中、下各有三品，三三合九種。上品上、中、下者，上品道種性金輪王，中品性種性銀輪王，下品習種性銅輪王。中品上、中、下者，上品鐵輪王，中品粟散王，下品小國王。下品上、中、下者，上品刹利大姓，中品波羅門大姓，下品居士大家等。

大王，不但護福，亦護衆難。若疾病苦難，杻、械、枷、鏁，撿繫其身，破四重禁，作五逆因，作八難罪，行六道事，一切無量苦難，亦講讀此經。法用如上説。

大王不但護福亦護衆難下，第四，明護難。難有八：一、疾病苦難，二、杻難，三、械難，四、枷難，五、鏁難，六、撿繫，七、四重五篇等是，八、五逆等是。五逆：殺父、殺母、殺真人羅漢、出佛身血、破和合僧。此八難，又八者，三途難即三，四、佛前佛後難，五、邊地難，六、聾盲瘖瘂難，七、世智辨聰難，八、長壽天難。

第一大段，明護國行法竟。

大王，昔日有王釋提桓因，爲頂生王來上天上，欲滅其國。時帝釋天王即如七佛法，用敷百高座，請百法師講説《般若波羅蜜》，頂生即退。如《滅罪經》中説。

大王昔日下，第二大段，引昔類今。就中，有二。初，引帝釋王，證成波若能護國土。如《涅槃經》引出其事也。二、從天羅國下，引普明，證波若能護身命。如《十王經》中説五千國王集，引此爲證也。

就初引天王中，有四：一、舉頂生王領

奪天國；二、明帝釋護國行法；三、頂生即退下，明頂生退散；四、如《滅罪經》下，引經證成。此應名《涅槃經》。爲《滅罪經》《闍王》中說也。

大王，昔有天羅國王，有一太子欲登王位。一名斑足。太子爲外道羅陀師受教：應取千王頭以祭塚神，自登其位。已得九百九十九王，少一王。即北行萬里，即得一王名曰普明王。其普明王白斑足王言：願聽一日，飯食沙門，頂禮三寶。其斑足王許之一日。時普明王即依過去七佛法，請百法師，敷百高座，一日二時講說《般若波羅蜜》八千億偈竟。其第一法師爲普明王而說偈言：

大王昔有天羅下，第二，引普明王爲證。文有三：一、明難事；二、從普明王白斑足下，明依經修福，明護國行法；三、爾時法師下，聞法悟解。

第一難事者，斑足欲破諸國，取千王頭祭塚神。文相顯可解。

第二，明行法中，文別有三：初、明普明乞一日暇，斑足即許；二、時普明下，請法師說法；三、其第一法師下，就彼一人，明說四非常偈。前二分文相顯可知。

就說偈中，有八偈，爲四：初兩偈，說無常；次兩偈，說苦；次兩偈，說空；次兩偈，說無我。

劫燒終訖　乾坤洞燃
須彌巨海　都爲灰揚
天龍福盡　於中彫喪
二儀尚殞　國有何常

乾坤洞然者，如造天地。《本起經》說：天地壽二百萬劫，壽盡爲劫火燒盡。七日凝住。過七日，天下洞然。劫火去上，至欲界第六天。一劫，火盡，他方大龍王雨水滅火，上至第十梵天盡色界。復有一劫，旋藍風，從他方來吹此天。雨水波蕩，至上無色界。復有劫，水盡，吹水波，即作山川。天地初成，未有日月星宿。諸天飛來，日月國土始有也。

就初兩偈中，初二句，就天地；次兩句，約山海；次兩句，就天龍；次一句，就陰陽。二儀者，一陰，二陽。此之二種能生能成，名爲二儀。言尚殞者，明此陰陽雖復生長，而念念彫喪，故是無常。下一句，結無常。無常多種，今略出五種：一、滅無常，捨現報；二、壞無常，和合破散；三、轉變無常，色等變爲異；四、集相無常，無實生滅也；五、自性無常，有爲之法平等不住也。

次兩偈，明苦，即明八苦。

生老病死　輪轉無際
事與願違　憂悲爲害
欲深禍重　瘡疣無外
三界皆苦　國有何賴

生等者，即生苦、老苦、病苦、死苦。輪轉無際者，輪迴即是行苦。事與願違者，即是求不得苦，亦名愛別離苦。憂悲，即是壞苦。欲深禍重者，《論》云：如大海水，無邊亦無底。能召重苦，故云禍重也。瘡疣無外者，貪欲内心生故。瘡疣即身自有，故云無外。三界皆苦者，明苦實樂虛。國有何賴者，明依報皆苦也。

苦位有四：一、欲界不淨故苦，二、色界退墮故苦，三、無色界不安故苦，四、二乘不一向寂靜故苦。

次兩偈，明空。

有本自無　因緣成諸
盛者必衰　實者必虛
衆生蠢蠢　都如幻居
聲響俱空　國土亦如

文云有本自無者，明自性本來空也。因緣成諸者，明因緣空也。因緣之法，由若空華，但有假名，而無其實也。《正觀》云：因緣生法即是空也。盛者必衰者，此是始終空也。

衆生虚妄，横計爲有，諦實而觀，始終皆不可得也。實者必虚者，衆生計我爲實，實相刀切身，無常即壞，即是實者必虚也。衆生蠢蠢，都如幻居者，明生空也。聲響俱空者，明相空。響但有相皃，無實，故云相空。聞響者，是耳根壞，顛倒聽，例如空華、旋火輪等。

次兩偈，明無我。初句，就心明無我。心非形相，故言無形也。

識神無形　假乘四蛇

無眼保養　以爲樂車

形無常主　神無常家

形神尚離　豈有國耶

假乘四蛇者，約色明無我。四蛇譬四大也。無眼保養，以爲樂車者，此二句約情明無我。以凡夫無慧眼，保翫此身以爲樂車，如似無目之象但求食味，樂五陰之車也。不達無我，保養四大，謂爲有我。不知此身假合而有，似衆木成車。横計輕苦，謂之爲樂，名爲樂車。形者，四大也。神者，識神也。形神尚離，正明無我。豈有國耶者，舉類顯國空也。

爾時，法師説此偈已，時普明王眷屬得法眼空。王自證得虚空等定，聞法悟解。還至天羅國斑足王所。

第三，聞法悟解，有二：初明自行，次明化他。自行，有二：一、眷族得解，二、普明自證虚空等定。次明化他，有五。

衆中，即告九百九十九王言：就命時到，人人皆應誦過去七佛《仁王問般若波羅蜜經》中偈句。時斑足王問諸王言：皆誦何法。時普明王即以上偈答王。王聞是法，得空三昧。九百九十九王，亦聞法已，皆證三空門定。時斑足王極大歡喜，告諸王言：我爲外道邪師所誤，非君等過。汝可還本國，各各請法師講説《般若波羅蜜》名味句。時斑足王以國付弟，出家爲道，證無生法忍。如《十王地》中説：五千國王常誦是經，現世生報。

即告九百下，一、明化餘王。時斑足問諸王下，二、明斑足與諸王同聞法獲益。即告諸王下，三、明悉放諸王各還本國，皆弘此經。以國付弟下，四、明斑足出家進行，得無生忍。五千下，第五，明五千王得益。

第二引證訖。

大王，十六大國王修護國之法，法應如是，汝當受持。天上人中六道衆生，皆應受持七佛名味句。未來世中復有無量小國王欲護國土亦復爾者，應請法師説《般若波羅蜜經》名味句。

大王十六大國下，品中大段第三，勸持，有三：初，勸十六國王受持；二、天上人中下，勸六道衆生受持；三、無量小國王下，勸諸小國王受持。第三勸持訖。

爾時，釋迦牟尼佛説此《般若波羅蜜》時，衆中五百億人得入初地。復有六欲諸天子八十萬人，得性空地。復有十八梵得無生法忍，得無生法樂忍。復有先已學菩薩者，證一地，二地，三地，乃至十地。復有八部阿須輪王得十三昧門，得二三昧門，得轉鬼身，天上正受。在此會者皆得自性信，乃至無量空信。吾今略説天等功德，不可具盡。

爾時釋迦牟尼下，品中大段第四，明得益。有六種得益不同。初、五百億人得初地。二、六欲天八十萬人得性空地，在四地已上。三、十八梵天得無生忍及法樂忍，在七地以上。四、復有先已學菩薩，明初地乃至十地。五、八部神王得十三昧者，十一切入也。得二三昧者，八勝處八背捨也。或云一空二無相也。又轉鬼神身，得天身。六、現在衆在此會者得自性信者，四不壞信也。又得空信者，入初地也。又十信名自性信，種性已上名空信也。

吾今下，品中大段第五，總結。略説如此。廣説不可窮盡也。

# 仁王護國般若波羅蜜經散華品第六

正說六品爲四。上三品，明能護般若。第二，《護國》一品，明所護國土，已竟。今此品是第三，示物供儀，令人供養。十六國王聞上說般若得益衆多，内心慶喜，散華供養，因以題名，故云《散華品》。

問：供養多種，今何故散華。

答：供養雖多，不出三種。一、敬供養，謂香華等。二、利供養，謂衣服等。三、修行供養，謂六度、四攝等。此品多明恭供養、修行供養也。

此品文爲六段：初，明十六國王聞法歡喜散華供養；時諸國王下，第二，發願；佛告大王下，第三，如來述成；時佛下，第四，現神力；佛現神足下，第五，時衆得益；諦聽諦聽下，第六，結。

爾時，十六大國王聞佛所說十萬億偈《般若波羅蜜》，歡喜無量，即散百萬億行華，於虛空中變爲一座。十方諸佛共坐一座，說《般若波羅蜜》。無量大衆共坐一座，持金羅華，散釋迦牟尼佛上，成萬輪華，蓋大衆上。

就初散華中，有四：初，散百萬億行華者，地前三十心華；二、復散八萬四千波若波羅蜜華，初地已下十地華；三、復散妙覺華，佛地華也；四、諸天人散天華。

就前三十心行華中，有四：初，明十六國王聞上說《般若》歡喜，即散百萬億行華；二、華於空中變成一座，十方佛共坐一座說《般若》；三、無量大衆共坐一座，持金羅華，散釋迦上；四、金羅華變成萬輪華，蓋大衆也。

問：何故一時間諸華變轉自在如此。

答：以般若故，於一無所得心内，作種種名。不可以相心而求。若約勸解，其事衆多，不可具出。下云諸華，例爾也。

復散八萬四千般若波羅蜜華，於虛空中，變

成白雲臺。臺中光明王佛，共無量大衆，説《般若波羅蜜》。臺中大衆持雷吼華，散釋迦牟尼佛及諸大衆。

第二，地上行華。文有三：初，明散華變成白雲臺。二、明臺中，光明王佛説《般若》。三、臺中大衆持雷吼華，散釋迦及大衆也。

復散妙覺華，於虛空中，變作金剛城。城中師子吼王佛，共十方佛大菩薩衆，論第一義諦。時城中菩薩持光明華，散釋迦牟尼佛上，成一華臺。臺中，十方諸佛説不二法。

第三，佛地散妙覺華中，文有五：初，明散妙覺華。二、華於空中，變作金剛城。三、城中師子吼王佛，共十方佛大菩薩，論第一義諦。四、時城中菩薩持光明華，散釋迦佛，成一華臺。五、臺中十方佛説不二法也。

及諸天、人亦散天華於釋迦牟尼佛上，虛空中成紫雲蓋，覆三千大千世界。蓋中天人，散恒河沙華，如雲而下。

第四，諸大衆天人散華，有三：初、散天華釋迦上；二、華於空中成紫雲蓋，覆三千大千世界；三、蓋中天人散恒沙華。

此等若就事，是敬供養。若約行，即修行供養。

問：前後四番散華，變成華蓋等。何故於中有佛説法，有不説法者。

答：諸佛方便，約緣不同，不可定准。

第一，明散華供養訖。

時，諸國王散華供養已，願過去佛、現在佛、未來佛常説《般若波羅蜜》。願一切受持者，比丘、比丘尼、信男、信女所求如意，常行般若波羅蜜。

時諸下，品中大段第二，發願。就文，有二：初、時諸天國王願三世諸佛常説《般若》；二、願一切受持者下，願四衆所求如意，常行無所得般若也。

佛告大王：如是，如是，如王所説，《般若

生處。

波羅蜜》應説應受，是諸佛母、諸菩薩母、神通

佛告下，品内大段，此第三，如來述成。

就文，有二：初，述可，故云如是如是；二、

如王所説下，勸應説應受持，歎《般若》諸

聖之本，有三句：是一切諸佛母、一切菩薩母、

一切神通母。

時，佛爲王現五不思議神變：一華入無量華，

無量華入一華。一佛土入無量佛土，無量佛土入

一佛土。無量佛土入一毛吼[五]土，一毛吼土入無

量毛吼土。無量須彌無量大海入芥子中。一佛身

入無量衆生身，無量衆生身入一佛身，入六道身，

入地水火風身。佛身不可思議，衆生身不可思議，

世界不可思議。

時佛爲王下，品中第四，神力現五不思議。

即爲五別：第一，華變不思議，一華入無量

者少能入多，無量入一者多能入少，故皆不

思議神力也；二、佛土不思議，無量佛土入

一佛土，能變多土入一土故；三、毛吼不思議，

少能容多故；四、須彌大不思議，多能入芥

子故；五、衆生不思議，無量衆生入一佛身故。

五種神通稱不思議者，無得正觀之異名也。

佛現神足時，十方諸天人得佛華三昧，十恒

河沙菩薩現身成佛，三恒河沙八部神王成菩薩道，

十千女人現身得神通三昧。

善男子，是《般若波羅蜜》有三世利益，過

去已説，現在今説，未來當説。

佛現神足下，品中大段第五，明得益。

有二：初、别明四種人得益；二、善男子下，

總舉《波若》有三世利益。

别明四衆内，即爲四别：一、十方天人

得佛華三昧者，此是華嚴三昧，第十地得之；

二、十恒河沙菩薩得成佛身；三、三恒河沙

八部神王成菩薩道，初地以上；四、十千女

人現身得神通，謂五神通也。

善男子下，總舉般若，明三世利益。

諦聽諦聽，善思念之，如法修行。

諦聽諦聽下，品中大段第六，勸依三慧，結勸修行也。

## 仁王護國般若波羅蜜經受持品第七

此品明十三法師。開〔六〕而奉行爲受，久久不失爲持，因以題名，故言《受持品》。正説六品爲四，今是第四，明弘經人德行相皃，勸將來依憑學經。就文，有二。初，月光疑問。從大牟尼下，第二，答初問中，有二：初，月光從前品生疑；白佛言下，第二，正問末代持法人。就前疑問中，初覩瑞疑念，次即發言諮請。

爾時，月光心念口言，見釋迦牟尼佛現無量神力，亦見千華臺上寶滿佛是一切佛化身主，復見千華葉世界上佛，其中諸佛各各説《般若波羅蜜》，

所言月光者，性月，名波斯匿。而言月光者，當是受法已後更立光字，故云月光也。次，發言者，見釋迦神力，復見寶滿如來化身佛主，復見千葉上佛各各説《般若》。此三處佛，爲一爲異。

白佛言：如是無量《般若波羅蜜》不可説，不可解，不可以識識。云何諸善男子於是經中明了覺解，如法爲一切衆生開空法道。

白佛下，正問。就中，有二：初，正問所説《般若》甚深無量；次，云何下，結問意。就前正問中，有三句歎《般若》甚深：一、過言説故云不可説言語道斷故；二、過相心境界故言不可解深而無盡故；三、過覺觀故云不可以識識非思慮境界非緣慮之所達也。云何下，次，結問意。法相如是絶緣忘觀，云何解了令一切衆生得入空道。開空法道者，達有本空故名開空，即空能通名道故云開空法道也。

大牟尼言：有修行十三觀門諸善男子，爲大

法王。從習忍至金剛頂，皆爲法師依持建立。汝等大衆應如佛供養而供養之，應持百萬億天華天香而以奉上。

大牟尼下，第二，佛答。有三：初，正答問；佛告月光我滅度後下，第二，勸持；時諸大衆及阿須輪王下，第三，明時衆得益。

就前正答中，有三：初，略答；善男子其法師下，第二，廣答；善男子如是如是下，第三，總結十三法師功能。

就前略答中，有二〔七〕。初，佛答，勸修觀門，略歎其德。文云十三觀門者，謂三賢十聖爲十三。前四忍各有三品，以爲十二。寂滅下忍，爲十三。從習忍已下，第二，辨位。習忍者，即習種性。至金剛頂者，即第十地。標初舉後，中間十一略具列。依持建立者，明十三種合可依止。汝等下，第三，勸大衆如法供養。文云應如佛供養者，教其重敬供養也。故《二諦品》云：一念信般若，當知是人即是如來，況十三法師不應如佛供養也。

善男子，其法師者，是習種性菩薩。若在家婆差優婆差，若出家比丘、比丘尼，修行十善，自觀己身地、水、火、風、空、識，分分不淨，復觀十四根，所謂五情、五受、男、女、意、命等有無量罪過故，即發無上菩提心。常修三界一切念念皆不淨故，得不淨忍觀門，住在佛家。修六和敬，所謂三業同戒同見同學，行八萬四千波羅蜜道。

善男子其法師下，第二，廣答十三忍，即爲十三段。

就初習忍，有三：第一，內凡伏忍初習忍十住也；第二，善男子習忍下，舉失顯得，更解三十心前外凡夫十善菩薩；第三，是定人者下，顯得，還結習忍位也。

就初習忍，有八句文。

初，標忍名位。文云是習種性菩薩也。

第二，別明四部衆。在家二衆，名優婆

塞、優婆夷。有本云：波差優婆差，外國語。音不同，有此異耳。此間名善宿男、善宿女，亦云善男子、善女人。出家二衆者，一名比丘，此名破煩惱；二名比丘尼，此名爲女。

第三，修習德行。文云修行十信。十信者，即前《教化品》伏忍下品十種心。十信者，一精進心，乃至第十迴向心。

第四，作六大觀，四大、空、識也。

第五，作十四根觀，五情根、五受根、男、女、意、命。此十四是生死根本故。《成實論》名往來根。生死過患故，菩薩先須觀之。三無漏根入聖位，非過，不須觀之。信等五根，不斷善根，亦不觀也。是故二十二根中除八根，但觀十四。喜、樂、捨、意，此四雖通漏無漏，是染汙根本，所以不除也。

第六，發菩提心者，《智度論》云五種菩提，是第五無上菩提心也。《涅槃經》四種菩提，發第四上上觀菩提也。《大品經》三種菩提，第三佛菩提心也。

第七，常修三界忍者，觀三界念念皆不淨，是諸漏本，無一念淨處，即得不淨忍也。以作上來諸觀，名佛弟子，故云住在佛家也。

第八，修六和敬。與物同修，名之爲和。共相受德，目之爲敬。三業同修，爲三。同戒、同見、同學八萬四千度，名六。餘經以同利利爲六也。

善男子，習忍以前行十善菩薩有退有進，譬如輕毛隨風東西，是諸菩薩亦復如是。雖以十千劫，行十正道，發三菩提心，乃當入習忍位，亦常學三伏忍法，而不可字名。

善男子下，習忍內大段第二，更解三十心前外凡十善，舉失顯得也。就文，有六句：初，法說，明外凡菩薩行十善由有進退；譬如下，第二，舉輕毛，喻善趣見理未明，數數退大，住小乘，似彼輕毛隨風動轉，不能正住；是諸菩薩下，第三，合喻；雖以十千劫下，第四，明十千劫有所得心行十正道，亦不得進位也；發菩提心下，第五，明發無所得心，得入習忍位也；亦常學下，第六，結是不定人，不可名字也。

是不定人。是定人者，入生空位聖人性故，必不起五逆、六重、二十八輕。佛法經書，作反逆罪，言非佛説，無有是處。能以一阿僧祇劫修伏道忍行，始得入僧伽陀位。

是定人下，習忍位中第三大段，顯得，還結習種忍也。就文，有三：初，得生空位，此人得人空無我解也，亦名假名空；必不〔六〕起下，第二，明離過。

五逆，如前説。

六重者，四重加沽酒爲五，不説四衆罪過爲六。

二十八輕者，出《善生優婆塞經》。第一，不供養父母師長。二者，躭樂飲酒。三者，不能瞻身病苦。四者，有乞食，不能隨多少與，而令空去。五者，若比丘、比丘尼、長老、尊宿處、優婆塞等不須禮拜問訊。六者，若見四果，犯戒生憍慢心。七者，月月不能持六齊，受八支戒。八者，四十里有講法處，不往聽。九者，受招提僧臥具床座。十者，疑水有虫，故飲。十一，險難之處，無伴獨行。十二，無伴獨宿尼寺。十三，若爲財命打罵奴婢僮僕外人。十四，若殘食施四部衆。十五，若畜猫狸。十六，畜養象馬牛驢一切禽獸，不作淨施。十七，若不儲僧伽梨衣鉢盂錫杖。十八，若爲身田作。十九，不得自爲身命，若作市易，斗秤賣物，一説價已，不得前却，捨賤取貴。二十，若在非處非時行欲。二十一，商賈販賣不輸官税，盜棄而去。二十二，若犯國制。二十三，得新菓菜，不先奉三寶，先自受用。二十四，僧若不敢説法讚歎，輒便自作。二十五，若在沙彌，比丘前行。二十六，僧中行食，不得撰擇取美，過分而取。二十七，不得養蠶。二十八，行路之時遇見病者，不住瞻視方便付囑，而捨去。

佛法經書作反逆罪，言非佛説者，於佛法真佛，説言非佛説。實非佛説，言是佛説者，無有是處。以一阿僧祇者，從善趣初心至滿心習種位，合逕一阿僧祇也。

始得入僧伽陀位者，第三段，結習忍位也。外國名僧伽，此方名習種性。又義：翻名爲離著地，以不著人我故也。

問：習種性更有異名，復有别稱。

答：《瓔珞經》明有六名：在性名習種性，在信名堅信，在忍名信忍，在慧名聞慧，在定名習相定，在觀名住觀。

問：云何名十住。

答：一、名發心住，二、治地住，三、修行住，四、生貴住，五、方便具足住，六、正心住，七、不退住，八、童真住，九、法王子住，十、灌頂住。位内王，名銅寶瓔珞。

復次，性種性，行十慧觀，滅十顛倒，及我人知見分分假僞，但有名，但有受，但有法，不可得，無定相，無自他相，故修護空觀。亦常行百萬波羅蜜，念念不去心。以二阿僧祇劫，行正道法，住波羅陀位。

復次性種下，第二明中忍。文有八句：一、標名，二、出行德，三、滅惑，四、知俗，五、修觀，六、辨行多少，七、修行時節，八、結名。

第一，標名。文云性種性也。

第二，出行德。文云行十慧觀。十慧即前《教化品》十止心也。四意止爲四，即四念處。三善根，爲七，即慈施慧。三意止，爲十。三意止者，所謂三世忍，過去因忍、現在因果忍、未來果忍也。

第三，滅惑。文云滅十顛倒。十顛倒者，常樂我淨四，對四依止。三煩惱顛倒，對三依止。過去因忍，對因倒。未來果忍，對果倒。

現在因果忍，對因果倒也。或可如《地持論發心品》中，説十種煩惱爲十倒也。我我所通障十地，性種人少分滅也。

第四，知世諦假有非實。文云分分假僞，不可得也。

第五，空觀。文云無自他相，修護空觀。觀我人無有自他相故。空即三空觀門具足。未得名修，已得名護。

第六，辨行少多。文云常行百萬波羅蜜念念不去心者，以無間修故，不去離心也。

第七，修行時節。文云以二阿僧祇也。

第八，結名。波羅陀位者，此名性種性。三藏師云：義翻爲守護度，所習諸行能堅守不失也。從善趣初心，至性種位，時逕二阿僧祇劫也。

《瓔珞經》有六名：在性名性種性，在堅名法堅，在忍名法忍，在慧名思惟慧，在定名性定，在觀名行觀。

問：云何名十行。

答：一、歡喜行，二、饒益行，三、無瞋恨行，四、無盡行，五、離癡亂行，六、善現行，七、無著行，八、尊重行，九、善法行，十、真實行也。位内王，名銀輪王。

復次，道種性，住堅忍中，觀一切法無生無住無滅，所謂五受、三界、二諦、無自他相，如實性不可得故。而常入第十第一義諦，心心寂滅，

復次道種下，第三，明上忍。有六句：初、標名，二、行德，三、觀解，四、爲物受生，五、修行時節，六、結位。

第一，標名。名道種性。

第二，行德。文云住堅忍中，即前《教化品》十堅心。十堅者，一、戒忍，二、知見忍，三、定忍，四、慧忍，五、解脱忍，六、三界因果空忍，七、無願忍，八、無相忍，九、無常忍，十、一切法空無生忍。

第三，觀解。文云觀一切法無三相，所

謂以知五受、三界、二諦、無自他相。如實性者，無所得不二性也。以知諸法無所有，故云不可得。文云常入第十第一義諦者，牒前五受爲五，三界爲八，世諦爲九，真諦爲十也。從前觀向後，故言常入第十第一義諦也。心心寂滅者，前觀諸境無生，今明能緣之心亦寂滅也。

而受生三界。何以故。業習果報未壞盡故，順道生故。復以三阿僧衹劫，修八萬億波羅蜜，當得平等聖人地故。住阿毗跋致正位。

第四，爲物受生。文云而受生三界。何以故下，釋受生意。以業習未盡故，地前三賢菩薩爲物受三途生。以無始願爲因，大悲爲緣，發願入三途教化衆生也。

第五，明修行時節。文云三阿僧衹劫，修八萬億諸度。將入初地，故云當得平等聖人地。

第六，結位。阿毗跋致，正翻爲不退也。

道種性，例前有六名。在堅名堅修。在忍名修忍。在慧名修慧。在定名慧定。在觀名向觀。

十回迴者，一、離衆生相迴向，二、不壞迴向，三、等一切佛迴向，四、至一切處迴向，五、無盡功德藏迴向，六、平等善根迴向，七、等觀衆生迴向，八、如相迴向，九、無縛解脱迴向，十、法界無量迴向也。《瓔珞經》名金輪王。

復次，善覺菩薩摩訶薩，住平等忍。修行四攝，念念不去心。入無相捨，滅三界貪煩惱。於第一義諦而不二，爲法性無爲。緣理而滅一切相故，爲智緣滅無相無爲。

復次善覺下，次，明信忍。就初地，又有十段：初、標名，二、歎地功德，三、明空有兩解，四、滅惑，五、得二無爲，六、解法方便，七、明二智成就，八、進行，九、結位，十、以四大藏益物。

第一，標名者，文云善覺菩薩也。

第二，歎地德行。文云住平等忍。初地證信，空有并觀，故云平等忍。

第三，明空有兩解。文云修行四攝，即有解。入無相下，即空解。

第四，滅惑。文云滅三界貪煩惱。

第五，明得二無爲。文云於第一義而不二，滅一切相。是數滅無爲。住初忍時，未來無量生死不由智緣而滅故，非智緣滅無相無爲。無自他相，無相，無無相故，無量方便皆現前觀。實相方便者，於第一義諦不沈不出，不轉不顛倒。遍學方便者，非證非不證，而一切學。

住初忍下，未來生死不起，即非數緣滅無爲。無自無他相者，由自故有他，自無故他亦無。一無遣自，一無遣他，二無雙遣，故名無無相也。

第六，釋法方便。文有六子句：一、實相方便，二、遍學方便，三、迴向方便，四、魔自在方便，五、一乘方便，六、變化方便。第一，實相方便者，文云於第一義諦而不沈不出。二乘沈空，凡夫沈有，動轉顛倒也。菩薩於實相無有沈出，故不顛不倒也。第二，遍學方便者，文云非證非不證。菩薩空有並觀，齊行不二，故云非證非不證。而一切學者，明大小遍學名一切學也。迴向方便者，非住果，非不住果，而向薩婆若。魔自在方便者，於非道而行佛道，四魔所不動。一乘方便者，於不二相，通達衆生一切行故。變化方便者，以願力自在，生一切淨佛國土。如是，善男子，是初覺智於有無相而不二，是實智照。

第三，迴向方便者，文云：非住果，非不住果，而向薩婆若。有三種迴向：一，迴因向果，所有善根向薩婆若果；二，迴果向因，與一切衆生共也；三者，迴向無所得，故離相也。非住果者，不住人、天二乘果。非不住者，住初地已上四種果，調柔果、發趣果、願智果、攝報果。又，非住者不住四果，非不住者住薩婆若果也。第四，魔自在方便者，文云：於非道而行佛道，四魔所不動。同魔而行佛道，魔不能壞。表二義：一者，欲引邪入正；二，明邪正不二，解魔事無所有，即是佛事。四魔者，煩惱魔、陰魔、死魔、天魔也。欲明初地菩薩能降伏四魔，故云不爲所動也。初地菩薩斷初地惑故離煩惱魔，得法身故離陰魔，得道法力故離死魔，得不動三昧故離天魔。若依《大集經》，四諦、三空、四念處等，治四魔。如此等示行非道，通達佛道也。第五，一乘方便者，文云：不二相，通達衆生一切行故。唯行一大乘不二法門，以化衆生也。第六，變化方便者，文云：願力自在，生一切淨佛國土。起身通，益物也。願力者，是起通心。言自在者，明其通體智慧。言生一切淨佛國土者，明其通用。道理亦生穢土，略故不説。

第七，明二智成就。有三意：初，法説；譬如水下，譬説；乃至下，合譬。初，法説中，前明實智，後明方便。文言初覺智於有無相而不二者，是實智也。

巧用不證、不沈、不出、不到，是方便觀。譬如水之與波不一不異，乃至一切行波羅蜜禪定陀羅尼不一不二，故而二行成就。以四阿僧祇劫行行故，入此功德藏門。無三界業習生故，畢故不造新。以願力故，變化生一切淨土。常修捨觀故，登鳩摩羅伽位，以四大寶藏常授與人。

巧用下，明方便智。譬文云如水與波不一不異[九]者，明動義異濕義似行義異理義。言不異者，明波體即水體似行體即理體。合譬中文云乃至一切行不一者，明行相異理，又明諸行體同義别。言不二者，明理行體同，又明諸行體同，其似波水。合前，成不一不異之言也。今所明二智，不同他説異實智外別有方便。所言實智者，即方便實也。言方便者，實方便也。豈可言一，豈可言異，譬説中自顯也。

第八，進行。有四子句：一、明久行故入此門，文云四阿僧祇得入者，過前三忍，故云四阿僧祇；二、無三界業報生，文云畢故不造新，更不受三界果報，故云不造新也；三、以願力受生，以地前三十心無漏爲因，無明爲緣，感三界外初地變易生也；四、常修捨觀，捨所斷諸煩惱也。

第九，結位。鳩摩羅伽者，此方名童子地。以生在佛家，亦名離欲地。亦名勝惡魔地，初地離五怖畏，過二乘魔也。

第十，常以四大藏益物。四大藏者，修多羅、毗尼、阿毗曇、雜藏也。亦可依《勝鬘經》，一、名人天善根藏，二、聲聞藏，三、緣覺藏，四、大乘藏。亦可依《地持》，四攝益物，爲四藏也。

復次，德慧菩薩，以四無量心，滅三有瞋等煩惱，住中忍中，行一切功德故，以五阿僧祇劫行大慈觀心，心常現在前，入無相闍波陀羅位，化一切衆生。

德慧下，第二地文。有五別：一、標名，二、智斷，三、住中忍自行，四、修行時節，五、結。

第一，標名。文云德慧菩薩。

第二，智斷。文云以四無量心者，明智也。滅三有煩惱，即斷也。

第三，住中忍中，行一切功德者，歎自利行相也。

第四，明修行時節者，文云以五阿僧祇者，怗前四，爲五也。

第五，結。云入無相闍陀波羅者，此翻爲度黑闇，無復黑闇。亦名無畏地。三藏師翻爲滿足也。

復次，明慧道人，常以無相忍中行三明觀，知三世法無來無去無住處，心心寂滅。盡三界癡煩惱，得三明一切功德觀故，常以六阿僧祇劫，集無量明波羅蜜故，入伽羅陀位，無相行，受持一切法。

明慧下，第三地文。有五别：初、標名，二、忍名，三、智斷，四、進行時節，五、結位。

第一，標名者，文云明慧道人也。

第二，標忍名。文云無相忍中行者，明信忍上品也。言三明者，照三世無生，故云無來無去無住處。三世不可得，觀盡於緣。心心寂滅，緣盡於觀也。

第三，智斷者，文云盡三界癡煩惱也。

第四，進行時節者，六阿僧祇。足前五，爲六也。

第五，結位。文云入伽羅陀位者，此云度邊地也。

仁王般若經疏卷下五

**校勘記**

〔一〕「語」，疑爲「悟」。

〔二〕「疆」，底本作「壇」，據校本改。

〔三〕「大」，疑爲「太」。

〔四〕「王王子」，疑衍。

〔五〕「吼」，疑爲「孔」。下三「吼」字同。

〔六〕「開」，底本原校疑爲「聞」。

〔七〕「二」，疑爲「三」。

〔八〕「必不」，底本作「淨忍也」，據校本改。

〔九〕「不異」，疑衍。

# 仁王般若經疏卷下六

胡吉藏撰

復次，爾炎聖覺達菩薩，修行順法忍，逆五見流，集無量功德，住須陀洹位。

爾炎地下，明四地文。有四：初、標名，

二、立忍名，三、離障，四、進行。

初，標名。文云爾炎聖覺達菩薩也。爾炎者，此名智母。既進斷思惟，故稱覺達。境能生智，以境爲智母也。又解：《地經》名炎地。此喻説也。

第二，立忍名。修行順法忍者，順忍下品也。

第三，離障。文有三子句：一、逆見流，二、住初果，三、結離障。

初，逆五見流者，明四地菩薩能滅五見煩惱習氣。故《地經》云：我見爲首，悉皆遠離。《攝論》云：四地斷俱生身見無明。三藏師云：大乘别有五見。一、生滅見，准小乘邊見。二、四念處見，損正念，正念對治，准小乘邪見。三、善惡見，損正懃，正懃能行一切無分别菩薩善法。若分别，不能懃也。准小乘戒取見。四、衆生見，是菩薩對治，菩薩不見衆生異菩薩也。五、正法見，正施是對治，不見有法也。菩薩行九種道，能逆此五見流，始入菩薩須陀洹位。九種道者，一、行生死，如病服苦藥。二、狎衆生，如大醫不計病者惱亂。三、促身力，如僮僕不避寒苦，其力堪忍故。四、入塵欲，如商人畏失財。五、爲利衆生，雖處世樂，不多受果報故。六、不惱他。七、淨三業，如洗衣人未淨不息。八、修定，習善根，如人攢火，取得火方住。九、依智慧，如幻師於幻衆中不譬有僮僕。未見所出，别詳。生真實。

二、住須陀洹位者，釋有二義。一者，就修道位中二地、三地修有漏道，厭伏煩惱。四地修無漏道，永斷煩惱。初得修無漏，名須陀洹。第二義者，三地已還，造有漏業。初地行施，二地持戒，三地修八禪有漏定。四地已上修無漏道，斷三界，逆生死流，名須陀洹。亦可，此人斷人相我障因，似小乘初果，就相似立名也。

常以天眼、天耳、宿命、他心、身通，達於念念中能滅三界一切見故。亦以七阿僧祇劫，行五神通。恒河沙波羅蜜，常不離心。

天眼等五通者，三地菩薩在有漏位中，修道得五通。四地在無漏位中，得五通。分得漏盡，略而不彰也。

三、結離彰〔二〕。云滅三界一切見也。

第四，進行時。文云以七阿僧祇也。亦應結名位，文略不出耳。

復次，勝達菩薩，於順道忍，以四無畏，觀那由他諦，內道論、外道論、藥方、工巧、呪術故，我是一切智人。滅三界疑等煩惱故，我相已盡。知地地有所出，故名出道。

勝達下，明五地。文五段：初、標名，二、標忍，三、明四無畏，四、明證果，五、修行時節。

第一，標名。文云勝達菩薩，即難勝地。

第二，釋忍者，文云於順道忍也。五地菩薩修順忍中品，隨順如道觀，名順道忍也。

第三，明四無畏者，有二：初，總標；次，別釋。初，總標者，云以四無畏也。觀那由佗下，別釋一切智無畏也。言那由佗諦者，此云億千萬諦也。內道論者，佛十二部經。外道論者，四《韋陀》也。藥方者，本草君臣相吏制也。工巧者，善能知致城隍市肆等也。呪術者，善解方術也。我是一切智人者，結一切智無畏也。二、滅三界下，明漏盡無畏也。三界疑等煩惱者，一、身見，二、戒取，三、疑。人我久盡，二煩惱亦除，今始除疑。疑是心煩惱功用，以三界爲本，從三界出，故云三界疑等。我相已盡者，無有我慢也。三、知地地有所出者，明盡苦道無畏也。有所不出，故名鄣道。逆三界疑，修集無量功德故，即入斯陀含位。復習行八阿僧祇劫中，行諸陀羅尼門故，常行無畏觀不去心。

四、有所不出者，明說障道無畏也。菩

薩别有四無畏名，出《大智論》，一、聞持，二、説法，三、答難，四、斷疑。而此文解四無畏，約佛四無畏，即佛菩薩也。

第四，證果。云：修習無量功德，即入斯陀含果。梵本名息忌伽彌，此云一來。息忌名一，伽彌名來。斷欲色界修道六品。或本云：四地斷欲界思惟，五地斷色界思惟，六地斷無色界思惟，住在薄中名薄煩惱。又解：入斯陀含位者，斷身淨我慢障盡，有微煩惱習障在，似小乘斯陀含。亦可此人望後六地，唯一往來義也。三藏師云：五地菩薩猶餘六地見三界，名一往來也。

第五，進行。云八阿僧祇者，乘前七數，故云八。陀羅尼，此云能持也。

復次，常現真實，住順忍中，作中道觀。盡三界集因集業一切煩惱故，觀非有非無，一相無相，而無二故，證阿那含位。復於九阿僧祇劫，習照明中道故，樂力生一切佛國土。

常現下，第六，現前地。有六段：一、出地名，二、住忍修觀，三、斷惑，四、證果，五、進行，六、結中道。

第一，出名。常現真實也。

第二，住忍修觀。云住順忍中，作中道觀也。明六地菩薩作無所得觀也。

第三，滅惑。云盡三界集因集業也。業雖不可斷，而斷煩惱，業因自滅也。言非有非無者，即是中道現前也。一相無相者，對二故説一，對有故説無，故云一相無相也。二遣一亦消，有盡無亦息。此是對治之言，勿作法見解。

第四，證那含果。西方云阿那伽彌，此云不還。阿那名不，伽彌名還。此不還欲界也。此人受欲界生，更不還欲界也。略即斷五下分結，廣即斷九十二：見諦八十八使，思惟四使也。三藏師云：六地菩薩有四不還：一、不還二乘心。二、不還魔事。魔事即六塵也。

三、不還愛法。四、不還味禪。
第五，進行時。九僧祇也。
第六，結中道觀。云習照明中道也。以願力故，得生一切佛土也。

復次，玄達菩薩，十阿僧祇劫中，修無生法樂忍，滅三界集因業果，住後身中，無量功德行皆成就。

玄達下，明七地。文有七段：一、標地名，二、進行，三、辨忍，四、離障，五、集德，六、結位，七、地中化行。

第一，標名。云玄達菩薩，即遠行地也。

第二，進行時。言十阿僧祇者，地中數量多少也。

第三，辨忍。云無生法樂者，七地得無生，始證法適神，故云法樂忍也。例如初地，得十地始，故名歡喜。即無生忍下，品觀也。

第四，離障。云滅三界習因業果者，此就分段，非永盡也。前六地滅盡因，七地滅果也。亦可六地斷正使，七地斷習。亦可望彼繫業因果，此地不永盡。

第五，集德。云住後身者，三界繫業分段之窮，名住後身也。依《智度論》，先世因緣，七地菩薩有肉身。七地聲聞地，聲聞肉身成道。借相解義，故云七地有肉身也。《智度論》又云初地名法身，況七地是肉身。肉身，此是變易法身肉也。此是一途之説，不可定執。故《華嚴》云：初發心時，便成正覺。豈復七地猶是肉身。無量功德皆成就者，住後身中，總明功德不一，故云無量也。

無生智，盡智，五分法身皆滿足，住第十地阿羅漢梵天位，常行三空門，觀百千萬三昧具足，弘化法藏。

無生智盡智者，別明後身諸功德也。且作一種，唯望分段因盡，得名盡智。苦果不生，名無生智。五分法身者，無漏戒、定、慧、解脱、解脱知見也。

第六，結位。云住十地阿羅漢梵天位也。三藏師云：羅漢有三處。一、三界極名羅漢，見三界煩惱盡。二、結盡名羅漢，七地見三界惑非有非無。三、生死極佛地名羅漢，見一切惑非有非無。又云：分段生死盡名羅漢。梵天位者，初禪梵天王也。言十地者，前三賢加以七，名第十地。第七地内化行者。云行三空，觀空、無相、無願，無漏慧也。百千萬三昧者，無漏定也。弘化者，利益衆生也。

復次，等覺忍者，住無生忍中，觀心心寂滅，而無相相，無身身，無知知。而用心乘於群方之方，淡泊住於無住之住。

等覺下，明八地。有五段：一、標地名，二、辨忍，三、明無相觀，四、結大臣位，五、進行時。

第一，標地名。云等覺菩薩，謂不動地。

第二，釋忍。云住無生忍者，無生忍中品也。

第三，明觀解。云觀心心寂滅者，無所得心也。無相相者，無七地功用相，而有八地無功用相也。無身身者，無七地功用身，而有八地無功用法身。無知知者，不同七地功用知，而有八地已上無功用知。明八地雙照萬境，不知而知。用心乘於群方之方者，乘能運載群生。方者，情有趣向，名爲方，故《繫辭》云以類聚。無方應化，隨物在處。故云群方之方也。雖遍化群方而不住生死，此是無漏任放，故云淡泊住於無住也。

在有常修空，處空常萬化，雙照一切法。故知是處非是處，乃至一切智十力觀故，而能登摩訶羅伽位，化一切國土衆生，千阿僧祇劫，行十力法，心心相應，常入見佛三昧。

在有常修空者，明在有而不染有。有無礙空。知有非有，故能空有無礙也。處空常萬化者，寂而常用。空有不二，故云雙照一切法也。故知是處非是處者，總結，明有無並照。空名是處，有名非處。亦可是初是處非處力也。

第四，證位。摩訶羅伽者，此翻大臣。既空有並觀，化行參佛，故云大臣。如《經》云：舍利弗，佛法大將也。

第五，進行。云：千阿僧祇劫，行十力法。十力如別釋。心心相應，常入見佛三昧者，得無所得解，故云相應。常入見佛三昧者，證念佛三昧也。

復次，慧光神變者，住上上無生忍，滅心心相。法眼見一切法，三眼色空見。以大願力，常生一切淨土。萬阿僧祇劫，集無量佛光三昧，而能現百萬億恒河沙諸佛神力，住婆伽梵位，亦常入佛華三昧。

慧光下，明第九地。有七段：一、標地名，二、釋忍，三、滅惑，四、明四眼照用，五、願力受生，六、進行時，七、結位。

第一，標名。云慧光，即善慧地。慧是般若，光是法身，神變是解脫也。

第二，釋忍。云住上上無生忍者，無生忍中上品。形前八地中品，上於下品故，名此九地住上上無生忍也。

第三，滅惑。云滅心心相者，即是心邊無知也。

第四，明四眼照用不同。法眼見一切法者，明法眼照有，即道種智但能緣有度衆生。云法眼見一切法也。此是一途説耳，不可定執。三眼色空見者，三眼者，宍、天、慧。此三眼用不同。宍天二眼見麤細色，慧眼見空。三眼合用，故云三眼色空見也。三眼在地前三賢中。法眼登地。佛眼在道後。通論一一地皆有五。今明因中，正立四眼。

第五，願力。云願力常生淨土者，以無所得願，化益衆生也。

第六，進行時。有二：初，萬阿僧祇下，

明進禪定；而能現下，明起神通益物。

第七，結位。住婆伽梵位者，此翻爲世尊，亦名破淨地。婆伽名破，梵名淨地。言佛華三昧者，即首楞嚴定。

復次，觀佛菩薩住寂滅忍者，從始發心至今，逕百萬阿僧祇劫，修百萬阿僧祇劫功德故，登一切法解脱住金剛臺。

觀佛下，明十地。文有三段：初，明地中功能；善男子從習忍至灌頂下，第二，挍量顯勝，彰行分齊，簡因異果，亦云見性不見性異；從常修一切下，第三，結勸入位。

就初明地中功能，有四。第一，觀佛者，法雲地名也。第二，住寂滅忍者，標忍名也。此第十地，共佛同在一忍，合爲第十三法師也。言住寂滅忍者，若就其别，唯取第十下品寂滅忍。若就其通，通明佛及菩薩皆名寂滅忍也。第三，明地中修行時節。文云逕百萬等，明修行時長久。類前，應云十三僧祇。百萬阿僧祇劫功德者，明地起行廣多。第四，彰位分齊高極者，文云登一切法解脱住金剛臺者，第十地以爲金剛臺也。亦可此句舉果顯因。名佛以爲金剛臺。以彼十地因滿，故佛住金剛臺果也。

善男子，從習忍至頂三昧，皆名爲伏一切煩惱，而無相信滅一切煩惱，生解脱智，照第一義諦，不名爲見。所謂見者，是薩婆若。是故我從昔以來常説唯佛所知見覺。從灌頂三昧以下，至於習忍，所不知不見不覺。唯佛頓解，不名爲信。漸漸伏者，慧雖起滅，以能無生無滅，此心若滅則累無不滅，無生無滅，入理盡金剛三昧，同真際，等法性，而未能等無等等。

善男子習忍下，第二段，挍量顯勝，彰行分齊。文有六句：一、簡因異果，二、彰果異因，三、釋因異果，四、釋果異因，五、結因異果，六、結果異因。

第一，簡因異果者。云習忍至灌頂皆名

爲伏者，從習忍至金剛未除一念元品已來，一刹那惑在，通而言之，故名爲伏。又云：以因對果，心内帶惑，非是永無，故言伏也。文云而無相信滅一切者，初地至三地信忍位中亦照第一義。不名爲見者，見性未明。又解：不名爲見者，十地因位不見果性，名不見。《涅槃》云：十地菩薩見不了了，佛地始終皆見也。

第二，彰果異因。云所謂見者是薩婆若，是故我言唯佛所知見覺者，彰佛果見性分明。

第三，釋因異果。文云從灌頂三昧至於習忍所不能知見覺者，十地金剛三昧也。習忍者，三十心。所不知不見不覺者，是因位故，不見佛性。

第四，釋果異因。文云唯佛頓解，不名爲信者，頓解者萬行斯滿，佛照理窮，故名爲頓也。

第五，結因異果。云漸漸伏者，慧雖起滅者，明因道無常。以能無生無滅者，明能滅彼生滅煩惱。又解：若知因非因，知起非起，故云以能無生無滅也。

第六，結果異因中，初法説，次喻説，後合。初云此心者，無明住地心。若滅者，無明住地滅也，明因道離生滅也。言則累無不滅者，明累外遣障也。言無生無滅者，究竟清淨也。照理窮源，故云理盡三昧。言同真際者，同會無所得也。等法性者，知諸法不二也。而未能等無等等者，未與佛同也。

譬如有人登大高臺，下觀一切無不斯了。住理盡三昧亦復如是。常修一切行滿功德藏，入婆伽度位，亦復常住佛慧三昧。

譬如下，譬説。云譬如有人登大高臺者，即如來地。三藏師云：譬有五，一、最高，一切頂故；二、真實不壞，如佛果常住難登；三、還源，越凡聖故；四、自性寂靜，如佛無生滅故；五、安樂依處，如寂觀照無不了故。言住理盡三昧亦復如是者，合譬也。

常修一切行下，第三，結勸位。入婆伽度位者，此云施德地，以能雲雨説法故。亦名破度地。定、慧具足故，云佛慧三昧也。

善男子，如是諸菩薩皆能一切十方諸如來國土中化衆生，正説正義，受持讀誦，解達實相，如我今日，等無有異。

善男子如是下，正答中，有三章：初、略答；二、廣答；三段畢，今第三，總結。有三：初，明十三法師能弘化大乘，故云如是諸菩薩皆能一切十方化導衆生也；正説正義下，第二，明十三法師能説正義，正義者，即諸法實相也；如我下，第三，明所説無異，此意明十三人能化齊佛，故云等無異也。

佛告波斯匿王：我當滅度後，法欲滅盡時，諸國王等皆應受持是《般若波羅蜜》，大作佛事。一切國土安立，萬姓快樂，皆由此《般若波羅蜜》。

佛告波斯匿王下，答問中大段第二，勸持。文有七段：第一，略舉時節，以明付囑王、不付屬餘人之意；大王吾今下，第二，出宣弘經處；其國中下，第三，出七難也；大王是《般若》下，第四，歎《波若》之德能滅七難；大王我今五眼下，第五，舉三世功德利益也；大王若未來世下，第六，明能依教而行，當遣五大菩薩爲護勸，造經像供養；大王吾今下，第七，正結勸持經。

是故付囑諸國王，不付囑比丘、比丘尼、清信男、清信女。何以故。無王威力故，故不付囑。汝當受持讀誦，解其義理。

第一，付囑中，有二：初，明付囑國王受持《般若》；二、不付囑比丘下，次明無有王力勢，所以不附屬，但令受持讀誦解釋其義理。付王有二義：一、能化難化衆生；二、利益大人，如風靡草。比丘無此等力，故不可付。

大王，吾今所化百億須彌，百億日月，一一

須彌有四天下，其南閻浮提有十六大國，五百中國，十千小國。

第二，明弘説《般若》處所。云大王吾今所化百億須彌山等，總明閻浮提處也。其南閻浮提下，别明諸國土：初十六大國，次五百中國，次十千小國。

其國土中有七可畏難。一切國王爲是難故，講讀《般若波羅蜜》，七難即滅，七福即生，萬姓安樂，帝王歡喜。云何爲難。

其國土中下，第三，明七難。文有二：初，總明法力能爲滅七難，能生七福；次，從云何爲難下，别列七難，明經力能滅。言七難者：一、日月失度，二、星宿變異，三、火災，四、水災，五、風災，六、旱災，七、賊。

日月失度，時節返逆。或赤日出，黑日出，二三四五日出。或日蝕無光。或日輪一重，二三四五重輪現。當變恠時，讀説此經。爲一難也。

第一，日月難内，有十四：一、明失度，不依常道，名失度；二、明時節變逆；三、赤日出；四、黑日出；五、二日出；六、三日出；七、四日出；八、五日出；九、日蝕；十、日一重輪；十一、兩重輪；十二、三重輪；十三、四重輪；十四、五重輪。如此等十四種，皆是災難、飢餓、刀兵、疾疫相也。

二十八宿失度，金星、彗星、輪星、鬼星、火星、水星、風星、刀星、南斗、北斗、五鎮大星、一切國主星、三公星、百官星，如是諸星各各變現，亦讀説此經。爲二難也。

第二，星宿難。二十八者，四方各有七，四七二十八也。失度者，行不依常道，故云失度。

金星者，太白星也。三藏師云：外國名天師星，如理行即國豐，失度則儉。

彗星者，外國名閻羅王星，此星隨所出處必有災難也。

輪星者，有暉如輪。若日月五星破輪星中央，則國土分散。日月五星在輪星右行，則國土安樂也。左行亦不好也。

鬼星者，九月中日設在東北，若行駃，是過時節。若近上，則鬼神來破國病人。

火星者，營惑星也，此主賊。若其高，則賊起。若下，則賊伏。若在子處，則下。若在午，爲高。

水星者，即是濕星，亦是太白星。若在寅，爲下。若在申，爲高。一處三十日，行十二月，得一周。從鷄狗猪鼠四處行，無水。從兎蛇羊猴四處行，則多水。從牛虎龍馬四處行，平水。平水，則不多不少。

風星者，即昴星。在虎處，則高。一處三十日行。猴處行，則下。若高，多風無雨。若下，多雨少風。七月高。正月下。八月至正月，漸漸下。二月至七月，漸漸高。隨日行，則有三種：二月、三月、八月、九月，同日行。十月、十一月、十二月、正月，此四月在日前行。四月、五月、六月、七月，此四月在日後行。此是如法行。異此，則失度不好也。

刀星者，且是滿星。一處行，逕二年半。若在兎處，最高。若在雞處，最下。若高，多刀兵，衆生飢餓疾病。若下，少刀兵。

南斗北斗者，非宿是曜。

五鎮大星者，金木水火土也。一切國主星、三公星、百官星，若善星來入此四星處，則大安穩，豐樂。惡星來入，則大苦惱。

隨諸星並行不依常道，故云各各變現也。若大王大臣治民非道，縱逸自在，苦報將生，則日月虧盈，星道失度，以表非祥，故能表難。若能講讀大乘，歸依三寶，隨福去灾，日星復路，故云亦説此經也。

大火燒國，萬姓燒盡，或鬼火、龍火、天火、山神火、人火、樹木火、賊火。如是變恠，亦讀説此經。爲三難也。

大火燒國下，第三，火難。有二：初、明七種火；二、亦讀此經下，明經力能滅火也。

七種火者，鬼火者，鬼瞋衆生，爲惡火，夜起，亦令人熱病。龍火者，龍瞋，雨毒火，令人癰腫。即報得神通火也。天火者，礔礰火。就天爲名也。神火者，變現也。神有二：一、仙人瞋火，從瞋生；二、仙人誦呪使鬼神燒百姓家也。人火者，約人得名。樹木火可知。賊火者，賊投火，即名賊火也。亦讀説此經者，經力能滅火也。

大水漂没百姓，時節返逆，冬雨，夏雪，冬時雷電礔礰，六月雨氷霜雹，雨赤水黑水青水，雨土山石山，雨沙礫石，江河逆流，浮山流石，如是變時，亦讀説此經。爲四難也。

大水下，第四，水難。須水而無，不用處多有，霜雹等，悉屬水難。雨赤水，多刀兵。雨黑水，爲疾病。雨青水，多飢餓。雨土石，仙人羅刹瞋。江河逆流，海水溢，有賊也。

大風吹殺萬姓，國土、山河、樹木一時滅没，非時大風，黑風、赤風、青風、天風、地風、火風、水風，如是變時，亦讀説此經。爲五難也。

第五，風難。亦二：初、列七風；二、亦讀此經下，經力能轉滅也。黑風者，海邊風吹黑沙也。赤風者，即赤沙。青風者，即青沙。天風地風者，天陽地陰也。火風者，熱風也。

天地國土亢陽炎火洞然百草，亢旱五穀不登，土地赫然，萬姓滅盡，如是變時，亦讀説此經。爲六難也。

天地亢陽下，第六，旱難，文相可知。

四方賊來侵國，内外賊起，火賊、水賊、風賊、鬼賊，百姓荒亂，刀兵劫起，如是恠時，亦讀説此經。爲七難也。

四方賊起下，第七，賊難也。

大王，是《般若波羅蜜》，是諸佛菩薩一切衆生心識之神本也，一切國王之父母也，亦名神符，亦名辟鬼珠，亦名如意珠，亦名護國珠，亦名天地鏡，亦名龍寶神王。

大王《般若》下，第四，歎《般若》之德能滅七難。文有二：初，歎《般若》不可思議；次，佛告大王下，第二，明《般若》既滅七難，勸人供養也。

就初歎《般若》中，有八句。初，明《般若》能爲諸佛菩薩一切心識神本者，般若是無所得，以諸佛因《般若》悟無所得故，《波若》是佛母，故云爲佛本也。一切衆生心識神本無所得，以妄想因緣，有六道差别。若能知妄畢竟無所有，還歸般若，故云爲一切衆生心識神本。心、意、識神，體一名異耳。又解：心識神本者，似如來藏，是生死根本。言一切國王之父母者，《般若》能護國土，故譬如之父母。亦名神符者，能通達如實境界，能伏天魔外道，是世出世善根悉能守護，故譬神符也。辟鬼珠者，能除鬼神難故也。如意珠者，《般若》稱意所得故也。護國珠者，《波若》力能令國土安穩故也。天地鏡者，《波若》照世界無所有故。龍寶神王者，《波若》能出諸善神，故云龍寶神王也。

佛告大王：應作九色幡長九丈，九色華高二丈，千枝燈高五丈，九玉箱，九玉巾，亦作七寶案以經卷置上。

佛告大王下，第二，明勸人供養中，有二：初，事别供養；日日下，次，總以華香供養。

就前别中：初，例六種供養事；第二，出《般若》而供養之。初，六事者，一、幡，二、華，三、燈，四、玉箱，五、玉巾，六、七寶案。

若王行時，常於其前，足一百步，是經常放千光明，令千里内七難不起，罪過不生。若王住時，作七寶帳，帳中七寶高座，以經卷置上。日日供養，散華燒香，如事父母，如事帝釋。

第二，供養法用内，有五句：初、出《般

若》置案上；二、王行時，以《波若》在前；三、王行百步，《般若》放千里光；四、令千里内無七難，得益也；五、若住時，作七寶座，以《般若》置上也。

第二，日日下，總明供養。法、譬可解。

大王，我今五眼明見三世，一切國王皆由過去世侍五百佛，得爲帝王主。是爲一切聖人羅漢而爲來生彼國土中，作大利益。若王福盡時，一切聖人皆爲捨去。若一切聖人去時，七難必起。

大王我今五眼下，第五，明三世利益，令人信持。文有三：初，明五眼照一切國王侍五百佛等，明久供多聖，現居王位；是爲聖人來下，二、明聖人來生此國，明作大利益；若王下，三、福盡難生也。

大王，若未來世有諸國王受持三寶者，我使五大力菩薩往護其國。一金剛吼菩薩，手持千寶相輪往護彼國。二龍王吼菩薩，手持金輪燈往護彼國。三無畏十力吼菩薩，手持金剛杵往護彼國。四雷電吼菩薩，手持千寶羅網往護彼國。五無量力吼菩薩，手持五千劍輪往護彼國。是五大士。五千大鬼神王，於汝國中大作利益。當立形像，而供養之。

大王若未來世下，第六，明能依教而行，當遣五大菩薩爲護，勸造像供養。文有四：初、總明未來世五大菩薩常護其國，二、别列五大菩薩名，三、五千大神王於汝國作大利益，四、令立形像供養。

大王，吾今三寶付囑汝等一切諸王。毗舍離國、憍薩羅國、舍衛國、摩竭提國、波羅奈國、迦夷羅衛國、鳩尸那國、鳩睒彌國、鳩留國、罽賓國、彌提國、伽羅乾國、乾陀衛國、沙陀國、僧伽陀國、犍拏掘闍國、波提國，如是一切諸國王等，皆應受持《般若波羅蜜》。

大王吾今下，第七，勸受持此經。文有三：初，明付囑諸國王；二，列十六國；如是一切下，第三，勸受持此經。

但明十七國，那云十六。答：《大雲經》有十六大國也。

時，諸大衆、阿須輪王，聞佛所説未來世中七可畏難，身毛爲竪，呼聲大叫而言：願不生彼國。時，十六大國王即以國事付弟，出家修道，觀四大四色勝出相，四大四色不用識空入行相。

時諸大衆阿須輪王下，答問中大段第三，明時衆聞法得益。就文，有六：初，總明大衆聞説起願；第二，十六國王悟道；第三，十八梵天等得益；第四，九百億菩薩衆證果；第五，十千菩薩念來世得益；第六，十億菩薩現成正覺。

第一，時衆聞説七難可畏，身毛爲竪，發願不生彼國也。

第二，十六國王得益中，有二。初，明十六國王付國與弟發願出家。第二，明修道，此中又二：初兩科假相觀修道，次三十忍下明實行入道。

初，觀四大四色勝出相者，八勝處。内觀四大〔三〕，即是四勝處。内觀四大，外觀色少，不壞内外色觀，一勝處。内觀四大，外觀色多，二勝處。内無四大，外觀色少，三勝處。内無四大，外觀色多，四勝處。此壞内色，不壞外色觀。後四勝處者，青、黄、赤、白。合爲八勝處也。八勝處觀成，故云勝出相也。次，明十一切入觀。四大四色即爲八。不用者，是無處有處。識是識處。空是空處。此三合爲十一切處。十一切入觀成，故言入行相。三十忍初地相，第一義諦九地相。是故，大王，捨凡夫身，入六住身。捨七報身，入八法身，證一切行般若波羅蜜。

三十忍下，次，明實行入道。二種假相觀在地前，三十忍在地上。十地各三心，合有三十忍。言初地相者，即是第一地也。言第一義諦者，此明初地得第一義諦成，與九地作方便相。言九地者，即離垢已上餘九地也。捨凡夫身，入六住身者，捨外凡夫身，入種性已上六住身。捨七報身，入八法身者，捨地前七方便，得初地第八法身。亦可捨前七地有功用身，入八地已上無功用法身也。

十八梵天，阿須輪王，得三乘觀，同無生境。復散華供養，空華、法性華、聖人華、順華、無生華、法樂華、金剛華、緣觀中道華、三十七品華，而散佛上及九百億大菩薩衆。其餘一切衆證道迹果，散心空華、心樹華、六波羅蜜華、妙覺華，而散佛上及一切大衆。

十八梵天阿須輪王下，第三，明諸天得益。就文，爲二：初，三乘觀成，得無生利益；第二，散華供養。

此散華中，有二：初、散五忍華，二、散二乘華。五忍華者，空華、法性華，地前伏忍華也。聖人華者，初、二、三地信忍華。順忍華者，四、五、六地順忍華也。無生華者，七、八、九地無生忍華。金剛華者，十地華也。佛華即寂滅忍華。次，辨二乘華。緣觀中道華者，即緣覺中乘華。三十七品華，聲聞華。而散佛上者，供養也。

及九百億大菩薩衆下，第四段，得益。文有二：初，明九百億菩薩大衆悟解得益；次，明散華供養得益。文云證道迹果者，得初地解，故云證。即證能通，名道。即道能進，故言迹。悟解滿足，故名果也。次，供養内即有四種因果華供養。心空華者，即是理空無生華。心樹華者，即意樹華。六波羅蜜華是行華。妙覺華者，佛地華。散佛上者，供養也。

十千菩薩念來世衆生，即證妙覺三昧、圓明三昧、金剛三昧、世諦三昧、真諦三昧、第一義諦三昧。此三諦三昧，是一切三昧王三昧。

十千菩薩下，第五，明十千菩薩念來世衆生，悟解得證三昧。所言妙覺三昧者，亦名理盡三昧。圓明三昧者，照理盡，故言圓明三昧。金剛三昧者，堅固不可壞也。世諦三昧者，約凡夫所見明定相，故云世諦也。真諦三昧者，約二乘所見偏真，故云真諦也。第一義諦三昧者，即是中道第一義。法中精最不散，故云第一。亦名實相三昧也。此三昧是一切王三昧，總攝一切法，如王能統領，故名一切王。

亦得無量諸餘三昧，七財三昧、二十五有三昧、一切行三昧。復有十億菩薩登金剛頂現成正覺。

七財三昧者，一信，二戒，三慚，四愧，五多聞，六智慧，七捨離。

二十五有三昧，壞二十五有：得無垢三昧，能破地獄有；得不退三昧，能破畜生有；得心樂三昧，能破餓鬼有；得歡喜三昧，能壞阿修羅有；得日光三昧，斷弗婆提有；得月光三昧，斷瞿耶尼有；得熱炎三昧，斷鬱單越有；得如幻三昧，斷閻浮提有；得一切法不動三昧，斷四天王處有；得難伏三昧，斷三十三天處有；得悦意三昧，斷炎魔天有；得青色三昧，斷兜率[三]天有；得黃色三昧，斷化樂天有；得赤色三昧，斷他化自在天有；得白色三昧，斷初禪有；得種種三昧，斷大梵天有；得雙三昧，斷二禪有；得雷音三昧，斷三禪有；得住雨三昧，斷四禪有；得如虛空三昧，斷無想天有；得照境三昧，斷淨居阿那含有；得無礙三昧，斷空處有；得常三昧，斷識處有；得樂三昧，斷不用處有；得我三昧，斷非想處有。是名菩薩得二十五有三昧，壞二十五有：四有四惡趣，梵王六欲天，四禪及四空，無想五淨居。復有十億菩薩下，第六，十億菩薩成佛。

## 仁王護國般若波羅蜜經囑累品第八

經有三段。今是第三，流通分。所言囑累者，明如來慇懃囑寄國王，累衆菩薩，故云《囑累品》也。此品分爲四段：第一，誡勑月光，總勸流通，以明囑累；後五濁世下，第二，七門别誡諸國王及四部弟子；爾時十六大國王聞佛七誡下，第三，明諸國王不制四部弟子；爾時無量大衆下，第四，明時衆歡喜受持。

就前總勸流通内，又分爲三：初、誡勑月光，明法滅時節；二、此經三寶下，明所付人；三、爲三界衆生下，明流通利益。

佛告波斯匿王：我誡勑汝等，吾滅度後，八十年，八百年，八千年中，無佛、無法、無僧、無信男信女時，此經三寶付囑諸國王，四部弟子受持讀誦，解説其義，爲三界衆生開空慧道，修七賢行十善行，化一切衆生。

所言八十年者，佛滅度後也。佛滅度後一百年中，五師持法各二十年。迦葉、阿難、末田地，此三人親見佛化，行法如佛在世，故法不滅。三人逕六十年。第四商那和修，第五優婆毱多，此二師各二十年持法。商那和修當八十年，以不親覩佛化故，威儀法滅也。言八百年者，正證法滅。五百年内，二十五師並是聖人相傳故，證法不滅。六、七二百年内，馬鳴、龍樹二人傳法，以弘法人强故，法不滅。八百年中，餘人弘法，以人弱故，令法滅也。言八千年者，像、末法滅也。由末法衆生好行邪法，惡賤正法，正法不行故，像、末二法滅耳。依《涅槃經》：像末世有十二萬大菩薩善持我法，我法不滅。前就凡夫，故云滅也。言無佛、法、僧者，正明法滅，故須付囑。無信男信女者，明前無三寶可歸依，故無生信處。以無信心，謗毁三寶，故令不現。

第二，明所付人中，有二。初，付囑國王。有威力，護法功强，故先付之。二、付四部弟子。此是通付一切衆生，以四部攝衆生盡故。

第三，明流通利益内，文言爲三界衆生開空慧道者，證無所得解，故云開空慧道也。

又云：證二無我理，故云開空慧道也。言修七賢行者，即七方便也。一、五停心觀，二、别想念處，三、總想念處，四、煖法，五、頂法，六、忍法，七、世第一法。言十善行化一切衆生者，一、不殺，二、不盗，三、不邪婬，四、不妄語，五、不惡口，六、不兩舌，七、不綺語，八、不貪，九、不瞋，十、不邪見。以此十行教化衆生，故云十善行化一切衆生。

總勸流通竟。

後五濁世，比丘比丘尼四部弟子，天龍八部一切神王，國王，大臣，太子，王子，自恃高貴，滅破吾法，明作制法，制我四部弟子比丘比丘尼，不聽出家行道。亦復不聽造作佛像形、佛塔形。立統官，制衆、安籍、記僧。比丘地立白衣高座。兵奴爲比丘。受别請法，知識比丘共爲一心，親善比丘爲作齊會求福如外道法。都非吾法。當知爾時，正法將滅不久。

後五濁下，第二，七門别誡。即爲七别：一、不得障人出家等；二、不得俗官治僧；三、不得繫縛比丘；四、不得非法説經，似師子身内虫；五、不得駈使比丘似兵奴法；六、明非法得罪，制之莫爲，自作罪過，破壞國土也；七、不得依託佛法求世名利。若爲此七事，違教失理，行義不立。爲是義故，佛法速滅。

第一，不得障人出家中，爲二：初、總明五濁；二、從比丘下，别明七事。所言五濁者，一、衆生濁，二、命濁，三、見濁，四、煩惱濁，五、劫濁。二、從比丘下，别明七事者，一、不聽出家，二、不聽造像等，三、立統官，四、安籍記僧，五、不得比丘立地白衣高坐，六、不得兵奴爲比丘，七、不得受别請行法。七邪法興，七正法滅。

大王，壞亂吾道是汝等自作。自恃威力，制我四部弟子，百姓疾病，無不苦難，是破國因緣。

說五濁罪過，窮劫不盡。

大王壞亂吾道下，第二，不得俗官治僧。言自恃威力，制四部弟子者，五篇七聚外，更作俗法治比丘等。以護法善神瞋，使令疾病，破壞國土，五濁增長也。

大王，法末世時，有諸比丘四部弟子，國王大臣各作非法之行，橫與佛法衆僧作大非法，作諸罪過，非法非律，繫縛比丘，如獄囚法。當爾之時，法滅不久。

大王法末世時下，第三，不得繫縛比丘如獄囚法。當戒律法中極，但有駈擯出家衆，今行俗法，當知法滅不久。

大王，我滅度後，未來世中，四部弟子，諸小國王、太子、王子，乃是任持護三寶者，轉更滅破三寶，如師子身中虫自食師子，非外道也。多壞我佛法，得大罪過。正教衰薄，民無正行，以漸爲惡，其壽日減。至千百歲，人壞佛教，無復孝子，六親不和，天神不祐，疾疫惡鬼日來侵害，災恠首尾，連禍縱橫。死入地獄、餓鬼、畜生。若出，爲人兵奴。果報如響如影，如人夜書，火滅字存，三界果報亦復如是。

大王我滅度後下，第四，誡四部衆國王等皆是任持佛法人，還自破滅，令使國土諸災競起，皆由破法使之然也。就文，有二：初、明非法說經；二、正法衰薄下，明其損失。初明非法說經，有三：初、法說；二、如師子下，喻；三、多壞我佛法下，合譬也。第二損失內，正法衰薄，得種種苦事也。

大王，未來世中一切國王、太子、王子、四部弟子，橫與佛弟子書記制戒，如白衣法，如兵奴法。若我弟子比丘比丘尼，立籍爲官所使，都非我弟子，是兵奴法。立統官，攝僧典，主僧籍，大小僧統共相攝縛如獄囚法、兵奴之法。當爾之時，佛法不久。

大王未來世下，第五，誡國王太子四衆，立籍制約如兵奴法，立統官治人如俗法，當知佛法滅亦不久。

大王，未來世中諸小國王四部弟子，自作此罪，破國因緣，身自受之，非佛法僧。

大王未來世中諸小國下，第六，誡小國四衆，明非法得罪，制之莫爲。自作罪過，破壞國土，自身受之，不關三寶也。

大王，未來世中，流通此經七佛法器，十方諸佛常所行道。諸惡比丘多求名利，於國王、太子、王子前自説破佛法因緣、破國因緣，其王不別，信聽此語，横作法制，不依佛戒，是爲破佛破國因緣。當爾之時，正法將滅不久。

大王未來世中流通此經下，第七，誡諸比丘不依七佛教，依託佛法求世名利，往國王邊，自説破佛法因緣。文有三別：初、明比丘等邪説佛法；二、其王不別下，明國王不知三寶也；三、當爾之時下，滅正法也。

爾時，十六大國王聞佛七誡所説未來世事，悲啼涕泣，聲動三千日月，五星二十八宿，失光不現。時諸國王等各各至心受持佛語，不制四部弟子出家行道，當如佛教。爾時，大衆十八梵天王、六欲諸天子，皆悉歎言：當爾之時，世間空虚，是無佛世。

爾時十六國下，品中大段第三，諸國王聞佛七誡，不制四衆。就文，爲二：初，十六國王悲歎驚怖，傷己已往愆，依教不制四衆；第二，十八梵天等傷歎云當當〔四〕爾之時世間空虚是無佛世者，歎正法滅盡，故名無佛世也。

爾時，無量大衆中，百億菩薩彌勒、師子月等，百億舍利弗、須菩提等，五百億十八梵，六欲諸天，三界六道，阿須輪王等，聞佛所説護佛果因緣、護國土因緣，歡喜無量，爲佛作禮，受持《般若波羅蜜》。

爾時無量大衆下，品内大段第四，時衆聞法，歡喜奉行。就文，有三：初，列百億菩薩衆；第二，列百億舍利弗等；第三，五百億色欲二界天、六道、阿須輪王等衆，悉奉行也。

仁王般若經疏卷下六終

**校勘記**

〔一〕「彰」，疑爲「障」。

〔二〕「大」，底本作「天」，據校本改。

〔三〕「率」，底本作「卒」，據文意改。

〔四〕「當」，底本原校疑衍。

（常峥嶸整理）

○二八七

# 仁王經疏〔一〕

## 目次〔二〕

西明寺圓測法師撰



仁王經疏目次終

校勘記

〔一〕底本據《卍續藏》。

〔二〕底本原校云目録新作。

# 仁王經疏上卷本

西明寺圓測法師撰

## 佛説仁王護國般若波羅蜜經序品第一

將欲釋經，四門分别。一、説經之意，及釋題目。二、辨所詮宗、能詮教體。三、顯教所依、所爲有情。四、翻譯時代。依文正釋。

言説經意及題目者，詳夫實相深妙，非四智無以證其源。觀察幽微，寄三藏乃可開其轍。是故，法王大聖，三般若以標宗。□□開士，四悉檀而演奥。無相之旨，寔在茲乎！然則□□多方，入理非一，爲成二護，故説此經。序等三分，略説諸經之儀，或八品之義，廣顯此經之宗旨。題云佛説仁王護國般若波羅蜜經者，一部之通名。序品第一者，品内之別目。都名雖一，其義有四，理必歸真，意存護國。一、佛説者，所請法王，自佗覺滿，開示妙法，故言佛説。二、仁王者，能請國王。仁者，忍也，善惡含忍。王者，往也，衆所歸往，故名仁王。三、護國者，請説所爲。四、般若波羅蜜經者，辨能護法。般若名智。波羅蜜者，云到彼岸。謂由智力到涅槃岸。經者，素怛覽，此云契經。契謂契合，契當道理，合有情機。經亦二義，一者貫穿，二者攝持。貫穿法相，攝持有情，故名爲經。就能、所請及能、所護，以稱經因。序謂由序，起正説之由致。品謂品類，或是義類。我聞等義類相從，攝義各別，名之爲品。八品之内，此品最初，名爲第一。故言佛説仁王護國般若波羅蜜經序品第一。

第二，辨所詮宗、能詮教體者，自有兩門。先辨教體，後顯宗旨。然出教體，諸宗不同。薩婆多宗，《毗曇》《俱舍》及舊《毗婆沙》，皆有兩説。一、説音聲，二、名句文。雖有兩説，而無別判。新翻《俱舍》第一，具申兩釋，亦無別判。《正理》第三，敘兩師説，亦同《俱舍》，兼有問答。故《正理》第三卷頌曰：牟尼説法蘊，數有八十千。彼體語或名，此色行蘊攝。

《論》云：有説佛教語爲自性，彼説法蘊，皆色蘊攝，語用、音聲爲自性故。有説佛教名爲自性，彼説法蘊，皆行蘊攝，名不相應行爲性故。

問：語、教異名，教容是語？名、教別體，教何是名？彼作是釋，要由有名，乃説爲教，是故佛教體即是名。所以者何？詮義如實故名佛教，名能詮義故教是名，由是佛教定名爲體。舉名爲首，以攝句文。《顯宗》第三，亦同《正理》。

解云：西方諸師傳作此釋，《俱舍》《正理》各有所歸。所以者何？令物生喜，音聲爲勝。若依詮法，名等即强。故知所對皆有准據，由斯兩説皆是正義。

依《大婆沙》百二十六，具申兩説，評家正義以聲爲體，故彼《論》云：問，如是佛教以何爲體？爲是語業，爲是名等？答，應作是説，語業爲體。問，若爾，次後所説當云何通？如説佛教名何法？答，謂名身、句身、文身，次第行列、次第安布、次第建立。答，後文爲顯佛教作用，不欲開示佛教自體，謂次第行列、安布、建立名句文身是佛教用。有説，佛教名等爲體。問，若爾，此文所説當云何通？如説，佛教云何？答，謂佛語言、唱詞、評論、語音、語路、語業、語表，是謂佛教。答，依展轉因，故作是説，如世子孫展轉生法，謂語起名，名能顯義。評家釋云：如是説者，語業爲體，佛意所説，他所聞故。具説如彼。

問：豈不《正理》依評家義？

答：《正理》師意，理長爲正，故別生理，名等爲正。又解：衆賢具申兩家問答，非自判定，是故不違評家正義。

若依經部，以聲爲體。就彼宗中，有三師説。一云，十二處中聲處爲性，離聲無別名句字故。一云，法處相續假聲以爲自性，唯是意識所緣性故。一云，通用假實二聲爲體，前二義故。

若依大乘，諸教不同。有處唯聲，如《維摩》等，佛以一音演説法，衆生隨類各得解。又《大界經》云：如來一語説法中，演説無量契經海。如是等教，誠證非一。有處但用名等爲體，如《成唯識》云：若名、句、文不異聲者，法詞無礙，境應無別。有處合説聲及名等以爲自性，如《無垢稱》云：或以音聲、語言、文字而作佛事。有處能詮、所詮合説爲體，如《瑜伽》八十一云：謂契經體略有二種，一文，二義。文是所依，義是能依。如是二種，總名一切所知境界。《顯揚》亦同。

所以如是諸教異者，三藏解云：據實皆名、句、文身、聲及文義合説爲體，而諸聖教各據一義，故不相違。所以者何？以假從實，用聲爲體，離聲無別名、句等故。以體從用，名等爲體，能詮諸法自性差別，二所依故。假實相藉，合説爲體，隨闕一種，説不成故。生解究竟，必由文義。是故諸説互不相違。

依此經文，唯有兩門。一、法數門，以名句等四法爲體。故下文云：是經名味句，乃至千佛萬佛説名味句。又下經云：名味句音聲果，文字記句一切如故。二、歸真門，以真如爲體。故下經云：法本如，重頌如，乃至論議如。若廣分別，如《解深密經》第一卷記。

言所詮宗者，諸説不同，略作三釋。

一云，此經三種般若以爲宗旨。謂所觀空理即是實相，能證之智即是觀照，能詮聖教以爲文字，是故《觀空品》中説三般若。

一云，此經宗明二諦。所以者何？《觀空品》中明自利行，《教化品》中明利他行，菩薩觀門不出二行，如是二行不出二諦。以真諦故，無能、所護。以世諦故，能、所二護，自他行成。言二諦者，一者真諦，是其空理；二者世諦，即是有門。《二諦品》中當廣分別。

一云，此經世尊自判三法輪中無相爲宗。

故《解深密經》作如是說：初，爲發趣聲聞乘者，說四諦輪。如四《阿含經》。次，爲發趣菩薩乘者，說無相輪。諸《般若》等。後，爲發一切乘者，說了義教。具如彼說。

問：此無相輪，三性中遣何等？此三無性中，依何無性？

解云：西方諸師，分成兩釋。一者，清辨其〔一〕遣三性以立爲空，即說空理以爲無相，具如《掌珍》。二者，護法但遣所執以爲無相，如《深密》等。三無性中，清辨、護法皆依三種無自性，亦以爲無相。由斯，真諦、慈恩三藏各依一宗。真諦三藏，如其次第，具遣三性，立三無性。一、遣分別性，立分別無相性。二、遣依佗，立依佗無生性。三、遣真實性，立真實無性性。於一真如，遣三性故，立三無性，具如《三無性論》，是故真諦大同清辨。而差別者，清辨菩薩立而無當，真諦師意存三無性非安立諦。二、慈恩三藏但遣所執，不遣二性，情有理無，理有情無，二義別故。又三無性如其次第，即說三性爲三無性。故《三十唯識》言：即依此三性，立彼三無性。具如《成唯識》《深密經》等。是故清辨、護法二菩薩，各依自宗以釋此經。

問：如何得知此經具說三種無性？

解云：如《解深密經》云，或如經，一切諸法皆無自性，無生無滅，本來寂靜，自性涅槃。依何密意世尊自說一切諸法皆無自性者，具依三種無自性，密意說言一切諸法皆無自性、無生無滅等者，唯依相無自性性說，或可亦依相及勝義無自性說。

問：若爾，如何第二無相名爲不了？

解云：據實具說三種無自性性，理無淺深。以隱密相言一切法無自性等，而不分別配三無性。《深密經》等，廣顯三種無自性性，是故第三法輪門中加無自性性四字，意顯別有三無性理。由是名爲了、不了義，非理淺深名了、不了。若廣分別，如《廣百論》第十卷中，有三師釋。一、瑜伽學徒立依他有，二、清辨菩薩説依他空，三、護法菩薩雙破兩執。故彼《論》中云：

第一，瑜伽學徒以理標宗云，分別所執法體是無，因緣所生法體是有，由斯感果，輪迴三有，或修加行，證三菩提。乃至廣説。爲證此義，引經頌云，遍計所執無，依他起性有。妄分別失壞，隨[三]增減二邊。

第二，清辨釋此經云，名是遍計所執，義是依佗起性。名於其義非有故無，義隨世間非無故有。不可引此證有依他。

次，瑜伽學徒破彼釋經，文有三節。初，總據非理。次，別顯四失。後，結破違經。初，總破云此釋不然，義相違故。次，四失者。一、若名於義非有故無，義亦於名是無，何有？二、又於其義所立名言既因緣生，如義應有。三、若妄所執能詮性無，妄執所詮其性豈有？四、名隨世俗有詮表能，汝不許爲依佗起性，義亦隨俗假説有能，何不許爲遍計所執？後，結破云，世俗假立能詮所詮，無應並無，有應齊有，如今經説一有一無，故汝所言不符經義。

次，清辨爲證己義，復引經言，由立此此名，詮於彼彼法。彼皆性非有，由法性皆然。

次，瑜伽學徒破此經云，經意不説名於義無，但説所詮法性非有。辨諸法性，皆不可詮。名言所詮，皆是共相。諸法自相，皆絶名言。自相非無，共相非有。此中略説所詮性無，非謂能詮其性實有，故頌但説彼非有言。不爾，應言此性非有。

次，清辨爲證依佗性無，復引經中所説略頌，無有少法生，亦無少法滅。淨見觀諸法，非有亦非無。

次，瑜伽學徒又破此説，此頌意顯遍計所執自性差別，能詮所詮，其體皆空，無生無滅。離執淨見，觀諸世間因緣所生，非無非有，故此非證依佗是無。

次，清辨菩薩引經證成依佗性空，故契經言，諸法從緣起，緣法兩皆無。能如是正知，名通達緣起。若法從緣生，此法都無性。若法都無性，此法非緣生。

次，瑜伽學徒會彼經云，如是二經，說緣生法，雖無自性，而不相違。以從緣生法有二種，一者遍計所執，二者依佗起性。此中意明遍計所執自性非有，不說依佗。若說依佗都無自性，便撥染淨二法皆無，名惡取空，自佗俱損。

次，清辨云，此妄分別，誰復能遮？得正見時，自當除遣。

第三，護法菩薩雙破空、有兩執，建立中道，依佗起性，非空非有。故彼復云，如是等類，隨見不同。分隔聖言，合成多分，互興諍論，各執一邊。既不能除惡見塵垢，詎能契當諸佛世尊所說大乘清淨妙旨。未會真理，隨已執情，自是非佗，深可怖畏。應捨執著空、有兩邊，領悟大乘不二中道。廣說如彼。

問：護法宗，如《成唯識》，不遣依佗，如何此中說依佗起非空非有？

解云：護法正宗，如《成唯識》，不遣依佗。而今欲成聖天論意，故立中道，而不相違。一云，護法正宗立中道義，而《成唯識》述瑜伽宗，故亦不違。

第三，顯教所依，所爲有情，亦有二門。一、顯教所依，二、所爲有情。

言所依者，聖教雖衆，要唯三藏、二藏、十二部經。言三藏，一、素怛纜，此云契經，義如上說。二、毘奈耶，此云調伏，調伏身語七種非故。或調三業令不造惡，亦名調伏。三、阿毗達磨，此云對法。無漏聖道對境果故，名爲對法。或名摩怛尸迦，此云本母。

分別法相，能生智故，名爲本母。言二藏者，如《攝大乘》，如是三藏，下乘、上乘有差別故，則成二藏。一、聲聞藏，二、菩薩藏。言十二部者，如《解深密》，所謂契經、應頌、記別、諷頌、自説、因緣、譬喻、本生、本事、方廣、希法、論議。至《二諦品》，當廣分別。此經一部，三藏之内，是契經藏。二藏之内，菩薩藏收。十二部中，且初部攝。若廣分別，具如別章。

言所爲者，有其二義。一就三乘，如《解深密》三法輪中，一爲發趣聲聞乘者説四諦輪，二爲欲發趣菩薩乘者説無相教，三爲發趣一切乘者説第三輪，故知此經爲菩薩説。若依五性，爲菩薩性及不定者故説此經。五姓[三]之義，具如別章。

第四，翻譯時代，依文正釋，即有二門。一、翻譯時代，二、依文正釋。言翻譯時代者，此經一部，准下經文，自有兩本。一者，廣本，故下《散華品》云：爾時，十六大國王，聞佛所説十方[四]億偈《般若波羅蜜經》，散華供養。故知此經，亦有廣本。二者，略本，梵本雖一，隨譯者異，乃成三本。一者，晋時秦[五]始元年，月支國三藏法師曇摩羅密，晋云法護，翻出一卷，名《仁王般若》。二者，秦時弘始三年，三藏法師鳩摩羅什，秦言童壽，於常安西明閣逍遥園別舘，翻出一本，名《仁王護國般若波羅蜜》。三者，梁時承聖三年，西天竺優禪差國三藏法師波羅末陀，梁云真諦，於豫章寶田寺翻出一卷，名《仁王般若經》，疏有六卷。雖有三本，晋本創初，恐不周悉。真諦一本，隱而不行。故今且依秦時一本。

依費長房《三寶録》，三譯皆言一卷，然費學七《入藏目録》即云兩卷。

如是我聞

釋曰：自下第二，判文正釋。於一部内，即其八品，自有兩判。一、依《本記》，大分爲四。一、發起分，即初《序品》。二、正説分，謂次五品。三、王得護國分，即《受持品》。四、流通分，即《囑累品》。今判此經，依《佛地論》，大分爲三。初之一品，名教起因緣分。次有五品，名聖教所説分。後有二品，名依教奉行分。顯已聞等，即是教起所因所緣，故名教起因緣分。正顯聖教所説法門品類差别，故名聖教所説分。顯彼時衆聞佛聖教，歡喜奉行，故名依教奉行分。即當舊説序、正、流通。序謂由序，起正説之由致。正即正宗，辨所詮之宗義。通即流通，攝末代之勝益。

就序分中，文别有二。初，明證信序。後，爾時十號下，辨發起序。然此二序，有三差别。一者，名别。一、名證信，亦名通序；二、名發起，亦名别序。説我聞等，令物生信，名爲證信。諸經皆同，名爲通序。以放光等發起正宗，名爲發起。隨部各别，名爲别序。二者，時别。一、名經前序，未説經時，先發起故；二、名經後序，説經以後方始諸故。三者，人别。一、名如來序，於諸經中，佛發起故；二、名阿難序，由阿難請，方始説故。

就證信中，略有四門。一、説事緣起，二、説事之意，三、辨事多少，四、隨事别釋。

言緣起者，如《智度論》第二卷云：佛涅槃時，於俱第那竭國薩羅樹間，北首而卧，將入涅槃。爾時，阿難親愛未除，未離欲故，心没憂海，不能自出。爾時，長老阿㝹樓豆，語阿難言，汝等是守護佛法藏者，不應如凡人没憂海。諸有爲法，皆是無常，汝何憂愁？又佛世尊手付汝法，汝今愁悶，失所聞事。汝當問佛，佛涅槃後，云何修行，誰當作師？惡口車匿，云何共住？《長含經》第四卷：闡拏比丘云何共住。佛諸經首，作何等語？阿難即以此事問佛。佛告阿難，行四念處，戒經爲師。車匿比丘，如梵法治。《長阿含》第四、《增一阿含》

三十六皆云：梵法治者，即是不共語也。廣説如彼。佛諸經首，皆稱如是我聞等語。依《集法經》及《涅槃》後分，大同《智論》，恐繁不述。《大悲經》説是憂波離教阿難問。所以經論説不同者，二人共教。各據一義，亦不相違。

説事意者，略有二種。一、爲斷疑，二、爲生信。言斷疑者，真諦《記》云：《微細律》説阿難比丘當昇高座出法藏時，身即如佛，具諸相好。若下高座，還復本形。衆見此瑞，遂有三疑。一、疑大師釋迦如來以慈悲故，從涅槃起，更宣深法。二、疑諸佛他方來。三、疑阿難轉身成佛。今欲除遣三種疑故，亦説如是我聞等語，明其阿難親從佛聞，非關慈悲從涅槃起，亦非餘佛從佗方來，又非阿難轉身成佛自説經也。言生信者，妙[六]《智度論》云：説時方人，欲令衆生心生信故。

事多少者，自有三説。

一者，真諦《七事記》中開爲七事。一、如是者，標所聞法一部文理，決定可信。二、言我者，出能聞人，即是阿難。三、言聞者，親奉音旨。四、一時者，顯所聞法，善會時機。五、佛世尊，出能説師。六、住處者，顯説有處。七、大比丘，顯非獨聞。然此七事總唯四意。初，如是者，明所聞法。次，我聞者，辨能聞人。次二，證所聞法。後二，證能聞人。廣説如彼。

二、依龍猛《大智度論》開爲六事。一信，二聞，三時，四主，五處，六衆。世親《燈論》，然説六事，故彼頌言，前三明弟子，後三證師説。一切修多羅，法門皆如是。

三、依親光《佛地論》中攝爲五事。一、總顯已聞，二、教起時分，三、別顯教主，四、顯教起處，五、教所被機。

隨事別釋者，雖有七、六、五事不同，且依五事以釋此經。於中同異，至文對辨。

言如是我聞者，即是第一總顯已聞。釋

有三義。一者，總釋如是我聞。二者，別釋如是我聞。三者，申其合說之意。

言總釋者，謂傳佛教曼殊室利及阿難等皆作此言，如是所說甚深句義，我昔曾聞。

言別釋者，先釋如是，後解我聞。

言如是者，此地諸師雖有多釋，且述西方三藏及論說。西方三藏略有三說。

一、真諦三藏云：言如是者，是決定義。有其二種，一文，二理。文是能詮，理即所詮。阿難所傳，文、理決定，如佛所說，故曰如是。

二、長耳三藏釋有三義。一、就佛釋。三世諸佛所説無異，故名爲如。以同説故，稱之爲是。二、依法解。諸法實相，故名爲如。如如而說，故稱爲是。三、依僧辨。阿難所傳不異佛説，故名爲如。永離過非，稱之曰是。

三、菩提留支略爲四義。一者，發心如是。謂自念言，我當如是發菩提心，修諸善行。二者，教他如是。教前人言，汝當如是發菩提心，修諸善行。三者，譬喻如是。是人威德熾盛如日光明，智慧深廣猶如大海，面貌端正猶如滿月。四者，決定如是。我如是見聞等。

今言如是者，但取第四決定如是。傳法者言，我從佛聞所說理教。我之所說，不多不少，不錯不謬，決定如是。不謬傳之失，故曰如是。

依諸論說，亦有三釋。

一、依功德施《般若論》，云如是我聞者，顯示此經是世尊現覺而演，非自所作。

二、依龍猛《智度論》，云如是者，即信也。佛法大海中，信爲能入，智慧能度。其信順者，言是事如是。其不信者，言此事不如是。廣說如彼。

三、依親光《佛地論》中，爲四義故。第一云，如是總言，依四義轉。一、依譬喻。謂當所說如是文句，如我昔聞。此即以今喻古。二、依教誨。謂告時衆，如是當聽我昔所聞。三、依問答。謂有問言，汝當所説，昔定聞耶？故此答言，如是我聞。四、依許可。謂結集時，諸菩薩衆咸共請言，如汝所聞，當如是説。傳法菩薩便許彼言，如是當説如是我聞。又如是言，信可審定。謂如是法，我昔曾聞，此事如是，齊此當説，定無有異。此依信可釋經中所説如是言者，是文殊阿難信可審定之言。謂如是經法，我昔聞此事。如是此經中所明之義，我今當説，定無爲異也。又《佛地論》有三師釋。一云第四，一云四中唯依後二，一云總依四義而説。廣如彼論。

別釋我聞者，先釋我相，後解其聞。所言我者，傳法文殊及阿難等。五蘊身上，假立爲我。耳根發識，能聞所説，故名爲聞。故《佛地論》云：我謂諸蘊世俗假者，聞謂耳根發識聽受。廢別就總，故言我聞。

問：佛法中無人無我，如何諸經皆説我聞？

解云：此義諸説不同。依龍猛宗，如《智度論》第一説四悉檀中，世界悉檀故説有我，第一義悉檀故説無我。

問：豈不《中論》説實相門中非我非無我，如何《智度論》中説爲無我？

答：不相違。世界悉檀即説爲我，第一義中説爲無我。各各爲人，或我、無我。雙遣二執，亦得説言非我非無我。故《中論》云：諸佛或説我，或説於無我。諸法實相中，非我非無我。

若偏對我，即説無我以爲實相。若雙遣執，非我非無我以爲實相。各據一義，故不相違。

依彌勒宗，《瑜伽》第六，由四因故，依諸蘊中，假説爲我。一、爲世間言説易故，二、欲隨順諸世間故，三、爲斷除決定無我諸怖畏故，四、爲宣説自他得失令其決定信解心故。廣釋四因，如《雜集論》第十三説。

所言聞者，自有二義。一、依法相，二、

就唯識。

依法相者，諸説不同。薩婆多宗，耳聞非識。法教[七]論師，識聞非耳，《成實》亦同。譬喻論者，和合能聞，如《大婆娑》第十三説。今依大乘龍樹菩薩，自有兩釋。一、耳聞非識，二、和合能聞，如《智度論》。雖有兩釋，和合爲正。正釋聞中，説和合故。依彌勒宗，自有三説。一云，耳聞非識。《雜集論》云：耳界何相，謂能聞聲。又《瑜伽》云：數於此聲至能聞故。一云，識聞非耳。《佛地論》云：聞謂耳根發識聽受。又《瑜伽釋論》云：聞謂聽聞，即是耳根發耳識，聞言教故。又解：二論耳聞識非，發識耳根是聞體故。一云，二論和合能聞，根、識和合是聞體故。故《雜集》云：問，爲眼見色，爲識等耶。答，非眼見色，亦非識等，以一切法無作用故。由有和合，假立爲見，耳等亦爾。廣説如彼。所以如是諸論異者，爲顯聞聲最勝依故，《瑜伽》等説耳爲聞。就分別義故，《佛地》等云識爲聞。爲顯諸法無作用故，《智度論》及《雜集》等，和合爲聞。各據一義，互不相違。

依唯識理，以解聞者，自有二釋。故《佛地》云：有義，如來慈悲本願增上緣力，聞者識上文義相生。此文義相雖親依自善根力起，而就强緣，名爲佛説。由耳根力，自心變現，故名我聞。有義，聞者善根本願增上緣力，如來識上文身[八]相生。此文義相是佛利佗善根所起，名爲佛説。聞者識心雖不取得，然似彼相分明顯現，故名我聞。解云：《佛地》二師所説，初即那伽犀那，那伽[illegible]，此云龍，犀那[illegible]，云軍，即是龍軍論師也，不許佛果有色聲等。第二師義，許佛果中具色聲等。護法等宗，皆依後釋。

問曰：阿難如來成道日生，經二十年，方爲侍者。前所説經皆非親聞。如何諸經皆説我聞？

答：依《報恩經》，釋有三義。一者，阿難從佗諸天及諸比丘邊傳聞。二者，佛入世俗心，令阿難知前所説經。三者，前所説經，佛重爲説。佛善巧力故，於一法句中演無量法，能以無量法爲一句義。佛粗示其端，阿難蓋已得知，速利强持力故。

問曰：阿難既是聲聞，如何能持大乘經典？

答：阿難有三。一者，阿難陀，持聲聞法。二者，阿難賢，持緣覺法。三者，阿難海，持摩訶衍。第三阿難持大乘經，故不相違。如《金剛仙論》及真諦所引《闍王懺悔經》説。

第三，申其合説意者，《佛地論》云：應知説此如是我聞，意避增減異分過失。謂如是法，我從佛聞，非他展轉。顯示聞者有所堪能，諸有所聞皆離增減異分過失，非如凡夫無所堪能，諸有所聞或不能離增減異分。結集法時，傳佛教者依如來教，初説此言，爲令衆生恭敬信受，言如是法我從佛聞，文義決定，無所增減。是故聞者，應正聞已，如理思惟，當勤修學。

一時

釋曰：第二，教起時分，西方諸師略有三釋。一、菩提留支云，時有多種，謂念、日、夜、壽等百藏，及一切時。今一時者，正是如來説此經時。二、長耳云，時有三種。一、迦羅時。此云別相時。如來戒律，大戒時，出家時，國王得聞，餘不合聞。二、三摩耶時。此云破邪見時，謂五部《阿含》，九分達摩，不簡黑白，一切得聞。五部《阿含》，是《長》《增一》《中》《雜》《有部》。言九分者，一、分別説戒，二、世間，三、因緣，四、界，五、同隨得，六、名句文，七、集定，八、集業，九、諸蘊。一分有六千偈。六九，五十四，合五萬四千偈。如真諦《部集記》第一説。三、世流布者，如説一時佛在恒河岸，一時在申恕林。今言一時，但依後二，或唯第三。真諦三藏説有十時，恐繁不述。

今依諸論，亦有三説。

一、功德施《般若論》云：言一時者，説此經時，餘時復説無量經故。

二、依龍猛《智度論》云，時有二種。一、迦羅時，通假及實，内外通用。二、三摩耶時，唯假非實。經云一時，依三摩耶説，以破實時，説假時故。具説如彼。

三、依親光《佛地論》中，時有三種。一者，説聽究竟，總名一時。故彼《論》云：言一時者，謂説聽時，此就剎那相續無斷，説聽究竟，總名一時。此即總説。一會説法，説聽究竟，總名一時。若不爾者，字名句等，説聽時異，云何言一？此即反解。若不就其説聽究竟，名一時者，如初説字，次名，後句，乃至頌、品、部等説聽時異，云何言一？二者，一剎那頃，能持能説，能領能受，故名一時。故彼《論》云：或能説者得陀羅尼，於一字中一剎那頃，能持能説一切法門。或能聽者得淨耳根，一剎那頃，聞一字時，於餘一切法皆無障礙，悉能領受，故名一時。初也[九]已上得陀羅尼耳根功德，一剎那頃，能持能説，能領能受，故名一時也。三者，共相會遇，名爲一時。故彼《論》云：或相會遇，時分無别，故名一時。即是説聽共相會遇，同一時義。感聖赴機，更相會遇，名一時也。或可爲四，開説聽異爲二時故。

問：一及時，其體是何？

答：一是數，時即時分。薩婆多宗，及經部宗，無别有法，即用五蘊爲性，處、界門中有爲爲性。今依大乘，自有兩釋。一、龍猛宗，數及時等皆無有體，非蘊、處、界三科所攝。故《智度論》云：數、時等法，實無所有，陰、入、持所不攝故。持即界也，持自性故。又彼《論》云：時、方、離、合、一、異、長、短、名、字，凡人心著，謂是實有。廣説如彼。二、彌勒宗，數、時即是有爲法上分位假立。二十四不相應中，數及時也。五蘊門中，行蘊所攝。界、處門中，法處法界，意識境故。

《佛地論》云：時者，即是有爲法上假立分位，約法相釋。或是心上分位影像，約唯識釋。依色、心等，總假立故，是不相應行蘊所攝。

問：何不别顯如下處等，但説一時？

答：晝夜時分，諸方不定，不可别説。又義不定，或一刹那，或復相續，不可定説，是故總相但説一時。

佛

釋曰：第三，别顯教主。《智度論》云：説佛法人，有其五種。一、佛自説，二、弟子説，三、神仙説，四、諸天説，五、化人説。爲簡餘四，故標佛也。自覺覺佗，覺行窮滿，故名爲佛。廣如餘處。然諸經首標名不同，乃有四種。自有經初唯置佛名，如《涅槃》等。自有經初唯婆伽婆，如《大品》等。自有經初雙標兩號，如《無上依》等。或有經文，二號俱無，如《多心》等。

所以如是諸本異者，《多心經》等，於一部中，别銀[一〇]流行，故不標名。餘之三句，西方三説。

一、依《真實論》，一切經初唯應説佛。故彼《論》云：問，《大師十號經》中何故不列餘九，而獨稱佛？答，有十義故。一、覺勝無敵，二、不由佗悟，三、離二無知，一、解脱障無知，二、一切智障無知。四、已過睡眠，五、譬如蓮華，六、自性無染，七、具足三義，三義者，一、假名佛，即六神通；二、寂静佛，惑不生故；三、真實佛，即真如也。八、具於三德，一、法身，二、般若，三、解脱。九、具三寶性，十、自知，令佗知。佛具十義，餘名不爾，故諸經首皆稱佛也。廣如《本記》。

二、依《佛地論》，一切經初安薄伽梵，謂具六德，破四魔故。故彼《論》云：薄伽梵聲依六義轉。一、自在義，永不繫屬諸煩惱故。二、熾盛義，是炎猛智火所燒練故。三、端嚴義，妙三十二大士相等所莊飾故。

四、名稱義，一切殊勝功德圓滿，無不知故。五、吉祥義，一切世間親近供養，咸稱讚故。六、尊貴義，具一切德，常起方便，利益安樂一切有情無懈廢故。如有頌言：自在熾盛與端嚴，名稱吉祥及尊貴。如是六種義差別，應知總名爲薄伽。

四魔怨者，煩惱魔、藴魔、死魔、自在天魔。

問：佛具十種功德名號，何故如來教傳法者一切經首但置如是薄伽梵名？

答：謂此一名，世咸尊重故，諸外道皆稱本師名薄伽梵。又此一名，總攝衆德，餘名不爾，是故經首皆置此名。《金剛仙論》亦同《佛地》。廣説婆伽婆，如《涅槃經》首，及《智度論》。

三、依真諦，一切經初皆令雙標佛、婆伽婆。故《七事記》云：佛、婆伽婆，有其四句。一、是佛非婆伽婆。即聲聞二乘觀世諦，證無餘涅槃，在自位中得名爲佛，不脩功德行故非婆伽婆。二、是婆伽婆非佛。即是菩薩脩功德故名婆伽婆，既在因位，智慧未滿，不得名佛。三、非佛非婆伽婆。即是凡夫不脩功德故非婆伽婆，不脩智慧故不名爲佛。四、是佛亦婆伽婆。即是佛世尊智慧滿故名爲佛，功德具足故是婆伽婆。若但佛，恐濫二乘。若單婆伽婆，濫菩薩及轉輪王。若合説者，即是如來。故諸經首皆標兩號。雖有三解，今依此經，同《真實論》，唯名佛也。

住王舍城耆闍崛山中

釋曰：第四，説經處也。國名摩竭提，或云摩竭陀，亦言嘿偈陀，又作摩伽陀，皆梵音訛轉也。正言摩竭陀，此云善勝國，或云無惱害國。一云摩伽，星名，此云不惡。陀者，處也。名爲不惡處國，亦名星處國。依《法華論》，如王舍城勝餘城，耆闍崛山勝餘山，以佛在勝處説故，顯此法門勝也。

今先解城，後解其山。

真諦云：《律毗婆沙》自有三釋。一云，婆藪王子初共人民造舍，即爲鬼神壞之，唯留王舍。如是至七。太子教言，但更造舍，悉題王舍。於是遂得不毀。因此立名爲王舍城。二云，輪王出世，相承住此，故名王舍。三云，四天王共修羅鑽乳海，得爲甘露。於此山中起舍，七日守之，然後乃分之。因此立名爲王舍城。

依《智度論》，亦有三釋。一云，摩伽陀王初生一子，一頭，兩面，四臂。後大成人，有大力勢，治閻浮提之天下，取諸國王一萬八千，置此五山中住，因此立名爲王舍城。一云，摩伽王先所住城中失火，一燒一作，如是至七，國人疲役。王即更求住處。見此五山周匝如城，即作宮殿，於中止住，故名王舍城。一云，往昔世時，此國有王，名曰廣車，出遊畋獵，遇見五山，周匝峻固，種種嚴妙。即捨本城，於此中住。以王先於此住，故名王舍城也。具說如彼。

《善見論》云：此城最大，縱廣三百由旬，有八億萬户，八萬聚落。若廣分別，如《西域傳》。

耆闍崛山者，音訛略也。正言姞栗陀羅矩吒山，唐云鷲峰，又云鷲臺。此山既栖鷲鳥，其形又類高臺，故以名焉。舊云鷲頭，或云鷲嶺，或云靈鷲者，皆一義也。依《智度論》，釋有二義。一云，山頭似鷲，故云鷲頭。一云，鷲居山頂，故名鷲頭。謂王舍城南屍陀林中，多諸死人。諸鷲常來食之，還在山頭。時人遂名鷲頭山也。又《別記》云：靈者，仙靈也。此鳥有靈，知人死活。人欲死時，尋翔彼家。待其送林，則飛下食。而以能懸知故，號靈鷲也。又真諦《七事記》云：《律毗婆沙》說釋迦本行菩薩道時，爲化物故，受鷲鳥身。其父母老，而眼失明。爲報恩故，求食供養。王舍城中有一長者，入山見之，因問，供養有何功德？鷲鳥如法爲説。長者大喜言，汝是山中善神。從今以去，盡我餘年，當供養汝。一切諸鳥，因此皆得供養。鷲語諸鳥言，汝等當報施主恩。諸鳥不得其意，日日盗佗財物遺餉長者。諸人失物，向王陳訴。王問長者，長者依事奉答。王聞驚物，遂入山。是鷲爲説法。王大歡喜，後送供養。此山因靈鳥所居，故名靈鷲山也。

與大比丘衆八百萬億

釋曰：自下，第五，教所被機，於中方[二]二。初，別敘讚德。後，佗方下，總結集會。就別敘中，有十二衆。一、聲聞，二、緣覺，三、菩薩，四、優婆塞，五、優婆夷，六、居士，七、色天，八、欲天，九、人王，十、雜類，十一、佗方，十二、變化。雖有十二，總攝爲三。初十，此方；次一，他方；後一，變化。就聲聞衆，文別有四。一、標類辨數，二、略明行位，三、別讚德，四、總結德。此即第一，標類辨數。

與大比丘衆者，標別異類。類有十二，此即第一，明聲聞衆。簡於餘乘，故曰聲聞。《成實論》云：聞法得悟，故曰聲聞。《佛地論》云：聞佛言音而入聖道，故曰聲聞。又《瑜伽論》八十二云：從他聽聞正法言音，又能令聞他[三]正法聲，故曰聲聞。今言比丘衆者，七中別稱，簡尼等六，故言比丘。舉比丘名，顯聲聞衆。

文有四節。一與，二大，三比丘，四釋衆也。

佛身兼彼，目之爲與。又與是共。諸比丘衆，七義共故，名之爲與。故《智度論》云：一處，一時，一心，一戒，一見，一道，一解脱，是名爲共。此經與者，即彼共也。

所言大者，依《智度論》，釋有三義。一大，二多，三勝。衆中上故，諸障斷故，王等敬故，名爲大也。數甚多故，名之爲多。能破九十六種外道異論，故名爲勝。依《佛地論》，大有四釋。一者，利根故大。二者，無學故大。三者，迴向大故大。四者，衆多故大。具説如彼。

言比丘者，此云乞士。《金剛仙》云：比丘是梵語，此方義譯，或云破惡，或云怖魔。又《本記》云：在因，名怖魔、乞士、破惡。至果，轉怖魔爲殺賊，改乞士爲應供，説破惡爲不生。又《瑜伽》第二十九，苾芻有五。一、乞丐苾芻，釋云：常行乞士。二、自稱苾芻，犯重失戒，而自稱言我是苾芻。三、名想苾芻，雖剃髮染衣，而未有戒，但有名想也。四、破壞煩惱苾芻，得果聖人。五、白四羯磨比丘。凡夫持戒人也。今此比丘，即是五中第四、第五人也。

所言衆，梵音僧伽，此云和合衆。謂理、事二和，故名衆也。《佛地論》云：並出家僧，故名爲衆。《智度論》云：衆多比丘，一處和合，故名爲衆。廣説如彼。

八百萬億者，辨數也。

問：如何不説比丘尼衆？

答：有二義。一者略故，二就勝故。

學無學皆阿羅漢

釋曰：第二，略辨行位。言學無學者，如《俱舍論》第二十四云，謂八人中，四向三果，皆名有學，爲得漏盡，常樂學故。第八阿羅漢名爲無學，所應脩學此無有故。學無學體，皆是無漏戒、定及慧。云何涅槃非學無學？於異生身亦成就故。依經部宗，大同大乘。勘。

今依大乘，諸論不同。若依《集論》，通於異生，名爲有學。故彼第二云：求解脱者，所有善法，是有學義。十界四處，諸蘊一分，是有學義。於諸學處已得究竟者，所有善法，是無學義。謂諸異生所有善、不善、無記法，及諸學者染汙、無記法，諸無學者無記法，并無爲法，是非學非無學義。八界八處全，及餘蘊、處、界一分，是非學非無學。廣如

《雜集》。若依《瑜伽》，唯取聖人所有善法，名學無學。故六十六云：謂預流等出世有爲法，若世間善法，是名爲學。云何無學法？謂阿羅漢出世有爲法，若世間善法，是名無學。謂除先所説學無學法，所餘預流，乃至阿羅漢，若墮一切異生相續，彼增上所有諸法，皆名非學，名非無學。然彼二文猶未盡理，學無學者，所有滅定皆是非學非無學攝故。《瑜伽》六十二云：又此等至皆言非學非無學，非所行故，似涅槃故。

阿羅漢者，行位通名。梵音阿羅漢，翻含多義。薩婆多宗，釋有四義。一名應供，應受世間勝供養故。二名殺賊，害煩惱賊，令無餘故。三名不生，生死法中不復生故。四名遠惡，遠離諸惡不善法故。廣如《婆沙》第九十四。依經部宗，斷惑盡故，名阿羅漢，如《成實論》。

今依大乘，釋有三義。故《成唯識》第三卷云：此中所説阿羅漢者，通攝三乘無學果位，皆已永害煩惱賊故，應受世間妙供養故，永不復受分段生故。《智度論》云：亦同《法華論》中十五義釋，恐繁不述。

問：第四果具三義故，可名羅漢。餘闕三義，如何説言皆阿羅漢？

依《本記》云，趣寂聲聞不受教故，名爲無學。迴向聲聞趣菩提故，名爲有學。又解：阿羅漢者，具有四義。一、離凡，二、殺賊，三、故[三]應供，四、破因緣。通論，四果皆有四義，是故言皆阿羅漢。有云：轉根等故，名爲有學。無所求果，名爲無學。今解：羅漢自有二種。一、行阿羅漢，即是學人。二、住阿羅漢，第四果故。《成實論》云：阿羅漢二種，謂住及行。又下經，五戒賢者，行阿羅漢等。或可分有應供等義，故名阿羅漢，是故此中通名阿羅漢。

有爲功德、無爲功德

釋曰：自下，第三別讚功德，即分爲八。一、有爲無爲德，二、十智差別德，三、三根差別德，四、十六觀門德，五、三假觀門德，六、三空觀門德，七、四諦觀門德，八、緣生觀門德。

此即第一，有爲無爲德。薩婆多宗，即下所説十智等德。皆是有爲，四相所遷故。自性出體，即用大地慧爲自性。共有出體，隨其所應，四藴、五藴以爲自性。無爲功德即滅諦無爲，或非擇滅，亦名斷德。謂斷一切事中無知，得非擇滅，亦斷德攝。如《俱舍》云諸一切種、諸冥滅等，讚佛德故。

今依大乘，有爲功德麤相分別，大同薩婆多宗，於理無違。無爲功德，即是真如、擇滅無爲及非擇滅。所以者何？本來清淨涅槃，即六無爲中非擇滅攝。又大乘宗，擇滅無爲即真如上離障所顯，更無別體。如是無爲，非相所遷，故名無爲。識心所變，據實生滅，似無爲故，亦是無爲。

無學十智、有學六智

釋曰：第二，十智差別德。然此中十智，諸教不同。

薩婆多宗以十種智攝一切智，故《俱舍論》二十六云：智有十種，攝一切智。一、世俗智，二、法智，三、類智，四、苦智，五、集智，六、滅智，七、道智，八、佗心智，九、盡智，十、無生智。如是十智，總有二種，有漏、無漏，性差別故。如是二智，相別有三，謂世俗智、法智、類智。前有漏智，總名世俗，多取瓶等世俗境故。後無漏智，分法、類別。三中世俗，遍以一切有爲無爲爲所緣境。法、類二種，如其次第，以欲上界四諦爲境。法智、類智，由境差別，分爲苦、集、滅、道四智。能緣佗心等爲境界故，名佗心智。若正自知，我已知苦、我已斷集、我已證滅、我已修道，由此所有智見明覺，解慧光觀，是名盡智。

我已知苦，不應更知，廣説乃至我已修道，不應更修，由此所有廣説乃至，是名無生智。如何無漏智可作如是知？迦濕彌羅諸論師説，從二智出後得智中作如是知，故無有失。由此後得二智别故，表前觀中二智差别。有説：無漏智亦作如是知。

依經部宗，《成實論十智品》云：知現世法，是名法智。知過、未法，名曰比智。餘智大同。

今依大乘者，依此經，約位差别，且説三種。一、在無學，具足十智。二、在脩位，唯有八智，除盡、無生。若在見道，唯有六智，謂四諦智及法、類智。此約現起，若通成就，亦得世俗。三、類智邊世俗智故。有處説十，如《顯揚論》，意同《俱舍》。或説十一，如《智度論》，加如實智，謂能如實知諸法故。或説十三，如《集論》等。

然今此中説十智義，故依《顯揚》説十智相。故《顯揚》第二云：論曰，智者，謂十種智，廣説如經。一、法智。謂於共了現見所知諸義境界無漏之智。二、種類智。謂於不共了不現前所知義無漏之智。三、佗心智。謂脩所生脩果，能知佗心及心法智。及諸如來知諸衆生，隨其意解，隨其隨眠，教授教誡轉起妙智。四、世俗智。謂世間慧，由依此故，如來爲諸衆生，隨其意解，隨其隨眠，演説妙法。五、苦智。謂於有漏諸行之中，無常、苦、空，離我思惟，若智若見，明了覺悟，慧觀察性。六、集智。謂於有漏諸行因中，因集生緣思惟，若智若見，餘如前説。七、滅智。謂於有漏諸行滅中，滅靜妙離思惟，若智若見，餘如前説。八、道智。謂於能斷有漏諸行無漏道中，道如行出思惟，若智若見，餘如前説。九、盡智。謂苦已知，集已斷，滅已脩，或緣盡境，或復爲盡，若智若見，餘如前説。十、無生智。謂，苦已知，不復當知。集已斷，不復當斷。滅已證，不復當證。道已脩，不復當脩。或緣無生境，或爲無生，若智若見，餘如前説。

依此十智，分別經中十智等義，亦同前説。廣辨十智，義如別章。

三根

釋曰：第三，三根差别德。言三根者，依《本記》云，一、自性根，謂凡夫。二、引取根，謂十信至十地。三、得果根，謂如來。今解：不爾。一者，未知當知根。二者，已知根。三者，具知根。然此三根，對見、修道及無學道三位别者，諸宗不同。薩婆多宗，三無漏根，見道、修道及無學道三位差别，謂十五心名爲見位，亦名未知當知根。第十六心乃至金剛三昧，名爲修道，亦名已知根。得盡智後，名爲無學，及具知根。外國師説，十六心皆是見道，亦名未知當知根。餘如前説。若廣分别，如《正理》第九、《婆沙》一百四十二説。今依大乘，《智度論》説，或十五心名爲見道，或十六心名爲見道。若依《成唯識》等，見道多種。一、無相見道。二、三心見道。三、二種十六心。四、九心見道。

然此三根位差别者，如《成唯識》第七卷説，未知當知根體，位有三種。一、根本位。謂在見道，除後刹那，無所未知，可當知故。二、加行位。謂煖、頂、忍、世第一法，近能引發根本位故。三、資糧位。謂從爲得諦現觀故，發起決定勝善法欲，乃至未得順決擇分所有善根，名資糧位，能遠資生根本位故。於此三位，信等五根、意、喜、樂、捨，爲此根性。加行等位，於後勝法求證愁慼，亦有憂根。非正善根，故多不説。前三無色，有此根者，有勝見道傍修得故。或二乘位迴脩[四]大者，爲證法空，地前亦起。九地所攝生空無漏，彼皆菩薩此根攝故。餘二根位，尋即可知。有頂雖有遊觀無漏，而不明利，非後三根。

若廣分別，義如別章。

十六心行

釋曰：第四，十六觀門德。依《本記》云，十六心者，地前三十心合爲四心，登地爲十，金剛與佛，合爲十六心。今解：不爾。謂緣四諦，起十六行相。行相即用慧爲自性。而言心行者，心之行故名爲心行，非心即行也。此十六行，如《俱舍論》第二十六。

《論》曰：有餘師説，十六行相，名雖十六，實事唯七。謂緣苦諦，名、實俱四，緣餘三諦，名四實一。如是説者，實亦十六。謂苦聖諦有四行相，一非常，二苦，三空，四非我。待緣故非常，逼迫性故苦，違我所見故空，違我見故非我。集聖諦有四相，一因，二集，三生，四緣。如種理故因，等現種故集，相續理故生，成辦理故緣。譬如泥團、輪、繩、水等衆緣和合，成辦瓶等。滅聖諦有四相，一滅，二靜，三妙，四離。諸蘊盡故滅，三火息故靜，無諸患故妙，脱衆災故離。道聖諦有四相，一道，二如，三行，四出。通行義故道，契正理故如，正趣向故行，能永超故出。

若廣分別，如《大婆沙》七十九。今依大乘，説十六行，如《瑜伽》四十四及《集論》等。若依《辨中邊論》，唯有七種。分別七種，廣如《唯識》。或苦法忍等十六心，爲十六行。義亦無失。

法假至名假虛實觀

釋曰：第五，三假觀門德。依《本記》云，三種三假，別教，因成等。成實論宗，因生、緣成、相續三假也。通教，名、受等。《大品》等云法假、受假、名假也。通宗，如今義，《解深密》等三性三無性也。一、真實，二、依他，三、名字。法假，則真實之法。受假，則妄相，依他之心受納前境。名假，則一切名相。與《大品》相應，三空即三假空，名爲三無自性。今解：不爾。如《大般若》，一者，法假，謂能成五蘊從緣生故；二者，受假，謂蘊所成相續假者受五蘊故；三者，名假，謂彼二名無實體故。遣三虚假，觀實相理，名虚實觀。

三空觀門

釋曰：第六，三空觀門德。言三空者，一、空門，二、無相門，三、無願門。薩婆多宗，空無我行名爲空門，滅下四行名爲無相，餘十種行名爲無願。此三亦名三三昧也。依經部宗勘。今依大乘，《佛地論》云：遍計所執生法無我，説名爲空。緣此三摩地，名空解脱門。相謂十相，即色、聲、香、味、觸、男、女、生、老、死。亦名生住滅也。則是涅槃無此等相，故名無相。緣此三摩地，名無相解脱門。願謂願求。觀三界苦，無所願求，故名無願。緣此三摩地，名無願解脱門。《智度論》第六云：知一切法實相，所謂畢竟空，是名空三昧。知是空已，不觀諸法若空不空，若有若無等，是名無作三昧。一切法無有相，一切法不受不著，是名無相三昧。復次，十八空，是名空三昧。種種有中，心不求，是名無作三昧。一切諸相破壞，不憶念，是名無相三昧。具説如彼。

四諦、十二緣

釋曰：第七，四諦觀門德。第八，緣生觀門德。

就四諦門，兩門分別。一、釋名，二、出體。

釋名，有二。先通，後別。言四諦者，即是通名。四是標數。諦是實義、真義、如義、不顛倒義、無虚誑義，如《大婆沙》。若依大乘，如所説相不捨離義，由觀此故到究竟清淨義，是諦義，如《瑜伽》説。言別名者，一苦，二集，三滅，四道。逼迫名苦，生長名集，寂靜名滅，出離名道。廣如《婆沙》《俱舍》《正理》。

第二，出體。薩婆多宗，五取蘊是若[一五]諦，有漏因是集諦，彼擇滅是滅諦，學無學法是道諦。依經部宗，諸名色是苦諦，業煩惱是集諦，業煩惱盡是滅諦，止觀是道諦。依大乘宗，亦同經部，故不繁述，廣如別章。

言十二緣者，謂無明、行，乃至老死。三除[六]中愚，於境不了，故名無明。福等三業，遷流造作，名之爲行。眼等八識，了別境界，故名爲識。想等色等，召表質礙，故曰名色。眼等六根，生長心等，名爲六處。苦等三觸，觸對前境，故名爲觸。苦等三受，領順違等，名之爲受。自體等貪，貪染自境，故名爲愛。欲等四取，執取境等，名之爲取。行識等種，能招生等，故名爲有。識等五法，本無今有，名之爲生。即彼五法，衰變滅壞，故名老死。若具分別，義如別章。

無量功德皆成就

釋曰：第四，總結德也。

復有八百萬億大仙緣覺

釋曰：第二，辨緣覺衆，於中有三。初，標數辨類。次，讚其功德。後，總結功德。此即初也。

八百萬億者，舉其總數。大仙緣覺者，顯類差別。依《本記》云，自然朗悟，故名大仙。今解：仙者，常樂寂靜如居山者，故名大仙。是故《瑜伽釋》云：常樂寂靜，不欲雜居，無師獨悟，故名獨覺。然彼仙人，有其三種。一、佛，二、獨覺，三、五通。如《大婆沙》一百八十三。今對五通，故名大仙。

問：佛衆會中，有緣覺不？若言有者，《大嚴經》説如何會釋？彼第一云：一生補處菩薩，將欲下生。有天子下閻浮提，告辟支佛言，仁者，應捨此土。何以故？十二年後，當有菩薩，降神入胎。是時五百辟支佛，聞天語已，從座而起，踊在虛空，高七多羅樹，化火燒身，入於涅槃。若言無者，此經所説八百萬億大仙緣覺，復如何通？

答：諸説不同。一云，秘密即有，顯現即無。故《智度論》云：佛法二種，一者秘密，二者顯現。初轉法輪，有三乘人，各得其果，是秘密衆。今此經中，依秘密説，故言有也。《大嚴》所説，依顯現衆，故不相違。一云，獨覺自有二種。一者，本性獨出無俱。二者，先是聲聞，後成獨覺，如五百仙人一時出者。如舊《婆沙》四十二説。解云：二經各據一人，亦不相違。有説：獨覺自有二種。一，麟角，喻獨出無二，當知如佛。二者，部行，多人並出。此有二種。一是緣覺性，如五百仙人。二是聲聞種性，亦是五百仙人。故新《婆沙》第三十云：五百仙人者，多是聲聞種性。解云：既説多言，故知此經八百萬億仙人者，或是聲聞種性，或是緣覺種性。而言出無佛世者，依多分説。又《雜集論》十三云：獨覺乘補特伽羅者，謂住獨覺法性，若定不定性，是中根自求解脱。乃至或先未起順決擇分，或先已起，或先未得果，或先已得果，出無佛時也，唯内思惟聖觀現前。或如麟角獨住，或復獨勝部行。若先未起，亦未得果，方成麟角。餘名部行。廣如彼説。

非斷非常，四諦十二緣皆成就

釋曰：第二，別讚功德。非斷非常者，於四諦中，集諦是因，苦諦是果。十二緣生，展轉相生。如是因果，皆離斷、常。又解：因果相續不絶。如《成唯識》，因滅故非常，果生故非斷，非斷非常即因果中道。四諦、緣生，義如上説。

無量功德皆成就

釋曰：第三，總結德也。

復有至摩訶薩

釋曰：第三，顯菩薩衆，文別有四。一、標數辨類，二、略辨位地，三、別讚功德，四、總結功德。此即初也。然諸菩薩名有二種。一者，通名，有十六種，一名菩薩，二名摩訶薩，乃至十六名爲法師。二者，別名，謂曼殊室利及彌勒等。今言菩薩摩訶薩者，即十六名中前二名也。此十六名，廣如《瑜伽》《顯揚》等論也。又此二名，若具梵音，應言菩提薩埵、摩訶薩埵。爲存略故，但言菩薩摩訶薩也。菩提名覺，薩埵名有情，或精進義。故《攝大乘》無性《釋》云：言菩薩者，菩提薩埵爲所緣境，故名菩薩。從境得名，如不淨觀等。或即彼心爲求菩提，有志有能，故名菩薩。親光三釋，故《佛地》云：所言菩薩摩訶薩者，謂諸薩埵求菩提故。此通三乘，爲簡取大，故復須説摩訶薩言。又緣菩提薩埵爲境，故名菩薩，具足自利利他大願，求菩提，利有情故。又薩埵者，是勇猛義。精進勇猛求大菩提，故名菩薩。此通諸位。今取地上諸大菩薩，是故復説摩訶薩言。廣釋菩薩，義如《大品》及《大智度論》等。

皆行阿羅漢

釋曰：第二，略辨行位。釋阿羅漢，義如上説。而諸菩薩名阿羅漢，有其三義。一者，阿羅漢迴心向大，仍本名説阿羅漢。二者，十地諸菩薩衆皆受應供。三者，佛果名阿羅漢。大地菩薩行阿羅漢，亦名阿羅漢。此義分別，如《成唯識》。

實智功德至金剛滅定

釋曰：第三，別讚功德，即分爲十。一、方便、真實二智功德，二、行獨大乘功德，三、四眼功德，四、五通功德，五、三達功德，六、十力功德，七、四無量功德，八、四辨功德，九、四攝功德，十、金剛滅定功德。或可分爲十一，方便、真實二智別故。或可分爲十二，金剛、滅定二種別故。雖有三説，且依初釋。

此即第一二智功德門，然此二智諸説不同。一云，正體智名爲實智，緣實境故。後所得智名爲方便，善巧方便化衆生故。二云，正體、後得名爲實智，能緣真俗二境實故。以加行智名爲方便，爲能引生正體智故。

言行獨大乘者，讚第二德。依《本記》云，出二乘也。大乘有二。一、十信至十解，是不定，猶退爲二乘。二、十行至十地，是定，故言行獨大乘。今解：不爾。四諦緣起，大小共行。六波羅蜜，唯菩薩行，故言行獨大乘。或可生空大小共觀，法空唯大，不通小乘，故言行獨大乘。或可般若有二。一、大小共行，二、唯菩薩行，故言行獨大乘。

言四眼者，讚第三德。於五眼中，肉、天、法、慧，唯除佛眼，未成佛故。形膚名肉，照囑名眼，肉即是眼，故名肉眼。天眼有三種。一者，報得，謂四天王等，及色界眼。天趣之眼，故名天眼。二、佛菩薩報得眼根，淨人眼故，亦名天眼。三者，四種靜慮所生眼根，亦名天眼，此即脩得。觀諸法門，名爲法眼。了達空相，名爲慧眼。即此四眼，在佛身者，轉名佛眼。五中，肉眼以色爲體。天眼一種通色及心，見現在色即是眼根，知未來者唯是心故。法、慧二眼，用慧爲體。佛眼即用四眼爲體。或可是慧，觀如來藏是慧用故。此五眼義，廣如別章。

言五通者，讚第四德。於六通中，唯除漏盡，菩薩未斷煩惱盡故。於所緣中無擁滯故，名之爲通。《大婆沙》云：於自所緣，無倒了達，妙用無礙，故名爲通。一、神境智證通。謂等持，由此能爲神變事故。諸神變事，說名爲境。二、天眼智證通。殊勝名天。此眼殊勝，故名爲天。色界大造淨色眼攝，遠見無礙，故名天眼。三、天耳智證通。天義同前。色界大造淨色耳攝，遠聞無礙，故名天耳。四、佗心智證通。知佗心故，名佗心智。諸瑜伽師，意樂加行，欲知佗心，非佗心所，是故但三[一七]佗心智名。以心爲先，亦知心所。

五、宿住隨念智證通。諸過去生有漏五蘊，名爲宿住。隨念勢力而能知彼，故名隨念。謂此聚中，雖有多法，而念力增，故説隨念。六、漏盡智證通。漏謂煩惱，盡即滅盡。煩惱滅盡，故名漏盡，或可漏盡身中起故，名漏盡通，或可緣漏盡故，名漏盡通。若出體者，薩婆多宗。六通皆以智慧爲體，如《婆沙》等，今依大乘。六通皆以定慧及相應法爲體，如《顯揚》等。若廣分別，具如別章。

言三達者，讚第五德，即是三明。達解無礙，故説爲明。故《大婆沙》一百二云：通達解了，故説爲明。一、宿住隨念智證明，通達解了前際法故。二、死生智證明，通達解了後際法故。三、漏盡智證明，通達解了涅槃性故。皆説爲明。若出體者，薩婆多宗以慧爲體。於六通中，宿住、天眼、漏盡爲性，如次對治前、後、中際三種愚故。《俱舍》云：三明不增不減。真假分別，漏盡一明通假及真。餘二是假，唯有漏故。有無漏智，皆名漏盡，俱在漏盡身中生故。真名無漏，假名有漏。勝劣相形，故説真假。

第四，學無學分別，唯在無學，學有闇故。依《婆沙》立三之意，稍異《俱舍》。如《婆沙》一百二云。今依大乘《佛地論》，同《俱舍》。故《佛地》云：無學利根所得三通，除染不染三際愚故，故説三明。有義，明者心慧爲性。慧能除闇，故説爲明。有説：無礙善根爲性，翻無明故。解云：大乘皆通無漏，於理無違，許後得智是無漏故。

問：通之與明，有何等異？

答：《智度論》第二卷云，真知過去宿命事，是名通。知過去因緣行業，是名明。真知死此生彼，是名天眼通。知諸行因緣，證會不失，是名明。真知盡結使，不知更生不生，是漏盡通。若知漏盡更不復生，是名明。此三明，大阿羅漢、大辟支佛所得，故知通明勝劣差別。

言十力者，讚第六德，自有兩釋。有説，十力唯佛非餘，謂處非處，乃至漏盡。有説，菩薩亦有十力，如《智度論》二十八云：佛有十力、四無所畏，菩薩有不？答，有。何者是？一、發一切智心堅深牢固力，二、大慈力，三、大悲力，四、具足精進力，五、具足禪定力，六、具足智慧力，七、不厭生死力，八、無生忍力，九、具足解脱力，十、具足無礙智力。其如彼説。或有經本：四無所畏。多分無有，故不可依。

言四無量者，釋第七德，所謂慈、悲、喜、捨。於此義中，兩門分別。一、釋名，二、出體。就釋名中，先通，後別。

四無量者，即是通名。依薩婆多，如《大婆沙》八十一説。彼云：問，何故名無量，無體是何義？答，如是四種，是諸賢聖廣遊戲處，故名無量。復次，如是四種，能緣無量有情爲境故，生無量福故，引無量果故，故名無量。廣説如彼。《俱舍》《正理》，同《大婆沙》第四復次，故不繁述。依大乘宗，如《顯揚》第四，以其三義，釋無量名，一廣，二大，三無量。廣者，於見所行作意故。大者，於聞所行作意故。無量者，於覺知所行作意故。如是三義，遍緣一方，乃至十方無邊器世間，及有情世間，故名無量。

言別名者，一慈，二悲，三喜，四捨。薩婆多宗，如《俱舍論》第二十九説，慈名與樂，悲名拔苦，喜名欣慰，捨名平等。依經部宗，如《成實論四無量品》，慈名與嗔相違善心，悲名與惱相違善心，喜名嫉妬相違善心。此三皆是慈心差別。能令此三平等，故名爲捨。具如彼説。今依大乘，如《顯揚》説：一、慈無量者，於無苦無樂衆生，欲施樂具。悲者，於有苦衆生，欲拔苦具。喜者，於有樂衆生，隨喜彼樂。捨者，謂捨俱心不染意樂。

言出體者，薩婆多宗，慈悲無量，自有

兩說。一云，俱以無嗔善根而爲體性。而差別者，慈對治斷命嗔，悲對治捶打嗔。一云，慈以無嗔善根而爲體性，悲以不害善根爲性，對治害故。喜無量性，亦有兩說。一云善根爲性，一云忻爲自性。捨有一釋，謂以無貪善根爲性。共者出體，四蘊、五蘊以爲體性，廣如《婆沙》八十一等。依經部宗，如《成實論》，四皆是慧。故《成實》云：是四無量，皆是慧性。今依大乘，《集論》《雜集》，四種皆以若定若慧及彼相應諸心、心法，以爲自性。《顯揚》第四，慈以無瞋善根爲體，悲以不害善根爲體，喜以不嫉善根爲體，捨以無貪無瞋善根爲體，皆是憐愍衆生法故。於此四中，慈唯無瞋。次二無量，無瞋一分。捨是無貪無瞋一分。又復與彼相應等持諸心心法，并彼眷屬，皆是四無量體。若廣分別，具如別章。

言四辨者，釋第八德。亦名四無礙解，謂法、義、詞、辨。於所詮法，於所詮義，諸方言詞，於正道理，一一法中，通達無滯，如次名爲法、義、詞、辨四種無礙。廣如《婆沙》《俱舍論》等。若依大乘，《瑜伽》四十五，於諸法中一切異門，一切異相，一切釋詞，一切品別，一一法中，盡所有性，如所有性，依脩所成，無所滯礙，無退轉智，如次名爲四種。《攝大乘論》無性釋曰，由法無礙，自在了知一切法句。由義無礙，自在通達一切義理。由詞無礙，自在分別一切言詞。由辨無礙，遍於十方，隨其所宜，自在辨說。廣如《雜集》第十四等。若出體性，薩婆多宗，四辨皆用慧爲自性，如《婆沙》等。今依大乘，通用定、慧及彼相應心心所法，以爲自性。如《雜集》等。

言四攝者，釋第九德。二門分別，一、釋名，二、辨業。

釋名有二，先總後別。言四攝者，即是

總名。以四種法，攝取衆生，故名四攝，別名有四。一、布施，二、愛語，三、利行，四、同利。依《成實論四法品》云，布施者，衣食等物，攝取衆生。愛語者，隨意語言，取彼意故。利行者，爲佗求利，助他成事。同利者，如共一船，憂喜是同。《大品經》云：財、法二種，攝取衆生，名爲布施。以六波羅蜜爲衆生説，名爲愛語。教化衆生，令行六度，名爲利行。以神通力，種種變化，入五道中，與衆生同事，名爲同事。具説如彼。若廣分別，如《大般若》及《大智度論》七十一等。

第二，釋業者，如《莊嚴論》第八卷云：問，四攝業云何？偈曰，令器及令信，令行亦令解。如是作四事，次第四攝業。

釋曰：布施者，能令於法成器，由隨順於財，則堪受法故。愛語者，能令於法起信，由教法義，彼疑斷故。利行者，能令於法起行，由如法依行故。同利者，能令彼得解脱，由行淨長時得饒益故。廣如彼論。（或有本云説四弘願，諸衆生知苦、斷集、證滅、修道。多分無故，不可依也。）

言金剛滅定者，釋第十德。謂第十地末後一念能滅二障，故言滅定。而言金剛滅定，自有二義。一、能斷定，無物不破，猶如金剛，如《智度論》等勘。二、所滅煩惱堅固難斷，猶若金剛。此定能滅，故言金剛滅定。故唐本經名爲《能斷金剛》。又《十輪經》第二頌云：云何破相續，如金剛煩惱。

長行云：摧滅一切諸衆生類賢[18]如金剛相續煩惱。有説滅定者，即滅盡定。八地以上，及諸如來，皆得滅定。七地以下，或得未得，伏非想惑，不決定故。餘義同異，具如別章。

一切功德皆成就

釋曰：第四總結功德，應知。

復有千萬億五戒賢者

釋曰：自下，第四，明優婆塞衆，文別有四。一、標數辨類，二、辨行位，三、別讚德，四、總結德。此即初也。

言五戒賢者者，舉法標人。由持五戒，故言五戒賢者。故《婆沙》云：鄔波索迦有五學處，謂離殺生，離不與取，離欲邪行，離虚誑語，離飲諸酒。舊經多云優婆塞、優婆夷者，訛略也。若依《諸法最上王經》，云優婆塞迦、優婆斯迦。慈恩三藏所譯諸經皆云鄔波索迦、鄔波斯迦。此云近事男、近事女。故《順正理》三十七云：依何義説鄔婆塞迦？彼先歸佛法僧實[一九]，親近奉事所尊重師，便獲尸羅，故名近事。或能習近，如理所爲，壞惡事業，故名近事。或能親近事佛爲師，故名近事，分同諸佛，得淨尸羅善意樂故。又《大婆沙》一百二十三云：問，何故名鄔波索迦？答，親近脩事諸善法故。有[二〇]，親近承事諸善士故。有説，親近脩事精進行故。有説，近[二一]承事諸佛法故。具説如彼。然此五戒，初三護身業，次一護語業，後一通護身語二業。理實不通身業所攝，如《俱舍》等。今辨護用，是故通護二業，於理無違。此身、語業，一一皆用表及無表以爲自性。薩婆多宗，表即色、聲二處所收，無表皆是法處所攝，無見無對色意識境界故。經部，表業以思爲體，無表即是非色非心不相應行，如《成實論》。今依大乘宗，表即色、聲二處所攝，無表於能發業思種子上假立，無表色法處所攝。薩婆多宗，要具五戒。經部、大乘，一分二分，乃至具五。薩婆多宗，唯人趣攝。大乘、經部，通於鬼等。勘。

仁王經疏卷上本

## 校勘記

〔一九〕「其」，底本原校疑爲「具」。

〔二〇〕「隨」，《大乘廣百論釋論》（《大正藏》本）作「墮」。

〔二一〕「姓」，底本原校疑爲「性」。

〔四〕「方」，底本原校疑爲「萬」。
〔五〕「秦」，疑爲「泰」。
〔六〕「妙」，底本原校疑爲「依」。
〔七〕「教」，疑爲「救」。
〔八〕「身」，底本原校疑爲「義」。
〔九〕「也」，疑爲「地」。
〔一〇〕「銀」，底本原校疑爲「録」。
〔一一〕「方」，疑爲「有」。
〔一二〕「聞他」，疑爲「他聞」。
〔一三〕「故」，疑衍。
〔一四〕「脩」，《成唯識論》（《大正藏》本）作「趣」。
〔一五〕「若」，疑爲「苦」。
〔一六〕「除」，底本原校疑爲「際」。
〔一七〕「三」，疑爲「立」。
〔一八〕「賢」，底本原校疑爲「堅」。
〔一九〕「實」，底本原校疑爲「寶」。
〔二〇〕「有」，疑後脱「説」字。
〔二一〕「近」，底本原校疑前脱「親」字。

# 仁王經疏上卷末

西明寺沙門圓測撰

皆行阿羅漢十地

釋曰：第二，辨其行位。行阿羅漢，廣説如前。言十地者，諸説不同。一云，此中十解名爲十住，即説十住以爲十地。一云，此文依共十地説。如《智度論》，地有二種。一、不共，如極喜等地。二、共十地，謂乾慧等。合説三乘地，乃成十地，故名爲共。故《大品經》云：若菩薩具乾慧等十地，速證菩提。言十地者，乾慧地、性地、八人地、見地、薄地、離欲地、已作地、辟支佛地、菩薩地、佛地。廣説如彼。故《智度論》七十八〔二二〕云：乾慧地有二種，一者聲聞，二者菩薩。聲聞人獨爲涅槃故，勤精進，持戒，心清淨，堪任學道。或習觀佛三昧、不淨觀，或行慈悲、無常等觀，分別集諸善法。雖有智慧，不得禪定水，則不能得道，故名乾慧地。菩薩，則初發心，乃至未得順忍。

性地者，聲聞人，從煖法乃至世間第一法。於菩薩，得順忍，愛著諸法實相，亦不生邪見，得禪定水。

八人地者，從苦法忍，乃至道比忍，是十五心。於菩薩，則無生法忍，入菩薩位。

見地者，初得聖果，亦謂須陀洹果。於菩薩，則是阿鞞跋致地。

薄地者，或須陀洹、斯陀含，欲界九種煩惱分斷故。於菩薩，過阿鞞跋地，乃至未成佛，斷諸煩惱，餘習氣亦薄。

離欲地者，離欲界等貪欲諸煩惱，是名阿那含。於菩薩，離欲因緣故，得五神通。

已作地者，聲聞人得盡智、無生智，無著阿羅漢。於菩薩，成就佛地。

辟支佛地者，先世種辟支佛道因，今世得少因緣，初出家，亦觀深因緣法成道，名辟支佛。

菩薩地者，從乾慧地，乃至離欲地，如上說。復次，菩薩地，從歡喜地乃至法雲地，皆名菩薩地。有人言，從一發心來，乃至金剛三昧，名菩薩地。

佛地者，一切種智等諸佛法，菩薩於自地[三]行具足，於佗地中觀具足。二事具足，故名具足。

按此經文，有其三難。一、於已辦地，亦得成佛，如何經說具足十地速證菩提？二、菩薩不行辟支佛行，如何經說具足辟支佛地？三、已得佛地，更不重得，如何經說具足佛地，乃至得菩提？

解云：據實，已辦地早得成佛。經意欲釋具足十地，故總相說，而不別釋。通第一難，龍樹菩薩自作兩釋。一云，菩薩於自地中行具足，於他地觀具足。二事具足，故名具足。謂於二乘地，觀知二乘地法，而不行二乘地。於菩薩地，具足行菩薩地行，故言具足十地。一云，菩薩能分別知衆生，可以辟支佛因緣度者，是故菩薩以智慧行辟支佛事。如《首楞嚴經》中，文殊師利七十二億返作辟支佛。菩薩亦如是。通第三難，滿足九地，修習佛法十力四無所畏等雖未具足，以修習佛道，故名具足。以是故言，十地具足故，得無上道。具説如彼。

今解：於上共與不共十地門中，且説共十地。或可通説共與不共二種十地，於理無違，皆是阿羅漢所行地故。一云，依《證契經》，有四種十地。一、聲聞十地。謂住三皈行地、隨信行地、隨法行地、善凡夫地、學戒地、第八人地、須陀洹地、斯陀含地、阿那含地、阿羅漢地。二、獨覺十地。謂衆善資糧地、自覺深緣起地、四聖諦地、勝深利智地、八聖支道地、智法界空界衆生界地、證滅地、六通性地、入微妙地、習氣縛地。三、菩薩十地者，謂歡喜地、無垢地、明地、焰地、極難勝地、現前地、遠行地、不動地、善慧地、法雲地。四者，如來十地，廣説如後。今此經意，通所[三]三種。所以者何？今此賢者，依本性説，即聲聞故。回心向大，是菩薩故，究竟修習，必圓滿故。或如前説，度緣覺故。所四無失。

迴向五分法身具足

釋曰：第三，别讚功德。捨小乘行，回向大乘五分法身。亦言五者，一戒，二定，三慧，四解脱，五解脱知見。故《大婆沙》三十三云：無學身語律儀，及以正命，名爲戒蘊。無學空、無相、無願、三三摩地，名爲定蘊。無學正見智，名爲慧蘊。無學盡、無生正見相應勝解，名爲解脱蘊。是有爲解脱，於境自在，立解脱名，非謂擇滅無爲解脱。

無學盡智、無生智，名解脱知見蘊。

問：何故此二智名解脱知見蘊？

答：解脱身中，獨有此故，最能審決解脱事故。

問：無學慧蘊，與解脱知見蘊，有何差别？

答：無學苦集智，是名慧蘊。無學滅道智，是解脱知見蘊。復次，無學苦集滅智，是名慧蘊。無學道智，是解脱知見蘊。復次，無學若〔四〕集道智，是名慧蘊。無學滅智，是解脱知見蘊。具釋如彼。今依大乘，《佛地》第四，自在〔五〕三釋。故彼《論》云：無漏淨戒名爲戒蘊，無漏定慧名定慧蘊，無學勝解名解脱蘊，無學正見名解脱知見蘊。前三是因，後二是果。前三有學位法，後二無學位法。有説，一切皆是無學位法。緣解脱慧名解脱知見，餘慧名慧。五種皆是無學位法。緣滅諦智名解脱知見，緣餘三諦等智名爲慧蘊。有説，一切通學無學。學位分得，無學圓滿。諸佛菩薩皆具五種。薩婆多宗，總相分别，色、心所二法爲體。若别説者，定、慧、勝解、無表色，四法爲體。漏無漏中，唯是無漏。學無學中，唯在無學。今依大乘，同薩婆多。而差别者，有學位中，亦具五種。

無量功德皆成就

釋曰：第四，總結功德，應知。

復有十千五戒淨信女

釋曰：第五優婆夷衆，文别有四。一、標數辨類，二、略辨行位，三、别讚功德，四、總結功德。此即初也。

淨信女者，是優婆夷。依正梵音，鄔波斯迦。此云近事女。廣釋如前。

皆行阿羅漢十地

釋曰：第二，略欲行位，准上應知。

皆成就至終生功德

釋曰：第三，别讚功德。依《本記》云，

十住位中，一一皆有初入分，次住分，後出分，爲言始、住、終生功德也。

三十生功德皆成就

釋曰：第四，總結。十地各有始、住、終生三種功德，故言三十生功德。有説：上二衆中十地者，即十解位。

復有十億七賢居士

釋曰：第六、七賢居士衆，於中有四。一、標數辨類，二、總標具德，三、别讃功德，四、總結功德。此即初也。

《本記》云：有七賢財，不被法眼，恒樂在家，故言七賢居士。《本業經》云：信、施、戒、聞、慧、慚、愧，名七賢財。今解：七賢在七方便，賢而非聖，無聖道故，故名七賢居士。言七方便者，一、五停心觀，二、别相念處，三、總相念處，四、煖，五、頂，六、忍，七、世第一法。義如别章。

德行具足

釋曰：第二，總標，具足下所説。

二十二品至得九十忍

釋曰：第三，别讃功德，總有九門。一、道品門，二、十遍處，三、八勝處，四、八解脱，五者、三慧，六、十六諦，七、四諦觀，八、四行觀，九者、十忍。

言二十二品者，《本記》云：聖登地已上，至於佛果，有十一地，各有定、慧，合有二十二品也。今解：不爾。七方便位，於道品中，但得四念處、四正勤、四如意足、五根、五力，二十二品，而未能得七種覺分、八支聖道，故言二十二品。

問：既未得聖，如何説有得八解脱？

解云：八中得七，故總説言得八解脱。

問：若爾，菩薩德中應得五眼。據實，未得滅盡解脱。

解云：彼就實義，此即從多。各據一義，故不相違。廣説道品，義如别章。

言十一切入者，第二遍處德。所謂青、黄、赤、白、地、水、火、風、空無邊處、識無邊處。薩婆多宗，如《大婆沙》，前八遍處，無貪爲性，對治貪故。兼所相應隨轉，即欲界者四蘊爲性，若色界者五蘊爲性。後二遍處，俱以四蘊爲性。依經部宗，定慧爲體，如《成實論》。今依大乘，如《雜集論》，定慧爲性。解云：相應隨轉，同《大婆沙》，理亦無違。

問：何故名遍處？《毗婆沙》云由二緣故。一、由無間，謂純青等勝解作意不相間雜故。二、由廣大，謂緣青等勝解作意境相無邊，故名廣大。大德説曰，所緣寬廣，無有間隙，故名遍處。《雜集論》曰：其量廣大，周普無邊，故名遍處。具如別章。

言八除入者，三八勝處德。所言八者，一、内有色想，觀外色少；二、内有色想，觀外色多；三、内無色想，觀外色少；四、内無色想，觀外色多；内無色想，觀外諸色，青、黄、赤、白，復爲四種。諸宗出體，同前遍處。

問：何故名勝處？

答：如《婆沙》，勝所緣境，故名勝處。復次，勝諸煩惱，故名勝處。雖觀行者非一切能勝[六]所緣境，而於所緣不起煩惱，亦名爲勝。如契經説，於此處勝，故名勝處。《雜集》亦爾，勝所緣故，名爲勝處。此八勝處，皆是色界。前四勝處，初二靜慮，未至中間。後四勝處，在第四定。乃至所緣者，皆緣欲界一切色處。若爾，經説當云何通？尊者無滅在室羅筏住一精舍。爾時，有四悦意天女，來至尊者座前而立，白言，我等於四色處，轉變自在，隨所愛色，皆能化作。乃至彼云，尊者無滅，入初靜慮，乃至第四，亦不能起不淨想。答，尊者無滅雖不能勝，舍利子等皆能勝之。問，緣佛身起不淨觀不？如是廣説，如《大婆沙》八十五卷，具如別章。

言八解脱者，第四解脱德。一、内有色

觀諸色，二、内無色觀外色，三、淨解脱具足住，四、入空無邊處，五、入無邊識處，六、入無所有處，七、入非想非非想處，八、入想受滅解脱。具説如彼，略所〔七〕如上。然此八種，諸説不同。薩婆多宗，如《婆沙》説：初三，無貪，對治貪故，兼所相應隨轉，若欲界者四藴爲性，若色界者即具五藴。四無色處解脱，四藴爲性。第八解脱，是不相應行藴所攝。依經部宗，自在〔八〕兩説，一云皆用智慧爲體，一云前七是慧，第八解脱，有餘、無餘二種涅槃以爲自性。今依大乘，前三，四藴、五藴以爲自性。次四，四藴，第八解脱，非色非心不相應行以爲自性。

問：何故名解脱？

答：如《婆沙》，棄背是解脱義。初二解脱，棄背色貪心。第三解脱，棄背不淨觀心。四無色解脱，棄背下地心。想受滅解脱，棄背一切有所緣心。

問：解脱、勝處、遍處，有何差別？

答：能有棄背，名解脱。能勝伏境，名勝處。能廣所緣，名遍處。廣如《婆沙》八十四、五。

言三慧者，第五，三慧德，三門分別。一、釋名，二、出體，三、約界。

就釋名中，初總，後別。言三慧者，即是總名。三是標數，慧即簡擇。別名有三。一、聞所成慧，二、思所成慧，三、修所成慧。依聞至教所生勝慧，名聞所成。依思正理所生勝慧，名思所成。依修等持所生勝慧，名修所成慧。如《俱舍》等。又解：聞謂聽聞，即是耳識，從聞所生解文義慧，名聞所成。思謂思慮，即是思數，從思所生解法相慧，名思所成。修謂修習，即是勝定，從修所生解理事慧，名修所成。如《瑜伽釋》。

言出體者，薩婆多宗，自性唯慧。故《大婆沙》四十二云：聞思二慧，唯世俗智。修所成慧，通十智性。若並眷屬，通心所等。經部大同。若依大乘，《瑜伽》《釋論》，慧及相應心、心所等，以爲體性。亦同薩婆多宗。

言約界者，薩婆多宗，思慧唯欲界，聞慧通欲、色，修通色、無色，如《婆沙》等。依經部宗，欲色具三慧，無色唯修慧，如《成實論》。今依大乘，《瑜伽》等論，同薩婆多。依《智度論》，欲界亦許有電光定。准同經部，義亦無違。

問：此三慧，如來獨覺及以聲聞，各有幾種？

答：佛具三種，而修慧勝，以自然覺及具力無畏等修功德故。獨覺亦具三，而思慧勝，以自思惟覺而無力無畏等修功德故。聲聞亦具三，而聞慧勝，以從聞他音入聖道故。

言十六諦者，第六，十六諦觀門德，如上已說。



言四諦者，第七，四諦觀門德，亦如上說。

言四三二一品觀者，第八，四行觀門德。謂中忍位觀察上下八諦理中，自有兩門。一者，七周減緣門。二者，三周減行門。言七周減緣門者，最初具緣上下八諦，即屬下忍。次，觀行者始觀察欲界苦等四諦，乃至觀上二界苦、集、滅三諦，而不觀道，即此第一減一所緣。如是更從欲界三諦，乃至上界滅諦，除欲界道，此即第二減二所緣。如是乃至除上界苦，爲第七減緣。如是七周，減所緣諦。於苦諦下，有其四行，謂苦、空、無常、無我。最初具觀。次，四行中，漸次除行，唯留一行。如是名爲三周減[九]行。於一行中，增上忍、世第一法、苦忍、苦智，皆一刹那，同依一地，同依一行，各一刹那。今依忍位，三周減行，依一行觀，故言四三二一品觀也。故《順正理》六十云：忍下中上，如何分別？且下品忍具八類心，謂瑜伽師以四行相觀欲界苦，名一類心。如是次第，觀色無色苦集滅道諦，亦如是觀，成八類心，名下品忍。中品滅略行相所緣，謂瑜伽師以四行相觀欲界苦，乃至具足，以四行相觀欲界道，於上界道滅一行相，從此名曰中品忍初。如是次第，漸滅略行相所緣，乃至極少，唯以二心觀欲界苦，如苦法忍、苦法智位，齊此名爲中品忍滿。上忍唯觀欲界苦諦，修一行相唯一刹那，此善根起不相續故。上忍無間生世第一法。如上品忍緣欲苦諦，修一行相唯一刹那。

言得九十忍者，第九德。上來已釋小乘觀門，今向大乘，便成九十。謂初入十信，皆有九品，故言九十忍。又解：學十解已上三十心，皆有入、住、出三位，故成九十忍。又解：極喜等十地各有始、住、終三，三中一一各有三品，故言九十。一云，四三二一，總攝爲二，初四三二一，合說爲九。更加一數，即成十數。故言九十。淨公說。一云，四三二一，總計爲十，皆有九品，故言九十。一云，諦觀二十，謂十六諦及四諦。品觀有十，謂四三二一。總計合成三十，皆有三品，故言九十。

一切功德皆成就

釋曰：第四，總結功德，應知。

復有萬萬億十八梵至喜樂天

釋曰：第七，色界天衆，文別有三。初，標數辨德。次，別讚德。後，總結德。此即初也。然此經文，三本不同。一本如前。自有一本，除十八梵天四字。自有一本，除十八梵天，更加梵字，謂三梵五喜樂天。雖有三本，且依初本。是故《本記》先舉總數，故言復有萬萬億十八梵天。三靜慮各有三天，第四靜慮有其九天，都合十八。

故《瑜伽論》第四卷云：色界有十八處，謂梵衆、梵輔、大梵、小光、無量光、極光淨、小淨、無量淨、遍淨、無雲、福生、廣果。

無想天即廣果攝，無別處所。復有諸聖五淨居宮，謂無繁〔一〇〕、無熱、善現、善見及色究竟。復有超過五淨宮地大自在住處，十地菩薩得生其中。

然彼諸天，如《順正理》二十一釋。彼云：廣善所生，故名爲梵。此梵即大，故名大梵。由彼獲得中間定故，最初生故，最後殁故，威德等勝，故名爲大。大梵所有所化所領，故名梵衆。於大梵前行列侍衛，故名梵輔。自地天内光明最少，故名少光。光明轉勝，量難測故，名無量光。淨光遍照自地處故，名極光淨。意地受樂，説名爲淨。於自地中，此淨最劣，故名小淨。此淨轉增，量難測故，名無量淨。此淨周普，故名遍淨，意顯更無樂能過此。以下空中天所居地如雲密合，故説名雲。此上諸天更無雲地，在無雲首，故説無雲。更有異生勝福方所可往生故，説名福生。居在方所異生果中，此最殊勝，故名廣果。離欲諸聖以聖道水濯煩惱垢，故名爲淨。淨身所止，故名淨居。或住於此，窮生死邊，如還債盡，故名爲淨。淨者所住，故名淨居。或此天中無異生雜，純聖所止，故名淨居。繁謂繁雜，或謂繁廣。無繁雜中此最初故，繁廣天中此最劣故，説名無繁。或名無求，不求趣入無色界故。已善伏除雜修靜慮上中品障，意樂調柔，離諸熱惱，故名無熱。或令下生煩惱名熱。此初遠離，得無熱名。或復熱者，熾盛爲義。謂上品雜脩靜慮及果此猶未證，故名無熱。已得上品雜脩靜慮，果德易彰，故名善現。雜脩定障，餘品至微，見極清徹，故名善見。更無有處，於有色中能過於此，名色究竟。或此已倒〔一一〕衆苦所依身最後邊，名色究竟。有言，色者是積集色，至彼後邊，名色究竟。薩婆多宗不立大自在天，故不釋也。

解名已訖，今當釋文。言九梵者，第四

靜慮，九種天也。此即從上向下，次第別釋。言三淨者，第三靜慮，三種天也。言三光者，第二靜慮，三種天也。言三梵、五喜樂天者，三梵是初定三天。別本經云三梵天也。五喜樂者，支五具足，故名爲五。言喜樂者，簡別也。第二靜慮有喜無樂，第三靜慮有樂無喜。初定天中五支具足，雙有喜樂，故名五喜樂天也。然此喜樂，自有二義。一者，眼、耳、身識相應，名之爲樂。意識相應，名之爲喜。二者，意識相應喜受，有其二用。一、令悦身，名之爲樂。二、令悦心，名之爲喜。如《顯揚》説。

天定、功德定味、常樂神通

釋曰：第二，別讚功德。言天定者，報得功德。功德定者，修生功德。言味者，謂貪味定。相從而説，非正功德。一云屬上，謂功德定味，謂受功德定味。言常樂神通者，四種靜慮皆有五通，或可六通。

十八生處功德皆成就

釋曰：第三，總結功德，應知。

復有億億六欲諸天子

釋曰：第八，六欲天衆，文別有二。初，標數辨類。後，別讚功德。此即初也。

六欲天者，如《順正理》三十一云，四大王衆天，謂彼有四大王及所領衆。或彼天衆事四大王，是四大王之所領故。二、三十三天。謂彼天處是三十三部諸天所居。三、夜摩天。謂彼天處時時多分稱快樂哉。《瑜伽》云時分天，即與此同。四、覩史多天。彼天處多於自所受生喜足心。五、樂化天。謂彼天處樂數化欲境，於中受樂。六、他化自在天。謂彼天處於佗所化欲境，自在受樂。《智度論》云，自化五塵，而自娛樂，故言化自樂天。奪佗所化而娛樂故，言佗化自在天。前四天，列名不釋。

十善果報至皆成就

釋曰：第二，別讚功德，謂勝處故。十善所感，通有二種，所謂報得及修得也。今謂神通，是其報得，欲界諸天不修定故。或可通二，義亦無傷。

復有十六至十萬眷屬

釋曰：第九，明十六王衆，於中有二。初，標數辨類。後，別讚功德。此即標也。

五戒十善至信行具足

釋曰：第二，別讚功德，德有三種。一、五戒德，二、十善德，三、三歸德。後信行具足者，總結具德。

復有五道一切衆生

釋曰：第十，辨五道衆，亦名雜類衆。

問：地獄來不？若來者，《瑜伽》等説如何會釋？彼説地獄一向純苦，傍生鬼界一分亦爾。若不來者，如何此經有五道衆？

答：有兩釋。一云不來，《瑜伽》等説純苦處故。而此經云五道衆者，從多分説。一云亦來，此經説有五道衆故，《陀羅尼經》中有地獄衆故。《瑜伽》等云一向苦者，從多分説，據自力説。《大品》云：佛光整照，苦得息故。

復有佗方不可量衆

釋曰：第十一，佗方衆。

問：佗方衆中，唯是菩薩得神足者，亦兼餘衆未得通者？

答：准《大品經》及《智度論》，通七部衆，并童男童女未得通者。

問：若爾，如何能至？

答：准《智度論》，有神足者，自力能來。神足力薄，及無通者，彼國佛力，亦是相隨大菩薩力，亦是釋迦光明之力。一力尚來，何況三力？如轉輪聖王飛上天時，四兵宫觀，乃至畜獸，一切皆飛。轉輪聖王功力大故，能令一切隨而飛從。此亦如是，雖無自力，他力得來，故無有失。廣如《智論》第十三説。

復有變十方至須彌寶華

釋曰：第十二，明變化衆，文別有二。初，明單化。後，華上皆有下，明其重化。前中有二。一、明所依，二、明能依衆。此明所依，有其三種，一者化土，二者化虚，三者化華。梵云須彌寶華，此云玅高華。

各各座前華上至坐寶蓮華

釋曰：第二，明能依衆，有其四種。一、無量佛，二、無量菩薩，三、無量比丘，四、無量八部衆。然八部衆，略有三種。一、天龍等八部，如諸經説。二者，相傳説言，四天王各領二部。勘説處。又八部者，如《長阿含經》第三卷説：世有八部衆，一、刹利衆，二、婆羅門衆，三、居士衆，四、沙門衆，五、四天王衆，六、忉利天衆，七、魔衆，八、梵衆。《瑜伽釋》云：八衆會來。所謂八衆，大同《阿含》及《智度論》等。

問：人及天各説四衆，有何所以？

答：如《瑜伽》第十五説，七因緣故，建立八衆。故彼《論》云：四因緣故，於人趣中，建立四衆。三因緣故，於天趣中，建立四衆。最增上故，世間共許爲福田故，受用資財不由他故，棄捨一切世資財故，由此四緣，於人趣中建立四衆。依地邊際故，欲界邊際故，諸行邊際故，由此三緣，於天趣中建立四衆。若依《智度論》第十，别釋所以，恐繁不述。

華上皆有至如今無異

釋曰：自下，第二，明其重化，文有兩節。初，明衆集。後，明衆説經。此即初也。

一一國土至波羅蜜

釋曰：第二，明衆説經。

佗方大衆至皆來集會

釋曰：第五，教所被機，文别有二。初，別敘讚德。後，佗方下，總結集會。上來敘衆已訖。自下，第二，總結集會，文别有三。

初，明十二大衆集會。次，明坐處分齊。後，明坐儀。此即初也。

坐九劫蓮花至僉然而坐

釋曰：第二，座處分齊。第三，座儀。如經可知。

爾時十方至釋迦牟尼佛

釋曰：自下，第二，明發起序，文別有五。一、如來現瑞，二、大衆生疑，三、覺悟如來，四、佛昇華座，五、大衆歡喜。

就現瑞中，文別有五。一、讚如來德，二、現瑞時節，三、正住十地，四、入大寂室，五、思緣現瑞。此即初也。

言爾時者，釋迦如來坐十地時。言十號等者，人所成德。德有四種。一、十號德，二、三明德，三、斷德，四、智德。然此通號，諸教不同。若依《本業瓔珞》第二，世尊不入十號之數。彼云：諸佛道同，果法不異。所謂十號，一、如來，二、應供，三、正遍知，四、明行足，五、善逝，六、世間解，七、無上士，八、調御丈夫，九、天人師，十、佛陀。若依《涅槃梵行品》，十號之外，別説婆伽婆。十號即同《瓔珞》所説。若依《瑜伽》第三十八、《成實論十號品》，世尊即是第十名號。無上士、調御丈夫，合爲一數，以爲第七。天人師第八，佛爲第九，世尊第十，餘六同前。故今且依《瑜伽》所説。

故彼《論》云：又諸如來，略有十種功德名號隨念功德。何等爲十？謂薄伽梵，號爲如來、應、正等覺、明行圓滿、善逝、世間解、無上丈夫、調御師、天人師、佛。薄伽梵，言無虛妄，故名如來。已得一切所應得義，應依(三)世間無上福田，應爲一切恭敬供養，是故名應。如其勝義，覺諸法故，名正等覺。明謂三明。行如經説。止觀二品，極善圓滿，是故説名明行圓滿。上昇最極，永不退還，故名善逝。善知世界及有情界一切品類染淨相故，名世間解。唯一丈夫，善知最勝調心方便，是故説名無上丈夫調御師。爲實眼故，爲實智故，爲實義故，爲實法故，與顯了義爲開導故，與一切義爲所依故，與不了義爲能了故，與所生疑爲能斷故，與甚深處爲能顯故，令明淨故，與一切法爲根本故，爲開導故，爲所依故，能正教誡教授天人，令其出離一切衆苦，是故説佛名天人師。於能引攝義利法聚，於能引攝非義利、非非義利法聚，於能引攝非義利非不義利法聚，遍一切種，現前等覺，故名爲佛。能破諸魔大力軍衆，具多功德，名薄伽梵。

若廣分別，如《瑜伽》八十三、《涅槃經》第十八卷《梵行品》、《成實論·十號品》、《大智度論》第二卷。具辨同異，義如別章。

言三明者，所謂宿命、生死、漏盡。義如上説。言大滅諦金剛智者，智、斷二德門。斷謂涅槃，真如爲性。智即菩提，四智爲性。

言釋迦牟尼佛者，德所成人。釋迦是姓，牟尼是名。然如來種姓不同，種謂刹帝利、婆羅門，姓謂喬答摩、迦葉波等，如《順正理》七十五等。今言釋迦，此云能仁。如《長阿含經》説：昔者，梵摩皷王四子有過，從向雪山直樹林下，令自在[一三]活。四子至彼，能自存活。王歎四子是直[一四]釋子，能自存立。因此姓釋。佛第四祖已來，始姓釋也。又解：釋是樹名。四子治化在釋樹下，從樹立名，故名爲釋。是故本姓名瞿曇，今改本性，名釋迦也。

言瞿曇者，訛也。正音名喬答摩，此翻甘蔗種，或云日天種，或云月天種，或云牛糞種。此是劫初有旃陀羅王等殺諸釋種，並皆都盡。時在[一五]仙人在深山中脩得天眼。見誅釋種被誅欲盡，意欲留釋種，遂藏得一釋子，擬紹王位。時彼旃陀羅王遣瞻天文者瞻之，知有釋種不盡。入山伺求仙人不在，提童子將去，以日炙治。臨命終時，仙人既見不可教免，遂於空中爲其説法。化作美女令生世心，遂有身分，遣之在地。仙人取置牛糞中，著甘蔗園内。滿足數月，於牛糞内有雙童子化生，因續釋種。今現釋種，並從此生。若好心嘆者，言是日天種，或云甘蔗種。若惡心毁者，言是泥土種，或云牛糞種。

　言牟尼者，即是名也，此云寂嘿。故《婆沙論》一百一十七云：三寂嘿者，謂身語意寂嘿也。乃至云：無學身中，煩惱意究竟滅，寂嘿圓滿，故名寂嘿。具説如彼，廣如《俱舍》。

初年月八日

　釋曰：第二，現瑞時節。如來成道已後第三十年初正月八日，我[一六]即説時，有云，真諦三藏意，如來在世四十五年，説三乘法輪。一轉轉法輪，説小乘教。然轉有顯密，密則始從得道夜至涅槃夜，但具轉三法輪。顯即從初成道七年，但轉轉法輪。次七年，後三十一年中，兼轉照法輪。從三十八年後，於七年中，轉持法輪。從初照至于轉持來，合有三十一年。前二十九年，已説餘《般若》。今至三十年初月八日，方説《仁王般若》，故云初年月八日。故今《本記》云：言初年月八日者，即正月八日。如來成道七年説《般若》，案此經文，已二十九年。至此時，應是成道後三十六年。此《本記》意，義如上説。

方坐十地

　釋曰：第三，正住十地。方者，正也。謂諸如來欲現瑞相，正住十地。然此十地，自在[一七]兩釋。一云，極喜等菩薩十地。一云，《大乘同性經》所説四種十地中如來十地。如上所引《證契經》者，與《同性經》同本異譯。前三十地，文意大同，故不别敘。如來十地者，《同性經》云：一名甚深難知廣明智德地，《證契經》云毗富羅光明智作地。除一切微細習氣，於一切法，得自在故。二名清淨身分威嚴不思議明德地，轉正法輪，顯甚深義。三名善明因[一八]幢寶相[一九]《證契經》云寶熾海藏地。說聲聞戒，顯三乘故。四名精妙金光功德神通智德地，說八萬四千法門，降伏四魔故。五名火輪威藏明德地，摧諸異論及其邪法，調伏一切行惡道者。《證契經》云光明味場。六名虛空内清淨無垢炎光開相地，《證契經》云空中勝淨無垢持炬間[二〇]數作地。示六神通，現六大神通故。謂現無邊清淨佛刹功德莊嚴，顯現無邊菩薩大衆圍遶，顯現無邊廣大佛刹，顯現無邊佛刹自體，顯現無邊諸佛刹中，從兜率天下，託胎，乃至法滅，示現無邊種種神通。七名廣勝法界藏明界地，《證契經》云光明起作。爲諸菩薩如實開顯七菩提法，自性無有，無所著故。八者，最勝普覺智海藏能淨無垢遍無礙智通地，《證契經》云最勝妙淨佛智藏光明遍照清淨諸障智遍地也。授一切菩薩阿耨多羅三藐三菩提四種記故。《首楞嚴經》說：一、未發心記，二、遍發心記，三、密受記，四、已得無生忍記。《寶雲經》亦同此說也。九名無邊億莊嚴迴向能照明地，《證契經》云無邊莊嚴俱那願毗盧遮那光作地也。爲諸菩薩，現善方便。十名毗盧遮那智海藏地，《證契經》云智海信盧遮那。爲諸菩薩，說一切法無所有故，本來寂滅，大般涅槃。

雖有兩說，《本記》意存菩薩十地。故彼《記》云：今言十地，通入十地法門。若只入第十地，下九地則不解。化身故有出入，應身即常在定，法身非定非不定。

入大寂室三昧

釋曰：第四，入大寂室。言三昧者，訛[二一]者訛略。依正梵音，名三摩地。此云等持。離於沈掉，故名爲等。持心令住一境性，故名之爲持。此通定散，即別境中定數爲體。而言大寂室三昧，自有兩釋。一云，真如空性，止觀所依，名大寂室。從境得名，故名大寂室三昧，依主釋也。一云，定極寂靜，智慧所依，名大寂室三昧，即持業釋也。此上二種，現瑞勝緣。

然釋此定，差別有三。一名三摩地，如前所説。二名三摩鉢底，此云等至。等義如前。至謂至極。謂彼寂靜至極處故。三名三摩呬多地，此云等引。等義如前説，引有三義。一、平等能引，二、或引平等，三、或是平等所引發故。然此三定，各有寬狹。三摩地名，自心數中等持一法，通攝一切有心位中心一境性，通定散位。三摩鉢底，通目一切有心無心諸定位中所有定體。等引地名，通目一切有心無心定位功德。

思緣放大光明照三界衆生或有本云：照三界中。

釋曰：第五，思緣現瑞，文別有五。一、思緣放大光，二、頂上出華，三、諸天雨華，四、佛華自生，五、大地六動。此即初也。謂今世尊思緣放光，照三界中。又解：思緣屬上段也。

問：二界有色，應是所照。無色界中，都無有色。如何説言照於三界？

答：諸宗不同。薩婆多宗，及經部等，唯有四藴，故無能照及所照法。摩訶僧祇部，具十八界，故有所照及能照法。今依大乘，《中陰經》説：如來至無色界，無色衆生禮拜世尊。又《本業經》云：如來説法會中，無色諸天來入會中。故知無色具能所照。又下《經》云：寶華上于非想非非想天時，無色界雨無量香華，如雲而下。若依《瑜伽》，無色界中，唯有法處定所生色。解云：依《瑜伽》者，依如是説。如上所引諸經皆依法處説。更會勘。

復於頂上至諸佛國土

釋曰：第二，頂上出華，文別有三。一、明頂上出現，二、明華至非想，三、明至諸佛國土。

問：上明放光，後明出華，此有何意？

依《本記》云，放光意顯斷衆生愚，出華意顯修因得果，如華顯果。

時無色界至如雲而下

釋曰：第三，明諸天雨華，文别有三。初，明無色雨華。次，明色界華。後，明欲界華。此即初也。

十八梵天至異色華

釋曰：第三，明欲界華。

其佛至非非想天

釋曰：第四，自然生華，佛威力故。劫是層劫。

是時至六種震動

釋曰：第五，明六種震動，略有四義。一、明動相，二、顯動因，三、辨動境，四、釋動意。

言動相者，依舊《華嚴》第二，明起動等三六十八動相，謂動、遍動、等遍動，起、覺、震、吼、涌皆具三相，准動意應知。

相傳釋曰，摇颺不安爲動，自下昇高爲起，令生覺悟爲覺，隱隱有聲爲震，砰磕發聲爲吼，鱗隴凹凸爲涌。

若依《華嚴》第三十六《如來性起品》，具有二種六相。一、動起等六，同第二卷。二、東涌西没，西涌東没，南涌北没，北涌南没，邊涌中没，中涌邊没。

解云，此後六相，如《智度》第十卷説，何故有六動？答曰，起[二]動有上中下。下者二種，或東涌西没，或南涌北没，或邊涌中没。中者有四，或東、西、南、北，或東、西、邊、中，或南、北、邊、中。上者六種動。

若依新翻《華嚴》，與前不同。彼云：爾時，佛威力故，普遍一切華積藏土世[三]海六種震動，謂震、遍震、普遍震，動、遍動、普遍動，涌、遍涌、普遍涌，運、遍運、普遍運，吼、遍吼、普遍吼，擊、遍擊、普遍擊。解云，初漸動爲震，漸大動爲動，上下跳涌爲涌，隱隱出聲爲運，漸大出聲爲吼。互相鼓擊，其聲轉大爲擊。

《大般若》第一卷亦説二種六動。初六稍異。故彼云：現神通力，令此世界六種震動，謂動、極動、等極動，涌、極涌、等極涌，震、極震、等極震，擊、極擊、等極擊，吼、極吼、等極吼，爆、極爆、等極爆。如此六種，各有三相，准上應思。

若依《佛地論》第十二云，動、涌、覺、起、震、吼，各有三相。彼《論》釋云：六種動者，一動，二涌，三上去，四起，五下去，六吼。廣釋如彼。

言動因者，《長阿含》説動有八因緣。一、大水動時動，二、尊神試力時，三、如來入胎時，四、出胎時，五、成道時，六、轉法輪時，七、息教時，八、入涅槃時。《增一阿含》説八因者，一、閻浮提風輪從上向下，有地水火風從下向上，次第動；二、菩薩入胎；三、出胎；四、出家學道成正覺；五、入涅槃；六、神通比丘，心得自在；七、諸天命終，還生勝處；八、衆生命終福盡，相恥代[二四]等，而無轉法輪。

言動境者，依《法華經》，此有二義。一名少動。故彼《經》云：而此世界六種震動。二者，大動。文殊偈云：一切諸佛土，即時大震動。

依《大智度論》第十卷云，地動因緣，有少，有大。有動一閻浮提，有動四天下，有動小千國土，三千大千國土。少動以少因緣故。若福德人，若生若死，一國土地動，是爲少動。大動以大因緣故。如佛初生時，成佛時，將滅度時，三千大千世界皆爲震動，是時爲大動。具説如彼。

言動意者，自有兩説。

一、依《十地論》，動地治四種煩惱。一、信生天衆生，信現天報，震動天宫，便生厭捨，起求法心。二、造惡衆生，不識無常，縱心蕩識，令因動地捨惡從善。三、我慢衆生，或因呪力，能少動地。四、起慢高心，使依大動，知其已劣。

二、依《勝思惟梵天經論》，動意有七。一、令諸魔生驚怖故。二、令説法時大衆不起散亂心故。三、令放逸者生覺知故。四、令衆生念法相故。五、令衆生令〔二五〕觀説處故。六、令成就者得解脱故。七、令隨順問正義故。

爾時諸大衆至生疑

釋曰：第二，衆疑，文别有三。一、顯衆者疑，二、申衆疑相，三、問衆不決。此即初也。謂放光時，衆共生疑。

各相謂言至斯作何事

釋曰：第二，申衆疑相，文有三節。初，讚佛德。次，領前事。後，正申疑。

就讚德中，初，明成人之德。且辨四種。

一者，四無所畏。謂一切知無畏，二、漏盡無畏，三、盡苦道無畏，四、説障道無畏。此四無畏，《受持品》中依文當説。

二者，十八不共法，自有二種。一者，聲聞藏中十八不共法，謂十力、四無畏、三念處應貪不貪，嗔不嗔〔二六〕，常行捨心。及大悲，如《俱舍論》。今大乘十八不共法者，一、身無失，二、口無失，三、意無失，四、無異相，五、無不定心，六、無不知已捨，七、欲無減，八、精進無減，九、念無減，十、慧無減，十一、解脱無減，十二、解脱知見無減，十三、一切身業隨智慧行，十四、口業隨智慧行，十五、意業隨智慧行，十六、智慧知過去無礙，十七、知未來無礙，十八、知現在無礙。不與二乘共，名不共法。出體如諸論説，勘。

三者，五眼德。四眼如前，更加佛眼。佛眼用四眼爲體。在一佛身者，總名佛眼。

法身者，有其三種。一者，通名法身，總攝佛德。二者，五分法身，如上應知。三者，真如法身，用如爲體。言大覺世尊者，德所成人也，五蘊假者也。

言前已爲我等者，領前事也。謂前已爲我等大衆，初成道後二十九年，説四般若。

一《摩訶般若》，二《金剛》，三《天王問》，四者《光讚》。解云：《本記》云今准此經，應成五部。舊相傳云二種八部。一、此地流行八部者，一者《大品般若》，二者《小品般若》，三者《文殊般若》，四者《金剛般若》，五者《光讚般若》，六者《道行般若》，七者《勝天王般若》，八者《仁王般若》。二、依菩提留支《金剛仙論》等所說八部。一、十萬偈部，二、二萬五千偈部。上之二部，此方未有。三、一萬八千偈部，《大品》是。四、八千偈部，即《小品般若》。五、四千偈部，此方未有。六、二千五百偈部，即《天王問般若》。七、六百偈部，即《文殊問》。八、三百偈部，即《金剛般若》。若依真諦《金剛般若記》中所說八部般若，亦同留支。而差別者，第六部無[二七]云此方未有。今問日照三藏、于闐三藏，皆作此說，彼處未聞八部之名。今依《大般若》四處十六會，而不攝《仁王般若》。又慈恩三藏云西方不限八部。

問：依《大般若》十六會中，《摩訶般若》是第一會，《金剛般若》是第九會，《天王問》是第六會，《光讚》亦是第二會。如何此經不依彼十六會次第？

解云：此經理應依彼次第，亦應通說餘部。而翻譯者，隨其所聞，且說四部也。言四處者，一、王舍城鷲峯山，二、室羅筏誓多林給孤獨園，三者、在他化自在天宮末尼寶藏殿，四、在王舍城竹林園白鷺池側，說慧度也。言十六會者，其[二八]如別記。然今科十六會，有其三節。初之五會，從廣至略，皆說六度，文雖廣略，義無寬狹，是故龍猛菩薩依第二分造《智度論》。次有五會，遂[二九]難決釋。後有六會，如其次第，說其六廣。然十六會不攝此一部者，如來說教隨機異故。

今日如來至斯作何事

釋曰：第三，正申疑情。謂前放光等說

四《般若》，今後放光，斯作何事？理應具説雨華、動地。就初而説，且申放光。

時十六至名曰月光

釋曰：第三，問衆不決，文別有二。初，王問衆，以明衆不決。前中有三。初，辨住處。次，標別名。後，讚其德。言舍衛國主，舉國顯人。依《智度論》，國名憍薩羅國，主名波斯匿王。不知以何爲正。今言舍衛國。或言舍婆提城，或言舍羅婆悉帝夜城，並訛也。正言室羅婆悉底城，此譯云聞者城。《法鏡經》云聞物國。《十二遊經》云無物不有國。《善見律》云：舍衛者，是人名。昔人居住此城。往古有王，見此地好，故乞立爲國。以此人名，號舍衛國。一名多有國，諸國珍奇，皆皈此國。又西方典語名室羅筏，此云幼少不可害。由劫初有仙，兄弟二人，在此修道。弟云室羅，此云幼少。兄名阿羅筏。在此修道，因以名地，以地名國，以國名城，名室羅筏國，及室羅筏城。前譯訛略，故云舍衛，國名爲憍薩羅，城名舍衛城等。前翻譯者，以其城名，持爲國稱。言波斯匿王名曰月光者，標別名也。梵音波斯匿王，此云勝軍，在俗之稱。名曰月光者，《本記》云，國王姓月。聞法以後，更立光名。

德行十地至摩訶衍化

釋曰：第三，讚德。謂位登極喜等十地，行施等六度及念住等三十七法，如上已説。四不壞淨者，依薩婆多，信三寶及信戒不壞爲四。依《成實論》，信三寶及戒四，信爲體。今大乘宗，同《成實論》，義亦無違。行摩訶衍化者，梵音摩訶衍，此云大乘。行自利利佗兩行平等，故名摩訶衍化。

次第問至無能答者

釋曰：第二，明衆不決，文別有二[三〇]。初，問居士。次，問二乘。後，問菩薩。寶謂寶積，蓋謂月蓋，法謂法財，淨名即維摩詰，此等皆在家，故稱居士。有云，寶蓋者寶蓋長者，法者護法長者，淨名者維摩詰。有云，寶謂寶積長者，以蓋獻佛，故名寶蓋。法淨名者，是維摩詰。法者軌則，即所解之法。淨謂無垢。名即名稱，謂以居士廣解諸法，無煩惱垢，名聞十方也。須菩提者，此云空生或善吉及善現等。舍利弗者，梵云奢利局多羅，或云舍利弗多羅。舍利，母名。眼之青精，名舍利。又母眼似鸜鵒眼，以名焉。經中或言鶖鷺子者，一翻也。此明如來放光，意趣難知。故《智度論》第十一云：佛智慧力方便神通，舍利弗等大阿羅漢，大菩薩彌勒等尚不能知，何况凡夫？

爾時至有緣斯現

釋曰：第三，覺悟如來，文别有三。初，明此方設樂覺悟如來。次，佗方設樂。後，明共設樂覺悟如來。此即初也，文别有二。初，明三類設樂，謂一月光王，次十八梵天，後六欲諸天。二，聲動三千等者，顯聲勢力。如經可知。

彼佗身至入此大會

釋曰：自下，第二，明佗方設樂，文别有二。初，明來集。後，顯設樂。就來集中，文别有二。初，别釋四方。後，類釋六方。此釋四方，如經可知。

六方亦復如是

釋曰：第二，類釋六方。

作樂亦然

釋曰：第二，類釋作樂。

亦復共作至覺悟如來

釋曰：第三，共設音樂，覺悟如來。然覺悟如來，言通兩段。

佛即知時至如金剛山王

釋曰：第四，佛昇華座。謂知根熟，坐師子座。

大衆歡喜至大衆而住

釋曰：第五，大衆歡喜，現通而住。爲顯衆多及神通力，依空及地，仰待佛説。

問：何等衆生依空依地而住？

答：佗方依空，此方依地。或可實衆依地，化衆依空。或聖依空，凡衆依地。或可他力接凡亦在空。隨樂隨通，故分兩處。

## 觀空品第二

將釋此品，有其二義。一、釋品名，二、正釋文。

言觀空者，舊來諸説不同。無分別智内證生、法二空，能除二障，名《觀空品》。慈恩三藏汎論空者略四種。一者，説無爲空，是故《瑜伽菩薩地》説，有爲無爲名爲有，無我我所名爲無。二者，別空無我，謂有漏五蘊上無我我所，即説五蘊爲空，故《成唯識》云，別空非我，屬苦諦故。三者，通空爲[三]我，如世尊説，一切法皆空，空無我體，通一切法。四者，生、法二空所顯真如，説之爲空，此即空之性故，説名爲空。若依梵音，空有二義。一者，舜若，此翻爲空。四中第一，能顯無義。二，舜若多，此云空性，即是第四所顯真性。今《論》此中舜若多處，説舜若聲，非如舊説，空即是理。觀謂觀察，即鈍[三]觀智。空者空性，是所觀境。無分別智觀空真如，境智合説，名《觀空品》。

爾時佛告至國王因緣

釋曰：第二，依文正釋。自下五品，明正説分，總分爲三。初，有三品，正明内護。次，《護國品》辨其外護。後，《散華品》荷恩供養。或可《受持品》亦爲正宗，荷恩散華及受持故。雖有兩説，且依前釋。就内護中，復分爲二。初，略開二護。後，爾時大王下，問答廣釋。略中有四。一者、知王請意，二、略開二護，三、勸發三慧，四、歡喜供養。此即第一知王意也。

吾今先爲至十地行因緣

釋曰：第二，略開二護。一、護佛果因緣，二、護十地行因緣。此中佛果爲所護。以十地般若爲能護因緣，生佛果故。又十地菩薩爲所護。以地前般若爲能護因緣，能生十地菩薩行故。或可護行亦通十地，始從初地生第二地故，諸地展轉前生後故。

問：王諸[三三]護國，佛説二護，是不相違？

答：護國土力要依二護，是故如來先説二護。

諦聽諦聽至如法修行

釋曰：第三，勸發三慧。言諦聽者，發生聞慧，因聞生故。善恩[三四]念之者，發生思慧，因思生故。如法修行者，顯其修慧，因修禪定所生慧故。

時波斯至蓋諸大衆

釋曰：第四，歡喜供養。言大事因緣者，如《智度論》第九卷云：佛説般若，無央數衆生當續佛種，是爲大事因緣。又七十四云：須菩提白佛言，世尊，般若爲大事故起。龍樹釋云：能破衆生諸大煩惱，能與諸佛無上大法，名爲大事。言即散百億衆色華者，表能護行成，引生勝果。言變成百億寶帳蓋諸大衆者，表所護果滿，覆育群生。

爾時大王至十地行因緣

釋曰：第二，問答廣釋，於中有二，先問，後答。此即月光乘前起問。問有二意，一問護佛果因緣，二問護十地行因緣。

佛言菩薩化四生

釋曰：自下，第二，如來正説，文別有三。初，《觀空品》明自利行，答前問。次，《教化品》明利佗行，答第二問。後，《二諦品》明二護所依理。就答初問，文別有二。初，正釋觀空。後，佛説法時下，時衆得益。前中有二。初，正釋觀空。後，大王菩薩下，釋已總結。前中有二。初，標宗正釋。後，白佛言下，問答重釋。此即標宗正釋。

然釋此文，自有二説。若依《本記》，文別有三。一、所化之境，二、能化之智，三、是爲下，結成化體。

言菩薩化四生者，所化境也。四生有三義。一、形色四生，謂胎、卵、濕、化。二、小乘心神四生。一、一闡提，二、我見，三、怖畏生死聲聞，四、自利行緣覺。三大乘心神四生，謂樂三有，有二人。一、樂大乘闡提，二、執著我見，是大乘外道。不樂三有，有二人。一人即是二乘不樂生死不樂涅槃，一人即是菩薩。此三四生，即所化之境，故言菩薩化四生也。

言不觀色如至二諦者，自下，第二，能化之智，見諸法如如，同一無相，文別有三。一、約法，二、解釋，三、結成。

第一，約法，略舉五條。一、五陰，二、衆生，三、佛果，四、菩薩，五、真妄。五陰是生死假人所依，衆生我人是能依。四德佛果，是出世依處。解云：佛果四德，即是能化菩薩所依止處，是故經云菩薩化生，不論於佛。知見壽者、菩薩，是能依。就菩薩有三，一位，二人，三法。位者，即有三種。一、未知欲知，是十信名爲知。二、十解十行，名爲見。三、護知，即壽者，從十迴向至金剛。所言壽者，能護智慧壽命，使不斷失也。人者，文言菩薩。法者，文云六度等。舉人欲法也。五、真妄者，文言二諦如。生死爲俗，出世爲真也。

解釋有二。一總，二列〔三五〕。

總者，文言是故一切法性真實空。分爲五義。一者、立名。謂真實空、真如實際等。《大般若》十二名等。二、相。不定有無等。三、義。能知可知，更無別體。解云：本覺反照自體第九識，即《智度論》第一義悉檀。四、略分拆。道前不淨，道後淨，有垢無垢。五、廣分拆。謂十六空、十八空等。

別者，有五。一、文言不來不去，是生死空。二、文言無生無滅，是涅槃空。生死是來，涅槃是滅。無去即無來，所以是生死空。無生故無滅，所以涅槃空。三、文言同真際，道前如。四、文言等法性，道後如。實際無窮，法性無斷。無窮故無前，不斷故無後。五者、結，有三。一者、標無人、法二我。文言無二無別。無二是人無我，無別是法無我。我對我所，故成二。萬法不同，故成別。二、總結。文言如虛空，總結二無我也。三、別結。文言無我我所，別結人空。文言無所有相，別結法空也。

第三，結成。如上觀解，即是十地般若，故《金剛經》云：無爲法而有差別。即用無爲爲菩薩體。

今解：不爾。菩薩化生，文別有四。一、總標能化所化。二、不觀色下，別釋能所化空。三、是故一切下，結成空義。四、是爲菩薩下，結成護體。此即初也。言四生者，如《瑜伽》第二卷云：云何卵生？謂諸有情破㲉而生，如鵝雁等。云何胎生？謂諸有情胎所纏裹，剖胎而生，如象馬等。云何濕生？謂諸有情隨因一種濕氣而生，如蛾蝎等。云何化生？謂諸有情業增上故，具足六處而生。或復不具，如天、那落迦全，及人鬼傍生一分。

不觀色如，受、想、行、識如

釋曰：自下，第二，別釋能所化空，文別有二。初，明所化生法二空。後，菩薩如下，明能化生法二空。前中有二，初明所化法空，後明所化生空。此即初也。

言不觀色如者，不觀之言，通下諸句。然不觀色如，諸說不同。一、依《本記》云，若化不觀如，觀如即不化。今說化生，故言不觀如也。下不觀言，皆應准此。一云，不觀色如者，不觀色如，以所執如無所觀故，是依主釋。一云，不觀色及如，皆是所執，無所觀故。是相違釋。餘皆准此。一云，見色之如，如即是空，空無所有，故説不觀如。清辨等宗。一云，理實菩薩化有情時見彼五陰及真如，而不分別是色是如，故言不觀。是故《瑜伽菩薩地》云：菩薩觀行，隨事所，隨如所，不作是事，是事是如。下皆准此。是故菩薩，用而常寂，寂而常用。受等四蘊，准色應知。

衆生我人至壽者如

釋曰：第二，所化生空。謂五蘊上，計我以爲衆生，我及人等，情有理無，故説爲空。或於蘊上計我爲常、樂、我、淨，或於蘊上，如其所應，計識蘊爲智者，色蘊一分眼爲見者，行蘊一分命等爲壽者，亦是情有理無。所執情故，説爲生空。諸宗同異，如宗中説。

菩薩如至二諦如

釋曰：自下，第二，能化生、法二空。言菩薩如者，能化生空，所執菩薩，理非有故。六度四攝，一切行如者，能化法空，能成菩薩六度等行，理非有故。二諦如者，非但能觀，所觀亦空，故言二諦如也。

是故一切至無所有相

釋曰：第三，結成空義，文別有二。初，結一切法空。是故陰入下，結成二科空義。此上空相，義如《本記》，故不列敘。

是爲菩薩至般若波羅蜜

釋曰：第四，結成護體。

白佛言至爲化衆生耶

釋曰：第二，問答重釋，文別有三。初，明實相般若。次，白佛言下，明觀照般若。後，此經名味句下，讚文字般若。就實相中，先問後答。此即問也。問有三意。初，領上説，謂若諸法皆空爾者。次，舉化事，謂護化衆生。後，正設難，謂若皆空云何有菩薩化衆生耶？若依《本記》，釋難意云：若觀空則不能化，若言化則不觀空。二義相違，化云何成？

大王法性色至常樂我淨

釋曰：自下，第二，如來正答，文別有三[三六]。初，明依真觀空不化。後，辨依俗能化衆生。前中有四。一、舉境，二、辨觀，三、徵詰，四、釋通。此舉境也。若依《本記》，境有二種。一者，五蘊，是地前境。二者，常、樂、我、淨，是地上境。今解：不爾。五蘊是所依境，常樂是能依境。如此，二種境通地前、地上。

不住色至不住非非色

釋曰：第二，辨觀，文別有二。初，觀色陰。後，類釋四陰。此即初也。然釋此文，諸説不同。一、《本記》云：不住色者，第一句遮色。色是色蘊，即質礙義。非色者，第二句遮四蘊，即了別心等。非非色者，第三句重遮色、心。若具，應言不住非色非非色。爲存略故，但言非非色。此意釋云，能緣之智觀彼真如，離色，離非色，雙離色非色也。一云，言不住者，謂內證智不執著故，名爲不住。如《攝大乘》，色有三種。一、分別色，即是遍計所執。二、種類色，是依佗起。三、法性色，是圓成實。由三無性，遣三性色，故言不住色，乃至不住非非色。一云，法性真如，離四句，絶百非。言不住色等者，若具，應言，不住色，不住非色，不住亦色亦非色，不住非色非非色。以存略故，除第三句，及第四句中非色兩字。

乃至非非住

釋曰：第二，類釋四蘊。而言不住非非住者，爲存略故，舉後攝前。

何以故

釋曰：第三，徵詰。此有兩釋。一云，豈不真如皆是一體，何故別釋諸蘊如耶？一云，既有真諦，如何不住？

非色非非色如

釋曰：第四，釋通。亦有兩釋。一、釋前徵云，非色如即是非非色如，應説三句，略故説二，一釋，後徵。云如者，空義，即是真性，空無所住，故云不住。

世諦故至一切生性實故

釋曰：自下，第二，依俗能化衆生，於中有二。初，明二緣故見所化衆生。後乃至下，明有能化衆生。前中有三。初言世諦故三假故者，出其二因。言世諦故者，有云世諦三種。一者，色諦，四大爲性。二者，心諦，識界爲性。三者，空諦，空界爲性。言三假故者，即謂法假、受假、名假。次言名見衆生者，標宗。依二因故，有所化人。後言一切生性實故者，重出因也。《本記》云：謂非勝義中實性可得，而俗諦中一切四生亦有實性義，此依受假。或有本云：一切法性實故者，通約三假。

乃至亦名見

釋曰：自下，第二，明有能化，於中有二。初，約受假明有能化。後，大王下，約名假以明能化。前中有二。初，約正見，證有能化。後，外道邪見，證其見義。七賢者，謂七方便。或可信行、法行、信解脱、見至、身證、慧解脱、俱解脱。廣如別章。四向四果，名爲八聖。六十二見，義如別章。

大王至非非見一切法也

釋曰：此依名假，證有能化。如經可知。

白佛言至云何照

釋曰：自下，第二，問答，分別觀照般若。先問，後答。今此問意，具如《本記》。有法者，是世俗境。非非法者，是真諦境。執諸法有，即增益謗。諸法非有，是損減謗。雙遮二謗，是故重言非非法。此難意云，爲如俗諦有法故照，爲如真諦非非法照。或可諸法同真際，等法性，離四句，絶百非，即是境空，如何般若有照用非？

大王至見非非法

釋曰：自下，第二，如來正答，於中有二。初，標宗略答。後，法若下，依宗廣釋。此即略答。謂摩訶衍見非非法，以證空故。

法若非非法，是名非非法空

釋曰：自下，依宗廣釋，於中有二。初，廣釋非非法。後，以般若波羅蜜空故下，釋能觀智照空及有。前中有二。初，以非非法屬當空境。後，歷門辨空。此即初也。謂所緣法若非非法者，於諸空中，名非非法空。

法性空至十二緣空

釋曰：自下，第二，歷門辨空，於中有二。初，歷門辨空。後，是法下，以生等相釋成空義。此即初也。謂非非法空，歷法差別，便成七空。七法空者，諸法實性，本性自空，不由智力，名法性空，通下六門。二者，五蘊。三、十二處。四、十八界。此三科門，義如上説。五者，六大，所謂四大及與空、識。六者，四諦。七者，十二緣生。此上七門，皆是非非法故説名爲空。

是法即生至即空

釋曰：自下，第二，以生等相，釋成空義，文別有二。初，就識蘊，以釋空義。後，乃至下，類釋四蘊及一切法。前中有四。一、標宗，二、類釋，三、徵詰，四、釋通。此即標宗。謂五蘊中有五相故，説名爲空。言即生等，自有二義。一、就體説。即謂大乘宗，諸識生時，從因而起，假説爲生，是不相應行蘊所攝。以此假故，不同薩婆多實而非假。不相應故，不同經部即説色等名爲生等。二、依時名。即諸説不同。薩婆多宗，生在未來，住、滅二相皆在現在。於現在中，自有兩説。一云，二相即有前後。一云，二相無有前後。《大毗婆沙》具有兩説。順正理師説無前後。今依大乘，生、住二相皆有現在。自有兩説。一、勝軍師云，二相前後，先生後住。二、護法等説無前後。故《成唯識》破上坐[三七]部：如何一念而有二時？是故依時，亦名即也。如是諸法不成實故，即有即空。

剎那剎那至法滅

釋曰：第二，類釋。謂如初剎那，餘諸剎那亦如是，法生、法住、法滅。梵音剎那，此云極促時也。具足應言即空。准可知故，略而不說。

何以故

釋曰：第三，外人徵詰。生滅相違，如前所説，不應同時，如何説言即生即滅等也？或復有無相違，如何説言即有即空？

九十剎那至九百生滅

釋曰：第四，世尊釋通。以九十小剎那，成一大念。一大念中，一小剎那，復有九百生滅。是故前言生時即有滅也。或復多剎那爲一念，是故念時假有非實。以非實故，即有即空。亦不相違。又大念時，分爲三分，一分有三十，三分即成九十。一大念中，九十剎那。一剎那中，經九百生滅。若生滅合論，即有九百生滅。別論即有一千八百。一云：九十剎那，經八萬一千生滅，方成一念。勘《莊嚴論》及《大婆沙》。

乃至色一切法亦如是

釋曰：此即第二，類釋四藴及一切法。謂如前識藴即住即滅，即有即空，乃至受、想、行、色，五藴以外從有後十二緣等諸門，亦如是。

以般若至一切法空

釋曰：自下，第二，辨能觀智照空乃〔三八〕有，於中有二。初，明照空及有。後，善男子下，辨觀得失。前中有二。初，明照空。後，但法集故下，明其證〔三九〕有。是故《本記》分爲兩節。初，即無相。後，即有相。言無相者，非但無所照，亦無能照。照無所照，是了義説。故《大只〔四〇〕經》名真實般若。言有相者，攝引凡聖無量教門，有十地可修，佛果可得，無照説照，是不了義。故《大品經》云：名相似般若。

就證空中，文分爲二。初，明般若證境

空相。後，因空下，辨一切法空之分齊。此即初也。般若波羅蜜者，是能觀智，有生等故。亦名爲空，以智空故。能證三空。一、不見緣者，不見十二緣。二、不見諦者，不見四諦。三、乃至一切者，不見六大法。乃至五陰有法空，此即從後向前釋也。言不見者，離分別見故言不見，非謂不證故名不見。

内空至空空故空

釋曰：第二，辨一切法空之分齊。有十二種，謂内空等。然此空相，如《智度論》五十一説。然彼論本卷數多少，諸本不定，或四十六。故彼文云：内謂内法，即内六處。此中眼由眼空。何以故？非常非壞，本性爾故。耳等亦然。外謂外法，即外六處。内外謂内外法，即十二處。准上應知。有爲空，謂欲等三界。無爲空者，無生無住，無異無滅。無始空者，謂無初、中、後可得，及無往來際可得。言性空者，彼云本性空，謂一切法本性，若有爲法性，若無爲法性，皆非三乘所作。第一義空者，彼云勝義空，謂涅槃。此勝義，由勝義空。般若波羅蜜多者，如名可知。因空者，解云六度空。佛果空者，解云菩提涅槃空。空空故空者，《智度論》云：一切法空，此空由空空。又彼《論》云：問，諸空後皆云非常非滅故，此義云何？答曰，若人不知此空，必墮二邊，若常若滅。所以者何？若諸法實有，則無滅義，墮在常中，如人云[四一]一舍入一舍，眼雖不見，不名爲無。諸法亦爾，從本[四二]來世入現[四三]現在世，從現在世入過去世，如是則不滅。行者以有爲患，用空破有，心復貴空。著於空者，則墮斷滅。以是故，行是空以破有，亦不著空，離是二邊，以中道行，行是十八空，以大悲心，爲度衆生，是故十八空後皆云非常非非滅[四四]，是名摩訶衍。若異此者，則是戲論狂人，於佛法中，空無所得。如人於珍寶聚中取水精珠，眼見雖好，價無所直。廣如彼說。諸論同異，具如別章。

但法集故至名集故有

釋曰：第二，辨其照有。八有不同。

若依《本記》，文有三節。初，約三假。言法集故有者，是真實性。受集故有者，是依它性。名集故有者，是分別性。次，辨因果有。言因集故有者，分別真實二種境界，能生心故，名之爲因。言果集故有者，是依它性，從境生故，因之爲果。後，明階位。言十行故有者，此即道中，始從十信，乃至十地，是依佗起。言佛果故有者，此即道後，是真實性。言乃至六道一切有者，此即道前，分別依它二種性也。

今解：八有，大分爲三。一、三假門，二、四諦門，三、界趣生等門。言三假者，如上《序品》引《大品》說。

因集故有至佛果故有

釋曰：第二，即四諦門。因集故有，即此集諦，是生死因。果集故有，即是苦諦，是生死果。十行故有，即是道諦，是涅槃因。謂從十信，乃至十地，五種十行皆名道諦，不同薩婆多宗苦忍已上方名道諦，資糧、加行道諦攝故。佛果故有者，菩提、涅槃。菩提是道諦一分，涅槃正是滅諦所攝。

乃至六道一切

釋曰：第三，界趣生等事差別有，乃至言含三界、四生等有，是故結云一切有也。

善男子至不異於世間

釋曰：自下，第二，辨觀得失。若依《本記》，即分爲二。初，辨得失。後，示說處。得失中，從凡至佛，凡有七見。初一，辨失。後六，顯得。一、虛妄見。謂十住前凡夫二乘，執有涅槃即法我見，衆生等者人我見，是故不異世間也。具說如彼。二、真實見。謂十信信真，十解解真，十行並成就不移動，以不動故不到，不到故不滅，不滅故無相，無相故亦無無相，是故一切法如也。三、最勝見。謂十迴向，明即體無相，三寶一體也。故《涅槃》云三寶一體。又此菩薩，引二乘入迴向位也。四、入位見。初地至七地，皆見第一義諦，是菩薩正位，一念具足八萬四千法門。五、成就佗見。八地證見第一義，見始圓足。但化佗未足，欲成就佗，故成就佗見。所言能運載名摩訶衍下，以如理爲能運載，運是遷動義，載是成持義，行由如理，成持運動，故從生死出到薩婆若，以無到無出故。具説如彼。六、次第見。是無間道，爲解脱道作次第緣，故言即滅。爲金剛便有堅利之用，故言金剛。亦名定者，以無間道窣發解脱道，如定發慧。七、解脱見。佛以一切智見一切法，於一行中行一切行，故名一切行。

自下，示其説處，總結七見，如《光讚般若》中説。

今解：不爾。辨觀得失，文別有二。初，明妄見，名之爲失。後，明正觀，即名爲得也。釋其妄見，義同《本記》。

於諸法而不動至亦如也

釋曰：自下，第二，明正觀，文別有二。初，明方便正觀。後，明入位正觀。此即初也。謂十信已上，乃至十迴向，皆作此觀。所觀空理，於諸法中平等一味，無動轉相，無動轉故不到。到是生義。以無動故無生。無生故亦無滅相。無生無滅故，亦無有相。以相無故，對何説無相。故言無無相。以此義故，一切法皆如也。若依前解，而不動等屬能觀心。即與此文諸法皆如，義便不順。

是即初地般若波羅蜜

釋曰：第二，明入位正觀，文別有二。初，明正觀。後，示説處。前中有三。初，就位讚德。次，標名讚德。後，據用讚德。此即初也。釋位如上，意同《本記》。

言八萬四千者，依《俱舍論》三師説。故彼頌曰：有言諸法蘊，量如彼論説。或隨蘊等言，如實行對治。

論曰：有諸師言，八萬法蘊，一一量等《法蘊足論》，謂彼一一有六千頌，如對法中《法蘊足》説。或説法蘊隨蘊等言，一一差别，數有八萬，謂蘊、處、界等一一教門，名一法蘊。如實説者，所化有情貪、嗔等八萬行别。爲對治彼八萬行故，世尊宣説八萬法蘊。

若依《正理》，有三師説。前二師義，同於《俱舍》。彼破《俱舍》第三正義，故彼《論》云：此即順成隨蘊等言，無蘊等言，不爲對治有情病行唐捐而説。《大毗婆沙》有六師説，廣如《深密記》。

若依《賢劫經》，始從光曜度，終至分布舍利度，合有三百五十功德門。一一各修六度，即二千一百。後將二千一百，對彼十法，四大六衰，十中一一皆説二千一百，即二萬一千。又將二萬一千，對四衆生。一、多貪，二、多嗔，三、多癡，四、三毒等分。此四各有二萬一千。四箇二萬一千，即有八萬四千。

即載名摩訶衍（或有本云：即能運名摩訶衍。）

釋曰：第二，就名讚德。梵音摩訶衍，此云大乘行。此即通前十地，義亦無失。

即滅爲金剛亦名定

釋曰：第三，約用讚德，文别有二。初，讚等覺。後，讚妙覺。此即初也。謂第十地末後一念，能破二障，如金剛破物。

亦名一切行至波羅蜜中説

釋曰：第二，别讚妙覺。於一切行中具一切行，故名一切行，即解脱道也。此解脱道。如《光讚般若波羅蜜》中説者，示説處也。此即示彼第八卷。（勘《大般若》。）

大王是至説名味句

釋曰：第三，讚文字般若，文别有二。初，讚教殊勝。後，大王若菩薩下，依教發觀。

就初文中，若依《本記》，有四無上。一、説者無上，二、信無上，三、所説無上，四、智慧無上。此即大覺所説，故應信受。又彼所説符正理故，得勝慧故。今解：不爾。即分爲三，初三同前。第四無上屬所説故，此即第一説者無上，一切諸佛所説同故。此名味句差別相者，依大乘宗，聲上假立名味句身，是不相應行蘊所攝。名詮自性，句詮差別，爲二所依，即説爲文。具如別章。

於恒河沙至何況解一句者

釋曰：第二，信受無上，此即挍量歎勝。言於恒河沙三千大千國中者，盛寶之處。一妙高山等，數滿至千，名爲小千。即此小千，數滿至千，名爲中千。即此中千，數滿至千，名爲大千。《智度論》云：二過復三，故言三千。三千重數，故名大千。若廣分別，如《深密記》。謂前七寶施等，令得信行等七賢，預流等四果。不説空故，所以福少。此經説空，令諸衆生得大菩提，故知勝也。

句非句，非非句故

釋曰：第三，所説無上，文別有三。一、明文空，二、明文義俱空，三、明人法俱空。此即文空，有二。一、句非句，是句性空，一切名句之體本來無自性也。二、非非句者，非有非無，修得遣有無空。非句是性得，非非句是脩得，遣性也。

般若非句，句非般若

釋曰：第二，文義俱空。般若非句，是義空。句非般若，是文空。文中求般若不可得，般若中求文不可得，是互無空。離文無義，離義無文，乃成平等。無義意明平等，略説互無。

般若亦無[四五]菩薩

釋曰：第三，人法俱空。此即法空。應説人空，准可知故，略而不説。就法空中，文別有二。初，約因位以辨法空。後，依果位以釋法空。前中有三，初標，次徵，後釋。此即標也。謂般若是法，菩薩是人。人中求法不可得，即是法空。

何以故

釋曰：第二，徵也。

十地至三十生空故

釋曰：第三，釋法空也。謂於十地，皆有始生、住生、終生不可得。地地有三，故成三十。

亦非薩婆若至空故

釋曰：第二，依果釋空。薩婆若者，此是梵言，翻云一切皆〔四六〕。謂般若非但非菩薩，亦非薩婆若體。非但體空，大乘行用亦空故。

大王至凡夫人也

釋曰：第三，依教發觀，文別有二。初，明倒想觀。後，見三界下，明正觀。此即初也。謂若菩薩見境者，見實相。見智者，見觀照。見說者，見文字般若。見受者，於諸境中，有執著故，即非聖見。此即倒想見法凡夫人也。

見三界至果報之名也

釋曰：第二，明正觀也，文別有二。初，染淨因果，以明空相。二，善男子下，約無聽說，以辨空相。前中有二。初，明生死空。後，薩婆若下，明佛果空。前中有二。初，明分段、變易二生死空。後，金剛菩薩下，釋空所由。前中有二。初，明分段生死。後，顯變易生死。初後〔四七〕，有三。初，明果名而無實體。

六識至無色界藏空

釋曰：第二，明業空。謂欲界中具起六識，起無量欲，發業受生。此中文意，即說彼業名之爲藏，攝藏果故。或即彼業以爲業果，由諸煩惱所發故。

三界空至無明藏亦空

釋曰：第三，煩惱空。此有兩釋。

一、依《本記》，文有三節。初，三界空者，三界中皮煩惱，謂迷事貪等。次，三界根本亦空者，三界中肉煩惱，謂迷理見等諸空，與皮爲本。後，三界本無明藏亦空者，三界中心煩惱，謂所知障所有諸空。就勝説故，但言無明。通爲皮肉，爲根本故。三界根本亦空六字，言通肉心二種煩惱。

一云，三界空者，結上業、果二段文也。三界根本無明藏亦空者，謂三界中見修煩惱。就根本説，但舉無明。

三地九生，滅至果報果[四八]

釋曰：第二，明變易生死空。然釋此文，自有兩釋。若依《本記》，即是四種變易生死。無明習爲緣，得此果。文言三地者，一、見地。從十迴至三地。除伴者，出觀見有之執强，故言伴。助道法亦呼爲伴也。二、修地。從四地至七地，除羸弱者，出觀見有執不微弱也。三、究竟地。八地至十地。除微細者，但見有之執不現前，稱之微細也。九生者，合十地爲三地，一地始、住、終三生，此三地爲九生也。此通結上下。十地滅前三界無明習之果報皆空者，明十地所滅，滅無所滅也。無明或名三界習，故言三界無明習。習之果報，即十地變易生。智勝色玅，故言變易生。

今依慈恩三藏，釋此文意，自有兩説。初，三地九生滅者，攝地分齊，謂八九十三地中，皆有始住終三生滅，可得名九生滅。所以者何？前七地中，自有二義。一受分段生，故《智度論》云：七地菩薩受虫身肉身。一類菩薩初地以上受變易生，是故《智度論》云：未捨肉身，入於初地。八地以上，一切煩惱不現前故，唯受變易，故云三地九生滅。後，三界中餘無明習果空者，對緣辨果。謂如《勝鬘》説：無明住地爲緣，得三種意生身。故言餘無明習果報空也。若具分别，廣如别章。

故知《本記》所説三地九生滅者，不攝十地以爲三地及九生滅。又彼所説，從十迴向至三地，除伴煩惱等者，便違《解深密經》。

彼云：隨眠略有三種。一者，害伴，謂於前五地，不俱生現行煩惱是俱生煩惱現行助伴，彼於爾時，永無後有，是故説名害伴隨眠。二者，羸劣隨眠，謂於第六第七地中微細現行，若修所伏，不現行故。三者，微細隨眠，謂於第八地以上，從此已去，一切煩惱不復現行，唯有所依所知障爲依止故。

金剛菩薩至因空故空

釋曰：第二，釋空所由。此明金剛菩薩得理盡三昧故，二種生死惑業皆空。所言惑者，謂發業煩惱。果者，即是惑所發業。如是惑業，皆有生滅，總説爲空。有果空者，惑業所生三者變易果空。因空故空者，重釋果空所以，由惑業因空故，果亦空也。

薩婆若至或前已空故

釋曰：第二，明佛果空，文別有二。初，智斷空。後，三無爲空。此即初也。薩婆若亦空者，即智德空。言滅果空，明斷德空。斷德有二。一、方便淨涅槃。二、性淨涅槃。此即方便也。言惑前已空故，性淨涅槃，謂從本已來，自性淨故。故《維摩》云，不斷煩惱受涅槃，即其事也。

佛得三無爲果至薩婆若空

釋曰：第二，三無爲空，文別有三，初標，次釋，後屬當。言得三無爲者，總標。言智緣滅者，或名擇滅。擇謂智慧，由智斷障所得滅者，名爲擇滅。非智緣滅者，亦名非擇滅。不由智力所得滅故，名非智緣滅，如前所説性淨涅槃等。言虚空者，即虚空無爲，謂於真如上無色所現，義説名虚空，薩婆若果空。第三屬當，謂薩婆若果無爲體上，義説三種。

善男子至皆如也

釋曰：第二，約無聽説，以明空相。文有三節，初法，次喻，後合。言無聽説者，如下經説，若幻化身見幻化，是菩薩真化。喻、合可知。

大王菩薩至爲若此

釋曰：就答初門中，正釋觀空，文別有二。初釋，後結。上來釋訖，此即結也，文別有二。初，結能護體。後，般若下，結能護用。如經可知。

佛說法至菩薩大行

釋曰：第二，時衆得益。若依《本記》，有二種益。一、小乘益。謂皆得法眼淨，謂已見諦。二、大乘益。有四。一、性地者，十信前有性之地。二、得信地，即十信也。三、十解已上，名爲大空，初得空解故。四、十迴向已上，名爲大行，行第一義諦故。

今言法眼淨者，同《本記》。二、性地者，地前三賢以習性道三種性故。三、信地者，初地已上已得無漏不壞信故。四、大空者，八地菩薩二空觀智，常不退故。五、大行者，九地已上利它故。諸說同異，不可具述。

仁王經疏卷上末

元文二年四月二十一日於雨中閑居交點了。

點本云：

天喜三年八月十二日辰時點已。長講會講師明範院聽衆僧經讃。招提寺五室宗祐

寶永元年九月日書寫之。如幻　慧嚴

延享改元甲子六月二十二日溽暑如蒸拜寫了。

願生生遊般若波羅蜜海者也。

**校勘記**

〔一〕「八」，疑爲「五」。

〔二〕「地」，疑後脱「中」字。

〔三〕「所」，底本原校疑爲「前」。

〔四〕「若」，疑爲「苦」。

〔五〕「在」，底本原校疑爲「有」。

〔六〕「勝」，底本原校疑爲「緣」。

〔七〕「所」，底本原校疑爲「説」。

〔八〕「在」，疑爲「有」。

〔九〕「滅」，底本原校疑爲「減」。

〔一〇〕「繁」，底本原校云一本作「煩」。

〔一一〕「倒」，底本原校疑爲「到」。

〔一二〕「依」，底本原校疑爲「作」。

〔一三〕「在」，底本原校疑爲「存」。

〔一四〕「直」，疑爲「真」。

〔一五〕「在」，底本原校疑爲「有」。

〔一六〕「我」，底本原校疑爲「或」。

〔一七〕「在」，底本原校疑爲「有」。

〔一八〕「因」，《正性經》（《大正藏》本，下同）作「月」。

〔一九〕「相」，《正性經》後有「海藏地」三字。

〔二〇〕「間」，底本原校疑爲「開」。

〔二一〕「訛」，底本原校疑爲「譯」。

〔二二〕「起」，疑爲「地」。

〔二三〕「世」，底本原校云一本作「東」。

〔二四〕「恥代」，據《增壹阿含經》（《大正藏》本），疑爲「攻伐」。

〔二五〕「令」，疑衍。

〔二六〕「嘆」，疑爲「嗔」。

〔二七〕「無」，底本原校疑衍。

〔二八〕「其」，底本原校疑爲「具」。

〔二九〕「遂」，底本原校疑爲「逐」。

〔三〇〕「二」，疑爲「三」。

〔三一〕「爲」，疑爲「無」。

〔三二〕「鈍」，疑爲「能」。

〔三三〕「諸」，底本原校疑爲「請」。

〔三四〕「恩」，疑爲「思」。

〔三五〕「列」，疑爲「別」。

〔三六〕「三」，疑爲「二」。

〔三七〕「坐」，疑爲「座」。

〔三八〕「乃」，疑爲「及」。

〔三九〕「證」，疑爲「照」。

〔四〇〕「只」，疑爲「品」。

〔四一〕「云」，底本原校疑爲「出」。

〔四二〕「本」，底本原校疑爲「未」。

〔四三〕「現」，底本原校疑衍。

〔四四〕「滅」，疑爲「常」。
〔四五〕「無」，疑爲「非」。
〔四六〕「皆」，底本原校疑爲「智」。
〔四七〕「後」，底本原校疑爲「復」。
〔四八〕「果」，疑爲「空」。

# 仁王經疏卷中本

西明寺沙門圓測撰

## 教化品第三

將釋此品，略有二義。初，解品名。後，正釋文。菩薩化生，以善示衆名教，令彼改惡爲化，品義如上。或可教衆離惡，化令住善，故名教化。依《本記》云，此品宗明分別菩薩得空之階位，應言《五忍品》。而言《教化品》者，自有二義。一，五忍菩薩，攝化衆生。二者，如來以五忍法教，教化諸王。故名《教化品》。

白佛言至衆生可化

釋曰：第二，依文正釋。上來廣釋二護，文別有三。初，《觀空品》明護佛果，是自利行。次，《教化品》釋十地菩薩利佗行。後，《二諦品》辨二護所依理。上來已辨護佛果訖。自下，第二，釋十地行。於此品中，大分爲二。初，王發三問。後，世尊正答。此即初也。文有兩節。初，白佛言護十地行菩薩者，牒前品中護十地行。菩薩即能護人也。次，云何可行等者，正發問辭。問有三意。一、行可行者，問菩薩自利可行法。二、云何行化衆生者，問利佗行，謂依何地行，能化衆生。三、以何相衆生可化者，問所化生實不實相。又解：初，問自利依何行相，故以五忍行答之。次，問利佗依何位行，故以十地行答之。後，問何相衆生可化，故以幻化身，見幻化衆生，而教化之。至文當釋。

問：豈不此品説利佗行，如何初問自利行耶？

答：護菩薩行通利自佗，就勝説故，但言教化。

佛告大王：五忍是菩薩法

釋曰：第二，如來正答，於中有二。初，答前二問。後，佛告大王汝先言下，答第三問。前中有三。初，正答二問。次，爾時百萬下，王以偈讚。後，佛告諸得道下，如來述可。就答二問，於中有二。初，正答前問，兼一〔二〕答利佗。後，白佛言下，正答後問，兼答自利。前中有三。初，標宗略答。次，善男子下，次第廣釋。後，衆生本業下，釋已總結。前略答中，文復有三。初，標數略答。次，依數列名。後，結示自性。此即初也。准下結文，諸佛菩薩，本所脩行。今隨問答，但言菩薩。

伏忍上中下至寂滅忍上下

釋曰：第二，依數列名。謂地前三賢，未得無漏，不能内證，但能伏除，而不永斷，名之爲伏。忍謂忍解，體即是慧。以伏標忍，名爲伏忍。初、二、三地，得無漏信，故名信忍。四、五、六地，趣無生忍，名之爲順。七、八、九地，安住慧心無生理中，名無生忍。灌頂菩薩及如來地，觀第一義寂滅真如，名寂滅忍。然此五忍，諸教不同。若依《本業瓔珞經》，略開六性。一、習種性。二、性種性。三、道種性。四、聖種性。五、等覺性。六、妙覺性。解云：彼《經》意者，如次十住、十行、十迴向、十地、金剛心及如來地，廣開即有四十二賢聖，所謂十解、十行、十迴向、十地、等覺、妙覺。依《善戒經》、《瑜伽》四十七《菩薩地》，開爲十三住。一者，種性。二者，解行。十地爲十，佛地爲一，即名十三。如此等文，不可具述。然此所説三伏忍位，略有三釋。

一，《本記》云，十信爲習種性，十解爲性種性，十行爲道種性。十迴向已上即屬見道，經説信等爲其性故。又下經云十信、十止、十堅心，故知十信爲習種性。

一云，此經十信爲習，十解、十行爲性，十迴向爲道種性。如何得知十信爲習？解云：如梁《攝論》。《論》曰：於幾時中脩行，十地正行得圓滿？《論》曰：有五人於三僧祇劫脩行圓滿，或七阿僧祇，或三十三阿僧祇。言五人者，一、願樂行人，滿初僧祇；次，有三人，謂清淨意樂行人、有相行人、無相行人，於前六地及第七地，滿第二阿僧祇；從此已後，第五，無功用行人，滿第三僧祇。彼釋《論》云：願樂行人，自有四種，謂十信、十解、十行、十迴向，如須陁洹前有四方便。廣説如彼。解云：十信初心，入僧祇數，理應攝在習種性位。由斯義故，十解、十行，性種性攝，十迴向心，道種性攝，如理應知。

一云，此經三品伏忍，如《瓔珞經》三種伏忍。

雖有三説，後説爲正。所以者何？若如初説，如何經説伏忍聖胎三十人也？應説聖胎人有四十。又違《本業經》説賢聖四十二種，應説賢聖有五十二。若如次説，二失同前。又彼所引願樂位中四種人者，真諦自案非論正文。由斯大唐世親論本及大業本，皆無此文。故三釋中，後説爲正，順諸聖教，不違道理。

名爲諸佛菩薩脩般若波羅蜜

釋曰：第三，總結。五忍是可行法，心以慧爲性。如經可知。

善男子至脩行伏忍

釋曰：自下，第二，廣釋五忍，即分爲五。就伏忍中，三賢不同，復分爲三。此即第一釋習種性，於中有五。一、明方便，二、菩薩入位，三、顯化力，四、釋超過，五、彰勝因。此即第一明方便也。

言初發相[二]信者，未入十住、十信人也。謂初發心，而未見理，名爲想信。長耳三藏云：習種性前，有三想發心，謂假想發、輕想發、信想發。假想發者，藉三種力。一、善友力，謂善知識。二、行力，謂受律儀。三、法力，謂通、別兩力，通謂如來藏，別謂信等五根。緣此三力，於佛菩提，假起菩提想，求以自安安他。如聲聞假觀非青青想而能治惑，此中乖[三]爾，名假想發。此後想想不已，義當難識，譬如輕毛無所倚著，名輕想發。此後心路轉明，信珠顯現，名信想發。即入十信位，故名初發想信也。恒河沙衆生者，顯發心者多，入位者小，是故經云：譬之魚子，菴羅樹華結果甚小。修習伏忍者，即修十信，爲伏忍方便。故《瓔珞經》說：一、賢名門，謂初發心，未上住前，有十恒名字菩薩常修十心，謂信進念定，及至願心。又曰：十信以前，想心中行者，是退分善根，若一劫至十劫，修行十信，得入十住。

於三寶中至迴向心

釋曰：第二正辨入位。於三寶田，生十種心。就十心中，前五自利，後五利他。前五心者，信等五根。後五心者，一、施；二、戒；三、護三寶；四、求勝果，名爲願心；五、迴求菩提，名迴向心。

問：《瓔珞經》及《華嚴》等所說十住，與此經異，有何意耶？後十住者，一、發心住，二、持地住，三、脩行住，四、生貴住，五、方便具足住，六、正心住，七、不退住，八、童真住，九、法王子住，十、灌頂住。

解云：舊來相傳，十住二種。一者，別相十住，如《瓔珞經》發心住等。二者，通相十住，謂信心等以爲十住體，諸位皆行十信心故。是故《本業經》中初地菩薩百法明門，所謂十信各有十心，即百法也。今此經中依通相說，故不相違。

是爲菩薩至化衆生

釋曰：第三，顯其化力。謂十住菩薩，作銅輪王，王二天下，南西二方，故言小分化生也。

已超過二乘一切善地

釋曰：第四，釋超二乘地。

一切諸佛至爲聖胎也

釋曰：第五，彰成勝因。謂諸菩薩長養行者十心，令成聖胎故。

復次善男子至有十心或有本云：次第起于慧地，性種性有十心。且依前本。

釋曰：自下，第二，明性種性，文別有四。一、明入位，二、顯位體，三、辨攝化，四、釋離過。此明入位，於三忍中居第二位，故言復次。三中第二，名中伏忍。與前聞慧隣接而生，即是思數。不依定水，故名乾慧，即思慧也。今言干者，此字謬也。故《瓔珞經》説有六性，亦名六慧。言六性者，如前所引，習種性、性種性、道種性、聖種性、等覺性、妙覺性。言六慧者，聞慧、思慧、脩慧，照寂名性[四]慧、寂照慧。故知干慧即思慧也。習已成性，名性種性。有十心者，總標其數。

問：《善戒經》等習後性前，何故此經習前性後？

答：《瑜伽》等説立第八識，分別現行、種子差別。種子爲性，現行爲習，故彼經説先性後習。今此《仁王》《本業經》等不説第八，唯現非種，初起名習，習以成性。故彼此説，互不相違。

所謂四意止至無我也

釋曰：第二，顯位體性，文別有三。初，明四意止，即四念處。次，明三意止，即三善根。後，明三意止，謂三世因果忍。言四意止者，用慧爲體。而言意止者，意謂心王由慧力故，令心止住四種境中，故名意止。身受心法者，辨所觀境也。言不淨、苦、無常、無我也，正明四觀，除四顛倒。所謂觀身不淨，能除淨倒；觀受是苦，能除樂倒；觀心無常，能除常倒；觀法無我，能除我倒。

三意止，三善根，慈、施、慧也

釋曰：第二，三善根斷嗔、貪、痴。此明三種善根，令心止住三種境，故名三意止。慈是無嗔，施無貪，慧是無痴，如其次第，除嗔、貪、痴。薩婆多宗，義如上說。今依大乘，自有兩釋。一云，同薩婆多，無痴善根，以慧爲體。一云，離慧以外，別有無痴，如《成唯識》等。今此經文，同薩婆多，用慧爲體。

三意止，未來果忍也

釋曰：第三，緣三世因果忍。謂緣過去，唯因非果。若緣現在，亦因亦果，望前後故。緣未來世，唯果非因，在後時故。此亦是慧，忍受前境，故名爲忍。

是菩薩亦能化一切衆生

釋曰：第三，攝化，應知。

已能過至所不能壞

釋曰：第四，離過。謂過我人等者，遠離我見。然彼我見，有衆多名，謂我人知者、見者、衆生。如《瑜伽》，有八種名。依《大般若》，有十三名。言外道倒想者，六十二見等。

復次，善男子，脩行上伏忍，進入平等道，名爲道種性地或有本云：復有十道、十種性地。且依前本。

釋曰：第三，釋道種性地，文別有四。一、標位總名，二、出位體性，三、攝化分齊，四、辨勝用。此即初也。謂入初地離能所，取平等聖道。此與聖道爲因性故，名道種性。

所謂觀色至解脱忍

釋曰：第二，別出體性，文別有三。初，明五忍。次，顯三忍。後，辨二忍。合成十忍。總釋意云：有情流轉，五蘊爲體，流三界處，尋其根本，不離二諦，故成十忍。忍謂忍解，然即是慧。前文五忍，從果立名，由觀五蘊，得五分法身故。後之五忍，從境立名，尋即可知。此即第一，明觀五蘊，得前五忍。謂觀色蘊，便得戒忍，表無表戒皆色蘊故。准此經文，表無表戒皆是色也。觀識蘊，得知見忍，以了別識與知見慧，義相順故。觀想蘊，得定忍，以彼假想能入定故，如四無色由想故得。觀受蘊，得慧忍，以依受故立於四禪，由依禪故能發者〔五〕慧，是故觀受而得慧忍。解脱忍者，是解脱身。解脱有二種。一者，有爲解脱，即是勝解。二者，無爲解脱。此明由斷行蘊所攝煩惱，偏得行蘊所攝勝解，名解脱忍。於境自在，名解脱故。是故《婆沙》及《佛地論》，皆説勝解爲解脱身。故言觀行蘊得解脱忍。若廣分别，義如别章。

觀三界因果至無相忍

釋曰：第二，釋三忍。謂觀三界苦，得空忍，於苦果上立空義故。於三界因，得無願忍，以煩惱業爲諦因故。通觀因果，得無相忍，證因果空，證無相故。又解：觀欲界因果得無願，極可厭故。觀色因果以得空，離麤法故。依欲色得無相，諸十相法多分盡故。如是等釋，不可具述。

觀二諦虚實至得無生忍

釋曰：第三，明二諦忍。謂觀俗得無常忍，觀真得無生忍。此約有爲無爲，以釋二諦。

是菩薩至四天下

釋曰：第三，攝化分齊。謂道種性，作金輪王，化四天下。又解：是菩薩十堅心者，結上十忍。

生一切衆生善根

釋曰：第四，辨其勝用。義顯可知。

又信忍菩薩，所謂善達明行者

釋曰：第二，明信忍，文别有四。一、標名配位，二、明除障，三、明攝化分齊，四、明發行種子。此即第一標名配位。言信忍者，標名，以無漏信，信三寶苦，故名信忍。言善達明中行者，配位，如下經説。善謂善覺，初地菩薩，現證二空，故名善覺。達即離達，所謂二地，離犯戒垢，達真俗境，故名離達。明即明慧，謂第三地，以三慧光，明諸法故，名明慧。此上三地五蘊假人，名爲行者。

斷三界色煩惱縛

釋曰：第二，明除障也。然此除障，諸教不同。就實正理，如《成唯識》第十卷説，謂一切障二障所攝。煩惱障中見所斷種，於極喜地見道初斷。彼障現起，地前已伏。脩所斷種，金剛喻定現在前時，一切頓斷。彼障現起，地前漸伏。初地已上能頓盡，令永不行，如阿羅漢。由故意力，前七地中雖暫現起，而不爲失。八地已上，畢竟不行。所知障中見所斷種，於極喜地見道初斷。彼障現起，地前已伏。脩所斷種，於十地中漸次斷滅，金剛喻定現在前時方永斷盡。彼障現起，地前漸伏，乃至十地方永斷盡。八地已上，六識俱者不復現行，無漏觀心及果相續能違彼故。第七俱者猶可現行，法空智果起位方伏。前五轉識，設未轉依，無漏伏故，障不現起。雖於脩道十地位中，皆不斷滅煩惱障種，而彼麤重熏[六]漸斷滅。由斯故説二障麤重一一皆有三住斷義。雖諸住中皆斷麤重，而三位顯，是故偏説。

然此經文，且依此品。地前伏忍，而伏非斷。信忍三地，説斷三界色煩惱縛。順忍三地，能斷三界心等煩惱。無生忍地，亦釋[七]三界心色等習。至寂滅忍，佛菩薩斷三界心習。即此下文《受持品》説：初地斷貪，二地斷嗔，三地斷癡，四地斷見，五地斷疑，六地斷三界集因集果，七地斷三界習因業果，八地觀心心寂滅，九地滅心心相，十地證一切法解脱。住金剛臺者，爲顯諸地勝劣差別，就障麤重，説貪、嗔等，非就實義。所以者何？就實正理，如前所説，煩惱障中見所斷種，見位永斷；修所斷種，要至金剛一刹那中方能頓斷，若所知障地地別斷，故知煩惱障中位位斷者，就麤重説。然此所説色心煩惱，自有兩釋。一云，從境得名，若緣色者名色煩惱，若緣心者名心煩惱。或可從喻得名，色、心相望，色麤心細，是故麤惑名色煩惱，其細惑者名心煩惱。色、心習者，就習氣中，若麤習氣，但言色、心煩惱，若微細者，名色心習。

問：習氣以何爲體？

解云：舊相傳説，二障種子若麤易斷名爲正使，細而難斷名爲習氣。慈恩三藏依《瑜伽》等説，習氣無堪任性，亦名麤重。謂由二障種子力故，所引有漏五蘊上有無堪任性，與所依蘊非一非異。無別體性，故言非異。斷不斷別，故言非一。然此麤重無體性故，不能別得擇滅法無爲。而斷位者，且加(八)煩惱障中見所斷種唯有一品，所引習氣有無量品。若依二乘，從七方便漸斷習氣，乃至羅漢，入無餘依，隨所依捨。若迴心者，至菩薩見道無間道時，斷見所斷種。所引習氣，解脱道時，方能斷盡。脩所斷種，乃至菩薩金剛心時，方能斷盡。所引習氣，至妙覺位解脱道中，方能斷盡。若廣分別，如《成唯識記》。

問：若爾，如何此經等云於諸地中斷貪、嗔等？又《菩薩地》説二障種有三位斷，如何會釋？

解云：如上所引《成唯識論》第十卷説。由此道理，《本業瓔珞》上卷所説，三賢菩薩伏三界煩惱麤業道、麤相續果，亦不起麤，是見道喜忍伏三道業道，離忍伏人中業道，明忍伏六天業道，焰忍伏諸見業道，勝忍伏疑見業道，光忍伏心因業道，無生忍伏果業道，不動忍伏色因業道，光忍伏心因業道，寂滅忍伏心色二習業道，無垢忍伏習果道，習前已斷而果不敗亡。是故，佛子，三賢名爲伏斷，喜忍已上亦伏亦斷一切煩惱，覺忍現時法界中一切無明頓斷無餘。亦顯諸位勝劣異故，擬宜而説，非實正理。設有餘教異此説，亦應准此。若廣分別，具如別章。

能化至無量功德

釋曰：第三，攝化分齊。謂初地百佛國，二地千佛國，三地萬佛國。所現化身三地差別，准上應知。又現神通無量功德差別，謂初地神通動百佛國，二地千佛國，三地萬佛國土也。

常以十五心爲首

釋曰：第四，明發行種子，文別有三。初，總標以十五心爲首。次，列十五心。後，總結。此即總標十五心爲發行本種。

四攝法至三解脱門

釋曰：第二，列十五心。謂四攝等四門功德，便成十五心功德也。言弘願，如《瓔珞經》説，願一切衆生度苦、斷集、證滅、修脩道，名四弘願。具説如彼。

是菩薩從善地或有本云：從善覺地。至根本種子

釋曰：第三，總結，應知。

又順忍菩薩至現法

釋曰：第三，順忍，文別有三。初，標名配位。次，明除障。後，顯攝化分齊。此即初也。順無生忍觀，名爲順忍。言見勝現法者，配位。見謂炎慧，即第四地。得道品見，故名爲見。勝即難勝，是第五地。難有二義。一、勸難化衆生，心無垢難。二、所化不從，心無垢難。能退二難，於難得勝，名難勝地。言現法者，即是第六現前地。十二緣觀，恒現在前，名現前地。

能斷至煩惱縛

釋曰：第二，明其除鄣。謂此位中，斷緣心煩惱繫縛，名心煩惱縛。或望前位色煩惱麁顯，此位中心煩惱細，故喻於心。所言等者，等心所也。

故現一身至化衆生

釋曰：第三，攝化分齊。謂現一實身，於十方佛國中現無量通化衆生。或可於十方國各現一化身化衆生，故言一身。

問：何故信忍現百身等，此順忍中但言一身？

解云：信忍明其化身，故説多身。此説實身，故説一也。

問：菩薩身一時到十方不？

答：有兩説。一云能到，不思議故。一云不到，實身不可在多處故。雖有兩釋，且依後説。

又無生忍至觀慧

釋曰：第四，明無生忍，文別有三。初，標名配位。次，明除障。後，明攝化分齊。言無生忍者，諸説不同。有説名遍計所執名爲無生，無自體故。或説遍計所執及圓成實皆名無生，如《解深密》《瑜伽論》。或説三性皆名無生，謂本性無生，自然無生，惑苦無生，如《成唯識》等言。所謂遠不動慧者，配位。七地名遠行，至功用心最後邊故。八地名不動，相用煩惱不能動故。九地名觀慧，四無礙解化有情故。

亦斷三界心色等習煩惱

釋曰：第二，明除障也。謂於前位已斷色心煩惱，今此位中所斷微細，名心色等習。

現不可説至神通

釋曰：第三，攝化分齊，如經可知。

復次寂滅忍

釋曰：第五，辨寂滅忍，文別有四。一、標名配位，二、辨其除障，三、約諦辨異，四、無緣下，所化分齊。前中有三。初標名，次讚用，後配位。此即標名。若依《本記》，寂是定，滅是慧，依定發慧。滅諸漏故，名寂滅忍。一云，離諸法相究竟真如，名爲寂滅。緣彼境智，名寂滅忍。

佛與菩薩至入金剛三昧

釋曰：第二，讚用。言金剛者，自有二義。一、能斷智名爲金剛，能斷一切諸煩惱故。今此經，依此而説。二、所斷惑名爲金剛，性强難斷似金剛故。故新翻《般若》名爲能斷金剛。惑[九]可金剛亦屬能斷。由此義故，佛與菩薩同用此忍。

下忍行中行至薩般若

釋曰：第三，配位。薩婆若，此云一切智。

共觀第一義諦

釋曰：第二，辨其除障，文别有三。初，明觀境。次，辨除障。後，顯二道差别之相。此即初也。謂佛菩薩同觀真如第一義諦。

問：此位同觀，有勝劣不？若有勝劣，《本業經》中何名等覺？若無勝劣，如何《瑜伽》八復次釋勝劣差别？

答云：諸説不同。一云，緣真即無勝劣。若緣俗境，勝劣不同。故《經》與《論》互不相違。一云，據實勝劣不同。故《涅槃》云：十地菩薩聞見佛性。於如來地，眼見佛性。具説如彼。又《瑜伽論》十四五曰[一〇]，所見月光喻二位，故知二位定有勝劣。而言等者，等斷一障，故説爲等。慈恩三藏意從後釋。

斷三界心習

釋曰：第二，正辨除障。於前位中，已斷色、心二種麤習。今此位中亦斷色心二種細習。爲顯所斷最微細故，但名心習。

無明盡相至爲薩婆若

釋曰：第三，正辨二道差别相。然釋此文，諸説不同。一云，無明盡相爲金剛盡相者，顯無間道相。據實一切煩惱皆盡，就根本説，是故但言無明盡相，即用此相爲金剛盡相。解脱道中已過無明盡相，故言無相爲薩婆若。若依《本記》，無明盡相爲金剛者，顯無間道相，謂於此位，有涉相盡。就根本説，故言無明盡相爲金剛。盡相無相爲薩婆若者，顯解脱道。言盡相等者，無間道時惑相雖盡，猶有境智異相，故不言無相。於此位中盡無明相，亦無境智異相，故盡相無相爲薩婆若。雖有兩釋，且依後釋。

超度世諦至等法性

釋曰：第三，約諦辨異。三賢多住世諦，十地多住真諦。度三賢故超世諦，度十地故超第一義諦。超世諦故非有，超第一義諦故非無。故爲第十一地。薩云若覺，自有兩說。一云，薩婆若名一切智，薩云若名一切種智。若依《本記》，皆翻一切智。言湛然清淨，常住不變，同真際，等法性者，重釋薩云若。常住之相，諸説不同。一云，即准此文，如來常住無生無滅。二云，爲相續常，故説常住。具如《三身章》。

無緣大悲〔二〕來化三界

釋曰：第四，攝化分齊，文別有二。初，標宗略釋。後，依宗廣釋。此即初也。謂一切有情，能化所化，皆不離三界。大悲是能化之具，衆生是所化之境，薩婆若是能化之體。大悲有三。一、衆生緣，二、法緣，三、無緣。初通外道，次通二乘，後唯佛及菩薩。若廣分別，如《智度論》二十三，及《佛地論》第五等。今佛世尊，以大悲力化一切衆生，乘一切智來化三界。

善男子至亦不出三界

釋曰：自下，第二，依宗廣釋，文別有三。初，申正理。次，三界外下，破異師説。後，大王我言下，引古證今。此即初也。

若依《本記》，此有四義。一、煩惱用。由惑發業，生三界報故。二、生死果。謂所感果，體屬三界。二十二根中，三無漏根雖非三界，依三界身故言不出。三、智慧體。謂佛三身所有智慧名智慧體，化三界處故言不出。四、智慧用。反顯界内有所化生，意明佛智化三界用。雖名相中有此四義，皆是虛妄。若出三界繫縛，即見第一義，如理不復見有能化所化也。

今解此文，有其三義。初，煩惱及果，體屬三界，在三界處，故言不出。次，辨二十二根，謂三無漏根在三界處，眼等五根及五受根、男、女、意、命體屬三界，信等五根有屬有在。後，佛三身，雖非三界，亦在三界，故言不出。或可三無漏根亦後〔三〕三界九根中起，故說在界。

三界外至非七佛之所說

釋曰：第二，破異師說。文有兩節。初，牒彼外計。後，指同外道。謂外疑云，豈不二乘聖者出三界外？若言三界外無衆生，佛二乘教何所化耶？由斯計云，三界外所化衆生。是故世尊破云，三界外有一衆生界者，吠世史迦外道《大有經》中說，非七佛說。言大有者，彼說六句義。一、實，二、德，三、業，四、大有，五、同異，六、和合句義。彼說大有，名《大有經》。

問：豈不三界外有變易生死？云何此經說三界外無衆生耶？

答：真諦三藏自有兩釋。一、恒解者，據實界外變易生。而此經中未明此義，亦無有過。依佛教中，如聲聞藏四《阿笈摩》但說佛身是無常法，未明佛性常住身義。說佛無常，亦無過失。此亦如是，依佛教故。二、依理釋。隨分別心，計有三界及三界外有變易生，皆不稱理。由此斷所計界外生死據實還是不出三界。故《大品》云：從三界中出，至薩婆若，以不動故。唯此等經無別有情出三界外，即依此意釋經可知。慈恩三藏，作如是釋。變易生死無別業果，即依三界所有業果，由邊際定，轉勝轉妙，故名變易。三界門中，隨本業果，即彼界攝。故此經云，出三界外，無別有情。而諸聖教，互不相違。若廣分別，義如別章。

大王我常語至覺薩云若性

釋曰：第三，引古證今。若依《本記》，斷三界者，謂除六識，名爲業諦[三]。斷煩惱者，阿陀那，即第七識，説煩惱淨。果報盡者，除阿賴耶，是第八識，説爲果淨。如是三淨，名之爲佛。自性清淨，名薩云若性。此意説云，一切衆生三種淨者，即名爲佛。由此應知，設得佛果，不出三界。

衆生本業，是諸佛菩薩本所修行

釋曰：第三，釋已總結，文別有二。初，總結五忍。後，辨位長短。此即總結，如經可知。

五忍中，十四忍具足

釋曰：第二，對十四忍，辨位長短。謂五忍對十四忍，展轉相攝。尋即可知。

白佛言至化衆生

釋曰：自下，第二，正答利他，兼釋自利，於中有二，先問，後答。此即問也。

佛言從一地至一切知見故

釋曰：此即第二，如來正答，於中有二，先略，後廣。此即略答。文有三節。

初，明業所依地，謂從極喜乃至法雲。

問：此文何故但説十地？

答：地前三賢，賢而非聖。妙覺一地，已超菩薩。故因位中，隨勝而答。

次，簡別二行。一、自所行處，謂十地自所行境。二、佛所行境處，謂妙覺地所行境界。前之十地但了自行所行處，後金剛一念通行二處，故下經云：得理盡三昧，同佛行處，如佛境界。乃至廣説。又如《瓔珞經》云：佛子，菩薩爾時住大寂門，乃至過十地解，與佛同坐。具如彼説。

後，言一切知見故者，釋成清淨。謂十地行本業清淨，皆由知見力所生故。一云，從初地乃至後佛地。餘如前説。

本業者

釋曰：第二，廣答本業，文別有三。初，牒。次，釋。後，是故下，結。此即牒也。

若菩薩至化一切衆生

釋曰：自下，第二，廣釋十地，即分爲十。此即第一釋善覺地。文分爲五。一、居土寬狹，二、配屬王位，三、顯習法門，四、釋地別行，五、辨地通業。

住百佛國者，居土寬狹。《本記》云國土有三。一、説法土。百億日月，化小乘。二、神通土。億億日月，化中乘。三、智慧土。無量世界，化菩薩。今言百佛國土者，説法土也。

言作閻浮四天王者，配屬王位。

問：此經意但取天王，非閻浮提。如何此云作閻浮四天王耶？

答：此有兩釋。一云，於四天王中，但作領閻浮提增長天王。由南勝故，不作餘王。一云，通作四種天王。就勝方便故，但言閻浮提王。然此十王，諸教不同。依《十地經》，初地菩薩作閻浮王，二地菩薩作轉輪聖王。六欲天中，除四天王。四靜慮中，除第三禪。餘八處中，如其次第，作八王位。今依此經，六欲天中及四靜慮，如其次第，受十王位，除閻浮王及轉輪王。

言百法門者，第三，顯習法門，即自利行。如上所説，於十信中一一具行十信，故言百法門也。

言二諦平等心者，第四，釋地別行。謂於初地，創證真如，如實了知真俗一味，非即非離。非即故化義得成，非離故證法皆空。

言化一切衆生，第五，顯地通行。地地皆用化生爲業。下有九地，多作五段，准此應釋。

若菩薩至化一切衆生

釋曰：第二，釋離達地。文復有五。一、千佛國土中，居土寬狹。二、作忉利天王者，配業王位。忉利天者，此是梵言訛略也。具足應言，帝戾那此云三。橙稜貫此云三十。題婆。

此云天。寶思惟三藏云，當此三十三天。三、脩千法門者，顯習法門。謂十信心一一增脩一百心，故名千法門。後漸增脩，准此應知。廣如《瓔珞經》第二卷説。四、十善道者，釋地別行。脩十善業，行戒地故。五、化一切衆生者，顯地通行。

若菩薩至化一切衆生

釋曰：第三，釋發光地。文復有五。言炎天者，此云時分。餘文准上。

若菩薩至一切衆生

釋曰：第四，釋炎慧地。文復有五。兜率天者，此云喜足。道品即是三十七道品。

若菩薩至化一切衆生

釋曰：第五，釋難勝地。文有五句。言二諦者，即世俗諦、第一義諦。言四諦者，即苦、集、滅、道諦。言八諦者，諸説不同。一云，有作、無作二種四諦，合説爲八。若依《本記》，苦苦、壞苦、行苦、分段、變易、善、不善、正行，名爲八諦。《顯揚》第八，行苦諦、壞苦、苦苦、流轉、流息、《瑜伽》云還滅。雜染、清淨、正方便諦，《瑜伽》云正加行。名爲八諦。解云：如次三苦、流轉生死、流息涅槃、十二種雜染、斷彼所得清淨無爲、即彼能斷方便聖道，名八諦也。若依《瑜伽》第四十六，亦同《顯揚》。然彼二《論》，增數門中，增一至十。廣説如彼。今依《十地》十四諦中後八種諦，以釋此文。前之六諦即此經中二諦、四諦。言八諦者，《十地經》云：覺法自相、同相故，善知相諦。覺法差別故，善知差別諦。覺分別陰、界、入故，善知説成諦。覺身心苦惱故，善知事諦。覺諸道生相續所，善知生諦。畢竟滅一切熱惱故，善知盡無生智諦。起不二行故，善知令入道智諦。正覺一切法相故，善知一切菩薩地次第成就諦。及善知集如來智諦。以信解力故知，非得一切究竟智故〔一四〕。

問：經説九諦，如何言八？

答：經意欲顯妙覺勝故，開爲二諦。論意欲明同大乘故，合爲一數。前之七諦通大小故。故今此經依八諦説。

若菩薩至化一切衆[一五]

釋曰：第六，釋現前地。亦有五句，准上應知。

若菩薩至化一切衆生

釋曰：第七，釋遠行地。亦有五句。言方便智、願智者，不捨衆生，起法無我，名方便智。由方便力，能作七門攝衆生事，願力取生，恒爲上首，名爲願智。即此願智，當方便智第一門攝，非十度中方便及願。言七門者，一、願力取生，教化餘衆生故；二、説對治，爲滅煩惱染及隨煩惱，使寂滅故；三、爲滅諸障故；四、於大法衆會集故；五、見聞親近，供養脩行，生福德故；六、轉法輪故；七、所問善釋故。具如《十地論》第九卷説。

若菩薩至化一切衆生

釋曰：第八，釋等觀地。亦有五句。言雙照方便神通智者，雙照真俗，互不相違，爲方便。於入觀中能發神通，故名神通智。

若菩薩至化一切衆生

釋曰：第九，釋善慧地。亦有五句，如文可知。

若菩薩至如佛境界

釋曰：第十，釋法雲地。亦有五句。一、居士寬狹。如文可知。二、配屬王位。言大靜天王者，色究竟天摩醯首羅天王。言三界主者，簡三界王，故言三界主。三、脩不可説不可説法門者，顯習法門。四、德理盡下，釋地別行。覺行已滿，名曰理盡。與佛如來共斷細障，名同佛行。無明即是三界本原，此地能盡，名爲盡原。若依《本記》，阿賴耶識，以此爲本原。五、教化一切衆生如佛境界者，顯地通行。

是故至行淨

釋曰：第三，總結，文別有二。初，結菩薩業。後，結如來業。此即初也。

若十方至無量衆生

釋曰：第二，結如來業。

爾時至波羅蜜

釋曰：自下，第二，月光偈讚，於中有三。初，大衆供養。次，月光正讚。後，時諸下，辨衆得益。此即初也。文有兩節。初，香華供養。後，合掌聽聞。依《十地論》，供養有三種。一者，利養供養，謂衣服臥具等。二者，恭敬供養，謂香華幡蓋等。三者，行供養，謂脩行信戒行等。此當第二敬供養也。

今於佛前以偈歎曰

釋曰：第二，月光正讚，於中有二。初，發起頌文。後，以偈正讚。此即初也。所言偈者，自有二説。一云，偈者，竭也。攝義竭盡，故名爲偈。一云，依正梵音，名爲伽他，此云頌。而言偈者，是訛略也。然所説偈，必具四句。梵音鉢陀，此翻爲迹，外譬真如諸象四跡成身，偈亦如是。

世尊導師金剛體　心行寂滅轉法輪

釋曰：自下，第二，以偈正讚。此中，總有二十九行偈半。大分爲三。初，一偈半，略歎佛德。次，五忍下，二十五偈，廣歎五忍德。後，如來下，有三偈，歎佛化業。就歎佛德，文別有三。初，有半偈，歎佛自體，即歎佛寶。次，有半偈，歎佛説法，即歎法寶。後，有半偈，歎佛攝衆，即歎僧寶。此即初也。

然此頌文，諸説不同。若依《本記》，頌初二句，明佛三業，具足五義。一、世尊者，威德具足。二、導師者，智慧具足。三、金剛體者，法身具足。四、心行寂滅者，解脱具足。五、轉法輪者，化他具足。解云：五中，金剛體者歎法身德，餘之三句歎受用身，轉法輪者讚其化身。三身別相，具如別章。一云，初二句，讚佛三密。初之一句讚佛身密。具一切德，衆所尊重，名爲世尊。相、好圓滿，引導衆生，名爲導師。其身不壞，猶如金剛，故名金剛體。於後句中，讚二種密。初之四字，讚其意密。内證真如，離能所相，故名心行寂滅。後之三字，讚其語密。遠近同聞，無所壅隔，名轉法輪。若廣分別，如《三密經》。

八辨洪音爲衆説　時衆得道百萬億

釋曰：第二，讚佛説法。文有兩節。初，讚妙辨。後，讚德〔一六〕益。言詞巧妙爲辨。遠近皆遍曰洪。言八音者，如《梵魔〔一七〕喻經》云，佛説法聲，有其八種。一、最好聲，二、易了聲，三、濡軟聲，四、調和聲，五、慧〔一八〕聲，六、不誣聲，七、深妙聲，八、不女聲。又《瓔珞經》有八種聲，謂内外因果及四無礙聲，即爲八也。又《賢愚經》十住斷結經等，亦説八種。與此不同，恐繁不述。言時衆得道百萬億者，第二，讚衆得益，如經可知。

時六天人皆〔一九〕出家道　成比丘衆菩薩行

釋曰：第三，歎佛攝衆。謂説法時，六欲諸天及人民衆，成出家道及菩薩行等。

問：如何六天有出家衆益？依《本記》云，出家二種。一、心出家。二、形出家。今六欲天依於佛法，皆出生死家，故不相違。

五忍功德至能盡原

釋曰：上來略歎佛德訖。自下，第二，二十五偈，廣歎五忍，於中有二。初，有一頌，總歎五忍。後，佛衆下，二十四頌，别讚五忍。此即初也。文有三節。初之一句，讚所了法。次，有一句，辨能了人。後，有二句，顯其勝劣。此明除佛以外，障未除故，不能窮盡，故不名智，但名爲忍。唯佛一人，能盡忍源，障已盡故。

佛衆法海三寶藏　無量功德攝在中

釋曰：自下，第二，有二十四頌，别讚五忍，文别有四。一、有五偈，歎伏忍。二、善覺下，五偈，歎信忍。三、炎慧下，有四偈，歎順忍。四、遠達下，有十偈，合釋無生、寂滅二忍。

就伏忍中，文別有三。初，有一偈半，頌方便。次，有一偈，顯正位。後，二偈半，顯勢力。前中有三。初之一句，信所依境。次，有二句，明發信心。後，有二句，配屬王位。此即初也。釋三寶義，具如別章。

十善菩薩至苦輪海

釋曰：第二，明其發心。依《本記》云，十信菩薩，由發大心，求出三界。雖未即能永出三界，以能遠離三惡道苦，是故總言長別三界。

中下品至鐵輪王或有本云寶者，謬也。

釋曰：第三，配屬王位。謂十善業道中下品者，得粟散王。若上品者，得鐵輪王。小王衆多，猶如散粟，從喻立號，名粟散王。依《本業經》，十善有三，上品鐵輪，中品粟散，下品人王。

習種至四天下

釋曰：第二，一偈，頌其正位。謂十住菩薩習種性，作銅輪王，王二天下。十行菩薩性種性，銀輪王，王三天下。十迴向菩薩道種性，金輪王，王四天下。言七寶者，輪寶、主兵臣寶、主藏臣寶、象寶、馬寶、女寶、如意珠寶。

問：如是七寶，四種輪王皆具有不？

答：皆悉具有，而勝劣異。故《大婆沙》三十卷云：諸轉輪王，力亦不定。王四洲者，有那羅延力。那羅延者，此名人種。人與天女和合王〔一〇〕而生，根本是人種類，故名人種。王三洲者，有代根〔一一〕伽力。王二洲者，有鉢羅塞建提力。是大力鬼神，是鬼趣攝也。王一洲者，有摩訶路健那力。此名露形，是人中神。此四輪寶，亦有差別。王四洲者，有金輪寶，其量正等四俱盧舍。王三洲者，有銀輪寶，其量正等三俱盧舍。王二洲者，有銅輪寶，其量正等二俱盧舍。王一洲者，有鐵輪寶，其量正等一俱盧舍。如四輪寶有此差別，應知餘寶亦有勝劣。謂王四洲者，餘寶最勝。乃至一洲者，餘寶最劣。

伏忍聖胎至十賢心

釋曰：第三，顯其勢力，文別有二。初之一偈，對佛辨力。後，一偈半，就菩薩辨。前中有二。初之二句，標三伏忍。後有二句，正讚勢力。此即初也。若依《本記》，初句總標三十忍，次句別配三位。言十信者，即十信位。十止者，即十解位。十堅心者，即十行位。今解：不爾。十信即十解，亦名十住。十行名十止，十迴向名十堅心。如上已說。

三世諸佛至伏忍生

釋曰：第二，正讚勢力。如文可知。

一切菩薩至信心難

釋曰：第二，對菩薩辨，於中有二。初，標發心。後，釋二利。此即初也。言發心者，《顯揚》第二有二發心。一、世俗發心。謂如有一隨智者前恭敬而住，起增上意，發誓願言，長老憶念，或言聖者憶念，或者鄔波柁耶，我如是名，從今日始發無上菩提心，爲欲饒益諸有情故，從今已往，凡我所脩六波羅蜜，皆爲證得無上菩提。故我今與諸菩薩摩訶薩和合出家，願尊證知我是菩薩。第二、第三，亦復如是。二、證法性發心。謂如有一已過第一劫阿僧祇耶，已證菩薩初極喜地，已入菩薩定無生位，已如實知無上菩提方便，已悟自身將近等近大菩提果，解自佗悉平等故得大乘意，已至不住流轉寂滅菩薩道故得廣大意。由如是故，於大菩提願不退轉，是證發心。《莊嚴》第七，發心有四。一、信行發心，謂信地。二、淨依發心，謂前七地。三、報得發心，謂後三地。四、無障發心，謂如來地。若依《瑜伽》七十二，說十種發心，恐繁不述。今此經文，二發心中，世俗發心。四種發心，當信行發心。若依《本業》，在十信位，謂十信心。信心有十，脩百法門，故言行本。或十住中，初發心住。

若得信心至初地道

釋曰：第二，釋自利行，文別有三。初之二句，明自利行。次有一句，顯利佗行。後一句，雙結二利。此即初也。

言信心者，依《莊嚴論》，此當上品，故彼第七云：行盡阿〔二〕僧祇，長信令增長〔三〕。衆善隨信集，亦具如海滿。

釋云：若諸菩薩行行盡一阿僧祇劫，爾時，長養於信，方至上品。若准彼文，當十迴向。今此經文，重讚十住第七不退也。

問：此種性菩薩，爲如此經必不退耶？或有退耶？設爾何失？若言退者，此經所説如何會釋？若言不退，《本業經》等如何會釋？

解云：此義兩釋不同。

一、龍猛菩薩宗。種性菩薩決定不退，故《金剛仙論》第一卷中作如此説，然此習種性人亦有二種。一者，性決定。二者，不定。不定者未能決定入於性地，乃至初地，容有進退，故言不定。若遇善知識即不退，若不遇者退入外凡及二乘地，或性種性猶退墮地獄。馬鳴菩薩《起信論》中，亦同此説。又《樂莊嚴經》中説，性地菩薩，決定不退。是故《寶鬘論》中，有人問龍樹菩薩云：《地持經》中道性地菩薩退墮阿毗地獄，此義云何？龍樹菩薩答言：《地持經》中雖云性地菩薩墮地獄，我不明作如是説。何以故？《不增不減經》中明性地菩薩畢竟不墮地獄。又《樂莊嚴經》中説：性地菩薩若一時殺閻浮提衆生，雖有此罪，猶不墮地獄。若殺四天下乃至大千世界衆生，亦不墮地獄。何以故？此人曠劫脩行，多供諸佛，功德智慧，善根純熟。雖造重罪，以福德力故，罪即消滅，不墮地獄。如熱鐵鏉，以一渧水投之於上，即自消滅。

以此驗知，性地菩薩不墮地獄。

問：若爾者，二經相違，云何會通？

解云：《地持經》中道言入者，摧怖地前，令其生懼，速證初地，非謂實入阿鼻地獄。如《十地經》中七勸，勸八地菩薩言，汝莫樂住寂滅。然八地菩薩既位出功用，永絶識務，念念無生，運運自進。豈有樂住寂滅，假勸方進也？欲速入九地十地乃至佛地，是故加勸，非謂實樂住寂滅。此亦實[二四]如是，實不墮地獄。言其墮者，欲令速證初地，非謂實墮也。故知性種以上一向不退。

二、慈氏菩薩宗，種性菩薩，亦有退入惡趣，墮入外凡。如前所引《本業經》第一卷云，信想心中行者，是分善根。諸善男子，若一劫二劫，乃至十劫，行十信，得入十住。是人爾時，從初一住，至第六住中，若修第六般若波羅蜜，上觀現在前。後值諸佛菩薩知識所護故，出到第七住，常住不退。自此七住以前，名爲退分。佛子，若不退者，入第六般若。修行於空無我主者，畢竟無生，必入定位。佛子，若不值善知識者，若一劫二劫，乃至十劫，退菩薩心。如我初會衆中，有八萬人退。如淨目天子、法才王、舍利弗等，欲入第七住，其中值惡因緣故，退入凡夫不善惡中，不名習種性人。退入外道，若一劫，若十劫，乃至千劫，作大邪見及五逆，無惡不造，是爲退相。准此等文，亦有退者。而《樂莊嚴》等説不退者，如《本業經》修第六度，遇善知識。故知種性有退不退。

問：十信位有不退不？

此有兩釋。一云亦有不退。故《本業經》第一卷説，十信第六名不退心。而與十住有差別者，十住第七住位不退，十信第六唯信不退。一云無不退義。是故此經第六名施，《本業》第二自説戒心。由斯十住第六已前，一向是退，第七住後方名不退。而言十信第六不退者，譯家謬也。

教化衆生覺中行

釋曰：第二，顯利他行。如文可知。

是名菩薩初發心

釋曰：第三總結二利。上來明信不退者，說伏忍位。又解，一切菩薩已下，一偈半，說信忍方便。以《莊嚴論》說僧祇末上品信故，於理無違。

善覺菩薩四天王

釋曰：自下，第二，有五偈，別釋信忍，文別有四。一、有兩偈，釋善覺地。二、有一偈，明離達地。三、有一偈，釋明慧地。四、有一偈，斷障分齊。此即第一也。文有七節。一、標名配位，二、顯地別行，三、化土寬狹，四、辨登一乘，五、釋地別名，六、顯德具足，七、入理不動。此即第一標名配位。謂初覺生法二空，無相見道，及三心等，故名善覺。配位如上。

雙照二諦平等道

釋曰：第二，顯地別行。依真諦釋，雙觀二義。一、入觀見真，二、出觀見俗。出入合說，故云雙觀。慈恩三藏，一時雙緣，故名雙觀。然此雙觀，略有四種。一、方便雙觀，謂十迴向中四善根位，於一刹那，緣名義等假有實無。假有是俗，實無即真。於中初習容有前後，若純熟位即得雙觀。二、證位雙觀，如即此經。三、功用雙觀，謂難勝地。四、任運雙觀，八地以上。今於此中，證位雙觀。

權化衆生遊百國

釋曰：第三，化土寬狹。

始登一乘無相道

釋曰：第四，辨登一乘。然釋此文，諸說不同。一云，就理說一乘。一云，依行說一乘。具如別章。

入理般若名爲住　住生德行名爲地

釋曰：第五，釋地別名。義謂極喜地，亦名爲住，智住理故。即彼般若，亦名爲地，生諸德故。

初住一心足德行

釋曰：第六，顯德具足。謂初地一念，具足八萬四千波羅蜜。

於第一義而不動

釋曰：第七，入理不動。謂入理時，非分別所動，故名不動。或不退故，名而不動。

離達開士忉利王至無無無生無二照

釋曰：第二，此一頌文，釋離達地。文有三節。初，標名配位。次，化土寬狹。如經可知。後，顯地別行。

言離達開士忉利王者，標名配位。離犯戒垢，達照一味真如，故名離達，即當三十三天王。言現形六道千國土者，辨土寬狹。

言無緣等者，第三，顯土別行。釋此經文，諸說不同。一、《本記》云：上句明境淨，下句明智淨。言無緣者，依他假緣空。無相，分別假相空。第三諦者，真實性空。解云：除遣三性，存三無性也。言無無者，是無分別性，以體無故。言無生者，依他性空。言無二照者，圓成實性空。然此照言，該通上三。慈恩三藏云：上句境淨，下句智淨，准同前釋。言無緣者，生無自性性，體即依他，無自在天等爲緣生故。言無相者，相無自性性，即所執相以無自體爲其性故。言第三諦者，勝義無自性性，真如爲體，而無所執真空相故。釋能淨智，准前應知。

明慧空照至變化生

釋曰：第三，有一偈文，釋明慧地。文有三節。初，標名配位。次，化土寬狹，如經可知。後，顯地別行。

言忍心者，即是能觀之智。言無二者，謂離有無二相。即用無二爲第三諦。言出有者，出三界有。言入無者，離分段有，入變化生。

變化生者，即是變易生死也。

如何得知第三地中出有入無變化生即是變易生死？解云：如《顯揚論》，變易生死，亦名變化。又第三地即施戒修中修定地，由邊際定力，受變易生。故知第三地受變易生。

善覺至無遺照

釋曰：第四，有一偈，明斷惑分齊。謂上善覺、離達、明慧三位菩薩，能斷三界色煩惱縛。所以者何？執三界色爲實有故。下有半頌，釋斷所由。以彼菩薩還觀三界身口色上法性第一真如，無遺照故，方能斷也。

或有本云無唯照者，謬也。

炎慧妙光至空有了

釋曰：自下第二，有四偈，釋順忍，於中有二。初有三偈正明行位，後有一偈明斷惑分齊。前中有三。初有一偈，明炎慧地。次有一偈，明勝慧地。後有一偈，明法現地。

此明炎慧地，即十地中第四炎慧地，文別有三。初，標名配位。次，化土寬狹。後，顯地別行。炎慧妙光者，第一標地別名。道品慧光，斷所知障，如炎燒薪，法喻雙舉，名爲炎慧妙光。於十度中，行精進度，名大精進。配王攝士，如經可知。顯別行中，言實智緣寂方便道者，略開二智。謂，一、實根本智唯緣寂靜真如，二、後所得方便智通緣真俗，故今且舉方便道，不辨所緣。下句重釋二智。達無生者，釋上實智。照空有了者，釋後得智通照真俗。

勝慧至入無間

釋曰：第二偈，明勝慧地，文別有三。初，標名配位。次，化土寬狹。後，顯地別行。言勝慧者，即難勝地。真、俗二智難合能合，故名難勝。今此經意，了知真俗，及第一義能了知故，名爲勝慧。自達明了，不由佗力，故名勝慧。配位分齊，如經可知。言空空諦觀至入無間者，第三，顯地別行。《本記》

釋云：就真諦門，空有二義，一者人空，二者法空，故曰空空諦觀。或可有無皆空曰空空。雖有無相，名無二相。俗諦門中，變化六道，無細不入，故言入無間。

法現開士自在王〔二五〕

釋曰：第三，有一偈，釋第六地，文別有三。初，標名配位。次，顯地別行。後，化土分齊。言法現者，是第六地。緣生空觀法現在前故，名爲法現，即六天中他化自在天王也。言無二無照至大智光者，顯地別行。真即是俗，俗即是真，故言無二。或可離有無相，故言無二。無能所證，故言無照。內證生法兩空，故言達理空。具足能證真俗二諦，及第一義，故言三諦現前大智光。化土寬狹，如文可知。

炎勝至迷心惑

釋曰：自下，第二，有一偈，明斷惑分齊，文別有二。初，上半，正明斷惑。後，下半，釋斷所由。此即初也。炎謂炎慧，勝即勝慧。法現即是法現。如是三人，起無漏定，皆離有無二相，及無能取所取相，名無相定。此上三智，能洗力〔二六〕三界迷心麤惑。理實通斷迷色心惑，欲顯勝劣，且說迷心。

定〔二七〕慧寂然至無量報

釋曰：第二，釋所由。緣空爲境，故言空慧。行相寂靜，無能緣所緣相，故名無緣觀。前云無相定者，顯所依定。此句即顯能依觀智。前迷心惑，緣心爲境，故能斷智還觀心空。無量報者，現所觀境無量三界心報。

遠達無生初禪王

釋曰：自下，第四，有十偈，釋後二忍，於中有三。初，兩偈半，別釋下品無生忍。次，等觀下，五偈，合釋二忍。後，圓智下，兩偈半，釋上品寂滅忍。前中有二。初，廣釋行相。後，斷惑分齊。釋行相中，文別有三。初，標名配位。次，化土寬狹。後，顯地別相。

此即初也。

言遠達無生初禪王者，標名配位也。此七地至功用位最後邊際，純作真如無生觀，故名遠達地。如《解深密》謂此地中，無缺無間，證入無相，不同六地暫時現前，又復鄰近第八淨地。具斯二義，名遠行地。

常萬億土教衆生

釋曰：第二，化土寬狹。若准前文，言百萬億。略舉大數，故言萬億。

未度報身至空寂行

釋曰：第二，顯地別相。文有五節。

一、住報時分。謂此地中受分段生，唯一身在，故《智度論》云：七地菩薩未捨虫身、肉身。或可二十一生中末後一生，故言一生。

二、進入勝位。謂所入地雙觀二諦，故言等觀。聖道恒行，故言法流。

三、始入行相。此有兩釋。一云，始入第八，任運而起，故曰無緣。功用不動，猶若金剛。一云，第七初證無生，離分別相，名曰無緣。其智堅利，名金剛忍。

四、不受分段。亦有兩釋。一云，八地已上永不受。二云，七地當永不受。

五、依境辨觀。初句觀真，後句緣俗。亦有兩釋。一云，第八觀第三諦，離有無相，名無二照。却觀分段二十一生，作空寂行。一云，第七作二諦觀。大同前釋。

三界愛習至獨諦了

釋曰：第二，斷惑分齊。然釋此文，諸説不同。一、《本記》云：三界愛習一句，謂三界愛皆須如理，不復別見，故言順道定。遠達一句，別前未證見如如，故言獨了。一一類諸師，依《十地經》，共作此釋，有愛佛習，不違道定，故名順道定。如是愛習，遠達正士獨能解了。而此段文，不辨斷惑。今解：不爾。此文正明斷惑分齊。所以知然，如諸位中理應合釋斷惑分齊，故知此文正明斷惑。

今依二經，釋此文意。一、《十地經》云：此遠行地不名有煩惱者，一切煩惱不行故。貪求如來智慧未滿足故，不名無煩惱者。此經亦爾，愛佛智慧習未斷故，名順道定。遠達正士獨諦了者，諦謂諦實。前之六地，但斷煩惱，未斷習氣，故今第七名獨諦了。二、依《解深密經》，與前少異。謂從初地乃至十地，由故意力起煩惱故，無染汙相。於自身中，不生苦故，無有過失。於有情界，能斷苦因，有無量功德。以此三義故，此經言順道定。而言三界愛習者，彼云麤重，此云愛習，其義一也。

等觀菩薩二禪王

釋曰：第二，五偈，合釋二忍，文別有二。初，有四偈，別釋三品。後，有一偈，斷惑分齊。前中有三。初，一偈，平釋等觀地。次，一偈文，釋慧光地。後，一偈半，釋灌頂位。

就等觀中，文別有四。一、標名配位，二、顯其勝用，三、化土寬狹，四、顯地別行。此即第一標名配位。

變生法身無量光

釋曰：第二，顯其勝用。謂於此地受變易生，名爲法身。證法性如所生身故，名爲法身。惑[三八]諸功德所依止故，稱爲法身，放無量光，照諸國土。

入百恒土化衆生

釋曰：第三，化土寬狹。

圓照三世恒劫事

釋曰：第四，有三句，顯地別行。有其三義，初句照俗，次句重釋，後句照真。此即初也。依《本記》云，道前爲過去，道中爲現在，道後爲未來。

返照樂虛無盡源

釋曰：第二句，重釋圓照三世。依《本記》云，言返照者，返照過去地前之事。言樂虛者，緣現在樂，虛而不實樂〔二九〕。言無盡源者，照知未來道後，不可盡其源。

於第三諦常寂然

釋曰：第三，明其照真。謂第八地，觀智寂然。照智真如第三諦也。

慧光開士至一念了

釋曰：第二，一偈，釋慧光地，文别有三。初，標名配位。次，化土寬狹。如文可知。後，顯地别行。謂此地中，得四辨故，雖在真如無爲空行，而恒沙佛三藏聖教一念能了。

灌頂菩薩四禪王

釋曰：第三，一偈半，釋灌頂位，文别有三。初，標名配位。次，化土寬狹。後，顯地别行。此即初也。

言灌頂者，《華嚴經》第二十七云：譬如輪王太子成就王相，取四大海水灌子頂上，即名爲灌頂大王。菩薩亦如是，受職時，諸佛以智水灌是菩薩頂，名灌頂法王。是名菩薩入大智慧職地。

於億恒土化群生

釋曰：第二，化土寬狹。如文可知。

始入金剛至常湛然

釋曰：第三，顯地别行。文有四節。一、明勝用，謂金剛一念，斷障已了，或可照境已了。二、辨度生，謂三十生中，一生未盡。三、顯品數，位在下忍。四、辨入位，謂解脱道，即成妙覺。

等慧至一切盡

釋曰：第二，一偈，斷惑分齊。於上等觀、慧光、灌頂三品，除前緣心無明習盡。謂無間道現在前時，無明習相故煩惱等一切皆盡。

圓智無相至無極悲

釋曰：第三，有兩偈半，明妙覺位，文别有二。初，正讚三德。後，第一義下，重讚其德。前中有四。一、標名配位，謂圓滿智。緣無相故，名爲無相。或可智用離能所緣故，名爲無相。二、盡生分位，謂三十生盡。於一切境，齊等而覺，名等大覺。此上二句，讚智德也。三、證大無爲，謂有餘、無餘二種圓寂。不可破壞，如金剛藏。此之一句，讚斷德也。四、具大慈悲，謂盡生死，具無極悲。此顯恩德。窮未來際，故言無極。

第一義諦至妙智存

釋曰：第二，有一偈半，重讚其德。文有三節。初之二句，就境讚智。次有二句，就位讚德。後有二句，約時讚德。此即初也。謂内證真諦，非分别所動，故言常安隱。窮生死俗源，盡涅槃真性，成妙覺智，故妙智存。

三賢十聖至居淨土

釋曰：第二，就位讚德。謂始從三賢，至灌頂位，有漏未盡，言住果報。唯佛一人，生死報盡，無有漏法，故居淨土。

一切衆生至居淨土

釋曰：第三，約時讚德。謂一切衆生雖無有始，而有盡時，名暫住報。唯佛一人，有始無終，名居淨土。

如來三業至禮三寶

釋曰：自下，第三，讚佛三業，文别有五。一、初二句，總讚三業。二、有一偈，别讚三業。三、有半偈，讚説無畏。四、有半偈，讚能動地。五、有半偈，讚佛快説。就總讚中，初之一句，總讚三業。後有一句，顯已歸禮。言三業德無極者，如前所説，身業堅固，意業寂靜，口業能説，皆無窮盡，故言無極。由斯我今敬禮三寶。

法王無上至無緣照

釋曰：自下，第二，有一偈，别讚三業，於中有三。初有二句，别讚身業。譬如大樹覆蓋人衆，如來身力覆蓋亦然。次有一句，别讚口業。稱理説法，非無義利。後有一句，别讚意業。其心寂靜，無緣大悲，普照有情。

人中師子至散金華

釋曰：第三，讚説無畏。文有兩即〔三〇〕。初之一句，讚説無畏。後有一句，歡喜供養。

百億萬土至受妙報

釋曰：第四，有半偈，讚能動地。文有兩節。初，讚佛動地。後，衆受妙報。

天尊快説至略難〔三一〕佛

釋曰：第五，有半偈，歎佛快説。文有兩節。初句，讚佛快説。諸王後句，申已讚説之意。

時諸大衆至無量功德藏

釋曰：自下，第三，辨衆得益。若依《本記》，有七種益，即分爲七。此即第一，得開〔三二〕慧益。

得大法利

釋曰：第二，得思慧益。以已思慧，勝於聞慧，名大法利。

即於座中至無生忍

釋曰：第三，得修慧益。言三趣者，是三惡趣。問：如何惡趣能得修慧益？薩婆多宗不許惡趣能得修慧。今大乘宗，亦得修慧，故《大雲經》諸畜生等，得定律儀。

八部至天上受道

釋曰：第四，現在安樂住。言八部阿修羅者，四天王住下有四阿修羅王。一、羅睺阿修羅，二、毗摩質多羅，三、波利，四、毗樓闍。須彌山下，又有四大阿修羅。一、陀㲉，二、富樓魔，三、波羅訶，四、兜牟樓。

三生至得入正位

釋曰：第五，正位。

證聖人性

釋曰：第六，淨眼位。證聖人性四字是二乘所得。

得一切無量報

釋曰：第七，未來樂住。既聞聖教，得生報後報無量果也。又云，就得益中，文別有二。初，明總益，謂衆聞法。後，即於下，顯其別益，謂諸天鬼神，乃至人畜地獄，得初地無生法忍。餘文大同前説。雖有兩説，且依前説。地獄能得初地無生，不應理故。

佛告諸行得道至大師子吼

釋曰：自下，第三，如來述成領解，文別有二。初，讚王能説。後，善男子下，讚所説法。前中有二。初，讚王能説。後，世尊述讚。二能説中，文有二節。初，標所告衆。後，對衆正讚。此即初也。謂聽衆中天衆最勝，或得聖果是實非化，故名得道果實天衆。言善男子等者，第二，對衆正讚，敘今勝古，成師子吼，謂於過去龍光佛邊爲第四炎慧開士，我爲第八等觀開士。我今成佛，汝來第九地作師子吼。

如是如是乃至知斯事

釋曰：第二，如來述成。文有兩節。初，讚教稱理。後，顯所詮理。此即初也。王所説教，稱所詮理。教理相應，是故重言如是如是。言不思議等者，非三賢境，名不思議。龍樹釋云：言語道斷，心行處滅。世親等云，心言路絶。其義一也。非十地境，名不可度量。此即校量難勝功德，是故唯佛與佛，乃知斯事。

善男子至不可思議

釋曰：第二，讚所説法，文別有三。初，正讚所説。次，善男子是十四法門下，讚用勸修。後時諸衆中下，大衆供養。就正讚中，文別有三。初，釋不可思議。次，善男子下，釋不可度量。後，我今下，釋唯佛乃知。就不思議中，文復有三。初，標宗略説。次，外人徵詰。後，世尊廣釋。前中有四。一、總標其數，謂十四般若。二、別敘屬當，謂地前三忍，地地三品，成三十忍。三、二藏分別。謂一切行藏者，前十三忍。一切佛藏者，上寂滅忍。由此二種攝諸功德，名之爲藏。四、結不思議。如是二藏，名不可思議。

何以故

釋曰：第二，外人徵詰。依何義故，行藏佛藏皆不思議。

一切諸佛至是中化

釋曰：自下，第三，依宗廣釋，文別有二。初，唯就佛藏，明不思議。次，一切衆生下，合釋二藏，明不思議。此即初也。然此文，自有兩説。一云，是中生，是中滅，是中化者，法身無像，爲物故形，以王宮現生，雙林託滅，隨感應故，所以化也。無生無滅無化者，其用彌寂，故體無生滅化也。無自他者，彼已兩亡。第一無二者，境智俱絶。非化非不化者，談其大寂非化，據其大用非不化。非無無相者，有無相對。若有有，可有無。若有無，可有有。今明有無俱無，故言非無無相。無來去者，明去來相絶。故《中論》云：已來亦無來，未來亦無來。離已來未來，來相不可得。已去亦無去，未去亦無去。離已去未去，去相不可得。

今釋此文，於中有二。初，就化身，即相無相，明不思議。後，逐難重釋。前中復二。初，立三相。後，遣三相。此即初也。是中生者，明智德。是中滅者，辨斷德。是中化者，顯恩德。此約化身，作如是釋。或可通依受用、法身，釋上生等。如理應思。

而無生無滅無化

釋曰：第二，遣生等三相。約相無自性，故説無生等三相。

無自他至無去來

釋曰：第二逐，難重釋。雖云無化，其相難知，故重釋之。於中有二，先法，後喻。法有五義，展轉相釋。一、無自他者，釋上無化。既無自他，如何有化？二、第一無二者，釋無自他，第一義中無自他二故。三、非化非不化者，釋上無二，謂化是能化，不化是所化，能所俱非，故第一義無有二也。四、非無者，遣無。前已遣有，便撥爲無，同惡取空，故言非無。五、無相無來去者，雙遣有無。所言相者，是有無相。來者有相，去者無相。今此般若雙遣有無，故言無相無來去也。

如虛空故

釋曰：第二，舉法同喻。

一切衆生至行空故

釋曰：自下，第二，合釋二藏，明不思議。文別有二，先釋，後結。釋中有二。初，人法相對，辨不思議。後，境智相對，辨不思議。前中有二。初，明人空。後，明法空。此即初也。文有兩節。初，以三義，辨我相空。後，煩惱下，就我衆名，以辨人空。此即三義以辨空相。言三義者。一、無生無滅。二、無縛無解。三、非因非果，非不因果。言無生無滅者，諸説不同。一云，無生無滅，即是總句，謂一切衆生皆有生死，名爲生滅。雙遣死生，故言無生無滅。一云，無生者遣常見，彼計我生而不滅故。無滅者遣斷見，彼計我滅而不續故。言無縛無解者，自下，別釋。既無衆生，説誰名爲有縛有解。故《智論》五十一《縛脱品》云：五衆無縛無脱。若畢竟空，無有作者，誰縛解？凡夫人法虛誑不可得，故非縛。聖人法畢竟空不可得，故非解。乃至云，菩薩住是道中，諸煩惱不牽墮凡夫中，故言不縛。不以諸無漏法破煩惱，故言不解。具説如彼。真諦解云：人空真如，非煩惱所縛，亦非智慧所了，空無所得故。言非因非果者，雙遣。衛世師外道計我爲作者，説名爲因。僧佉外道計我爲受者，名爲果。故言非因非果。言非不因果者，依俗理，非無因果。

言煩惱下，就我衆名，以辨人空，於中有二。初，煩惱者，出能執法。所謂我見煩惱，我人等惱亂行者，故名煩惱。後，我人等者，辨所執我，有衆多名，於中有二。初，辨我五名。一、我，二、人，三、知者，四、見者，五、受者。後，我所等者，辨我所空。謂前五種我皆有我所，謂第一我所，乃至第五受者所。總標五種，故言我所空。所遣法體，通攝三受。所謂苦受名苦苦，樂受名壞苦，捨受名行苦。是故三受，通名苦受。即此三受，皆有爲行，同是我所遣法，故言一切苦受行苦〔三〕故也。

一切法集至寂然空故

釋曰：第二，明法空也。有其五句。一、一切法集者，標名辨假，謂一切法集故名假。二、幻化五陰者，舉喻出體，如幻五陰非人故，名爲法假。三、無合無散者，顯法別相。諸說不同。一云，五陰成身，名爲合。後離散時，名爲散。雙遣二相，故言無合無散。由無分別智不住於生死，故名無合。常起大悲，故不入於涅槃，故言不散。五、法同法性者，攝妄皈真門。一切諸法，皆用如爲性。

法境界空至如虛空故

釋曰：第二，境智相對，辨不思議，於中有二。初，辨境空。後，釋智空。前中有二，先法，後喻。法中有二。初，法境界空者，明總空相，謂一切境無不空者。後，空無相不轉等者，釋其別空。文有三節。初，明法空。次，無三寶者，通於人法二空。後，無聖人六道者，明人空也。初，言空者，空三昧境。言無相者，無相三昧境，無十相故。言不轉者，是無願三昧境，以苦集染，不可轉爲無漏淨故。如上三境，皆非顛倒，非如幻化，是虛妄故。次，言無三寶者，雙顯人法二空。後，言無聖人者，明能化空。言六道者，辨所化空。言如虛空故者，第二，舉喻，喻法空相。

般若無知至照相故行道

釋曰：第二，智空。於中有三，初法，次喻，後合。法中有二。初，遣知等六相。比度名智，推求言見，歷境稱行，籌慮名緣，招果名因，領納名受。如是六相，悉皆是空。後釋遣所由，故言不得一切照相故行道相。

斯行道相如虛空故

釋曰：第二，舉法同喻。

法相如是至無心得

釋曰：第三，總合。法相如是者，合上六種空相。言何可有心得、無心得者，有心是分別，無心是無分別，心如何有心得、無心得？或可〔一四〕，何可有心得者，遮有心得。其境皆空，如何有心得無境也。無心得者，許無心得。謂以境空故，無分別心，能得空也。

是以般若至行而行

釋曰：第二，結上四義。文有四節。一、人中行不可得，以生空故。二、法中行不可得，以法空故。三、境中行不可得，所緣空故。四、解中行不可得，能緣空故。

是故般若至不可思議

釋曰：第三，雙結二藏不可思議，文別有二。初，依智總結。後，就人別結。此即初也。

而一切諸菩薩或有本云：諸佛菩薩。至亦不可思議

釋曰：第二，約人明不思議，文別有二。初，明菩薩無境而行，亦不思議。後，明諸佛如幻境中行化衆生，亦不思議。或先結後文佛菩薩藏，後結前文佛藏不思議。

善男子至如海一滴

釋曰：自下，第二，挍量歎勝，釋上不可度量。謂王所説般若功德如大海水，灌頂菩薩説其功德如海一滴，故知般若功德不可思議。

問：灌頂菩薩，其位勝王，如何説德不及月光？

解云：就位而論，王即不及菩薩。今佛加護，王勝菩薩。

我今略述至一切衆生

釋曰：自下，第三，釋上唯佛能知。文有三節。初，明今佛説法般若分義功德。次，亦爲下，明諸佛同説。後，三賢下，明十三開士共説功德。言分義者，説王功德不可盡故，

名爲分義。或可三賢十聖，顯所讚也。謂即述可月光王，歎三賢十聖無量功德。

善男子至亦復如是

釋曰：第二，歎用勸修，於中有三。初，正歎勸修。次，何以故者，大王反徵。後，一切佛下，廣釋。前中二。初，正歎勸修。後，若一切下，顯無異路。此即初也。謂善男子，如是十四法門，一切衆生、三乘、諸佛，乃至未來諸佛之所修習。

若一切諸佛至無有是處

釋曰：第二，顯無異路，如文可知。

何以故

釋曰：第二，大王反徵。

一切佛至無異路故

釋曰：第三，廣釋，文別有三。初，標正路。次，是故下，示其正路。後，是人超過下，舉果歎勝。此即初也。唯有此門，更無異路。

是故一切至圓覺忍者

釋曰：第二，示其正路。謂無異路故，應依上十四忍門，應當修學。

此人超過至現身得報

釋曰：第三，舉果歎勝。有二利益。一、超諸苦難。二、現身得報，謂得聖果等。

時諸衆中至十四正行[三五]

釋曰：自下，第三，大衆供養，文別有三。初，菩薩香華供養大衆，説十四正行。次，十八梵天下，諸天供養，受持讀誦。後，無量鬼神下，明鬼神修行般若。文顯可知。

佛告大王至衆生相可化

釋曰：自下，第二，答第三問無倒化生，文別有三。初，牒前問。次，佛正答。後，時諸無量下，時衆得益。此即初也。謂佛牒前第三問，假實門中，何相衆生可化？

若以至真行化衆生

釋曰：第二，如來正答，文別有二。初，略答。後，廣釋。此即初也。謂以如幻之身者，是能化菩薩。見幻化者，是所化如幻。此如幻者，自有兩釋。一云，能化所化，皆是依他而非實故，說之如幻，如《阿毗達磨經》八喻顯依化。二云，無故如幻，因緣所生法皆是空故，說之如幻，如諸般若。下答文中，皆准此釋。

衆生後〔三六〕至異木石

　釋曰：自下，第二廣中，有二。初，明所化如幻。後，大王若菩薩下，明能化如幻。就所化中，文別有二。先，釋。後，一切幻化下，總結如幻。就正釋中，釋七種假，即分爲七。言七假者，一、法假，二、受假，三、名假，四、相續假，五、相待假，六、緣成假，七、因生假。此即第一明法假，文別有二。初，正明法假。後，大王凡夫下，凡聖取境勝劣差別。前中有二。初，明本識能生色、心。後〔三七〕後，衆生根本下，色、心成陰、界等。前中有三。一、明受生識。二、生得善下，明善惡種子識。三、初一念下，約時明成衆生色、心。此即初也。

　言衆生識者，總標諸識。自有兩釋。一、真諦三藏總立九識。一、阿摩羅識。真如本覺爲性，在纏名如來藏，出纏名法身。阿摩羅識，此云無垢識，如《九識章》。餘之八識，大同諸師。二、慈恩三藏但立八識，無第九識。而言阿摩羅者，第八識中淨分第八。然諸教立識不定，有處但說六識，不說七、八，如諸《般若》。或說八識，如《金光明》等。而諸《般若》所說六識，自有三品，謂上、中、下。上品細者名爲賴邪〔三八〕，中名末那，下名六識。如是三品，從意根生，故名意識。

　言初一念識異木石者，隨生何處，受生剎那初一念識，名正受生識。唯是異熟，自性分別，異於木石，無强分別。

若生得〔三九〕善識本

　釋曰：第二，明善惡種子識。就種子識，若具分別，具三熏習。一、名言熏習，二、有支熏習，三、我見熏習。初一，通三性以爲因緣，能生果法。次，有支熏習，唯善惡性，生善惡趣。後，我見，唯是染汙。此後二種，於所生果，作增上緣。然第八識自有三相。一者，因相，是種子識。二者，果相，謂受生識。三者，自相。合説二種，以爲自相。據實種子具有三性。就勝説故，不説無記。如是善、惡，皆有二種。一者，生得。二者，方便。初受生時，但得生得，而非方便。或可此中且説生得，不説方便。若依《本記》，生得善、惡者，由有如來藏故，有避苦求樂之心，此心從本性而有，不由外緣，故言生得。背理成妄，妄故興惡，惡亦生得，不由化也。

初一念至衆生色心

釋曰：第三，約時辨成衆生色、心。謂由種子，從初一念，至於金剛，於中生不可説異熟識爲本，成衆生色心。

問：成衆生具三聚，謂色、心及不相應。如何不説不相應法？

解云依色、心上，假立諸不相應，是假非實。就實説故，但説心。又解：大乘諸教不同。如梁朝《攝大乘》云：諸有爲法不出色、心。勘《密嚴經》《百法論》，引經説不相應。

問：諸衆生有本際不？若言有者，如何經説衆生本際不可知？若言無者，此經所説復如何通？勘《不增不減經》等。

解云：即依此義，總約諸宗，所説不同，有其四句。一、有始無終。謂彌沙塞部中，立有時頭衆生，隨緣而有，如真諦《部執記》中説。而彼宗中，雖無成文，義説無般涅槃性及佛果不滅者，得成初句。二、無始有終。謂如薩婆多宗及經部及大乘中定性二乘。三、有始有終。如彌沙塞部宗中，二乘聖者入無餘位。四、無始無終者，無涅槃性，不定種性，及菩薩種性，如《瑜伽》等。餘師所説，不可具陳。若依《本記》，有二義。一、依理論，不可説煩惱在前在後。二、依教化門，且約受生等説之爲初。

衆生根本至身名積聚

釋曰：第二，色、心成陰、界等，文別有二。初，明成陰。後，大王下，成十二處等。此即初也，文別有二。初，別釋五陰。後，釋蓋名義。謂衆生根本色，名色蓋，亦名色陰，如後當釋。心名識蓋等，此即開心以爲四陰，謂受想等。所言蓋者，釋陰名義。舊翻爲蓋，陰覆爲義。慈恩三藏翻之爲藴，藴是積聚義。於一一藴，多法集成，故名爲藴。言身名積聚者，釋身名義。謂五藴法皆名爲身，是藴義。

大王至生無量色

釋曰：自下，第二，明色、心成十二處等，文別有三。初，總明一色生無量色。次，眼所得下，別明所生諸色。後，如是一色下，總結能生色、心。此即初也。謂一色法，能生五塵等色。若具，應言此一心法生一心法或無量心。今總略故，但説生識[四〇]。

眼所得爲色至身得爲觸

釋曰：第二，釋所生多色，文別有二。初，明生五境。後，明生五根。境中有二。初，明所造五境。後，釋能造四大。此釋五境，若具，應言法處所攝色。或可此經不明法處所攝色，是故不説。

堅持名地至輕動名風

釋曰：第二，能造四大，如文可知。

生五識處名根

釋曰：第二，明生五根。謂四大所造眼等五根，能生五識，故名五根。

如是一色一心至色心

釋曰：第三，總結。一色生十種色，謂五根、五境。略而不説法處色也。一心於十二處能生意根，於十八界能生六識及與意界，而釋中不説者，爲存略故。

大王凡夫至無量假色法

釋曰：自下，第二，凡聖取境，勝劣差別，文別有二。初，明凡境，得假非實。後，明聖境，得實非假。此即初也。

聖人六識至一切實法

釋曰：第二，聖境得實非假。然此文義意難了，諸説不同。若依《本記》，凡夫六識總相取法，故言得假。聖人分明取四微等，故言得實。又解：凡夫俗，虚妄六識，故得世諦假名之法。今解：色等五境皆有二相。一者，自相，即是實有。二者，共相，即是假有。異生五識、同時意識皆得自相，是現量故。後念意識但得共相，是比量故。聖人取境，亦復如是。今此經意，約麤細門，凡夫所得麤，乃現量故，但得假境。聖人現量，以極細故，但言得實。此即假説。

衆生者世諦之名也

釋曰：自下第二，明受假。四門分別，即分爲四。一、二諦分別門。二、有無門。三、六趣門。四、四姓門。此即第一二諦門也。如上所説，能成五藴名爲法假，所成之人名爲受假。如是受假，二諦門中，是假法世諦之名也。

若有若無至幻化故有

釋曰：第二，有無分別門。謂於俗諦門中有假者故，名之爲有。非實性故，亦説爲無。如是受假，世諦假誑幻故有，而非實有。

乃至六道幻化衆生見幻化

釋曰：第三，六趣門。謂受假三界、四生，乃至六道所成受假，皆幻化衆生見幻化，非實衆生。

幻化見幻化至名爲幻諦

釋曰：第四，四姓分別門。然釋此文，自有兩釋。一云，幻化見幻化者，總標能化所化皆是幻化。婆羅門乃至名爲幻諦者，雙顯能化所化皆具四姓。神我有情，具足色、心，皆名幻諦。二云，言幻化者，標能化人。

見幻化等，乃至名爲幻諦，皆是所化。

幻諦法至無義名

釋曰：第三，釋名假，文别有二。初，明佛前無名。後，大王下，明如來立名。前中有三。初，明世諦無名義名。次，明幻法無名無體。後，明三界六道皆無名字。此即初也。謂幻諦法者，即世諦也。言無佛出世前等者，佛未出時，無能説名字，亦無所説義名字。

幻法幻化至無體相

釋曰：第二，明幻法無名無體。謂幻法有幻化用，如是體用，皆無名字，亦無體相，如空化等。

無三界至六道名字

釋曰：第三，釋三界六道，皆無名字。如文可知。

大王是故至六道名字

釋曰：第三，如來立名，文别有三。初，世尊立名。次，結名非一。後，指事重釋。此即初也。謂佛未出，無諸名字，是故世尊爲諸衆生説諸名字。

是名無量名字

釋曰：第二，結名非一。如文可知。

如空法至色法

釋曰：第三，指事重釋。謂無量名字者，如説成衆生身，有其七名。一者、空法，是空界色。二、明四大，即分爲四。三、明心法，謂六識心及心所有法。四、色法，謂五根、五境、法處所攝色。如是名字，其類非一。

相續假法，非一非異

釋曰：自下，第四，明相續假法，文别有三。一、標宗，二、反釋，三、順結。此即初也。如《本記》云：一是常見，前後是一，無滅義故。異是斷見，前後各異，無續義故。故説其相非一非異。

一亦不續，異亦不續

釋曰：第二，反釋一異之失。一亦不續，無續義故。異亦不續，條然别體，無續義故。

非一非異，故名續諦

釋曰：第三，順結，可知。

相待假名一切名相待，亦名不定相待

釋曰：第五，釋相待假，文别有二。初，標二種。一者，相避相待，或名决定相待，如一切法展轉相待。二，相奪相待，亦名不定相待，如一尺物或長或短，所望别故，言長奪短，言短奪長。故《本記》云：一切相待，即是相避相待，一法待一切故。不定相待，即相奪相待，如丈尺等。有云：正相待者，如説有無等，或色對眼，聲對耳等。不定相待者，傍相待，如五境展轉相待等。

如五色等法，有無一切等法

釋曰：第二，指事辨正相待也。

一切法皆緣成假成衆生

釋曰：第六，釋緣成假。謂五陰爲緣成假衆生。或可五陰爲緣，成假衆生，故名緣成假。

問：若爾，受假有何别耶？

解云：緣成攝受假，受假不能攝緣成假。

俱時因果至三世善惡

釋曰：第七，因生假。謂同時因果，如説現行熏種子，種子生現行等，即是俱時因果。種子自類相生等，即是前後因果門。

一切幻化是幻諦衆生

釋曰：就所化中，文别有二。先釋，後結。上來已釋所化如幻訖。此即第二，結成所化如幻也。

大王至爲若此

釋曰：此即第二，結成能化皆幻化。

時有無量至不可説德行

釋曰：第三，明時衆得益，文别有三。初，明得伏忍，謂即三賢。次，得空、無生忍者，得二種忍，所謂空及無生忍，一一皆通在於十地。後，乃至等者，得地門，謂聞教力，能得初地乃至十地所有德行，應知。

仁王經疏中卷本

**校勘記**

〔一〕「一」，底本原校疑衍。
〔二〕「相」，疑爲「想」。
〔三〕「乖」，疑爲「亦」。
〔四〕「名性」，底本原校疑衍。
〔五〕「者」，疑衍。
〔六〕「熏」，疑爲「亦」。
〔七〕「釋」，底本原校疑爲「斷」。
〔八〕「加」，疑爲「如」。
〔九〕「惑」，底本原校疑爲「或」。
〔一〇〕「曰」，疑爲「日」。
〔一一〕「悲」，疑後脱「至」字。
〔一二〕「後」，底本原校疑爲「從」。
〔一三〕「諦」，疑爲「淨」。
〔一四〕「故」，疑爲「知」。
〔一五〕「衆」，疑後脱「生」字。
〔一六〕「德」，底本原校疑爲「得」。
〔一七〕「魔」，疑爲「摩」。
〔一八〕「慧」，據《梵摩渝經》（《大正藏》本），疑前脱「尊」字。
〔一九〕「皆」，底本原校疑衍。
〔二〇〕「王」，底本原校疑衍。
〔二一〕「代根」，《阿毘達磨大毗婆沙論》（《大正藏》本）作「伐浪」。
〔二二〕「阿」，《大乘莊嚴經論》（《大正藏》本，下同）作「一」。
〔二三〕「長」，《大乘莊嚴經論》作「上」。
〔二四〕「實」，底本原校疑衍。
〔二五〕「法現開士自在王」，依例應爲「法現至教一切」。
〔二六〕「力」，疑衍。
〔二七〕「定」，底本原校疑爲「空」。

〔二八〕「惑」，底本原校疑爲「或」。
〔二九〕「樂」，疑衍。
〔三〇〕「即」，疑爲「節」。
〔三一〕「難」，疑爲「歎」。
〔三二〕「開」，底本原校疑爲「聞」。
〔三三〕「苦」，疑爲「空」。
〔三四〕「可」，疑爲「曰」。
〔三五〕「十四正行」，疑爲「般若波羅蜜」。
〔三六〕「後」，疑爲「識」。
〔三七〕「後」，疑衍。
〔三八〕「邪」，疑爲「耶」。
〔三九〕「若生得」，疑爲「生得至」。
〔四〇〕「識」，疑爲「色」。

# 仁王經疏卷中末

西明寺沙門圓測撰

## 二諦品第四

將釋此品，略有二義。一、釋品名，二、正釋文。釋品名者，諦有二種。一者，世諦，謂有爲法從緣而生，假而非實，故名世諦。二者，真諦，實相真如，本生清淨，實而非假，故名真諦。或言世俗及勝義諦。世謂隱覆，俗謂麤顯，謂色心等麤顯現法隱覆勝義。世即是俗，故名世俗，是持業釋。勝謂勝智，義即境義，謂真如理是勝智之境義，故名勝義，是依主釋。皆名諦者，如《瑜伽》說，諦有二義。一、如所説相，不捨離義。二、由觀此故，到究竟處，故名爲諦。如是總名《二諦品》者，此帶數釋。於此品中，辨二諦義，故名《二諦品》。

爾時至有世諦不

釋曰：第二，依文正釋。就内護中，文別有三。初，《觀空品》明自利行。次，《教化品》明利他行。後，《二諦品》明二護所依。上來已釋前二行訖，即此第三，二護所依。若依《本記》，於一品内，大分爲三。一、問答分別二諦不二。二、白佛言下，問答分別説法不二。三、白佛言下，問答法門不二。今解即分爲五。初三，同前。第四，大王七佛下，讚經功德。第五，大王此經下，讚名勸持。就初門中，先問，後答。問中，有三。初，兩徵。次，雙難。後，總結。此即初也。謂王兩徵，謂第一義諦中爲有世諦耶，爲無世諦耶？不者，無也。將欲設難，故作兩徵。

若言無者至智不應一

釋曰：第二，雙難有無。先無，後有。然此二難諸説不同。依《本記》云，若言無者，凡夫智不應二，謂真及俗。若言有者，聖人智即不應一，謂第一義諦智。據理論之，不一不二。若定唯一，凡夫見俗亦見真故，即應成聖。若依《本業經佛母品》，有其二問。一、問一二，二、問有無。答有四重。彼云：二諦法性，爲一爲二，爲有爲無？下佛答云：佛子，二諦者，世諦有故不空，無諦空故不有。二〔二〕常爾故不一，聖照空故不二。有佛無佛，法界不變，法常清淨故不二。諸佛還爲凡夫故不空。無無故不有。空實故不一。本際不生故不二。不壞假名諸法相故不空。諸法即非諸法故不有。法非法故不二。非非法故不一。具説如彼。

一二之義，其事云何

釋曰：第三，總結，可知。

佛告大王至一義二義

釋曰：第二，世尊正答，文別有二。初，

世尊略答。後，七佛下，廣釋前難。略中有三。初，讚問有因。次，略示義端。後，勸發三慧。此即初也。謂王曾問過去七佛，故今能問一二之義。言過去七佛者，一毗婆尸佛前更説一佛，如次第二毗婆尸，第三式佛，第四尸棄，第五毗舍，第六拘那含，第七迦葉。勘。又解，毗婆尸第一，釋迦文第七。從多爲論，故云過去七佛。據實，釋迦一佛，即是現在。

汝今無至一義二義

釋曰：第二，略示義端。謂汝今無聽，我今無説。謂《本記》云，有聽有説，即是不一。無聽無説，即〔三〕云，不一即是二諦。一真二俗，不二即是第一義諦。非真非俗，故名第一義諦。一云，不一即是二諦差別義，不二即是二諦無差別義，非謂二諦之外更立第三諦。雖有兩説，後説爲正。不爾，應言三諦品也。有作是難，有説有聽即爲二義，便違上説，二諦爲二，聽説皆是俗諦義故。今解：不爾。欲遮定執真、俗一異，故今分別，隨凡情取二諦定異，隨聖智辨非有差別，非謂聽説別配二諦。

王今諦聽至如法修行

釋曰：第三，勸發三慧。准上應知。

七佛偈如是

釋曰：自下，第二，廣釋前難，文別有二。初，引七佛偈，以釋一異。後，長行中申今佛説，以通前難。前中有二。初，長行發起。後，正引頌文。此即初也。

無相第一義至無自無佗作

釋曰：正引偈文，有八偈半，大分爲三。初，有三偈，正申二諦。次，有三偈，釋一異義，正釋王難。後，二偈半，辨世諦虚，結成上義。前中有三，且依《本記》。初，有一偈，明其二諦體俱本有。次，一偈，文以三假義，辨二諦有無。後，一偈，文遣有無相，以辨二諦。釋初偈中，上半，明真本有，謂無相真如本來自有。無自者，顯人空。無他者，顯法空。又釋：無自者，無我。無他者，無我所。一云，無自者，不從自生。無他者，不從他生。若具，應言不共不無因。爲存略故，説初二句。雖有三釋，意存初説。下半，明俗有，謂因緣法，有佛無佛，本來有之。無自者，有爲法上人空理。無他者，有爲法上法空理。更有二釋，准上應知。

法性本無相至三假集假有

釋曰：第二，有一行偈，以三假義，立二諦有無。由三假故，無名相中作名相説。於中三。初之二句，明真無義。次，有一句，明有義。後，有一句，雙結二諦皆是假有。言法性本無相者，諸法實性本來無相，是真無義。第一義空如者，異名重釋，亦名第一義空，亦名真如。諸有本有法者，此明俗諦有義，謂諸有爲藴等諸法，因緣故有。三假集假有者，雙結二諦皆是假立。言三假者，《本記》云：名相依他二種假故，立俗諦有。無相無生一種假故，立真無義。有説：一頌，上半明真，下半明俗。言三假者，法、受、名假，義如上説。

無無諦實無至有無義如是

釋曰：第三，有一偈，明亡即不二，存即不一，文別有三。初之二句，明真無義。次，有一句，顯俗有義。後，有一句，雙結有無。言無無諦者，遣名相之有，即是無義。得無名相之有，亦是無義。雙牒兩無，故名無無諦。即此二無，實是無也，故言實無。寂滅第一空者，遣前二無，謂前二無，對有之無，即安立諦，非究竟理。第二句，明非安立諦。斷惑證滅，故言寂滅。體即一味真如，故言第一義空。諸法因緣有者，釋俗有義。第四，一句，雙結可知。

然此三偈，諸説不同。有云，上來三行，初一人空，次一法空，第三雙牒二無，故言無無。有説，初偈，出二諦體。次偈，釋二諦義。後偈，雙結二諦有無義。一云，顯其二諦有其三門。一，無相因緣二諦門。次偈，實假二諦門。後一偈，有無二諦門。

有無本是二至二諦常不即

釋曰：自下，第二，有三偈，明一二義，正通王難，文別有三。初之一偈，理智相對，顯非一二。次，有一偈，智、理相對，遣一異執。後，有一偈，智、理相對，讚入真義。此即初也。於中上半，舉喻顯法，謂真俗境本自恒有，如牛兩角。下半，明非一二，聖達諸法不離真故，隨相立理，有無並故。

解心見不二至非二何可得

釋曰：第二，智、理相對，遣二一執，謂無分別智唯證真故，不可執爲二。所立道理，有無別故，不可執爲一。

於解常自一至真入第一義

釋曰：第三，智、理相對，讚入真義。此無二者一，牒上於解常一義，謂無分別智證一。如來外無別俗諦，故言，通達此無二，真入第一義。

世諦幻化起至因緣故誑有

釋曰：自下，第三，有兩偈半，辨世諦虛，結成上義，於中有三。初之一偈，總顯世虛。次有一偈，顯能所化虛。後有半偈，結觀歸人。就初偈中，初之一句，顯世諦法虛如幻起。後有三句，舉喻顯法。喻有三種。一者，空華。二者，樹影。三者，第三手。或有本云三首者，謬之也。然釋此喻，諸説不同。有説，空華有相無體，喻分別性。樹影託質而起，喻依他性。第三手，相性並無，譬真實性。是安立故，遂是世諦。由因緣故，妄執爲有。一云，三喻喻一切法空，故《大品》等顯十喻，以説諸法無不皆空。一云，三喻顯所執空，故《解深密》云：由所執性，立三無性。會般若云：一切諸法無自性者，依相無自性性説。故知不遣依他亦是空。具如別章。

幻化見幻化至諦實則皆無

釋曰：第二，顯能所化虚。謂幻化見幻化者，皆非實有。故《維摩》云：其説法者無説無示，其聽法者無聞無得。諸説不同，准上應知。

名爲諸佛觀　菩薩觀亦然

釋曰：第三，結觀歸人。如上所説一二之義，是佛菩薩之所觀也。

大王菩薩至化衆生

釋曰：自下，第二，申今佛説一二之義，文別有二。初，明二義。後，佛及下，釋其一義。此即二義。謂佛告大王，菩薩摩訶薩於第一義中，爲化衆生，常照二諦。由般若故，常照真諦，不著生死，異於凡夫。由大悲故，常照俗諦，不著涅槃，異於二乘。此即二義。

佛及衆生至一而無二

釋曰：自下，第二，釋其一義，文別有三。一，能所化以明一義。二，一切法下，境、智相對以明一義。後，菩薩下，染、淨相對以明一義。就能所中，復分爲三，初標，次徵，後釋。此即標宗。謂略答中無聽無説，爲一義也。

何以故

釋曰：次徵。能所既殊，如何言一。

以衆生空故至得置衆生空

釋曰：第三，釋成一義。隨能所化，俗相雖殊，而空理一，由斯所化、能化亦空。能、所俱空，是其一義。

以一切法空故空空

釋曰：第二，境、智相對，以明一義。文別有三，初標，次徵，後釋。此即標宗。且依一門辨一切法，不出境智皆空，故言空空。

何以故

釋曰：徵。境智既殊，空應非一。

般若無相，二諦虚空。

釋曰：第三〔三〕，成一義，文別有二。初，正釋一義。後，般若下，逐難重釋。此即初也。謂般若對境無能取所取相故空，二諦於第一義無差別故空，是故般若、二諦，一而無二。

般若空至無佗相故

釋曰：第二，逐難重釋。所以者何？一切法空相顯可知，般若空相有何差別？是故偏説般若空相，文別有二。初，依諸位，顯體空相。後，依佛果，顯用空相。此即初也。謂般若空，從於生死十二緣生位，乃至涅槃一切智位，無人相故無自相，無法相故無佗相。即以人法二空，而爲體相。

五眼成就時，見無所見

釋曰：第二，謂依佛果，顯用空相，文別有二。初，明無見用。後，明無受用。此即初也。五眼成就時者，總舉五眼，意取後三；肉、天二眼非般若故。三眼見時，無能見相，即是空義。

行亦不受至一切法亦不受

釋曰：第二，明無受用。言不受者，不執著義。不受，有四。一、行，謂著行。二、不行，謂不著行。三、非行非不行，即是無記行。四、不受一切法，此明三眼於四境中皆不執著，無執著用，故説爲空。此皆空故，亦是一義。

菩薩未成佛時至以煩惱爲菩提

釋曰：第三，染淨相對，以釋一義。文別有三。初標，次徵，後釋。此即初也。染謂煩惱，是生死根本。淨謂菩提，爲涅槃本。如斯二種，用空爲性。以未悟時，迷菩提性，故爲煩惱。至已悟時，覺煩惱性，即是菩提。

何以故

釋曰：次徵。謂染淨乖違，如何成一？

於第一義至一切法如故

釋曰：第三，釋成一義。有其二因，一遮，二表。謂第一義中無染淨相，故言無二。一切諸法皆悉如故，是一空義。依《本記》，有九種義以釋不二。恐繁不述。

白佛言至而行諸法相

釋曰：自下，第二，問答分別説法不二，於中有二，先問後答。此即問也。此問意云，若一切法如如，中無文字，云何諸佛依於文字行諸法相？

大王至論議如

釋曰：第二，如來正答，文別有二。初，明説空，即是利佗。後，明修空，是自利空。前中有三。初，別明十二部空。次，是名味下，總辨教空。後，若取者，顯不行空。言法輪者，法輪有二。一、教，二、行。此中説教以爲法輪。言法本如等者，列十二部經。然十二名，諸教不同。自有經文，唯梵非翻，如《深密解脱經》第三卷，所謂修多羅、祇夜、和伽羅那、伽陀、憂陀那、尼陀那、阿婆陀那、伊帝憂多伽、闍多伽、毗佛略、阿浮陀檀摩、憂波提舍。自有經文，唯翻非梵，如《解深密經》第三卷，所謂契經、應誦、記別、諷誦、自説、因緣、譬喻、本事、本生、方廣、希法、論議。自有經文，梵翻雜用，如《法華》第一卷，所謂修多羅、伽陀、本事、本生、未曾有、因緣、譬喻，并祇夜、優波提舍等。所以如是諸本異者，諸代翻譯意樂別故。《深密解脱》與《解深密》，同本譯別。如是等義，具如別章。

今云：法本如等者，一、梵音修多羅，此云法本，釋有二義，一、教爲理本，二、總爲別本；二、祇夜，此云重誦，誦前長行；三、和伽羅那，此云受記，受佛記別；四、伽陀，此云不誦偈，亦名諷誦，不誦長行；五、憂陀那，此云無問自説；六、尼陀那，此云因緣，亦名調伏，由彼廣明制戒緣起，故名戒經；七、阿婆陀那，此云譬喻八；、伊帝憂多伽，此云法界，亦名本生，界是生義；九、闍多伽，此云本事；十、毗佛略，此云方廣；

勘。十一、阿浮陀檀摩，此云未曾有；十二、憂波提舍，此云論議。如是十二，皆云如者，如是空義。

是名味句至一切如

釋曰：第二，總辨教空。若依《本記》，有其四義。故《本記》云：二結成有四。一、名味句，是應說。二、音聲，是正說。三、果報，是能說。四、一切如，即是依說，依此真如理而說法，實無法可說也。今解：不爾。此即第二，總辨教體空。然出教體，諸說不同。有處說名等爲體，有處說聲，有處合說，具如別章。今依此經，名、句、文身及聲爲體。故前《觀空品》云：佛說句、文、聲。而今所說名味、句音、聲果者，名等是假，聲體是實。依實聲上假立名等，故言聲果。如是文字記句，皆是如也。

若取文字者，不行空也

釋曰：第三，不行空。謂若依文字，不悟如者，如諸部等，不行空也。

大王如如文字修諸佛智母

釋曰：第二，修空。若依《本記》，第二，修學空有五。第一，能修。第二，所修。第三，本性。第四，如理修。第五，結成。

一、能修之智修如，如佛母能生佛，故名智母。

二、所修正是佛母，即薩婆若，即一切智。有三義。一、衆生性，譬如意珠，所須皆能成就。二、衆生根，譬如清水，影和潤清，如慈悲心。三、衆生智，譬如虚空，於如如不轉不異。性是不改義，所求竟，得是不改也。根是能生義，能生慈悲，利益一切衆生。

第三、明本性以爲母。未得佛時，以當佛爲智母。若得佛時，即薩婆若。是一切智，諸佛未成佛時，名自性，即是隱爲如來藏。後修得佛解脱道時，性顯爲法身，即薩婆若。覺顯本性，名修者爲化。爲化能顯本佛，故名智母。未得爲性者，未得時但有本性，故名性佛性。若道中引出佛性果，即涅槃，即至果佛性也。未來〔四〕得通二性，已得唯是涅槃性。三乘有三種三乘。一〔五〕乘三乘者，樹王佛是小中大乘，緣覺中聲聞，小中小，同觀四諦故。次，大乘三乘，一迴向聲聞緣覺，觀如得人無我空爲二。地前菩薩同觀如，得入見無我空故大。若相望者，迴向聲聞、緣覺爲内，大乘内。外小中寂靜聲聞緣覺爲外，大乘外也。第三，就初地後爲三者，初地名見，二地至七地爲修，八地至佛地爲究竟地。若取大望小乘，同觀四諦，皆名爲小。若小望大，同緣如如，皆名爲大。據修習雖有三乘，論其本性，皆不生滅。一切衆生以此爲覺性者，通結本性義，分爲三也。

　第四、如理修者，文言若菩薩無受下，有五波羅蜜。一、無受無分別故波羅蜜。無受有二。一、凡夫不能通達，亦名無受，不受著故。今菩薩通達而不受著也，能不受故。二、無文字無語言波羅蜜。文字假説理論無也。三、離文字無二波羅蜜。四、非非文字無果波羅蜜。菩薩修解，能離文字得解脱。此解是果，是非文字解。此解亦空，故言非非文字。五、爲修文字者，明一味波羅蜜故，證真性爲最勝。翻波羅蜜，爲究竟最勝也。

　第五、結護佛果，護十地，護因，護化衆生利他。

　今解：不爾。問答分別説法不二，文別有〔六〕。初，問答分別説法不二。後，大王下，依上説法，修諸智母。上來已釋空訖。

　自下，第二，修諸智母，文別有三。初，廣辨修習。次，三乘下，逐難重釋。後，大王下，結修所成。就廣辨修，文別有二。初，明因位智母。後，即爲薩波若體者，果之智母。就因位中，文別有二。初，明修性智母。後，一切下，明理性智母。如是二性，能生佛智，故言智母。此即第一明修性智母，謂從地前至金剛位，依教空修習，生受用身一切智果，即是生因。若望法身，即謂了因。或可如者指示，亦顯十二文字非一，是故重言如如文字。修諸佛智母者，謂諸位中所修諸行，能生諸佛智，故言諸佛智母。

一切衆生性根本智母

釋曰：自下，第二，明理性智母。謂諸因位真如佛性，能顯法身本覺智果，故言性根本智母，即是正因。若望受用，即是依因。

即爲薩波若體

顯果智母，謂薩波若，諸佛智根本，亦名智母。

諸佛未成佛至已得爲薩波若

釋曰：此即第二，依時屬當。謂諸佛未成佛，以當佛爲智母，用法身報身爲智母。未得爲性者，在因位中，行性理性以爲佛性。已得爲薩波若者，至果位中，法身本覺，報身妙覺，爲一切智也。

三乘至以此爲覺性故

釋曰：自下，第二，逐難重釋。謂前文云修諸佛智母，或云性根本智母，其相難解，故今重釋，文別有二。初，釋理性。後，菩薩下，重釋〔七〕文別有二。初，釋理性。後，菩薩下，重釋行性。此即初也。謂前所説性根本智母者，即三乘身中理性般若，不生不滅，自性常住，是故一切衆生，以此爲佛性。即以此文，一切衆生，皆有真如佛性。或可三乘菩薩皆名爲覺，用此實相般若，爲三乘覺性。

若菩薩至波羅蜜

釋曰：第二，重釋行性。謂前所説如如文字修諸智母，而未能顯修相差別，故今重釋。文有兩節，即初，釋如如文字；後，修無脩下，釋修諸智母。謂若菩薩無受乃至非非文者，名爲如如文字。然此四句，諸説不同。一云，無受者，總句。菩薩不執文字，故言不受。無文字者，下有三句，别釋不受。一、不受無文字，以不執著無文字故。離文字者，非文字義。若文字，應非文字，故作此言，不受離文字。若非非〔八〕文字，應非非文字，故作此言，不受非非文字。一云，不受無文字，不受所執文字。不受離文字者，不受依佗。不受非非文字者，不受圓成實性文字。修無修文字等者，釋上修諸佛智母，謂菩薩修行，不作是念，我是能修，文字爲所修者。乃得真性般若波羅蜜。

大王至爲若此

　釋曰：第三，結修所成。謂若菩薩如上修習，能成三答〔九〕所謂護佛、護化、護十地行。

白佛言至爲無量耶

　釋曰：第三，問答分别法門不二。若依《本記》，文别有三。一、正明法門不二，二、讚經德，三、立經名。就初門中，先問，後答。此即王問。有其三問。一、問根。根有二，一、

佛性爲根，二、道中爲根。二、問行，即八萬四千陰入等門。三、問法門，有二。一、方便法門，無量隨衆生品修學。二、正法門，常修不一不二。第一問理，第二問行，第三問教也。

　今解：不爾。即此品内五段中，第三問答分别法門數量，文别有二。先問，後答。此即問也。謂王問：定有邪正定等無量品，衆生有利鈍等，根有無量，或貪慢等，或迷陰等，無量心行，爲彼所説諸法觀門，爲一爲二，爲無量耶？

大王至乃有無量

　釋曰：第二，如來正答，文别有三。初，隨問略答。次，若菩薩下，廣釋。後，衆生品品下，結。文中有二。初，明觀門。後，明所觀法。此即初也。謂所説觀門，非但一二，乃至無量。

一切法，亦非有相，非非無相

釋曰：第二，明所觀法非唯一二，故説亦言。然釋此文，諸説不同。有説，亦非有相者，單破有相。非非無相者，復破有相。依《本記》云，相不可得，故言非有相。非非是非無相。彼相者，相與法一，與相異。般若相與法一。法未成就，誰與相一？若已成就，即不所相。有云，應作四句，謂非有相，非無相，非非有相，非非無相。爲存略故，且説初後。今解：准上，有三句。一、非有相。若爾，應是無相，故言非無相。若爾，非應是非無相，故言非非無相。今舉初、後，准顯中句，故但二句。

若菩薩至第一義諦也

釋曰：自下，第二，廣釋，文別有三。初，依二諦，顯諸法相。次，依三諦，顯諸法相。後，就三假，辨諸法空。此即初也。謂若菩薩觀衆生一二，是俗諦。不見一二，是真諦。今明俗即真，故言一二者是第一義諦也。

大王，若有若無者，即世諦也

據實，有無即是俗諦，非有非無即是真諦。今正顯俗，故言有無者即世諦也。或可有者色諦心諦，無者空諦。

以三諦攝一切法

釋曰：自下，第二，就三諦以明諸法，文別有三。初，明三諦攝一切法。次，列三諦名。後，引説證成。此即初也。

空諦、色諦、心諦

釋曰：第二，列三諦名。言三諦者，一、空諦，謂第一義諦；二、色諦，謂五根等；三、心諦，謂眼等六識。二諦門中，初一是真，後二是俗。若廣分別，如《本記》。

故我説一切法不出三諦

釋曰：第三，引説證成。

我人至一切法空

釋曰：第三，依三假以明空相。我人知見，名假故空。五受陰，受假故空。一切法，法假故空也。

衆生品品至非二法門

釋曰：第三，結答。《本記》云理論非一非二，俗乃無量者，不然。本問有三，爲一，爲二，爲無量，皆依俗義。

大王至無二二[一〇]無別

釋曰：自下，第四，讚經德，文別有三。初，明七佛同説，勸衆受持。次，是經下，明多佛同説，讚經勸持。後，況復下，依今佛説，勸衆受持。此即初也。文有二節。初，明同説。後，汝等下，勸衆受持。

是經功德至不可窮盡

釋曰：第二，多佛同説，勸衆受持。文顯可知，故不繁述。

況復至得佛不久

釋曰：第三，依今佛説，勸衆受持，文別有二。初，勸衆受持。後，時衆得益。此即初也。

時大衆至十地性

釋曰：第二，時衆得益。若依《本記》，三空者，三假空也，地前觀。大空者，登地也。或可三空者，空、無相、無願。

大王至般若波羅蜜

釋曰：第五，讚名勸持，文別有三。初，標名勸持。次，重讚異名。後，舉喻勸持。此即初也。

是經復有至一切衆生身

釋曰：第二，重讚異名。名有四種。一、護國，二、法藥，三、護舍，四、護身。

即此般若至亦復如是

釋曰：第三，舉喻勸持，文別有三。初，法説。次，舉喻。後，汝等下，舉法同喻。

仁王經疏中卷末

元久二年朱明四月十日書寫了。

同月十一日交點已了。

傳領沓海

傳領覺聽

唐招提寺五室住侶宗祐

校勘記

〔一〕「二」，底本原校云一本後有「諦」字。

〔二〕「即」，底本原校云一本後有「是不二二」四字。

〔三〕「三」，底本原校疑後脱「釋」字。

〔四〕「來」，底本原校云一本作「得」。

〔五〕「一」，底本原校疑後脱「小」字。

〔六〕「有」，底本原校疑後脱「二」字。

〔七〕「文別有二」至「重釋」，疑衍。

〔八〕「非」，疑衍。

〔九〕「答」，底本原校疑爲「益」。

〔一〇〕「二」，疑衍。

# 仁王經疏卷下本

西明寺沙門圓測撰

## 護國品第五

將釋此品，略有二義。一、釋品名，二、正釋文。釋品名者，若依《本記》，國土有二。一、世間，二乘、凡夫。二、出世，十信至十地。賊有二。一、外，劫盜、禽獸等。二、內，所謂煩惱。護，有二。一、外，即百部鬼神。二、內，所謂智慧。若內若外，悉是諸佛菩薩神力。今解：般若能護人天國土，故名護國。

爾時至般若波羅蜜

釋曰：自下，第二，依文正釋。能護佛果及十地行，皆是內護。護人、天處，即是外護。上來已釋二種內護，故今第二明《護國品》。若依《本記》，即分爲四。第一，行法。第二，能護。第三，引證。第四，得益。行法有三。一、誡聽，二、勸持，三、説護。此當前二，如經可知。

今解：不爾。於一品内，文别有三。初，勑聽勸持。次，當國土下，廣釋護法。後，爾時釋迦下，辨衆得益。此即初也。誡聽、許説、勸持，如經可知。

當國土至破國時

釋曰：自下，第二，廣釋護法，於中有三。一、廣釋護法。二、大王昔日下，引古證今。三、大王十六下，結示勸持。就廣釋中，復分爲三。一、釋護國。二、大王不但下，釋其護福。三、大王不但下，釋護衆難。就護國中，文别有四。一、明護時。二、釋護法。三、汝國下，明能護體。四、大王下，顯所護難。此即第一明，護時節。據實，護國道一切時。爲顯要時，舉劫燒等，對説護法。言劫燒者，損害國故，名爲劫燒，非三災中大火災也。

當請百佛至百阿羅漢像

釋曰：自下，第二，釋護法或[二]。於中有三。初，請福田。次，明供養。後，顯説時。就福田中，文别有三。一、諸聖福田，二、講會聽衆，三、講師講説。此即初也。謂上三尊實身難集，爲通遠代福田具足，故置百像。

百比丘衆至七衆共聽

釋曰：第二，講會聽衆，有三。一、百比丘，二、百四大衆，三、百七衆。言百比丘者，有云，一一座前，皆有百比丘。若爾，便成一萬人。人衆不滿，講法不成。今云，百者，一一座前一比丘，撿挍徒衆，故言百也。言四大衆者，比丘、比丘尼、近事男、近事女。有云，簡除沙彌、沙彌尼、式叉摩尼。今言攝在比丘、比丘尼衆中。言七衆者，前四衆上，加沙彌等三衆。七衆，往來衆也。

問：一一坐前，皆有六類，皆有百類，

此有何意？

解云：爲欲莊嚴説法會故。

問：四衆等已攝比丘，何須別説百比丘耶？

爲顯一一會中定須一人，而爲上座，故言百也。

問曰：大衆與七衆，有何別？

有説：門別故説，未必有別。或可四大衆皆大乘衆，言七衆者聲聞衆也。

請百法師至講般若波羅蜜

釋曰：第二，請師講説。

百師子至供養三寶

釋曰：第三，明供養法。大別有三。初，明三事供養三寶，謂燈、香及華。言百燈等者，一一座前，各有一燈一華一香。若不爾者，便成萬華，其事難成。

三衣什物供養法師

釋曰：第二，別供法主。言什物者，此者[三]兩釋。一、相傳説云，三衣即三，鉢四，坐具五，剃刀六，刀子七，漉水袋八，鉢袋九，針筒十。二、淨三藏云，三衣十物者，蓋是譯者之誤也。離爲二處，不依梵本，別道三衣，折分十物，訓什爲離，臆斷斯甚。十三資具益兼中下，言十三資具者，一、僧伽梨，二、嗢呾囉僧伽，三、安呾婆娑，四、尼殺憚娜，五、泥代珊娜，裙也。六、副泥代珊娜，副裙。七、僧劫攲迦，帔巾。八、副僧脚攲迦，副帔巾。九、勃里沙奢知迦，雨衣。十、迦耶褱折娜，拭身巾。十一、日佉褱折娜，拭面巾。十二、雞舍鉢喇底揭喇呵，剃髮時披，不承髮。十三、揵豆鉢底車憚娜。遮瘡衣。《攝頌》曰：三衣兼坐具，裙兩帔有雙。雨衣拭身面，剃髮及遮瘡。

雖有兩釋，此猶未了《仁王經》梵本爲是數十百[三]是什字。

小飯中食亦復以時

釋曰：第三，飯食供養法主。或可通供

大衆。
大王一日二時講經或有本云：講讀此經。
釋曰：第三，講經時分。講必精力，故隨二食，講亦兩時。
汝國土中至護汝國土
釋曰：第三，明其能護。若依《本記》，百部神者，出金眼仙人義。此仙人領鬼神，根本有十處，開十爲百。十者，一、大神，能化諸神。二、童子神。是摩醯首羅兒夜入仙寶，仙法不殺小兒。仙人記其年十六，成大仙，必死。言既不空，此不可免。摩醯首羅遂駐此兒恒年十四。以小兒爲部黨，故害世間小兒。若年十五，此兒不復害也。三、母神，即童子乳母。四、梵神，摩醯首羅。面上三目，有一切智。若失物不得，主小兒，呪小兒面更生一目，直往取物。得竟，還失目。五、家[四]頭神，障一切願，善惡事不成就。六、龍神，多貪嗔。七、脩羅神，能縛杵人、天等。又有二健兒，惡健兒、善健兒。八、沙神，食肉，薄福德，身如沙土。九、夜叉神，有大神通。十、羅刹神，翻爲極難。勘。
大王國土至多有賊起
釋曰：第四，明所護難，文別有三。初，明鬼等難。次，明三災難。後，一切請[五]難下，對難辨護。此即初也。略有八難。一者，鬼亂。二、萬人亂。三、賊來劫國。四、百姓亡喪。五、君臣是非。六、天地恠異。七、星宿失度。八、日月失度，多有賊起。如是等難，不可具述。言二十八宿者，如《大集經月藏分》第十卷《星宿攝受品》云：一方有七宿，四方合有二十八宿。東方七宿，謂角、亢、氐、房、心、尾、箕。南方七宿，謂井、鬼、柳、星、張、翼、軫。西方七宿，謂奎[六]、胃、昴、畢、觜、參。北方七宿，謂斗、牛、女、虛、危、室、壁。又《月藏分》第十卷，與上稍異，恐繁不述。

大王至一切諸難

釋曰：第二，火、水、風難。

亦應講此經法用如上説或有本云：講讀此經。

釋曰：第三，准上護法。

大王不但護國至法用如上説或有本云：講讀此經。

釋曰：第二，明其護法。文别有三，初標，次釋，後准上護法。如文可知。

問：富貴容〔七〕安置講，貧賤如何可成？准下，諸難，應有此妨。若准此難，講讀此經以爲正也。

大王，不但護福，亦護衆難

釋曰：第三，明没諸難。大别有三，初標，次釋，後准。此即標也。

若疾病苦難至一切無量苦難

釋曰：第二，别釋諸難。謂疾病等，及枷鏁等果報難，或四重業，五逆因，八難，六道業難，一切無量苦果難。言四重者，婬、盜、殺生及妄語罪。



問：講讀此經，能護四重業不？若能護者，應非失戒。若已失戒，如何能護？

解云：諸宗不同。若依小乘，自有兩説。如《俱舍》第十五敘三師釋。

一、薩婆多宗，别解脱戒，五緣捨故。彼頌云：捨别解調伏，由所〔八〕捨命終。及二形俱生，斷善根夜盡。

犯根本羅〔九〕時，不捨出家戒。所以然者，非犯一邊，一切律儀應遍捨故。然有二名，謂持、犯戒，如有財者負他債時，名爲富人及負債者。若於所犯，發露悔除，名具尸羅，不名犯戒，如還債已，但名富人。

二、經部師説，六緣捨勒〔一〇〕策及比丘别解脱戒。謂於前五，更加犯重。

三、法密部説，七緣捨别解脱戒。謂於前六，加正法滅。

經部難薩婆多云：若爾，何緣薄伽梵説，犯四重者，不名比丘，不名沙門，非釋迦子，破比丘性〔一一〕，害沙門性，懷〔一二〕滅墮落，立佗勝名？

薩婆多答：依勝義比丘密意説，正法滅時不新得，非捨舊戒。廣説如彼。

今依大乘，諸教不同。

若依《瑜伽》，犯重失戒，不説護法。故第四十云：略由二緣，捨諸菩薩淨戒律儀。一者，棄捨無上正等菩提大願。二者，現行上品纏犯佗勝處法。藏〔一三〕諸菩薩，雖復轉身遍十方界，在在生處不捨菩薩淨戒律儀，由是菩薩不捨無上菩提大願，亦不現行上品纏犯佗勝處法。不〔一四〕五十三云：問，有幾因緣，苾芻律儀受已還捨？答，或由捨所學處故，或由犯根本罪故，或由形没二形生故，或由善根斷故，或由棄捨衆同分故，苾芻律儀受已還捨。若正法毁壞，正法隱没，雖無新受苾芻律儀，先已受得當知不捨。

若依《普賢觀經》云，若聲聞毁破三歸，及五戒、八戒、比丘戒、比丘尼戒、沙彌戒、沙彌尼戒、式叉摩尼戒，及諸威儀，愚痴不善，惡邪心故，多犯諸戒及諸威儀。若欲除滅，令無過患，還爲比丘，具沙門法，當懃修集〔一五〕，讀《方等》經典，思第一義甚深空法，令此空慧與心相應。當知此人，於念念頃，一切罪垢永盡無餘。是名具諸沙門法戒〔一六〕，具諸威儀。

依《方等經》及此經文，亦得還生。故《大方等陀羅尼經》第一卷云：若菩薩二十四戒、沙彌十戒、式叉沙彌尼戒、比丘戒、比丘尼戒，如是諸戒，若犯一一諸戒，當一心懺悔。若不還生，無有是處，除不至心。若犯五逆罪，身有白癩，若不除差，無有是處。又第四云：若有比丘毁四重禁，至心憶念此《陀羅尼經》，誦千四百遍。誦千四百遍已，乃〔一七〕懺悔。請一比丘爲作證人，自陳其罪向形像前。如是次第，經八十七日，懃懺悔已，是諸戒根若不還生，終無是處。彼人能於八十七日懃懺悔已，若不堅固阿耨多羅三藐三菩提，亦無是處。

若依《涅槃》，亦捨不捨。失其受力，故名爲捨。不失受經，故名不捨。猶如燋一〔一八〕種，有體無力。故《涅槃經》三十一云：善男子，我於經中作如是説。若有比丘犯四重已，不名比丘，名破比丘。已失比丘，不復能生善牙種子。譬如燋種不生菓實，如多羅樹頭壞則不生菓，犯重比丘亦復如是。我諸弟子聞是説已，不解我意，唱言：如來説諸比丘犯重禁已，失比丘戒。善男子，我於經中爲能〔一九〕陀説四種比丘。一者，畢竟到道。二者，樂道。三，受道。四者，汙道。犯四重者，即是汙道。我諸弟子聞是説已，不解我意，唱言，如來説比丘犯四重已，不失禁戒。

如是諸宗，應作四句。一、一向不捨，如薩婆多。二、一向捨戒，如經部宗，及《瑜伽》等。三、亦捨亦不捨，如《涅槃經》等。四、非捨非不捨，如《方等經》及《普賢觀經》等。若懺不捨，不懺便捨，成第二句，及第四句。所以者何？汎論四句，有其二種。一者，別體，如《婆沙》等，第三、第四別法成句。二者，問〔二〇〕體，第三、第四遮表一法。若表詮門，成第三句。若遮詮門，成第四句。由此《涅槃》《方等》，法同而別。今依《方等》及此經文，四重、五逆，諸義得成。

言五逆者，亦名無間業，謂殺父、煞母、破和合僧、殺阿羅漢及出佛身血。

問：此五逆業，能得護不？若能護在，應非定業。若不能護，此文相違。

解云：諸宗不同。薩婆多宗決定受業，無有護法，具如諸論。依經部宗。勘。今依大乘，諸教不同。若非勝緣，便生地獄。若勝緣，自在兩説。一、依《造像經》，雖受而輕。故彼經云：由造像緣，三惡道果略受速出，而不受苦，如箭射林，不住而過。《觀無量壽》云：有五逆者，亦生西方，兩方兩番。《無量壽》云：不許生彼。依《涅槃經》第二十卷《梵行品》：阿闍世王發菩提心，不入地獄。故彼經云：爾時，世尊讚阿闍世王，善哉善哉，若有人能發菩提心，當知是人莊嚴佛大衆。大王，汝昔已於毗婆尸佛初發阿耨多羅三藐三菩提心。從是以來，至我出世，於其中間，未曾墮於地獄受苦。大王，當知，菩提之心乃至有如是無量果報。大王，從今已往，常當勤修菩提之心。又復前文云：阿闍世王發大心故，所有重罪别[三]得微薄。復云：阿闍世王語耆婆言，我今未死，已得天身。捨於短命，而得長命。廣説如彼。

言八難者，依《大般若》五百六十八云，天王，當知，菩薩終不生於無暇之處。是諸菩薩，無有惡業墮地獄趣，無有破戒墮傍生趣，無有嫉妬墮餓鬼趣。不生邪見，常值善友，不缺諸根，成佛法器。不生邊地，根鈍愚痴，不知善惡，不生長壽天，不能利佗，不見佛故，不生無佛世界。菩薩生處，必具三寶。具如彼説。舊《勝天王般若》亦同此説。又《增一阿含經八難品》云：比丘當知，有八不聞之節。何等爲八？一、地獄。二、畜生。三、餓鬼。四、長壽天。五、生在邊地，誹謗賢聖，造諸惡業。六、生中國，六情不具，不別善、惡。七、雖生中國，六情具足，心識邪見。八、生中國，六情具，佛不出世，亦不説法。具説如彼。依此《阿含》，尋《大般若》，八數應知。

問：何等名長壽天？

答：依《智度論》三十二，長壽天者，非想非無想，壽八萬大劫。或有人云：一切無色定通名長壽天，以無形不可化故，不堪得道，常是凡夫處故。或從初禪至四禪，除淨居天，皆名長壽天。以著味邪見，不能受道，乃至彼問[二二]著味，善心難生故。又彼下文云：無色界中，無形不得説法故，不在中生。色界中雖有色身可爲説法，而深著禪味，不能大利益衆生故，是故不在中生。

有云：北鬱單越以爲一數，除其邊地。勘。

行六道事者，造六道業。一切無量苦難者，總結諸難。

若講此經，法用如上説有本云：講讀此經。

釋曰：第三，准釋也。

大王昔至欲滅其國

釋曰：自下，第二，引古例今，文別有二。初、引帝釋，證上諸國。二、大王昔有下，引普明王，證上諸身。前中有三。初，明難事。次，明護法。後，示説處。此即初也。

依《賢愚經頂生王品》云，爾時，世尊見諸比丘貪於飾好，著於名利，多畜盈長，積聚無厭。説，往過去有大國王，名瞿薩離圍斯[二三]。《涅槃》云善住王也。時，王頂生[二四]欻生一胞，其形如蠒，淨潔請[二五]徹，亦不疼痛。後轉轉[二六]大，乃至如瓠。便劈看之，得一童子，甚爲端正，頭髮紺青，身紫金色。即召相師，占知有德，必爲聖王，統領四域。因爲立字，名文陀竭。晋云頂生。年遂長大，英德遂著。王既薨背，諸附庸王共詣頂生，而咸啓白，大王已崩，願嗣國位。頂生答言，若五[二七]福應爲王者，要令四天及尊帝釋來相迎授，爾乃登位。立誓已竟，四天即下，各各捉寶瓶，盛滿香湯灌其頂。時，天帝釋復持寶冠，來爲著之。於閻浮提，五欲自娱，經八萬四千歲，夜叉誦[二八]出，請遊東弗婆提。經八億歲，復請至西瞿尼耶。十四億歲，北鬱單越。十八億歲，四天王處。經十四億歲，意中復念欲昇忉利天。五百仙人扶車御一[二九]象，共至天上。未到之次，遥覩天城，名曰快見城，有千二百門。諸天怖畏，悉閉諸門，著三重鐵關。頂生兵衆，直趣不礙。王即吹貝張弓扣彈，千二百門一時自開。帝釋尋出，與共相見，因請入宮，與共分座。王於天上，受五欲樂，盡三十六帝。末後帝釋，是迦葉菩薩。時阿修羅王與〔三〇〕軍上天，與帝釋鬪。帝釋不如，退軍入城。頂生復出，吹貝扣弓，修羅即去。頂生自念，我如是無有等者，今與帝釋共坐何爲？不如害之，獨霸爲快。惡心既發，因尋墮落。頂生王者，統領四域四十億歲而無厭足，由貪而死。是故比丘，夫利養者，實爲大患。廣説如彼。

《涅槃經》第十二説：爾時，帝釋受持讀誦大乘經典，爲佗演説因緣力故，有大威德。頂生於是帝釋生惡其〔三一〕心故，即便墮落，還閻浮提，與所受〔三二〕念人天離別，生大苦惱，復過〔三三〕惡病，即便命終。爾時帝釋，迦葉佛是。轉輪王，我身是。廣説如彼。説與《賢愚經》所有同異，恐繁不述。

時帝釋天至頂生即退

釋曰：第二，依經明護法。如文可知。

如《滅罪經》中説

釋曰：第三，示其説處。此經即是《涅槃經》也。或可未翻。

大王昔有至斑足太子

釋曰：第二，引普明王，證上護身，文別有二。初，明難事。後，其普明下，辨能護難。此之〔三四〕初也，於中有三。初，明斑足因緣。次，受邪師教。後，正作難事。此即初也。言斑足者，釋有三義。

一、如《賢愚經》説，故名迦摩沙波陀王，漢言駮足，亦云斑足。波羅達王，將四種兵，入山遊獵，逢牸師子，婬心猛盛，逼王行欲。王怖從之。師子得胎，日自滿足，生一男兒，遍身似人，唯足斑駮，似於師子，銜來歸王。王取爲兒，立名斑足。

二解，斑足飛行，食人因緣，亦如《賢愚經》。然斑足王，日日常供一箇仙人，恒奉淨食，不雜魚肉。遇值仙人一日不來，即有天神化作仙形，詐入王室，索魚肉食。舊仙後日依時還來，王奉肉食。仙人嗔恠，何因相試？令王今後十二年中，恒食人肉。仙人語竟，飛還山中。是後厨監忘不辦，臨時無計，出外覓肉。見死小兒，肥白在地，念且應急，即去頭足，作食奉王。食之甚美，即問由來。厨人實答。王言，自今常用此宍。厨人懼王，專捕小兒，殺以爲食，日日供王。國人失兒，處處趣覓，乃見厨人抴佗小兒提縛。國人告王。王言，我教。國人聞之，咸言，是王是我大怨。伺王池洗，伏兵提王。王既被提，即告國人，願見一恕，後更不殺。國人不許。王即起願，願我比來所修諸善，迴令今日變成羅刹，飛行食人。語已，即飛空中唱言，自今已後，次當食汝所愛妻兒。人聞藏走。多有羅刹，附爲翼從，徒衆漸多，所害轉廣。後諸羅刹，白斑足言，我爲王從，王今應當爲我等輩搏取千王，設一大食。斑足言，好。一一往取，已得九百九十九王，唯少一王，不得作食。諸王各言，我等今日，無所歸告。若當捕得須陀素王，有大方便，能救我命。作是計已，白斑足言，王欲作會，須陀素王有高名德，若得彼來，王會圓滿。時，羅刹王即飛取之。值須陀王出城向園，入池欲洗，路見乞人，從王告乞。王言，待洗還，當施道士。王始入池，羅刹王從空飛下，搏須陀王，著本山中。須陀王愁憂悲泣。斑足王言，聞汝名德第一丈夫，云何悲啼如世小兒？須陀素言，我不愛身命，貪惜壽命。朝出見乞許施，值王將來，懼違誠信，是以悲耳。願王放我七日，布施道士。斑足即許。須陀尋還，七日布施道士。時，婆羅門見須陀素欲還就死，恐其戀國，爲王説偈。偈同此經八行相似，唯有一句天龍人鬼，於中彫喪，異此經也。須陀聞偈，思義歡喜，即立太子自代爲王，辭别就死。斑足至日，遥望候之。見須陀來，形有喜色。斑足恠問，汝今就死，何故歡喜？須陀答曰，大王恩寬，施我七日，布施道士。又聞妙法，心自開解。我願既滿，雖來就死，心喜無憂。斑足問言，汝聞何法？試爲吾説。須陀即爲宣説所聞八偈妙法，并更爲説殺生罪報。斑足聞之，即放諸王各還本國。須陀素王即令兵衆，還將斑足安置本國，復先王位。須陀王者，釋迦佛足[三五]。斑足王者，鴦掘摩是。

三、明諸經説斑足不同。如《智論》中説：斑足王名鹿足王，似定斑鹿，名鹿足也，亦名兩翅王。但説鹿足欲食百王。如《普明王經》中説：斑足王名河群王，入山見大樹神，許貢百王。普明王爲河群王宣説四偈。河群王聞偈，放普明及九百九十九王。此《仁王經》及《賢愚經》宣説千王。然此諸經本是應一，但以對人見聞不同，故致别耳。

其斑足許之一日

釋曰：第二，許假一日。若依《賢愚經》，許之七日。

時普明王至偈竟

釋曰：自下，第三，依時能護，文别有二。初，依七佛所説能護。後，第一法師下，依順别理，以明能護因。此即初也。

問：如何一日，能説八千億偈？

答：如來冥加，故能説之。偈數多少，後當會釋。

其第一法師爲王説偈

釋曰：第二，依順别理，以明能護，文别有二。初，正説護法。後，爾時下，聞法獲益。前中有二。初，長行發起。後，舉頌正釋。此即於百座中，第一法師將説八頌。依《賢愚經》道士説者，譯家别故。

劫燒終訖至國有何常

釋曰：第二，正釋護法。有八行偈，説

四道理，即分爲四。第一，兩偈，説無常理。第二，兩偈，説苦道理。第三，兩偈，説空道理。第四，兩偈，説無我理。此即初也，於中有三。初有一偈，辨器世間劫壞無常。次有半偈，明其内身一期無常。後有半偈，舉勝況劣。

言劫燒終訖者，火終起始，從風輪乃至初禪，故言終訖。乾坤洞然者，乾者是天，乾者健也。天行不息，故説爲乾。坤者是地，坤者順也。地順四時，生長萬物，説爲坤。天地通燒，故曰洞然。言須彌巨海者，山水相對，都爲灰燼。次有半偈，天龍彫表[三六]，皆由業故。若依《賢愚經》，天龍、人、鬼，於中彫喪。言二儀當[三七]殞，國有何賴者，舉勝況劣。如上所説器及有情，天、地二儀，當[三八]有殞没，況國不滅。

生、老、病、死至國有何賴

釋曰：第二，兩頌偈，釋諸苦相，文別有二。初一偈半，正明諸苦。後有半偈，舉勝況劣。前中有二[三九]。初，有兩句，明其四苦相續不絶。次，有二句，通顯三苦。謂怨憎會苦、愛別離苦、求不得苦，皆與願違，或是憂悲爲害。後，有二句，明五盛藴苦。諸欲是集諦，禍重是苦，如是苦集，猶如瘡疣。如是苦集，不離自身，不出三界，故言無外。三界皆苦，國有何樂者，舉勝況劣。謂三界勝劣，皆悉是苦，況其國土，何賴非苦？

有本是無至國土亦如

釋曰：第三，一偈明空，文別有二。初，有一偈，明其法空。初句，明所執性。下三句，明依佗空，謂依佗上無所執性。衆生蠢蠢都如幻居者，第二，一偈，明生空。言聲響俱空，國土亦如者，以勝劣況。謂聲及響，皆於所説非實有性。猶如聲響，非實故空，國土亦爾，諸法因緣所成法故，亦説爲空也。

識神無形至豈有國耶

釋曰：第四，一偈，顯無我理。於中，

初之二句，明心識無我，假依四大。次，二句，明其心識妄計四大以爲我所。次，一句，明色身無我。次，一句，明其色身非我所住。後，有二句，舉前無我，類國無我。又解：初，有一偈半，明身無我。下之二句，牒無我，説國亦無。前中，初偈，明心是苦，以影無我。就中，上半，正明心神無形。此明心神無有形段。假我四蛇，依止不安，所以是苦。所依四大，互相違反，從喻名蛇。下，明痴者保爲樂車。自下，半偈，用彼無常以顯無我。形無常主，明形無常。神無常家，明神無常。下牒況國。形神當[四]離，牒前段中後之半偈。豈有國耶，況國亦無。

爾時法師至得法眼空

釋曰：自下，第二，聞法獲益，於中有三。初，聞法得益。次，衆中下，轉教諸王。後，時斑足下，諸王悟道。前中有二。初，明眷屬得益。後，王自得益。此即初也。謂王眷屬得法眼空，此即人空智也。

王自證至斑足王所

釋曰：第二，王自得益。謂王自證虚空等定，聞法悟解，此即法空觀也。由此定力，至斑足所。

衆中即告至經中偈句

釋曰：第二，轉教諸王，文別有七。一、轉教諸王，二、斑足王問，三、普明奉答，四、諸王等得益，五、勑放餘王，六、斑足捨國入道，七、引説證成。此即初也。謂告諸王就命時到，應誦過去七佛經中偈句。

時斑足王至皆誦何法

釋曰：第二，王問所誦。

時普明至答王

釋曰：第三，普明奉答。可解。

王聞此法至三空定門

釋曰：第四，諸王得益。謂斑足王得空三昧，餘王皆證三定，謂空、無願，及以無相。

時斑足王至名味句

釋曰：第五，勅放諸王，於中有三。初，生大歡喜，示過自歸，放還本國。後，勸衆持經。

時斑足至證無生忍

釋曰：第六，捨國付弟，證無生忍。

如十王地至現世生報

釋曰：第七，引説證成。謂《十王地》説，五千國王，當〔四一〕誦是經，於現報中，得現法樂，及生報中得生人天，離諸難。

十六大國王至汝當受持

釋曰：自下，第三，結示勸持，文别有三。初，勸月光。次，勸六道。後，勸小王。此即初也。文有二節。初，結示護國之法。後，勸月光王汝當受持。

天上人中至名味句

釋曰：第二，勸六道衆皆應受持。

未來世至羅蜜

釋曰：第三，勸諸小王如法受持。

爾時釋迦至得入初地

釋曰：自下，大段第三，時衆得益。若依《本記》，文中有二。初，廣顯得益。後，吾今下，總結得益。前中有六。

經時中王〔四二〕得入初地者，五百億人得入初地，初地即是十信也。

二、經復有六欲王〔四三〕得性空地者，六欲諸天八萬億人得性空地，即是十解也。

三、經復有十八王〔四四〕法樂忍者，此明十八梵王得無生法忍，即是十行也。得無生法樂忍，即十迴向也。

四、經復有至乃至十地者，謂學位菩薩有證一地乃至十地。

五、經復有八部王〔四五〕天上正受者，明修羅得益。有其二種。一、得十三昧、二三昧。十三昧者，一切處。二三昧者，二諦三昧。或可初入聖道，必具三昧。十三昧者，無想三昧。滅十地故，名十三昧。二三昧者，即空、無願三三昧也。二、轉鬼神，天上正受。正受者，得無漏聖道。

六、經在此會者至無量空信者，此明凡夫得信佛性，名自性信。無量空信者，信法空也。

吾今略說等者

總結。應知。

## 散華品第六

將釋此品，略有二義。一、釋品名，二、正釋文。釋品名者，諸王聞法，仰荷佛恩，散華供養，名《散華品》。

爾時至歡喜無量

釋曰：第二，依文正釋。上來四品，辨內、外護。此即第三。荷恩供養，於中有三。初，諸王散華，供養世尊。次，佛現神變，令衆得益。後，讚般若，勸衆受持。前中有三。初，聞經歡喜。次，散華供養。後，發願受持。此即初也。文有三節。即能聞人。次，所聞法。後，歡喜心。所謂諸王聞十萬億偈，歡喜無量。

問：於此經中所說般若，三處不同。一、《二諦品》中說八萬億偈。二、《護國品》末八千億偈，此《散華品》十萬億偈。三處所說，有何差別？

解云：《二諦品》中合說三時諸佛所說，總有八萬億偈，而兆《仁王・護國品》中，別引過去七佛所說《仁王般若》。於此品中，中今佛說《仁王般若》。由斯，三處所說不同。

問：《護國品》言一日說八千億偈竟，如何一日能說如是八千億偈？

解云：如來神力冥加被故，如《報恩經》，阿難暫時領得如來二十年中所說諸經。此亦如是。

諸王聞佛所說十萬億偈，生歡喜故，散華供養。散華供應，即《散華品》。准此經文，此經一部，自有廣略二本，如上應知。

即散至蓋諸大衆

釋曰：第二，散華供養，於中有三。初，散行華。次，般若華。後，妙覺華。此三種華，皆從所表以立華名。初，散行華，爲表三賢是有漏行。次，般若華，爲表十聖是無漏智。後，妙覺華，爲顯佛地覺法圓滿。座表三賢最是下故，臺表十聖出有漏故，城表涅槃最大勝故。就前行華，文有四節。一、諸王散華。二、於虚空不〔四六〕，華變爲座。三、十方下，化佛説法。四、無量下，化衆散華。化佛説法，表法是真，以同説故。化衆散華，表人是勝，堪供養故。下准此釋。

復散至及諸大衆

釋曰：第二，散般若華。文有四節。一、諸王散華。二、於虚空下，華變爲臺。三、臺中下，化佛説法。四、臺中下，化佛説法〔四七〕衆散華。

復散至第一義諦

釋曰：第三，散妙覺華。文有四別。一、諸王散華。二、於虚空下，華變爲城。三、城中下，化佛説法。四、時城下，化衆散華。此即前三。金剛喻智。城譬涅槃。智斷雙明，名金剛城。

時城中至而下

釋曰：第四，化衆散華。由妙覺華功德力勝，是故此中三重散華，二重變現。初，菩薩散華變成臺。次，臺中佛等散城〔四八〕蓋。後，蓋中天人散恒河沙華。

時，諸國王至波羅蜜

釋曰：第二，諸王發願，於中有二。初，諸王發願。後，世尊印述。此即發願。願中有二。一、願諸佛常説，二、願四衆常行。

佛告大王至神通生處

釋曰：第二，世尊印述。雙印兩願，重言如是。諸佛母者，顯實相般若。菩薩母者，觀照般若。神通生處，文字般若。又解：般若能生諸佛菩薩，及彼神通，故説母言。如《金剛般若》云：一切諸佛阿耨菩提，皆從此《經》出。一切諸佛如來，皆從此《經》生。

時佛爲王至神變

釋曰：第二，佛現神變，令衆得益，於中有二。初，佛現神變。後，時衆得益。前中有二。初，標章舉數。後，次第別敘。此即初也。神謂等持，變即轉變。由等持力，轉變自在，故名神變。不思議者，心不能思，語不能議，名不思議。故《法華》云：非口所宣，非心所測。《智度論》云：心行處滅，言語道斷。《大般若》云：心言路絶，名不思議。

一華入至火風身

釋曰：第二，次第別敘，於中有二。初，別敘。後，重讚。此別敘也。然此五變，諸説不同。

一云，初、一華等者，約華及土，一多相入；二、無量佛土入毛孔等者，寬狹相入；三、無量須彌等者，麤細相入；四、一佛入無量衆生等者，因果相入，於中，初約一趣相入，後約六趣相入；五、佛身入四大身者，情非情相入。

一云，第一、就華，一多相入；二、就佛土，一多相入；三、佛土毛孔，一多相入；四、須彌等，麤細相入；五、就凡聖，内外相入。

若依《本記》，五變，三意。五變者，一華，二佛土，三須彌，四佛身，五入地水火風。三意者，一、遍空，一華入無量華下，爲除不願樂大乘障，故有遍空；二、轉變，一佛土入無量佛土下，爲除執我所鄣，故有轉變；三、顯了，一佛身入無量衆下，爲除怖畏生死，故顯了入六道也。

問：須彌大海入芥子中，麤細相違，如何能入？

解云：西方諸師，略作三釋。一云，一

切諸法用如爲性，以所依如離諸相分，能依諸法無定大小。由此道理，細須彌等。一云，依唯識理，一切諸法皆不離識，隨心所變，亦無定相。以是義故，細須彌等。一云，一切諸法，因緣道理，皆無定相。由此因緣，細須彌等。

問：色有麤細，許得相入。時有長短，亦得相攝？

答：許亦無失。佛自在故，一念爲多劫，多劫攝爲一念。如是等教，誠證非一。

難：諸佛得自在，一念攝多念。諸佛得自在，一劫成多劫。若爾，三劫時應無異，便違聖教。菩薩要經三無數劫精勤修習，方證菩提。

答：此難不然。非凡等境。《顯揚》《瑜伽》皆作此説，於不思議，强思量者，得誑麤報。

佛身至世界不可思議

釋曰：第二，重讚也。合前五變，爲三不思議。佛身即是前一佛身。衆生即是無量衆生六道身也。世界即是四大及前四種變也。一云，世界除前四變。餘義同前。

佛現至神通三昧

釋曰：第二，云〔四九〕時衆得益，益有四種。一、十方天人得佛華定，二、十恒菩薩現身成佛，三、三恒八部成菩提道，四、十千女人得神通定。

問：一世界中，多佛並出不？

答：轉輪王當〔五〇〕無有二並出，豈況如來而並出耶？

問：若爾，如何此經十恒菩薩現身成佛？

答：但言現身，不道即成，何妨現身餘界成佛？如《法華經》龍女現身佗方成佛，此亦應爾。

問：若《受持品》末，十億菩薩現成正覺。如何會釋？

解云：佛名通於十地。《大般若》等即

説十地名十種佛。又如《法華經・分別功德品》，一四天下微塵菩薩，一生當得阿耨多羅三藐三菩提。《法華論》云即是初地阿耨菩提。此經准彼，義亦無傷。

善男子至如法修行

釋曰：第三，讚般若益，勸衆修行。文有二節。初，讚般若有三世益。後，勸諦聽、思念、修行。諦聽顯聞慧，思念辨思慧，脩行明修慧。

仁王經疏卷下本

## 校勘記

〔一〕「或」，底本原校疑爲「式」。

〔二〕「者」，底本原校疑爲「有」。

〔三〕「百」，疑爲「爲」。

〔四〕「家」，疑爲「象」。

〔五〕「請」，底本原校疑爲「諸」。

〔六〕「奎」，疑後脱「婁」字。

〔七〕「容」，底本作「客」，據底本原校改。

〔八〕「所」，《俱舍論》（《大正藏》本，下同）作「故」。

〔九〕「羅」，底本原校疑爲「罪」。

〔一〇〕「勒」，底本原校疑爲「勤」。

〔一一〕「比丘性」，《俱舍論》作「苾芻體」。

〔一二〕「懷」，《俱舍論》作「壞」。

〔一三〕「藏」，《瑜伽師地論》（《大正藏》本，下同）作「若」。

〔一四〕「不」，底本原校疑爲「又」。

〔一五〕「集」，《佛説觀普賢菩薩行法經》（《大正藏》本，下同）無。

〔一六〕「戒」，《佛説觀普賢菩薩行法經》作「式」。

〔一七〕「乃」，《大方等陀羅尼經》（《大正藏》本）其後有「一」字。

〔一八〕「一」，疑衍。

〔一九〕「能」，據《大般涅槃經》（《大正藏》本，下同），疑爲「純」。

〔二〇〕「問」，疑爲「同」。
〔二一〕「别」，據《大般涅槃經》，疑爲「即」。
〔二二〕「問」，據《大智度論》（《大正藏》本），疑爲「間」。
〔二三〕「圍斯」，據《賢愚經》（《大正藏》本，下同），疑爲「典斯」。
〔二四〕「生」，底本原校疑爲「上」。
〔二五〕「請」，據《賢愚經》，疑爲「清」。
〔二六〕「轉」，疑衍。
〔二七〕「五」，據《賢愚經》，疑爲「吾」。
〔二八〕「誦」，據《賢愚經》，疑爲「踊」。
〔二九〕「一」，疑衍。
〔三〇〕「與」，據《賢愚經》，疑爲「興」。
〔三一〕「其」，底本原校疑衍。
〔三二〕「受」，據《大般涅槃經》，疑爲「愛」。
〔三三〕「過」，據《大般涅槃經》，疑爲「遇」。
〔三四〕「之」，疑爲「即」。
〔三五〕「足」，疑爲「是」。
〔三六〕「表」，疑爲「喪」。
〔三七〕「當」，疑爲「尚」。
〔三八〕「當」，疑爲「尚」。
〔三九〕「二」，疑爲「三」。
〔四〇〕「當」，疑爲「尚」。
〔四一〕「當」，疑爲「常」。
〔四二〕「時中王」，底本原校疑爲「時衆中至」。
〔四三〕「王」，疑爲「至」。
〔四四〕「王」，疑爲「至」。
〔四五〕「王」，疑爲「至」。
〔四六〕「不」，底本原校疑爲「下」。
〔四七〕「佛説法」，底本原校疑衍。
〔四八〕「城」，疑爲「華成」。
〔四九〕「云」，底本原校疑衍。
〔五〇〕「當」，疑爲「尚」。

# 仁王經疏卷下末

大慈恩寺沙門圓測撰

## 受持品第七

將釋此品，略有二義。一、釋品名，二、正釋文。釋品名者，依《智度論》，由信力故聞而奉行，爲受；由念力故久久不失，爲持。此品正明十三法師受持般若，又令佗受，名《受持品》。

爾時月光至般若波羅蜜

釋曰：第二，依文正釋。前五品中，辨正宗訖。故下二品，依教奉持，於中有二。初，明受持。後，明付屬。此即初也。於一品內，文別有三。初，問答正説十三法師。次，佛告波斯下，付王受持。後，時諸大衆下，明時衆得益。前中有二。初，月光王請。後，大牟尼如來正説。請中有二。初，觀瑞疑念。後，發言陳請。此即初也。文有三節。一、觀釋迦五種神變。二、見臺上寶滿佛。是一切佛化身主者，若准《梵網經》，是盧舍那佛。或云盧招那，亦云盧折羅。此云照也，以報佛淨色遍周法界故。又日月燈光，遍周一處，亦盧舍那一也。或可義翻名寶滿。此佛化千葉釋迦佛，及百億葉上化佛，故言化身主也。三、復現千華葉世界上佛者，即是千華葉上千佛，及一一葉上百億佛。其中如上諸佛，各各説般若波羅蜜。此當《梵網經》云：我今盧舍那，方坐蓮華臺。周迊千華上，復現千釋迦。一華百億國，一國一釋迦。各坐菩提樹，一時成佛道。

問：此上寶滿佛，於三身中，何身所攝？

有説，自受用身。此説不爾。自受用土，無法衆故。有説，他受用身。此亦不然。諸微塵衆，聽佛説故。今解：於化身中本末差別，非受用身。更勘《無上依經》《大乘同性經》，毗盧舍那、釋迦，有何差別也？

白佛言至不可以識識

釋曰：自下，第二，發言陳請。初讚，後請。此即讚也。若依《本記》，過言説故不可説，過想心故不可解，過覺觀故不可以識識。此當《智度論》説，言語道斷，心行處滅。依《解深密經》云，心言路絶。

云何至開空法道

釋曰：第二請也。開謂開發，道即聖道。於人法境，開發空慧，名空法道。此中問意，諸佛所説甚深般若難説難識，云何諸善男子於此經中明了覺解？依何觀門，爲諸衆生開法空㈡道？

大牟尼言至爲大法王

釋曰：第二，如來正説，於中有三。初，總標。次，善男子其法師下，別釋。後，善男子如是諸菩薩下，總結。前中有三，初總標，次別敘，後勸供。此即初也。

從習忍至依持建立

釋曰：第二，別敘。依謂所依，持謂攝持。爲衆所依，能攝持衆，建立正法。

汝等大衆至而以供養

釋曰：第二，勸供。應知。

善男子，其法師者

釋曰：第二，別釋十三法師，文別有二。初，諜總名。後，次第別釋。此即初也。

習種性菩薩

釋曰：自下，第二，次第別釋十三法師，分爲十三。此即第一釋習種性，文別有五。一、標位列名，二、辨類差別，三、行業不同，四、舉劣顯勝，五、入位時分。此即第一標位列名。謂十三法師中，第一法師名習種性菩薩。

若在家至比丘尼

釋曰：第二，辨類差別。略辨四衆。一、

婆差，二、優婆差，三、比丘，四、比丘尼。言婆差者，或云優婆塞，皆訛略也。正言鄔波索迦，此云近事男。鄔波斯迦，此云近事女。索是男聲，斯是女聲。謂彼恒時親承善士，故名近事。廣釋如前。比丘及比丘尼，亦如前釋。

脩行十善

釋曰：第三，行業不同，文別有三。初，脩十善。次，脩不淨忍。後，住在佛家。此脩十善，謂不殺生等十善業道，或可十信，十種信心。雖有兩説，《本記》意存十信。

自觀己身至分分不淨

釋曰：第二，脩不淨忍。自有三種。一、觀六大不淨，二、觀諸根不淨，三、觀三界不淨。此觀六大，謂諸有情六界成身，所謂四大及空界也，色界有漏識，皆是有漏，可破壞故，名爲不淨。六界別觀，故言分分。

復觀十四根至菩提心

釋曰：第二，諸根不淨。謂於二十二根中，復觀十四根以爲不淨。所謂眼等五根，有五識情，或可有情數攝，名五情根。五受根者，苦、樂、憂、喜、捨，及男、女、意、命，皆是有漏，有無量過，故説十四皆爲不淨。信等五根，及三無漏，皆唯善性，過中不説。故觀行者，觀十四根，即發無上菩提心也。

常脩三界至忍觀門

釋曰：第三，觀三界不淨。謂三界繫法，皆有漏故，亦是不淨。

問曰：四靜慮及無色界，亦有淨法，如何説爲不淨邪？

解云：不淨自有多種，如《瑜伽》第二十六卷説，有六種不淨。一、朽穢不淨，自有二種。一、依内不淨，謂髮毛等。二、依外不淨，謂青瘀等。二者、苦惱不淨，謂苦觸所生受。三、下劣不淨，所謂欲界。四、觀待不淨，如待無色勝清淨事，色界諸法便似不淨。待菩[二]迦耶寂滅涅槃，乃至有頂皆似不淨。五、煩惱不淨，謂三界中所有一切結縛睡[三]眠隨煩惱纏。六、違壞不淨，謂五取蘊無常無恒，不可保信，變壞法性。具説如彼。由此靜慮、無色，皆名不淨。

住在佛家

釋曰：第三，住在佛家，文别有二。初，明住在佛家。後，脩六和敬。此即初也。謂空無我，佛所住處，名爲佛家。此習種性，初證空理，故名爲住。

脩六和敬至波羅蜜道

釋曰：第二，脩六和敬。謂住佛家故，脩六和敬，所謂三業，同戒、同見、同學八萬四千波羅蜜，爲六和敬。

善男子至有退有進

釋曰：第四，舉劣顯勝，文别有二。初，舉劣。後，是定人下，顯勝。前中有二。初，上釋劣位。後，雖以下，釋通伏難。前中有三。初，法。次，喻。後，合。此即法説，謂習忍以前十信菩薩，有退有進，故名劣位。

譬如輕毛隨風東西

釋曰：第二，舉喻。可知。

是諸菩薩亦復如是

釋曰：第三，合喻。可知。

雖以十千劫至名不定人

釋曰：第二，釋通伏難。文有兩節。初，牒三伏難。後，而不可下，標宗略答。十善菩薩，有其三義。一、以十千劫，行十正道。發[四]菩提心，當入習忍位。三、亦常學三伏忍。以具三義，謂應不退，如何説言有退有進？故作此言，雖有三事，而不可字名是習種性，是名不定人。

此定人者至聖人性故

釋曰：第二，顯其勝位，文别有二。初，明證理。後，明離過。此即初也。謂十住位初證生空理，由此證得聖人性故，名爲定人，亦是不退。

問：此種性菩薩，爲如此經，定不退耶，或有即[五]耶？

解云：設爾何失？若廣分別，如前已說。

必不起至無有是處

釋曰：第二，離過。有其四重。

一、不起五逆。所謂殺父、母、羅漢，出佛身血，破和合僧。

二、不起六重。如《優婆塞經》第四卷《受戒品》說：一、殺生，二、偷盜，三、婬蕩，四、妄語，五、沽酒，六、謗說在家出家四衆過失。廣説如彼。餘經或説四重、八重。四重者，一、貪嫉，二、慳，三、嗔，四、謗三寶藏。言八重者，即菩薩八重，前四重上加僧四重，即名八重。言十重者，前六重上加貪等四，名爲十重。今此説六犯，即失戒法名爲重法。過中極重，名爲重也。

三者、不起二十八輕。亦如《優婆塞經受戒品》說，：、不供養父母師長。二、耽樂飲酒。三、污惡不能瞻視病苦。四、見有乞者，不能多少隨宜而與，空遣還者。五、若見比丘、比丘尼、長老先宿、諸優婆塞優婆夷等，不起奉迎禮拜問訊。六、若見比丘、比丘尼、優婆塞、優婆夷毀所受戒，心生憍慢，言我勝彼，彼不如我。七、月月之中，不能六日受持八戒，供養三寶。八、四十里中有講法處，不能往聽。九、受招提僧衆具床座。十、疑水有虫，故便飲之。十一、險難之處，無伴獨行。十二、獨宿尼寺。十三、爲於財命，打罵奴婢童僕外人。十四、若以殘食施於比丘、比丘尼、優婆塞、優婆夷。十五、若畜猫狸。十六、畜養象馬牛羊駝驢，一切畜獸，不作淨施未受戒者。十七、若不貯畜僧伽梨衣鉢盂錫杖。十八、若爲身命，須田作者，不求淨水，及陸種處。十九、爲於身命，若作市易斗稱賣物，一說價已，不得前劫[六]，捨賤趣貴。斗稱量物，仕[七]前互[八]用。如其不平，應語令平。二十、若於非處非時行欲。

二十一、賣[九]估反賣，不輸官税，盜弄[一〇]去者。二十二、若犯國制。二十三、若得新穀菓蓏菜茹，不先奉獻師，供養三寶，先自受用者。二十四、僧若不聽説法讚歎，輒自作者。二十五、道路，若在諸比丘前沙彌前行。二十六、僧中付食，若偏爲師選擇美好，過分與者。二十七、若養蠶者。二十八、行路之時，遇見病者，不住瞻視，爲作方便，付屬所在，而捨去者。

四、不起諦[一一]法。謂定位者，不謗佛法經書，言非佛説。

能以一阿僧祇至僧伽陀位

釋曰：第四，入位時分。梵音阿僧祇劫，此云無數劫。謂日月歲數，不可數故，名阿僧祇。或三灾等劫，不可數故，乃至大小乘宗，三大阿祇，名阿僧祇。今於此中，依日月歲數，非三灾等。僧伽陀位者，相傳釋云性種性。或云離著，謂證人空而不執著我有情等。此意説云，一僧祇脩行習忍，始入性種性。

復次性種性

釋曰：第二，性種性，文别有三。初，標位列名。次，辨觀差别。後，入位時分。此即初也。初學名習，數習成性，故十行乃名性種性也。

行十慧觀

釋曰：第二，辨觀差别，於中有五。一、行觀行，二、滅障，三、知俗，四、練觀，五、脩行。此即初也。言行十慧觀者，謂四念處、三善根及三世觀，如前《教化品》中説。

滅十顛倒

釋曰：第二，滅障。言滅十顛倒者，謂四念處觀除四顛倒，三善根觀除其三毒，或[一二]三世觀除三世執。定有過去因、有未來果及現在因果執，皆不順理，並名顛倒。

及我人知見至不可得

釋曰：第三，知俗。謂我人知見者，依

世俗說，分分假僞，而非實有。但有名，即是名假。但有受，即受假。但有法，即法假。由此道理，實不可得，故知我人等者皆世俗有。

無定相至脩道空觀

釋曰：第四，練觀無定相者，總標我法無其定相。無自佗相故者，別釋我法無自他相。此即兩釋。一云，無自相者，顯無我相。無佗相者，顯無法相。一云，無自相者，無人我、法我相。無佗相者，無人我法我二種我所相。脩護觀門者，如上觀門，未得名脩，已得名護。已上文意，義趣難了，有諸異說，恐繁不述。

亦常行百萬至念念不去心

釋曰：第五，脩行。謂此位中，觀漸勝故，行諸波羅蜜，常不離心。

以二阿僧祇至波羅陀位

釋曰：第三，入位時分。波羅陀者，若依《本記》，翻名守護。謂道種性位，其行堅牢，不失自性，名守護位。此明十行以二僧祇行正道法，得住十迴向也。若依《本記》，配屬十行，名道種性，便違經說伏忍聖胎三十人。

復次道種性

釋曰：第三，道種性，文別有三。初，標位列名。次，辨觀差別。後，入位時分。此即初也。地上聖道之種性，故名道種性。故上經云，脩行上伏忍，進入平等道，名爲道種性。

住堅忍中至無生無滅

釋曰：第二，辨觀差別，於中有二。初，辨觀差別。後，受報勝劣。前中有三。初，總標觀相。次，別敘十觀。後，舉勝簡劣。此即初也。住十堅心，名住忍。謂此位中觀一切法皆是無生，生既不成，便無住滅，是觀空義。

所謂五受至不可得故

釋曰：第二，別敘十觀，所謂五受、三界、

二諦。言五受者，有漏五蘊貪等所取，名五受蘊。由觀彼故，得五分法身。觀三界，得三空忍。觀二諦，得無常、無生二忍。廣如前説。如是十法，無自佗相，及如實性不可得故，皆説爲空。

而常入至心心寂滅

釋曰：第三，舉勝簡劣。謂此位中雖行十忍，而滿分中簡前九忍，而行第十真諦忍觀。即説無生忍觀，名爲第一義諦觀也。心心寂滅者，寂謂寂靜，滅謂除滅。即彼心行，念念寂靜，滅除散動，故名心心寂滅。

而受生三界

釋曰：第二，受報勝劣，文別有三。初，標。次，徵。後，釋。此即總標。雖心寂靜，而受生三界果報。

何以故

釋曰：第二，徵也。謂外詰云，已得寂滅，如何能受分段報耶？

業習業報至順道生

釋曰：第三，正釋。謂由舊業熏習力故，而受三界分段生死，能爲聖道之所依止故，名順道生。或可爲化有情，受六道身，隨順聖道，故言順道生。雖有兩釋，前説爲勝，如上所説，種性菩薩不生惡道故。

復以三阿僧祇劫至正位

釋曰：第三，入位時分。言平等聖人地名[三]，謂入初地聖道，離能所取相。或可初地雙證二諦，故言平等。阿毗跋致，此云不退，謂初地已上，證理不退，名不退。謂三阿僧祇脩諸度故，當入聖位，當住不退。

復次，善覺菩薩摩訶薩

釋曰：第四，善覺，文別有五。一、標位列名。二、辨脩差別。三、以四下，入藏時分。四、無三界下，明受生差別。五、常脩下，登位分齊。此即第一標位列名，准上可知。

住平等忍至不去心

釋曰：第二，辨脩差別，文別有二。初，顯二智別相。後，如是善男子下，重顯二智同異。前中有二。初，立二章。後，入無相捨下，別釋二章。此即初也。言平等忍者，第一章明其實智離有無相，名平等忍。言脩行四攝念念不去心者，立第二方便智，謂以四攝化衆生，名方便智。

入無相捨至貪煩惱

釋曰：自下，第二，別釋二章，於中有二。初，釋實智，釋上平等。後，無量下，顯方便智，釋上四攝。前中有三。初，總標實智，滅三界貪。次，別釋實智，證三無爲。後，顯無爲，離有無相。此即初也。離三輪捨，無貪性故，能滅三界貪欲煩惱。

於第一義至爲法性無爲

釋曰：第二，別釋實智，證三無爲，文別有三。初，法性無爲。次，擇滅無爲。後，非擇滅無爲。此即初也。此有兩名。一者，法性。二者，虛空。

緣理而滅至無相無爲

釋曰：第二，擇滅無爲。謂緣真如，滅一切煩惱等相。所顯真如，爲擇滅無爲。此有三名。一者、擇滅，體即是智。擇謂簡擇，擇所得滅，故名擇滅。二、數緣滅。數謂慧數，慧數所得，名數緣滅。三、智緣滅。擇之與智，其義一也。

住初忍時至無相無爲

釋曰：第三，非擇滅無爲。謂住信忍中第一下忍，永斷一切分別煩惱，故能於無量未來法中，得非擇滅無相無爲。此有三名。一、非擇滅，二、非數緣滅，三、非智緣滅。准上應知。然此二滅，有差別者。薩婆多宗，由智斷障，名爲擇滅。滅不由智，名非擇滅。依經部宗，有漏智斷，名非擇滅。無漏智斷，名爲擇滅。今依大乘，大同經部。具如別章。

問：豈不虛空及非擇滅非無漏智境，如何無相智得證三無爲？

解云：諸宗不同。薩婆多宗不許無漏智緣二無爲。依大乘宗，於真如上假安立故，許緣無失。

無相無爲至無無相故

釋曰：第三，顯三無爲，離有無相，意顯三種其性皆空。然釋此文，諸説不同。一云，釋無相有其三句。初無自佗者，遣其有相。無無者，遣其無相。言無相故者，雙遣亦有無相。或有説者，具遣四句。無自佗相，遣有相。無無者，遣無相。言無相者，遣第三句亦有亦無相，及第四句非有非無相。今解：無自佗者，遣我相，即顯生空理無。無無相者，顯法空理，非無相故言無無，非有相故言無相。

無量方便皆現前觀

釋曰：第二，顯方便智，文別有二。初，總標六種。後，別釋六種。此即初也。亦非一故名無量，非内證智故名方便。

實相方便至不顛倒

釋曰：自下，第二，別釋六種方便，即分爲六。皆有二段，先牒後釋。此釋第一實相方便。緣第一義，故名實相。起巧功能，名爲方便。

問：與根本智，有何差別？

解云：如《成唯識》云：根本智内證自體，不變影像。此後得智，緣真如境，變影而緣，不能親證於第一義諦。

不沉等言，諸説不同。若依《本記》，凡夫名沉，没生死故。二乘名出，出生死故。三十心至十地已還，名不轉。佛地，名不顛倒。十迴向中，學此法也。此説不然。所以者何？彼釋如是善男子下方屬初地，已上諸文屬十迴向，不當經意，故今不依。

今解：不然。一云，初二如上，十住行可轉，十迴向猶有顛倒。初地離前四位，故説四不。一云，沉謂惛沉，即是定障。出即掉舉，即是慧障。轉者，疑等餘惑。顛倒，即是我見等倒。入初地時，離上四過，故説四不。

遍學方便至一切學

釋曰：第二，遍學方便。依《本記》云，俗中有真非證，真中有俗非不證。有説，五乘中不取人天及二乘故非證，有大乘故非不證。如《成實論》，廣學諸異論，遍知聖者意。又《善戒經》，遍學五明論等，而不分別證不證，雖非證不證，而能學一切法。有本云一切學者，謬。

迴向方便[四]而向薩婆若

釋曰：第三，迴向方便。謂求大菩提，不同二乘求住小果，名非住果。不同凡夫無求住果，名非不住。求趣菩提，名向薩波若。

魔自在至四魔所不動

釋曰：第四，魔自在方便者，接引方便也。非道行佛道者，即《維摩》云，或現作淫女，引諸好色者。先以欲鉤牽，後令入佛道也。魔不亂者，即《維摩》中，在欲而行禪，令魔心憒亂，不能得其便也。言四魔者，一煩惱，二陰魔，三者死魔，四者天魔。前四魔上，更加無常、無我、不淨、苦，別名八魔也。又釋，謂雖行魔事，巧便自在，故名魔自在方便。故《維摩》云：住不可思議解脱菩薩，以方便力，教化衆生，現作魔。又《佛道品》云：若菩薩行於非道，是爲通達佛道。云何菩薩行於非道？答曰：菩薩行五無間，而無惱恚。乃至云：示有妻妾綵女，而常遠離五欲淤泥，是爲菩薩通達佛道。具説如彼。

一乘方便至一切行故

釋曰：第五，一乘方便。謂理體無二，故説一乘。於一乘法，巧知衆生差別相，名爲方便。不二相者，釋上一乘。於中通達一切行相者，釋其方便。又《金光明經》云：

法界無分別，爲度衆生，分别説三乘。又《法華》云：諸佛以方便力，於一佛乘，分别説三。具説一乘，義如別章。

變化方便至淨佛國土

釋曰：第六，變化方便。言變化者，變易異名。故《顯揚》及《唯識》，依此説變易生死名變化生。此明地上菩薩由願力故，於淨土中受變易生，不受三界分段之身，故名變化方便。

如是善男子至實智照

釋曰：第二，重顯二智同異，於中有三。初，結上異相。次，舉喻顯非一異。後，以一切行成就者，顯行成就。此即初也，文别有二。初，顯實智相。後，顯方便智。此即初也。謂於初地，根本智生，創覺生法二空，故言初覺智。即此覺智，於有無相而不二故，是實智照故。前文言無自佗相，無無相故也。

巧用不證至方便觀

釋曰：第二，顯方便智。言巧用者，總標四用。謂即彼地後得智四用巧妙，名爲巧用。不證等者，别顯四用。不證者，不同外道證四靜慮以爲涅槃。不沉者，不同凡夫沉没生死。不出者，不同二乘出離生死。不到者，不同地前菩薩不到初地。或可不到者謬也，應言不倒。謂地前菩薩猶起顛倒，爲簡彼故，故言不倒。是方便觀者，結上四用皆後得智。

譬如水之與波不一不異

釋曰：自下，第二，舉喻顯非一異，文别有二。初，明二智不一不異。後，類顯諸行亦體非一異。謂上二智同一刹那，二用别故不一，同一慧故不異，譬如水之〔一五〕波，體相别故不一，波即水故不異。

乃至一切行至不一不二故

釋曰：第二，類釋諸行亦非一異。謂如二智不一不異，如是乃至一切八萬四千波羅蜜行，諸禪定門，及陀羅尼門，展轉相望，皆非一異。

而一一行成就

釋曰：第三，顯行成就。謂此位中，二智成故，餘一切行，悉皆成就。

以四阿僧祇至功德藏門

釋曰：第三，入藏時分。謂於此地，無漏觀成，攝藏一切諸功德門，由斯別立功德藏門。理應諸位，應有此門。以非初故，故不別立。此中意說，四阿僧祇行諸行故，入此藏門。有釋：此文准上下文，應置一切淨土已後，方說此文。所以者何？四劫滿，當入後位故。

無三界業至畢竟[一六]故不造新

釋曰：第四，受生差別，文別有二。初，明不生三界。後，明生於淨土。此即初也。謂入初地，斷分別我見，不造三界業，故畢故業而不造新。

問：地上菩薩不受分段身，諸處所說十王報，以何業受？

西方諸師，自有兩釋。一云，地上菩薩皆受變易，故受十王皆是化身。不爾，十處應不見王，變易妙身非彼境故。一云，有一論師名調伏光，依《解深密》，作如此說，八地已上所現王身，唯是變化。七地已前，故起煩惱，資三界業，受分段身。此則實身受十王報，故無有失。

以願力故至一切淨土

釋曰：第二，以願力故生於淨土。有解：從多分說。若煩惱資，或生三界。如調伏光說。

常捨觀至常授與人

釋曰：第五，登位分齊，文別有二。初，明登位。後，明寶施。此明登位。鳩摩伽，若依《本記》，翻爲勝惡魔，初地離五怖畏，過二乘魔也。

以四大寶藏常授與人

釋曰：第二，寶施。諸說不同。一云，

三藏及雜藏，施諸衆生。一云，依《勝鬘經》，四種寶藏。一者，無價，菩薩乘也。二者，上價，緣覺乘也。三者，中價，聲聞乘也。四者，下價，人天乘也。若依《地持》，四攝益物，名四寶藏。

復次德慧菩薩

釋曰：第五，德慧菩薩，文別有三。初，標位列名。次，辨觀差別。後，入位時分。此即初也。謂具律儀等三種戒德，與慧俱生，故名德慧。

以四無量心

釋曰：第二，辨觀差別，文別有三。初，顯地別行。次，辨除障。後，位分齊。此即初也。爲欲對治嗔煩惱故，脩四無量，義如上説。

滅三有嗔等煩惱

釋曰：第二，辨除障也。由脩慈故，能滅三界嗔等煩惱。然嗔煩惱，諸宗不同。若依薩婆多，唯在欲界。依經部宗，嗔通三界。依大乘宗，《瑜伽》等説，同薩婆多。今依此經，同經部説。或可此經隨轉理門。或可此文言總意別。謂三有中欲界有嗔，故言三有嗔等。據實，不通上界。

住中忍中行一切功德

釋曰：第三，位分齊也。謂信忍住通在三地，此當第二，故名中忍。謂此位中，無量爲首，通脩諸行。

以五阿僧祇至化一切衆生

釋曰：第三，入位時分。闍陀波羅，若依《本記》，翻爲滿足力。謂五大刧行大慈觀，常現前故，智力滿足，化諸衆生故，亦入闍陀波羅位。亦云離闇，亦名無畏。

復次明慧道人

釋曰：第六，明慧菩薩，文別有三。初，標位列名。次，辨觀差別，後，入位時分。此即初也。謂此位中，行三明觀，故名明慧。

常以無相至三明觀

釋曰：第二，辨觀差别，文别有三。初，顯地别行。次，辨位除障。後，明滿足。前中有二。初，標三明觀。後，釋其行相。此即初也。三明觀者，一、宿命智明，二、生死智明，三、漏盡智明。廣如《序品》。

如〔一七〕三世法至心心寂滅

釋曰：第二，釋其行相。知三世法者，標三明知三世法。無來無去無住處者，别顯三明所行之境，謂未來未有，過去已滅，現在不住，不同薩婆多宗三世皆有實體。心心寂滅者，所緣無故，能緣之心，念念寂滅。

盡三界痴煩惱

釋曰：第二，辨位。除障知三世故，能除三界迷三世愚。

得三明一切功德觀故

釋曰：第三，明德滿足。謂除三世愚故，能得隨順三明諸功德觀。

常以六阿僧至一切法

釋曰：第三，入位時分。伽羅陀者，此云度邊。謂此位中離於邊鄙下賤諸見，故云伽羅陀。雖有此釋，未勘誠文。謂六大僧祇集無量明故，入伽羅陀位，以無相行，受持諸法。

復次至聖覺菩薩

釋曰：自下，第七法師，文别有三。初，標位列名。次，顯地别行。後，行位時分。此即初也。言爾炎者，此云智母，謂此位中生法二空能生聖道，故名智母。言聖覺達者，即所生聖智。前之三地，行施戒脩，相同凡夫。於此位中，起道品觀，初證聖覺，達二空理，名聖覺達。

脩行順法忍

釋曰：第二，顯地别行，文别有三。初，脩忍法位。次，起五神通。後，滅障分齊。就初位中，文復有二。初，屬順忍。後，辨住位。此即初也。謂順忍中，有其三位，謂下、中、上。此第四地，於三忍中，位在初忍。順聖道故，名爲脩行順法忍也。

逆五見流至住須陀洹

釋曰：第二，辨其住位。言須陀洹者，有其二義。一、逆流，二、脩習。於此地中，起道品觀，逆五見流，集無量德故，名住須陀洹位。依《瑜伽》等，翻爲預流。預者入也。流即流類。初入聖流，故名預流。

問：是不五見分別起者，入初地時，皆已永斷。如何此云，依第四地，逆五見流？

解云：據實，分別五見，初地位斷。今斷習氣，名斷五見。若不爾者，疑但分別煩惱所攝，唯見所斷。如何此云五地所斷？故知此約習氣而說。

常以天眼至身通達

釋曰：此即第二，起五神通。於此位中未至究竟，故六通中除漏盡通。而《智度論》及下文中說菩薩漏盡者，依未盡位假說漏盡，故不相違。

念念中滅三界一切見

釋曰：此即第三，滅障分齊。謂此位中配須陀洹，故說能滅三界諸見。

亦以至不離心

釋曰：第三，行位時分。以七大劫，行五神通及波羅蜜故，於滿分中，如上功德，常不離色也。

復次，勝達菩薩

釋曰：次，辨第八法師，文別有三。初，標位列名。次，顯地別行。後，脩行時分。此即初也。謂能了達二三諦，故名勝達，亦名勝慧。或可此地真、俗雙行，如是難事此地能勝，故名勝達。

於順道忍以四無畏

釋曰：第二，顯地別行，文別有三。一、行四無畏，二、辨除障，三、入位分齊。就地數中，文別有二。初，總標四數。後，次第別釋。此即初也。謂第五地依順道忍，起四無畏。於外四難，心無怯懼，故名無畏。

觀那由佗諦至一切智人

釋曰：第二，次第別釋。釋四無畏，即分爲四。此即第一一切智無畏。謂於二境無所不知，一、觀那由佗諦，謂二三諦及八諦等其數甚多，名那由佗；二、觀內道論，即五明中內明論也。外道論者，因明論及聲明。藥方即是醫方。工巧究〔一八〕術，並是工巧明論。此四明論雖通內外，今依一相，且說外言。我是一切智人者，自唱德號。於四無畏，皆有二義。一、執跡生疑。謂外疑難，佛問阿難從何所來，或問外聲是何聲等，若一切智，何謂發問。二、自唱德號。我是一切智，隨順世間故，作此慰問。

滅三界至我相已盡

釋曰：第二，漏盡無畏，亦有二事。一、執跡生疑。謂外難言，世尊或時愛語羅睺，呵罵提婆，如何漏盡？二、自唱德號。我漏已盡，順世間故，示現愛嗔。或有本云我相已盡，謬也。

知地地有所出故名出道

釋曰：第三，釋出苦道無畏，亦有二事。一、執跡生疑。謂外難言，以諸聖道，不能盡苦，見阿羅漢蛇蜇等苦似不盡故。二、自唱德號。謂諸羅漢斷未來苦故言斷苦，非謂現苦無故說斷。

有何不出故名障道

釋曰：第四，惑能障道無畏，亦有二事。一、執跡生疑。謂須陀洹等雖有愛等，而有聖道故，欲不能障道。二、自唱德號。雖不能障預流果等，而能障礙那含等道。上來且釋佛四無畏。今此文中，說第五地菩薩無畏。無畏之相，尋即可知。

逆三界疑

釋曰：第二，除障。此約習氣，故說除疑。據實已斷，唯分別故。

脩集無量至入斯陀含位

釋曰：第三，入位分齊。謂此地中已滅三界疑等惑故，脩集無量勝分功德，由此便入斯陀含位。斯陀含者，此云一往來。謂斷欲界六品惑盡，有三品故，於人天中一往來，名一往來。

復集行至不去心

釋曰：第三，脩行時分。謂於此地，八劫脩行諸陀羅尼及四無畏，常不去心。

復次，常現真實

釋曰：次，釋第九法師，文別有三。初，標位列名。次，辨觀差別。後，明脩行時分。此即初也。

住順忍中

釋曰：自下，第二，辨觀差別，文別有五。一、配忍分齊，二、作地別觀，三、辨取除障，四、辨觀行相，五、立果差別。此即初也。謂順忍中上品取攝，故言住順忍中。

作中道觀

釋曰：第二，作地別觀。謂入無相觀，離於有無及常斷等。或依十二緣生觀，離斷常故，名中道觀也。

盡三界集因集果一切煩惱故

釋曰：第三，辨所除障。言集因者，總標三煩惱及業名爲集諦。言集業者，別釋罪等諸業。一切煩惱者，別釋根本隨惑等諸煩惱。或可集因者，發業煩惱。一切煩惱者，潤業煩惱。

觀非有非無至而無二

釋曰：第四，辨觀行相。言一切者，真如一味相，即是一相，名爲無相。是以《無量義經》云：一相即無相也。而無二者，結上一相及無相，皆無有無等二相也。

證阿那含位

釋曰：第五，立果也。謂此地中雖斷三界一切煩惱，而微細者猶現在前。是取〔一九〕《解深密》等云：第七地來諸菩薩衆，猶起三界貪等煩惱。是故此中立阿那含。阿那含者，翻爲不還。據實，六地菩薩，亦生欲界，如《智度論》。今一相配，故言不還。

復作九阿僧祇劫至一切佛土

釋曰：第三，脩行時分。樂謂願樂。謂於此地，九阿僧祇集中道觀，隨願樂力，生諸佛土。

復次玄達菩薩

釋曰：辨第十法師，文別有三。初，標位列名。次，入位時分。三，常行三空下，辨觀差別。此即標名。玄謂玄遠，達即通達。遠至功用後邊，名之爲玄。創入無生忍，名爲達也。

十阿僧祇劫中脩無生法樂忍

釋曰：自下，第二，入位時分。文有五別。一、入位分齊，二、辨所滅分辨[二〇]，三、住身分齊，四、具諸德，五、立果。此即第一入位分齊。語[二一]五忍中，第四無生忍有其三品，此即下品。此地菩薩十僧祇脩下無生忍。

滅三界習因業果

釋曰：第二，所滅分齊。於此位中，滅三界中業果細習。

住後身中

釋曰：第三，住身分齊。住分段生死中最後一身。至第八地，即成變易報也。

無量功德至皆滿足

釋曰：第四，顯具諸德。謂六神通、盡無生智，乃至五分法身，悉皆具足。如是諸德，皆如上説。

住第十地至梵天位

釋曰：第五，立果也。謂十三法師中，住第十法師位。於四果中，第四果也。梵天位者，梵者淨也，已住清淨行位故。

常脩三空至弘化法藏

釋曰：第三，辨觀差別。謂此地中空等

三昧已得圓滿，具足百萬三昧。又以如來脩多羅藏等三藏聖教，弘化衆生。

復次等覺者

釋曰：次，辨第十一法師，文別有三。初，標位列名。次，辨觀差別。後，千阿僧祇下，脩行時分。此即初也。者謂假者。謂第八地，於一切或〔三二〕時真俗雙觀，名等覺者。

住無生忍中

釋曰：自下，第二，辨觀差別，文別有三。初，明有無觀。次，辨十力觀，後顯登位差別。前中有二。初，配屬忍位。後，正明有無觀。此即初也。謂於三品無生忍中，住中品忍也。

觀心心寂滅至無知知

釋曰：第二，辨有無觀，文別有三。初，別釋有無。次，合釋有無。後，雙結有無。前中有二。初，寂而常用。後，用而常寂。此即初也。此地中觀心心寂滅者，念念皆空，故心心寂滅。此顯常寂靜義。言無相相、無身身、無知知者，顯常用義。謂常寂故離一切相，而依俗故示現無相。似常空寂故〔三三〕色身，而依〔三四〕俗故常用色身。以常寂故無知，而依故恒能照。

而用心至無住之住

釋曰：第二，用而常寂。初之二句，顯其有用。惔怕〔三五〕已下，顯常寂義。有本任於無任之任者，謬。

在有至常萬化

釋曰：第二，合釋有無。言在有常脩空者，釋上用而常寂。處空常萬化者，釋上寂而常用。

雙照一切法故

釋曰：第三，雙結。謂俗不離真，寂而常用。真不離俗，用而常寂。

知是處非處乃至一切智十力觀故

釋曰：第二，明十力觀。謂此位中，學十力觀。舉初後二，顯中間八，合有十力觀。十力差別，義如別章。

而能發〔三六〕摩訶羅伽位化一切國土有本無登字。

釋曰：第三，登位差別。摩訶羅伽，若依《本記》，翻爲大聖，即佛法之大將。或云無功用位，或翻大力，或翻龍象。

千阿僧祇劫至見佛三昧

釋曰：第三，脩行時分。此結住自位，經爾所劫。從此以後，功難成故，時分漸多。

復次慧光神變者

釋曰：次，辨第十二法師，文別有三。初，標位列名。次，辨觀差別。後，萬阿僧祇下，明入位時分。此即初也。謂第九地，四無礙智化諸有情，或起六神通，名爲慧光及神變者。

住上上無生忍

釋曰：自下，第二，辨觀差別。文有四節。一、配忍三品，二、明滅心心相，三、四眼見法觀，四、生淨土。此即第一配忍三位。謂無生忍有其三品，此即上品。而言上上者，前上是勝義，後上順品數。謂此第九地得四辨等，故言勝也。

滅心心相

釋曰：第二，明滅心〔三七〕相。於此位中，除滅心心有執相故，名言勝也。滅心心相，有説滅見分、相分二相，故言滅心心相。今解：滅心自性，名爲滅心。若滅心上差別，名滅心相。

法眼見一切法，三眼色空見

釋曰：第三，四眼觀門。謂法眼見一切法病藥等種種別相。三眼見色空者，謂肉眼見麤色，天眼見麤細，慧眼見色空。據實慧眼觀諸法空，今對肉天二眼，故但説見色空也。若依《本記》，法眼見一切真如也。餘如前説。

以大願力，常生一切淨土

釋曰：第四，常生淨土。

萬阿僧祇至佛華三昧

釋曰：第三，入位時分。薄伽梵位，此云世尊，具諸德故。亦説九地名世尊。佛華三昧亦復如是，似佛定故，名爲佛華。

復次，觀佛菩薩

釋曰：次，辨第十三法師，文別有四。一、標位列名。二、登住時分。三、善男子下，諸位相對，辨差別相。四、常脩下，明入位住定。此即第一標位列名。謂此位中，二種觀佛。一、眼見者，唯他受用。二、定心見，通觀三身。

住寂滅忍者至住金剛臺

釋曰：第二，登位時分。文有四節。一、配五忍，二、逕時分齊，三、辨所脩德，四、顯登住位。言住寂滅忍者，配五忍位。謂寂滅忍，自有二種。一者，下品。二者，上品。今第十地，即是第五寂滅忍中位〔三六〕下品忍也。言從始至逕百萬阿僧祇劫者，總計從習種性至灌頂忍，逕百萬阿僧祇劫也。言脩百萬阿僧祇劫功德者，辨所脩德量。言登一切法解脱者，就當得位，即是妙覺。住金剛臺者，金剛三昧，正明等覺如來。或可解脱自有兩種。一者，等覺。二者，妙覺。今此金剛雖非妙覺解脱果攝，而成等覺解脱，故名登一切法解脱。

善男子至一切煩惱

釋曰：自下，第三，諸位相對，辨差別相，文別有五。一、伏斷差別，二、信見差別，三、頓漸差別，四、常無常異，五、等無等異。此即第一伏斷差別，文別有二，先，伏。後，斷。此即伏也。謂從習忍至頂三昧，皆名爲伏一切煩惱者，伏義寬故，通名爲伏。依《本記》云，皆名伏者，從十信，至金剛末，斷阿賴耶識一刹那在，故説爲伏一切煩惱。廣説如彼。

而無相信至照第一義諦

釋曰：此顯第二，斷義狹故，初地已上無漏信位，方能欲斷。言無相者，即是無漏也。無有漏相，故名無相。謂無相信爲無間道，斷滅一切煩惱，生解脱道，照見第一義諦。

不名爲見。所謂見者，是薩婆若

釋曰：第二，信、見差別，文別有二。初，正釋信、見。後，引説證成。此即初也。除佛已前，但説爲信，不名爲見。所謂見者，是一切智。

是故至不見不覺有本云：唯佛所知者，謬。

釋曰：第二，引説證成。知、見、覺三，異名同體。雖通因果，皆得此名。今從勝説，故唯在果。

唯佛頓解，不名爲信、漸漸伏者

釋曰：第三，漸頓差別。唯佛頓解，不名爲信，漸漸伏者，所以者何？頓斷一切二障盡故，但名爲見，不名信者，亦不名爲漸漸伏者。

慧雖起滅至無生無滅

釋曰：第四，常、無常異，或可無礙與解脱異。即依此文，自有兩釋。

一、真諦三藏立如是義，佛果功德，菩提涅槃，皆無生滅，故通伏難以三宗義。謂外難云：無間道時，慧有生滅，如何能生無生滅智？故作此言：金剛時慧雖有生滅，能證知無生滅理。由斯勝慧證理深故，此心若滅，便能證得累盡涅槃，亦能證得無生無滅，常住菩提。故前經言：薩云若覺非有非無，湛然清淨，常住不變，同真際，等法性。

二、慈恩三藏作如是説，金剛時慧雖有生滅，而能證解無生滅理，故能證得果[二九]盡涅槃，亦能證得常住法大菩提也。前經所説常住不變者，就勝説故，且説實相，而非觀照。

入理盡金剛三昧至等無等等

釋曰：第五，等、無等異，或可無間與解脱異，文別有二。初，法。次，喻。後，合。此即法説，謂入理盡金剛三昧，清淨無染，同道後真如際，等於道前法性真如也。言而未能等無等等者，謂佛世尊下，不及故名爲無等，與諸佛齊故名爲等。金剛已還，無能等無等等也。

譬如有人至無不斷了

釋曰：第二，舉喻。可知。

住理盡三昧，亦復如是

釋曰：第三，合喻。應知。

常脩一切至佛慧三昧

釋曰：第四，入位住定。謂此位中，一切六度及四攝等行已滿足，具功德藏，入婆伽度，住佛慧三昧。梵音婆伽度，此云世尊，即十號中之一位也。住此位中，觀三身三昧，方得圓滿。

善男子如是至等無有果

釋曰：就依請，正説十三法師，文别有三。初，標。次，善男子下，别釋。後，善男子下，結歎。上來已釋兩段訖，此即第三，結歎勝德與佛無異。

佛告波斯至般若波羅蜜

釋曰：自下，第二，付王受持，文别有四。一、讚用勸持。二、大王是般若下，讚名勸持。三、大王我今下，釋勸所由。四、大王今下，稱名付屬。初中有二。前，略讚勸持。後，大王下，廣讚勸持。略中有五。一、應時勸持，二、勸持所由，三、結屬諸王，四、外人徵詰，五、如來釋。此即初也，謂我正法滅時，受持一部《仁王般若》。

大作佛事至般若波羅蜜

釋曰：第二，勸持所由。有其三種。一、大作佛事，謂滅惡生善。二、國土安立。三、萬姓快樂。或可初一内護，後二外護。如是利益，皆由般若。

是故付屬至清信女

釋曰：第三，結屬諸王。

何以故

釋曰：第四，外人徵詰。

無王力至解其義理

釋曰：第五，始〔三〇〕來正釋。

大王吾今至帝王歡喜

釋曰：自下，第二，廣讚勸持，文別有二。初，總標除難福生。後，問答分別，別釋七難。此即初也。三千大千世界分齊，義如常釋。言七福者，如《本記》說，返前七難，以爲七福。七福者，一、萬姓愛重國王，二、四海賓伏，三、怨敵退散，四、國王自受已身，五、四方歌讚，六、百姓豐樂，七、未來入善道。

云何爲難

釋曰：第二，問答分別，釋七難，文別有二。先，問。後，答。此即問也。

日月失度至爲一難也

釋曰：第二，答也。就答七難，即分爲八。此即第一日月失度難也。謂時節轉異，多令飢餓。數量轉異，多刀兵起。色相轉異，多疾病也。

二十八宿至爲二難也

釋曰：第二，星宿變怪難。

大火燒國至爲三難也

釋曰：第三，大火焚燒難。

大水漂没至爲四難也

釋曰：四，大水漂没難。

大風吹殺至爲五難也

釋曰：第五，大風吹殺難。

天地國土至爲六難也

釋曰：六，亢旱不熟難。

四方賊來至爲七難也

釋曰：第七，惡賊侵逼難。廣釋七難，具如《本記》。

大王是般至龍寶神王

釋曰：第二，讚名勸持，文別有二。初，讚名殊勝。後，勸持王供養也。此即初也。然此八名，諸説不同。

一云，八中，初一顯實相般若，是諸凡聖心神體故。第二，明觀照般若，生諸國王慧解心故。後六，辨文字般若，有六勝因，護國土故。

一云，此能與凡聖爲依，故名神本。能生王位，故譬父母。能護身命，故譬神符。能治邪魔，名辟鬼珠。能滿諸願，故名如意珠。令國安隱，名護國珠。明顯因果，名天地鏡。法中最勝，威力難思，名龍寶神王。

《本記》云：六識名心，第七名識，第八名神。此經能與凡聖八識爲依，故名爲本。能生世出世國王，故譬父母。外道魔王不能降伏，故喻神符。能除不活等五種怖畏，名辟鬼珠。能攝利衆生，名如意珠。能降七難，名護國珠。能顯所知，名天地鏡。道前道後，清淨不異，名龍寶神王。廣説如彼。

彼佛告至以經置上

釋曰：第二，勸王供養，文別有二。初，示供養法。後，別示行住供養。此即初也。法有六事。一、九色幡長九丈，二、九色華高二丈，三、千枝燈高五丈，四、九玉箱，五、九玉巾，六、七寶案。言九色者，依《本記》云，白、黑、黃、赤、青，此是五塵色，并四大色，爲九。四大色者，地依〔三〕灰色，水依〔三〕頗梨色水精，火作光色火珠，風作烟色。

若王行時至罪過不生

釋曰：第二，行住供養，文別有二。初，行時供養法。後，住時供養法。此即行時也。

若王住時至如事帝釋

釋曰：第二，住時供養。如經可知。

大王我今五眼至七難安〔三〕起

釋曰：第三，釋勸所由，文別有二。初，明三世諸王，福有興衰。後，明未來護持，大作利益。此即初也。

若未來世至往護其國

釋曰：未來護持，文別有三。一、標章舉數，二、次第別釋，三、結釋勸供養。此即初也。

一金剛吼至往護其國

釋曰：自下，第二，次第別釋。文顯可知。

是大力士至而供養之

釋曰：第三，結釋勸供。是五大力士者，結五菩薩。五千神王等者，釋成利益。當立像形下，勸供養。勸供養法，如《五神王因緣經》中說，《雷電吼菩薩因緣》中，教人作讀經寫經法。法用者，應作一團屋，八面安壁。外蒼隨力莊嚴，今[三四]其精好。八角之中，開小門，通人入出。於其室内，置八面床。留小空地，擬人行處。八壁内外，香泥塗飾。一一壁上，各量身坐，當兩眼前，以開兩吼[三五]，使得見經。正當二手，復開二孔，得容二手來去捉經。欲讀經時，安經壁外經架案上。壁内壁外，並燒好香。香湯豆麵，以浴身手，及將瀨[三六]口。善須看風。若也東風，即東壁外安置經卷，在壁内向東讀經，使風吹口氣，隨風西去，不熏經卷。以口有番氣，故作此屋。寫經類讚，法用如前。更勘。

大王吾今三寶至一切諸王

釋曰：第四，稱名付屬，文別有三。初，總明付屬。次，就勝列名。後，如是一切下，結勸應持。此即初也。

憍薩羅國至波提國

釋曰：第二，就勝列名。或有經本列十五國，闕沙陀衛國也。然十六大國名號，《大集月藏分》第十六、《大毗婆沙》一百二十四，梵音不同，不可和會。勘。

如是一切至波羅蜜

釋曰：第三，結勸應持。

時諸大衆至願不生彼國

釋曰：第三，時衆得益，於中有五。一、明脩羅得益，二、顯人王獲益，三、辨梵天等益，四、解餘衆獲益，五、釋菩薩獲益。此即初也。時諸大衆，即總句。阿脩輪下，顯利益也。謂彼脩羅聞説七難，身怖聲悲，發願不生彼惡國土，即是厭惡欣善益也。

時十六國王至出家脩道

釋曰：自下，第二，人王獲益，於中有二。初，總明諸王捨俗入道。後，明脩道起觀差別。此即初也。以國付弟，即是捨俗。出家脩道，即是入道。廣釋在家過失，出家勝利，如《文殊問經》第二卷。

觀四大至勝出相

釋曰：自下，第二，別明脩道起觀差別，於中有二。初，明諸觀。後，是爲下，結成證得。前中有四。一、明八勝處，二、明十遍處，三、顯初地相，四、辨九地相。此即初也。

觀地、水、火、風能造四大，青、黃、赤、白所造四色，名八勝處。所緣境勝煩惱，故名勝處。出離貪欲，故名勝出。相謂體相，或是相狀。或是行相，是八勝處行解相也。依《大般若》，與此稍異。彼云：一、內有色想，觀外色小。二、內有色想，觀外色多。三、內無色想，觀外色小。四、內無色想，觀外色多。內無色想，觀外諸色青、黃、赤、白，復爲四種，名八勝處。依《瓔珞經》，八名復異。四大同此經，四色同《般若經》有色等四，不說青等以爲四色。或可此經同《瓔珞經》，義亦無違。

四大四色至入行相

釋曰：第二，明十遍處。地、水、火、風，青、黃、赤、白，空處識處，名十遍處，亦十一切入。即是處所緣寬廣，無有間隙，故名遍處行相，即是十一切入行解相也。言不用者，乘語故也。故以不說八解脱者，此三科法是下、中、上三根人觀，此中唯有中、上二根，無下根故，以是不論。

三十忍是初地相

釋曰：第三，明初地相。地前三十心，名三十忍，即是初地方便相也。初地即用第一義諦爲體。

第一義諦九地相

釋曰：第四，明九地相。初地證如，境智平等，名第一義，與後九地，作其因相，名九地相。故《攝論》云：若於初地達法界時，速能通達後一切言。如《地頌》有[三七]：如作[三八]破初節，餘節速能破。得初地真智，諸地疾當成。

是故大王至般若波羅蜜

釋曰：此即第二，結成證得。文有兩節。初，明捨凡入聖。後，明捨分段入變易。言是故大王者，結所告人。言捨凡夫身者，謂捨地前凡夫身也。言入六住身者，謂入初地至第六地住地身也。此上即捨凡入聖。言捨七報身者，謂捨七地分段報身也。故《智度論》云：七地未捨虫身、肉身。言入八法身者，謂入八地已上變易法身。故前偈云：未度報身一生在，進入等觀法流地。

言一地行般若波羅者，此法身萬行俱也。或可通說十地萬行俱也。

十八梵天王[三九]同無生境

釋曰：自下，第三，梵天等益。等言等取阿須輪也，於中有二。初，明得益。後，顯供養。此即初也。謂梵天等，隨其根性，證得三乘真實觀門，問[四〇]觀人法無生空理，以爲境也。前説脩羅得厭世益，今此脩羅得三乘觀，與前異故，與梵天同，故與梵天一處合説。

復散華供養

釋曰：自下，第二，别釋供養。文有二别。初，總標供養。次，别列華名。後，正顯供養。此即初也。供養有二：一、財，二、法。今此文中，顯法供養。

空華至二十七品華

釋曰：第二，别列華名。空華顯人空，法性華明法空。此二種華，表伏忍也，地前仰學二空觀故。聖人華表信忍也，初入聖法無漏信故。順華表順忍也，四、五、六地順無生故。無生華表下中品無生忍也，證解無生最是初故。法樂華表上品無無[四二]忍也，四辨自在說法樂故。金剛華表下品寂滅忍也，金剛三昧破諸結故。此上七華表大乘法。緣觀中道華表緣覺法，證解緣生中道觀故。三十七品華表聲聞法，道品觀中得自在故。

而散佛上至大菩薩衆

釋曰：第三，正顯供養。由前梵等，得三乘觀，以三乘華，散佛等上。

其餘一切衆證道迹果

釋曰：第四，明餘衆益。文有三段。初，明得益。次，列華名。後，正供養。此即初也。是前衆餘，故名餘衆。道迹是向，果即是果。又解：道迹有學，果即無學。通三乘也，前得三乘觀，此證三乘果，故有差別。

散心空華至妙覺華

釋曰：第二，別列華名。心空華者，四空也，三學之中名爲心學。心樹華者，緣生觀也，十二緣生名爲華樹。六波羅蜜華者，十地行也。此上三華，如次顯彼三乘法也。妙覺華者，佛果行也。因中說果，名妙覺華。

十千菩薩念來世衆生

釋曰：第五，明菩薩益，於中有二。初，明十千菩薩得三昧益。後，顯十億菩薩現成佛益。前中有二。初，明能證人。後，辨所證定。此即初也。謂此皆是地上菩薩，得同體大悲，憐念未來惡世衆生也。

即登至金剛三昧

釋曰：第二，明所證定，於中有三。初，明緣果定。次，顯緣義定。後，顯得餘定。此即初也。謂佛果德妙窮真俗，故云妙覺。照理圓盡，故曰圓明。不沮壞，故云金剛。今此菩薩證得緣三之定，從所緣爲名也。

世諦三昧至第一義諦三昧

釋曰：第二，緣義定也，於中有二。初，明三定。後，顯三勝。此即初也。知有漏定，名世諦三昧。知無漏定，名真諦三昧。知非安立真如，名第一義諦三昧。

此三諦至王三昧

釋曰：第二，顯三勝也。此三統攝一切三昧，有大勝用，故名爲王。《智度論》云三昧王三昧。

亦得至一切行三昧

釋曰：第三，得餘定也。無量三昧者，四無量定也。七財三昧者，緣七財定也。一信，二戒，三慚，四愧，五施，六聞，七慧，如《瓔珞經》說。廣釋如《集異門論》第十六卷。二十五有三昧者，證解二十五有定也。四人四惡趣，四空及四禪。梵王六欲天，無想及那含。是名二十五有。廣如《涅槃》三十四及《智度論》說。又解：對治二十五有定，名二十五有三昧。故《涅槃》云：無垢三昧，能對治地獄有，乃至得我三昧，能對治非想非非想有。廣説如彼。一切行三昧者，總攝諸行定也。

復有現成正覺

釋曰：第二，十億菩薩現成佛益。謂此皆是第十地菩薩，聞經力故，登金剛座，坐金剛定，現成佛故。

## 囑累品第八

將釋此品，略有二義。一、釋品名，二、正釋文。釋品名者，囑謂付囑，累即重累。如來重付囑此經，累代流行，故名《囑累品》。

佛告至我誡勑汝等有本無等字者，脱也。

釋曰：自下，第二，正釋經文。前品已明勸學流通，故此品明付囑流通，於中有二。初，明付囑誡勸。後，爾時無量下，依教奉持。前中有二。初，累〔四二〕標付屬誡勑。後，廣釋付囑誡勸。此即初也。誡謂誡勸，即標七誡。勑謂教勑，明其付囑。等言，等取餘大衆也。

吾滅度後至信女時

釋曰：第二，廣釋付囑誡勸，於中有二。初，明付囑。後，五濁下，廣明誡勸。前中有二。初，明付囑時。後，正明付囑。此即初也。

言八十年等者，釋此經文，諸説不同。一云，佛滅後一百年内，五人住持。一、迦葉二十年。二、阿難二十年。三、末田地二十年。三人持法，經六十年。見佛在世以行法故，持法不滅。第四、商那和脩二十年持。第五、優婆毱多亦二十年。此上二人各二十年。商那和脩以不現見佛化故，威儀法滅。

言八百年者，正法五百年内，二十五師住持佛法，並是聖人相傳，佛法不滅。第六百年馬鳴菩薩，第七百年龍樹菩薩，二人持故，佛法不滅。八百年中，持法人小，故言法滅。

言八千年者，像法、末法，衆生行邪法，故像、末二法滅。《涅槃》云：末世有十二萬大菩薩，善持我法不滅。就凡所見，故言滅耳。

有説：此云八十年者，正法五百年内後八十年。八百年者，像法一千年中後八百年，故言八百年。八千年者，末法一萬年中取後八千年，故八千年也。雖有此説，未見誠文，故不可依。然此正、像、末法，意趣難了，故今略以五門分別。第一、釋名，二、出體性，三、時分長短，四、四[四三]滅法之相，五、會釋違文。廣如別記。

言無佛至信女時者，顯上唯舉八十年、八百年、八千年意。以此時中三寶沈没，弘法人希，是故唯舉八十年等無佛法時。今言無，少有名無。亦有令無名無。

此經三寶至讀誦解義者

釋曰：自下，第二，正明付囑，文別有二。初，付法令持。後，付衆令化。此即初也。謂此惡時付王四衆，皆令受持讀誦解義。

爲三界衆生至化一切衆生

釋曰：第二，付衆令化。謂與三界衆生，開三行化也。言三行者，一者、空行，二、七賢行，三、十善行。有説：付囑有二。初，付囑令解。後，爲三界下，付衆令化。開空慧道者，無漏慧也。七賢行者，七方便觀。十善行者，十善業道。此即從勝向劣行也。或可信行等，七賢行也。

問：何故前品唯付諸王，今此品中通付四衆？

解云：前品付囑護持，故唯付王。此品付囑令解、教化衆生，故通四部衆也。

後五濁世至滅破吾法

釋曰：自下，第二，廣辨七誡，文別有二。初，廣辨七誡。後，爾時十六下，依教奉持。此即第一廣辨七誡，即分爲七。一、誡諸滅法過，二、誡壞四部行，三、誡約因[四四]禁不依法，四、誡自毀，五、誡使役，六、誡自咎，七、誡謬信。此即第一誡，諸滅法過，文別有三。初，明滅法人。次，明作下，辨滅法過。後，當知下，結成過。

此即初也。文有三節。初，五濁世者，滅法時分，即五濁時。此五濁義，略以三門分別。一、別釋名，二、出體，三、立五所由。

第一，釋名，略有二種。一者總名，二者別名。言五濁者，即是總名。五是標數，濁是滓穢美[四五]。故《俱舍論》第十二云：劫減時將末，壽等鄙下如滓穢故，説名爲濁。又《順正理》三十二云：云何濁義？極鄙下故，應辨捨故，如滓穢故。總言五濁者，帶數釋也。言別名者，一者壽濁，二者劫濁，三煩惱濁，四者見濁，五有情濁。《瑜伽》三十四云：如於今時，人壽短促，極長壽者不過百年，昔時不爾，是名壽濁。《文殊問經》云：十歲而生，二十、三十乃至千年，有長短故，此謂命濁也。如於今時，漸次趣入三災中劫，現有衆多飢饉疫病刀兵可得，昔時不爾，是名劫濁。如於今時，有情多分習非法貪、不平等貪，執持刀劍，執持器杖，鬪訟諍競，多行諂誑詐僞妄語，攝受邪法，有無量種惡下〔四六〕不善法，現可了知，昔時不爾，是名煩惱濁。《經》云：多貪嗔痴，名煩惱濁。如於今時，有情多分爲壞正法，爲滅正法，造立衆多像似正法，靈〔四七〕推求邪法邪義以爲先故，昔時不爾，是名見濁。《經》云：邪見、戒見取、見取、常見、斷見、有見、無見、我見、衆生見，是名見濁也。如於今時，有情多分，不識父母沙門婆羅門，不識家長、可尊敬者、作義利者、作所作者，今〔四八〕後世罪不見怖畏，不修惠施，不作福業，不受齋法，不受淨戒，昔時不爾，是名有情濁。《地持》五濁，亦同《瑜伽》。《經》云：善惡衆生，下中上衆生，勝劣衆生，第一不第一衆生，是名衆生濁。

第二，出體。壽濁，即以命根爲性。劫濁、衆生濁，謂以五蘊爲性。煩惱濁，除五見，一切煩惱爲性。見濁，即用五見爲性。

第三，立五所由者，如《順正理》云，豈不壽、劫、有情濁三互不相離？見濁即用煩惱爲性，五應不成。理實應然，但爲次第顯五衰損極增盛時。何等名爲五種衰損？壽〔四九〕命衰損，時極短故。二、資具衰損，少光澤故。三、善品衰損，欣惡行故。四、寂靜衰損，展轉相違，來〔五〇〕諠諍故。五、自體衰損，非出世間功德器故。爲欲次第顯此五種衰損不同，故分五濁。《顯宗》亦同。又《俱舍論》第十二云：由前二濁，如其次第，壽命、資具極致衰損。由次二濁，善品衰損，以耽欲樂自在行故，或損在家出家善故。由後一濁，衰損自身身量色力、念智勤勇，及無病故。廣如別章。

次，比丘等者，辨滅法人，有其四類。一、四部衆。言比丘、比丘尼四部弟子者，標別顯總。二、天龍八部者，即八部衆。此亦標別顯總。三、鬼神衆。四、王等貴衆。後自恃齊〔五一〕高貴或有本云自是高貴者，謬也。滅破吾法者，滅法勝緣。由高貴故，能成諸過也。

明作制法至佛塔形

釋曰：第二，辨滅法過，文別有二。初，制四福。後，立四邪。此制四福，一、制出家，二、制行道，三、制造像，四、制造塔。如經可知。

立統官至都非吾法

釋曰：第二，立四邪教。一、立統官制衆，安籍記僧，不依僧法過。二、比丘地立，白衣高坐。此即失高下相。此有兩釋。一云，於僧地中，白衣高坐。二云，同處，比丘下立，白衣高坐。三、兵奴爲比丘，便違福田尊貴之相。四、受別請者，失福田相，是外道法，非吾法也。是故《比丘應供法行經》云：若我弟子有受別請者，是人定失一果、二果、三果、四果，不名比丘。是其〔五二〕不得國王地〔五三〕行，不得飲食國王水，有五百大鬼常遮其前。是比丘七劫不見佛，佛不授手，不得受檀越物。五千大鬼常隨其後，言佛法中大賊。諸比丘應作次第請僧，七佛法如是。次第僧中，有佛化僧、四道果僧、菩薩僧、七賢僧、凡夫僧。欲使四方檀越得如是僧故，莫別受請。具說如彼。又《梵網經》云：一切不得受別請，利養入已。而此利養屬十方僧，而別受請，即取十方僧物入已。又云：次第請者，即得十方賢聖僧。而世人別請五百羅漢，不如一〔五四〕僧次一凡夫僧。若別請者，是外道法，七佛無也。具說如彼。《居士請僧福田經》，大意亦同。

當知爾時至不久

釋曰：第三，結過。應知。

大王至是汝等作

釋曰：第三，滅壞四部行，文別有四。一、標過名，二、辨過相，三、顯其累，四、結過重。此即初也。壞亂四部所行正道。

自恃威力至弟子

釋曰：第二，辨過相也。謂制四部所行正理。

百姓疾病至破國因緣

釋曰：第三，顯其果也。由制四部，現感惡報。

說五至不盡

釋曰：第四，結過重也。如理可知。

大王至非法之行

釋曰：第三，誡約囚禁不依法律，文別有四。一、總標過失。二、別顯過相。三、非法等，明非法囚禁。四、當知等者，結過重。此即初也。

橫與佛法至作諸罪過

釋曰：第二，別顯過相。如經可知。

非法非律至如囚禁法

釋曰：第三，非法囚禁。

當爾之時法滅不久

釋曰：第四，結成過重。

大王至滅破三寶

釋曰：自下，第四，誡約自毀，文別有三。初，自毀。次，起惡。後，招報。就自毀中，先，法，後，喻。此即初也。如經可知。

如師子身中虫至非外道也

釋曰：第二，舉喻重釋。釋此喻相，如《蓮華面經》：佛告阿難，譬如師子命終身死，若空若地，若水若陸，所有衆生，不敢食彼師子身肉，唯師子身自生諸虫，還自噉食師子之肉。阿難，我之佛法非餘能壞，是我法中諸惡比丘，破我三大阿僧祇劫積行勤苦所集佛法。解云：彼經但喻出家比丘，不同此經通喻道俗。

壞我佛法至至于百歲

釋曰：第二，明起惡。惡有三種。一、壞法得罪惡，二、正教不行惡，三、惡增壽減惡。

其壞佛教至連禍縱横

釋曰：第三，招報，於中有三。初，法。次，喻。後，合。此即法説，於中有三。初，明現報。次，顯生報。後，辨後報。此明現報，有其五種。一、壞佛教，二、無孝子，三、六親不和，父母兄弟夫妻。四、天神不祐等，五、災怪不絶。

死入地獄餓鬼畜生

釋曰：第二，顯生報也。

若出爲人兵奴果報

釋曰：第三，辨後報也。廣辨三報，具如別章。

如響如影至火滅字在

釋曰：第二，舉喻。喻有三種。初之二喻，喻其現報。如有聲形，響影必逐，有現業處，報定同時故。後之一喻，喻生、後報。如人夜書，火滅字在，現業雖滅，二報仍在。或可前二通喻三時。若有三業，必有果隨，如聲形處，必有響影。

三界果報亦復如是

釋曰：第三，合法。應知。

大王至如兵奴法

釋曰：第五，誡使役也。文有四別。一、横制，二、使役，三、攝録，四、示過。横制有三。一、能制人，二、横制誡，三、屬當白衣，是兵奴法也。

若我弟子至是兵奴法

釋曰：第二，使役也。文有三節。一、立籍，二、强使，三、顯非佛弟子，是兵奴法。

立統官攝僧至兵奴之法

釋曰：第三，攝録也。文有四節。一、官攝，二、典攝，三、僧攝，四、屬是獄囚，兵奴法也。

當爾之時佛法不久

釋曰：第四，示過也。

大王至非佛法僧

釋曰：第六，誡自咎也。破國等緣，自

作自受，非佛法僧。

大王至常所行道

釋曰：第七，誡謬信也。文有四別。一、示善，二、示惡，三、謬信，四、示過。此即示善。此經乃是七佛法器，十方諸佛常所行路，故應流通。

諸惡比丘至破國因緣

釋曰：第二，示惡也。諸惡比丘求名利故，於王等前，自説破法破國因緣。比丘自説，名爲破法。教王令作，名爲破國。

其王不別至不依佛法

釋曰：第三，謬信也。王等不知求名利故，信受謟言，横作法制，不依佛誡。

是爲破佛至正法不久

釋曰：第四，示過也。信他謟語，不依佛言，定是破佛國因緣，法滅不久也。

爾時十六至失光不現

釋曰：自下，第二，大衆奉持，於中有二。初，人王傷感。後，天王嗟歎。前中有二。初，明傷感。後，顯受持。此即初也。十六大王聞佛七誡未來惡事，悲泣出聲，震動三千，諸光不現也。

時諸王等至當如佛教

釋曰：第二，受持佛教，依如佛誡，不敢違逆。

爾時大衆至是無佛世

釋曰：第二，天王嗟歎。謂天王等嗟歎惡時，無佛出世，是空虛也。

爾時無量至阿須輪王

釋曰：自下，第二，大衆奉行，於中有二。初，明能受人。後，顯所受法。此即初也。文有三節。一是菩薩，二是聲聞，三是雜品。

聞佛所説至波羅蜜

釋曰：第二，結所受法。聞佛所説二護因緣，頂戴受持，奉行此法也。

仁王經疏卷下末

校勘記

〔一〕「法空」，疑爲「空法」。
〔二〕「菩」，據《瑜伽師地論》，疑爲「薩」。
〔三〕「睡」，據《瑜伽師地論》，疑爲「隨」。
〔四〕「發」，疑前脱「二」字。
〔五〕「即」，疑爲「退」。
〔六〕「劫」，據《優婆塞戒經》（《大正藏》本，下同），疑爲「却」。
〔七〕「仕」，據《優婆塞戒經》，疑爲「任」。
〔八〕「互」，據《優婆塞戒經》，疑爲「平」。
〔九〕「賣」，據《優婆塞戒經》，疑爲「商」。
〔一〇〕「弄」，據《優婆塞戒經》，疑爲「棄」。
〔一一〕「諦」，疑爲「謗」。
〔一二〕「或」，疑衍。
〔一三〕「名」，疑爲「者」。
〔一四〕「便」，疑後脱「至」字。
〔一五〕「之」，疑後脱「與」字。
〔一六〕「竟」，疑衍。
〔一七〕「如」，疑爲「知」。
〔一八〕「究」，疑爲「兇」。
〔一九〕「取」，疑爲「故」。
〔二〇〕「辨」，底本原校疑爲「齊」。
〔二一〕「語」，底本原校疑爲「謂」。
〔二二〕「或」，底本原校疑衍。
〔二三〕「故」，疑後脱「無」字。
〔二四〕「依」，疑後脱「俗」字。
〔二五〕「惔怕」，疑爲「淡泊」。
〔二六〕「發」，疑爲「登」。
〔二七〕「心」，疑後脱「心」字。
〔二八〕「中位」，疑爲「位中」。
〔二九〕「果」，底本原校疑爲「累」。
〔三〇〕「始」，疑爲「如」。
〔三一〕「依」，底本原校疑爲「作」。
〔三二〕「依」，底本原校疑爲「作」。
〔三三〕「安」，疑爲「必」。
〔三四〕「令」，底本原校疑爲「令」。

〔三五〕「吼」，疑爲「孔」。

〔三六〕「瀨」，疑爲「潄」。

〔三七〕「言如地頌有」，據《攝大乘論釋》（《大正藏》本，下同），疑爲「地如有頌言」。

〔三八〕「作」，據《攝大乘論釋》，疑爲「竹」。

〔三九〕「王」，疑後脱「至」字。

〔四〇〕「問」，疑爲「同」。

〔四一〕「無」，底本原校疑爲「生」。

〔四二〕「累」，疑爲「略」。

〔四三〕「四」，底本原校疑衍。

〔四四〕「因」，疑爲「囚」。

〔四五〕「美」，底本原校疑爲「義」。

〔四六〕「下」，據《瑜伽師地論》，疑衍。

〔四七〕「靈」，據《瑜伽師地論》，疑爲「虚妄」。

〔四八〕「今」，據《瑜伽師地論》，疑前脱「於」字。

〔四九〕「壽」，據《順正理論》（《大正藏》本，下同），疑前脱「一」字。

〔五〇〕「來」，據《順正理論》，疑爲「成」。

〔五一〕「齊」，疑衍。

〔五二〕「其」，據《梵網經菩薩戒本疏》（《大正藏》本，下同），疑爲「人」。

〔五三〕「地」，據《梵網經菩薩戒本疏》，疑後脱「上」字。

〔五四〕「一」，據《梵網經》（《大正藏》本），疑衍。

（常峥嶸整理）

○二八八

# 佛説仁王護國般若波羅蜜經疏[一]

姚秦三藏法師鳩摩羅什譯

陳隋天台智者大師疏

閩建州後學沙門道霈合

## 鍥仁王般若經合疏敘

《仁王般若疏》，安史之亂，横罹兵燹，中原絶其傳。至宋初，四明祖師多方求之，卒不克獲。嘗傳于吾扶桑，師授相傳，而講究亦聞，豈此《疏》與吾邦特有因緣邪？將吾邦之士信道之篤，守而弗失歟！然《經》《疏》各行，艱乎尋對。且亥豕相望，句讀難分。邇世以來，《疏》本僅傳，而講究稍疎，想非斯之故歟。余嘗竊欲分會校訂以便學者，而事緣爲阻，未酬素志。頃日，剛生持一方册，題曰《仁王般若合疏》者，來請余弁言焉。余取覽之，則閩爲霖霈公之所合，而訂正稍精。嗚呼，余嘗所欲爲而未果者，況經先達之表章，豈惜鄙辭而不表隨喜之忱哉！於是乎書。

元禄壬午春二月下浣天台山亮潤大雲序。

校勘記

〔一〕底本據《卍續藏》。

## 合刻仁王護國般若經疏序

昔天台智者大師廣説諸疏，皆已廣行震旦，獨《仁王》一疏流落海外凡數百載。至宋，藉賈客之力，始還本土，亦弗克大行于世，僅祕之龍藏而已。近因國運式微，災變迭至，本炤上人深抱杞人之憂，乃鏤《仁王經》板印行，普勸持誦。繼而爲霖上人又謂經義幽遠，非疏莫通，乃取天台舊疏合之。

夫此疏傳自陳、隋，已千有餘載，而若存若

亡，不能大顯于世，雖老師宿學，鮮有得一見之者。今二子乃能舉行於四海鼎沸、蒼生塗炭之秋，是知此《疏》與末劫衆生有大因緣，故龍天借其力以流通之歟！但願人人因疏而通經，因經而達理，則般若神力靡所不破，亦靡所不護，而佛果菩薩[一]且賴之成立，況國土乎，況生靈乎？

或者謂：治亂循環，天之所命，閉門誦經，前人敗德，今又何取於此？余謂：治亂固繇天命，天命實本人心。故人心者，治亂之源也。非獨釋氏侈談此旨，即遠稽儒典，若《大易》，若《洪範》，亦備載之。豈可盡委之天命，而無造命之術哉？誠能深味此經之旨，則造命無遺術矣。知命君子，請於茲三致意焉。

旹崇禎甲申年孟夏下澣鼓山嗣祖沙門元賢題于寶善丈室。

**校勘記**

〔一〕「薩」，底本原校疑爲「提」。

# 仁王護國般若經疏序

朝請郎飛騎尉賜緋魚袋晁説之撰

陳、隋間，天台智者遠稟龍樹，立一大教，九傳而至荊谿。荊谿後又九傳，而至新羅法融。法融傳理應，應傳瑛純，皆新羅人。以故此教播於日本，而海外盛矣。屬中原喪亂，典籍蕩滅，維[一]此教是爲不可亡者，亦難乎其存也。

然杲日將出而曉霞先昇，真人應運而文明自見。我有宋之初，此教乃漸航海入吴越，今世所傳三大部之類是也。然尚有留而不至，與夫至而非其本真者。《仁王經疏》先至有二本，衆咸斥其僞。昔法智既納日本信禪師所寄辟支佛髮，答其所問二十義，乃求其所謂《仁王經疏》。信即授諸海舶。無何，中流大風驚濤，舶人念無以息龍鼉之怒，遽投斯《疏》以慰安之。法智乃求強記者二僧詣信，使讀誦以歸，不幸二僧死于日本。至元豐初，海賈乃持今《仁王疏》三卷來四明，於是老僧如恂因緣得之。其文顯而旨微，言約而意廣，以秦譯爲本，義勢似《觀心論疏》，實章安所記智者之説也。恂道孤而寡偶，學古而難知，食貧而力不足，無以爲此《經》毫髮之重，每指而嘆曰：其來晚學，而艱如此，寧封野馬而飽蠹魚，不能下几案以視人。嗚呼，此《疏》曾不得輩行於三大部中，而匿光瘞彩猶若海外之遠歟。恂今年七十有六歲，乃一日抱之而泣曰：殆將與吾俱滅邪？吾前日之志非也。

遇嵩山晁説之，曰：曷不爲我序而流通之？説之自顧，何足以與此？亦嘗有言曰：智者若生齊、梁之前，則達磨不復西來矣。盡法性爲止觀，而源流釋迦之道，囊橐達磨之旨，今方盛於越中，異日會當周於天下，豈獨是書之不可掩哉？顧予老，不及見之爲恨，姑序其所自云爾。

政和二年壬辰四月癸卯序。

**校勘記**

〔一〕「維」，底本原校疑爲「雖」。

# 仁王般若經合疏目次〔一〕



仁王般若經合疏目次終

**校勘記**

〔一〕底本原校云目録新作。

# 合仁王經疏凡例

一、經、疏異帙者，古制也。以割裂聖經，恐簡褻故然。而猶割裂者，有二意：一、異帙者，封閉藏中，能探討者有幾人？今合爲一帙，使窮陬僻壤皆得見故。二、異帙者，經、疏不相聯屬，非宿學未易尋繹。今合爲一帙，使讀者繇科以入經，繇經以入疏，繇疏以會理，綱目整齊，脉絡調鬯，雖蒙學之士，亦可遡流問源也。是則功大而過小，故合之。

一、疏中諸科，或有標而無結，或有結而無標者，良以歷年既遠，刊寫者脱誤。今據其所當有者，前後互相補之。

一、疏中或有疑誤及字畫亥豕者，竊爲訂正。然必考諸經，對諸記，平準諸心，衡以求歸於至當之域，且又嘗請證諸老師宿衲，蓋不敢妄有增損云。

一、古疏既未與經合，其提經處，但標某句下。今既合經入疏，列疏於經下，其某句下數字悉删去，以免繁重之咎。間有合若干子科於一段經文之内者，則姑存之，以便知其斷節，蓋欲省列煩細諸科故。

一、此疏科段雖已分明，而科目未嘗提出，且散在經文之下，不便檢閲。今依諸疏舊例，以全科總列圖於前，脉絡井然，序次弗亂，庶幾觀者可一覽而盡。

一、宋紹定間，有善月法師撰《神寶記》以通疏。今疏文間有肯綮難解者，略引一二。或記有所未詳，則又竊附管見，并細書頂上。

一、或問：子欲弘通是經，不自别出手眼，而僕僕於古註是引，得無拾昔人糟粕乎？曰：不然。東土釋經，天台爲最，一經檃栝，千古遵承。矧此疏失而後得，其得之又如此之難，字字珠玉，罔不可珍。雖謂今人未必不如古人，而古人有必不可及處，所以今人竭盡伎倆，不出古人範圍也。予豈好古而病今者哉？亦識法者懼耳。

# 仁王護國般若波羅蜜經疏科

仁王經疏科文分二
- 一 經前玄義五
  - 一 釋名
  - 二 辨體
  - 三 明宗
  - 四 論用
  - 五 判教
- 二 入文解釋三
  - 一 序分部序品二
    - 一 證信序六
      - 一 所聞法體
      - 二 能持阿難
      - 三 聞持和合
      - 四 說教之主
      - 五 說教之處
      - 六 同聞之衆二
        - 一 列衆三
          - 一 此土衆三
            - 一 聲聞衆二
              - 一 聲聞五
                - 一 通號
                - 二 列數
                - 三 行位
                - 四 歎德
                - 五 總結
              - 二 緣覺
            - 二 菩薩衆
            - 三 雜類衆二
              - 一 別四
                - 一 人二
                  - 一 清信男
                  - 二 清信女
                - 二 士
                - 三 天二
                  - 一 色天
              - 二 總
          - 二 他方衆
          - 三 化衆
        - 二 總結
    - 二 發起序五
      - 一 佛自現瑞五
        - 一 讚佛德
        - 二 現瑞時節
        - 三 正住十地
        - 四 入寂定
        - 五 思緣現瑞
      - 二 時衆生疑三
        - 一 明衆生疑
        - 二 申衆疑意
      - 三 覺悟如來
      - 四 佛昇華座
      - 五 大衆歡喜
  - 二 正說分中間六品〇
  - 三 流通分部屬累品〇

○第二正說分四
一明內護品三二
二明外護即護國品○
三明報恩供養即散華品○
四明弘經相貌即受持品○
一明自利行觀空品二
二明利他行教化品○
三明二護所依二諦品○
一正釋觀空二
二時衆得益
一正釋二
二總結
初標宗正釋二
二問答重釋二
初明三般若三
二依教發觀二
初明邪觀
二明正觀二
初約染淨因果以明空相二
二約無聽說以明空相

三問衆不決
初略開二護
二問答廣釋二
先問
次答三
初正釋二
二結行
初實相般若二
先問
次答二
二觀照般若二
先問
次答二
先略
次廣二
初正廣釋二
二明能觀之智變照空有二
先明觀照二
次明得失二
初明邪觀

二欲天
四仁王
一所化境
二能化智三
初約法
二解釋
三結成
一明眞則無化
二明俗則有化
先明法空性空
二歷法明空二
先正明
後釋成空義二
初就識陰
次例四陰
一照空二
二照有
一明照相
二明空分齊
一明多佛共說

初明生死空二
二明佛果空
初正明生死
二辨空所由
○二明利他行教化品二
一發問
二佛答二
初答前二問三
次答第三問○
初正答二問二
次月光偈讚○
後如來述成○
一正答前問兼利他三
初略答
二廣答五
三總結
二正答後問兼自利二
○二月光偈讚三
一時衆供養
二月光讚佛二

二明正觀二
一明行
二明位
三文字般若五
初伏忍三
一十住
二十行
三十迴向
二信忍
三順忍
四無生忍
五寂滅忍文四
先問
後答二
先略
後廣三
初標
次釋十
後結
初頌伏忍二

二譬喻
三格量
四舉況
五明信解相
初標名位
二辨除障
三約諦辨異
四攝化分齊二
初略
二廣後作依宗廣釋
一善覺地
二離達地
三發光地
四炎慧地
五難勝地
六現前地
七遠行地
八等觀地
九善慧地
十法雲地

三大衆得益
一明讚處
二正發言讚三
一總頌上義三
初歎別相三寶
二歎五忍
三歎一體三寶
二別歎十四忍五
三結頌五忍三
一歎淨土果
二歎法身果
三歎利益果
○第三如來述成二
初讚能說二
先正讚
後述讚
後讚所說三
初正讚三
初釋不可思議三
二釋不可度量

初頌伏忍方便二
二頌伏忍功德二
初別歎三品為三輪王
次總歎三品二
二頌信忍二
先頌三品三
後結歎
三頌順忍二
初正頌三
後總結
四頌無生忍三
五頌寂滅忍二
初頌十地下品
二頌抄覺上品
一略說
次假徵二藏
後廣釋三
初就佛明不可思議
二合釋二藏明不可思議二
三雙結二藏明不可思議

先明離過
次明攝位
初列三十心
次正歎功德
一頌初地下品
二頌二地中品
三頌三地上品
初四地下品
次五地中品
後六地上品
初頌七地下忍二
初釋行相
二斷惑分齊
次頌八地中忍
後頌九地上忍
先釋二
後結
初人法相對明不思議二
初明人空
二明法空

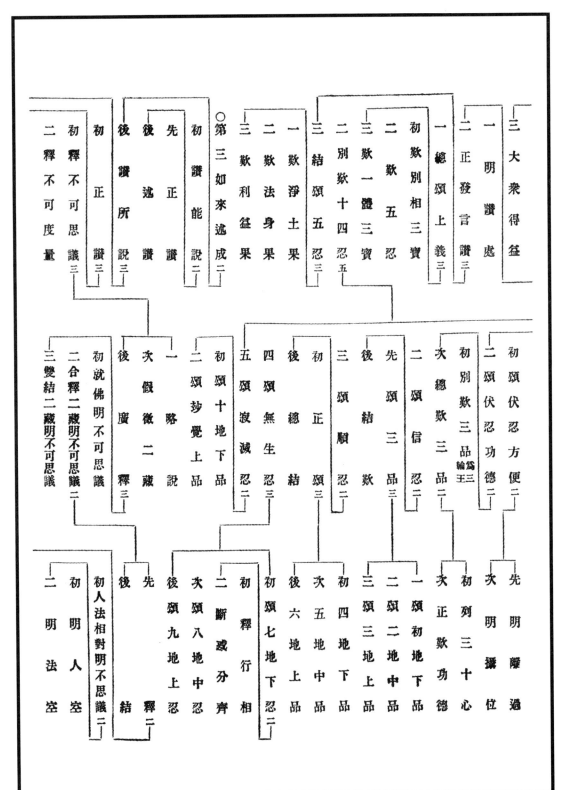

三釋唯佛能知
二勸修三
三大衆供養
○次答第三問（即所化衆生之相）三
初牒問
二正答二
三得益（即時衆得益）
一略
二廣三
一明所化如幻二
二明能化如幻
○第三明二護所依（二諦品）二
一問
一答三
一明二諦不二三
先問
次答三
二明說法不二三
先問
次答二
三明法門不二三

初正歎觀修
二徵
三廣釋
先釋六
一釋法假二
二明受假
三釋名假二
四明相續假
五釋相待假
六釋因生假
後結
一正答
二引證三
三釋成二
先明二義
後明一義三
一明說空
二明修空三
先問
次答三

二境智相對明不思議二
初辨境空
後釋智空
一正明法假二
一明本識能生色心
二明色心成陰界二
初成五陰
二明成十二處
二明凡聖境差
一明佛前無名
二明佛爲立名
初正伸二諦
次釋義
三結成上義
初能所相對明一義
二境智相對明一義
三染淨相對明一義
初辨修智
二逐歎重釋
三結修成

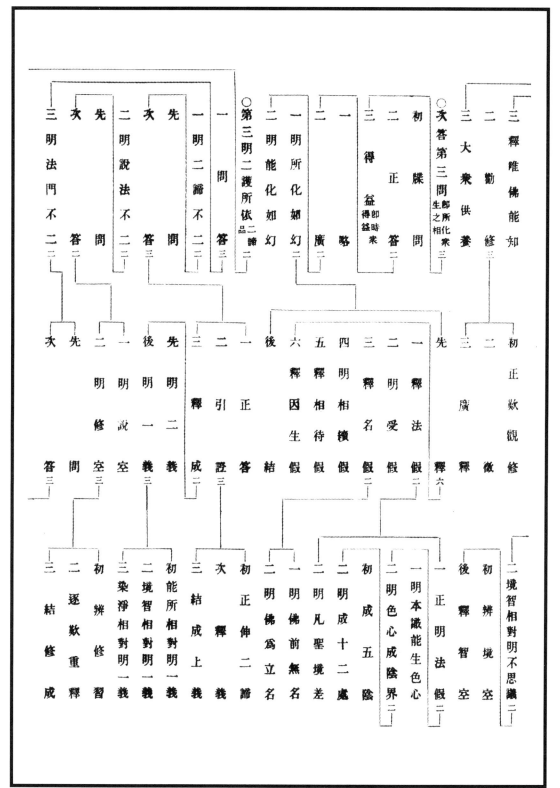

二勸持二
○第二明外護國即護國品三
一誡聽勸持
二廣釋三
三時衆得益
一廣釋護法三
一護國四
二護福
三護難
二引古證今二
先引天證護國
後引人證護身二
三結示勸持
○第三報恩供養華即散華品三
一散華供養三
二佛現神變二
三歎敎勸修
○第四示弘經相貌即受持品三
初問答須受持二
初總標

一歎敎
二舉名勸持
一護時
二護法三
三護體
四顯所護
一明難事
二明能護難三
一請修福
二聽許
三正明護難二
初長行依敎請護
二說偈加護二
一聞經勸持
二散華供養三
三諸王發願
一月光請
二如來答三
一標位

一略答
二廣答
三結答
初明福田
次明供養
後明說
一說偈四
初說無常理
二說苦理
三說空理
四說無我理
二獲益
一行華
二般若華
三妙覺華
先現變
後得益
先舉劣
後況勝
初顯二諦爲相二

次別釋十三
一習種性法師五
二性種性法師
三十回向菩薩已上三賢位
第四法師初地即五
第五法師二地
第六法師三地
第七法師四地
第八法師五地
第九法師六地
第十法師七地
第十一法師八地
第十二法師九地
第十三法師十地四
後總結
二付王受持四
三時衆得益五
〇第三流通分囑累品二
先付囑誡勅二
先略付囑

二辨差
三行業
四舉劣況勝二
五入位時節
初標位
二辨修行差別二
三明時節
四明生淨土
五明登位
一標位
二明證時分
三對位辨差五
四明入定位
一讚用勸持二
二讚名勸持二
三釋勸所由
四稱名付囑
先付時
二明付人法
一誡諸滅法過三

先標章
次別釋二
先釋實智
次釋方便智
二顯二諦同異
一伏斷差別
二信見異
三漸頓差別
四常無常異
五等無等異
一略
二廣二
初標除難福生
二問答分別
先讚名勝
後勸供養
一修羅益
二人王益
三天益
四大衆益

- 二廣付囑誡勅二
  - 初明付囑二
  - 二廣辨七誡七
    - 二誡壞四衆行
    - 三誡禁不依法
    - 四誡自毀三
      - 初明滅法人
      - 次辨滅法過
      - 後結成過
    - 五誡使役
    - 六誡自咎
    - 七誡譏信
  - 二大衆奉持二
    - 先奉持
    - 次奉行
- 五菩薩益
  - 初自毀
  - 二起惡
  - 三招報

仁王經疏科文終

# 佛說仁王護國般若波羅蜜經疏卷上

姚秦三藏法師鳩摩羅什譯

陳隋天台智者大師疏

閩建州後學沙門道霈合

大科分二：一、經前玄義，二、入文解釋。今初。

大師於諸經前，例作五重玄義：一、釋名，二、辨體，三、明宗，四、論用，五、判教。此經以人、法爲名，實相爲體，自行因果爲宗，權、實二智爲用，大乘熟酥爲教相。

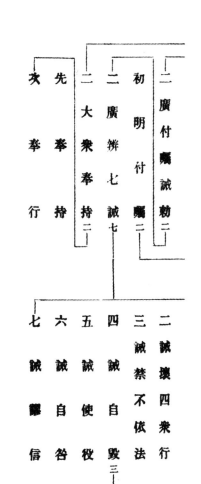

第一，釋名。

所言名者，有通有別。經之一字，通諸部也。佛說仁王護國般若波羅蜜者，別也。又，佛說仁王護國，別此部也。般若波羅蜜，通諸部也。然諸經立名不同，或單就法，如《涅槃經》。或單就人，如《阿彌陀經》。或單從譬，如《梵網經》。或人、法兩題，如《淨名》及此經。或法、喻雙舉，如《法華經》。或三具足，如《華嚴經》。

所言佛者，具德之義。自覺異凡，覺他異聖，覺滿異菩薩。八音宣暢，名説。此能説之人也。仁王下，名所説之法。施恩布德，故名爲仁。統化自在，故稱爲王。仁王是能護，國土是所護，由仁王以道治國故也。若望般若，般若是能護，仁王是所護，以持般若故仁王安隱。若以王能傳法，則王是能護，般若是所護也。又，仁者，忍也。聞善不即喜，聞惡不即怒，能含忍於善惡，故云忍也。王者，統也，四方歸統故也。此因緣釋。

約教，則見諸法生，知生是實。見諸法滅，滅則是空。空則六塵等國不動不轉，故三界結盡，則王安隱。此二乘所得名爲仁王，三藏意也，於凡、聖同居土而得自在。

若觀諸法色即是空，不生不滅，如幻如化，三界煩惱一時頓斷；住於界外化城之中，生已度想，生安隱想，則是三乘之人共行十地，能護方便有餘化城之國，各得稱王。此通教意。

若觀諸法空即是色，色無邊故般若等法亦復無邊，雖復無邊而與心不相妨礙，如函大蓋大而無邊之法在一心中，一一法中具諸佛法，從於初地乃至妙覺，分分圓滿，住蓮華臺，不動不轉，能動能轉，即十地菩薩住檀等六，【解】(二)《記》云：六字誤，應是十字。各各爲王。此別教意也。

若觀諸法本來不生，今則無滅，雖無生滅，生滅宛然，雙炤雙亡，契乎中道，廣大如法界，究竟若虛空，即從初住乃至佛地四十二心，分分明證中道之理，住常寂光，各得稱王。此圓教意也。

又，三藏中，羅漢支佛煩惱盡故，得稱

仁王。菩薩及果向忍見思未盡，但名王，不名仁也。通教佛地，别教妙覺，圓教極果，各是仁王，當教自有優劣。若非仁，則是王也。

若約本迹，即三教之仁王爲迹，圓教之仁王爲本。分論本迹，則圓教十行能爲别教之本，通教佛地即是别教之迹，三藏二乘復是通教中本，展轉當教各有本迹。云云。

觀心者，觀生滅法，見色是有，析之至空，心於色上而得自在，此生滅觀心仁王也。觀色即是空，空色自在，此無生觀心仁王也。若觀空即是色，次第而入中道正觀，此無量觀心仁王也。若觀色空空色，不二而二，二而無二，雙炤雙亡，此是實相一心三觀，三觀一心，如彼天目不縱不横而得自在，此圓教觀心仁王也。

我今聖主，道化無方，子育蒼生，仁恩普洽，恒以三觀安隱色、心，迹尚叵窮，本誠難究矣。

般若者，此云智慧，即《智論》四十二卷中釋也。開善藏法師並用此説。《論》第七十又有一解，云：般若不可稱，般若甚深極重，智慧輕薄，是故不能稱。莊嚴旻師以此文，説：般若名含衆義，智慧唯是一門，非正翻譯。詳二師説，各成諍兢，今爲通之。夫般若者，自有二種：一實，二權。權即可翻，實則不可。實則圓教，權則前三。又，權不可翻，即三藏實色，不可令色即是空。實即可翻，即三智也。通教一切智，别教道種智，圓教一切種智。豈可各固一見，以局大方？火炎不可取，實當有在也。

然智與慧，經論解殊。《成實》合釋云：真慧名智，即慧是智也。《淨名》離説，知一切衆生心念，如應説法，起於智業，不取不捨，入一相門，起於慧業者，釋云：智是有，慧是空，有智故不住空，有慧故不住有。

今此般若具翻八部。有人云：《天王》

一部，即《仁王》部攝。此解不可。若如《大經》中明人王亦天王，斯則可也。【解】《記》云：有云《天王》即《仁王》部者，今所不取。若即是者，不應已説《仁王》，而再有所請，故知非也。雖有《大經》之文，一往名同，非謂〔三〕正言二部。

問：人、仁字別，云何取同？

答：《大經》云，有仁恩故，名之爲人。《老經》云，聖人不仁，以百姓爲蒭狗。故知人王行仁，不求恩報。若背道之主，但人非仁；順道之主，是人亦仁。

問：仁、義云何？

答：以字論義，理則易明。上一表天德，下一表地德，立人表人德。聖主道侔造化，德合三才，故云仁王也。

問：古人云《仁王經》非正傳譯，是事云何？

答：寡識小智，深可憐憫。豈有不見目録，即云非是正翻？海庯不信山木似魚，【解】山木似魚，謂海上庯民不信有山中之木亦似海魚之多也。夏革亦云古初無物。嗚呼，盲目誚玻瓈珠。且準下經，自有兩本。一，廣説，如《散華品》云，爾時，十六大國王聞佛所説《十萬億偈般若波羅蜜》，散華供養。二者，略本，即今經文。譯者不同，前後三本。一者，晉時永嘉年，月支三藏曇摩羅察，晉云法護，翻出一卷，名《仁王般若》。二是僞秦弘始三年，鳩摩羅什於長安逍遥園別館，翻二卷，名《佛説仁王護國般若波羅蜜》。三者，梁時真諦大同年，於豫章實因〔三〕寺翻出一卷，名《仁王般若經》，《疏》有六卷。雖有三本，秦爲周悉。依費長房《入藏目録》云耳。【解】三譯後，唐不空三藏又翻二卷，名義與秦同，而文較順，且又加呪語，今在處諷誦者是。

波羅蜜者，此云事究竟。亦云到彼岸，生死爲此，涅槃爲彼，煩惱爲中流，六度爲船筏。此因緣釋也。

三藏實有爲此，實有滅爲彼，見思爲中流，

八正爲船。通教以色爲此，即空爲彼，見思爲中流，六度爲船。別教以色空爲此，空即是色爲彼，無明爲中流，無量行爲船。圓教以色空空色不二而二爲此，二而無二爲彼，無明爲中流，一行無量行、無量行一行爲船。隨前諸教而度，云到彼岸。此約教釋也。

空觀，觀色即空及色滅空，雖有巧拙，同斷見思而論彼此。假觀，觀三假得理論彼此。中觀，十信已前，十住已後論彼此。此觀心釋也。

經有翻無翻，各具五義，廣如《法華玄》。云云。約教，六塵俱經。經云或以光明而作佛事，即色塵爲經。或以音聲而作佛事，即聲爲經。或以飯香而作佛事，即香塵經。食飯入津，即味塵經。摇脣動舌，即觸塵經。寂然無聲，諸菩薩等得入三昧，即法塵經。一一塵根各有約教本迹，觀心釋也。又，但以文字爲經，心行爲緯，能成正覺之匹帛，故取世經以喻焉。

第二，辨體。

有人云：文義爲體，此通説也。有云無相爲體者，四教皆有無相，無相永漫，亦通説也。有云以五忍十地爲體，如下經云：五忍是菩薩法。具列五忍竟，結云：名爲諸佛菩薩脩般若波羅蜜。故知因脩般若，證五忍。一切佛菩薩無不由五忍而成聖，故以五忍十地爲體。

今則不然。先釋體字，體者法也。各親其親，各子其子，君臣撙節，若無體者，則非法也。出世間法亦復如是，善惡、凡聖、菩薩、佛一切不出法性，正指實相爲體。《普賢觀》云：大乘因者諸法實相，大乘果者亦諸法實相。實相即法性。依此法性因，得法性果。故知此經以實相爲體。若別論之，般若二種：一，共二乘人説；二者，不共。準此，實相亦有二種：一共，二不共。共者，但見於空，不見不空，不斷無明，但除見思。

此偏真實相。不共者，名中道實相。别教地前次第脩，初地方證。圓教一心，從初住乃至佛果，皆名圓證。若論權實，即共者是化他之權，不共者是自行之實。云云。約教，即般若是通，唯無三藏，有三乘共行十地，有别入通，有圓入通。【解】别入通，圓入通，亦即别接通，圓接通之意，謂接入也。通正，二旁，即通、别是權，圓教是實。此經雖具三教，正以圓實相爲體也。

第三，明宗。

宗者，要也。所謂佛自行因果以爲宗也。有以無生正觀爲宗，離有無二邊，假云中道。故下文云：般若無知無見，不行不受，不生不滅。此通教意，但得於權，而失於實。今以佛自行因果以爲宗要，令諸聞者欣樂增脩。一色一香無非般若，般若真智離有離無。雖離有無，有無宛然。雖復宛然，只自無相。故以無相因果以爲宗也。

問：宗與體何異？

答：宗如綱衺，體如毛目，振衺毛舉，動綱目起，宗體之義若此。又如釵釧，金銀是體，匠者造之是宗。今實相之理是體，脩因得果爲宗也。云云。

第四，辨用。

用者，力用也。有人云：此經以内、外二護爲用。内護者，下文云：爲諸菩薩説護佛果因緣、護十地行因緣。言外護者，下文云：吾今爲汝説護國因緣，令國土獲安，七難不起，災害不生，萬民安樂，名外護也。此但得一俗一真，真又不定。通、别、圓皆有十地，爲護何者十地。故不可全依。今以諸佛二智爲力用，以諸如來皆以實智自炤，權智炤他。然此經有三種權實。通、别雖有實智，亦名爲權。圓教雖復有權，亦總稱實。以圓教是佛自行二智，炤理即鑒機，鑒機即炤理。如薩婆悉達彎祖王弓滿，名爲力。穿七鐵鼓，貫一鐵圍山，洞地徹水，名爲用。

通别力用微弱，如凡人弓箭。何者。以通稟化他二智，或等炤理不遍，或次第方知，不若圓教圓炤圓證，故以圓中二智爲用也。即權智護同居有餘實報等國，令七難不起。實智護圓教四十二心之因果。經云護十地行因緣，此通約三教所行十地也。云云。

第五，明教相。

弘宣正法，須識教之偏圓，廣如《法華玄義》，今略明之。教者，聖人被下之言也。相者，分别同異也。此經部屬般若，教通衍門，是熟酥味。經説護佛果及護十地行因緣，又王問摩訶衍云何炤，故知非三藏教明矣。雖有八偈談無常生滅等事，乃舉往昔百法師，用小乘説世間不堅，以勸普明捨國，即屬助道，非今經正説也。經前玄義竟。

次，入文解釋。

夫震旦講説不同，或有分文，或不分者。只如《大論》釋《大品》，不分科段。天親《涅槃》，即有分文。道安别置序、正、流通。劉虬但隨文解釋。此亦人情，蘭菊好樂不同。意在達玄，非存涉事。今且依分文者，序彰聖人説法必有由漸，名序分。正顯利益當時，名正説分。末世衆生同霑法利，名流通分。此經八品，《序品》爲序分，《觀空》下六品爲正説分，《囑累品》爲流通分。若望經文，《受持品》末佛告月光下，即是流通分。云云。今初。

## 佛説仁王護國般若波羅蜜經序品第一

《佛説仁王護國般若波羅蜜經》，即一部之通稱。《序品第一》，即部内之别名也。序者，由也，次也。品者，梵云跋瞿，此云品，謂品類也。義類相從，即爲一品。第者，欲令不亂。一者，義乃在初文分二。

一者，證信。二者，發起。亦名通序、

別序。亦名如來序、阿難序。亦名經前序、經後序。六事證經，名證信序。起發正宗，名發起序。諸經通有，名通序。此經獨有，名別序。金口所説，名如來序。阿難證信，名阿難序。佛在時有，名經前序。集者所置，名經後序。

今且依初。從如是下，至僉然而坐，名證信序。爾時十號下，是發起序。證信序者，《大智論》云：佛於俱夷那竭國薩羅雙樹林中北首臥，將入涅槃。爾時，阿難親愛未除，心没憂海。阿泥盧豆語阿難言：汝守法藏人，不應如凡，自没憂海。佛將付汝法，汝今愁悶，失所受事。汝當問佛，佛般涅槃後，我等云何行道，誰當作師，惡口車匿云何共住，佛説經初置何等語？阿難聞已，悶心小醒，於佛後臥床邊，具以事問。佛答：依四念處住。《解脱經戒[四]》即是大師。車匿比丘，如梵天法治之，若心須[五]改，教《迦旃延經》，即可得道。是我三僧祇所集法寶，是初應置：如是我聞，一時，佛在某方某國某處樹林中。是我法門中初應如是説。何者？三世佛經皆有是語。云云。復次，摩訶迦葉等問阿難：佛初何處説法，説何等法？阿難答：如是我聞，一時，佛在波羅奈國仙人鹿林，爲五比丘説苦聖諦。爾時大衆，聞者皆信。具如《智論》第二。云云。爲是事故，有證信序。云云。

文爲六：一、如是，舉所聞之法體；二、我聞，明能持之阿難；三、一時，明聞持和合，感應道交；四、佛，明説教之主；五、住王舍城下，明説教之處；六、與大比丘衆下，明同聞之衆。今初。

如是

如是者，三世佛經皆安如是。諸佛道同，

不與世諍，此世界悉檀。《大論》云：舉時方令人生信事，此爲人悉檀。破外道阿漚二字，此對治悉檀。肇云：如是者，信順之辭也，信則所聞之理會，順則師資之道成。理會即第一義悉檀。此四皆是因緣釋。云云。

約教者，佛明俗諦有文字，真諦無文字。阿難傳佛俗文不異名如，因此俗文會真無非故名是，此藏教經初如是也。佛明即色是空，空即是色，色空空色無二無別。空色不異爲如，即事而真爲是，此通教經初如是也。佛説死生是有，涅槃是無，從死生有入涅槃無，出涅槃無入於中道。阿難傳之與佛無異，此別教經初如是也。佛説生死即涅槃即中道，徧一切處無非佛法，名如實相。阿難傳此與佛無異爲如，如如不動名之爲是，此圓教經初如是也。此經具三教三諦如是之義，阿難傳之無錯無謬也。

二、明能持之阿難。

我聞：

我聞者，《大論》云：耳根不壞，聲在可聞處，作心欲聞，衆緣和合，故言我聞。我總，耳別。舉總攝別，世界釋也。阿難昇座，口稱我聞，大衆悲泣，飛空説偈。此爲人也。阿難昇座，衆疑釋迦重起，或阿難成佛，或他方佛來。若唱我聞，三疑即遣。此對治釋也。阿難隨俗稱我聞。第一義中，我即無我，聞即無聞，不聞而聞，不我而我。此第一義釋也。

約教者，《釋論》云：凡夫三種，謂見、慢、名字。學人二種，無學一種。阿難是學人，無邪我，能伏慢我，隨世名字稱我。此三藏意也。《十住毗婆沙》云：四句稱我，皆隨邪見，佛正法中無我誰聞。此通教意也。《大經》云：阿難多聞士，自然能解了，是我及無我。知我、無我二而不二，雙分別我、無我。此別教意也。若阿難知我、無我不二而二，二而無二，方便爲侍者，傳佛智慧。此圓教釋也。

《正法念經》有三阿難：一、阿難陀，此云歡喜，持小乘藏；二、阿難跋陀，此云歡喜賢，持雜藏；三、阿難娑伽，此云歡喜海，持佛藏。《阿含》有典藏阿難，持菩薩藏。蓋指一人而具四德，傳持四教，其義分明。

觀心者，有空觀、假觀、中道正觀。即空者，我即無我也。即假者，無我即我也。即中者，是真我也。

聞者，阿難佛得道夜生，侍佛二十餘年。未侍佛時，應是不聞。《大論》云：阿難展轉聞，非是悉聞。《報恩經》：阿難乞四願，未聞之法願佛重說。《胎藏經》云：佛從金棺出金色臂，重爲阿難現入胎出胎相，諸經因此皆得稱聞。《法華》云：阿難得記，即時憶念過去佛法，令如現在前故，一切稱聞。因緣釋也。

若歡喜阿難，面如淨滿月，眼若青蓮華，親承佛旨，如仰完器盛水，瀉之異缾，一句無遺，此持聞聞法也。歡喜賢住學地，得空無相願，六根不漏，持聞不聞法也。典藏阿難多所含受，如雲持雨，此持不聞聞法也。阿難海是多聞士，自然能了常與無常等，若知如來常不說法，是名多聞佛法大海水流入阿難心，此持不聞不聞法也。此經具三教，即阿難一人以三德傳持也。云云。

三、明聞持和合，感應道交。

一時，

一時者，肇云：法王啓運之日，大衆嘉會之時。此世界釋時也。《大論》云：迦羅是實時，示內弟子時食、時著衣時者，爲人說時也。三摩耶是假，使除外道邪見者，對治釋時也。第一義中，無時無不時。【解】《記》云：迦羅詮時是實，使內弟子依時食，護明相等。三摩耶詮時是假，爲破外道計時爲常。又云：雖四教中有下、中、上、上上之別，而證人[六]之妙不登[七]前後，故云一時。廣明時義，具如《智論》第一卷。云云。

約教，則見諦已上，無學已下，名下一時。若三人同入第一義，名中一時。登地已上，名上一時。初住已上，名上上一時。今經初説，即是通一時。約別、圓接入，則具三時。云云。

四、明説教之主。

佛

教主者，佛也。佛名爲覺，覺諸煩惱身心二病因果圓滿，方能破縛。劫初無病，劫盡多病，長壽時樂，短壽時苦，東天下富而壽，西天下多牛羊，北天下無我無人，如此之處不能感佛。八萬歲時，南天下未見果而脩因，乃至百歲時亦如是，故佛出其地。此世界釋也。

日若不出，池中未生已生等華皆未現，日出皆生。佛若不出，天人減少，惡道增長。佛若出世，則有剎帝、婆羅門、居士、四天王，乃至有頂。此爲人釋也。

三乘根性感佛出世，餘不能感。若斷有頂種，永度生死流。此對治釋也。

佛於法性無動無出，能令衆生感見動出，而於如來實無動出。此第一義説。

佛名覺者，覺世間苦集，覺出世道滅。身長丈六，壽年八十，現比丘像，三十四心樹下成佛者，三藏盡尊自覺覺他也。帶丈六像，現尊特身，樹下一念相應，斷餘殘習，即通佛自覺覺他也。現尊特身，坐蓮華臺，受佛記者，別佛自覺覺他。隱前三相，唯示不可思議如虛空相，即圓教佛自覺覺他。故《像法決疑經》云：或見丈六之身，或見小身大身。或見坐蓮華臺，爲百千釋迦説心地法門。或見身同虛空，迹[六]於法界無有分別。即四佛義也。

本迹釋者，三佛爲迹，一佛爲本。云云。

觀心釋者，觀因緣所生法，析之至無，此三藏拙覺。觀因緣即空，此通教巧覺。皆覺空也。若先觀空，次假，後中，此別教假覺也。若觀諸法即空即假即中，是圓覺也。

五、明説教之處。

住王舍城耆闍崛山中，

先釋住，次釋王城，後釋山。

佛具三身，住處有八。應身四住：一、壽命住，謂五分法身等；二、依止住，謂王城耆山等；三、境界住，謂三千界境；四、威儀住，謂行、立、坐、臥。報身二住：一者，天住，住六欲天；二者，梵住，住四禪天；三者，聖住，住空、無相、無願。法身一住，住第一義空。云云。約教者，藏佛，從析門發真知無漏，住有餘、無餘二涅槃；通佛，從體門發真，住二涅槃；別佛，從次第門，住祕密藏；圓佛，從不次第門，住祕密藏。

二、釋城。具存梵音，應云羅閱祇摩訶伽羅。羅閱祇，此云王舍。摩訶，此云大。伽羅，此云城。國名摩伽陀，此云不害人，無亂殺法也。亦云摩竭提，此云天羅。天羅者，即班足之父。昔久遠時，此主千小國。時王遊獵，值牸獅子，共王交通。後月滿，來王殿上生子。王審知是子，而作告令言：我無子，天賜我子。養之長大，足上班駁，時人號爲班足。後紹王位，喜多食肉。一時遽闕，仍取城西新死小兒以供王膳。王大美之，勅常準此。廚人自後日殺一人，毒流天下，舉國咸怨。千小國王舉兵伐之，擯在五山。羅刹翼輔，而爲鬼王。因與山神誓：殺千王，方滿我願。即以神力捉得諸王，唯普明王後方捕至，欲行屠害，以祭山神。時，普明王悲啼泣恨而作是言：生來實語，而今乖信。班足問言：汝求何信？普明答曰：許行大施。班足語言：放汝行施，事畢就我。普明歡喜，遠歸本國，作大施會，委政太子，心安形悦，匍匐就終。班足問曰：死門難向，汝既得去，何更自來？時普明王廣與班足説慈悲心，毀呰煞害，仍示一切悉是無常。班足聞信，得空平等，住於初地。普集千王，各取一渧血，髮三條，賽山神願。尋與千王，都五山中，築城立舍，欝爲大國，迭更知政。千王住故，故稱王舍。又，城中百姓七遍起舍，七遍被燒，唯王舍獨免。太子命言：自今以後，雖百姓家，悉稱王舍，應免火難。率土遂命，便得免燒，故百姓家盡稱王舍。云云。又，亦云王赦，因普明王放千王，故稱王赦。又，此城四天王共造，故稱王舍。又，摩伽陀王生一子，一頭兩面四手，以爲不祥，裂其身首，欲棄艸野。有羅刹女鬼，名曰梨羅，還合其身，以乳養之。年長成人，力蓋諸國，取八萬四千王置五山內，立城治化。以多王住，故稱王舍。云云。又，摩伽陀者，名持甘露處，有十二城：一、區祇尼大城，二、富樓那跋檀大城，三、阿監車多羅大城，四、弗羅婆大城，五、王舍大城，六、舍婆提大城，七、婆羅柰大城，八、迦毗羅大城，九、瞻婆城，十、婆翅多城，十一、拘睒彌城，十二、鳩樓城。此十二城中，後六少住，前六多住。又，前六城中，多住王舍城，報法身恩故。少住舍婆提城，報生身恩故也。

舍者，王舍城中有六精舍：一、竹園精舍，在平地，迦蘭陀長者之所造，去城西北三十里；二、小力獨山精舍；三、七葉穴山精舍；四、天主穴山精舍；五、蛇神穴山精舍；六、耆闍崛山精舍。

耆闍崛山，此翻靈鷲。釋迦菩薩昔爲鷲鳥，於此山中養育父母，由此得名，故云靈鷲。又，王舍城南有屍陀林，鷲鳥居之，多食死人。人欲死者，鷲翔其家，悲鳴作聲。人以預知[九]知人死故，稱靈鷲。又，山有五峰：東方象頭，南方馬頭，西方羊頭，北方獅子頭，中央鷲頭，亦得名爲鷲山也。

問：佛何故偏於王城中向鷲山説法耶？

答：依《法華論》云，如王舍城勝於餘城，耆闍崛山勝於餘山，以佛在勝處故，顯此法門勝也。今此般若是最勝法故，偏就王城耆山説也。

中者，表説中道般若也。

第六，明同聞之衆。

諸經列衆，不出四種：一者、影響，謂諸佛菩薩大果已圓，爲令正法久住世間，故來影響；二、結緣衆，見在雖聞而不獲益，但作當來得道因緣也；三、發起衆，法身菩薩更相發起，請如來説，共益衆生也；四、當機衆，植因曠古，果遂今生，聞法之時，即能悟入也。比丘、比丘尼、優婆塞、優婆夷等，各有四義，推之可解。

文爲二：初、列衆，二、總結。初文三：一、此土衆，二、他方衆，三、化衆。初文三：一、聲聞衆，二、菩薩衆，三、雜類衆。二乘著空故初列，凡夫著有故後列，菩薩常行中道故中列。又聲聞心形兩勝故初，菩薩心勝形劣故中，凡夫心形俱劣故後。初文二：先聲聞，次緣覺。初文五：一、通號，二、列數，三、行位，四、歎德，五、總結。今初。

與大比丘衆

與者，言共。《釋論》云：一時，一處，一戒，一心，一見，一道，一解脱也。大者，亦云多，亦云勝。皆阿羅漢，故稱大。數至八百萬億，故言多。勝諸異道，故言勝。比丘五義：一名乞士，清淨自活，離四邪命；二、破煩惱，見愛滅故；三者，名號，如梵漢異相，各有名號；四者，受具足戒故名比丘；五者，比之名能，丘之名怖，能怖煩惱賊，故名比丘。【解】《記》云：分字之釋，殊乖梵語，未詳所自，置之可也。四人已上，名之爲衆。云云。

二、列數。

八百萬億，

三、行位。

學、無學皆阿羅漢。

既云有學、無學，云何皆云阿羅漢？依《成論》云：羅漢二種，一住，二行。當知行者是學人，住者是無學人。故經云：五戒賢者皆行阿羅漢，即是學人。又於此中，一文先明德行即學無學，以此人學於無學之行，非是向義。八人之中四向三果名學無學，第八羅漢但名無學。

阿羅漢者，翻三義：一者，不生，無明糠脱，後世田中更不受生，故言不生；二者，殺賊，九十八使煩惱盡故，名爲殺賊；三者，應供，智願具足，堪銷物供。此藏、通意也。若就圓釋，非但不生，亦不生不生，無漏是不生也。非但殺賊，亦殺不賊，不賊者涅槃是也。非但應供，亦是供應，一切衆生是供應也。云云。

四、嘆德。

有爲功德、無爲功德，無學十智、有學八智、有學六智，三根，十六心行，法假虚實觀、受假虚實觀、名假虚實觀，三空觀門，四諦、十二緣，

文有八科法門。亦可歎三人：初，四科，歎通教人；次，三假，歎别教人；三，空下，歎圓教人。又，初，四科，歎通法。假等下，共歎别、圓也。初即爲四。

今初歎有爲、無爲功德。有爲舉智德，無爲約斷德。若就境論，道諦是有爲，滅諦是無爲。施物名功，歸己曰德，故名功德。

無學十智下，次，歎智差别。言十智者，一、法智，即欲界繫法中無漏智，欲界繫因中無漏智，欲界繫法滅中無漏智，爲斷欲界繫法道中無漏智及法智品中無漏智是也。二、比智，於上二界道中無漏稱智，中約四諦，辨四種無漏智，如上法智中明，但有法、比之殊也。三、他心智，知欲色二界繫現心心數法，及無漏心心數法少分，名他心智也。四、世智，知諸世間有漏智慧也。亦名等智，凡聖同有故。

五、苦智，觀五陰無常苦空無我也。六、集智，有漏法因因集生緣觀時無漏智。七、滅智，盡滅訬出觀時無漏智。八、道智，道正跡乘觀時無漏智。九、盡智，見苦已、斷集已、證滅已、脩道已等智。《論》云：我見苦已、斷集已、盡證已、脩道已也。十、無生智，見苦已不復更見等也。諸經或云十一智，《智度》爲如實智，知一切法總相別相，如實正知，無有罣礙，是爲如實。此獨在佛心中有，二乘無分，故但云十智也。有學八智者，是那含人在脩道位中無盡、無生智，故但有八也。有學六智者，謂見道中但有四諦及法、比等六智也。

三根者，次，歎三根德。若脩行次第，應先辨三根，後辨十智。今先説果，後明因也。一、未知欲知根。無漏九根和合信法二行人，於見道中，名未知欲知根。九根者，謂信等五及喜、樂、捨、意等是也。二、知根。信解見得人思惟道中，是九根轉名知根，如前説。三、知已根。若至無學道中，是九根轉名知已根。云云。

十六心行者，次，歎十六觀門。從心之所行，故名心行，非心即行也。依脩行次，應在十智前明，亦先説果也。又只離四諦爲十六行。行以往趣爲義，脩此十六觀法，能趣四實之理，故名行也。苦下四行：一無常，二苦，三空，四無我。集下四行：一集，二因，三緣，四生。滅下四行：一盡，二滅，三訬，四出。道下四行：一道，二正，三跡，四乘。又法忍等十六行也，此約通説。若地前四十位爲四，十地爲十，等覺訬覺爲十六。此約別説。云云。

法假虛實觀下，次，歎三假觀門。法假者，色陰法是也。受假者，四陰是也。取此二名，是名名假。自實無體，藉他方有，是名爲假。又色陰是法，受等是名，一切世間中但有名與色。而今有三，別説也。云云。言虛實者，一虛，二實，相形得稱。陰法是虛，凡夫謂實。智欲了知，求不可得。只實而虛，名爲虛實，此通意也。若説別義者，三假之中各有三觀。法假即虛，是空觀。空即假實，一色一香無非般若，是假觀。觀之一字，是中觀。以空假是方便道故不立觀名，得入中道方獨稱觀。受及名等，類此可解。若圓説者，三法即空即假即中，雙炤雙亡是也。云云。《智度論》云：諸法非實，凡夫虛假憶想分別，妄謂有人。如狗臨井，自吒其影，水中無狗，但有相影，而生惡心，投井而死。衆生亦爾，四大和合名之爲身，因緣生義，動作語言，凡夫於中妄起人相，此法假也。生愛恚，起愚樂，墮三惡道，此受假也。又一切法但從名字和合，更無餘名，如頭、足、腹、脊和合故假名爲身，如髮、眼、耳、鼻、口、皮、骨和合故假名爲頭，諸毛和合假名爲髮，分分合故假名爲毛，諸泥塵和合故假名爲分，亦和合諸分故名爲塵，此即名假也。以此假故，一切法空。

三空等者，次，歎三昧德。以三假因緣故，得三空名。此因果次第説也。以法假故空，受假故無相，名假故無作。故《大論》云：因三十七品，趣涅槃門。涅槃門有三，謂空、無相、無作等。言空門者，觀諸法無我、我所，諸法從因緣和合而有，無有作者，無有受者，是名空門。無相門者，觀身雖空而有相在，人著此相，故脩無相。如説俯仰、屈伸、住立、去來，觀瞻言語，於中無實。風依識故有所作者，是識滅相，念念無故。此男女，有我心，無智慧，故妄見有，骨鏁相連，皮肉相覆，機關動作如木人，此無相門也。無作門者，無相亦無，是名無作。此三定，諸禪中若無，不名三昧。以退失故，墮生死中。如説能持淨戒名比丘，能觀空名行空人，一心常勤精進者是名真實行道人，此三能到涅槃，得三解脱門。云云。

四諦、十二因緣者，次，歎諦緣。此二有同有別，同是聲聞斷見思故名同，利鈍有殊、廣略數異故名別。四諦鈍根者觀，《大經》有四種四諦，生滅藏教，今所不說。此經具三教，有三種四諦，所謂無生、無量、無作等也。苦等四法審實不虚，名之爲諦。若苦、集是有漏，滅、道是無漏，此三藏也。若四俱無漏，是通也。若四俱亦有漏亦無漏，是別也。若四俱非漏非無漏，是圓也。十二因緣利鈍〔一〇〕者觀，如《大經》中亦有四種，於四種中各各有三別：一者，三世十二因緣；二者，二世；三者，一世。廣如餘〔一一〕說。云云。

五、總結。

無量功德皆成就。

可知。

二、列緣覺衆。

復有八百萬億大仙緣覺，非斷非常，四諦十二緣皆成就。

文四：一、唱數，二、標位，三、歎德，四、結成。

初文，可知。

大仙緣覺者，二、標位也。有三差別。一者，獨覺。如昔有國王入園遊觀，清旦見樹林華果甚可愛樂，時王食已，即便偃臥。王諸婇女皆競採摘，毁壞林樹。時王覺已，即悟一切諸法無常若是，以外况内，成大仙緣覺。二者，因緣覺。出於佛世，聞十二因緣，斷見思惑。三者，小辟支佛。是須陀洹人在人間生，是時無佛，佛法已滅，人中七生，天上亦爾，不受八生，自悟成道，即成小辟支佛也。

非斷非常者，三、歎德也。過去二因牽識等故非斷，識等滅故、二因不生故非常。又，三世相續故非斷，無自性故非常。又，順則生死無際故非斷，逆則無明燋竭故非常。

四諦、十二緣下，四、結成也。

問：前列聲聞亦云諦緣，今歎支佛更復重明，後列菩薩仍云羅漢者，何耶？

答：於一境上取悟自差，三獸度河，三鳥出網，河同獸異，網一鳥殊。故《大經》云，下智觀故，聲聞菩提。中智觀故，緣覺菩提。上智觀故，菩薩菩提。上上智觀故，諸佛菩提。良以理一見殊，所以諦緣互説。云云。

問：緣覺出無佛世，今云何列爲同聞衆？

答：緣覺佛在世亦有，只在聲聞中攝。言出無佛世者，此對聲聞，非謂佛世總無緣覺也。

第二、列菩薩衆。

復有九百萬億菩薩摩訶薩，皆阿羅漢，實智功德，方便智功德，行獨大乘，四眼、五通、三達、十力、四無量心、四辨、四攝、金剛滅定，一切功德皆成就。

文五：一數，二號，三位，四德，五結。

初文，可知。

菩薩摩訶薩者，二、標號也。菩薩，此云道心衆生。摩訶薩，此云大道心，亦云大士，亦云開士。若以生滅心，行六波羅蜜，三祇成佛，此三藏教中菩薩，心勝聲聞，道卑羅漢。若以無生心，斷見思惑，留餘習扶願受生，十地行圓，當知如佛，此通教中菩薩也。若以無量心，行無量行，淨佛國土，成就衆生，大慈不窮，大悲無限，華臺摩頂，成功德身，此別教中菩薩也。若以無作心，觀煩惱菩提、生死涅槃無二無別，非成不成，此圓教中菩薩也。今此所列，正列通教，密兼別圓。云云。

皆阿羅漢者，三、明位也。若三藏中，佛即是羅漢。故《本行》云：爾時，世間有六羅漢，五是陳如等五人，一即是佛也。若通教中，三乘共行十地，七地菩薩即阿羅漢。若別教中，十向菩薩斷三界惑盡，齊阿羅漢。若圓教中，十信菩薩斷三界惑盡，亦齊羅漢。

今皆阿羅漢者，即通教菩薩。《大品》云：阿羅漢若智若斷，是菩薩無生法忍。《大集》亦云：大法菩薩名阿羅漢。

問：若皆阿羅漢，前已辨竟，今何更明？

答：以菩薩形無定準，或同凡像，或同二乘，若不別明，恐於實混濫。庶幾貴小乘者知大士德齊羅漢，取名相者悟知菩薩道越凡夫，故更別說也。

實智功德下，四、歎德中，先，歎智德。實智則照空，方便智炤有。有實智故不住生死，有方便故不住涅槃。向者明位，雖云羅漢，今此歎德，即異二乘，故別說也。通教菩薩，七地中具實智，八地已上具方便智。云云。行獨大乘者，次，歎乘。二乘無分，故名獨大。此歎別教菩薩也。四眼者，次，歎眼。菩薩行既未圓，義當無佛眼也。通教，當知如佛義推之，眼亦如佛。圓教十信，雖是肉眼，名爲佛眼。今云四眼者，即別教地前菩薩也。

五通者，次，歎通。具天眼等五，除漏盡通。通教未斷無明，別教斷猶未盡故，但云五也。云云。三達者，次，明。過去宿命明，現在天眼明，未來漏盡明。明即達也。十力者，次，歎力。《智論》云：菩薩十力，一、發心堅固力，二、大慈力，三、大悲力，四、精進力，五、禪定力，六、智慧力，七、身不厭生死力，八、無生法忍力，九、解脱力，十、無礙力也。四無量心者，次，歎心。慈能與樂，悲能拔苦，喜與衆生增上之樂，如上三心捨之不著。云云。四辨者，次，歎辯。法、辭、樂說、義等是也。四攝，次，歎攝。布施、愛語、利行、同事等也。金剛滅定者，次，歎斷。十地上忍定如金剛，碎煩惱山，自不傾動。亦名首楞嚴定。云云。

一切功德下，五、總結也。

第三，列雜類衆。

以其中名、色非一，故言雜類。二：

一別，二總。別中四：一人，二士，三天，四仁王。【解】仁王一科，藏本獨標一賢字。後別列中，又標人、衆二字。甚繆。及揀後文，乃作仁王，義妥文順，因據正之。人更二：一男，二女。今初。

復有千萬億五戒賢者，皆行阿羅漢十地，迴向五分法身具足，無量功德皆成就。

文四：一數，二名，三德，四結。

初，標數，可知。

五戒賢者，次，列名也。五者是數義，戒者防止義。梵云優婆塞，此云清信男，於佛法中非淨信心故。又云近事男，以依三寶，親近師長，承事無失故。離殺、盜、婬，此三防身業。妄語一戒，防口業。飲酒一戒，通防二業。廣釋戒相，如《大論尸波羅蜜》說。云云。提謂、波利等問佛：何不爲我說四、六戒？佛答：五者，天下之大數，在天即五星，在地即五嶽，在人爲五臟，在陰陽爲五行，在王爲五帝，在世爲五德，在色爲五色，在法爲五戒。【解】五者天下之大數，及五星、五嶽、五臟、陰陽五行等，皆此方語。佛具一切智，固無不知，但未見如此雷同者，竢再考。以不殺配東方，東方是木，木主於仁，仁以養生爲義。不盜配北方，北方是水，水主於智，智者不盜爲義。不邪婬配西方，西方是金，金主於義，有義者不邪婬。不飲酒配南方，南方是火，火主於禮，禮防於失也。以不妄語配中央，中央是土，土主於信，妄語之人乖角兩頭，不契中正，中正以不偏乖爲義也。道將鄰聖曰賢，假名行人位也。

皆行阿羅漢下，三，歎德也。雖迹同凡夫，而本皆羅漢。十地者，有三種。若菩薩二乘共行，此通教也。一、乾慧，二、性地，三、八人，四、見地，五、薄地，六、離欲，七、已辦，八、支佛，九、菩薩，十、佛地。依此十地，則是通教中優婆塞也。《大品經》云：若菩薩具乾慧地，於十地速證菩提。云云。《大論》七十八云：乾慧地，二種，一聲聞，二菩薩。聲聞獨爲涅槃故勤精進、持戒等，或習觀佛三昧、不淨觀等，雖有智慧，不得禪定水，故名乾慧地。於菩薩，則初發心乃至未得順忍者是。性地者，聲聞從煖至世第一。於菩薩得順忍，愛著實相，不生邪見，得禪定水。八人地者，從苦法忍乃至道比忍，是十六〔一二〕心。於菩薩，則無生法忍，入菩薩位。見地者，初得須陀洹果。於菩薩，則是阿毗跋致地。薄地者，斯陀含人，欲界九種苦分斷故。於菩薩，則過阿毗跋地，乃至未成佛，斷諸煩惱，餘習氣亦薄。離欲地者，離欲界等貪，名阿那含。於菩薩，離欲因緣，得五神通。已辦地者，聲聞人得盡、無生智，無著阿羅漢。於菩薩，成就佛地。辟支佛地者，先世種辟支佛道因，今世得小因緣，亦觀深因緣法，名支佛也。菩薩地者，初歡喜地乃至法雲地，皆名菩薩。此借別名，名通也。佛地者，一切種智等法，諸菩薩於自地中觀〔一三〕具足，於化〔一四〕他地中行〔一五〕具足，二事具足，故名佛地。若別教，即初地終至法雲，獨自脩行，不與聲聞、辟支佛共。準此則是別教中優婆塞也。圓教。云云。

迴向五分法身具足者，別接通空，以別初地接通教，令不滯界内即色之空，迴心向別，斷界外無明，成就五分法身，故歎迴向也。言具足者，通教偏真五分等是不具足，別、圓中道正觀成就五分，方稱具足也。五分法身者，一、戒身，二、定身，三、慧身，四、解脱身，五、解脱知見身。

問：菩薩所作何故迴向？答：迴向之利，其功最善，故《淨名》云迴向爲善利。迴向二種：一者，所作迴施衆生；二者，所作迴向佛果也。云云。

無量功德下，四、總結也。

第二：列清信女：

復有十千五戒清信女，皆行阿羅漢十地，皆

成就始生功德、住生功德、終生功德，三十生功德皆成就。

文三：一數，二名，三德。今初，可解。

清信女者，二、標名也。梵云優婆夷，此云清信女。皆行阿羅漢下，三、歎德，亦通、別中優婆夷也。文二：先總歎十地，可解；次始生下，別歎十地中功德。又二，今先正歎一地三心。從第十迴向始有初地所得功德，是初心；停住不進所得功德，是住心；滿足功德，欲入二地，是終心。《法華》亦云善入、出、住等。云云。三十生功德下，次結也。

第二，列居士衆。

復有十億七賢居士，德行具足二十二品、十一切入、八除入、八解脱、三慧、十六諦、四諦、四三二一品觀，得九十忍，一切功德皆成就。

【**解**】《記》云：十一切入等諸科，具如《法界次第》。

文四：一數，二名，三德，四結。

今初，可知。

七賢居士者，二、標名也。七賢有二：一、小乘，五停心觀等是也；二、大乘，一名初發心人，二名有相行人，三名無相行人，四名方便行人，五名習種性人，六性種性人，七道種性人，俱在地前調心順道，名爲七賢。居士者，外國積財至億名爲居士，今此富有七淨財故名居士。信、施、戒、聞、慧、慚、愧，名七淨財也。云云。

德行具足下，三、歎德。謂具足諸德之行，名德行具足。

二十二品者，此歎道品，以在見道前唯有四念處、四正勤、四如意足、五根、五力二十二品也。

十一切入者，次，歎十遍處。入者，處也。青、黄、赤、白、地、水、火、風、空處、識處，名之爲十。云云。

八除入者，次，歎勝處。一、内有色相，觀外色少；二、内有色相，外觀色多；三、内無色相，外觀色少；四、内無色相，外觀色多；五、青；六、黄；七、赤；八、白。云云。

八解脱者，次，歎解脱。一、内有色相，外觀色；二、内無色相，外觀色；三、觀淨色；四、空處；五、識處；六、無所有處；七、非有想非無想；八、滅受想解脱。

問：觀未得聖，云何今歎八解脱？

答：八中得七，未得滅盡，今從多而歎也。

問：解脱以何爲義？

答：解脱以棄背爲義。初、二，棄背色貪心。第三，棄背不淨觀心。四，無色棄背下地心，滅盡令棄背一切所有緣心。

問：解脱、勝處、遍處何别？

答：有棄背名解脱，能降境界名勝處，能廣能勝境名遍處。云云。

三慧者，次，歎慧。謂聞、思、脩。初，是乾慧地。次，是四善根。苦忍已上，名脩慧。

十六諦者，次，歎觀門，如前説。云云。

四諦者，次，歎諦門，亦如前説。云云。

四三二一品觀者，次，歎四門，即四觀忍也。從下，舉之，煖第四，頂第三，忍第二，世第一法第一。四，即四善根。三，即除煖位。二，除煖頂。一，除前三也。又四即四果，三即三果，二即二果，一即初果。此非歎意。今取前釋。

得九十忍者，四、結文。二：先，别結；次，總結。今初。有人云：地前三賢三十心，一一中作下中上。或八住出等三品觀，合九十忍也。有人云：四三二一，合成十忍。約三界九地，一一地中各有九品，成九十忍。又云：諦觀二十，謂十六諦及四諦。品觀有十，謂四三二一。總成三十，各有下中上三品，成九十忍也。今謂九十忍者，是别結經文中德，不可衆多作異説也。但説具足二十二品下，至四三二一，數有八十一品。從此等法出四禪、四空、滅定，合九十忍。經雖無四禪等文，義推可爾。云云。

一切功德皆成就，次，總結也。

第三，列天衆。二：先，列色；次，列欲。今初。

復有萬萬億九梵，三淨、三光、三梵，五喜樂天，天定、功德定，味，常樂神通，十八生處功德皆成就。

文四：一數，二處，三德，四結。

今初，以萬數萬，故云萬萬億也。

九梵下，二、明處。此經三本不同。有一本云：復有萬萬億十八梵天、九梵、三淨、三光、五喜樂天。又一本中但云：三淨、三光、五喜樂天。又一本除五字，初除十八梵天四字，後但有三字，無梵字，蓋譯者出沒耳。言九梵者，謂第四禪九天：一、無雲，二、福生，三、廣果，四、無想，五、無煩，六、無熱，七、善現，八、善見，九、色究竟也。三淨者，是第三禪，有三天，謂少淨、無量淨、遍淨也。三光者，是第二禪，有三天，謂少光、無量光、光音。三梵者，謂初禪三天，梵衆、大梵、梵輔也。五喜樂天者，即五支，謂覺、觀、喜、樂、一心等也，是四禪中後五淨者，此天義論受喜樂故也。云云。【解】《記》云：五支即四禪所發支林功德，五淨即五那含天，而言喜樂者，義言之爾。

天定功德定味者，三、歎德。天定者，謂報生天上得此定。功德定者，謂脩得生天而有此定。味者，一字爲句，即是味著禪定也。有人云：功德定味爲句。非也。常樂神通者，色界天中皆有脩、報二種神通也。言常樂，簡非報得神通也。

十八生處下，四、總結。云云。

二、列欲界。

復有億億六欲諸大天，十善果報，神通功德皆成就。

文四。今初，明數。六欲諸大天者，二、明處。此六天中有小五欲。從初四天至他化自在，爲六也。十善等者，三、歎德也。十善是因，生天是果報也。功德皆成者，四、結也。

第四，列仁王。

復有十六大國王，各各有一萬二萬乃至十萬眷屬，五戒、十善、三歸功德清淨[二六]行具足。

文四：一數，二衆，三德，四結。今初云十六國王者，舉國數以標人也。各各有下，第二，明衆也。五戒下，三、歎德也。德有三：一戒，二善，三歸。清信行具足者，四、結。四信成就，故云清信也。【解】《記》云：四信，信三寶及戒。

第二，總列。

復有五道一切衆生。

前別中但明天人，今則通明五道。脩羅等或鬼或畜，故但云五道也。又，六道中天人先有，三惡之内或有或無，此經無緣，故總云五也。此土衆竟。

第二，列他方衆。

復有他方不可量衆。

他處異見。云云。

第三，列化衆。

復有變十方淨土，現百億高座，化百億須彌寶華。各各座前華上復有無量化佛、無量菩薩比丘、八部大衆，各各坐寶蓮華，華上皆有無量國土。一一國土佛及大衆如今無異。一一國土中，一一佛及大衆各各説《般若波羅蜜》。

文三。今初，明不思議力能變淨土。淨土者，非寂光之淨，且現華臺實報等淨相也。現百億高座及華者，且明應身大千之化相也。各各座前下，二、明不思議力能現諸佛菩薩。八部者，乾闥婆、毗舍闍二衆，東方提頭賴吒天王領；鳩槃茶、薜荔多二衆，南方毗留勒叉天王領；龍、富單那二衆，西方毗留博叉天王領；夜叉、羅刹二衆，北方毗沙門天王領。云云。一一國土中下，三、明不思議力，各説般若等。上來列衆竟。

第二，總結。

他方大衆及化衆，此三界中衆，十二大衆皆來集會，坐九級蓮華座。【解】疏以級字釋刦字，而經文直作級字，或後人據疏漫改云。其會方廣九百五十里，大衆僉然而坐。

他方大衆，即結前來第二他方衆。及化衆，即結前第三化衆。三界中衆，即結前此土衆。十二大衆皆來集會，即總結前三衆差別果。一、聲聞，二、緣覺，三、菩薩，四、五戒賢者，五、清信女，六、七賢居士，七、色天，八、欲天，九、仁王，十、五道，十一、他方，十二、化衆是也。坐九刦座者，結座。刦者，級也。級者，層也。其會下，結衆廣狹也。

問：諸經列衆或有或無，何耶？

答：若説報生三界，由善、惡業力見佛不見佛，由有緣、無緣即有生天受樂至不聞經，乃至地獄燒燃，而來聽法。今以《大經》之義，試爲斷之。《大經》云：於戒緩者不名爲緩，於乘緩者乃名爲緩。總相明之，乘即戒也。今約別説，乘、戒二殊。即以三歸、五戒、十善、八戒、二百五十、五百戒等，名之爲戒。念、誦、脩、行、禪、智、施、進等，名之曰乘。然戒與乘各有三品，乘有小、中、大，戒有上、中、下。若乘、戒俱急者，又有三品。如持上品戒急，生無色界天。下品乘急，以無色天身，聞佛説聲聞法。中品乘急，聞説因緣。上品乘急，聞説中道等。若持中品戒急，生色界天。下乘急，聞説四諦。中乘急，聞説因緣。上乘急，聞説六度。若持下品戒急，生欲界天。下乘急，聞小乘。中乘急、上乘急，準上説。若戒乘俱緩者，上品戒緩，墮地獄。中品緩，墮畜生。下品緩，墮餓鬼。以乘緩故，永不見佛，何況聞法。若戒緩乘急者，得見佛聞法。上品戒緩，生地獄中。下乘急，以地獄身聞説四諦。中乘急，聞因緣。上乘急，聞六度云云。若戒急乘緩者，三品戒急，得三界身。以乘緩故，著人天樂，不得見佛，況得聞法。今無無色界天衆者，以上品戒急，大乘緩故，此經無緣，故不來也。餘經有無，例此可解。上來證信序竟。

第二，發起序。文五：一、佛自現瑞，二、時衆生疑，三、覺悟如來，四、佛昇華座，五、大衆歡喜。初中，更五。一、讚佛德，二、明現瑞時節，三、正住十地，四、入寂定，五、思緣現瑞。今初。

爾時，十號、三明、大滅諦、金剛智釋迦牟尼佛，

爾時者，當爾之時也。十號者，教主之德。德凡有四：一、十號德，二、三明德，三、斷德，四、智德。今初言十號者，一是如來，二、應供，三、正遍知，四、明行足，五、善逝，六、世間解，七、無上士，八、調御丈夫，九、天人師，十、佛世尊，是十號之數也。云云。次，歎三明德，以明鑒三世也。次，歎斷德，謂大滅諦。簡非小滅，故言大也。金剛智者，次，歎佛智德。釋迦牟尼佛者，上明通號及德，今明別號也。然佛種姓出處不同，或姓刹利，或婆羅門。今姓釋迦者，此云能仁。如《長阿含》說：昔梵摩穀王，四子有過，徙向雪山，令自存活。四子至彼，民歸如市。王歎四子：我子能仁，能自存活。因此姓釋。佛第四祖已來，始姓釋也。本姓瞿曇，或甘蔗種，或日種，或牛糞種。云云。牟尼者，名也，此云寂默，三業但寂默也。

二、明現瑞時節。

初年月八日，

真諦云：如來在世四十五年，說三法輪，謂轉、照、持。然此三輪有顯有密，密則從得道夜至涅槃夜，俱三轉法輪。顯則初成道七年，但轉轉法輪。七年後，三十一年中，輪[一七]照法輪。三十八年後，七年中，轉持法輪。

從轉轉法輪來，有三十年。前至二十九年已説餘《般若》，今至三十年初月八日方説《仁王》，故言初年月八日。此則佛成道三十七年説此經，乃年七十二歲也。云云。【解】據佛八十壽，則合云七十二歲。據三十成道，則合云六十七歲。今云七十二者，成道之年隨機所見，不可以三十限云。

三、正住十地。

方坐十地，

方者，正也。正坐佛之十地，非菩薩十地。又佛以別接通，坐別十地，欲密顯通教十地，正令悟別地，故云方坐也。佛十地者，《同性經》云：一、甚深難知廣明智德地，二、清淨身不思議地，三、海藏地，四、神通智德地，五、明德地，六、無垢涅槃炎光開相地，七、廣勝法界藏明界地，八、無礙智慧地，九、無邊億莊嚴迴向能照明地，十、毗盧遮那智藏地。

四、入寂定。

入大寂室三昧，

欲觀察物機，授法藥故。又令知因定發慧故。又作説法儀軌故：佛具智斷，尚自觀機，況於凡夫而不審諦。云云。大寂室者，即大涅槃也。《大經》云：涅槃深禪定窟。窟即室義。《法華》大通智勝佛亦入靜室。與此義同也。又大寂者，即動是寂。室者，即寂而照。大寂是法，室是喻。如室虛能受萬物，般若空理能含多義也。約觀者，室是一法，空亦無二，明暗自殊，室空不別。明喻智慧，暗喻煩惱，室喻人身，空喻心識。日出則室空俱明，喻智生身心俱淨。日入則室空俱暗，喻智滅則身心俱穢。穢淨雖殊，而性常清淨，故《淨名》云：無明性即是明，一切衆生即菩提相，不復更滅。此即證也。

第五，思緣現瑞。

思緣放大光明，照三界中。復於頂上出千寶蓮華，上【解】據《疏》云其華上至，則知上字前有其華二字。至非想非非想天，光亦復爾，乃至他方恒河沙諸佛國土。時，無色界雨無量變大香華，香如車輪，華如須彌山王，如雲而下。十八梵天王雨百變異色華。六欲諸天雨無量色華。其佛座前自然生九百萬億種華，上至非想非非想天。是時世界，其地六種震動。

思緣放大光明照三界中下，有本云照三界衆生也。文五：一、思緣放光，二、頂上出華，三、諸天雨華，四、佛自生華，五、大地振動。今初思緣者，思於無相，緣於法性，自受大樂也。光照三界中，覺化境也。

問：無色界無色陰，何故照之？

答：雖無麤色，而有細色，約二乘、凡夫不見言無，而實有也。

復於頂上出千寶蓮華下，二、頂上出華。文三。今初，出華。其華上至下，二、明竪現。乃至他方下，三、明横現。放光令識智慧之本，出華令悟得道之因。又光欲化當機衆，華令其見作結緣。因前列衆中無無色界天者，以其戒急乘緩，無現益緣，今令非相見華，使作當來種子也。

時無色界天下，三、諸天雨華。前教主現相明存感，今諸天雨華明有應，此則藥、病相稱，感應道交也。無量變者，心樹華，非生死華也。文三：初，無色界；次，色界；後，欲界。皆可見。色天多禪，無色天多定，能心樹變華，故言變。欲天無此，但雨實華也。

其佛座前下，四、佛自生華。向明頂上出華，顯正報瑞。今佛座前生華，明依報瑞。劫者，層也。【解】劫字在經文萬億二字下，或誤脱，或後人改作種字也。

是時世界下，五、大地震動。放光雨華令其目見，動地令其心動，心動則煩惱動。故《大經》云：大地動者，能令衆生心動也。動、踊、覺、起、振、吼等，爲六。又東涌西没等，六也。地動八緣，如《阿含》說：一、大水動時動，二、尊神試力時，三、如來入胎時，四、出胎時，五、成道時，六、轉法輪時，七、衆教時，八、涅槃時。《增一經》亦有八緣，閻浮提風輪從上向下，有地、水、火、風從下向上次第動，二、菩薩入胎，三、出胎，四、出家學道成道，五、入涅槃，六、神通比丘心得自在，七、諸天命終還生勝處，八、衆生福盡相。云云。動意者，《十地論》云：治三種煩惱，一、生天衆生樂著天報，振動天宮令生厭捨，起求法心；二、造惡衆生不識無常，縱心蕩意，令因地動捨惡從善；三、我慢衆生或因呪力能小動地，起高慢心。使見大動，知其力劣也。

第二，時衆生疑。文三：一、明衆生疑，二、申衆疑意，三、問衆不決。

今初。

爾時，諸大衆俱共僉然生疑，

可解。

二、申衆疑意。

各相謂言：四無所畏、十八不共法、五眼、法身大覺世尊，前已爲我等大衆，二十九年，說《摩訶般若波羅蜜》《金剛般若波羅蜜》《天王問般若波羅蜜》《光讚般若波羅蜜》，今日如來放大光明，斯作何事？

文三：一、歎佛德，次、領前事，三、騰今事。初，文二。

先，明成人之德，有四。

一者，四無畏德。謂一切智無畏、漏盡無畏、盡苦道無畏、說障道無畏。云云。

二、十八不共法。自有二。小乘中，謂十力、四無畏、大悲、三念處是。三念處者，應貪不貪，應瞋不瞋，常行捨心也。大乘者，謂身、口、意無失是三，四、無異相，五、無不定心，六、無不知已捨，七、欲，八、精進，九、念，十、慧，十一、解脫，十二、解脫知見等無減。

十三、十四、十五，三業道隨智慧行。十六、十七、十八，智慧知三世無等(一八)。二乘無分，故言不共。

三、五眼。謂肉、天、慧、法在佛身上，竝名佛眼。云云。

四、法身。法身有三。一、但空法身。三乘皆有，如善吉七葉巖中禮佛法身，此小乘滅三十二相即空爲法身也。二、即假法身。謂滅無常色，獲常等。我、樂、淨三，亦復如是。三、即中法身。謂如來法身非常非無常，樂、我、淨等，亦復如是。云云。

大覺世尊下，二、明德所成人。覺中道理，名爲大覺。天人所重，名曰世尊。

前已爲我下，領前事，謂從得道後二十九年説四般若。【解】前釋二十九年，蓋謂如來成道七年後之二十九年，合有三十六年。今直云得道後二十九年者，蓋前引真諦成説，此大師依經直解，隨文出没，故不相妨。於靈山説《大品》，次舍衛説《金剛》及《天王問》，後還靈山説《光讚》及《道行》，具出《光讚》。云云。

今日如來下，第三，爲今事。謂疑前瑞相等也。云云。

第三，問衆不決。

時，十六大國王中，舍衛國主波斯匿王，名曰月光，德行十地、六度、三十七品、四不壞淨，行摩訶衍化，次第問居士寶、蓋、法、淨名等八百人，復問須菩提、舍利弗等五千人，復問彌勒、師子吼等十千人，無能答者。

文有二：一、問，二、衆不決。初，文二：先，舉處歎德；二，明次第舉問。

初，文三。

一、明處。依《大論》，憍薩羅國主波斯匿王，今云舍衛，或云舍婆提城。《善見律》云：舍衛者，是人名。往古有王名爲舍衛，見地好，立以爲國，因居其地。從人得名，名舍衛也。

波斯匿王下，二、舉名。有云：王姓月，聞法之後，更立光名。

德行十地下，三、歎德。十地、六度、道品，多是通教也。信三寶及戒不壞，名四不壞淨也。行摩訶衍化者，以大乘治國也。

次第問居士下，二、次第舉問。先問俗衆。寶是寶積，蓋是月蓋，法是法財，淨名是維摩詰也。次問聲聞，後問菩薩。云云。

無能答者下，二、衆所不決。云云。

第三，覺悟如來。

時，波斯匿王即以神力作八萬種音樂，十八梵天、六欲諸天亦作八萬種音樂，聲動三千乃至十方恒河沙佛土，有緣斯現。彼他方佛國中，南方法財菩薩共五百萬億大衆俱來入此大會，東方寶柱菩薩共九百萬億大衆俱來入此大會，北方虚空性菩薩共百千萬億大衆俱來入此大會，西方善住菩薩共十恒河沙大衆俱來入此大會。六方亦復如是，作樂亦然，亦復共作無量音樂，覺寤如來。

文三：一、明此土設樂覺悟如來，二、他方，三、共設。

今初，文二：一、三類設樂，謂月光、梵天、欲天；二、聲動世界，先一佛世界，次十方世界。云云。

彼他方下，二、明他方。文二：一、來集，二、作樂。初中，先明四方，次列六方。作樂亦然者，二、明作樂也。云云。復共作下，三、共設樂。亦是前佛現瑞明能應，今時設樂明有感，即覺悟如來也。云云。

第四，明佛昇華座。

佛即知時，得衆生根，即從定起，方坐蓮華師子座上，如金剛山王。

佛昇華座，即是如來赴感也。又佛現瑞即良醫也，時衆設樂即病人求救也，佛昇華座即醫人授藥也。云云。又放光是身業，入定是意業，即從座起説空觀是口業。又放光動地神通輪，入定得衆生根是他心輪，説空觀品是説法輪。師子座者，《大論》云：非是實師子，亦非木石、師子，以如來是師子所生之處，若床若座皆名師子床座也。【解】師子喻如來無畏之力，謂如來是無畏力所生之處也。如金剛山王者，金剛喻佛四德法身一切不能沮壞。山王即須彌山，喻佛也，不爲八風所動。又華座皆是現實報土，如山王是現尊特身，亦別接通也。云云。

第五，大衆歡喜。

大衆歡喜，各各現無量神通，地及虛空，大衆而住。

有通者在空，無通者居地。上來序分竟。

佛説仁王護國般若波羅蜜經疏卷上

**校勘記**

〔一〕「【解】」以下，底本録於頁下，據注碼位置及文意移至此，下同。

〔二〕「調」，據《佛説仁王護國般若波羅蜜經疏神寶記》（《大正藏》本，下同），疑爲「謂」。

〔三〕「因」，疑爲「田」。

〔四〕「經戒」，疑爲「戒經」。

〔五〕「須」，疑爲「濡」。

〔六〕「人」，據《佛説仁王護國般若波羅蜜經疏神寶記》，疑爲「入」。

〔七〕「登」，據《佛説仁王護國般若波羅蜜經疏神寶記》，疑爲「容」。

〔八〕「迹」，疑爲「遍」。

〔九〕「知」，疑衍。

〔一〇〕「鈍」，疑爲「根」。

〔一一〕「餘」，疑爲「彼」。

〔一二〕「六」，據《大智度論》（《大正藏》本，下同），疑爲「五」。

〔一三〕「觀」，據《大智度論》，疑爲「行」。

〔一四〕「化」，據《大智度論》，疑衍。

〔一五〕「行」，據《大智度論》，疑爲「觀」。

〔一六〕「淨」，疑爲「信」。

〔一七〕「輪」，底本原校疑爲「轉」。

〔一八〕「等」，疑爲「礙」。

# 佛說仁王護國般若波羅蜜經疏卷中

姚秦三藏法師鳩摩羅什譯

陳隋天台智者大師疏

閩建州後學沙門道霈合

## 仁王護國般若波羅蜜經觀空品第二【解】唐譯名《觀如來品》。

言觀空者，謂無相玅慧照無相之境，內外竝寂，緣觀俱空，故言《空觀〔二〕品》也。又凡夫不識，外道妄取，二乘耽滯，今菩薩以般若正智觀空非空，超凡越聖，故言觀空也。又凡夫著有，二乘著空，菩薩捨有而後觀空也。又觀是能觀，空是所觀，能所俱空，真佛知見，故下文云見境見智非聖見也。

此下六品名爲正說，大分爲四：前之三品明內護，《護國》一品明外護，《散華品》明報恩供養，《受持品》明弘經相貌。初文，更二：初，略開二護；次，問答廣釋。今初。

爾時，佛告大衆：知十六大國王意欲問護國土因緣，吾今先爲諸菩薩說護佛果因緣、護十地行因緣。諦聽，諦聽，善思念之，如法脩行。時波斯匿王言：善，大事因緣故。即散百億種色華，變成百億寶帳，蓋諸大衆。

文四：一、知請意，二、略正開，三、勸發三慧，四、歡喜供養。

今初。爾時，佛告大衆者，教所被機也。十六大國王意欲問護國土因緣者，生下外護經文，與《護國品》爲本也。

吾今先爲下，二、正略開。二護，謂因果也。護佛果因緣，即生此品也。護十地行因緣，即生《教化品》。十地行者，謂護因也。

問：王但請護國土因緣，佛何故先爲説護佛因果耶？

答：人情麤淺，玅理難知，王雖麤情唯請一，而佛麤玅俱施。又若但爲説護國，國土安樂，增長憍慢。今佛説出世因果，令其厭俗樂入真也。又索少是弟子之禮，賜多是爲師之法。又索少表不貪，施多表不慳。又索少施多，表慈導之志。云云。

諦聽諦聽下，三、勸發三慧。諦聽令生聞慧，善思念之令生思慧，如法脩行令生脩慧。云云。

時波斯匿王下，四、歡喜供養。王言善者，信順之辭也。

大事因緣，爲兹出世，顯令衆生開示悟入佛之知見。《法華》以佛知見爲大事，《涅槃》以佛性爲大事，《維摩》《思益》以不思議爲大事，《華嚴》以法界爲大事，今此《般若》以成佛因果爲大事，名字雖别，其義一也。故《智論》：佛説般若，無央數衆生當續佛種，是爲大事。又《大品》云：須菩提白佛言，世尊，般若爲大事故起。龍樹釋云：能破衆生諸大煩惱，能與諸佛無上大法，名爲大事。

散華表行因，成帳表得果，蓋衆表慈悲度物、蔭育羣生。云云。

第二，問答廣釋。文二：先問，次答。

今初。

爾時，大王復起作禮白佛言：世尊，一切菩薩云何護佛果，云何護十地行因緣？

先脩敬，二、正發問。問中有二：一、問護果，二、問護因。

次，答文，大爲三：一、明自利行，即此品答前問。二、明利他行，《教化品》答二問。三、明二護所依。《二諦品》。就答初問，文二：初、正釋觀空，二、時衆得益。初，文二：初，正釋；後，總結。釋中，二：初，標宗正釋，後，問答重釋。初，文二：一、正釋，二、結行。初，又二：一、所化境，二、能化智。今初。

佛言：菩薩化四生，

天及地獄是化生，鬼有胎、化二生，畜生則鳥及龍是四生。人中亦四，爾時人胎生，毗舍佉子從三十二卵生，大山小山比丘從鶴卵生，菴羅波離婬女從滛生，劫初人皆化生也。云云。

二、明能化之智。文三：初、約法，二、解釋，三、結成。今初。

不觀色如、受想行識如、衆生我人常樂我淨如、知見壽者如、菩薩如、六度四攝一切行如、二諦如。

約五法：一、五陰，二、衆生，三、佛果，四、菩薩，五、真妄。

五陰是所依，衆生是能依。佛是果，菩薩是因。五陰、衆生是妄，佛、菩薩是真也。



今初五陰是有如是空，若見色見如，不免斷常，如則是斷，色則是常。若觀色滅方如，此三藏見。若體色即如，此通見。若如即色，此别見。若知一切法性真實空，無生滅，同真際，等法性，無二無别，此圓見。今言不觀色如等，是圓見也。

衆生我人如者，五陰衆共生，名衆生。我者，計内五陰爲假名人也。常樂我淨如者，前五陰衆生是顛倒法，非常樂我淨。今佛果得非顛倒法，是常樂我淨。隨盡煩惱有殊，而性常無異，其猶冰水，故云如也。

知見壽者下，明菩薩。有三：一位，二人，三行。位者，十信名知，十解十行名見，向至地名壽者，雖有三别而一如也。菩薩如者，二、明人如。六度下，三、明行如。

問：《淨名》云，一切衆生皆如也，一切法亦如也，衆聖賢亦如也，至於彌勒亦如也。與今何異？

答：彼是真空，此是訬有。

問：真空訬有云何？

答：動即寂，真空也。寂即動，訬有也。真空故非常，訬有故非斷。真空不住生死，訬有不住涅槃。訬有故能起大悲，真空故能生大慈。

問：《淨名》云一切皆如，此云不觀色如，何耶？

答：若偏觀一切皆如，還是斷。若不觀如，還是常。《淨名》云如，令離常見。此云不觀，令離斷見。二見既離，中道自明矣。云云。

二諦如者，明真妄也。世諦是妄，出世是真也。

二、解釋。

是故一切法性真實空，不來不去，無生無滅，同真際，等法性，無二無別，如虛空。

文三：一、釋，二、會通，三、舉況。

今初。一切法性是真有，真實空是真空。真空故不來，真有故不去。不去則無滅，不來則無生。無滅無生，孰凡孰聖。既無聖凡，誰論觀與不觀也。

同真際下，二、會通。真際還是真空，法性還是訬有。一色一香悉皆如是，故云同、等也。

如虛空者，三、舉況。空中豈有五陰、衆生、菩薩、諸佛、世諦、真諦、生滅去來者乎？恐昧者不解，故舉斯況。云云。

三、結成。

是故陰、入、界，無我，無所有相，

無我是結陰、入、界衆生等如，無所有相是結佛菩薩及知見、壽者等如也。

第二、結行。

是爲菩薩行化十地般若波羅蜜。

《金剛》云：一切賢聖皆以無爲法而有差別。即同此文也。云云。

二、問答重釋。文二：初、明三般

若教，二、明依教發觀。今初，三般若即爲三別。初、明實相般若。又二：先問，後答。今初。

白佛言：若諸法爾者，菩薩護化衆生，爲化衆生耶？

上云不觀色如。今問意者，若云是爲菩薩行化十地令諸法皆空者，菩薩爲化何等衆生耶？

二、答。文二：一、明真則無化，二、明俗則有化。今初。

大王，法性、色、受、想、行、識、常、樂、我、淨，不住色，不住非色，不住非非色，乃至受、想、行、識亦不住非非住。何以故？非色如，非非色如。

文四：一境，二觀，三徵，四釋。

今初。五陰是地前菩薩境，常、樂、我、淨是地上菩薩境。云云。

不住色下，二、明觀。有人言：不住色者遮住色，不住非色遮住空，不住非非色雙遮住空住有。又不住色遮住色陰，不住非色遮住四陰，不住非非色雙遮住五陰。又不住色遮住色法，不住非色遮住心法，不住非非色遮住非色非心法。又不住色不住有，不住非色不住空，不住非非色不住空空，故《淨名》云：空病亦空。今解者，具足應云：不住色，不住非色，不住亦色亦非色，不住非色非非色。此中略第三句，及四句非色兩字也。以色即空故不住色，以空即色故不住非色，以色空無二而二故不住亦色亦非色，以色空二而無二故不住非色非非色。次例四陰非非住。上言不住，今言非不住，只以不住爲住，住無所住。《金剛》亦云應無所住而生其心也。

何以故者，三、徵。意云：何故言住，又言不住也？

非色如下，四、釋。非色如，故不可定言住色。非非色如，故不可定言住非色也。

二、明俗則有化。

世諦故，三假故，名見衆生。一切法性實故，乃至諸佛三乘七賢八聖亦名見，六十二見亦名見。大王，若以名名見，一切法乃至諸佛三乘四生者，非非見一切法也。

文四：初、明二緣故見有衆生可化，二、結成上無衆生義，三、明邪正二見俱是見，四、結成正見。

今初。言世諦者，諦有三種：一、色諦，二、心諦，三、空諦也。三假者，謂法假、受假、名假也。此中三假，非《成實》中所明，以無三藏故也。名見衆生者，以世諦及三假故，有衆生可化也。

一切法性實故者，二、結成上真諦無衆生義。一切衆生即涅槃相，不復更滅，故云實也。

乃至諸佛下，三、明邪正二見俱是見。三乘，聲聞、緣覺、菩薩也。七賢，謂七方便也。八聖，謂四果四向也。六十二見，釋者不同，且依《大論》，於五陰上皆作四句。於色陰云：過去色神及世間常，是事實，餘妄語。無常等三句亦然，餘陰亦如是，成二十。現在有邊無邊等，歷五陰上有二十。死後如去不如去等，亦有二十。成六十。是神與身一，神與身異，成六十二見。云云。

大王若以名名見下，四、結成正見。若知諸法但有假名，名之爲見，非同世人見一切法也。云云。

第二，明觀照般若。文二：先問，後答。今初。

白佛言：般若波羅蜜有法非非法，摩訶衍云何照？

問意云：有法既非是，大乘云何照？此從上非非見一切法文，而生此難也。

後答。文二：先略，後廣。今初。

大王，摩訶衍見非非法，

答意云：大乘見者，見法非法，以色等法空故也。

二、廣答。文二：初、正廣釋，二、明能觀之智雙照空有。初，文二：先，明法空性空；次，歷法明空。今初。

法若非非法，是名法空也。法性空者，法若非非法，是名非非法空，法性空。

性本若不空，不可令其得空。以性本自空，故諸法皆空也。

二、歷法明空。文二：先，正明；後，釋成空義。今初。

色受想行識空，十二入、十八界空，六大法空，四諦、十二緣空。

約六門明空。《大論》云：五陰空是果報空，十二入空是受用空，十八界空是性別空。以所病不同，説斯三種。爲疑心數者説於五陰，爲疑色者説十二入，爲疑色、心等者説十八界。六大名遍到空。《阿含》云：六王諍大，地云我能載，水云能漂潤，火云能燒照，風云能生動，空云能容受，識云若無我者色則敗壞。五雖大，而識爲主，故云：四大圍空，識居其中也。四諦是境空。因緣是義空。云云。

二、釋成空義。文二：初，就識陰；次，例四陰及諸法。今初。

是法即生、即住、即滅，即有即空，刹那刹那亦如是法生、法住、法滅。何以故？九十刹那爲一念，一念中一刹那經九百生滅。

文四：一、標宗，二、類釋，三、徵詰，四、釋通。

今初。以色法中有五義故空。即生即住即滅者，諸小乘師或云生前、住次、滅後，或云生住同時，皆不免難。何者？若云生前、住次、滅後，則生時無住，以生前故。若無住者，云何有生？以先無住住於此生，生不得住，則無生也。若住前無生，則亦無住，以無因故。若生前有住，則生住同時。若生滅已方有住者，住非生有，此計異之過也。若生住同時，則因果一體，生死同相，此計一之失。今云即生即住即滅者，不同二説，以諸法體念念遷流，無有暫止，亦是生時即住時滅時，如疾炎過鋒、奔緣[三]經刃不已，則來無暫住時。故《淨名》云：汝今即時亦生亦老亦滅也。即有即空者，色性自空，非色壞故空也。

剎那剎那下，二、類釋。明念念皆空，同上五也。剎那者，極短時也。

何以故者，三、徵詰。意云：生滅相違，云何言即生即住即滅等。云云。

九十剎那下，四、釋通。以九十小剎那爲一大念，一念中一剎那復有九百生滅，是故生時即有住滅也。又九十剎那爲一念，一念中一剎那經九百生滅，一念有九十剎那，合有八萬一千生滅。以生滅攝剎那，剎那攝一念，如是心法不可得。此明心空。以四大分諸根，諸根不可得。以四微分四大，四大不可得。以麤微分四微，四微不可得。以極微分麤微，麤微不可得。推色至於極微，窮心盡於生滅。色盡心窮，豁然無住。無住之住，不可名之，强是[三]爲空，即護三藏佛果也。若見色色空，見心心空，無得無住，此護通佛果也。若見色、心二法而一而異，廣大如法界，究竟若虛空，函蓋相稱，此護別佛果也。若見色、心二法本來空寂，不動不住，不生不滅，此護圓佛果也。云云。

第二，例釋四陰及諸法。

乃至色一切法亦如是。

謂類釋四陰及諸法，亦即生即滅即有即空也。

第二，明能觀之智雙照空有。文二：先明觀照，次明得失。初，更二：一、照空，二、照有。初則無相，後是有相。無相者，非但無所照，亦無能照，照無所照也。《大品經》中名爲真實般若。有相則接别凡聖無量教門，《大品經》中名相似般若也。照空文中，更爲二别：初、明照相，以般若智中無毫釐實法故，照一切法空；二、明空之分齊。今初。

以般若波羅蜜空故，不見緣，不見諦，乃至一切法空。

不見緣者，十二因緣空。不見諦者，四諦法空。乃至一切法空者，六大法等空也。云云。言不見者，觀諸法空故言不見，非謂不照名爲不見。故經云：非見及見，【解】《記》云：非見及見，文缺一所字，以皆二[四]相故，是爲真實般若，即地住所證。名一切真實法也。云云。

二、明空之分齊。

内空、外空、内外空、有爲空、無爲空、無始空、性空、第一義空、般若波羅蜜空、因空、佛果空、空空故空。

分齊有十二種。《大論》有十八空。《論》問云：若少則應一空，若多則應無量，何乃十八？龍樹答云：若略則事不周，廣則事繁難悟。如服藥，少則病不差，多則更增疾。今説空亦如是，少説則不能破邪見，多説則近滋廣。此經隨時治病，不多不少，唯十二也。

内空者，謂内六入無神我。外空者，外六塵無我所。内外空者，根、塵合觀，無我、我所。有爲空者，色心和合生陰、界、入等，皆無所有。無爲空者，虚空數滅，非數滅空也。無始空者，外道以冥初爲始，破此見故，名無始空。性空者，諸法本無，惑者計有，乃至執言如來性等決定是有，爲破此見，故言性空。故經云：眼空無我，無我所。何以故？性自爾故。乃至意亦如是。又《華嚴》云：觀眼無生無自性，識[五]空寂滅無所有也。第一義空者，本空世諦，世諦不有，此亦是空。般若波羅蜜空者，《大經》云：大空者，是般若空。《大論》云：十方俱空，名大空也。

因空者，六度等空。果空者，菩提、涅槃空。空空者，《大論》云：以諸空破内外等法，復以此空破諸空，是名空空。又以空破有有者云空，若執空爲是，須以此空空破也。

但法集故有，受集故有，名集故有，因集故有，果集故有，十行故有，佛果故有，乃至六道一切有。

二、照有。

文三。初、三假門明有，如上説。因集故有下，二、四諦門明有，因集是生死因，即集諦。果集是生死果，即苦諦。十行即道諦，從十信心乃至十地各有十種行門也。佛果是涅槃，即滅諦也。乃至六道一切有者，三、約六道二十五有等明有。云云。

第二，明得失。文二：初、明邪觀，是失也。二、明正觀。是得也。今初。

善男子，若菩薩見法衆生我人知見者，斯人行世間，不異於世間。

若菩薩發心行學般若，見有法有衆生我人知見者，世間凡夫無異也。

二、明正觀。二：一、明行，二、明位。今初。

於諸法而不動不到不滅，無相無無相，一切法亦如也，諸佛法僧亦如也，

言不動者，即色是空，非析色也。不到者，《大品》云：平等之法，一切聖人所不能到。須菩提白佛言：乃可餘聖不到，佛何故不到？佛言：乃至佛亦不到。何以故？佛即平等，平等即佛，佛與平等無二，故不到也。不滅者，空即是色也。無相者，色空空色，皆無相也。無無相者，無相亦無也。下例諸法。云云。

二、明位。

是即初地一念心具足八萬四千般若波羅蜜，即載名摩訶衍。即滅爲金剛，亦名定，亦名一切行。如《光讚般若波羅蜜》中説。

文二：初，明正觀；後，示説處。初，

文三：一位，二名，三用。今初也。言一念者，謂從第十回向，以般若慧一念之中即有初地，是時具足八萬四千度也。依《賢劫經》，始從光耀度，終至分布舍利度，合有三百五十功德門。一一各脩六度，即二千一百。復將二千一百對十法，謂四大六衰，又對十善，一一皆有二千一百，即二萬一千。又將二萬一千對四衆生多貪多嗔多癡三毒等分，各有二萬一千，合之即有八萬四千也。云云。即載名下，二、就名明正觀。有本云：即能運名摩訶衍，載運義同也。約體則是般若，約用即是大乘。即滅爲金剛下，三、約用。能滅煩惱如金剛破物，謂第十地末後一念也。能離散亂，故名定。此中一行，具無量門也。如《光讚》下，二、示説處也。

第三，讚文字般若。文五：一、名多佛共説，二、舉喻，三、格量，四、舉況，五、明信解相。今初。

大王，是經名味句，百佛千佛百千萬佛説名味句。

《論》云：一字曰字，二字曰名。二字不合，不得爲名。若合説者，始得爲名。四字等名句，句下所詮名味。

二、舉喻。

於恒河沙三千大千國土中，成無量七寶，施三千大千國土中衆生，皆得七賢四果，

百億須彌，百億日月，鐵圍大海等，是一大千界。如河中沙，一沙是一世界，滿中七寶，以施衆生，及得四果也。此中有財、法二施意，但文似隱也。云云。

三、格量。

不如於此經中起一念信，

無漏之心起一念信，勝前二施。

四、舉況。

何況解一句者？

信但不謗，解能利他，則信淺解深。此

約鈍根説。若如《法華》云：汝舍利弗尚於此經以信得入者，此乃即信是解，約利根説也。

五、明信解相。

句非句，非非句故，般若非句，句非般若，般若亦非菩薩。何以故？十地三十生空故，始生住生終生不可得，地地中三生空故。亦非薩婆若，非摩訶衍空故。

文三：一、明文空，二、明文義俱空，三、明人法俱空。

今初也。句是有，非句是無，非非句是非有非無。非有非前有句，非無非前無句。又句即文字也，非句即文字之性離也，非非句非前文字及性離之見也。云云。

般若非句，句非般若者，二、明文義俱空。般若非句是義空，句非般若是文空。以即文非般若，即般若非文，離文無般若，離般若無文，文中無般若，般若中無文，如是互求不可得故，即自空也。又文及般若，自他共離，求不可得故空也。

般若亦非菩薩下，三、明人法俱空。文中亦合明人空，但文略故也。自爲二別：一、約因位辨法空，二、約果位辨法空。初，文三。今初標也。般若是法，菩薩是人。般若中求菩薩不可得即是法空。何以故者，二、徵也。十地下，三、釋。若約通教，即三乘共行十地，説始住終。若約別教，即菩薩十地，明始住終也。亦非薩婆若下，第二，約果辨法空。梵云薩婆若，此翻一切種智。一切種智，即佛果也。佛果亦空，故云亦非薩婆若也。摩訶衍是乘，能乘人既空，所乘之法亦空也。云云。初，明三般若教竟。

第二，依教發觀。文二：初、明邪觀，二、正觀。今初。

大王，若菩薩見境、見智、見説、見受者，非聖見也，倒想見法凡夫人也。

見境者，見實相般若也。見智者，見觀

照般若也。見説、見受，見文字般若也。如是執見，是凡夫顛倒妄想，非聖見也。又見境謂見塵，見智謂見識，見説見受謂見人，妄執宛然，非聖見也。

第二，明正觀。文二：初、約染淨因果以明空相，二、約無聽説以辨空相。

初，文二：初，明生死空；後，辨佛果空。

前，更二：初，正明生死空；後，釋空所由。今初。

見三界者，衆生果報之名也。六識起無量欲無窮，名爲欲界藏空。或色所起業果，名爲色界藏空。或心所起業果，名無色界藏空。三界空，三界根本無明藏亦空，三地九生滅前三界中餘無明習果報空。

文二：一、明正使空，二、明習氣空。

初，文二：一、明分段生死，後、明變易生死。

初，更三。今初，明果空也。三界是器世間，衆生是假名世間，果報是五陰世間，謂三界依正也。六識起下，二、明業空。以六識取六塵，起諸煩惱，貪著五欲，展轉無量。蘊集含藏，名之爲藏。無自性故，名之爲空。云云。三界空下，三、明煩惱空。三界之本，一念癡心闇於前境，名曰無明。有此無明，即生三界。無明如地，能生萬物，故名本也。

三地九生下，二、明變易生死空。有人言：三地者，一、見地，從十回向至三地；二、脩地，從四地至七地；三、究竟地，從八地至十地。此別接通意也。九生滅者，前三地中各有始住終，云九生滅也。又變易生死，三界中各有三種意生身，三界名三地，各有三種意生身生滅，名九生滅也。從初地至五地名三昧樂意生身，六、七二地名覺法自性意生身，八地已上名無作行意生身。此通別教意生也。

餘無明習者，上明五住正使，此第二，明習氣空也。

二、釋空所由。

金剛菩薩藏得理盡三昧故，惑果生滅空，有果空，因空故空。

由此菩薩得理盡三昧故，一種生死煩惱業等皆空。所言惑者，謂迷妄之心造生死業，不達心源，名之爲惑，即是煩惱。果者，即正報果，有生滅故得名空。有果空者，即三界依報空故。又果空者，謂變易生死空。因空者，謂三界業煩惱等空也。理盡三昧者，謂菩薩得此三昧，達理盡源，極無明本，故名理盡三昧也。云云。

二、明佛果空。

薩婆若亦空，滅果空。或前已空故，佛得三無爲果，智緣滅非智緣滅虚空，薩婆若果空也。

文三。今初，明智斷空。薩婆若亦空者，是智空。滅果空者，是斷空。或前已空者，是正因佛性空。佛性本自空，非推之使空，故言或前已空也。佛得三無爲下，二、明無爲空。智緣滅者，觀心佛正觀，心滅於煩惱，名智緣滅。非智緣滅者，謂正因佛性，性本自淨，無煩惱垢，不勞觀行而滅惑也。虚空者，無色現處是也。薩婆若下，三、結果空也。云云。

第二，約無聽説以明空相。

善男子，若有修習聽説，無聽無説如虚空，法同法性，聽同説同，一切法皆如也。

文中法、喻、合，可見。聽説如虚空者，《大品》云：聽如幻人聽，説如幻人説，故無聽説。《淨名》云：夫法説者無説無示，其聽法者無聞無得。法同法性者，《淨名》云：法同法性，入諸法故。以此例諸，故皆如也。

第三，總結。

大王，菩薩脩護佛果，爲若此。護般若波羅蜜者，爲護薩婆若、十力、十八不共法、五眼、五分法身、四無量心一切功德果，爲若此。

先，結能護體也。護般若下，二、結能護用。云云。

第二，明時衆得益。

佛説法時，無量人衆皆得法眼淨，性地信地有百千人皆得大空菩薩大行。

文二：先時，次益。法眼淨者，謂初地已上見中法，非小乘中法眼也。性地者，謂三乘共行十地，略九舉一也。信地者，即四不壞信，十信菩薩是也。大空大行，即別教初地。圓教初住已上，皆名大空大行也。云云。

問：佛説般若，何故得益不同？

答：《法華經》云，一地所生，一雨所潤，根莖大小差别自殊，如其種性，各得生長。今説般若，亦復如是，雖説一法，得益自差也。

## 仁王護國般若波羅蜜經菩薩教化品第三

初三品，明内護中，今當第二釋，護十地行，即是明利他，答第二問也。言《教化品》者，菩薩以利物爲德，教諸衆生離一切惡，化諸衆生脩一切善。又佛將此法教化衆生，得成菩薩，故云《教化品》。又以此法化諸國王，令識般若故也。云云。

品文二：一、發問，二、佛答。今初。

白佛言：世尊，護十地行菩薩，云何行可行，云何行化衆生一，以何相衆生可化？

文有二意：一、擽前品中護十地行菩薩，即能護人也；次、云何行可行等者，正是問辭。一問菩薩自利行法，二問利他行，三問所化衆生之相。云云。又，初問自利依何脩行，故以五忍答之。次問利他依何位行，故以十地行答之。後問何相衆生可化，故以幻身見幻化衆生而教化之。又，此經説通自他，而就他説爲正，故文多利他行，故譯者亦以教化標目。

二、佛答。文二：初，答前二問；次，答第三問。前，文三：初，正答二問；次，月光偈讚；後，如來述成。初文，更二：一、正答前問，兼利他；二、正答後問，兼自利。前文，更三：初，略答；二，廣答；後，總結。今初。

佛言：大王，五忍是菩薩法，伏忍上、中、下，信忍上、中、下，順忍上、中、下，無生忍上、中、下，寂滅忍上、下，名爲諸佛菩薩脩般若波羅蜜。

復爲三：初、標數，二、列名，三、總結。今初也。準下結諸佛菩薩本所脩行，今隨問而答，故但云是菩薩法耳。二、伏忍下，列名也。地前三賢未得無漏，未能證，但能伏，不能斷，故爲伏忍智也。以有智故，能伏煩惱。初地、二地、三地得無漏信，名信忍。四、五、六地趣向無生，名順忍。七、八、九地諸念不生，名無生忍。十、十一二地得菩薩果，名寂滅忍。以初地得無漏信，此別教意也。七地得無生忍，即別接通意也。然此五忍，諸經不同。若依《本業瓔珞》，云六性，一、習種性，二、性種性，三、道種性，四、聖種性，五、等覺性，六、妙覺性。即是十住、十行、十回向、十地、等覺、玅覺也。亦名四十二賢聖。云云。名爲諸佛下，三、總結也。

第二，廣釋五忍，即爲五別。初，伏忍中，三賢不同，即爲三別。先，釋十住。

善男子，初發相信，恒河沙衆生脩行伏忍，於三寶中生習種性十心：信心、精進心、念心、慧心、定心、施心、戒心、護心、願心、迴向心，是爲菩薩能少分化衆生，已超過二乘一切善地，一切諸佛菩薩長養十心爲聖胎也。

文五：一、明方便，二、明入位，三、顯力用，四、釋超過，五、成聖因。

今初。言發想〔六〕信者，十信之中，未入十住，不見道理，但能想信。想信若成，即入十住。言恒沙者，發心者多也。如《大經》云：如菴羅樹，華多果少。如大魚母，胎子雖無量，成就者少。此言衆生欲求寶渚，至於中路咸悉退還也。

於三寶中下，二、明入位。於三寶田中生此十心也。善順故信。不退名進，不忘名念。決斷名慧，不動名定，能捨名施，防護名戒，不失名護，上求曰願，至菩提名回向。

是爲菩薩下，三、明力用。以十住菩薩作銅輪王，王南、西二方，名少分化衆生也。

已超過二乘下，四、釋超過。此圓教大乘十信，則與二乘齊。十住則斷無明，過二乘地也。云云。言一切善者，十信名善，故下經云：十善菩薩發大心，長別三界苦輪海。言超過二乘，即聲聞緣覺。一切善地，即十信菩薩也。

一切諸佛下，五、成聖因。十心是因，諸佛菩薩是緣，因緣和合，故成聖胎也。即以中道一心三觀爲種子，斷一品無明，即能見佛性，故成聖胎也。

第二，明十行。

次第起乾慧性種種[七]，行十心，所謂四意止，身受心法不淨、苦、無常、無我也。三意止，三善根慈、施、慧也。三意止，所謂三世過去因忍、現在因果忍、未來果忍也。是菩薩亦能化一切衆生，已能過我人知見衆生等想，及外道倒想所不能壞。

有本云：復次，善男子。今且依次第解也。

文四：一、明位，二、辨體，三、明化他，四、釋離患。

今初，明位，即三忍中第二忍也。前下伏忍即是聞慧，今中伏忍即是思慧。言乾慧者，無定水也，故云是思慧耳，經千字者非。【解】《記》云：千字之非，經既已正，殆無用耳。《纓絡》中有六性，亦名六慧。言六性者，即習種、性種、道種、聖種、等覺、妙覺等也。言六慧者，謂聞、思、脩、無相、照寂、寂照等也。習已成性，名種性。有十心者，總標其數也。

所謂四意止下，二、辨體。文三。今初，

明四念處。意止者，謂以智慧令心止住。意即心王也。身受心法者，明所觀之境也。苦無常等明，能觀之體也。觀身不淨，能除淨倒。觀受是苦，能除樂倒。觀心無常，能滅常倒。觀法無我，能除我倒也。三意止下，二、明三善根。以慈故無瞋，施故無貪，慧故無癡也。三意止下，三、明三世忍。心緣過去無明及行，名因忍。現在五果及現在三因，名因果忍。未來兩果，名爲果忍。又於一切法皆有此三。如種子但因，如苽瓠亦因亦果，能作果等是因，結實成種是果。種等但果非因。此約一時三世論也。

是菩薩亦能下，三、明化他也。

已能過下，四、明離患。文中，先明離内患，即我人、知見等也。及外道下，次明離外患也。

第三，明十回向。

復有十道種性地，所謂觀色識想受行，得戒忍、知見忍、定忍、慧忍、解脱忍。觀三界因果，空忍、無願忍、無相忍。觀二諦虚實，一切法無常名無常忍，一切法空得無生忍。是菩薩十堅心作轉輪王，亦能化四天下，生一切衆生善根。

有本云：復次，善男子，脩行上伏忍，進入平等道，名爲道種性地。

文有四。

今初，標位也。謂欲入初地，能與聖道爲因性，故名道種性。

所謂觀色下，二、出體。文三。

初，明五忍中，初列五陰，是所觀法。得戒下，是能觀智。由觀色陰，便得戒忍，以作無作戒皆色陰也。準此經文，作無作戒，皆是色攝。觀識陰故，得知見忍，以了別識與知見文類相似也。觀想陰，得定忍，以從倒想能入於定，如無色界天由想故成。觀受陰，得慧忍，以依受故立四禪天，由於禪故能發智慧。觀行陰，得解脱忍，以行無常故得解脱忍。

問：何故色下而說識？

答：四陰皆心爲主，由識分別於色，由色故識方能行相生義，便如此說。云云。

觀三界下，二、明三忍。以觀三界苦果空故，得空忍。觀三界因空故，得無願忍，以煩惱業爲集諦故也。觀三界因果空故，得無相忍。證因果空，成無相觀也。

二諦虛實下，三、明二忍。以觀俗諦是有爲法，得無常忍。觀真諦是無爲法故，得無生忍。無常忍即小乘藏教，無生忍即大乘通教也。出體竟。

是菩薩十堅心下，三、明攝化，以道種性菩薩作金輪王，化四天下也。又十堅心者，即結上五、三、二忍，成十堅也。

生一切衆生善根者，四、明勝用也。伏忍三品竟。云云。

第二，明信忍。

又信忍菩薩，所謂善、達、明中行者，斷三界色煩惱縛，能化百佛千佛萬佛國，中現百身千身萬身神通無量功德。常以十五心爲首：四攝法、四無量心、四弘願、三解脫門。是菩薩從善地至於薩婆若，以此十五心爲一切行根本種子。

文四。

今初，標名配位。言信忍者，以無漏信三寶等故名信。言善達明中行者，配位。如下經說，善覺初地菩薩證人、法二空，故名善覺也。達即離達，謂二地菩薩離破戒垢，達真俗理，故名離達。明即明慧，謂三地菩薩智慧光明照諸法故，故名明慧。五陰假人於中脩行，名中行者。下經云道行人。此道成人，名行人。

斷三界下，二、明離障。以色煩惱麤故，於此三地而斷。云云。

能化百佛下，三、明攝化。三等差別，配對三地，可解。

問：信有幾種？

答：略有三種。一、想信，輕毛菩薩十信是。二、久信，三賢菩薩是。三、證信，初二、三地是也。云云。

常以十五心下，四、明發行種子。四攝者，布施、愛語、利益、同事。四無量者，慈、悲、喜、捨。四弘誓願[八]者，《瓔珞經》云：願一切衆生度苦、斷集、證滅、脩道，名四願也。乃至成佛，從於初地，用此十五心爲本。云云。

【解】乃至二句文倒，當云從於初地，乃至成佛，云云。

第三，明順忍。

又順忍菩薩，所謂見、勝、現法，能斷三界心等煩惱縛，故現一身於十方佛國中，無量不可說神通化衆生。

文三。

今初，標名位。順無生忍觀，而未正得，故名順忍。見、勝、現法者，即是位也。見謂順忍下品，見理道品分明，即第四炎地。勝即中品，第五難勝地。難勝有二義：一、教化衆生，二、不從煩惱。於二事得勝，名難勝地。現法即第六現前地，因緣觀解現前故也。

能斷三界心等煩惱縛者，二、明除障。前斷色煩惱，此斷心煩惱。又前斷見惑，此斷思惑。故言心也。

故現一身下，三、明攝化。前信忍明化身，故云現百身千身萬身。今順忍明實身，故云現一身於十方佛土化衆生也。

問：云何一身現於多土？

答：不思議力神通變化，令衆見也。

第四，明無生忍：

又無生忍菩薩，所謂遠、不動、觀慧，亦斷三界心、色等習煩惱，故現不可說不可說功德神通。

文三。今初，標名位，謂以自他共無因，求色、心二法不可得，於此得智，名無生忍。所謂遠不動觀慧者，此配位也。遠即第七遠行地，能至有功用心後邊故。不動即第八不動地，有相煩惱不能動故。觀慧即第九善慧地，四無礙解化衆生故。亦能斷三界心、色等煩惱習者，二、明除障，前各斷二重，今雙斷正習也。故現不可説下，三、明攝化分齊。云云。

第五，辨寂滅忍。文四：初、標名位，二、辨除障，三、約諦辨異，四、攝化分齊。

今初。

復次，寂滅忍，佛與菩薩同用此忍入金剛三昧。下忍中行，名爲菩薩。上忍中行，名爲薩婆若。

文三。

一、標名者，前之四忍未盡法源，今之一忍寂諸心色，滅於想習，名寂滅忍。云云。

佛與菩薩下，二、明證用。金剛是喻，三昧是定。有以煩惱如金剛，以其堅靳不可即斷，非佛智力無能斷者，如經中黿甲、羊角所能破者，是此義也。有以智慧如金剛，能破煩惱，不爲彼損，亦《大經》中言金剛寶瓶無嘶破聲，是其義也。今佛與十地菩薩同用寂滅忍入金剛三昧也。云云。

下忍中行下，三、配位。下忍即法雲，上忍即佛也。薩婆若，此云一切智。又無礙道因位攝故名下忍，解脱道果攝故名上忍。又法雲與佛同入金剛三昧，前心名菩薩，後心名佛。無有中間，故但上下。前之四忍但是因位，故有三品。

問：諸經有等覺，何故此中不立？

答：若依餘經即合有三品，下品十地，中品等覺，上品玅覺。今《般若》附通，不同別教，故但論法雲，即及佛地。故《大品》云：十地菩薩當知如佛。如者，未是義。《大經》亦云：十地菩薩見性未了。此皆通教意也。云云。

第二，辨除障。

共觀第一義諦，斷三界心習，無明盡相爲金

剛，盡相無相爲薩婆若。

文三。

初、明所觀之境。同觀真諦，而明昧不同。如《大經》云：如十地菩薩聞見佛性，諸佛如來眼見佛性。又，十地菩薩名有上士，佛名無上士。又，菩薩如十四夜月，佛如十五夜月等。云云。

斷三界心習者，二、正辨除障。前無生忍中雙斷心、色麤習，今此忍中永斷心法細習也。

無明盡相下，三、明二道差別之相。無明盡相爲金剛者，此無礙道也。言盡相者，未盡之義如煙是火相而未是火，金剛喻定是盡無明之相而無明未盡。問：若無明未盡，應是煩惱，何故前文佛與菩薩同入此定？答：無明之性即是於明，如燈生時即同滅時，只以一念無明心變爲明，微明即菩薩，大明即佛也。盡相無相爲薩婆若者，此解脱道前，金剛下定，但盡色心麤細之相，不得名一切智。今佛地非但盡相，亦盡無相，故得名一切智，可謂緣觀雙冥，境智俱寂也。

第三，約諦辨異。

超度世諦、第一義諦之外，爲第十一地薩云若，覺非有非無，湛然清淨，常住不變，同真際，等法性。

三賢多住世諦，十地多住真諦。真諦即無，世諦即有。超世諦故非有，超真諦故非無。非有非無，即薩云若。

問：薩婆若、薩云若，有何差別？

答：有二説，一云同，二云異。同者，彼此無殊。異者，薩婆若是一切智，薩云若一切種智。今謂説五忍文，寂滅忍中既唯分二品，不應更有薩婆若、薩云若之別。復説即有密明等覺之義，即於寂滅忍中有上中下。下即十地，中一切智，上一切種智。若依經，超度二諦外爲第十一地薩云若者，即依前釋。

云云。

第四，明攝化分齊。文二：初略，二廣。今初。

無緣大悲，教化一切衆生，乘薩婆若乘，來化三界。

一切衆生在於三界，佛以大悲而濟拔之。《法華》云：諸子游戲，來入此宅。長行即云：長者驚入火宅。《淨名》云：菩薩病者，從大悲起。皆此意也。大悲是能化心，衆生是所化境，薩婆若是能化體。大悲有三：一、衆生緣悲，外道亦有；二、法緣悲，二乘亦有；三、無緣悲，唯佛獨有。

第二，依宗廣釋。

善男子，一切衆生煩惱不出三界藏，一切衆生果報二十二根不出三界，諸佛應、化、法身亦不出三界。三界外無衆生，佛何所化？是故我言三界外別有一衆生界藏者，外道《大有經》中說：非七佛之所說。大王，我常説一切衆生斷三界煩惱果報盡者，名爲佛。自性清淨，名覺薩云若性。

文三。

初、約正理。三界者，欲、色、無色等三也。藏者，能含六道、四生也。果者，分段報果也。報者，苦、樂等報也。二十二根者，眼等六根，苦、樂、憂、喜、捨五，成十一根。男、女、命三，信、進、念、定、慧等五，成十九根。未知根、欲知根、知已根，成二十二根。二十一根不出分段三界，知已根不出變易三界。諸佛三身亦不出三界者，以法身即應、化也。《大經》云：今我此身即是法身。《法華》云：常在靈鷲山及餘諸住處。《普賢觀》云：釋迦牟尼名毗盧遮那，遍一切處。《華嚴》云：亦名釋迦，亦名舍那等。既知三身即一身，亦須知界外即界内也。

三界外無衆生下，二、明聽説。説云界外有衆生可化者，此外道説，非佛説也。

問：界外實無衆生耶？

答：聖教不同，有無異説。此經則云界外無衆生，餘經則有。《法華》云：餘國作佛，三百由旬外，權置化城。《淨名》云：上方界分，度如四十二恒佛土，有佛名香積。若界外無人，豈容三界内上方更有爾許佛土耶？故知亦有。

問：此經云無，餘經云有，如何會通？

答：此經云無，無分段衆生。餘經云有，有變易衆生。故《大論》云：聲聞生界外白銀世界，無煩惱名。只約無煩惱，即云無衆生。而聲聞無明未斷，豈實無耶？此文正是通教意，偏論界内煩惱衆生也。

衛世師外道説有六諦，《大有經》是其一諦。彼經説云：此三界外，别有世界。若言三界外别有衆生，同彼外道説也。實理而論，若言界外有衆生即同外道，若言無即同二乘。諸佛菩薩見者，即不有不無。不有不無，即非如非異。非如非異，即不如三界，見於三界。如斯等事，《法華》中，佛方顯了説也。

大王我常下，第三，引昔證今。我昔常説斷三界煩惱果報盡名爲佛，豈於三界外别有衆生耶？自性清淨名薩云若性者，即正因佛性。一切衆生，佛及菩薩，同共有此，豈於三界外而更别有衆生可化也？

第三，總結。

衆生本業是諸佛菩薩本所脩行，五忍中十四忍具足。

文二。

初，總結五忍。衆生本業即煩惱。諸佛菩薩未成道時亦有煩惱，由煩惱故脩諸功德智慧，今得成佛。佛本煩惱，與今衆生無異，故名爲本。

五忍中十四忍具足者，二、結廣略。略即五忍，廣即十四。謂三賢是三，十地及佛地，成十四也。上來答前問，兼利他竟。

《神寶記》云：《疏》以五忍與六種性合釋，及所斷惑相文義交加，頗不易明。應先出異相，而後得以會之。所以異相者，據常所釋，別教初地證道同圓，已破無明，即能分身百界作佛。而此經所出十地乃分爲四，謂前三後一以對十地，則前二猶是信、順二忍，後三始破無明。若然，則與初地證道同圓，分果垂迹，其異一也。又所斷惑，信、順二忍止斷三界色、心麤重煩惱，此與常途有異二也。於此須知教證二途，約證道論，固當如向同圓是也。今取教道爲義，不妨十地殊品，故所破惑義有進否，是應義立無生忍位分上、中、下，如今文是也。以其根有利鈍，利者于初三品即破無明，其次中三始破，又其次者後三方破。既許初破，不妨證與圓同。其次未斷，猶居信、順，亦影略互顯爾。至于後三斷位方定，猶下根受接其位定故是也。而所破惑雖分色、心麤細之異，於其利者即是無明，鈍即見思，復何固必。況復悉檀被物，初無定法，説有殊途，毋以名相爲惑。有志學者，所宜盡心，如其不然，置之可也。

○此經附通，故大師以通、別、圓三教釋五忍。但於常途不同處，大師亦不會通，讀者不勝艱澀。今記主會釋之，文義周足，可謂有益於學者，故竝録于此。

第二，答後問，兼自利。文二：先問，後答。今初。

白佛言：云何菩薩本業清淨化衆生？

標前問，是故更重申十地是菩薩本業。菩薩於生死、菩提無染，名本業清淨。以淨法教化衆生，不同凡夫、二乘雜煩惱法化衆生也。

問：雜煩惱化衆生有何失？

答：自既有縛，豈能化他？凡夫則師既墮，弟亦隨墮。二乘則謗佛敗法，於諸衆生而起怨心，豈成利益耶？

二、答文。先略，後廣。今初：

佛言：從一地乃至後一地，自所行處及佛行處一切知見故。

文三：

初，明淨業所依，謂從歡喜乃至法雲。問：何故但説十地？答：地前三賢，賢而非聖，不名本業清淨。玅覺一地，玅果已圓。故於因中舉十地答。

自所行下，簡二行。一、自行處即十地境，二、佛行處謂玅覺地境。前十地但行自所行處，後金剛心通行二處，故下文云得理盡三昧，同佛行處。又《纓絡》云：佛子，菩薩爾時住大寂門，乃至過十地外與佛同坐也。

一切知見故者，三、釋成清淨。以佛五眼方能見一切法，以佛三智方能知一切法也。

第二，廣答。文三：初標，次釋，後結。

今初。

本業者，

可解。

二、釋。十地爲十。今初，善覺地。

若菩薩住百佛國中，作閻浮四天王，脩百法門，二諦平等心化一切衆生。

文五。

今初，明土寬狹。言住百佛國者，國土有三。一、説法土，百億日月，化小乘。二、神通土，億億日月，化中乘。三、智慧土，無量世界，化菩薩。今言百佛國土者，説法土也。

作閻浮提四天王者，二、配位。於四王中作南方增長天王，以閻浮提勝於餘方，有佛出此處故。又次第作四天王。依《十地經》，初地菩薩作閻浮鐵輪王，不言四天王。《纓絡》云：脩行一劫二劫三劫十信善者，有三品。上品善，鐵輪王，化一天下。中品善，粟散王。下品善，人中王。十住銅輪王，十行銀輪王，十向金輪王，初地已上琉璃輪王。《十地經》初地作鐵輪王，此別教意也。《纓絡》及此經十善作鐵輪王，圓教意也。

脩百法門者，三、顯法門也。即自利行。於十善中一一更明十善，故言百法門。

二諦平等心者，四、釋地中別行也。即俗即真，故言平等。

化一切衆生者，五、釋地中通行也。地地皆用化生爲行。

已下九地文句，類此可解。

二、釋離達地。

若菩薩住千佛國中，作忉利天王，脩千法門，十善道化一切衆生。

忉利天，此云三十三天也。《地經》云：二地作金光王。《纓絡》與此經同。千法門者，於前十善中一一各行百善也。云云。

三、釋發光地。

若菩薩住十萬佛國中，作焰天王，脩十萬法門，四禪定化一切衆生。

《地經》作忉利天王。《纓絡》同此。

四、釋炎慧地。

若菩薩住百億佛國中，作兜率天王，脩百億法門，行道品化一切衆生。

《地經》作炎摩天王。《纓絡》同此，作兜率天王。道品，即三十七道品也。

五、釋難勝地。

若菩薩住千億佛國中，作化樂天王，脩千億法門，二諦、四諦、八諦化一切衆生。

二諦者，真、俗也。四諦者，苦、集、滅、道也。八諦者，有作四，無作四也。又苦、空、無常、無我，及常、樂、我、淨，爲八也。《地經》作兜率天王。《纓絡》同此，作化樂天王。

六、釋現前地。

若菩薩住十萬億佛國中，作他化天王，脩十萬億法門，十二因緣智化一切衆生。

《地經》作化樂天王。《纓絡》同此，作他化天王。

七、釋遠行地。

若菩薩住百萬億佛國中，作初禪王，脩百萬億法門，方便智、願智化一切衆生。

《地經》作他化天王。《纓絡經》云：梵王常以二智化衆生也。

八、釋等觀地。

若菩薩住百萬微塵數佛國中，作二禪梵王，脩百萬微塵數法門，雙照方便、神通智，化一切衆生。

《地經》作梵天王，王一千界。《纓絡》云：

梵師子纓絡光光〔九〕天王。雙照真俗不相違，名爲方便智。於入觀中能發神通，名神通智。

九、釋善慧地。

若菩薩住百萬億阿僧祇微塵數佛國中，作三禪大梵王，脩百萬億阿僧祇微塵數法門，四無礙智化一切衆生。

《地經》作梵王，王二千界。《纓絡經》作淨天王。

十、釋法雲地。

若菩薩住不可説不可説佛國中，作第四禪大淨天王。三界主脩不可説不可説法門，得理盡三昧，同佛行處。盡三界原，教化一切衆生如佛境界。

《地經》作大自在天王，王三千界。《纓絡》作大淨居天王。大自在、大淨居、大淨天，皆同也。學行已滿，名理盡三昧。唯有一行是如來行，所謂大般涅槃。菩薩亦得，名同佛行處。無明是三界之本，此惑已盡，即三界原盡也。

第三，結。

是故一切菩薩本業化行淨。若十方諸如來亦脩是業，登薩婆若果，作三界王，化一切無量衆生。

文二。先，結菩薩業。若十方下，二、結如來業。又是答釋紗覺地也。正答二問竟。

第二，月光偈讚。文三：一、時衆供養，二、月光讚佛，三、大衆得益。

今初。

爾時，百萬億恒河沙大衆各從座起，散無量不可思議華，燒無量不可思議香，供養釋迦牟尼佛及無量大菩薩，合掌聽波斯匿王説《般若波羅蜜》。

文二。初，財供養。合掌下，次，法供養。云云。

二、月光正讚。二：一、明讚處。

今於佛前以偈歎曰：

偈者，竭也。攝義竭盡，故名爲偈。四句爲偈。句有三、四、五、七等差別。若梵天以三十二字爲首盧偈，即以八字爲句也。云云。

二、正發言贊。五十九行，大分爲三：初、六行，總頌上義；二、四十五行，別頌十四忍；三、八行，總結頌五忍。初，又三：前三行，歎別相三寶；次兩行，歎五忍；後一行，歎一體三寶。今初。

世尊導師金剛體　心行寂滅轉法輪
八辨洪音爲衆説　時衆得道百萬億
時六天人出家道　成比丘衆菩薩行

文三，佛、法、僧差別也。

衆生及器二世間俱尊，名世尊。引導匠成，名導師。導師不同，有世間導師、出世導師。出世中，有拙度、巧度、次第度、一心度等。金剛體，歎法身也。

心行下，兩句，二、歎法寶。《淨名》云：心靜已度諸禪定，此中云寂滅。《淨名》云：三轉法輪於大千，其輪本來常清淨。此中云：心行寂滅轉法輪。一句包之，義理不失。又，初句，嘆佛身業；次句，嘆心業；次句，嘆口業。又，佛五事具足：一、世尊威德具足，二、導師智慧具足，三、金剛體法身具足，四、心行寂滅解脱具足，五、轉法輪化他具足。云云。捷疾應機，名辯。八音者，《梵摩喻經》云：一、最好聲，二、易了聲，三、調和聲，四、柔軟聲，五、不悮聲，六、不女聲，七、尊重聲，八、深遠聲。洪者，大也。

時衆下，三、歎僧寶。文中總前大衆。天無出家法，今言出家者，約心説也。三乘共行十地，故云成比丘衆菩薩行也。又人身出家，成比丘衆。天心出家，行菩薩行也。

二、別嘆五忍。

五忍功德玅法門　十四正士能諦了
三賢十聖忍中行　惟佛一人能盡源

三賢、十聖是因位，名忍中行。佛居果地，窮原盡理，名能盡源。又，十四皆云正士者，即四、十、一地也。十地爲十，住、行、向及等覺名爲四，成十四大士。圓教十四聖人皆以一心三觀諦了諸法，名忍中行。毗盧遮那，衆行休息，名能盡源。云云。

三、歎一體三寶。

佛衆法海三寶藏　無量功德攝在中

佛是佛寶，衆是僧寶，法是法寶。包含如海，蘊積如藏，故無量功德攝在其中也。

第二，別頌十四忍。文五：初、九行，頌伏忍；二、十行，頌信忍；三、八行，頌順忍；四、十行，頌無生忍；五、八行，頌寂滅忍。初，文二：前兩行，頌伏忍方便；即十信也。後七行，頌伏忍功德。即三賢也。初，文二：先明離過，次明攝位。

今初。

十善菩薩發大心　長別三界苦輪海

古人云：十信菩薩由發大心，求出三界。雖未能出，已能遠離惡道等苦，故言長別。今則不然。若別教十信，是外凡，未能暫離，豈能長別？若圓教十信，斷三界惑，至十住初，即斷界外無明等惑。以其但斷三界、四住，與羅漢齊。長別苦海，與二乘人同生方便有餘土。若羅漢支佛，於彼土遇餘佛爲説《法華經》，即成菩薩，進斷無明。若十信菩薩，縱未聞《法華》，亦能漸次自斷無明。豈以不生惡道便是長別苦海？

問：此十信與別教中何位相似？

答：奪而論之，別教地前次第修證，十住修從假入空觀，十行修從空入假觀，十迴向修中道正觀。圓教十信即能圓修三觀，不可論同。與而言之，即別教十迴向齊。

問：與前二教何位齊？

答：奪而論之，藏、通二教巧拙雖異，但見於空，不見不空，未識中道。圓教十信具脩三觀，與前二教不可格量。與而爲論，圓教十信，藏通佛與二乘俱斷見思，即與藏通等佛地齊也。

所言大心者，謂誓願大、度生大、説法大、慈悲喜捨大也。區分各别，名界。三苦八苦，八萬四千，名苦。迴轉不息如輪，沈浮出没如海。云云。

二、明攝位。

中下品善粟散王　上品十善鐵輪王

脩行十善，必具三心，中、下二心爲粟散王。小王衆多，猶如粟散。上品心行十善，爲鐵輪王，王閻浮提，其鐵輪寶廣一俱盧舍。云云。若《纓絡》，上品鐵輪，中品粟散，下品人王。云云。

第二，頌伏忍上、中、下功德。文二：初兩行，别歎三品，爲三輪王；次五行，總歎三品。今初。

習種銅輪二天下　銀輪三天性種性

道種堅德轉輪王　七寶金光四天下

十住菩薩習種性人，作銅輪王，王二天下，其銅輪寶廣二俱盧舍。十行菩薩性種性人，作銀輪王，王三天下，其銀輪寶廣三俱盧舍。十迴向菩薩道種性人，作金輪王，王四天下，其金輪寶廣四俱盧舍。七寶者，女寶、珠寶、輪寶、主兵寶、主藏臣寶、象寶、馬寶等也。

二、總歎三品。文二：初，列三十心；次，正歎功德。今初。

伏忍聖胎三十人　十信十止十堅心

與十聖作胎，故名聖胎。三十人，總標數。十住下，别列經，作信字。有人云：信即十信，止則十住，堅則十行。此恐與經文義理相違。有人云：信即十住，止則十行，堅則十迴向。此得義，違文。今謂住、信相似，傳寫者謬，應作住字讀之。

二、正歎功德。

三世諸佛於中行　無不由此伏忍生

一切菩薩行本源　是故發心信心難
若得信心必不退　進入無生初地道
教化衆生覺中行　是名菩薩初發心

文四。

初，歎伏忍能生諸佛，以伏忍爲入道之初門，菩提之關鍵。誰人出不由户，故三世諸佛由此而生。

一切菩薩下，二、歎伏忍能生菩薩。大海有本，所謂衆流。衆流之本，必有涓滴。菩薩之行，本乎伏忍。伏忍成立，由於信心。若能發信心，入圓十住，即斷無明。無明盤礴，非一心三觀所不能斷。能斷之智，從十信生。故佛嘆云，信心難也。

若得信心下，三、明功能。若得圓信心，必不退轉，即得入於初地之道。此中經文包含兩教。若約别教，即從十信漸進不退，登於歡喜。若是圓教，十信心菩薩即不退轉，便登初住。圓教初住即别教初地，故《華嚴》及下經文亦以十住爲十地也。必不退者，圓教十信必不退墮凡夫、二乘及於三界。

問：《本業瓔絡》説，十住中第六住正觀現前，值佛菩薩善知識所護，則出七住，常不退轉。七住以前，名爲退分。如佛初會，有八萬人退，如淨目天子、法才王子、舍利弗等欲入七住，值惡因緣，退落凡夫不善惡中，作大邪見。今此經中不言退者，何耶？

答：人心如面，各各不同。大聖隨機，故亦差别。有説十行菩薩性種性人猶退墮地獄。又初阿僧祇劫猶退墮者，即入迴向人亦有退墮。《瓔絡》第一説十住第七名住不退，七住已前即有退義。約教而斷，初阿僧祇退者三藏意，十行退者通意，十迴向退者别意，十信退者圓意。今云信心不退，進入初住之地，即圓義也。

教化衆生下，四、明利他。上句，明化他之行，教化衆生，令常覺悟，必不退轉。

下句，結歎初心也。《大經》云：發心畢竟二不別，如是二心前心難。《般若》云：能生一念淨信，於無量佛而種善根。《法華》云：於無量劫行五波羅蜜，不如聞佛壽命生信等。皆斯義也。頌伏忍竟。

第二，頌信忍功德。文二：先頌三品，後結歎。初，文三：一、四行，頌初地下忍；次兩行，頌二地中忍；後兩行，頌三地上忍。今初。

善覺菩薩四天王　雙照二諦平等道
權化衆生遊百國　始登一乘無相道
入理般若名爲住　住生德行名爲地
初住一心足德行　於第一義而不動

文二。初，一行半，歎作王功能。俗如幻有，真如幻無。心雖非實，不無於幻，於幻宛然，故云雙照。真俗空故，故云平等。

始登一乘下，二、兩行半，明入地功德。以一心三智住於諦理名住，能生諸德名地。地即別教初歡喜地，住即圓教初歡喜住也。於一心中即脩三觀，萬德萬行竝在其中。《華首經》云：一切功德竝在初發心中。即其義也。於第一義而不動者，別教則十迴向菩薩脩中道正觀未證故有動，至初地證得則無動。圓教則十信脩一心三觀猶有動，初住證得方無動也。

二、頌信忍中品。

離達開士忉利王　現形六道千國土
無緣無相第三諦　無無無生無二照

離達者，離破戒垢，通達三觀，別教二地，圓教二住。開士者，開空法道也。大士、正士、開士等，竝一義也。忉利，明王位。現形，明化。無緣等，明智。世諦無法可緣，真諦無法可相。無緣無相，即是中道第一義諦。無無者，一無無緣，一無無相。此二俱無，云何有生？故云無生。既真無生，何得有照。云何無二照？照、無所照不二故也。

三、頌信忍上品。

明慧空照𦦨天王　應形萬國導羣生

忍心無二三諦中　出有入無變化生

別則三地達人、法二空，得忍成就，名空照。圓則三住即空、即假、即中，名空照也。應形下，明化也。忍心下，明智。三諦即一諦，三心即一心，故云無二。即有即空，故云出有入無。即空即有，故云變化生也。

第二，總結信忍。

善覺離明三道人　能滅三界色煩惱

還觀三界身口色　法性第一無遺照

能滅三界色煩惱，即色是空。還觀三界身口色，即空是色。法性第一無遺照，無非中道也。有本作唯照，非經意也。

第三，頌順忍。文二：前六行，正頌；後兩行，總結。初，文三：初兩行，頌下品；次兩行，頌中品；後兩行，頌上品。今初。

𦦨慧玅光大精進　兜率天王遊億國

實智緣寂方便道　達無生照空有了

𦦨慧玅光等者，即別教四地菩薩得精進波羅蜜成就，圓教即四住菩薩於三觀精進。緣寂即實智，照空有即權智也。

次，頌中品。

勝慧三諦自達明　化樂天王百億國

空空諦觀無二相　變化六道入無間

別教五地菩薩入深禪定，得於勝慧。圓教五住菩薩也。空空諦觀無二，即動是寂。變化六道，即寂是動也。

三、頌上品。

法現開士自在王　無二無照達理空

三諦現前大智光　照千億土教一切

別教六地菩薩得般若圓滿，故云法現等。圓教六住中，無二無照等，即寂也。智光普照，即動也。

第二，總結。

焰勝法現無相定　能灑三界迷心惑
空慧寂然無緣觀　還觀心空無量報

餤即前四地，勝即五地，法現即六地。此三菩薩得中道觀，不起有無二相，以正觀水，洗無明垢也。空慧等者，即色心俱空也。還觀等者，即色心俱假也。

第四，頌無生忍。文三：前五行，頌七地下忍；次三行，頌八地中忍；後兩行，頌九地上忍。初，文二：初、釋行相，二、斷惑分齊。今初。

遠達無生初禪王　常萬億土教衆生
未度報身一生在　進入等觀法流地
始入無緣金剛忍　三界報形永不受
觀第三義無二照　二十一生空寂行

遠達無生，《大品》云：七地深入無生。深入、遠達，義相似也。不同六地證有間斷。至法之源，故云深入。深入即遠行地，鄰近第八地，故復云遠行。遠行地即遠達也。常萬億等者，明化用。略舉大數，故云萬億。未度下，明損生。未度報身者，分段身是也。盡此一身，即入變易，故《智論》云：七地菩薩未捨肉身。又二十一生中，未度末後一生也。雙觀二諦，故云等觀。又色、心二法無差別相，故云等觀。別教七地猶有功用。進入八地無功用心中，道法流至薩婆若海，此別接通意也。始入無緣金剛忍，則不受三界分段身。此乃預説八地已上功德，以其必能致此勝神，不久的得，故先説也。亦猶教聲聞人先歎當果矣。中道第一義諦對真俗，即是第三。一中一切中，故云無二照。從初地至七地各有下、中、上三品，三七即二十一。生生之中，皆觀諸法空寂，以此爲行也。

二、明斷惑分齊。

三界愛習順道定　遠達正士獨諦了

六地菩薩斷現行，此斷習氣。如《十地經》

云：此遠行地不名有煩惱者，一切煩惱不行故。貪求如來智者未滿足故，不名有[一〇]煩惱。此經亦爾。愛佛智者，習未斷故，故名順道定。諦謂審實，以前六地但斷煩惱，未斷無明習氣，今第七地煩惱麤重早已斷盡，故能諦了未斷無明習也。愛謂癡愛，由癡愛故受生死身。故《淨名》云：從癡有愛，則我病生。今七地中永已斷故。

第二，頌無生中品忍。

等觀菩薩二禪王　變生法身無量光
入百恒土化一切　圓照三世恒劫事
反照樂虚無盡源　於第三諦常寂然

即八地菩薩也。此句標名舉位。變生法身者，七地分段報身已捨，變彼分段，得變易法身，故云變生。證法性理，以成此身，故云法身。入百恒土下，明勝用。道前爲過去，道中爲現在，道後爲未來。返照者，照過去七地已前事。樂虚者，緣現在事。無盡源者，照未來事。七地雖得無二之照，以其初證，不明寂然。今至八地，心更淳熟，故常寂然也。

三、頌無生上品忍。

慧光開士三禪王　能於千恒一時現
常在無爲空寂行　恒沙佛藏一念了

即九地善慧菩薩也。常在無爲等者，即動寂齊行也。

第五，頌寂滅忍。文二：前五行，頌下品；後一行，頌上品。今初。

灌頂菩薩四禪王　於億恒土化羣生
始入金剛一切了　二十九生永已度
寂滅忍中下忍觀　一轉玅覺常湛然
等慧灌頂三品士　除前餘習無明緣
無明習相故煩惱　二諦理窮一切盡

言灌頂者，在十二法師之上，故名頂。《華嚴》二十七云：譬如輪王太子成就王相，取四大海水灌于頂上，即名灌頂。大王，菩薩亦如是，受佛職時，諸佛以智水灌是菩薩頂，名灌頂法王。是名菩薩入智慧職地，即法雲地菩薩也，爲第四禪天王。有本云五禪王者，即取欲界及四禪也。始入金剛等者，以此定破無明一切皆了也。從初歡喜，終竟法雲，有三十生。今但言二十九生者，以第三十生是其現受之身。於前二十九生已過，故云永已度也。下忍觀者，結因分齊。一轉訬覺者，結果分齊。雖即未得，轉心即得也。等即等觀，八地菩薩。慧即慧光，九地菩薩。灌頂即十地菩薩。此三品大士共除餘習無明之緣。無明習相是舊煩惱，名之爲故。即四住客塵是新煩惱也。二諦即真、俗，理窮即中道，得此三觀諦，現行習氣皆盡也。

二、頌訬覺地。即寂滅上忍也。

圓智無相三界王　三十生盡等大覺
大寂無爲金剛藏　一切報盡無極悲
第一義諦常安穩　窮源盡性訬智存

得一切種智圓滿，盡無明之相，故云圓智無相。得此無相，方爲三界之主。《法華》亦云：今此三界皆是我。有喻云：是時宅主在門外立等也。十地菩薩受第三十生，未名爲盡。今訬覺菩薩不受此生，故名盡也。【解】《記》云：言訬覺菩薩者，亦猶十地名如佛之類，所謂因窮果海，果徹因源，乃其義也。前三十生未盡，不名大覺。佛地生盡，故名大覺。得涅槃，名大寂。無餘，無爲，四魔不能破壞，如金剛藏。前三十生竝有因盡果生，今大果圓滿，更不復生，故云報盡。盡未來際，拔衆生苦，故悲無窮極也。第一義諦即涅槃，故常安穩，即常、樂、我、淨。窮無明之原，盡煩惱之性，不同外道斷見、聲聞證空，雖無得無成，而訬智常照。上來頌五忍竟。長行、偈頌互明五忍，而十地、訬覺出没不同，是乃大聖隨機轉文顯義者也。【解】《記》云：出没不同者，謂今訬覺亦名菩薩，故出没不同。若言十地，則因出果没。言訬覺，反是云云。

第三，八行，總結歎五忍。文三：

一歎淨土果，次歎法身果，後歎利益果。【解】原本標三科而但列二科，少初淨土一科也。據後文補入。

今初。

三賢十聖住果報　唯佛一人居淨土

一切衆生暫住報　登金剛原居淨土

將明其勝，先且舉劣。三賢即地前三十心，十聖即十地菩薩。此四十心同生華藏果報之土，非藏、通教中果報。若藏教，唯是凡聖同居。若論通教，唯生有餘化城之土。今言果報，即是別、圓教人得無障礙，生無障礙土。【解】《記》云：得無障碍下，疑缺一身字。此下文頗差互，當自此後，屬下竗覺極果，止寂光淨土，繼後一切衆生暫住報，止故云也，共爲一段，却以前文三重問答覆〔二〕入此中，則文著理順也。

問：此中三賢十聖爲是別教，爲是圓教？

答：正是圓教。

問：圓教即合生常寂光，何故生華藏？

答：華藏之中別、圓共生，以是因非果，不得生於寂光之土故，華藏土中有別教十地、圓教四十心共生也。竗覺極果，毗盧遮那，唯獨一人生於寂光淨土。

問：前三二中亦有淨土，何故寂光獨名淨土？

答：凡、聖同居，聖少凡多，是穢非淨，方便有餘，但除見思，未斷無明，偏真之淨，非是真淨。華藏世界帶別方便，未爲純淨。寂光無此，故受淨土之名也。

一切衆生暫住報者，有云：衆生雖即無始而有終，暫時受報。佛無始終，故居淨土。今謂：佛登竗覺，應在寂光爲化衆生，暫時應現壽命長短而受果報故云也。

二、嘆法身果。

如來三業德無極　我今月光禮三寶

淨土即是依報。今明法身即是正報。上句正歎，下句頂禮一體三寶。

三、歎化他界。即前標中利益果是也。

法王無上人中樹　覆蓋大衆無量光

口常說法非無義　心智寂滅無緣照
人中師子爲衆說　大衆歡喜散金華
百億萬土六大動　含生之生受玅報
天尊快說十四王　是故我今略歎佛

文中，初一行，舉喻歎，即是形益。次一行，法說，歎佛口業，是聲益。外道全無義，二乘偏等〔一二〕，菩薩未圓，唯佛有文義也。心智即觀，寂滅即緣。觀緣寂，名無緣照。又外色無可緣，內心無可照。次一行，明大衆供養。次一行，明地動。次一行，結歎。佛在人爲人尊，在天爲天尊。又《大經》云：人王即天王也。十四王即三賢十聖等也。廣說恐時衆受難，故略歎也。又佛德無量，不可歎盡，故略歎也。

佛說仁王護國般若波羅蜜經疏卷中

**校勘記**

〔一〕「空觀」，疑爲「觀空」。
〔二〕「緣」，疑爲「流」。
〔三〕「是」，疑爲「名」。
〔四〕「二」，據《佛說仁王護國般若波羅蜜經疏神寶記》，疑爲「亡」。
〔五〕「識」，疑爲「說」。
〔六〕「想」，疑爲「相」。
〔七〕「種」，疑爲「性」。
〔八〕「頤」，疑爲「願」。
〔九〕「光」，疑爲「音」。
〔一〇〕「有」，疑爲「無」。
〔一一〕「覆」，據《佛說仁王護國般若波羅蜜經疏神寶記》，疑爲「遷」。
〔一二〕「等」，底本原校疑爲「空」。

# 佛說仁王護國般若波羅蜜經疏卷下

姚秦三藏法師鳩摩羅什譯
陳隋天台智者大師疏

閩建州後學沙門道霈合

第二，辨大衆得益。

時，諸大衆聞月光王歎十四王無量功德藏，得大法利。即於座中，有十恒河沙天王、十恒河沙梵王、十洹河沙鬼神王，乃至三趣，得無生法忍。八部阿須輪王現轉鬼身，天上受道，三生入正位者，或四生、五生乃至十生得入正位，證聖人性，得一切無量報。

文三：一、天及三趣得益，二、八部得益，三、得道賒促。初中，言無生忍者，通教三地已上，別教初地已上，圓教初住已上矣。

問：云何惡道得無生忍？

答：《大經》云，一切衆生皆有佛性，必當成佛。今遇佛善知識，故得道也。又戒乘緩急前已具明，以三品戒緩，生惡道。大乘急故，以惡道身見佛聞法。

八部下，二、八部得益也。

三生入正位者下，三、得道賒促。由根有利鈍，悟有淺深也。正位二義：一、人空，別教十解、圓十信得；二、法空，別教初地、圓教初住得。聞法已後一生，乃至十生得正位也。例如《法華》中損生。云云。月光偈讚竟。

大章第三，如來述成。文二：初讚能說，後讚所説。初，文二：先正讚，後述讚。今初。

佛告諸得道果實大衆：善男子，是月光王已於過去十千劫中，龍光王佛法中，爲四住開士，我爲八住菩薩。今於我前大師子吼。

文二。一、告衆。而告實得道果者，以權行自知月光本、迹，實則不知，故告之也。善男子是月光下，二、發迹。昔於龍光所，爲第四住炎慧開士，我爲第八等觀菩薩。我今成佛，則月光爲法雲菩薩。何以知然。師子吼者，名決定説。若非十地，不能堪也。又《淨名》歎十地菩薩云：能師子吼，名聞十方也。

二、述讚。

如是，如是。如汝所解，得真義説，不可思議，不可度量，惟佛與佛乃知斯事。

先讚勝解。王所説教，稱所詮理。教理相稱，故再言如是。自九地已下，心口不能思不能議也。次明解般若，云唯佛與佛乃知斯事。經有作以佛，非也。唯汝解此，乃同佛地，不爲菩薩發問如是也。

第二，讚所説法。文三：初正讚，二勸修，後大衆供養。初，文三：初釋不可思議，次釋不可度量，後釋唯佛乃知。初，更三：一略説，次假徵二藏，後廣釋。今初。

善男子，其所説十四般若波羅蜜，三忍，地地上中下三十忍，一切行藏，一切佛藏，不可思議。

文四。一、標數，謂十四般若也。三忍下，二、配位。三忍，謂伏忍三品，十信、十止、十堅心也。地地上中下三十忍者，從初地至十地，各有上、中、下，十地成三十忍也。一切行藏下，三、藏攝。一切行藏謂十三忍，一切佛藏即上品寂滅。此二攝諸功德，故名藏。不可思議者，四、結不可思議也。

二、假徵二藏。

何以故？

即徵行、佛二藏也。

三、依義廣釋。文三：初，就佛明不可思議；二，合釋二藏，明不可思議；後，雙結二藏，明不可思議。今初。

一切諸佛是中生、是中滅、是中化，無生無滅無化，無自無他，第一無二，非化非不化，非無無相，無來去，如虚空故。

文二：先就化身明無生滅，二逐難重釋。今初，文二：一立，二蕩。今初。法身無相，爲物故形。王宫生，雙林滅，以生滅化衆生也。而無生下，二蕩。其用彌廣，其體彌寂，故無生滅化也。

無自他下，逐難重釋。先法，後喻。

今初。彼我兩亡，故無自他。境智俱絶，故無二。中道最上，故第一。即動是寂，故非化。即寂是動，故非不化。非無無相者，釋其潛疑。恐人聞無生死化等，即謂無有出世無相之法，故釋其疑云非無無相。無去來等，但求去來不可得，故云無去來耳。如虚空者，二、舉喻也。

二、合釋二藏，明不可思議。文二：先釋，後結。釋中，二：初，人法相對，辨不思議；後，境智相對，辨不思議。初中，更二：一、明人空，二、明法空。今初。

一切衆生無生滅，無縛解，非因非果，非不因果，煩惱我人知見受者，我所者，一切苦受行空故。

文二：初以三義辨衆生空，後就衆名辨我人空。

今初也。言三義者，一、無生滅，二、無縛解，三、非因果非不因果。衆生義無所得。離苦故無生無滅，離集故無縛無脱。離集則非因，離苦則非果。雖非因果，而因果宛然，故云非不因果。又《大品》云：色空，受、想、行、識空。以五陰空故，將何受生？故無生。既無生，何有滅？故無滅。無縛無解者，《大論》五十一云：五衆無縛無脱，若畢竟空，無有作者，誰縛誰解。凡夫人法虚假不可得，故非縛。聖人畢竟不可得，故非解。乃至菩薩住是道中，諸煩惱不牽墮凡夫中，故言不縛。不以諸無漏法破煩惱，故言不解。具如彼説。衛世師計我爲作者，名因。僧佉計我爲受者，名果。今我既空，故非因果。真諦則無，俗諦則有，故言非不因果。

煩惱我人下，二、就我衆名以辨我人空。文二：一、正明我空，二、明我所空。今初，有五：一我，二人，三知者，四見者，五受者。我所者下，次，明我所空。一切苦受者，苦受名苦苦，樂受名壞苦，捨受名行苦。此三者，皆有爲行，同是我所等法，故言一切苦受、行空故也。

二、明法空。

一切法集，幻化五陰，無合無散，法同法性，寂然空故。

一切法集者，謂因緣共成，此名假也。幻化五陰者，五陰無實，此爲法假也。無合無散者，此受假也。因緣共生，故無散。因緣即空，故無合也。法同法性者，一切諸法皆同真如之性，以其本來寂然空故。

二、境智相對，辨不思議。二：初辨境空，後釋智空。今初。

法境界空，空無相，不轉，不顛倒，不順幻化，無三寶，無聖人、六道，如虛空故。

文二：先法，後喻。

法中，言法境界空者，明總空，謂一切法無不是空者。空無相下，二、明別空。文三。初、明法空。言空者，是空定。無相者，是無相定。不轉者，以苦集染法不可轉爲無漏淨法。又實相門中無相不相，故云空無相。相不能動，故云不轉。離惑故無顛倒，離解故名不順。知諸法空，故名幻化。無三寶者，二、雙顯人法二空。無聖人六道者，三、明人空。

如虛空者，二、舉況也。

二、釋智空。

般若無知無見，不行不緣，不因不受。不得一切照相故行道相，斯行道相，如虛空故。法相如是，何可有心得、無心得？

文三：法、喻、合。今初。知無故言無知，見無故言無見。不行生滅法，不染無明緣。又觀緣並寂，故云不行不緣。不從因生，故云不因。無法可受，故云不受。不得一切照相故者，豈是無心不知、無因不見，但以理觀照不可得故也。

斯行道相下，二、舉況。法相如是下，三、合。心、境俱空，何可有心得？心、境俱假，何可無心得？

二、結。

是以般若功德不可衆生中行而行，不可五陰法中行而行，不可境中行而行，不可解中行而行。

上四義，文即爲四：不可衆生中行結人空，不可法中行結法空，不可境中行結境空，不可解中行結智空也。

第三，雙結二藏，不可思議。

是故般若不可思議。而一切諸菩薩於中行故，亦不可思議。一切諸如來，於幻化無住法中，化亦不可思議。

文二。初、依智總結。而一切諸下，二、約人別結。文二。初、明菩薩不行而行不思議。一切諸如來下，二、明諸佛無化而化不思議。

第二，釋上不可度量。

善男子，此功德藏，假使無量恒河沙第十二〔三〕灌頂開士説是功德，百千億分中，如王所説，如海一滴。

十地菩薩所説如海一渧，月光所説如大海。又如王所説如海一渧，十地所説如大海。

問：何意王説勝菩薩？【解】菩薩勝王可知，唯王勝菩薩可疑耳，故問。

答：王本無地，云何可知。

第三，釋上唯佛能知。

我今略述分義功德，有大利益，一切衆生亦爲過去來今無量諸如來之所述可，三賢十聖讚歎無量，是月光王分義功德。

月光之德無量，略述即盡，故言分義。

第二，勸脩。文三：初正歎勸脩，二徵，後廣釋。今初。

善男子，是十四法門，三世一切衆生、一切三乘、一切諸佛之所脩習，未來諸佛亦復如是。若一切諸佛菩薩不由此門得薩婆若者，無有是處。

先明凡聖自脩也。若一切下，正勸脩也。

二、徵。

何以故？

三、廣釋。

一切諸佛及菩薩無異路故。是故，一切諸善男子，若有人聞諸忍法門，信忍、止忍、堅忍、善覺忍、離達忍、明慧忍、燄慧忍、勝慧忍、法現忍、遠達忍、等覺忍、慧光忍、灌頂忍、圓覺忍者，是人超過百劫千劫無量恒河沙生生苦難，入此法門，現身得報。

文三。一、標正路。前言門者，以無滯故。今言路者，以能通故。是故一切下，二，乘正路，當依十四忍修學也。是人超過下，三、舉果歎勝。有二利益：一離苦，二得樂。

第三，大衆供養。

時，諸衆中，十億同名虛空藏海菩薩，歡喜法樂，各各散華，於虛空中變成無量華臺，上有無量大衆說十四正行。十八梵、六欲天王亦散寶華，各坐虛空臺上，說十四正行，受持讀誦，解其理義。無量諸鬼神現身脩行般若波羅蜜。

文三：先，菩薩供養功德；次，天供養；後，鬼神脩行。從勝至劣也。上來答第一第二問，自利利他行竟。

大章，第二，答所化衆生之相。文三：一牒前問，次正答，後得益。今初。

佛告大王：汝先言云何衆生相可化？

重牒前問：何相衆生可化也。

二、正答。文二：一略，二廣。今初。

若以幻化身見幻化者，是菩薩真行化衆生。

能化所化皆因緣生故，俱是幻化。能如是者，真是行化衆生。《淨名》云：譬如幻士爲幻人說法也。

二、廣答。文二：初明所化如幻，後明能化如幻。初，文二：先釋，後結。

初中，六假爲六別。

第一，釋法假。文二：一、正明法假，

二、明凡聖境差。初文，更二：一、明本識能生色、心。

衆生識初一念識異木石，生得善，生得惡。惡爲無量惡識本，善爲無量善識本。初一念，金剛終一念，於中生不可説不可説識，成衆生色心。

本識者，即正因佛性，不同木石，非有非無，不知不忘，如水溼性，火熱性，黄石金性等，但隨境界而有差殊。得善境生善，得惡境生惡，乃至成地獄等身。但最初一念乃至金剛，於其中間生不可説善惡身心。【解】愚謂初一念識是賴耶自證分，即三細中業相。《大經》云：如雪山藥唯是一味，隨其流處有種種名，其味真正，停留在山，藥菓叢林不能覆没也。

問：諸衆生等有本際不？若言有者，何故《中阿含》云衆生本際不可得者？

答：略爲二説。一、理中，不可説煩惱與身有前後；二、事説，即有一念識生之文。

二、明色心成陰界等。文二。初、成五陰。

衆生根本色名色蓋，心名識蓋、想蓋、受蓋、行蓋。蓋者，陰覆爲用。身名積聚。

初一點赤白名色蓋。業行力故，識托其中，名識蓋。即是開心爲四蓋。蓋即陰也。陰者，陰覆爲義，蓋亦如是。身名積聚者，三十六物共成此身也。

二、明成十二處。

大王，此一色法生無量色。眼所得爲色，耳所得爲聲，鼻所得爲香，舌得爲味，身得爲觸。堅持名地，水名潤，火名熱，輕動名風。生五識處名根。如是一色一心有不可思議色心。

文三。初、明一色生無量色，謂五塵四大等。生五識處名根者，二、明能成五根，謂四大所造能生五識，故名爲根也。如是一色下，三、總結。一色生五塵、五根、四大，不明法入色也。一心動，十二入中能生意根，於十八界中能生六識及與空界。釋中，略不説也。

二、明凡聖境差。

大王，凡夫六識麤故，得假名青黄方圓等無量假色法。聖人六識淨故，得實法，色香味觸一切實色法。

文二：先明凡境並假，次明聖境真實。初文，可見。聖人六識下，次，明聖境。假名雖一，見則不同。凡夫妄見執著，聖人滅無常色，獲得常色。别圓之意也。

第二，明受假。

衆生者，世諦之名也。若有若無，但生衆生憶念，名爲世諦。世諦假誑，幻化故有。乃至六道幻化，衆生見幻化，幻化見幻化。婆羅門、刹利、毗舍、首陀、神我等色、心，名爲幻諦。

文四：一、約二諦，二、明有無，三、約六道，四、約四姓。今初也。上明五陰是法假，計有衆生即受假也。世諦則有，真諦則無也。若有若無下，二、明有無。外道以實有爲有，豁達爲無，此六十二見之本也。但生衆生憶念下，釋有所以。凡夫妄計謂有受者，聖人見受猶幻化，此皆以聖對凡也。乃至六道下，三、約六道明受假也。幻化見幻化下，四、約四姓。所言見者，照。真幻化人化實幻者，真幻即别教人也。【解】《記》云：謂真幻化人即别教菩薩能化人，化實幻者即上六道凡夫是也。此就能化所化明受假也。

三、釋名假。文二：一、明佛前無名，二、明佛爲立名。今初。

幻諦法，無佛出世前，無名字，無義名。幻法幻化，無名字，無體相。無三界名字，無善惡果報六道名字。

文三。一、明無義名。爲佛未出世，無大聖，不説名是假也。幻法幻化下，二、明無名體。肇云：名無得物之功，物無當名之實也。無三界下，三、明無三界六道也。

二、明佛爲立名。

大王，是故佛佛出現於世，爲衆生故，説作三界六道名字，是名無量名字，如空法、四大法、心法、色法。

文二。一、佛立名，具知識假也。是名無量下，二、結名非一也。

四、明相續。

相續假法，非一非異。一亦不續，異亦不續。非一非異，故名續諦。

文三。一、標宗。一亦不續下，二、釋。一亦不續，以其一故。異亦不續，以其別故。非一非異下，三、順結。此如芽莖，不可言一異也。

五、釋相待假。

相待假法，一切名相待，亦名不定相待。如五色等法，有無一切等法，一切法皆緣成假成衆生。

文中有二意。一切相待是相避待。【解】《記》云：言相避待者，猶言不兩立之義，如《論》云云。《中論》云：若法有待成，是法還成待。如五色等法即是相對待，相對如眼見色，耳聞聲等。若長短相待者，此是相形待也。一切法皆緣成假，五陰等法爲緣，假成衆生也。

六、釋因生假。

俱時因果，異時因果，三世善惡，

如五果三因，是俱時因果。過去二因，現在五果，是異時因果。又緣見是俱時，觀因是異時。【解】緣見是俱時者，《記》云見音現，謂觀現在境是俱時，若苦因即異時[三]。又梁椽成舍是俱時，十二時爲日是異時。又燈及明是俱時，闇與明是異時也。

二、結假文。

一切幻化是幻諦衆生。

即先結所化如幻也。

第二，明能化如幻。

大王，若菩薩如上所見衆生幻化皆已假誑，如空中華，十住菩薩諸佛五眼如幻諦而見。菩薩化衆生，爲若此。

以菩薩見衆生不實，猶如病眼見空華，衆生不知，故爲宣説，皆是假菩薩之力用也。

第三，時衆得益。

時諸有無量天子及諸大衆得伏忍者，得空、無生忍，乃至一地十地不可説德行。

文二。一、明得忍，謂地前地上。乃至一地下，二、明地上德行。

## 佛説護國般若波羅蜜經二諦品第四

上内護中，文有三別。今《二諦品》即是第三，明二護所依。言二諦者，是佛教之大宗，有實有、幻有、別入通、圓入通、別教、圓入別、圓教等七種，廣如《法華玄義》。云云。但以凡夫見淺名俗，聖人見深名真，審實故名諦。又上《觀空品》明實智、方便智皆空，而護諸未達事須行化。化必有由，所謂二諦，故於此明也。

品文二：一、問答，二、勸持。初，文三：一、明二諦不二，二、明説法不二，三、明法門不二。初，文二：先問，次答。

今初。

爾時，波斯匿王言：第一義諦中有世諦否？若言無者，智不應二。若言有者，智不應一。一二之義，其事云何？

問中，有三。初、雙標。爾時下，將欲設難，故作兩徵。二、若言無者下，雙難。有人云：若言無者，凡夫智不應有二，謂真、俗二諦也。若言有者，聖人智不應一，一即第一義也。今謂：若言有者，不應言有無皆空。若言無者，不應二見差別。【解】愚謂若言無者，是真與俗岐而爲二，而智不應二也。若言有者，是真與俗合而爲一，而智不應一也。一二之義下，三、雙結也。

二、答。文三：一、正答，二、引證，三、釋成。今初。

佛告大王：汝於過去七佛已問一義二義。汝

今無聽，我今無説。無聽無説，即爲一義二義。故諦聽，諦聽，善思念之，如法脩行。

文三。初，嘆月光往因，可解。汝今無聽下，二、正答。聽説皆空，即不二。聽説宛然，即不一。故諦聽下，三、誡聽，勸脩三慧也。

第二，引證。頌有八行半，分爲三别：初，三行，正伸二諦；次，三行，釋義，正是答問。後，二行半，結成上義。今初。

七佛偈如是：

無相第一義　無自無佗作

因緣本自有　無自無佗作

法性本無性　第一義空如

諸有本有法　三假集假有

無無諦實無　寂滅第一空

諸法因緣有　有無義如是

文三。初、一行，明别教二諦。上半明真諦即有空，下半明俗諦即空有。《大論》云：十二因緣是誰所作？佛言，非佛，非菩薩，乃至非一切聖人作。故云無自無佗作也。法性本無性下，二、一行，明通教二諦。上半明真，下半明俗。三假者，法、受、名也。無無諦實無下，三、一行，明圓教二諦。無别俗是一無，無别真是一無，故云無無諦也。

上二句明真，次句明俗，下句總結。

第二，正答難，明不一不二。

有無本自二　譬若牛二角

照解見無二　二諦常不即

解心見不二　求二不可得

非謂二諦一　非二何可得

於解常自一　於諦常自二

通達此無二　真入第一義

文三。初、一行，智理相對，遣一異。上半明一二，下半明不一不二。云云。解心是不二下，二、一行，智理相對以遣執。上半明解心求二不可得，下半明遣著。所謂解者見二諦皆空，便著此空。二尚叵得，非二何可得也？於解常自一下，三、一行，理智相對，讚入真義也。

第三，結成上義。

世諦幻化起　譬如虛空華
如影三手無　因緣故誑有
幻化見幻化　衆生名幻諦
幻師見幻法　諦實則皆無
名爲諸佛觀　菩薩觀亦然

初、一行，明世諦有無。三喻：一、舉空華，二、舉影，三、舉三手。皆無實，雖無實而不無也。幻化見幻化下，二、一行，明聖見有無也。名爲諸佛觀下，半行，三、結正觀也。

第三，釋成。文二：先明二義，後明一義。今初。

大王，菩薩摩訶薩於一義中常照二諦化衆生。照俗化凡夫，照真化二乘。

二、明一義。文三。初，能所相對明一義。

佛及衆生，一而無二。何以故？以衆生空故，得置菩提空。以菩提空故，得置衆生空。

有三，謂標、徵、釋。今初，標也。何以故，二、徵也。以衆生下，釋也。以衆生空，得置菩提空，釋佛能化也。以菩提空故，得置衆生空，釋所化也。又衆生空是人空，菩提空是法空也。

二、境智相對明一義。

以一切法空故空空。何以故？般若無相，二諦虛空，般若空於無明，乃至薩婆若無自相無他相故。五眼成就時，見無所見，行亦不受，不行亦不受，非行非不行亦不受，乃至一切法亦不受。

文三：謂標、徵、釋也。今初。以一切法者，謂境、智二。此皆空，故言空空。何以故者，二、徵也。般若無相下，釋中，文二。初，正釋一義，可解。次，般若空於無明下，二、逐難重釋。何者？一切空相事顯可知，般若之空有何差別？故今釋云從於無明至於佛果，以明别也。文二。初，約迷悟次位明空相，可解。二、五眼成就時下，約佛果顯空相。文二。初，明無見而見。肉天等四眼在佛，名佛五眼也。行亦不受下，二、明無行而行，方離五非。

第三，染淨相對明一義。

菩薩未成佛時以菩提爲煩惱，菩薩成佛時以煩惱爲菩提。何以故？於第一義而不二故，諸佛如來乃至一切法如故。

文中三，謂標、徵、釋。初，標，可見。何以故，徵也。於第一義而不二下，三、釋也。生死菩提，其如明暗，雖二，空不二也。

第二，明説法不二。文二：先問，次答。今初。

白佛言：云何十方諸如來一切菩薩不離文字而行諸法相？

問意云：若諸空如，如即無文字，何故聖人以此教化？【解】《記》云：經行諸法下，疑脱一空字。疏若諸空如，疑脱一法字。

二、答。文二：一、明説空，二、明脩空。今初。

大王，法輪者，法本如，重誦如，受記如，不誦偈如，無問而自説如，戒經如，譬喻如，法界如，本事如，方廣如，未曾有如，論義如。是名味句、音聲、果、文字記句，一切如。若取文字者，不行空也。

文三。一、明名空。言法輪者，凡有二種：一行，二教。法本者，脩多羅經也。重誦者，祇夜經也。受記者，和伽那經也。不誦偈者，伽陀經也。無問而自説者，優陀那經也。戒經者，尼陀那經也。譬喻者，阿婆陀那經也。法界者，伊帝目多伽經也，《大經》云戒經。本事者，闍多伽經也。方廣者，毗佛略經也。未曾有者，阿浮陀達摩經也。論議者，優婆提舍經也。【解】《記》云：疏以經名釋十二部者，據理(三)應先標梵語，釋以華言。今則反是，從經便也。此十二皆空，即如也。是名味句下，二、明教空。以此土音聲爲佛事，文字性離，故皆如也。若取文字者下，三、明不行空行空[四]則非王觀也。

第二，明脩空。文三。初、辨脩習。

大王，如如文字，脩諸佛智母，一切衆生性根本智母即爲薩婆若體。諸佛未成佛以當佛爲智母。未得爲性，已得薩婆若。

文二。初、明因位。因教生智，教爲智母。又空如文字，文字如空，故云如如。因此如如，能生佛智，故云智母也。一切衆生下，二、明果位。在衆生身，爲佛性。在佛身，名一切種智。未成佛時，當必得成。當能成故，名當爲母。未得道時，名佛性。已得道時，名一切種智也。

二、逐難重釋。

三乘般若不生不滅，自性常住。一切衆生以此爲覺性故。若菩薩無受，無文字，離文字，非非文字，脩無脩爲脩，爲脩文字者，得般若真性般若波羅蜜。【解】《記》云：于文中有脱誤者，今爲正之。謂菩薩內心能無受著，則外無文字可得，是爲無受無文字。無文字者，非無文字。文字性離，爲離文字。《止觀》所謂達文非文，非文非不文，尚何文字之有，故曰離文字爲非文字。文多一非字。脩無脩者，以説例行，則脩而無脩。脩無脩者，文屬下句，誤作脩文字者，致難曉爾。

謂前云佛智母，又云性根本智母，恐人難解，故今重釋。文二：一、理性釋，二、行性釋。理即如如智母。今初，理性釋前根本智母也。若菩薩無下，二、行性釋如如智母也。若菩薩無文字而學，無脩而脩，即得真智般若也。

三、結脩成。

大王，若菩薩護佛，護化衆生，護十地行，爲若此。

第三，明法門不二。先問，後答。今初。

白佛言：無量品衆生，根亦無量，行亦無量，法門爲一爲二，爲無量耶？

問中，三。初、是問根也。行亦無量，二、

問行也。法門爲一下，三、問法門也。又問意云：衆生根性志懷不同，所説觀門爲一爲二？

後結答。

二、答。文三：一略答，二廣答，

大王，一切法觀門非一非二，乃有無量。一切法亦非有相，非非無相。

文二：初明觀門，後明所觀法。今初文，可解也。乃有無下，二、明所觀法。非有相，相不實故。非無相，離空過故。

二、廣答。

若菩薩見衆生見一見二，即不見一不見二。一二者，第一義諦也。大王，若有若無者，即世諦也。以三諦攝一切法，空諦、色諦、心諦故，我説一切法不出三諦。我人知見五受陰空，乃至一切法空。

文三。初、約二諦顯。若菩薩觀衆生下[五]二是俗諦，不見一二是真諦。即俗即空，故言不[六]二是第一義諦。若有若無，即諸見本，名世諦也。以三諦下，二、約三諦顯諸法。有人言：空即真也，色即五根，心即六識。今云一切法者，則理、事俱該。空則始從虛空乃至般若亦有真俗，色則始從實色乃至真色亦有真俗，心則始從生滅乃至無作亦有真俗。攝法實廣也。五種三諦，如《法華玄義》説。我人知見下，三、約三假顯法。我人知見是名假，五陰是受假，一切法是法假也。

三、結答。

問答竟。

衆生品品根行不同，故非一非二法門。

大章第二，勸持。文二：一、歎教，二、舉名勸持。今初。

大王，七佛説《摩訶般若波羅蜜》，我今説《般若波羅蜜》，無二無別。汝等大衆受持、讀誦、解説是經功德，有無量不可説不可説諸佛，一一佛教化無量不可説衆生，一一衆生皆得成佛，是佛復教化無量不可說衆生皆得成佛，是上三佛說《般若波羅蜜經》八萬億偈，於一偈中復分爲千分，於一分中說一分句義，不可窮盡。況復於此經中起一念信，是諸衆生超百劫千劫十地等功德，何況受持、讀誦、解說者功德，即十方諸佛，等無有異。當知是人即是如來，得佛不久。

時諸大衆聞說是經，十億人得三空忍，百萬億人得大空忍十地性。

文爲五。一、明說同七佛，可解。汝等大衆下，二、舉益勸持也。況復於此下，第三，明勝信。能信此經，成就三智，即超通教十地功德。何況受持下，四、明得入圓教初住成佛，能百佛世界化衆生也。時諸大衆下，五、明得益也。

二、舉名勸持。

大王，此經名爲《仁王問般若波羅蜜經》，汝等受持《般若波羅蜜經》。是經復有無量功德，名爲護國土功德。亦名一切國王法藥、服行無不大用、護舍宅功德，亦護一切衆生身。即此《般若波羅蜜》，是護國土如城塹、牆壁、刀劒、鉾楯，汝應受持《般若波羅蜜》亦復如是。

文二。先舉名，可解。亦名一切下，二、明用，可見。

## 仁王護國般若波羅蜜經護國品第五

正說有四，初三品明内護竟，今《護國品》是第二，明外護也。國土有二：一、世間，二乘、凡夫；二、出世間，十信至十地。賊有二：一、外，劫盜等；二、内，煩惱結使。護亦有二：一、外，即百步鬼神；二、内，所謂智慧。若内若外，悉是諸佛菩薩神力。能護人之國土，故名《護國品》。約觀，觀生滅法，護同居土。觀無生滅法，護有餘土。觀無量法，護果報土。觀無作法，護寂光土。又百步鬼神，護依報國。脩行般若，護正報國。又鬼神護，護命等。

品文爲三：一、誡聽勸持，二、廣釋，

三、明衆得益。今初。

爾時，佛告大王：汝等善聽，吾今正説護國土法用。汝當受持《般若波羅蜜》。

可解。

二、廣釋。文三：一、廣釋護法，二、引古證今，三、結示勸持。初，文三：一、護國，二、護福，三、護難。初，文四：一、護時，二、護法，三、護體，四、顯所護難。今初。

當國土欲亂、破、壞、劫、燒、賊來、破國時，

以無難時，王心不怖，有難方怖，故明時也。亦以實害爲燒，未必火災之時。【解】《記》云：有以實害爲燒者，但是實被其害，是爲燒義。

二、明護法。文三：初明福田，次明供養，後明説時。今初。

當請百佛像、百菩薩像、百羅漢像。百比丘衆，四大衆，七衆共聽。請百法師講《般若波羅蜜》。

文三。一、請賢聖。以實身難見，故置形像，以表敬儀。百比丘衆下，二、明聽衆。天、龍、人、鬼爲四衆。又當機、結緣、發起、影響等四衆也。七衆者，出家五衆，比丘、比丘尼、沙彌、沙彌尼、式叉摩那，在家二衆，清信士、女也。請百法師下，三、請師講説也。

二、明供養。

百師子吼高座前，然百燈，燒百和香，百種色華以用供養三寶。三衣什物供養法師，小飯中食亦復以時。

文三。一、供養方法。有三，謂燈、華、香也。三衣下，二、供養法師。什物者，三衣三，鉢四，坐具五，剃刀六，刀子七，漉水囊八，鉢袋九，針筒十也。小飯下，三、供養飯食也。

三、明説時。

大王，一日二時講經。

第三，明能護。即是護體也。

汝國土中有百部鬼神，是一一部復有百部，樂聞是經，此諸鬼神護汝國土。

外國有《金眼仙人義經》，中説根本鬼神有十，各開十爲百。一、大神，二、童子神，三、母神，四、梵神，五、鴈頭神，六、龍神，七、脩羅，八、沙神，九、夜叉神，十、羅神也。

第四，明所護難。

大王，國土亂時，先鬼神亂。鬼神亂故萬民亂，賊來劫國，百姓亡喪，君臣太子王子百官共生是非，天地恠異，二十八宿星道日月失時失度，多有賊起。大王，若火難、水難、風難，一切諸難，亦應講此經，法用如上説。

文三。一、明鬼人難，有八。一、鬼亂，二、民亂，三、賊來，四、百姓亡喪，五、君臣是非，六、天地恠異，七、星辰失度，八、日月失度。二十八宿者，《大集攝受品》云：東方七星[七]，角、亢、底[八]、房、星[九]、尾、箕；南方七宿，井、鬼、柳、星、張、翼、軫；西方七宿，奎、婁、胃、卯、畢、嘴[一〇]、參；北方七宿，斗、牛、女、虚、危、室、壁也。大王若火難下，二、三災難也。一切諸難下，三、對難明護。

二、明護福。

大王，不但護國，亦有護福，求富貴官位、七寶如意行來，求男女，求慧解名聞，求六天果報、人中九品果報，亦講此經，法用如上説。

問：富貴者應得辦百座，貧賤者云何？

答：若準此文，即以講爲正。

三、明護諸難。

大王，不但護福，亦禳衆難，若疾病苦難，杻械枷鎖檢繫其身，破四重罪，作五逆因，作八難罪，行六道事，一切無量苦難，亦講此經，法用如上説。

四重者，婬、盜、殺、妄。五逆者，殺父、殺母、破僧、殺阿羅漢、出佛身血。八難者，一、地獄，二、畜生，三、餓鬼，四、長壽天，五、邊地，六、諸根不具，七、邪見，八、不見佛。

第二，引古證今。文二：先引天證護國，次引人證護身。今初。

大王，昔日有王釋提桓因，爲頂生王來上天，欲滅其國。時帝釋天王即如七佛法用，敷百高座，請百法師講《般若波羅蜜》，頂生即退。如《滅罪經》中説。

《賢愚經》云：於過去世有大國王，名善住，時頂上欻生一胞，其形如繭，撤〔二〕亦不痛。後轉轉大，便得童子，甚爲端正，頭髮紺青，身紫金色。即召相師占，有德，必爲聖王，統領四域。因立名字頂生。年遂長大，其德遂著。父王既崩，諸王臣等願付國位。頂生答言，吾有福應爲王者，要令四王乃帝釋來相迎，爾乃登位。立誓已竟，四天王下，各持寶瓶，盛滿香水以灌其頂。時天帝釋復持寶冠，來與蓋之。於閻浮提五欲自恣，經八萬四千歲，時夜叉神從地涌〔三〕出，請遊東洲。經八億歲，復請西洲。經十四億歲，上四天王天。經十四億歲，意中復念昇忉利天。五百仙人扶車共飛天上，遥覩王城。城有千二百門，諸天怖畏，悉閉諸門，以著重關。頂生兵衆直趣不礙，吹貝扣彈，千二百門一時自開。帝釋尋出，與共相見，自請入宫，與共分座，天上受欲。頂生復出，吹貝扣彈。惡心既發，因而墮落。後患惡病，即便命終。爾時帝釋者，迦葉佛是也。言頂生者，今我身是也。若依此經，爾時天帝如七佛法，敷百高座，請百法師，講誦此經，頂生即退也。

二、引人王證護身。文二：一、明難事，二、明能護難。今初。

大王，昔有天羅國王，有一太子欲登王位，一名班足，太子爲外道羅陀師受教：應取千王頭以祭家神，自登其位。已得九百九十九王，少一王，即北行萬里，即得一王，名普明王。

《賢愚經》云：昔波羅摩達王，得四種兵，入山遊獵，逢牸師子，與王從欲。師子得胎，日月滿足，生一男兒，遍身似人，班足似母。師子含子來歸王所，王取爲子，立名班足。是王常供一仙人，恒奉淨食。仙人一日不來王所，即有天神化作仙人，即入王宮求魚肉食。舊仙淩辰依時還來，王奉肉食。仙人嗔恠，因起誠誓，令王後當十二年中恒食人肉。仙人語竟，還往山中。是後厨監竟不辦順，出外不見肉，見死小兒，急取其肉，作食奉王。王食甚美，即問由來。厨人具答。王言，自今以後，當用此肉。厨人常捕小兒，殺以爲食，日日供王。國人失兒，處處趣覓，乃見厨人捕佗小兒。捉縛厨人，國人告王。王言，我教。國人皆言是大賊。伺王池浴，伏兵捉王。王既被捉，即告國人，願見一恕，後更不殺。國人不許。王即起願，願我生來所脩諸善，迴令今日，返成羅刹，飛行食人。語已即隱空中，唱言，自今以後，當食汝等所愛妻子。人聞急走。多有羅刹附著相從，徒衆漸多，所害轉廣。後諸羅刹言，我等爲從今王勑令，當爲我等輩捉取千王，設一大會。班足言好。一一往取，已得九百九十九王，唯少一王，不得作會。諸王各言，我等今日無所歸告，若當捕得須陀素王，有大方便，能救我今〔三〕。作是計已，白班足言，王欲作會，須陀素王有大名德，若得彼王來，會當圓滿。時羅刹王即急往取。時須陀素王出城向園，入池欲洗浴，見乞人從王。王言，且待洗還施與。王始入池，羅刹王從空隱下捉。須陀素而愁悲泣。班足王言，聞汝名德第一丈夫，云何悲啼。須陀王言，我不愛身命。朝出見乞許施，值王得來不行，以是悲耳。願王放我七日布施道人。班足許王還七日布施道人。時婆羅門爲王説偈，同此經。王聞歡喜，即立太子代位，相别就死。班足王言，汝今就死，何以歡喜？須陀答曰，大王恩廣，放我七日布施道人，聞微玅法，心自開解，我願即滿。

班足問言，汝聞何法？須陀即爲宣説妙法，并更爲説殺生罪報。班足聞已，即放須陀及諸王等各還本國。時須陀王者，今我身是。班足王者，殃掘摩羅是也。

二、明能護難。文三：一、請脩福，二、聽許，三、正明護難。今初。

其普明王白班足王言：願聽一日，飯食沙門，頂禮三寶。

可解。

二、聽許。

其班足王許之一日。

三、正明護難。文二：初、長行依教請護，二、説偈加護。今初。

時普明王即依過去七佛法，請百法師，敷百高座，一日二時講《般若波羅蜜》八千億偈竟。

二、説偈加護。文二：一、説偈，二、護益。初、偈八行，爲四。初、説無常理。

其第一法師爲王即説偈言：

劫燒終訖　乾坤洞然
須彌巨海　都爲灰颺
天龍福盡　於中凋喪
二儀尚殞　國有何常

乾訓天，天行健，健不息也。坤訓順也，坤順四時。二儀即天地也。

二、説苦理。

生老病死　輪轉無際
事與願違　憂悲爲害
欲深禍重　瘡疣無外
三界皆苦　國有何賴

欲是集，禍是苦。苦集是瘡疣，即是自身與心，豈在外也？

三、説空理。

有本自無　因緣成諸
盛者必衰　實者必虚
衆生蠢蠢　都如幻居
聲響俱空　國土亦如

四、説無我理。

識神無形　假乘四蛇
無明保養　以爲樂車
形無常主　神無常家
形神尚離　豈有國耶

二、明聞者護益。

爾時，法師説此偈已，時普明王眷屬得法眼空，王自證得虚空等定，聞法悟解。還至天羅國班足王所衆中，即告九百九十九王言：就命時到，人人皆應誦過去七佛《仁王問般若波羅蜜經》中偈句。時班足王問諸王言：皆誦何法？普明王即以上偈答王。王聞是法，得空三昧。九百九十九王，亦聞法已，皆證三空門。是時，班足王極大歡喜，告諸王言：我爲外道邪師所誤，非君等過。汝可還本國，各各請法師講《般若波羅蜜》名味句。時班足王以國付弟，出家爲道，證無生法忍。

文三。初，聞法益。法眼空即是人空也。虚空等定，即法空也。聞法悟解下，二、明王轉教。時班足王問下，三、諸王悟道。文二：先明得道，後明放捨。初，文二。先明班足得道。九百九十九下，次，諸王得道。時班足王極大下，二、放捨諸王。文三。一、放捨。各各下，二、勸脩。時班足王以下，三、入道也。

第三，結示勸持。

如《十王經》中説：五千國王常誦是經，現世生報。大王，十六大國王脩護國之法，應亦如是，汝當受持。天上人中六道衆生，皆應受持七佛名味句。未來世中有無量小國王欲讚[一四]國土，亦復爾者，應請法師説《般若波羅蜜》。

文二：初，結示；次，大王下，勸持，三。初，勸月光。天上人中下，二、勸六道也。未來世中下，三、勸諸小王也。

第三，時衆得益。

爾時，釋迦牟尼佛説《般若波羅蜜》，時衆中五百億人得入初地。復有六欲諸天子八十萬人得性空地。復有十八梵得無生忍，得無生法樂忍。復有先已學菩薩者，證一地、二地、三地，乃至十地。復有八部阿須輪王得一〔一五〕三昧門，得二三昧門，得轉鬼身，天上正受。在此會者，皆得自性信，乃至無量空信。吾今略說天等功德，不可具盡。

文二：初、六益，二、略結。得入初地者，即圓教十信初心地。性空則十住，一心三觀，觀無明性空也。無生法忍，即十行也。無生法樂忍，十迴向也。十三昧，即十一切入也。三三昧，即真俗中三諦三昧也，亦空無相等也。自性信，通教聲聞也。無量空信，通教支佛也。吾今略說下，第二，略結也。

## 仁王護國般若波羅蜜經散華品第六

【解】唐釋〔一六〕名《不思議品》。

大章第三，報恩供養，故有《散華品》。華表因，散佛表行因至果也。

品文三：一、散華供養，二、現通利益，三、歎教勸持。初，文三：一、聞經勸持，二、散華供養，後、諸王發願。今初。

爾時，十六大國王聞佛說《十萬億偈般若波羅蜜》，歡喜無量。

文三。初，聞經人，可解。聞佛所說下，二、所聞法。此經三處說偈不同。一、《二諦品》中說八百萬億偈。二、《護國品》末說八千億偈。今《散華品》說十萬億偈。初，《二諦品》即合說三時教。次，《護國品》別引過去佛說。今此品中，明今佛說。阿難觀機，略結如此。歡喜無量者，三、結歡喜也。

二、散華供養。文三：初、行華，二、般若華，三、紗覺華。此三表別教地位：初，行華表三賢位；次，般若華表十地位；後，妙覺華表佛地位。今初。

即散百萬億行華，於虛空中變爲一座。十方

諸佛共坐一座，説《般若波羅蜜》。無量大衆共坐一座，持金羅華散釋迦牟尼佛上，成萬輪華蓋，蓋大衆上。

文四。一者，王散華。於虚空中下，二、華變爲座。十方諸佛下，三、化佛説法。無量大衆下，四、化衆散華。

第二，散般若華。

復散八萬四千般若波羅蜜華，於虚空中變成白雲臺。臺中光明王佛，共無量大衆，説《般若波羅蜜》。臺中大衆持雷吼華，散釋迦牟尼佛及諸大衆。

文四。初、明散華。於虚空中下，二、華變爲臺。臺中光明下，三、化佛説法。臺中大衆下，四、化衆散華。

第三，散玅覺華。

復散妙覺華，於虚空中變作金剛城。城中師子吼王佛，共十方佛大菩薩，論第一義諦。時，城中菩薩持光明華，散釋迦牟尼佛上，成一華臺。臺中十方佛及諸天人，散天華於釋迦牟尼佛上，虚空中成紫雲蓋，覆三千大千世界。蓋中天人散恒河沙華，如雲而下。

文四。一、散華。於虚空中下，二、華變爲城。城即涅槃也。城中師子吼下，三、化佛説法。即圓教中菩薩於别中説法也。時城中菩薩下，四、化菩薩散華。

第三，諸王發願。

時，諸國王散華供養已，願過去佛、現在佛、未來佛常説《般若波羅蜜》。願一切受持者，比丘、比丘尼、信男、信女所求如意，常行般若波羅蜜。佛告大王：如是，如是，如王所説，《般若波羅蜜》應説應受，是諸佛母、諸菩薩母、神通生處。

文二。先，王發願，可知。佛告大王下，二、如來述成。諸佛母即實相般若，菩薩母即觀照般若，神通即文字般若。文字能發智慧，智慧生即神通發也。《金剛》云：一切諸佛及諸佛法，皆從《般若經》生也。

第二，佛現神變，令衆得益。文二：先現變，後得益。今初。

時，佛爲王現五不思議神變：一華入無量華，無量華入一華。一佛土入無量佛土，無量佛土入一佛土，無量佛土入一毛孔土，一毛孔土入無量毛孔土。無量須彌無量大海入芥子中。一佛身入無量衆生身，無量衆生身入一佛身，入六道身，入地、水、火、風身。佛身不可思議，衆生身不可思議，世界不可思議。

文三。先標章舉數。陰陽不測謂之神，轉易常相謂之變。心不能思，口不能説佛之神力也。一華入無量華下，二、别敘。一、華，二、佛土，三、須彌，四、佛身，五、入四大。文相可見。

問：山大芥小，云何能入？

答：有人言，佛之神力故入。又有人言，山、芥二如，如故相入。又有人言，三界唯心，心喻芥子，山喻三界，心能造界故名入。有人云，山、芥皆無法無性故空，空故相入。今謂，若以空釋，一空一切空，山乃[一七]芥俱空，空故能相入。一假一切假，山、芥俱假，假故論相入。一中一切中，山、芥俱中，中故論相入。空除見思即般若，假除無知即解脱，中除無明即法身。即一而三，即三而一，如天三目，不縱不横，名不思議。佛身不可思議下，三、結讚。

二、時衆得益。

佛現神足時，十方諸天人得佛華三昧，十恒河沙菩薩現身成佛，三恒河沙八部王成菩薩道，十千女人現身得神通三昧。

文中，四益。一、得佛華定，即華藏法界定。十恒河下，二、得成佛益也。三、恒河沙下，三得成菩薩益也。十千下，四、得神通三昧也。

第三，歎教勸脩。

善男子，是《般若波羅蜜》有三世利益，過

去已說，現在今說，未來當說。諦聽，諦聽，善思念之，如法脩行。

## 仁王護國般若波羅蜜經受持品第七

大章第四，示弘經相貌。言受持者，《大論》云：信力故聞而奉行爲受，念力故久久不失爲持。此品中正明十三法師受持《般若》，又令他人受持，故名《受持品》。

品文三：初，問答須受持；二，勸諸王受持；後，時衆得益。初，文二：一、月光請，二、如來答。今初。

爾時，日[一八]光王心念口言，見釋迦牟尼佛現無量神力，亦見千華臺上寶滿佛，是一切佛化身主，復見千華葉世界上佛，其中諸佛各各說《般若波羅蜜》，白佛言：如是無量《般若波羅蜜》，不可說，不可解，不可以識識。云何諸善男子於此經中明了覺解，如法爲一切衆生開空法道。

文二：一、疑念，二、正請。疑念中，三佛：一、見釋迦現身，即法身；二、現寶滿，即報身；三、見千華上佛，即化身。

問：何以知然？

答：《普賢觀》云，釋迦牟尼佛名毗盧遮那。《華嚴》云，亦名釋迦，亦名舍那。《大經》云，我今此身即是法身盧舍那。此云淨滿，淨即寶也。

問：《梵網》云舍那爲本，今何言釋迦爲本？

答：《梵網》明迹本，此經明本迹。本迹雖殊，不思議一也。

問：此經於《法華·寶塔品》何異？

答：有同有異。同者，同明釋迦爲本。異者，此經帶方便，《法華》正直捨方便也。

白佛言如是下，第二，正問。文二。先，讚不可以口說、智解、識識此法門也。云何諸下，二、請也。空者，即般若智慧也。由此智慧能得神通變化，一切衆生不知，請佛開發也。

二、如來答。答意但以菩薩上求下化爲言解説，方得此道。開空甚多，略説三種。若色即是空，開一切智。空即是色，開道種智。色空不二，開一切種智。色若不空，則見思惑。空若不色，即無知惑。不得中道，則無明惑。三皆是門，如是三觀即三智開。大略如是也。文三：初總標，次別釋，後總結。今初。

大牟尼言：有脩行十三觀門諸善男子，爲大法王。從習忍至金剛頂，皆爲法師依持建立。汝等大衆應如佛供養而供養之，應持百萬億天華天香而以奉上。

文三。一、標文，可見。從習忍下，二、別敘。依謂依止，持謂攝持。言此法師爲衆生依止，建立正法也。汝等大衆下，三、勸供養。

二、別釋。十三法師即爲爾別。今初，第一習種性法師。文爲五別：一、標位，二、辨差，三、行業，四、舉劣明勝，五、入位時節。今初。

善男子，其法師者，是習種性菩薩。

習種性，標位也。

二、辨差。

若在家婆蹉、優婆蹉，若出家比丘、比丘尼，

婆蹉，即優婆塞也。優婆蹉，即優婆夷也。

三、明行業。

脩行十善，自觀己身地水火風空識分分不淨，復觀十四根，所謂五情、五受、男、女、意、命等根有無量罪過故，即發無上善根心。常脩三界一切念念皆不淨故，得不淨忍觀門。住在佛家，脩六和敬，所謂三業同戒、同見、同學，行八萬四千波羅蜜道。

文三。初、脩十善行，謂十善即十信心也。自觀己身下，二、脩不淨行。初觀六大，次觀諸根，後觀三界。五情即五識。五受即苦、

樂、憂、喜、捨也。住[一九]在佛家，行六和敬也。

四、舉劣況勝。文二：先舉劣，次況勝。今初。

善男子，習忍以前行十善菩薩有退有進，譬如輕毛隨風東西，是諸菩薩亦復如是，雖以十千劫，行十正道，發三菩提心，乃當入習忍位，亦常學三伏忍法，而不可字名，是不定人。【解】《記》云：雖以十千劫下，頗似難隨[二〇]。應照下文釋之可也。是諸菩薩雖經爾許劫行，行不爲不久，然未滿初僧祇劫，然[二一]雖當入滿位而非已入，亦常學伏忍法，而非久脩伏道，故不可名字，是爲不定人。

文二。先，釋劣位。法、喻、合可知。

雖以十千劫下，二、通伏難。文二。初，徵伏難。三伏忍法云何向言有退有進。而不可名字下，二、釋通。有三而不可名字，故有退。

二、顯勝位。

是定人者，入生空位聖人性故，必不起五逆、六重、二十八輕。佛法經書，作反逆罪，言非佛說，無有是處。

文二。初、明得者，謂十住菩薩初證生空理，得聖人性，故名爲定，異前十信不定，以十信未解純脩假入空觀也。必不起五逆下，二、明離過。文四：一、不起五逆，二、不作大[二二]重，三、不作二十八輕，四、不謗佛法經典。

初文，可見。

六重者，如《優婆塞戒經》第四卷《受戒品》說。一、殺，二、盜，三、婬，四、妄語，五、沽酒，六、說出家在家四衆過失。

二十八輕者，亦如《優婆塞經》說。一、不供養父母師長；二、專飲酒；三、不能瞻病苦；四、不能多少捨施；五、見四衆，不起承迎禮拜；六、見四衆毀戒，心生憍慢；七、每月不能受持八戒，供養三寶；八、四十里中有講，不聽；九、受招提僧臥具牀座；十、疑水有虫，故飲；十一、險處獨行；十二、獨宿尼寺；十三、爲財命，打罵奴婢等；十四、以殘食施四衆；十五、畜猫狸；十六、畜象馬等一切畜生，不作淨施未受戒者；十七、儲畜長衣鉢等；十八、爲身田作；十九、市賣，斗秤不平；二十、非時行欲；二十一、不輸王税；二十二、犯國戒；二十三、得新菓菜，不奉三寶；二十四、僧若不聽説法，而輒自作；二十五、道路上，在一切出家人前行；二十六、僧中時食，偏爲師長；二十七、養蠶；二十八、行逢病人，不住瞻視，付囑所在，而便捨去。

佛法經書下，四、不謗佛法經典，言非佛説也。

五、入位時節。

能以一阿僧祇劫，脩伏道忍行，始得入僧伽臨位。

日月歲數所不能知，故云阿僧祇。僧伽陀位，此云離著也。【解】僧伽臨、僧伽陀，未知孰是。

第二，明性種性法師。

復次，性種性，行十慧觀，滅十顛倒，乃我人知見分分假僞，但有名，但有受，但有法，不可得，無定相，無自他相，故脩護空觀。亦常行百萬波羅蜜，念念不去心。以二阿僧祇劫，行十正道法，住波羅陀位。

文三。初，標位。初學名習，習已成性，故名性種性也。行十慧觀下，二、辨差。十慧觀者，四念處四，三善根七，三世觀十，如《教化品》中説。滅十顛倒者，四念除四倒，三善除三毒，三世觀除三世定執也。我人知見是法上假立而非實也。無定相者，我法無定住處相。無自他相者，我自無體，相上亦無也。以二阿僧下，三、入位時節。波羅陀位者，此云守護。十行菩薩其行堅牢，不失自性，以能從空入假，不爲假染，能守自行故。

第三，明十回向菩薩。

復次，道種性，住堅忍中，觀一切法無生無住無滅，所謂五受三界二諦無自他相，如實性不可得故。而常入第十第一義諦，心心寂滅而受生三界。何以故？業習果報未壞盡故順道生。復以三阿僧祇劫，脩八萬億波羅蜜，當得平等聖人地，故住阿毗跋致正位。

文三。一、標位。以其脩中道正觀，故云道種性也。住堅忍中下，二、辨差。文二。先，明觀差別。觀受五陰，得五分法身。觀三界，得三空。觀二諦，得無常、無生二忍。第十第一義諦，即無生中道空也。而受生三界下，二、受報殊勝。文三。初、標，可解。何以故，二、徵。己心寂滅，云何受生也。業習果報下，三、釋。由未登初地，不斷無明，所薰見愛猶在，故得生也。復以三阿僧下，三、入位時節。爾許時脩，方得初地。雙照二諦，故云平等聖人也。此地不退，故云跋致。正者，即證初地，此因中說果也。

第四法師，文五。初，標位。

復次，善覺摩訶薩，

文可見。

二、辨脩行差別。文二：初明二智爲相，後顯二智同異。初，文二：先標章，次別釋。今初。

住平等忍，脩行四攝，念念不去心。

平等忍者，即標實智，雙照有無，而不染也。四攝等，標方便智也。

二、別釋。文二：先釋實相智，後釋方便智。今初。

入無相捨，滅三界貪煩惱，於第一義諦而不二，爲法性無爲。緣理而滅一切相，故爲智緣滅。無相無爲住初忍時，未來無量生死不由智緣而滅，故非智緣滅。無相無爲，無自佗相，無無無〔三〕相故。

文三：一、總舉，二、別釋，後明離相。今初文，可見。於第一義諦下，二、別釋。文三。一、法性無爲，亦名虛空無爲。緣理而滅下，二、擇滅無爲。佛真智滅一切結。

無相無爲住初忍時下，三、非擇滅無爲，謂無相等法也。

無相無爲下，三、明離有無二相。

二、顯方便智。

無量方便皆現前觀。實相方便者，於第一義諦不沈不出，不轉不顛倒。遍學方便者，非證非不證，而一切學。迴向方便者，非住果非不住果，而向薩婆若。魔自在方便者，於非道而行佛道，四魔所不動。一乘方便者，於不二相，通達衆生一切行故。變化方便者，以願力自在，生一切淨佛國土。

文二：初、標，可解。實相方便者下，二、釋。有六種方便。今初，明實相方便。次，遍學方便。次，迴向方便。次，自在方便。次，一乘方便。次，變化方便。云云。

第二，釋二智同異。

如是，善男子，是初覺智於有無相而不二，是實智照。巧用不證、不沈、不出、不到，是方便觀。譬如水之與波，不一不異。乃至一切行波羅蜜、禪定、陀羅尼不一不二故，而一一行成就。

文三。初，結上異相者，先明實智相。初覺中道，故云初覺智也。巧用不證下，是方便智相也。譬如下，二、舉喻顯非，明不一不二。而一一行成就者，三、明行成就。以得即空即假即中，一行無量行，無量行一行，故云成就也。

第三，明時節。

以四阿僧祇劫行行故，入此功德藏門。

證初地施成就，故云入功德藏門也。

第四，明生淨土。

無三界業習生故，畢故不造新。以願力故，變化生一切淨土。

即方便有餘及實報等土也。

第五，登位。

常脩捨觀故，登鳩摩羅伽位。以四大寶藏，常授與人。

以脩捨故，得施度滿。鳩摩羅伽，此云勝怨，以離三界及二乘恐也。四寶藏者，有人云三藏及雜藏也。今但依《勝鬘經》，一者，無價藏，菩薩乘也；二者，上價藏，緣覺乘也；三者，中價藏，聲聞乘也；四者，下價藏，人天乘也。又亦四攝爲四藏也。

第五法師。

復次，德慧菩薩，以四無量心，滅三有嗔等煩惱，住中忍中，行一切功德故。以五阿僧祇劫，行大慈觀，心心常現在前，入無相闍陀波羅，化一切衆生。

文三。一、標位者，謂尸羅清淨，與慧俱生，住於三德，故名德慧也。以四無量心下，二、辨觀差別。文三。初，顯地別行，爲欲對治嗔等煩惱，故脩四等。滅三有嗔下，二、明除障。依薩婆多宗，嗔惟欲界。依成實宗，嗔通三界。依《法華譬喻品》，中、上亦有嗔也。住中忍中、下，三位分齊。順[一四]忍中品也。以五阿僧下，三、入位時節。闍陀波羅，此云滿足，亦名無畏，尸羅圓滿故。

第六法師。

復次，明慧道人，常以無相忍中，行三明觀，知三世法無來無去無住處，心心寂滅，盡三界癡煩惱，得三明一切功德觀故，常以六阿僧祇劫，集無量明波羅蜜故，入伽羅陀位，無相行，受持一切法。

文三。初，標位也。得忍成就，故名明慧。常以無相下，二、辨觀。文三。一、明地別行。知三世空，爲三明觀也。盡三界癡煩惱者，二、明除障也。得三明下，三、明位滿足。常以六阿僧下，三、明入位時節。伽羅陀者，此云度邊度[一五]，度等邊也。

第七法師。

復次，爾燄聖覺達菩薩，脩行順法忍，逆五見流，集無量功德，住須陀洹位。常以天眼天耳宿命他心身通，於念念中滅三界一切見。亦以七阿僧祇劫，行五神通，恒河沙波羅蜜常不離心。

文三。一、標，言爾燄者，此云智母，謂此地中能生禪智，故云智母也。脩行順法忍下，二、明地別行。文三。一、標住位。言須陀洹者，借小名大。五見即五利使〔三六〕也。常以天眼下，二、起通。未具漏盡，故但言五也。於念念中下，三、滅障。謂此位配初果，故滅五見。又亦是別入通意也。【解】《記》云：別入通意者，謂以別斷見。亦以七阿下，三、入位時節。

第八法師。

復次，勝達菩薩，於順道忍，以四無畏觀那由佗諦，內道論、外道論、藥方、工巧、呪術故，我見〔三七〕一切智人。滅三界疑等煩惱故，我相已盡。知地地有所出，故名出道。有所不出，故名障道。逆三界疑，脩集無量功德故，即入斯陀含位。復集行八阿僧祇劫中行諸陀羅尼門故，常行無畏觀不去心。

文三。初，標位。深脩禪定，故得神通。達色心法，故名勝達。於順道忍下，二、明地中別行。文三。初，明得無畏觀。通達五相，即一切智無畏。滅三界疑等煩惱，即漏盡無畏。知地地有所出等，即說盡苦道無畏。有所不出等，即說鄣道無畏也。逆三界疑者，二、除障也。脩習無量功德下，三、入位分齊。亦是借小說大。復集行入阿僧祇下，三、脩行分齊。

第九法師。

復次，常現真實，住順忍中，作中道觀，盡三界集因集業一切煩惱故，觀非有非無，一相無相而無二，證阿那含位。後是九阿僧祇劫，習照明中道故，樂力生一切佛國土。

文三。初，標位。中道真明般若實故，常現真實。住順忍中下，二、別行。一切煩惱爲集因，苦等名集業，此地中並盡也。諸法本空故非有，建立諸法故非無，無有俱實故一相，實相亦如故無相。復於九阿僧下，三、入位時節。樂力即願力也。

第十法師。

復次，玄達菩薩，十阿僧祇劫中，脩無生法樂忍，滅三界習因業果，住後身中，無量功德皆成就，無生智、盡智、五分法身皆滿足。住第十地阿羅漢梵天位。常行三空門，觀百千萬三昧具足弘化法藏。

文三。初，標位。玄，遠也。達，通也。此位得無生忍無功用心，故云玄達也。十阿僧下，二、入位時分。滅三界習煩惱也。住第十地者，即十三法師下第十法師地，非謂十地菩薩也。常行三空門中，三、辨觀差別。行三空觀，弘佛三法藏故也。

第十一法師。

復次，等覺者，住無生忍中，觀心心寂滅，而無相相、無身身、無知知。而用心乘於羣方之方，惔怕[三八]住於無住方住，在有常脩空，處空常萬化，雙照一切法，故知是處非是處，乃至一切智十力觀故而能[三九]摩訶羅伽位，化一切國土衆生。千阿僧祇劫，行十力法，心心相應，常入見佛三昧。

文三。初，標位。此地中真俗雙照，名等覺者，亦非第十一地之等覺也。

住無生下，二、明觀差別。文三。一、明有無觀。又二。先配位也。觀心心下，二、正辨有無觀。文三。初，別釋。文二。先，明寂而常用。心心寂滅者，念念空也。即明寂義雖無相而相，雖無身而身，雖無知而知。此明用義。而用心下，二、明用而常寂。在有常脩空下，二、合釋有無。在有脩空，釋上用而常寂。處空常萬化，釋上寂而常用。雙照一切法故者，三、雙結也。知是處非是處下，二、明十力觀。但明後一，餘行略之。而登摩訶羅伽位，化一切國土衆生，第三登位差別。摩訶羅伽，此云大得，或云龍象。

等千阿僧下，三、明脩行時節。

第十二法師。

復次，慧光神變者，住上上無生忍，滅心心相。法眼見一切法，三昧色空見。以大願力常生一切淨土。萬阿僧祇劫，集無量佛光三昧，而能現百萬恒河沙諸佛神力，住婆伽梵位，亦常入佛華三昧。

文三。初，標位。以此地菩薩得無礙智，化諸衆生，現諸神通，名爲慧光神變也。住上上下，二、明觀差別。

文四。今初，配位。滅心心相者，二、明滅心。滅意等名滅心。滅心數名滅相。法眼見下，三、明見境。法眼見一切法，即別明。三眼色空見，即總明。【解】《記》云：一切下，疏作總別義釋三眼。經作三昧，誤也。三眼者，佛、法、慧也。慧眼見色空，法眼見色假，佛眼見中道。空假不二而二，二而不二。雙照即不二而二，雙亡即二而不二。舉三眼，對色二境。見之一字，總明三見之差別也。見色空即空諦，見色假即有諦，雙照即第一義諦。此三約教有五：一、別入通，以幻色爲有，見空爲真，非有非空爲第一義；二、圓入通，三諦同前，加一切法趣；三、別教，以幻有即空爲俗，不空爲真，不有不空爲中道；四、圓入別中，加一切法趣；五、圓教，三諦皆云一切法趣也。【解】五三諦義，具如《法華玄》。問：菩薩地云何言佛眼？答：《法華》云開佛知見，即別教初地、圓教初住發三種智。一、正因理心發用，中道觀開一切種智。二、了因智心發用，即空觀開一切智。三、緣因善心發用，即假觀開道種智。初地尚得，況九地耶？此但分得，非具得也。以大願力下，四、生淨土。

萬阿僧下，三、明入位時節。薄伽梵，此云世尊。非真佛世尊，是補處世尊也。

第十三法師。文四：一、標位，二、明證時分，三、對位辨別，四、明入定位。

今初。

復次，觀佛菩薩，

觀佛菩薩者，若開玅覺，此是等覺，猶名菩薩，來至此地，保爲究竟，乃是未極，更須觀察。別佛猶有三十二品無明，智去圓佛尚遠，故云觀也。通佛即有四十二品無明，此更遠矣。

二、明證時分。

住寂滅忍者，從始發心至今，經百萬阿僧祇劫，脩百萬阿僧祇劫功德，故證一切法解脱，住金剛臺。

文四。一、配位。第五寂滅忍，自有二別，一下二上。今第十地即是寂滅忍下品也。從如發心下，二、經時多少。謂從習種性至灌頂忍，經百萬阿僧祇劫也。脩百萬下，三、辨脩證。證一切法下，四、明登位。一切法解脱者，真脱也。金剛臺，即金剛三昧。

三、對位辨別。【解】對位辨別者，對玅覺位以辨差別也。此即唯佛一人能盡源之意。文五。

一、伏斷差別。

善男子，從習忍至頂三昧，皆名爲伏一切煩惱。而無相信，滅一切煩惱，生解脱智，照第一義諦，

從習至頂三昧，先明伏忍也。而無相信下，明斷滅一切煩惱，即大涅槃也。生解脱，即解脱智。照即般若。第一義即法身位。

二、信見異。

不名爲見。所謂見者，是薩婆若。是故我從昔以來，常説惟佛所知見覺，頂三昧以下，至於習忍，所不知不見不覺。

先明不見也。所謂見者是薩婆若，次明見也。是故我從昔以來下，引證也。

三、漸頓差別。

惟佛頓解，不名爲信漸漸伏者。

四、常無常異。

慧雖起滅，以能無生無滅，此心若滅則累無不滅，無生無滅。

無生則累無不遺，無滅則德無不圓。無生則斷德，無滅則智德也。

五、等無等異。

入理盡金剛三昧，同真際，等法性，而未能等無等等。譬如有人登大高臺，下觀一切，無不斯了，住理盡三昧亦復如是。

文中法、喻、合，可解。

四、明入定位。

常脩一切行滿功德藏，入婆伽度位，亦復常住佛慧三昧。

此中一切行滿智慧滿，名功德藏。婆伽度位，此云世尊。亦復常住佛慧三昧者，必應受脩，義言亦復。在別利物，故云常住。

第三，結歎。

善男子，如是諸菩薩皆能一切十方諸如來國土中化衆生，正説正義，受持讀誦，解達實相，如我今日，等無有異。

明其施化與佛無異。一、問答須受持已竟。

第二，勸諸王受持。文四：一、讚用勸持，二、讚名付勸持，三、釋勸所由，四、稱名付囑。初，文二：一略歎，二廣歎。今初。

佛告波斯匿王：我當滅度，後法滅盡時，受持《般若波羅蜜》，大作佛事。一切國土安立，萬姓快樂，皆由此《般若波羅蜜》，是故付囑諸國王，不付囑比丘、比丘尼、清信男、清信女。何以故。無王力故，故不付囑。汝當受持讀誦，解其義理。

文四。一、舉滅勸持。一切國土下，二、明般若之力。是故付囑下，三、釋付囑所以。以無王威力故，故不付囑也。汝當受持下，四、別付月光也。

二、廣歎勸持。文二：初、標除難福生，二、問答分別。今初。

大王，吾今所化百億須彌，百億日月，一切須彌有四天下。其南閻浮提，有十六大國、五百中國、十千小國。其國土中有七災難。一切國王爲是難故，講讀《般若波羅蜜》，七難即滅，七福即生，萬姓安樂，帝王歡喜。

文可解。

二、問答分別。

云何爲難。【解】云何下少一七字。日月失度，時節反逆，或赤日出，黑日出，二三四五日出。或日蝕無光。或日輪一重，二三四五重輪現。當變恠時，讀説此經。爲一難也。

二十八宿失度，金星、彗星、輪星、鬼星、火星、水星、風星、刀星、南斗、北斗、五鎮大星、一切國主星、三公星、百官星，如是等星，各各變現，亦講説此經。爲二難也。

大火燒國，萬姓燒盡。或鬼火、龍火、天火、山神火、人火、樹木火、賊火，如是變恠，亦讀説此經。爲三難也。

大水漂没百姓，時節反逆，冬雨夏雪，冬時雷電霹靂，六月雨氷霜雹，雨赤水、黑水、青水，雨土山、石山，雨砂礫石，江河逆流，浮山流石，如是變時，亦讀説此經。爲四難也。

大風吹殺萬姓，國土山河樹木一時滅没，非時大風、黑風、赤風、青風、天風、地風、火風，如是變時，亦讀説此經。爲五難也。

天地國土亢陽，炎火洞然，百艸亢旱，五穀不登，土地赫然，萬姓滅盡，如是變時，亦讀説此經。爲六難也。

四方賊來侵國，内外賊起，火賊、水賊、風賊、鬼賊，百姓荒亂，刀兵刦起，如是恠時，亦讀誦此經。爲七難也。

先問，可解。日月失度下，二、答七難，爲七。第一，日月失度難，謂時節變易多饑饉，數量變易多刀兵，色相變易多疫病也。二十八下，二、星宿失度難也。大火燒國下，三、災火難也。大水漂没下，四、雨水變易難也。大風吹殺萬姓下，五、惡風難也。天地國土下，六、亢陽難也。四方賊來下，七、惡賊難也。

並如文可見。

第二，讚名勸持。文二：先讚名勝，後勸供養。今初。

大王，是《般若波羅蜜》，是諸佛菩薩一切衆生心識之神本也，一切國王之父母也，亦名神符，亦名辟鬼珠，亦名如意珠，亦名護國珠，亦名天地鏡，亦名龍寶神王。

辨三般若。心識之本即實相般若。王之父母即觀照般若，以能生王慧解心故。下六名即文字般若也。

二、勸供養。

佛告大王：應作九色幡長九丈，九色華高二丈，千支燈高五丈，九玉箱，九玉巾。亦作七寶案，以經置上。若王行時，常施其前，足一百步。是經常放千光明，令千里内七難不起，罪過不生。若王住時，作七寶帳。帳中七寶高座，以經卷置上。日日供養，散華燒香，如事父母，如事帝釋。

文二：先示供養法，後別明行住供養。初中，皆言九者，九表衆生苦。幡者，標顯行得勝。明九苦之内，建解脱勝幡也。九色華，表九苦衆生行般若因也，青、黄、赤、白、黑五塵華，地、水、火、風四大華也。二丈，表二諦。千燈表十善功德。各以般若展轉相資，成千智慧。高五丈，明照五道也。九玉箱，表九苦居清淨，爲法器。九玉巾，表九苦居衆生得般若巾。案者，平喻實相般若。以經置上者，文字能令實理顯也。七寶者，表七方便人皆爲人寶也。若王行時下，二、别明行住供養。先明行供養。若王住時下，是明住供養也。

第三，釋勸所由。

大王，我今五眼明見，三世一切國王，皆由過去侍五百佛得爲帝王主。是爲一切聖人羅漢，而爲來生彼國，作大利益。若王福盡時，一切聖人皆爲捨去。若一切聖人去時，七難必起。大王，若未來世國王受持三寶者，我使五大力菩薩往護其國：一、金剛吼菩薩，手持千寶相輪往護彼國；二、龍王吼菩薩，手持金輪燈往護彼國；三、無畏十力吼菩薩，手持金剛杵往護彼國；四、雷電吼菩薩，手持一寶羅網往護彼國；五、無量力吼菩薩，手持五千劍輪往護彼國。五大士、五千大神王，於汝國中大作利益。當立像形，而供養之。

文二。初、明王福盡。文可解。大王若未來世下，二、明來世利益。文三。一、舉數。可解。一金剛吼菩薩下，二、別釋。可見。是五大士下，三、結釋也。

四、稱名付囑。

大王，吾今三寶付囑汝等一切諸王。憍薩羅國、毗舍離國、舍衛國、摩竭提國、波羅奈國、迦夷羅衛國、鳩尸那國、鳩睒彌國、鳩留國、罽賓國、伽羅乾國、乾陀衛國、沙陀國、僧伽陀國、揵拏掘闍國、波提國，如是一切國，受持《般若波羅蜜》。

文三：初，總明付囑。可解。憍薩羅國下，二、稱名。如是一切下，三、結勸。二勸諸王受持已竟。

第三，時衆得益。文五。一、脩羅益。

時，諸大衆、阿須輪王，聞佛説未來世七可畏，身毛爲竪，呼聲大叫而言：願不生彼國。

二、人王益。

時，十六大國王即以國事付弟，出家脩道，觀四大四色勝出相，四大四色不用識空入行相，三十忍初地相，第一義諦九地相，是爲大王捨凡夫身，入六住身。捨七報身，入八法身。證一切行般若波羅密。

益中，初明八勝處：地、水、火、風能造四大，青、黃、赤、白所造。出離貪欲，故名勝出。四大下，次明十一切處：地、水、火、風，青、黃、赤、白，空處、識處，所緣覺廣，無處不入故也。三十忍是初地方便，名初地相。第一義諦即初地，初地是九地相。

故《攝論》頌云：如竹破初節，餘節速能破。得初地真智，諸地疾當成。捨凡身，得六住身。捨七地分段報身，得八地變易法身。故《智論》云：七捨生身肉身。此通教益也。

三、天益。

十八梵天、阿須輪王，得三乘觀，同無生境。復散華供養，空華、法性華、聖人華、順華、無生華、法樂華、金剛華、緣觀中道華、三十七品華，而散佛上及九百億大菩薩衆。

脩羅及天皆同益也。空華表人空，法性華表法空，此顯伏忍。聖人華表信忍，順華表順忍，無生華表無生忍。四辨自在説法，即法樂華，下品寂滅忍也。金剛三昧能斷結使，即上品寂滅忍。

四、大衆益。

其餘一切衆證道迹果，散心空華、心樹華、六波羅蜜華、玅覺華，而散佛上及一切衆。

心空華者，定於三學之中，名爲心學。心樹華者，觀十二因緣生也。六度華者，十地行也。玅覺華，果行也。

五、菩薩益。

十千菩薩念來世衆生，即證妙覺三昧、圓明三昧、金剛三昧、世諦三昧、真諦三昧、第一義諦三昧。此三諦三昧是一切三昧王三昧。亦得無量三昧、七財三昧、二十五有三昧、一切行三昧。復有十億菩薩登金剛頂，現成正覺。

文二。先明十千益。可解。次，復有十億下，明成佛益。此中成別教佛也。大科正説分已竟。

## 仁王護國般若波羅蜜經囑累品第八

大章第三，流通分。囑謂付囑，累謂憑累。將此法付囑國王，憑其宣演，故云《囑累品》。又付國王，若有災難，憑此救度，故云囑累。又付囑此經，令累代流行，故名《囑累品》。

問：何不如《大品》付囑聲聞，《法華》付囑菩薩，而乃付囑國王耶？

答：此佛隨病設藥，以王國有災厄，弘宣得益，故付囑。又百事大，供養深廣，自非王力，誰所能辦，故付囑也。又王若不信，法即不行，行法在王，故付之也。

品文二：先付囑誡勅，後依教奉持。初，更二：先略，二廣。今初。

佛告波斯匿王：我誡勅汝，

誡謂誡勸，勅謂教勅。

二、廣。文二：初、明付囑，二、明誡勅。初，更二：先付時，後正明付人法。今初。

吾滅度後八十年、八百年、八千年中，無佛、無法、無僧、無信男信女時，

八十年者，佛去百年内，五人住持。一、迦葉，二、阿難，三、末田地。三人見佛在世，相次住持，經六十年，法行不滅。次商那和脩、優婆毱多，此二人不見佛，相次住持，經四十年，威儀法滅。故於此時言無佛法僧也。言八百年者，正法年内，二十師住持佛法，並是聖人，法不滅。第六百年馬鳴菩薩，第七百年龍樹，皆是菩薩，法亦不滅。八百年中，邪宗極盛。故於此時付囑國王，提婆菩薩聲王鼓申法是也。八千年者，像法盡，末法時，衆生信邪故法滅。

二、明付人法。

此經三寶付囑諸國王，四部弟子受持讀誦解義，爲三界衆生開空慧道，脩七賢行、十善行，化一切衆生。

文二。初、付法。可解。爲三界衆生下，二、付人也。今教三行：一、空行，二、七賢行，三、十善行。空即聖行，七賢即七方便，十善即凡行，從深至淺也。

第二，誡勅。文七：一、誡諸滅法過，二、誡壞四衆行，三、誡禁不依法，四、誡自毁，五、誡使役，六、誡自咎，七、誡謬信。今第一，誡諸滅法過。文三：初，

明滅法人；次，辨滅法過；後，結成過。

今初。

後五濁世，比丘比丘尼四部弟子，天龍八部，一切神王，國王大臣，太子王子，自恃高貴，滅破吾法。

文二。先明滅法時，即五濁也。一、命濁，二、劫濁，三、煩惱濁，四、見濁，五、衆生濁。《文殊問經》云：十歲衆生乃至千歲，有短長，爲命濁；饑饉、疫病、刀兵，爲劫濁；多有貪嗔癡，名煩惱濁；邪見、戒取、見取、邊見，爲見濁；不孝、不義、譏師長等，是衆生濁。比丘下，二、滅法人也。

二、辨滅法過。

明作制法，制我弟子比丘比丘尼不聽出家、行道。亦復不聽造作佛像形、佛塔形。立統官，制衆、安籍、記僧。比丘地立，白衣高座。兵奴爲比丘。受別請法，知識比丘共爲一心，親善比丘爲作齋會求福如外道法。都非吾法。

文中，先明制四正，後明立四邪。制四正者，一、不聽出家，二、不聽行道，三、不聽造像，四、不聽造塔。立四邪者，一、立統制衆，二、比丘地立白衣高座，三、兵奴爲比丘，四、受別請也。

三、結成過。

當知爾時，正法將滅不久。

二、誡壞四衆行。

大王，壞亂吾道，是汝等作自恃威力，制我四部弟子，百姓疾病，無不苦難，是破國因緣。說五濁罪過，窮劫不盡。

爲王不行正法，則佛道壞也。

三、誡禁不依法。

大王，法末世時，有諸比丘四部弟子，國王多作非法之行，横與佛法衆僧作大非法，作諸罪過，非法非律，繫縛比丘如獄囚法。當爾之時，法滅不久。

四、誡自毀。文三：初，自毀[三〇]；二，起惡；後，招報。今初。

大王，我滅度後，未來世中，四部弟子，諸小國王，太子王子，乃是住持護三寶者，轉更滅破三寶，如師子身中虫自食師子，非外道也。

文二：先法，後喻。今初文，可見。如師子下，二、明喻也。此喻如《蓮華面經》，佛告阿難，譬如師子命終身死，若空若地，若水若陸，所有衆生不敢食肉，惟師子身生諸虫，還自食師子之肉。阿難，我佛法中非餘破壞，是比丘破我三大阿僧祇法。彼經但喻出家，此經通喻道俗。

二、起惡。

多壞我佛法，得大罪過。正教衰薄，民無正行，以漸爲惡，其壽日減，至於百歲。

三、招報。

人壞佛教，無復孝子，六親不和，天神不祐，疾疫惡鬼日來侵害，災恠首尾，連禍縱横，死入地獄餓鬼畜生，若出爲人兵奴。果報如影如響，如人夜書，火滅字存，三界果報亦復如是。

文中，法、喻、合，可見。六親謂父母、兄弟、夫妻。喻有三：初、二，喻現報；後一，喻生報、後報也。

五、誡使役。

大王，未來世中，一切國王，太子王子，四部弟子，横與佛弟子書記制戒，如白衣法，如兵奴法。若我弟子比丘、比丘尼立籍爲官所使，都非我弟子，是兵奴法。立統官，攝僧，典主僧籍，大小僧統共相攝縛如獄囚法、兵奴之法。當爾之時，佛法不久。

六、誡自咎。

大王，未來世中諸小國王，四部弟子，自作此罪，破國因緣，身自受之，非佛法僧。

七、誡謬信。

大王，未來世中，流通此經，七佛法器，十方諸佛常所行道。諸惡比丘多求名利，於國王太子王子前，自説破佛法因緣，破國因緣。其王不別，信聽此語，橫作法制，不依佛戒，是爲破佛破國因緣。當爾之時，正法不久。

文中，爲四。初，示善。不壞正教曰流，開空法道曰通，能盛福智曰器也。諸惡比丘下，二、示惡也。其王不別下，三、謬信也。是爲破佛下，四、示過。

第二，大衆奉持。文二：先奉持，次奉行。今初。

爾時，十六大國王聞佛七誡所説未來世事，悲啼涕出，聲動三千，日月、五星、二十八宿失光不現。時諸王等各各至心受持佛語，不制四部弟子出家，當如佛教。爾時大衆、十八梵天王、六欲諸天子歎言：當爾之時，世間空虛，是無佛世。

文二：先傷感，二嗟歎。初，文二。先正明傷感。時諸國王下，二、受持也。爾時大衆下，二、嗟歎，傷此時也。

二、奉行。

爾時，無量大衆中，百億菩薩彌勒、師子月等，百億舍利弗、須菩提等，五百億十八梵、六欲諸天、三界六道、阿須輪王，聞佛説護佛因緣、護國因緣，歡喜無量，爲佛作禮，受持《般若波羅蜜》。

文五。先列大衆。聞佛所説下，二、明聞佛法義。歡喜無量者，三、明歡喜也。爲佛作禮者，四、禮佛也。受持《般若波羅蜜》者，五、奉行也。

仁王護國般若波羅蜜經疏卷下終

性澂海極督刻

興課較對

興理録藁

**校勘記**

〔一〕「二」，疑爲「三」。

〔二〕「謂觀」至「異時」，《佛説仁王護國般若波羅蜜經疏神寶記》作「謂觀現境在一時内爲俱時若推觀在因即異時」。

〔三〕「埋」，據《佛説仁王護國般若波羅蜜經疏神寶》，疑爲「理」。

〔四〕「行空」，底本原校疑衍。

〔五〕「下」，疑爲「一」。

〔六〕「不」，疑爲「一」。

〔七〕「星」，疑爲「宿」。

〔八〕「底」，疑爲「氐」。

〔九〕「星」，疑爲「心」。

〔一〇〕「嘴」，疑爲「觜」。

〔一一〕「撤」，據《賢愚經》（《大正藏》本，下同），疑爲「徹」。

〔一二〕「涌」，據《賢愚經》，疑爲「踊」。

〔一三〕「今」，底本原校疑爲「命」。

〔一四〕「讚」，疑爲「護」。

〔一五〕「一」，底本原校疑爲「十」。

〔一六〕「釋」，疑爲「譯」。

〔一七〕「乃」，疑衍。

〔一八〕「日」，疑爲「月」。

〔一九〕「住」，疑前脱「三」字。

〔二〇〕「隨」，據《佛説仁王護國般若波羅蜜經疏神寶記》，疑爲「曉」。

〔二一〕「然」，據《佛説仁王護國般若波羅蜜經疏神寶記》，疑衍。

〔二二〕「大」，疑爲「六」。

〔二三〕「無」，疑衍。

〔二四〕「順」，底本原校疑爲「信」。

〔二五〕「度」，疑爲「地」。

〔二六〕「便」，底本原校疑爲「使」。

〔二七〕「見」，疑爲「是」。

〔二八〕「惔怕」，疑爲「淡泊」。

〔二九〕「能」，底本原校疑爲「登」。

〔三〇〕「段」，疑爲「毀」。

（常崢嶸整理）

# 會刻仁王護國般若經疏(二)

## 序

《仁王護國般若經》者，乃八部般若之結經也。夫般若之談，時長理詣，莫不蕩空釋滯，絶想祛情。良由衆生迷執久固，真性難顯。故佛且不揀善惡、垢淨性相，一切訶破。雖真性及妙用不不無，而姑云無，直待情忘理喪，纖毫不容；然後引出匿王之問端，高張五忍之法網。婆心徹底，巧運錐鎚。密接通别之初機，淘鎔凡聖之玄路。來至《法華》開顯，領付家業，點示般若之離相，咸成諸法之實相。究論實相之功，功由般若；般若之要，要當妙悟。故曰：無量義者，從一法生，是也。唯我天台智者大師，深愍當來，劫運漸衰，鬭諍堅固，般若緣疎。經云：若國欲亂，鬼神先亂，鬼神亂故，即萬人亂。是諸難起，皆應受持講讀此般若波羅蜜多。而護國法要，尤在解説此經，此大師經疏所由作焉。惜乎！此疏盛行海東，中華失傳。昔四明尊者搆《仁王疏》而弗獲，亦猶天台大師拜《楞嚴經》而未得，先後求法，苦心有同揆歟。幸有宋老僧如恂師得之海賈，冺説之敘於簡端。今《龍藏》雖載，而講筵無聞。適天台敏老法師應吴門諸縉紳請，於戊戌冬住報恩北寺。時值邊疆多故，臣民不安，乃於己亥春，屬成蓮演講《仁王護國般若經》，求佛保安。惟成蓮所講，係當世通行唐不空譯本，而大師所疏爲什公譯本，經文互有異同，大旨正堪補備。且《龍藏》本經與疏各自爲帙，研究維艱。爰遵天台大部之軌，華嚴三合之例，分經會疏，合鐫方册，排科文於經前，繫疏解於經後，重加句讀。庶幾條分縷析，開卷瞭然。成蓮復據《北藏》校勘一周，合掌恭敬，而説頌曰：

般若如虚空　功德不可量

付囑諸國王　依教而信受

菩薩金剛手　承佛威神力
一聞説是經　頃刻爲護持
能令其國界　無復諸災難
疾疫與刀兵　一切悉消除
法施利羣生　同發菩提心

時在光緒二十六年荷月普門示現日，台宗後學比丘成蓮敘於吴門報恩北寺之西齋。

**校勘記**

〔一〕底本據《卍續藏》。底本原校云：「此會本粗同道霈合疏，故單揭序文，省本文。」

（肖自强整理）

# 〇二九〇

# 仁王護國般若波羅蜜多經疏〔一〕

青龍寺翻經講論沙門良賁奉詔述

## 仁王般若經疏目次〔二〕



仁王般若經疏目次終

**校勘記**

〔一〕底本據《卍續藏》，校本據《大正藏》。

〔二〕底本原校云目録新作。

# 新飜護國仁王般若經序〔一〕

唐代宗皇帝製

皇矣至覺，子于元元。截有海以般若之舟，剪稠林以智慧之劍。綿絡六合，羅罩十方。弘宣也深，志廣〔二〕也大。自權輿天竺，泳沫漢庭，行無緣之慈，納常樂之域。信其博施，傾芥城而逾遠。仰夫湛寂，超言象之又玄。五始不究其初，一得罔根其本。以彼取此，何其遼哉。

朕忝嗣鴻休，丕承大寶，軫推溝以夕惕，方徹枕而假寐。夫其鎮乾坤，遏寇虐，和風雨，著星辰，與物無爲，乂人艱止，不有般若，其能已乎？眘澡身定泉，宅心秘道，緬尋龍宮之藏，稽合鷲峰之旨。懿夫護國，實在茲經。竊景行於波斯，庶闡揚於調御。至若高張五忍，足明惻隱之深。永祛衆難，實惟化清之本。名假法假，心空色空，推之於無，則境智都寂，引之於有，迺津梁不窮。思與黎蒸，共臻實相，而緹紬〔三〕貝葉，文字參差，東夏西天，言音訛謬，致使古今飜譯，清濁不同，前後參詳，輕重匪一。其猶大輅，終繼事而增華。譬彼堅氷，始積水而非厲。先之所譯，語質未融。披讀之流，臨文三覆。凡諸釋氏，良用慨然。

先聖翹誠玉毫，澹盧〔四〕真境，發揮滿教，搜綴缺文，詔大德三藏沙門不空，推校詳譯未周部卷。三藏學究二諦，教傳三密，義了宗極，伊成字圓，褰裳西指，汎杯南海，影與形對，勤將歲深，妙印度之聲明，洞中華之韻曲，甘露沃朕，香風襲予。既而梵夾遠賫，洪鐘待扣，佇延吹萬之籟，率訓開三之典。朕哀纏欒棘，悲感霜露，捧戴遺詔，不敢怠遑。延振錫之群英，終爲山之九仞。開府朝恩，許國以身，歸佛以命，弼我真教，中夫妙門。爰令集京城義學大德良賁等，翰林學士常袞等，於大明宮南桃園，詳譯《護國般若》畢，并更寫定《密嚴》等經。握槧含毫，研精頤[五]邃。曩者訛略，刊定較然。昔之沉隱，鈎索焕矣。足可懸諸日月，大燭昏衢。潤之雲雨，横流動植。伏願：上資仙駕，飛慧雲於四天。迥出塵勞，躡金蓮於十地。朕理昧幽關，文慙麗則，見推序述，惋撫空懷，聊紀之於首篇，庶克開於厥後，將發皇永永，可推而行之。時，旃蒙歲木堇榮月也。

**校勘記**

〔一〕底本此序在目次前。

〔二〕「廣」，《仁王經科疏懸譚》末《仁王護國般若波羅蜜多經敘》(《卍續藏》本，下同)及《仁王護國般若波羅蜜多經》首《大唐新翻護國仁王般若經序》(《大正藏》本，下同)皆作「應」。

〔三〕「紬」，《仁王護國般若波羅蜜多經》首《大唐新翻護國仁王般若經序》作「油」。

〔四〕「盧」，據《仁王經科疏懸譚》末《仁王護國般若波羅蜜多經敘》，疑爲「慮」。

〔五〕「頤」，《仁王護國般若波羅蜜多經》首《大唐新翻護國仁王般若經序》作「賾」。

# 仁王護國般若波羅蜜多經疏第一上

青龍寺翻經講論沙門良賁奉詔述

稽首無上覺　體遍相圓明
應現塵沙身　大悲無與等
所説甘露法　清淨修多羅
巧濟諸羣生　甚深不可測
住果勝果道　麟喻部行尊
五忍諸聖凡　我今盡敬禮
三寶悲智力　加護見無遺
今欲贊真文　願久利含識

粵真理湛寂，迥出有無之表。智鏡澄照，洞鑒性相之源。德海揚波，汨[一]清流於塵刹。

牟尼大聖，故現迹於王宮。從無生而生，則生無所生。演無説之説，則説無所説。動而寂，若清月淩空。語而默，等摩尼照物。所以如來在昔，居于鷲峯，住定興悲，光馳聚日。波斯匿等，露集煙凝，亂墜天華，坦夷巖谷。遂得淨土穢土密布慈雲，聖衆凡衆皆霑法雨。宗陳護國，乃理事雙彰。包括始終，則境智俱寂。啓五忍而行位在目，談二諦而迷悟唯心。帝釋却頂生之軍，普明開班足之悟，化彰令德，力現難思。十三法師，文照昭〔二〕乎指掌。七難氛息，光炅炅乎寰區。恐季葉彫殘，故永言深誡。若非大明作照，何以破昏衢？非大震法音，何以窒諸慾者矣？

皇唐八葉，再造生靈。玄化無垠，正刑有截。張墜網，震頹綱。駈黔庶於福壽之場，導滄波於無爲之宅。廣運明德，光揚聖旨，乃詔不空三藏，今〔三〕重譯斯經。三藏言善兩方，教傳三密。龍宮演奥，邃旨聞天。佛日再中，真風永扇。良賁學孤先啓，有默〔四〕清流，叨接翻傳，謬膺筆受。幸揚天闕，親奉德音，今〔五〕於大明宮南桃園，脩疏贊演。宸光曲照，不容避席。竊玄珠於貝葉，但益慙惶。捧白璧於丹墀，寧勝報効。仰酬皇澤，俯課忠懃，既竭愚誠，庶照〔六〕玄造矣。

解釋經題目，義兼通別。仁王護國，標請主之所爲。般若波羅蜜多，明境智之幽玄。

## 序品第一

即八章之別目，亦可。仁者，五常之首。王者，統冠三才。護者，悲力濟時。國者，所居闤城。般若，淨慧，破識浪之煩〔七〕籠。波羅，彼岸，即清淨之室宅。蜜多者，離義，到義。經者，連綴，攝持。序者，起之端由。品者，區分彙聚。第者，次第。一者，數初。人法雙彰，故云《仁王護國般若波羅蜜多經・序品第一》。

將解此經，略啓四門：一、敘經起意，二、明經宗體，三、所攝所被，四、正解本文。

敘經起意，曲作兩門：初明經起意，後翻譯年代。初中，復二：先總，後別。夫諸佛出興，根緣感赴，諸經處會，各對宜聞。今説此經，廣陳二護。十四王等，有聖有凡，皆育黎元，植菩薩事。此故〔八〕經云：波斯匿等十六國王覩希有相，咸作是念，世尊大慈，普皆利樂。我等諸王，云何護國？如來大悲，平等濟利。佛言：善男子，吾今先爲諸菩薩等説護佛果、護十地行。廣明内護。又《護國品》云：一切國土若欲亂時，有諸灾難，賊來破壞。廣明外護。備陳二護利樂不斷，説此經矣。

次，别明者，略有六門：一、明佛母，二、明勝德，三、明修行，四、明次第，五、明同説，六、明佛果。諸佛所生，心〔九〕由智母。母出生佛，令德無儔。令德外章，修行是稟。修行之漸，次第淺深。非佛獨言，諸佛同説。從因成得，故辨果圓。有此六門，是説經意，有如人世，慈母所生，從初降靈，逮乎誕育，資德立行，自幼〔一〇〕及長，師友教誨，立身揚名。敘經起由，大意如是。

一、明佛母者，一切諸佛從般若生，般若即是諸佛之母。《不思議品》云：此般若波羅蜜多是諸佛母，諸菩薩母，不共功德、神通生處。又《奉持品》云：大王，般若波羅蜜多能出生一切諸佛法、一切菩薩解脱法、一切國王無上法、一切有情出離法。佛從母生，還彰母德，力能護國，故説此經。

二、明勝德者，所詮般若能生諸佛，能詮之教豈有比方。《觀如來品》云：若有人於恒河沙三千大千世界，滿中七寶，以用布施大千世界一切有情，皆得阿羅漢果，不如有人於此經中，乃至起於一念淨信，何況有能受持讀誦解一句者。又《二諦品》云：若有人能於此經中起一念淨信，是人即超百劫千劫百千萬劫生死苦難，何況書寫、受持、讀誦、爲人解脱〔二〕所得功德，即與十方一切諸佛等無有異。彰經勝德，表法難聞，全身尚輕，半偈斯重。諸佛同説，出離正因。若不因經，無容解脱。令生解脱，故説此經。

三、明修行者，三有苦果，長劫輪迴。縱起厭欣，熾然生死。諸外道輩，自餓投巖，雖大劬勞，徒枉功力。如來愍世，現迹王宫，乘大智悲，無倒宣説，略開五忍爲十四忍。《菩薩行品》云：善男子，此十四忍，十方世界過去現在一切菩薩之所修行，一切諸佛之所顯示，未來諸佛菩薩摩訶薩亦復如是。若佛菩薩不由此門得一切智者，無有是處。何以故。諸佛菩薩無異路故。善男子，若人聞此住忍、行忍、迴向忍、歡喜忍、離垢忍、發光忍、燄慧忍、難勝忍、現前忍、遠行忍、不動忍、善慧忍、法雲忍、正覺忍，能起一念清淨信者，是人超過百劫、千劫、無量無邊恒河沙劫一切苦難，不生惡趣，不久當得無上菩提。於諸忍中，備彰勝行，令脱苦縛，故説此經。

四、明次第者，菩提涅槃是所求證，須修萬行，時歷僧祇，從淺至深，次第悟證。《奉持品》云：云何諸善男子於此經中明了覺解爲人演説？佛言，大王，汝今諦聽，從習忍至金剛定，如法修行十三觀門，皆爲法師依持建立。故十三門廣明修斷，一德不備，無由歸源。匆謂一門，致少功力，便能圓證無上菩提。具明修斷，故説此經。

五、明同説者，諸佛利樂，隨對根宜，窮其至理，宗無異説。《二諦品》云：大王，一切諸佛説般若波羅蜜多，我今説般若波羅蜜多無别。汝等大衆，受持讀誦，如説修行，即爲受持諸佛之法。然佛化迹，語默或殊，至於般若，皆同説故。

六、明佛果者，菩薩多劫，衆行莊嚴，

因滿果圓，稱究竟位，非相無相，永超生滅。《奉持品》云：善男子，金剛三昧現在前時，而亦未能等無等等。等覺，因矣。若解脱位，一相無相，無生無滅，同真際，等法性，滿功德藏，住如來位。彰佛果矣。豈不果位菩提涅槃從生了因，凝然相續。此不必爾，如下文中，十三法師，由斷續生煩惱障故得真解脱，由斷礙解所知障故得大菩提。至彼經云：從初習忍至金剛定皆名爲伏一切煩惱。當廣分別。由斯大覺，現化利生，此經之興，諒在茲矣。

明翻譯年代者，自周星隱耀，日通津，洎乎魏朝，此經尚闕。從初晋代，至今巨唐，前後翻傳，凡有四譯。第一，晋朝太始三年，有月支國三藏法師曇摩羅蜜，晋云法護，譯爲一卷，名《仁王般若》。第二，後秦弘始三年，三藏法師鳩摩羅什，秦云童壽，於長安西明閣逍遥園，譯爲兩卷，名《仁王護國般若波羅蜜》。第三，梁朝承聖三年，有西天竺優禪尼國三藏法師波羅末陀，梁云真諦，於洪府寶因寺，譯爲一卷，名《仁王般若》，并《疏》六卷。然則，晋本初翻，方言尚隔。梁朝所譯，隱而不行。秦時所翻，流傳宇内。自古高德，疏義寔繁。百坐相仍，崇《護國》矣。粤惟叵[三]唐肅宗皇帝，重昌堯化，革弊救焚，至憂黎元，澡心齋戒，請南天竺執師子國灌頂三藏，名阿目佉，唐云不空，翻傳衆經，以安社稷。茲願未滿，仙駕歸天。我今寶應皇帝，再造乾坤，禮樂惟新，明白四達，恭嗣先訓，恩累請焉。永泰元年，歲在乙巳，四月二日，詔曰：如來妙旨，惠洽生靈。《仁王》寶經，義崇護國。前代所譯，理未融通。望依梵夾，再有翻譯。貝葉之言，永無漏略。金口所説，更益詳明。仍請僧懷感等，於内道場所翻譯。福資先代，澤及含靈。寇盜永清，寰區允穆。傳之曠劫，救護實深者。遂詔觀軍客〔三〕使開府魚朝恩，兼統其事，於南桃園翻譯。起自月朔，終乎月望。於承明殿灌頂道場，御執舊經，對讀新本，詔曰：新經舊經，理甚符順。所譯新本，文義稍圓。斯則金言冥契於聖心，佛日再生於鳳沼。翻傳先後，其在兹歟。總是初門經起竟。

第二，明經宗體，曲作兩門：一、明經宗，二、明經體。初，明經宗，復分爲二：先明諸教，後明此經。

明諸教者，凡諸經宗，隨經以立，所聞既異，非唯一轍。如《維摩經》不思議爲宗，《法華經》一乘爲宗，《楞伽經》如來藏爲宗，《涅槃經》佛性爲宗。此諸經宗，約對待立。若論至理，清淨法界言語道斷，宗何所宗？《楞伽經》中，對治心量立宗之失，故《經》偈云：隨其所立宗，即有衆雜義。等觀自心量，言說不可得。

故知立宗皆是心量。若宗不生，宗還生矣，故淨法界無宗不宗。准此而言，更何所道。今依言教，無倒希求，爲欲了知諸宗旨趣，故揚摧矣。外道雖多，宗唯我法，非此所要，廣知〔四〕餘文。今依文判，教有三種。然佛出世，初轉法輪，説《阿含》等，多明有宗。次説大乘《般若經》等無相之教，多明空宗。後説大乘《解深密》等，不空不有，非空有宗。由佛世尊於法自在，當根爲説，有斯異矣。自雙林掩耀，部執競興。初，小乘宗，鷄薗起諍，四百年内，分二十部，本末前後，如常分別。於彼時中，傳法聖者多知有教。次，馬鳴、龍猛諸菩薩等，造《智論》等，多知大乘無相空教。後，慈氏、無著諸菩薩等，造《瑜伽》等，多知大乘不空不有教。以佛滅後同佛在時，先有，次空，後非空有。雖明空有，聖不相違，故大乘法千年間付法相承，曾無異説。洎千年後，空、有兩宗清辯、護法二大菩薩，各依大乘了義之教，明空明有，見解不同。依《西域記》，此二菩薩亦不對敵，議其優劣。言空有者，所謂遍計所執性、依他起性、圓成實性，於三性中遍計體空，兩宗共許。圓成實性，體離名言，次《二諦》中下具明也。唯就依他，論其空有。具陳此義，文分爲二：初依聖教，後依古德。依聖教中，先明空有，後明二諦。

明空有者，《瑜伽》《唯識》，皆有誠文。如當寺東院《金剛疏》中以爲刊定。今依《廣百論》第十卷中，略申梗槩。於中，分三：初明師宗，次明立難，後申正義。

初，師宗者，此復有三：第一，瑜伽學徒立依他有；第二，清辯菩薩立依他空；第三，護法菩薩雙破二執，建立中道。爲《廣百論》聖天造本、護法造釋故，爲第三評家正義。

第二，立難，文復分二：一、明立宗，二、明徵難。明立宗者，初瑜伽師申有宗云：分別所執法體是無，因緣所生法體是有，由斯發起煩惱隨眠，繫縛世間，輪迴三有。或修加行，證無我空，得三菩提，脱生死苦。爲證此義，引經頌難云：遍計所執無，依他起性有。妄分別失壞，墮增減二邊。

清辯釋云：名是計執，義是依他，名於其義非有故無，義隨世間非無故有。不可引此證有依他。

第二，徵難，略引四文。

第一，瑜伽者難清辯釋。文中，有三。初，總非云：此釋不然，義相違故。次，興四難。一、義例名無難。若名於義非有故無，義亦於名是無何有。二、名例義有難。又於其義所立名言既因緣生，如義應有。三、名義計執難。若妄所執能詮性無，妄執所詮其性豈有。四、名義依他難。名隨世俗有詮表能，汝不許爲依他起性，義亦隨俗假説有能，何不許爲遍計所執。後總結云：世俗假立能詮、所詮，無應並無，有應齊有，如何經説一有一無，故汝所言不符經義。應信遍計所執性無，是諸世間妄情立故。依他起性從因緣生，非妄情爲，應信是有。

第二，立難。清辯菩薩爲證己義，引經偈云：由立此此名，詮於彼彼法。彼皆性非有，由法性皆然。

瑜伽者難云：經意不説名於義無，但説所詮法性非有，辯諸法性皆不可詮，名言所詮皆是共相，諸法自相皆絶名言，自相非無，共相非有。此中略説所詮性無，非謂能詮其性實有，故頌但説彼非有言，不爾，應言此性非有。

第三，立難。清辯菩薩證依他無，復引經中所説略頌：無有少法生，亦無少法滅。淨見觀諸法，非有亦非無。

瑜伽者難云：此亦不能證依他起其性非有。所以者何？此頌意明遍計所執自性差別、能詮所詮，其體皆空，無生無滅。離執淨見，觀諸世間，因緣所生，非無非有，故此非證依他起無。

第四，立難。清辯菩薩引經證成依他性空，契經偈曰：諸法從緣起，緣法兩皆無。能如是正知，名通達緣起。若法從緣生，此法都無性〔一五〕。此法非緣生

瑜伽學徒會此經云：如是二經説緣生法雖無自性而不相違，以從緣生。緣生法有二種：一者遍計，二者依他。此中意明遍計所執自性非有，不説依他。若説依他都無自性，便撥染、淨二法皆無，名惡取空，自他俱損。清辯菩薩見瑜伽師種種徵難，遂乃責曰：此妄分別，誰復能遮。得正見時，自當除遣。

《論》文第三，申正義者，護法評云：如是等類，隨見不同。分隔聖言，令成多分。互興諍論，各執一邊。既不能除惡見塵垢，詎能契當諸佛世尊所説大乘清淨妙旨。未會

真理，隨己執情，自是非他，深可怖畏。應捨執著空、有兩邊，領悟大乘不二中道。

明二諦者，《論》云：然佛所説無相甚深二諦法門寂爲難測，今日自勵，依了義經，略辨指歸，息諸諍論。世俗諦者，謂從緣生世出世間色心等法，親證離説，展轉可言。親證爲先，後方起説。此世俗諦，亦有亦空，假合所成猶諸幻事，從分別起如夢所爲。有相可言，名世俗諦。勝義諦者，謂聖所知，分別名言皆所不及，自内所證，不由他緣。無相絶言，名勝義諦。如是略説二諦法門。正法學從[一六]，同無所諍，諸有大心、發弘誓者，欲窮來際利樂有情，應正斷除妄見塵垢，應妙悟入善逝真空，爲滿所求，當勤修學。

問：准此所説，護法失宗。《唯識論》中，護法菩薩言依、圓有。何故於此釋勝義諦無相絶言，而説爲空？

答：彼據《深密》研窮性相，言二性有。此據《般若》離言絶相，故此言空。理教顯然，斯有何失。依教明説[一七]。後依古德，對明三性，立三無性。略引二文。

真諦三藏依《三無性論》，具遣三性，立三無性：一、遣分別，立分別無相性；二、遣依他，立無生性；三、遣真實，立真實無性性。此所遣者，於一真理，遣三性故，立三無性，廣如彼故。

慈恩三藏依《唯識論》，即依三性，立三無性。如《論》頌云：即依此三性，立彼三無性。

一、依計執，立相無性；二、依依他，立無自然性；三、依圓成，立無我法性。初計所執，情有理無。依他、圓成，理有情無。廣如彼説。

問：此二三性所立何別？

答：前對遣三，立三無性。後但依三，立三無性。前空後有，是二別也。謹詳至理，實不相遣[二八]。如於色蘊立三性者，依色蘊上橫計我法是計所執，色蘊有爲即是依他，色性真如即圓成實。若説三性俱有俱空，悉皆無過。但可意會，勿滯於言。言俱有者，遍計妄有，依他緣有，圓成真有。言俱空者，遍計體空，依他自性空，圓成勝義空。於如是義，聖賢具悉。勿謂上文前二菩薩、後二三藏所説相違。

言空有者，爲彼時中，樂聞空有，能起修證。由諸凡愚無始熏習，起有空執。彼彼病深，佛爲斷除，而作此説。諸菩薩等，依奉聖言，各對彼時執見過失，依至教量，廣有弘揚。幸而詳之，勿復興病。即前所説三性、無性、二諦、有空，皆此經宗，至文當悉。

明諸教説[二九]。

明此經者，題云般若，即以爲宗。《觀如來品》别明三種：實相、觀照，及以文字。慈恩三藏更加二種：境界、眷屬。通前五法，般若性故，般若相故，般若因故，般若境故，般若伴故。有義：此經觀照爲宗，經説五忍即是慧故。生空法空，根本後得，遠近加行，皆是經宗，十四忍中無不攝故。有義：此經實相爲宗，經自説云，以諸法性即真實故，無來無去無生無滅等。有義：此二合爲經宗，性相名殊，體用無别，因或具、闕，果必俱故。又即此二是正所求，若因若果，俱修證故。又即此二是真實身合立爲宗，義符順故。

問：境、伴、文字，何不爲宗？

答：此二是本，彼三末故。又境與伴，及彼能詮，有此必俱，豈别立故。

問：經明二諦，何不爲宗？

答：先德以彰爲宗無失。又此智證事理皆周，此以攝彼不别。

明經宗訖。

第二，明經體。於中，分二：先體，後性。

明諸教體，有總有别。

初，總明者，《瑜伽八十一》云：經體有二：一文，二義。文是所依，義即能依。由能詮文，義得顯故。

後，別明者，即於前二，復分爲五：文三，義二。

文有三者。一、隱假談實，以聲爲體。《俱舍論》云：有説佛教，語爲自性。彼説法蘊皆色蘊攝，語用音聲爲自性故，佛意所説他所聞故。《對法論》有成所引聲，不説名等爲成所引。《唯識論》云：若名句文離聲實有，應如色等非實能詮。故説佛教，以聲爲體。二、隱實談假，名等爲體。《俱舍論》云：有説佛教，名爲自性。彼説法蘊皆行蘊攝，名不相應行爲性故，要由有名乃説爲教，是故佛教體即是名。謂如句文次第行列、次第安布、次第連合，故説佛教，名等爲體。三、假實合論，性用爲體。《十地論》云：説者，聽者，皆以二事而得究竟，一者聲，二善字。字爲所依，攝名句故，謂即此二而爲四法，聲名句文，用各別故。名詮自性，句詮差別，文即是字，爲二所依。此三離聲，雖無別體，而假實異，亦不即聲。由此法、詞二無礙解，境有別故，法緣名等，詞緣於聲。故説佛教，性用爲體。

義爲二者。一、攝境從心，唯識爲體。《華嚴經》説：三界唯心。此經下云：從初刹那，有不可説識，生諸有情色心二法。《起信論》云：若離心念，則無一切境界之相。《論》説：心、心所、色、不相應行、諸無爲性，皆不離識。識有差別，説者真教，聞者似法，依淨法界平等所流。若就根本能説者，心。若取於末能聞者，識。何以知然？《二十唯識》世親頌云：展轉增上力，二識成決定。謂餘相續識差別故，令餘相續差別識生，展轉互爲增上緣故。故説佛教，唯識爲體。二、攝相歸性，真如爲體。故經説云：一切法亦如也，至於彌勒亦如也。此《經》下云：謂契經等所有宣説，音聲、語言、文字、章句，一切皆如，無非實相。故説佛教，真如爲體。上來五種，總别淺深。以理而言，隨舉一門，即互相攝，不相違也。

後，明性者，攝相歸性，謂即圓成。前之四門，通依、圓二。若從所聞有漏心變，或從能説有漏文義，唯屬依他。無漏心變，或無漏説，正智所攝，通圓成實，無漏有爲通二性故。

問：十八界中，十五有漏，如何聲等亦無漏攝？名句文三，自性無記，如何可説通無漏善？

答：隨有部宗，説十五界唯是有漏，名等無記。今大乘宗，如來説法，聲名句文，真善無漏。十地菩薩，隨識判性。若無漏心説聽教者，從能變識，是有漏善。若有漏心説聽教者，從能變識，有漏無記。二乘説聽，唯有漏説，彼無無漏説聽智故。質影有無，諸心集現，如常分别。第二門訖。

第三，所攝所被者，於中，有二：初辨所攝，後明所被。所攝有五：一藏，二分，三乘，四時，五會。

藏所攝者，依《瑜伽論》，説有二藏：一、菩薩藏，二、聲聞藏。獨覺教少，入聲聞中，從多爲藏，名聲聞藏。或説三藏：一、毗柰耶，二、素呾纜，三、阿毗達磨。如次詮於戒、定、慧學。或説六藏，菩薩、聲聞，各有三故。獨覺更無别戒律等，故無三藏可得成九。此經即於二藏六藏菩薩藏收，三藏之中素呾纜藏。雖十二分有論義經，《囑累品》中廣明諸誡，義實通貫，文則唯經。

二、分所攝者，十二分義，具如别章。今但列名，略配經矣。一者，契經，有通有别。通即十二俱名契經，别即長行所應説義。此經具有。二者，應頌，長行已説，應重述頌。謂《菩薩行品》有七言偈，雖佛説長行，王讚偈頌再牒長行，即重頌故。又《奉持品》五言偈是。三者，記別，此有三相：一、記大人當成佛事，二、記弟子死此生彼，三、爲記別諸法之義。今此經中可通第三。四者，諷誦，謂前未説直以偈明。謂《二諦品》及《護國品》五言四言二偈頌是。五者，自説，謂不待諸觀機即説，令法久住，顯佛悲深。謂《觀如來品》云：善男子，吾今先爲諸菩薩摩訶薩説護佛果、護十地行等。六者，緣起，此有三相：一、因犯制戒，二、因事説法，三、因請説法。今此經中通第二三，《囑累品》中因事説誡，及上下文因請説故。七者，譬喻，謂以喻況，曉所説法。謂下經云：恒沙世界，滿中七寶，以用布施大千有情，得羅漢果等。八者，本事，謂除自身，説於過去弟子及法。即《菩薩行品》説波斯匿王爲四地菩薩，及下普明班足王等護國之事。九者，本生，説佛自身在過去世，彼彼方所，若死若生，行菩薩行。即自説云：我爲八地菩薩，及下頂生欲滅帝釋。《涅槃經》云：爾時頂生即我身是，明佛因矣。十者，方廣，此有二相：一、説行菩薩道，二、法廣多極高大故。此經具有。十一，希法，爲説八衆共德及餘寂勝殊特驚異。謂下經云若人得聞十四忍者，不生惡趣，得菩提等。又班足聞法證空三昧。又《不思議品》散華神變等。十二，論義，謂諸經典，修環研窮，摩呾理迦。諸了義經皆得名爲摩呾理迦也。今此經中，乘前起後，請問性相，修環而説，是論議經。具十二矣。

三、乘所攝者，或説一乘，如《法華經》云：唯有一乘法，無二亦無三。或説二乘，如《攝論》等。一者大乘，謂即上乘。二者小乘，謂即下乘。或説三乘：一菩薩乘，二獨覺乘，三聲聞乘。處處經中皆同説故。及説五乘，如常分別。今此經者，即一乘收，《勝鬘經》

云一乘即大乘故，二三乘中菩薩乘故。

四、時所攝者，古立教時，從一至五，慈恩法師《法苑》具破。今唯正義。慈恩三藏依《解深密王藏依〔一〇〕經》第二卷，立三時教。彼《經》廣爲勝義生菩薩説三性三無性已，勝義生深生領解，世尊讚歎善解所説。勝義生白言：世尊初於一時，波羅痆斯仙人墮處施鹿林中，唯爲發趣聲聞乘者，以四諦初〔一一〕轉正法輪，雖是甚奇，甚爲希有，一切世間諸天人等先無有能如法轉者，而於彼時所轉法輪，有上有容，是未了義，是諸諍論安足處所。世尊在昔第二時中，唯爲發趣修大乘者，依一切法皆無自性，無生無滅，本來寂靜，自性涅槃，以隱密相轉正法輪，雖更甚奇，甚爲希有，而於彼時所轉法輪，亦是有上有所容受，猶未了義，是諸諍論安足處所。世尊于今第三時中，普爲發趣一切乘者，依一切法皆無自性，無生無滅，本來寂靜，自性涅槃，無自性性，以顯了相轉正法輪，第一甚奇，寂爲希有，于〔一二〕今世尊所轉法轉〔一三〕，無上無容，是真了義，非諸諍論安足處所。屬諸經者，謂諸《阿含》，及諸《般若》《深密》等經，配三時矣。又《金光明經》説三法輪，謂轉、照、持，轉四諦法，以空照有，非有非空可任持故。若唯頓教，時但唯一。對不定性，大由小起，漸次而被，可有三時，《解深密經》約此而判。今者此經，約漸次説，容第二時。隨頓教性，總不立時。設令立時，第三時故。何以知然，廣明大乘十四忍門，從淺至深革凡成聖，具明空有，備陳行位，豈但説空爲第二時。

問：《解深密經》據説空教，諸《般若》等爲第二時。又《大般若》數處經文，諸天讚佛，云第三時。

答：如彼《經》中説非空有，爲第三時，如《華嚴》等。理實而言，《華嚴》《十地》

《金光明》等，具明大乘非空非有，治斷行位，三賢十地，故爲第三。此經亦然，豈爲第二？又彼據漸次可云第二，此約頓悟故云第三，進退皎然，豈違教也？

五、會所攝者，《大般若經》總依四處十六會說。言四處者，一王舍城鷲峯山，二室羅筏給孤獨園，三他化天宮摩尼寶藏殿，四王舍城竹林園白鷺池側。其十六會，初之五分更無別名，但以數次標其分目。次之三分從請主名：第六寂勝天王分，第七曼殊室利分，第八那伽室利分。後之八分所詮爲目：第九能斷金剛分，第十般若理趣分，餘之六分如次六度以題今目。然今此經，四處之中，同第一處。若十六會，無此會經。其猶聯綿長山，一峯孤秀。盪洋渤澥，別浦澄天。披之者坐覽三祇，尋之者全觀十地。迷者觀之不惑，悟者藉之昇堦。菩薩行門，如啓諸掌。佛果久近，掘[二四]鏡融心。淨信則福越河沙，持讀乃灾殃霧卷。安人護國，莫大於斯。塵劫讚揚，願申報効故。

第二，明所被者，初明根性，後以教被。

明根性者，五性一性，自古紛紜，舉領提綱，略申三說。有說一切衆生有五種性：一、聲聞性，二、緣覺性，三、如來性，四、不定性，五、無種性。何以得知定、不定性及有一類無種性者。依《大般若》五百九十三，善勇猛言：而於三乘性決定者[二五]，而於三乘性不定者，聞此法已，速發無上正等覺心。即明三乘定、不定矣。《夫人經》云：離善知識無聞非法衆生，以人天善根而成熟之。《善戒經》云：無種性人無種性故，雖復發心勤行精進，終不能得無上菩提。以此等文爲定量故，猶斯種性具有五種。有說一切衆生皆有佛性，無有定性及無性者，何以知然？《涅槃》二十七云：一切衆生悉有佛性。又云：一切衆生悉皆有心，凡有心者，悉皆當得阿耨菩提。以此等文爲定量故，猶斯衆生無無性矣。兩宗所立，教等理齊，破斥會違，廣如餘記。有説有性無性唯佛能知，然佛世尊於法自在，廣於諸教，隨對根宜，説有説無，皆爲利樂，勿懷取捨而欲指南。

問：有無相違，云何利樂？

答：有情本來種性差別。若聞無性，恐墮彼流，佛爲説無，令速出離。若聞有性，速起進求，佛爲説有，令無退墮。故佛所説，皆是法輪，言有言無，深爲利樂。然《起信論》，由迷本覺，有不覺生，照本還源，無不成佛也。

二，以教被者，經文不簡，顯佛悲深，三界四生，等皆度故。第三，門訖。

第四，依文正解，曲分爲二：初釋題目，後解本文。

釋題目者，晉梁所譯題目，俱云《仁王般若》，無護國名。秦本雖有護國之言，乃無多字。巨唐新譯，文義具故。釋題目中，初解通名，後釋品號。解通名中，先離，後合。

唐梵對者：梵云麼努，此翻爲仁。梵云產捺囉，此翻爲王。梵云跛羅，此翻爲護。梵云囉瑟吒囉，此翻爲國。梵云鉢囉枳穰，此云智慧，敵對譯者名極智也。梵云波囉弭多，此云倒〔二六〕彼岸，依聲明論分句釋，云波囉伊上聲多。言伊多者，云此岸也。言波藍者，云彼岸也。由乘極智，離此到彼也。梵云素怛囕，此翻爲經。然今題云仁王護國般若波羅蜜多經者，一部都名，總十一字。上四下一，俱是唐言。中間六字，乃是梵語。仁王則諸〔二七〕主，彰廣敬之令譽。護國則所爲，陳博愛之鴻業。

言仁者，人也。《正理》解人，多思慮故。依義訓人，有恩親故。依書解者，如《大傳》云：舜，不登而高，不行而遠，拱揖於天下，而天下稱仁。《禮》曰：上下相親，是謂之仁，又曰：温良者仁之本，敬慎者仁之地，寛裕者仁之作，遜接者仁之能，禮節者仁之皃，言談者仁之文，歌樂者仁之和，散者仁之施，儒者仁之行。兼而有之，是謂之仁。《論語》曰：克己復禮，天下歸仁。則恩惠於物，慈施博衆，名爲仁矣。

言王者，主也。《順正理論》：於劫初時，爲分香稻，共立田主三曼多王。此云共許。若言天子者，《金光明》偈云：雖生在人世，尊勝故名天。由諸天護持，亦得名天子。

依書解者，《韓詩》曰：王者往也，天下往之。善養人也，故人尊之。善治人也，故人安之。善悦人也，故人親之。善飾人也，故人樂之。具此四德，而天下往。《禮》曰：天子以德爲車，以樂爲脚。又曰：昔者，先王尚有德，尊有道，任有能，舉有賢，故因天事天，因地事地。《老子》四大，王居其一。《説文》王字，德貫三才，兆庶又[三八]安，是稱王矣。王有仁德，有財得名。王懷仁德，仁即王故，持業得名。王行仁惠，仁之王故，依主得名。

言護者，加衛義，覆攝義。蓋爲仁王仰希如來大悲加衛，普覆含識，攝受無遺，故稱護也。言國者，城也。四海八方，有截疆域，聖凡士庶，各安其居。若乃災害不生，禍亂不作，人天歡慶，龍鬼潛施。至教常流，安人護國，國之護故，依主得名。

言般若者，梵音也，此云智慧。先別，後通，列有五種：一者，文字，能詮教也；二者，觀照，即淨慧也；三者，實相，即真如也；四者，境界，謂即二諦三性無性也；五者，眷屬，相應四蘊，助伴五蘊，定道戒也。般若名寬，通前五種。勝用唯二，正智、如如。具足應言般羅賢若，此翻爲慧。梵云若那，此翻爲智。西方梵字有界有緣。准《大品經》，若之一字，通目智慧，二字界故。般那兩字，別目慧智，二字緣故。以般助若，若即目慧。以那助若，若即目智。由是經論，六度十度，開合不同。若言六度，即智慧二總爲第六，以合明故。若言十度，慧爲第六，智爲第十，各別明故。

問：慧之與智，爲同爲異？

答：俱別境、慧，一體實同。擇法決斷，二用則別。故《勝天王般若》云：菩薩具足般若，具足闍那。又彼下云：得般若門，分別句義。得闍那門，能入衆生諸根利鈍。若通言之，智處説慧，慧處説智，皆無違矣。雖即檀等俱得度名，題中據勝，唯標般若。

言波羅者，梵語也，此云彼岸。對彼説此，此岸者何？於四諦中已起苦、集而爲此岸，未起苦、集而爲中流，涅槃菩提即滅、道諦而爲彼岸，六度萬行以爲船筏，五藴假者是能乘人。諸修行人，乘于六度，截流越此，高翔覺路，至究竟位，是達彼岸。然配經中教理行果，彼岸唯果，行唯在因，教之與理通乎因果。題標果德，云波羅矣。言蜜多者，梵語也。此具二義，離義，到義。即是施等具七寂勝，至下當悉。於生死中，離此到彼。

言經者，唐言也。若以梵音，云修多羅、修妬路，皆訛也。慈恩三藏云素呾纜而目四義，衣、綖、席、經〔二九〕，猶如瞿名具多法故。今此唯取經義、綖義。何以知然？《四分律》云：如種種華置於案上，以綖貫持，雖爲風吹，而不分散。故佛説教其猶衆華，衆生識心有如案矣，若不以綖連綴攝持，邪見暴風或當飄散故。故結集者，連綴佛言，如綖貫華，如經持緯。《佛地論》云：以佛聖教，貫穿攝持所應説義及所化生，貫穿即綖，攝持即經。然其經字，即同此方經籍之名。俗釋經者，常也，法也。古今不易，故謂之常。指定是非，稱之爲法。《雜心論》中五義釋經，謂涌泉等。講者敘焉。今解經者，即能詮教。出體門中，依《瑜伽論》，亦取於義，所詮之理。故教及理總名爲經。仁王護國般若波羅蜜多，亦通教理，以上十字，對經一字，綺互相望，總爲四釋。謂仁王護國般若波羅蜜多，即經之經，持業依主，准釋應知。

解品名者，言序者，因由也，謂説般若，起之由致。言品者，類也，文義彙聚，名自區分。言第者，次之居也。言一者，數之始也。此經一部，總有八品。此品居初，故稱第一。

解本文者，先總判科，後隨文釋經。《真諦記》判釋此經大分爲四：一、發起分，即初《序品》；二、正説分，謂次五品；三、王得護國分，即第七品；四、流通分，即《囑累品》。昔有晋朝道安法師，科判諸經以爲三分，序分、正宗、流通分故。至今巨唐，慈恩三藏譯《佛地論》，親光菩薩釋《佛地經》，科判彼經以爲三分。然則東夏、西天，處雖懸曠，聖心潛契，妙旨冥符。今判此經，依彼三分：一、教起因緣分，即初《序品》；二、聖教所説分，次之六品；三、依教奉行分，謂《囑累品》。釋初《序分》，文分爲二：初，明通序，謂如是等；後，明别序，爾時世尊等。然此二序，總爲五對。一、通别對。諸經通有，當部别緣。二、證發對。初，傳法者，引證令信；後，説法者，别緣發起。三、前、後對。如是等文，經後教置。爾時等文，經首本緣。四、師、資對。阿難請主，如來説者。五、現、未對。阿難後請，時在未來。佛説經前，當時緣起。後之三對，名皆不次，但取語順，義則依經。初二對名義已周備，爲令盡理，立五對焉。

將釋通序，三門分别：一、經起之因，二、建立所以，三、開合不同。

經起因者，《大悲經》中是優波離教阿難問。《大衍[三〇]經》云：阿泥樓逗教阿難問。《智論》第二：佛涅槃時，娑羅樹間，北首而卧。爾時阿難心没憂海。阿菟[三一]樓豆語阿難言，汝是守護佛法藏者，又佛世尊手付汝法，汝今愁悶，失所受事。《大衍經》云：請問四事。一、佛滅度後，諸比丘等，以誰爲師？二、依何處住？三、惡性比丘，如何調伏？四、一切經首，當置何言？佛告阿難，我滅度後，以波羅提木叉爲汝大師。依四念處住。惡性比丘，梵壇治之，梵法默然，不應打駡，但默擯故。一切經首，當置如是我聞等言。何故阿難但申四問？大意總明，三寶不斷。以戒爲師，佛寶不斷。四念處住，如是等言，此二即是法寶不斷。比丘和合，僧寶不斷。三寶久住，利樂無邊，故臨涅槃，問答唯四。阿難結集，謹奉佛言，於諸經初，置如是等。

二、立所以者，如是等言，自有四意：一爲除疑，二爲生信，三爲簡邪，四爲顯正。

言除疑者，《真諦記》云：《微細律》説，阿難比丘當昇高座出法藏時，衆有三疑：一、疑佛大悲從涅槃起，二、疑更有佛從他方來，三、疑阿難轉身成佛説如是等。三疑併斷。

二、生信者，《智度論》云：説時方人令生信故。又云：如是我聞，生信也。信受奉行，生智也。信爲能入，智爲能度。文無繁約，非信不傳。由起信心，所言理順。即由理順，即師資道成，於所説法皆順從故。云何爲信？信是心所善十一中㝡初信也，令心、心所澄淨爲性，如水精珠能清濁水，對治不信渾濁之心，樂善爲業，衆行本矣。何緣經首㝡初生信。五根之中，先列信根，有信根故，能生萬善。五力之中，先陳信力，有信力故，魔不能動。故《華嚴》云：信爲道原功德母故。又趣三乘有善法欲，由有信故，起善希望，信爲欲依㝡初生故。又此經中伏忍㝡初標十信心，聖胎本故。又《顯揚論》明七聖財，謂信、戒、聞、捨、慧、慙、愧。七聖財初，即信財故。又《正理》云：澄〔三〕淨有四種，謂佛、法、僧、戒，信三寶故能越惡趣，由信戒故離貧賤因，猶如金剛四不壞故。又《俱舍》云：拔衆生苦，出生死泥。序令生信爲衆生手，後陳正宗爲佛教手，兩手相接，出淤泥故。又《智論》云：如人有手，至於寶山，隨意所取。若其無手，空無所得。有信心人入佛寶山，得諸道果。若無信心，雖解文義，空無所得。是故經初，令生淨信。

三、簡邪者，諸外道輩，於自教初，皆悉置於阿漚二字。云梵王訓世有七十二字，衆生轉薄，梵王嗔怒，吞噉諸字，唯此二字在口兩角。阿表於無，漚表於有，置彼教首。今佛世尊教阿難置如是等言，簡異彼故。

四、顯正者，三寶㝡吉祥故。我經初説佛之一字即是佛寶，如是一時及彼處即是法寶，我聞二字及比丘衆即是僧寶，具陳三寶爲顯正矣。

第三，開合者，《真諦記》中開爲七事，開我與聞而爲二事，餘五如文。今依《智論》，總説六義：一者，信成，所謂如是；二者，聞成，所謂我聞；三者，時成，所謂一時；四者，主成，所謂佛也；五者，處成，住王舍等；六者，衆成，與比丘等。世親菩薩《般若燈論》亦有六義，如彼頌云：前三明弟子，後三證師説。一切修多羅，其事皆如是。

減五至一，皆有義門，廣如餘文，繁而不敘。今解通序，雖有六成，且初前五，其義者何？

經：如是我聞，一時，佛住王舍城鷲峯山中，

解曰：如是者，明所聞法無非法失。略敘三解。

初，別解如是。安法師云：有無不二，名之爲如。如非有無，稱之爲是。如無所如，是無所是，故云如是。《注無量義經》云：至人説法，但爲顯如。唯如爲是，故云如是。梁武帝云：如即指法，是即定詞，如斯之言是佛所説。

次，合解如是。《真諦記》云：如是者，

決定義。決定有二：一文，二理。文是能詮，理即所詮。阿難所傳文理決定，如佛所説也。法智解云：如是者，阿難自明之詞。金口所説，旨深意遠，非所仰測。章句始末，正自如是。

後，帶我聞解。《佛地論》云：如是總言，依四義轉：一、依譬喻，如有説言如是富貴如毗沙門；二、依教誨，如有説言汝當如是讀誦經論；三、依問答，如有説言汝當所説昔定聞耶，故此答云如是我聞；四、依許可，唯依此也。謂結集時諸菩薩衆咸共請言，如汝所聞，當如是説。傳法菩薩便許彼言，如是當説，如我所聞。又如是言，信可審定，謂如是法我昔曾聞，此事如是，齊此當説，定無有異。略引六文，廣如餘記。

言我聞者，辨能聞人無非根失。又復分三。

初言我者，我有三種：一、妄所執，外道横計；二、假施設，謂大涅槃常樂我淨，除二乘倒，强施設故；三、世流布，我謂世共自指稱我。遍計無體，圓成無相，傳法菩薩，於依他中，隨順世間，假説稱我。

問：諸佛説法本爲除我，不言無我，乃言我聞。

答：《瑜伽》第六有其四義：一、言説易故，若説無我，通藴處界，知此説誰；二、順世間故；三、除無我怖，言無我者，爲誰修道；四、爲宣説自他、染淨、因果事業，令生決定信解心故，所以稱我。又《智論》第一，四悉檀中，世界悉檀故説有我。即當《瑜伽》順世間故。

次言聞者，《婆沙》十二，薩婆多宗，耳聞非識。法救尊者，識聞非耳。《成實論》云：譬喻師説心、心所法和合能聞。今大乘宗《雜集》第二，非耳能聞，亦非識等，以一切法無作用故。由有和合，假立爲聞。就勝所依，或説根聞。以能分别，故説識聞。具前二義，説根識聞。《瑜伽》五十六云：諸法自性衆緣生故，刹那滅故，無作用故。《智論》六云：非耳及識、意等能聞，多緣和合故得聞聲。又耳根識唯聞於聲而不聞教。若約名句，唯意識聞。故《瑜伽》云：聞謂比量，然由耳識親聞於聲，與意爲門，意方得聞。耳意爲〔三〕緣，熏習在識，因聞所成，故説爲聞。廢別耳等，總名我聞。故《佛地》云，我謂諸蘊世俗假者，聞謂耳根發識聽受，廢別就總故説我聞。

問：何須廢別，總説我聞？

答：若不言我，但云耳聞，耳通一切，是誰耳聞。又復聞時，根、境及空、作意、分別、染淨種子，并根本依，一一具陳，乃成繁廣。若唯説一，義用不周。所以廢別，總説我聞。

後中問答。

問：爲佛説法而言我聞，爲佛不説言我聞耶？

答：《佛地論》中，自有二解。一者，龍軍、無性等云：諸佛如來唯有三法，大定、智、悲。久離戲論，曾不説法。由佛慈悲本願緣力，衆生識上文義相生，雖親依自善根力起，而就强緣，名爲佛説。譬如天等增上力故，令於夢中得論呪等。二者，親光等言：佛身具有蕴、處、界等，由離分別，名無戲論，豈不説法名無戲論？謂宜聞者善根力故，本願緣力，如來識上文義相生，是佛利他善根所起，名爲佛説。聞者識心雖不親得，然似彼相分明顯現，故名我聞。

問：阿難是成道日生，二十年後方爲侍者，已前諸教何得親聞？

答：有四義。一、本願力故。過去作長者，供養誦經沙彌，今得總持。龍樹讚云：面如淨滿月，目如青蓮華。佛法大海水，流入阿難心。二、佛加持故。《報恩經》云：佛入世俗心，令阿難知。又云：佛爲略説，粗舉其端，而能盡解。三、三昧力故。《金剛華經》云：阿難得法性覺性自在王三昧，悉能憶故。四、聞法力故。《觀佛三昧海經》第五云：阿難聞佛説菩薩行，即憶過去九十億佛所説經藏。《法華》第四云：自聞授記等，即時憶念過去無量千萬億諸佛法藏，通達無礙，如今所聞等，而説偈言，世尊甚希有，令我念過去。無量諸佛法，如今日所聞。

問：阿難尊者既是聲聞，云何能持大乘法藏？

答：《集法傳》云：有三阿難：一、阿難，此云慶喜，持聲聞藏；二、阿難跋陀，此云喜賢，持獨覺藏；三、阿難伽羅，此云喜海，持菩薩藏。而實阿難總持自在，三名雖異，但一人矣。又《金剛仙論》及真諦所引《闍王懺悔經》，亦同此説。

問：持佛法藏菩薩極多，何唯阿難，不付菩薩？

答：阿難常隨如來，人、天具識，寫瓶有寄，故囑傳燈。菩薩形異處疎，利生嚴土，各自忩務，不可例同。表唯阿難，言我聞矣。《智論》第二云：是阿難頂禮僧已，坐師子座，一心合掌，向佛涅槃方，如是説言，佛初説法時，爾時我不見。如是展轉聞，佛在波羅柰。是時千阿羅漢聞是語已，上昇虚空，高七多羅樹，皆言，無常力大，如我等眼見佛説法。今者乃言如是我聞。《佛地論》云：應知説此如是我聞，意避增減異分過失。謂如是法我從佛聞，非他展轉，顯示聞者有所堪能，諸有所聞皆離增、減、異、分過失。非如愚夫無所堪能，諸有所聞，或不能離增、減、異、分。結集法時，傳佛教者，依如來教，初説此言，爲令衆生，恭敬信受。言如是法，我從佛聞，文義決定，無所增、減，是故聞者，應正聞已，如理思惟，當勤修學。

言一時者，第三時成，無非時失。如來

說法，善應根宜，會遇無差，唯一時矣。依《佛地論》，有三義解。一、謂說聽究竟一時，此就刹那相續無斷，說聽究竟，總名一時。若不爾者，不[三四]名句等說聽時異，云何言一？《論》文變釋，名不就其說聽究竟名一時者，如初說字，次名，後句，乃至一品一部終畢，說聽時異，云何言一？不以久近，一期究竟，簡說餘部非一時故。二、謂刹那領悟一時，或能說者得陀羅尼，於一字中一刹那頃，能持能說一切法門。或能聽者得淨耳根，一刹那頃聞一字時，於餘一切皆無障㝵，悉能領受，名一時矣。此即上根於一刹那說聽領悟，簡中下根脩促異故。三、謂說聽會遇一時，或相會遇時無分別，故名一時。即是說聽共相會遇同一時義，簡不當根時前後故。此等皆是假名一時。

問：大乘過未既非實有，於三世中何名一時？

答：有二義。一、道理時。說者聽者，雖唯在五藴，諸行刹那生滅，唯有一念現在之法，然有酬前引後之義，即以所酬假名過去，即以所引假名未來，對此二種說爲現在。此過未世並於現在法上假立，故說聽者事緒究竟，假立三世總一時，非一生滅之一時也。二、唯識時。識心之上變任三時相狀而起，然說聽者實是現在。隨心分限，變作短長，事緒終訖，總名一時。如夢所見，謂有多生，覺位唯心，都無實境。

問：說聽一念，生已即滅，如何識上聚集解生？

答：雖唯一念，由前前聞展轉熏習，後識心上連帶解生，前所聞者聚集顯現。如言諸行無常，至常字時，前之三字一時聚集，乃至後後一偈一品連帶亦爾，故雖生滅，說受義成。五心之義，如常分別。

問：一之與時，以何爲體？

答：《成實》《俱舍》，經部、多宗，此二假實，皆五蘊性，處、界門中有爲法故。今依大乘，自有三解。一、《智論》云：數時等法，實無所有，謂陰、入、持所不攝故。陰、入、持者，蘊、處、界也。二、《佛地論》云：時者，即是有爲法上假立分位，或是心上分位影像，依色、心等總假立故。三、《百法論》：一之與時，即依色、心分位假立，是不相應。數及時也，五蘊門中行蘊所攝，處、界門中法處、法界，意識境故，亦即《瑜伽》數世識故。

問：凡聖同聽，總説一時。淨穢同時，應云一處？

答：淨穢既異，即得定言。時中萬差，故總言一。一會根宜，聖凡勝劣，利鈍短長，有多差別，不可定舉，總説一時。

言佛者，第四化主成。《智論》第二，五種能説：一佛，二聖弟子，三諸天，四神仙，五變化。簡異餘四，故標佛也。梵云佛陀，此云覺者。依《起信論》，所言覺者，心體離念，永離妄念不覺之心，有大智慧，光明遍照，等虚空界，無所不遍，謂之覺矣。此具三義：一者，自覺，覺知自心本無生滅，異凡夫故；二者，覺他，覺一切法無不是如，異二乘故；三者，覺滿，究竟理圓，稱之爲滿，異菩薩故。《佛地論》云：具一切智、一切種智，能自開覺，亦能開覺一切有情，如睡夢覺，如蓮華開，故名爲佛。一切智者，能自開智，如睡覺智，觀於空智、理智、真智、無分別智，如所有也。總相而言，證真之智。一切種智者，覺有情智，如蓮華智，觀於有智、事智、俗智、後所得智，盡所有也。總相而言，達俗之智。

問：本、後二智，體爲同異？

答：准此下經，由諦故二，智體唯一。了達一二，真第一義。境二智一，至下當知。

若諸經首置薄伽梵者，依《佛地論》，有二義釋：初成德義，後破魔義。初，成德者，薄伽梵聲，依六義轉：一、自在義，永不繫屬諸煩惱故；二、熾盛義，炎猛智火所燒錬故；三、端嚴義，三十二相所莊嚴故；四、名稱義，一切殊勝功德圓滿，無不知故；五、吉祥義，一切世間親近供養，咸稱讚故；六、尊貴義，具一切德，常起方便，利益安樂一切有情，無懈廢故。初一斷德，次一智德，後四恩德，如次應知。後破魔者，或能破壞四魔怨故。破四魔位，至下當知。

若諸經首置佛號者，《真實論》云：大師十號，經初何故不列餘九，而獨稱佛？有十義故。一、覺勝天鼓。二、不由他悟。三、離二無如。四、已過睡眠。五、譬如蓮華。六、自性無染。七、具足三義：一、假名佛，即六神通；二、寂靜佛，惑不生故；三、真實佛，即是真如。八、具三德，摩訶般若、解脱、法身。九、具三寶性。十、自知令他知。佛具十義，餘名不爾，故諸經首皆稱佛也。

然此二名並含衆德，置諸經首，是佛意焉。今《仁王經》唯言佛者，隨方生善，義如真實。

問：佛有三身，此何身説？

答：三身俱説。謂空、無相、真如妙理生智解故，名法身説。應化非真，真謂報德，推功歸本，即真報説。十地同聞，他受用説。穢土聞見，即化身説。《佛地論》云：如實義者，釋迦如來説此經時，地前大衆見變化身居此穢土爲其説法，地上大衆見受用身居佛淨土爲其説法。所聞雖同，所見各别。雖俱歡喜信受奉行，解有淺深，所行各異。准彼《論》意，隨對根宜，理、實三身，體不相離。

言王舍城鷲峯山中者，第五處成，無非處失。遊化居止，目之爲住。《佛地論》云：若不説處及能説者，不知此法何處誰説？一切生疑，故須具説。文分爲二，先城，後山。摩措陀者，此云善勝，又云無惱害。又摩伽，星名，此云不惡。陀者，處也。名不惡處，亦名星處國。舊云摩伽陀、摩揭提、默偈陀，皆訛也。是其國號。曷羅闍姞利四城者，此云王舍，即其城名。

《婆沙》三釋：婆藪王子初共人民造舍而居，爲鬼神壞，唯留王舍，如是至七。太子教言：但更造舍，悉題王舍。由題字故，遂得不毁，因此立名爲王舍城。又云：輪王出世，相承住此，故名王舍。又云：四天王等與阿修羅共鑚乳海，遂得甘露，於此山中起舍而住。七日守之，然後乃分。因此立名爲王舍城。

《智論》第三亦有三釋：摩伽陀王初生一子，一頭兩面，而有四臂。後大成人，力并諸國，取諸國王萬八千人置此五山中，以大力勢，治閻浮提，因名此山爲王舍城。又云：摩伽陀王先所住城中失火，一燒一作，如是至七。王求住處，見此五山周匝如城，即作宫殿於山中住，以是故名王舍城也。又云：往古世時，此國有王，名曰婆藪，厭世出家，身作仙人。子名廣車，嗣位爲王，如是思惟，别求住處。後因出獵，遇見五山，周匝峻固，種種嚴好。即捨本城，於中居住，名王舍城。廣如彼《論》。

《西域記》云：矩奢揭羅補羅城，唐言上茅城，摩揭陀國之正中也。古先君王所居之處，多出勝上吉祥茅草，因以爲名。崇山四周，以爲外郭。西通狹徑，北闢山門。東西長，南北狹，周一百五十里。内宫子城，周三十餘里。羯尼迦樹，遍諸道路。花含殊馥，色爛黄金。暮春之月，林皆金色。頻毗娑羅王都上茅城，編户之家，頻遭火害。一家縱逸，四隣罹灾，防火不暇，資産廢業，衆庶嗟怨，不安其居。王曰，我以不德，下人罹患。

修何德行，可以禳災。群臣對曰，大王德化，政教明察。庶人不謹，致此火災，宜制嚴科，以清後犯。若有火起，窮究先發，罰其首惡，遷之寒林，同夫棄屍，當自謹護。王曰言善，宜遍宣告。居頃之間，王宮失火。謂諸臣曰，我自遷矣。乃命太子監攝怨〔三五〕事。欲清國憲，故遷居焉。時吠舍釐王，聞頻毗娑羅王野處寒林，戒卉〔三六〕欲襲。邊候聞命，乃建色〔三七〕城。以王先舍，稱王舍城。有云，至未生怨王嗣位已後，方築此城，更爲高厚。至無憂王遷都波釐吒城，以王舍城施婆羅門。然王舍城外郭已壞，無復遺堵。内城雖毀，基趾猶峻。周二十餘里，面有一門。今故城中無復凡庶，唯婆羅門減千家耳。

鷲峯山者，梵云結栗陀羅矩吒，唐云鷲峯，亦云鷲臺。《智論》二義，山頭似鷲，故云鷲頭。又云：王舍城南屍陀林中多諸死人，衆鷲來噉，還止山頭。時人便名鷲頭山也。又《别記》説言：靈鷲者，此鳥有靈，知人死活。人將欲死，群翔彼家。待其送林，飛下而食。以懸知故，號靈鷲焉。又《真諦記》引《婆沙》説：釋迦菩薩，化受鷲身。廣如彼文，繁而不録。

《西域記》云：言鷲臺者，接北山之陽，孤標特起，既棲鷲鳥，又類高臺，空翠相映，濃淡分色。如來御世，垂五十年，多居此山，廣説妙法。頻毗娑羅王，爲聞法故，興發人從，自麓之峯，跨壑陵巖，編石爲砌，廣十餘步，長五六里。中路有二小窣堵波。一謂下乘，即王至此，徒行以進。一謂退凡，即簡凡人，不令同往。其山頂上，則東西長而南北狹。臨崖西絶，有甎精舍，高廣奇製，東闢其户。如來在昔，多居説法。今作説法之像，量等如來之身。

問：雙舉山、城，斯有何意？

答：准《法華論》，如王舍城勝餘城故，如鷲峯山勝諸山故。山城俱勝，表法勝故。《智度論》云：佛生身地。爲報地恩，住王舍城説般若故。又《真諦記》：住處有二，一境界處，二依止處。爲化在家出家者故，顯佛悲智無住道故，道體俱成辯故，利他自利成究竟故。具斯衆德，兩處雙標。聖天梵佛，樂者敘矣。

從此第六明衆成者，文分爲二：初列大衆，後結退坐。初中，復二：初當根衆，後變化衆。初中，有十：一、無學大德衆，二、結盡諸尼衆，三、隱顯難思衆，四、在家諸聖衆，五、在家七賢衆，六、人王自在衆，七、六欲諸天衆，八、色界諸天衆，九、諸趣變現衆，十、脩羅八部衆。最初第一無學大德衆，於中，分三：一、標名舉數，二、總別讚德，三、結讚成就。且初第一標名舉數，其義者何？

經：與大比丘衆千八百人俱，

解曰：明同聞衆來意，有五：一、爲證信，助成阿難同聞可信；二、爲顯德，如釋梵等諸天圍繞，顯佛法王諸聖圍繞；三、爲啓請，波斯匿王於大衆中顯發請問；四、爲當根，令彼時衆，於大乘中，次第修行十四忍門，至無上覺；五、爲列攝，若無勝侶，淨信不生，引攝現當，令同信學。《佛地論》云：列菩薩者，輔翼圓滿。天龍等者，眷屬圓滿。由斯五種，是來意矣。

經言與者，兼、并、共、及，佛共俱義。《智論》第三有七義釋，謂與世尊一處、一時、一心、一戒、一見、一道、同一解脱，故名爲共。

次，言大者，此有三説。一、《真諦記》三義釋大：一者，數大，如言大軍；二者，量大，如言大山；三者，勝大，如言大王。比丘亦爾，衆非一故，德難測故，修菩提道高無上故。二、《佛地論》四義釋大：一者，利根波羅蜜多種性聲聞故；二者，無學果故；三者，不定種性迴心向大故；四，衆數多故。三、《智度論》五義釋大。一切衆中最爲上故，諸障斷故，王等敬故，數甚多故，能破九十六種外道論故。此前三文總有八義：一者，數大，千八百故；二者，名大，名稱遠故；三者，位大，阿羅漢故；四者，離大，障礙斷故；五者，德大，功德智慧波羅蜜多之種性故；六者，識大，大人識故；七者，趣大，趣大果故；八者，敵大，能破一切外道論故。具斯衆義，故得名大。

言比丘者，梵云苾蒭，訛云比丘。由具五義，所以不譯：一者怖魔，初出家時，魔宮動故；二云乞士，既出家已，乞食濟故；三云淨戒，漸入僧數，持淨戒故；四云淨命，既受戒已，所起三業無貪相應，不依於貪邪活命故；五曰破惡，漸次伏斷諸煩惱故。《真諦記》云：因名怖魔、乞士、破惡。至果位中，轉因怖魔，名爲殺賊。轉因乞士，名爲應供。轉因破惡，名不生故。

次，言衆者，梵云僧伽，此云和合。理事二和，故名爲衆。四人已上，得名衆僧。

言千八百人者，明衆數也。此與舊經多少別者，梵文前後列數異矣。又《大般若》初列衆云：千二百五十人俱。此與彼《經》，處同時異。准斯列衆，足明此經居《大經》後。次當悉矣。

言俱者，同一時義，同一處義。

問：與、俱二言，此有何別？

答：以佛兼衆，故稱爲與。將衆就佛，故説爲俱。又將此對彼，名之爲與。彼自同時，名之爲俱。

問：此諸聲聞，爲權爲實？

答：准《智度論》，此等聲聞，皆是應化，常隨如來，影響正法。

從此第二，總别讚德，文分爲三。且初第一，總彰無學，其義者何？

經：皆阿羅漢，諸漏已盡，無復煩惱。

解曰：此即總明標位讚德，謂千八百皆

無學果。

阿羅漢者，乃是梵語，此有多義。依《婆沙論》第九十四，有四義解。阿，正云無，義翻爲殺。羅漢言賊。殺煩惱賊，名阿羅漢。又云[三八]應受世間妙供養故。又云不生，生死法中不復生故。又云遠惡，遠離諸惡不善法故。《智論》《唯識》俱翻爲應。應，有三義：應已永害煩惱賊故，應受世間妙供養故，應不復受分段生故。

言諸漏者，明所斷障。漏體不一，故名爲諸。諸別有三：一者欲漏，二者有漏，三無明漏。

問：此之三漏，體別云何？

答：欲漏體者，依《佛地論》，欲界見道，四諦各十，謂貪、瞋、癡、慢、疑、五見，即成四十。欲界修道，有其六種，貪、瞋、癡、慢，身邊二見。并前見道，有四十六根本煩惱。兼忿、恨等二十隨惑，成六十六。於五部下，除五無明，餘六十一，總名欲漏。欲唯散地，唯有漏地，謂通五趣，具四生地，不善、有覆二性爲體，多緣欲起。欲之漏故，依主立名，名爲欲漏。有漏體者，謂色、無色二界合立。且如色界，四諦各八，修道有四，地法無瞋，又除無明，有三十六根本煩惱，并八大隨，成四十四。其無色界，亦四十四。二界合論，有八十八。色界諂誑，及二界憍，此四足前，成九十二，總名有漏。二界定地，通無漏地。天趣化生，有覆無記一性爲體。由此合明，名爲有漏。緣有之漏，有即漏故，二釋皆得，名爲有漏。無明漏者，三界五部，十五無明，名無明漏。無明力增，相應不共，皆是漏故，與前二漏而作所依，唯自行相迷闇爲性。無明即漏，持業得名，名無明漏。

問：此等何過，名之爲漏？

答：諸論皆言，煩惱現行，令心連注，流散不絕，三有輪迴，備受苦患，皆由彼漏。

如諸漏器，亦如漏舍，極可厭離。損汙處深，毀責過失，立名爲漏。隨諸轉識，唯是現行。羅漢永無，故言已盡。

無復煩惱者，明所斷種。諸惑現起，熏種長時，隨逐有情，眠伏藏識。設異生等，世道暫伏，後心還生。明諸無學，聖道斷已，永不起故。理實煩惱通種及現，名之爲漏，此即唯種。不爾，經文有重言失。永得清淨，如拔草根，是故此中云無復矣。

從此第二，辨類差別，其義者何？

經：心善解脱，慧善解脱，九智十智，所作已辦。

解云：明諸無學種類差別，謂阿羅漢有其二種。一者，利根，名爲不動，不爲煩惱所退動故。亦得名爲不時解脱，不假勝上資緣具故。是先學位，見至性故，離煩惱障，名慧解脱。得滅盡定，名俱解脱。俱斷定、慧二種障故，名心解脱，無諍願智諸功德法必成辦故。二者，鈍根，名退法等，謂遇少緣，退所得故。亦得名爲時解脱者，以要待時方解脱故。時有六種：一、得好衣，二、得好食，三、得好臥具，四、得好處，五、得好說法人，六、得好同學。若無此等，不得解脱。是先學位信解種性，此亦具有慧、俱解脱，義如前說。於利鈍中，慧解脱者，於無諍等皆不具故。所言善者，是二通稱，如調惡馬，離諸不善，棄捨重擔，俱名善矣。

九智十智者，依《俱舍論》薩婆多宗：一、世俗智，多緣瓶等世俗境故；二者，法智，謂緣欲界四聖諦故；三者，類智，緣上二界四聖諦故；四者，苦智，苦諦智故；五者，集智，集諦智故；六者，滅智，滅諦智故；七者，道智，道諦智故；八，他心智，緣他心故；九者，盡智，盡所有故；十，無生智，緣無生故。此十智中，初唯有漏，餘八無漏，其他心智通漏、無漏。緣境別者，謂世俗智遍緣一切有爲、無爲所緣境也。法智緣欲四諦爲境。類智緣上四諦爲境。他心智緣他心爲境。盡、無生智，初起之時，觀有頂蘊，唯苦集類爲境界故，後時方能遍緣四諦。此二別者，且初盡智，聖者初證無學果時，若正自知從三昧起而説是言，我已知苦，我已斷集，我已證滅，我已修道，是盡智也。無生智者，聖自知已而説是言，我已知苦，不應更知，我已斷集，不應更斷，我已證滅，不應更證，我已脩道，不應更修，無生智也。依《成實論》經部宗云，知現在法，是名法智；知過、未法，名曰比智；餘智如上。鈍根無學有前九智，容起煩惱，退現法樂。利根無學即具十智，無生智後不起煩惱，亦不退失現法樂住。《顯揚》第二亦明十智，樂者敘矣。

所作已辦者，即同諸經已作所作、已辦所辦也。謂諸無學得勝對治，能斷煩惱生死怨敵。業異熟果，謂即苦諦。業煩惱因，謂即集諦。知苦斷集，起生死流，此即名爲作所作故。所證解脱，謂即滅諦。能證妙智，謂即道諦。菩提分等諸功德法無不已修，此即名爲辦[三九]所辦[四〇]故。已捨重障，已具勝德，是故名爲所作已辦[四一]。

從此第三，辨觀不同，其義者何？

經：三假實觀，三空門觀，

解云：明二觀門，彰對治行。

三假實觀者，法假實觀、受假實觀、名假實觀，如《大般若》及此下文。法謂五蘊色、心之法。任持自性，軌生物解，故名爲法。從衆緣生，如幻士等，依他不實，故説爲假。相無自性，體唯真如，真如不遷，故説爲實。觀即正慧，能照之心。由此而言，法之一字標所觀境，假實二字正解行相，假即世俗，實即勝義。觀之一字，自能照心。境有總別，別中真俗。智有加行及以根本。能、所雙彰，名法假實觀。受假實觀者，遍行中受，受之自性。諸心、心所，受之相應。苦、樂等事，受所領境。福非福等，受所領業。諸趣異熟，受所領果。味著生死，唯受力强，於心所中，別立爲藴。爲過既重，故別對治。假實及觀，義如前説。名假實觀者，名謂呼名，表詮諸法，得法共相，非自性故。諸法自性，體離名言，有情妄倒，横生執著，依名計義，依義計名。無始時來，妄熏習力，爲令除斷，故正觀察。餘假實等，皆如前矣。此唯大乘，無學寧具。如前所引，《智度論》云：應化聲聞，實是菩薩，具此何失？

三空門觀者，所謂空觀、無相觀、無願觀。依《俱舍》云，於苦聖諦四行相中，取空、無我而爲空門。滅下四行爲無相門。集、道各四，苦、無常二，此之十行，爲無願門。

問：苦集六行，有漏不願。道是無漏，聖何不願？

答：聖道未滿，常起願求。無學果圓，於斯不願。到岸捨筏，其理必然，謂已超過現前對故。

依《佛地論》第一云，遍計所執我法俱空，緣此等持，名空解脱門。涅槃無相，離十相故，緣此等持，名無相解脱門。言十相者，所謂色、聲、香、味、觸相，男相、女相，生、老、死相，爲十相也。觀三界苦，無所願求，緣此等持，名無願解脱門。依《智論》云，知法實相，謂畢竟空，名空三昧。知一切法實相無相，不受不著，是則名爲無相三昧。知法空已，不觀諸法若空不空，若有若無，是則名爲無作三昧。此三論文，初唯小乘，後二唯大。羅漢權實，具闕應知。

上來三文明讚德竟。從此第三，結讚成就，其義者何？

經：有爲功德，無爲功德，皆悉成就。

解曰：歎諸功德皆成就也。有爲功德者，無學身中菩提分法，無諍願智，諸無漏道，有漏淨定，慈三摩地，十智及定，諸功德法。諸定即是通大地定，諸智即是通大地慧，有爲德也。無爲功德者，無學身中所有擇滅無爲德也。依有部宗，謂諸無學見道位中而有八忍，修道九地，地别九品，見修合説，八十九品。諸無間道、解脱道等，有爲功德。八十九品諸解脱道所證擇滅無爲功德，是謂無學爲無爲德。有學二德，唯此應知。然大乘宗，於無如上，而假建立擇非擇滅，無别實體，亦無此等品數多少。由慧離障，顯如理圓，即是有爲無爲功德。無學德具，故云成就。

從此第二，結盡諸尼衆，其義者何？

經：復有比丘尼衆八百人俱，皆阿羅漢。

解曰：此彰無學諸尼衆也。文中有三。比丘尼衆者，標類舉衆。比丘如上。尼是女聲，梵語有此女聲呼爾。八百人俱者，彰衆數也。皆阿羅漢者，皆讚無學，義如前故。

從此第三，隱顯難思衆，文分爲三：一、標數辨類，二、總别讚德，三、結讚成就。且初第一，標數辨類，其義者何？

經：復有無量無數菩薩摩訶薩，

解曰：標菩薩衆也。無量無數者，依《華嚴經》第四十五，至一百四，名爲無數，至一百六，名爲無量。今此經中，列雖不次，明其衆廣，是故標云無量無數。又舊經云九百萬億，此中但言無量無數，表其衆多，何必彼數？菩薩摩訶薩者，梵云菩提薩埵，此中略云菩薩。梵云菩提，此翻爲覺。梵云薩埵，此云有情。菩薩之行，略有二門：一者，自利，大智爲先；二者，利他，大悲爲首。菩提云覺，智所求果。薩埵有情，悲所度生。故《攝論》中無性釋士[四二]，依四弘誓語名菩薩。以彼二種俱屬於境，名菩薩者，是有財釋。又復覺者是所求果，言有情者目能求人，求菩提之有情名爲菩薩。又復菩提正是所求，言薩埵者，此云勇猛，不憚時處，求大菩提，有志有能，故名菩薩。此後二解，並依《攝論》親光所釋，皆依主也。又復菩提即是般若，言薩埵者，亦名方便，由此二法能利能樂一切有情，是故假者，名爲菩薩，亦即菩提，亦即薩埵，皆持業釋。廣如《不空羂索經》也。梵云摩訶，此翻云大。薩謂薩埵，義如前釋。如《佛地論》第二云：菩薩摩訶薩者，謂諸薩埵求菩提故。此通三乘，爲簡二乘，故復言大，皆摩訶薩。

從此第二，總別讚德，文分爲二：初總讚德，後別讚德。初總讚德，其義者何？

經：實智平等，永斷惑障，方便善巧，起大行願。

解曰：總讚二智也。上之兩句明自利智，下之兩句明利他智。然此二智各有二名，如文應悉。言實智者，根本智也。實謂真如，體不遷變。證實之智，名爲實智。言平等者，無高下故。永斷惑障者，惑謂煩惱，障謂二障。分別起者，初地見道種永斷故。俱生二障十地分除，至金剛定方永斷故。由初二障，說永斷言。若後二障，至果方盡。言方便者，是後得智。雖達依他，如幻如焰，大悲拔濟，不捨有情，種種利他，名爲方便。言善巧者，所化之境善應根宜，能化之心巧能不住。起大行願者，發起廣大殊勝行願也。謂諸菩薩七地已前達俗證真智不俱起，所有行願或定或散，多於後得功用修行。雖八地後俱緣真俗，任運修行，不假功用，約其義類，亦是後得。故此通說起行願矣。又解：正體後得，俱名實智，能緣真俗二實境故。其加行智名爲方便，以能引生正覺智故。義雖不違，今取前解。

從此第二，別讚德者，十地不同，文分爲十。且初地相，其義者何？

經：以四攝法，饒益有情。

解曰：讚無貪行。菩薩濟物，得同體悲。

正利他時，即爲自利。不見離自，別有利他。四攝法者，攝有情故。《成實論》云：一者，布施，衣食等物，攝取衆生；二者，愛語，隨意語言，取彼意故；三者，利行，爲他求利，助成他事；四者，同事，如共一船，憂喜同故。又《大品經》云：財、法二種，攝取衆生，名爲布施。六波羅蜜，爲衆生說，名爲愛語。教化衆生，令行六度，名爲利行。以神通力，種種變化，入五趣中，與諸衆生，同其事業，名爲同事。此四攝法，業用云何。如《莊嚴論》第八頌云：令器及令信，令行亦令解。如是作四事，次第四攝業。

准長行釋，布施能令於法成器，由隨順彼，堪受法故。愛語能令於法起信，由教法義，彼疑斷故。利行能令於法起行，由能依法，如法行故。同事能令彼得解脱，由行長時，得饒益故。理實初地，萬行皆修，此順施度，故偏讚矣。

次，第二地，其義者何？

經：四無量心，普覆一切。

解曰：讚無瞋行。菩薩利生，怨親平等，爲不請友，普覆一切。四無量者，慈、悲、喜、捨。言無量者，如《婆沙論》八十一云：如是四種，是諸賢聖廣遊戲處。復次，此四能緣無量有情爲境，生無量福，引無量果，故名無量。《顯揚論》云：廣故，大故，無量故，遍緣一方，乃至十方，無量無邊外器世間、有情世間，故名無量。慈等義者，《俱舍論》云：慈名與樂，悲名拔苦，喜名欣慰，捨名平等。又《成實論》：慈名與瞋相違善心，悲名與惱相違善心，喜名嫉妬相違善心，此三皆是慈心差別。令三平等，故名爲捨。又《顯揚論》：慈無量者，於彼無苦無樂衆生，欲施樂具。悲無量者，於苦衆生，欲拔苦具。喜無量者，於樂衆生，隨喜彼樂。捨無量者，謂捨俱心，不染意樂。

辨其體者，如《婆沙論》：慈、悲二種，自有兩説。有説俱以無瞋爲體，慈能對治斷物命瞋，悲謂對治捶打之瞋。有説慈以無瞋爲體，悲以不害善根爲體，對治害故。喜亦二説。有説喜以善根爲體。有説喜以欣爲自性。捨以無貪善根爲體。相應助伴皆五藴性。又《成實論》：此四無量皆是慧性。大乘《雜集》，四種皆以定、慧二法，及彼相應諸心心法以爲自性。又《顯揚》云：慈以無瞋善根爲體，悲以不害善根爲體，喜以不嫉善根爲體，捨以無貪無瞋爲體，皆是憐愍衆生法故。慈唯無瞋，悲、喜二種無瞋一分，捨以無貪無瞋一分，相應眷屬皆爲體也。小乘此四，但是觀門。菩薩利他，四皆實行。

次，第三地，其義者何？

經：三明鑒達，得五神通。

解曰：讚具德行。此地菩薩正斷無明，勝定相應，具通、明故。

三明鑒達者，舊云，一宿命明，二天眼明，三漏盡明。依《婆沙論》一百一云，一、宿住隨念智證明，通達解了前際法故；二、死生智證明，通達解了後際法故；三、漏盡智證明，通達解了涅槃性故。鑒體是慧，目能照心。達爲了達，即所觀境。治三際愚，故云鑒達。依《俱舍論》，出三明體，前二有漏是俗智性，後通無漏，謂以六智或十智性。依《瑜伽論》，三皆無漏，前二後得，後根本智。

得五神通者，依《婆沙論》，於自所緣，無倒了達，妙用不礙，無所擁滯，故名神通。一、神境智證通。神謂等持，境謂行化。智證神境無滯名通。二、天眼智證通。殊勝名天。色界大造，淨色眼根。智是眼識相應之慧。遠見無礙，名天眼通。三、天耳智證通。色界大造，淨色耳根。智是耳識相應之慧。遠聞無礙，名天耳通。四、他心智證通。知他心故，名他心智。若就根本，知心非所，知所非心。此就加行，名他心通。五、宿住隨念智證通。於宿住事，隨所憶念。謂憶前念，漸次逆觀，乃至能憶中有初心，名加行滿。根本成時，能憶過去某處某姓，彼彼類身，種種事業，名爲宿住。謂彼聚心，雖有多法，而念力勝，智隨念力，而能知彼，故名隨念。智證宿住無擁名通。

明五體者，依《俱舍論》，此之五通，解脱道攝，慧爲其體。神境、天眼、天耳、宿住，四皆俗智，唯是有漏。他心智通，五智爲體，謂法、類、道、世、俗，他心通漏無漏以爲體故。

所依地者，於無色界，觀滅止增。五通必依止觀均地。准四根本，近分地無。依《顯揚論》，五通皆以定、慧二法及彼相應而爲其體，是後得智，唯無漏故。

問：前説三明，即言漏盡。六通之内，何乃闕無？

答：約自地辨，故説三明。後地通論，無漏盡矣。

次，第四地，其義者何？

經：修習無邊菩提分法。

解曰：讚修習行。言無邊者，修行數習，廣無邊故。菩提分法者，菩提云覺，正所求。分者因也，是亦支分義。三十七法，順趣菩提，菩提之分，名菩提分。三十七者，《華嚴經》云：此地菩薩觀於内外身受心法，勤勇念知，除世貪愛。復次，修行未生已生惡不善法，勤令斷故，未生已生於諸善法，勤令增廣。復次，修行欲勤心觀，成就神足。復次，修行信根、進根、念根、定根、慧根，信力、進力、念力、定力、慧力。復次，修行念覺分、擇法覺分、精進覺分、喜覺分、輕安覺分、定覺分、捨覺分。復次，修行正見、正思惟、正語、正業、正命、正精進、正念、正定。三十七也。

出此體者，《俱舍》二十五頌云：此實事唯十，謂慧勤定信。念喜捨輕安，及戒尋爲體。

且慧攝八，謂四念住、慧根、慧力、擇法覺支、正見，以慧爲體。勤亦攝八，謂四正斷、精進根、精進力、精進覺支、正精進，以勤爲體。定亦攝八，謂四神足、定根、定力、定覺支、正定，以定爲體。信但攝二，謂信根、信力，以信爲體。念唯攝四，謂念根、念力、念覺支、正念，以念爲體。喜唯攝一，謂喜覺支，以喜爲體。捨唯攝一，謂捨覺支，行捨爲體，非受捨也。輕安攝一，謂輕安覺支，以輕安爲體。戒但攝三，謂正語、正業、正命，以戒爲體。尋唯攝一，謂正思惟，以尋爲體。故三十七，體唯有十。修習此觀，二利行者，如《華嚴》云：皆爲不捨一切衆生，乃至安住一切智智。

仁王護國般若波羅蜜多經疏卷上一〔四三〕

## 校勘記

〔一〕「汨」，據《護國司南抄》（《藏外佛教文献》本，下同），疑爲「汩」。

〔二〕「照昭」，據《仁王經疏法衡鈔》（《卍續藏》本，下同）《護國司南抄》，疑爲「昭昭」。

〔三〕「令」，疑爲「令」。

〔四〕「默」，據《護國司南抄》《大唐貞元續開元釋教録》（《大正藏》本，下同。），疑爲「點」。《宋高僧傳》（《大正藏》本，下同。）作「玷」。

〔五〕「今」，據《大唐貞元續開元釋教録》《宋高僧傳》，疑爲「令」。

〔六〕「照」，據《大唐貞元續開元釋教録》《宋高僧傳》《護國司南抄》，疑爲「昭」。

〔七〕「煩」，《護國司南抄》云「有本作『樊』字」。

〔八〕「此故」，疑爲「故此」。

〔九〕「心」，底本原校疑爲「必」。

〔一〇〕「幼」，底本作「幻」，據文意改。

〔一一〕「脱」，底本原校疑爲「説」。

〔二〕「叵」，底本原校疑爲「巨」。

〔三〕「客」，據《大唐貞元續開元釋教録》，疑爲「容」。

〔四〕「知」，疑爲「如」。

〔五〕「性」，疑後脱「若法都無性」五字。

〔六〕「從」，底本原校疑爲「徒」。

〔七〕「説」，校本校勘記疑爲「訖」。

〔八〕「遣」，校本校勘記疑爲「違」。

〔九〕「説」，校本校勘記疑爲「訖」。

〔一〇〕「王藏依」，疑衍。

〔一一〕「初」，《解深密經》（《大正藏》本，下同）卷二作「相」。

〔一二〕「干」，《解深密經》卷二作「于」。

〔一三〕「轉」，《解深密經》卷二作「輪」。

〔一四〕「掘」，據《護國司南抄》，疑爲「握」。

〔一五〕「者」，疑後有脱文。

〔一六〕「倒」，底本原校疑爲「到」。

〔一七〕「諸」，據《護國司南抄》，疑爲「請」。

〔一八〕「又」，疑爲「乂」。

〔一九〕窺基《大乘法苑義林章》卷二云：「西域呼『汲索』『縫衣綖』『席經』『聖教』等，皆名素呾纜。」良賁以「衣、綖、席、經」爲四義，似有誤。

〔二〇〕「衍」，據《仁王經疏法衡鈔》《護國司南抄》，疑爲「術」。下一「衍」字同。《護國司南抄》云：「《大術經》即是《摩訶摩耶經》。」

〔二一〕「菟」，疑爲「㲋」。

〔二二〕「澄」，據《順正理論》（《大正藏》本，下同）卷七十二，疑爲「證」。

〔二三〕「爲」，底本作「然」，據文意改。

〔二四〕「不」，《佛地經論》（《大正藏》本）作「字」。

〔二五〕「怨」，疑爲「留」。

〔二六〕「戒卉」，底本原校疑爲「戎裝」。

〔二七〕「色」，疑爲「邑」。

〔二八〕「云」，疑後脱「應供」二字。

〔二九〕「辦」，底本作「辨」，據文意改。

〔四〇〕「辦」，底本作「辨」，據文意改。

〔四一〕「辦」，底本作「辨」，據文意改。

〔四二〕「士」，底本原校疑爲「云」。

〔四三〕底本原校云尾題新加。

# 仁王護國般若波羅蜜多經疏卷上二

次，第五地，其義者何？

經：工巧妓藝，超諸世間。

解曰：讚方便行。此地菩薩，修諸諦觀，爲利有情，作工巧等。《俱舍論》云：起工巧心，唯是意識。作工巧處，有其二種：一、身工巧，四塵爲體；二、語工巧，五塵爲體。言技藝者，謂業藝也。工巧技藝，超過世間，皆爲引攝諸衆生故。如《華嚴》云：此地菩薩爲欲利益諸衆生故，世間妓[二]藝，靡不該習，所謂善解文字、算數、圖畫、印璽、地水火風，種種諸論，成[三]悉通達。乃至不爲世間善根所傾動故。

次，第六地，其義者何？

經：深入緣生，空無相願。

解曰：上句緣生，下句辨觀。言深入者，是智證也。言緣生者，緣謂衆緣，生者起也。諸有爲法，皆從緣生。今此所明十二因緣，下廣明矣。空、無相願者，依緣辨觀，如《華嚴經》緣生下云：此地菩薩，觀諸緣起，知無我人，了無自性，空無作受者，得空解脱門。觀諸有支，皆自性滅，畢竟解脱，無少生相，得無相解脱門。如是入空、無相已，無有願求，大悲爲首，教化衆生，得無願解脱門。乃至菩薩住現前地，得入百千空無相願三三昧門皆現前故。

次，第七地，其義者何？

經：出入滅定，示現難量。

解云：讚自在行。言出入者，謂即滅定出入之心。言滅定者，明此菩薩無漏滅心寂然不起似涅槃故。如《瑜伽論》云：住滅定者，身、語、心行無不皆滅。下廣明也。示現難量者，明此菩薩示現隨類，隱顯難量。如《華嚴》云：此地菩薩三昧智力，以大方便，雖示現生死而恒住涅槃，雖眷屬圍繞而常樂遠離，雖以願力三界受生，不爲世法之所染汙。

次，第八地，其義者何？

經：摧伏魔怨，雙照二諦。

解曰：梵云魔羅，此云害者。害人善品，故名魔怨。魔别不同，有其四種。如《佛地論》第一云：煩惱、蘊、死及以天魔。煩惱魔者，謂一百二十八煩惱并隨煩惱。蘊魔者，謂五取蘊。死魔者，謂有漏内法諸無常相。天魔者，謂欲界第六自在天子。如是四種皆能損害諸善法故。四中初一是生死因，後一天魔是生死緣，蘊、死二魔是生死果，異熟、士用自相害故。言摧伏者，如《智度論》二十五云：是諸菩薩，得菩薩道，破煩惱魔，即真見道分别二障魔怨破也。得法身故，能破蘊魔。得法身道，能破死魔。然於初地法身及道，亦能少分破蘊、死魔，成佛初心，方能永破。故《佛地》云：由是四魔，生諸怖畏，如來永離四種魔故。不動三昧，能破天魔。今第八地名爲不動，初入此地則破天魔，故説此地永摧伏矣。雙照二諦者，於真俗境，智俱雙照。下廣明也。

次，第九地，其義者何？

經：法眼普見，知衆生根。四無礙解，演説無畏。

解曰：法眼普見者，法謂軌持，通真俗境；眼謂淨慧，照諸有情。隨其種性悉能知故。四無礙解者，《攝大乘論無性釋》云：由法無礙，自在了知一切法句。由義無礙，自在通達一切義理。由詞無礙，自在分别一切言詞。由辨無礙，遍於十方，隨其所冥〔三〕，自在辨説。通以定、慧及彼相應心、心所法爲自性故。演説無畏者，謂此菩薩法眼能見上、中、下根，四無礙解當根演説。言無畏者，依《智度論》二十四云：四無所畏，菩薩有否？答曰，有之。一者，聞持無畏，諸陀羅尼憶念不忘，在衆説法無所畏故。二者，解脱無畏，一切法藥悉能分別，知衆生根，隨應説法，無所畏故。三者，處衆無畏，十方有來問難我者，在大衆中説法無畏。四者，答難無畏，恣一切之來問難者，一一皆答，能斷疑惑，在大衆中説法無畏。由具此四，得自在故。如《華嚴經》三十八云：此地菩薩得無礙智，得如來妙法藏，作大法師，得四無礙陀羅尼門，以百萬阿僧祇善巧音聲而演説法故。

次，第十地，其義者何？

經：十力妙智雷震法音，近無等等金剛三昧。

解曰：讚滿足行。

十力妙智雷震法音者，佛果十力，處非處等，此地菩薩分得彼故。然《智度論》二十四云：佛有十力，菩薩有否？答曰，有。一者，一切智心堅深牢固力；二者，具足大慈力，不捨一切衆生故；三者，具足大悲力，不須一切供養恭敬故；四者，大精進力，勤求一切佛法，心不厭故；五者，禪定力，一心慧行，威儀不壞故；六者，具足智慧力，斷一切憶想分別戲論故；七者，不厭生死力，成就一切衆生故；八者，無生法忍力，觀一切法實相故；九者，解脱力，入空無相無作解脱故；十者，具足無礙智力，深法自在，知諸衆生心行所起故。然此十力，於十地中，各一隨增。三德別者，五禪定力，六智慧力，八無生力，九解脱力，此之四力皆是自利。攝散斷妄，爲斷德因。正觀解脱，爲智德因。二大慈力，三大悲力，七不厭生死力，十無礙智力，此之四力恩德利他，慈、悲二力能度之心，七、十二力所度之境。四精進力，通其二利。故此十力定慧爲性，相應眷屬俱爲體矣。具十智力，妙應根宜，演説正法，其由[四]雷震。如《華嚴》三十九云：此地菩薩，以自願力，起大悲雲，震大法雷，通明無畏以爲雷光，福德智慧而爲密雲，現種種身，普遍十方，演説法故。

近無等等金剛三昧者，歎近果德。佛比菩薩，名爲無等。佛佛道齊，故名爲等。此第十地，名爲近也。金剛三昧者，最後勝定，勝用堅固，名金剛定。故一近字，通用及定。

上來十段，別讚十地。又者，後地必具前德，此上通讚，亦不相違。

經：如是功德，皆悉具足。

從此第三，結讚成就，其義者何？

解曰：如前功德，菩薩具矣。

經：復有無量優婆塞衆、優婆夷衆，皆見聖諦。

從此第四，在家諸聖衆，其義者何？

解曰：舊經據人，分爲二衆。此皆近事，經合爲一。言無量者，標衆廣也。優婆塞衆、優婆夷衆者，彰其類也。此順古譯，言説訛略也。慈恩三藏所譯諸經，皆云鄔婆索迦、鄔波斯迦。鄔婆云近，迦云事也。索是男聲，斯是女聲，以男女聲，辨其類別。《順正理論》三十七云：依何義説鄔波索迦？彼先歸依佛法僧寶，親近承事所尊重師，護尸羅故。或能習近如理所爲，壞惡業故。或能近事佛爲師故，分同諸佛，得淨尸羅善意樂故。淨尸羅者，在家五戒。三護身業，一護語業，後一通護身語三業。前四性戒，後一遮戒。俱表無表以爲自體。有宗表業，謂身語二，無表從表，無見無對法處色故。《成實》表業，身語爲體，無表即彼不相應行，非色、心故。大乘表業，謂即是思，無表則依勝思種上假立，非實法處攝故。由具戒德，堪可親近承事比丘及比丘尼，是故名爲近事男女。故《婆沙》云：親近承事諸善士故。

皆見聖諦者，讚聖德也，明在家皆證諦

也。見體即是無漏淨慧，聖諦即是苦等四諦。從世第一善根無間，即緣欲界苦聖諦境，生無漏法，名苦法智忍。如是乃至第十五念道類智忍，皆名見諦。此所斷者，知《佛地論》第一云：已斷見道一百一十二種煩惱，即名初果。其實無學亦皆見諦，今依初見，立見諦名。

問：經言見諦，但是總明。理實在家得何等果？

答：在家容得前之三果，阿羅漢果唯是出家。設第三果生於邊國無佛法處，證第四果，鬚髮自落，作沙門相，如《婆沙》說。此經列衆，無學先明。近事衆中，但言見諦。既無遮表，容有前三。何理知然？如次經云：即問寶蓋無垢稱等諸優婆塞。此等居士尚是應現大菩薩衆，於中三果豈不得哉？

從此第五，在家七賢衆，於中，分三。且初第一，標數辨類，其義者何？

經：復有無量修七賢行，

解曰：言無量者，彰衆廣也。修七賢行者，修謂進修，賢謂賢善，亦賢和也。賢位有七，名七賢矣。其七者何？

一者，五停心觀。由諸有情機類有五，謂貪、瞋、癡、慢及尋思。停止其心，當病設藥，隨應治斷，名五停心。《順正理論》五十九云：諸有情類，行別衆多，故入修門，依二門入，一不淨觀，二持息念。如《瑜伽》三十，依聲聞地，略引兩門：一明遠離，二別對治。明遠離者，如彼《論》云：先當修習遠離圓滿。此有二種：一、身遠離，不與在家、出家二衆共相雜住，獨處閑靜；二、心遠離，遠離一切染汙、無記所有作意，修習諸善，能引義利定地作意。別對治者，一者，勤修不淨觀。如理作意，知實不淨，深可厭逆，尋思内身種種不淨，外諸死屍，或男或女，親怨中庸，或劣中勝，少中老年。取彼相已，若屍青瘀，膿爛虫蛆，膖脹爛壞，種種勝解，狐狼等食，支節分散，是名尋思修不淨觀，能爲貪欲厭離對治故。二者，勤修慈愍觀。由欲利益安樂於諸有情，作意與樂，發起勝解，是慈愍相。復應思擇親品、怨品、此中庸品。我於怨品當應與樂。何以故？此中都無嗔、罵、打、弄故。世尊言：如是有情，無始世來，經歷生死，長時流轉，更互或爲父母、兄弟、姉妹、師友，皆當發起平等性心，利益安樂，與樂勝解。是名尋思修慈愍觀，能離瞋、恚故。三者，勤修緣起觀。能正了知十有二支，如是一切緣生諸行，無不皆是本無今有，生已散滅，是故前後皆是無常，皆是生、老、病、死法故，其性是苦不自有故，中間十支不可得故，性空無我。是名尋思緣起相觀，能離愚癡故。四者，勤修界差別觀。謂正尋思地等六界，地爲堅相，水爲濕相，火爲熅相，風爲動相，空虛空相，識了別相。此一切相以要言之，皆是無常、苦、空、無我，由界差別所合成身，發起高慢，便爲顛倒。如是六界爲所依故，筋骨血宍衆緣和合，圍遶虛空，施設言論，假名爲身。若於如是界差別觀善修善習，善多修習，是名尋思界差別觀，能離憍慢故。五者，勤修阿那波那觀。能正了知，於入出息，所緣境界，繫心了達，無忘明記。若風入内，名爲入息。若風出外，名爲出息。此入出息，及所依止，皆是無常。此中都無持息入者，持息出者，從因緣生，假設言論。若於如是入出息念，善多修習，能離尋思。故下總結云：如是依止淨行所緣尋思觀已，數數於内，令心寂靜，數數復於如所尋思，以勝觀行，審諦伺察，由定爲依，慧得清淨，由慧爲依，定得增長，是故名爲五停心觀。

二者，別想[五]念住。《正理》六十云：以自相共相，觀身受心法，一一別觀，修四念住：一、身念住，觀自相者，謂觀於身，從眼至觸，十處自性皆不淨故，能治淨倒；二、受念住，觀自相者，唯受自性，性自苦故，能治樂倒；三、心念住，觀自相者，唯心自性，性自無常，能治常倒；四、法念住，觀自相者，唯法自性，性空無我，能治我倒。觀共相者，身受心法與餘有爲俱無常性，與餘有漏俱是苦性，與一切法空無我性。此四念住以慧爲體，相應俱有具五蘊性。

三者，總相念住。如《正理》云：雜緣法念住，總觀一切身受心法，所謂非常、苦、空、非我，如是熟修智及定已，便能安立順諦現觀。

四者，煗善根。如《正理》云：順決擇分，初善根起，名爲煗法，如鑽火位初煗相生，法與煗同，故名煗法。此善根起，分位長故，能具觀察四聖諦境。由此具修十六行相觀苦諦等，如次當悉。住空閑者，修習此煗，下、中、上品漸次增進，觀察諸有，恒爲猛盛焰所焚燒，於三寶中信上首故。

五者，頂善根。如《正理》云：總緣共相法念住差別，頂聲顯此是最勝處。謂色界攝四善根中，可動二中，下者名煗，上者名頂。此境行相與煗法同，謂觀四諦修十六行，下中上品漸次增長，緣三寶信多現行故。

六者，忍善根。如《正理》云：總緣共相法念住差別，於四諦理能忍可中，此最勝故，無退墮故。然此忍法有下、中、上。下品忍位具八類心，謂瑜伽師以四行相觀欲界苦，名下品心。如是，次觀色、無色，苦、集、滅、道，諦亦如是觀，成八類心，名下品忍。中忍減略行相所緣，謂瑜伽師以四行相觀欲界苦乃至具足，以四行相觀欲界道，於上界道減一行相，從此名曰中品忍。初漸減漸略，唯以二心觀欲界苦，名中品忍。上忍唯觀欲界苦諦，修一行相，唯一刹那，此善根起不相續故，名上品忍。

七者，世第一善根。上忍無間，有修所

成初開聖道門，世間功德中勝，此即說名世第一法。此有漏故，名爲世間。是最勝故，名爲第一。有士用力，離同類因，引聖道起，故名最勝。是故名爲世第一法，近見道故，似見道故，唯修爾所似苦法忍，唯緣欲苦故。如是名爲七賢行矣。

從此第二，別讚具德，其義者何？

經：念處、正勤、神足、根、力、八勝處、十遍處、

解曰：如《正理論》，屬七賢者。

言念處者，謂四念處，身受心法，以慧爲性，攝彼別總，初業位故。

言正勤者，勤斷二惡，勤修二善，精進爲性，煗位增故。

言神足者，欲勤心觀，以定爲性，頂位增故。

根謂五根，忍必不退，忍位增故。

力謂五力，世第一法，惑不能屈，力增勝故。此念住等，具五蘊性，無覺道支是無漏故。

八勝處者，如《正理》云：一、內有色想，觀外色少；二、內有色想，觀外色多；三、內無色想，觀外色少；四、內無色想，觀外色多。內無色想，觀外青、黃、赤、白四色，足前成八。初二勝處依初解脫，次二勝處依第二解脫。前四勝處，不淨相轉，作青瘀等諸行相故。後四勝處，依第四禪，緣欲可見青、黃、赤、白清淨相轉，作淨光鮮行相轉故。此八勝處，能制所緣，隨所樂觀，惑終不起。能制伏境心勝境處，故名勝處。此八俱以無貪爲體，相應俱有五蘊爲性。

十遍處者，謂周遍觀地、水、火、風、青、黃、赤、白及以空、識二無邊處。於一切處周遍觀察，無有間隙，故名遍處。十中前八，如勝處中後四勝處，謂八自性皆是無貪。若并助伴，皆五蘊性。依第四禪，緣欲可見色。

後二遍處，如次空、識，定善、無色爲其自性，各緣自地四蘊爲境。應知此中修觀行者，從諸勝處入諸遍處，後勝前故。後四勝處雖能分別青、黄、赤、白，而未能作無邊行相。前四邊[六]處，謂觀青等一一無邊，復思青等所依大種，故觀地等一一無邊。此所緣色由何廣大？由所依空及能緣識故。次觀後二無邊處，賢位所修勝處遍處，但爲治貪，俱有漏故。

從此第三，結趣現觀，其義者何？

經：十六心行，趣諦現觀。

解曰：十六心行者，依《正理論》，謂從煖法修四聖諦，於一一諦有四行相。苦諦四者，一，非常行，待衆緣故；二者，苦行，逼迫性故；三者，空行，違我所故；四，無我行，違我見故。集諦四者，一者，因行，如種生牙故；二者，集行，因集果現故；三者，生行，令果相續故；四者，緣行，令果成辦故。滅諦四者，一者，滅行，諸蘊盡故；二者，靜行，三毒息故；三者，妙行，無衆患故；四者，離行，脱衆灾故。道諦四者，一者，道行，通聖行故；二者，如行，契正理故；三者，行行，趣向涅槃故；四者，出行，永超生死故。所言心者，目能緣心。所言行者，所緣行相。以能緣心，緣四聖諦，施設彼等十六行相。見緣於相，名爲心行。俱慧爲體，具五蘊故。

趣諦現觀者，趣謂能趣，即十六行。諦現觀者，是所趣故。世第一後，名諦現觀。如《俱舍》云：此有三種。一、見現觀，唯無漏慧。見諦分明，名見現觀。二、緣現觀，此無漏慧及慧相應心心所法。同一所緣，名緣現觀。三、事現觀，謂前相應及道共等。同一事業，名事現觀。即七賢依趣諦現觀乃至無學皆所趣故，讚已成德，約位以明聞法獲益，至下當悉。

從此第六，人王自在衆，其義者何？

經：復有十六大國王，波斯匿王等，各與若干千萬眷屬俱。

解曰：十六國名，如下當列。彼諸國王，皆來詣會。舉波斯匿，等彼諸王。象馬等軍，王諸導從，及以親屬，其數既多，故結集者云若干矣。

從此第七，六欲諸天衆，其義者何？

經：復有六欲天王，釋提桓因等，與其眷屬無量天子俱。

解曰：六欲天王者，初標類也。欲謂欲界，婬食引貪。於欲界中，天處有六，如《順正理》三十一云：一、四大王衆天，居妙高山第四層級，謂彼天衆事四大王，是四大王之所領故；二、三十三天，居妙高頂，謂彼天處三十三部諸天所居；三、夜摩天，謂彼天處時時多分稱快樂哉；四、覩史多天，謂彼天處於自所受生喜足心；五、樂變化天，謂彼天處樂化欲境，於中受樂；六、他化自在天，謂彼天處於他所化妙欲境中自在受樂。彼諸天王，皆來詣會。

釋提桓因等者，三十三天主也，梵云釋迦提婆因達羅者。釋迦，姓也，此翻爲能。提婆，天也。因陀羅，帝也。此正翻云能天帝也。今此經云釋提桓因，梵語訛略。若餘處云天帝釋者，言乃倒耳。往昔過去，字憍尸迦，此云蠒兒。又名阿摩揭陀，此云無毒害，即摩揭陀國。過去帝釋修因之處，用爲國名。彼國舊名置甘露處，如《智論》說：劫初帝釋與阿修羅以山爲鑽，乳海得甘露，置於此地，因以名焉。帝釋往昔有三十二人以爲同伴。有善法天〔七〕人，圓生天〔八〕人，歡喜天〔九〕人，說〔一〇〕支夫人，同修勝業故生天中。有善法堂、圓生樹、歡喜園、阿修羅女、設支夫人。此等因緣，如餘處說。舉此等餘五天主也。

與其眷屬等者，明諸天衆隨天主來，故

言無量。

從此第八，色界諸天衆，其義者何？

經：色四靜慮諸大梵王，亦與眷屬無量天子俱。

解曰：色四靜慮者，初標類也。色謂色界，色貪隨增。色定地中，靜慮有四。靜謂寂靜，慮者緣慮。慮專一境，故名靜慮。《順正理論》二十一云：初靜慮地，天處有三。一、梵衆天，大梵所有、所化、所領，故名梵衆。二、梵輔天，大梵前後，行列侍衛，故名梵輔。三、大梵天，廣善所生，故名爲梵，此梵即大，故名大梵。由彼獲行，中間定故，最初生故，最後殁故，威德等勝，故名爲大。第二靜慮，天處有三。一、少光天，自地天内，光最小故。二、無量光天，光明轉勝，量難測故。三、極光淨天，淨光遍照自地處故。第三靜慮，天處有三。一、少淨天，意地受樂，說名爲淨，於自地中，此淨最劣故。二、無量淨天，此淨轉增，量難測故。三、遍淨天，此淨周普，故名遍淨，意顯更無樂能過此。第四靜慮，天處有九。一、無雲天，以下空中天所居地如雲密合，故說名雲。此上諸天更無雲地，在無雲首，故名無雲。二、福生天，更有異生勝福方所可往生故。三、廣果天，居在方所，異生果中此最勝故。四、無想天，脩加行時，偏厭於想，想滅爲首，名無想天。自上五天，名五淨居。離欲諸聖以聖道水濯煩惱垢，故名爲淨。淨身所止，故名淨居。一、無繁天，繁謂繁雜，或謂繁廣，無繫雜中此最初故，繁廣天中此最劣故。二、無熱天，已善伏除雜脩靜慮上中品障，意樂調柔，離諸熱惱故。三、善現天，已得上品雜脩靜慮，果德易彰故。四、善見天，雜脩定障除品至微，見極清徹故。五、色究竟天，更無有處於有色中能過於此，名色究竟。諸大梵天王者，西云梵摩，此云寂靜。又亦清淨清潔之義，即四靜慮俱得梵名，第四禪主名爲大梵。故《大般若》五百七十云堪忍世界主大梵天王，即同《法華》娑婆世界主梵天王也。然第四禪等大千界下三靜慮，皆有梵王。自地中尊，亦得名大。梵王無量，故得云諸。經但總言色四靜慮諸大梵王，明盡來也。

亦與眷屬無量天子俱者，同欲界來，故復云亦。王來臣從，眷屬必俱。數既繁多，故云無量。化身變土，義如常矣。

從此第九，諸趣變化衆，其義者何？

經：諸趣變化，無量有情。

解曰：諸趣變化者，六趣不一，故名爲諸。趣即所趣，無覆無記。變謂改轉，化謂化現。

問：此變化衆，定目何趣？

答：經中無簡，通六趣也。然變化通，如《俱舍論》二十七云：有其五種，一者脩得，二者生得，三者呪得，四者藥得，五者業得。天趣具五。人唯有四，無生得故。鬼等亦四，無脩得故。傍生、地獄，有生、業二。能起通者，俱得來矣。

若爾，人天二趣，如上具明。修羅鬼畜，如次別辨。變化即彼，此衆是何？地獄趣中，如何變化？設有變化，得聞經否？

答：此權彼實，亦不相違。《正法念》云：根本地獄及眷屬處，惡業力故，種種變化。《正理》三十一云：孤獨地獄，亦有變化，雖純苦趣，亦得聞經。云何知耶？又如《大般若》第一云：爾時，世尊不起本座，復入師子遊戲等持，現神通力，令此三千大千世界六種變動。時，此世界所有地獄、傍生、鬼界及餘無暇險惡趣坑一切有情，皆離苦難，從彼捨命，得生人中及六欲天，皆憶宿住，歡喜踊躍，同詣佛所，以慇淨心頂禮佛足。以彼准此，六趣皆來。若依此解，經變化言，乃通二釋：一由如來將説經前，神力動地，成熟有情，大悲變化；二則苦趣惡業有情承佛威神，業力變化，脱苦得樂，詣會聞經。彼衆既多，云無量矣。

從此第十，明修羅八部衆，其義者何？

經：阿修羅等，若干眷屬俱。

解曰：阿修羅等者，等彼天、龍、藥叉、健達縛、揭路荼、緊捺洛、莫呼洛伽，此八部衆常隨佛故。

阿修羅者，訛也。新云阿素洛。阿者云非，素洛云天。以多諂詐，無天行故，名曰非天。《佛地》《瑜伽》，云天趣攝。《雜心》鬼趣。《正法念經》，鬼、畜趣攝。《伽陀經》云：鬼、畜及天三趣攝故。羅睺阿修羅是師子兒，畜生所攝。《十地經》説此有五類。一、極溺者，住於人間深山大窟，非天宮也。妙高山北，大海之下二萬一千由旬，有羅睺宮，此云執日。次下，復有勇健之宮。次下，復有華鬘之宮，一一相去二萬一千由旬。其次，最下有毗摩質多羅宮，新云吠摩質咀利，此云綺羅畫[二]，以文身故。或云寶餝，寶冠餝服，此爲最大帝釋妻翁設支父也。居大海下時，復大唱我是毗摩質多阿脩羅王。

言天神者，身有光明，住空宮也。言龍神者，《正法念》云：此有二類：一者，法行，謂難陀等；二、非法行，謂黑色等。如常分別。藥叉神者，此云勇健，亦云輕捷，飛騰虛空，部攝地行諸羅刹也。如《起世經》，此有三種：一者地居，二者空居，三者欲天，守護地門。言夜叉者，訛也。健達縛者，此云尋香，諸天樂神，地居山穴，諸天須樂，身有相現，即往昇天。言乾闥婆，訛也。揭路荼者，此云妙翅，妙翅鳥神也。云迦婁羅金翅鳥者，訛謬也。毛羽之色，雜以衆寶，豈唯金色。如《增一阿含》，此有四生，食四生龍，如常分別。緊捺洛者，此云疑神，其形似人，頭有一角，面極端正。疑人非人，故曰疑神。此即諸天法樂神也。言緊那羅者，訛也。莫呼洛伽者，此云大腹，大蟒田蛇[三]，腹行之類。言摩睺羅伽者，訛也。此等非人，阿得隨佛。如《舍利弗問經》云：舍利弗白佛言，世尊，八部鬼神以何因緣生於惡道而常聞正法？佛言，以二種業：一、以惡故生於惡道，二、以善故多受快樂。又問，善、惡二異，何得同耶？佛言，亦得八部鬼神皆曰人非人也。天神者，過去以車輿舍宅、飯食供養三寶、父母、賢勝之人，猶懷慳儉、諂佞、嫉妬，故受天神身，如普光淨勝天也。龍神者，修達德本，廣行檀施，不依正念，急性好嗔，故受龍身，如摩尼光。夜叉神者，好大布施，或先損害，後加饒益，隨功勝負，汝[三]在天上、空中、地下。乾闥婆者，前生亦少瞋、恚，常好布施，以青蓮華自嚴其身，作衆伎樂。今爲此神，常爲諸天奏諸伎樂。阿脩羅神者，此神志强，不隨善友所作淨福，好逐幻爲[一四]，作諸邪福，傍於邪師，甚好布施，又樂觀他鬪訟之事，故受此身。迦婁羅神者，先修大捨，常有高心，以陵於物，故受此身。緊那羅神者，昔好勸人發菩提心，未正其志，逐諸邪行，故受此身。摩睺羅伽神者，布施護法，性好瞋、恚，故受此身。人非人等，皆由依附邪師，行諂惡道，以邪亂正，俱謂是道，生彼類中。由有善故，得聞正法。此或願生，或是變化，各與眷屬，云若干矣。上來別明當根衆竟。

從此第二，明變化衆。於中，分三：一、明現法座，二、明現寶華，三、明遍諸國。就初文中，復分爲二。初，明所現座，其義者何？

經：復有變現十方淨土，而現百億師子之座。

解曰：復有變現十方淨土者，變謂改轉，隱穢示淨。土體本有，故得變名。現謂化現，無而忽有。華坐本無，故稱化現。能變之人，唯佛菩薩。所變之土，淨妙四塵，廣博莊嚴，遍十方故。即是《瑜伽》三十七説：示現、轉變、所作自在、能施安樂四種變也。而現百億者，此方常數，十十而增。十万爲億，此有百億，即是西方百洛叉矣。師子之座者，佛坐説法，名師子座也。

從此第二，現能説法，其義者何？

經：佛坐其上，廣宣法要。

解曰：既現法座，佛於其上，廣宣法要。法之要者，惟般若故。

從此第二，明現寶華。文分爲二：初，明所現華；後，明現衆説法。且初第一，明所現華，其義者何？

經：一一座前，各現一華。是百億華，衆寶嚴飾。

解曰：一一座前者，其變淨土所現法座，座上有佛，座前現華。華同法座，數亦百億。衆寶嚴飾者，體即四大，衆寶莊嚴。所現之中，座先華後也。

從此第二，現衆説法，文復分二。初，明能依衆，其義者何？

經：於諸華上，一一復有無量化佛、無量菩薩，四衆八部悉皆無量。

解曰：於諸華上者，諸華葉上皆有化佛，佛及餘衆皆無量矣。

從此第二，明佛説法，其義者何？

經：其中諸佛各各宣説般若波羅蜜多，

解曰：如文悉也，無勞重釋。

問：此所變現，爲釋迦化，爲餘佛化？

答：二俱無失。表法勝能，吉祥瑞應，又表土體淨穢不二，表所説法真化不二，或大菩薩莊嚴道場，引攝現當，令欣趣入，故現化矣。

從此第二，明遍諸國，其義者何？

經：展轉流遍十方恒沙諸佛國土。

解曰：所現淨土及諸佛等，展轉周遍十方佛刹。由此而言，衆會忽覩，故云變現。

寧知未見淨土宛然。故《法華》云：衆生見劫盡，大火所燒時。我此土安穩，天人常充滿。總是，初列衆説〔一五〕。

從此第二，結申退坐，其義者何？

經：有如是等諸來大衆，各禮佛足，退坐一面。

解曰：將説經前，故光召集。如秋滿月，暉暎衆星。如夏日輪，先奪諸色。當根變現，二衆咸臻。三業至誠，稽首禮足，一心瞻仰，默然退坐。

從此第二，明發起序。文爲二：初説經瑞相，後現華召衆。初中，分三：一現諸瑞相，二大衆驚疑，三作樂供養。就初，瑞相，文復分四。且初第一，如來入定，其義者何？

經：爾時，世尊，初年月八日，入大寂靜妙三摩地，

解曰：經前瑞相，各各不同，隨處引導，應根而作。或眉間流照，表亦一乘。或合蓋現奇，彰難思德。今茲般若，諸佛之母，故在年初，表居法上。爾時者，將説經時。言世尊者，即第十號，破魔威德，義如前釋。

初年月八日者，彰演説時。此方四時，時各三月。皇唐御曆，建寅爲正。西國三際，際各四月。寒際之首，當十一月，即同往古建子爲正。黑半標無〔一六〕，二十三日即初八矣。又《金光明》第九立爲四時。如《西域記》第二卷云：從正月十六日至四月十五日爲春三月。即正月二十三日爲初年月八。取捨如文。

入大寂靜者，入謂證入。言大寂靜，謂即勝定。若依《佛地》龍軍所釋，佛三法中，即大定矣。

問：佛無散心，無不皆定，何故此中而復言入？

答：佛無散心，爲師範故。顯慧依定，示先入故。定慧雙脩，不傾動故。入定放光，及以説法，三業示導，即三密故。如來常法，

尊敬般若，將欲演説，示敬儀故。
妙三摩地者，唯佛獨得故稱爲妙。三摩地者，此云等持。體離沉掉，故名爲等。專注一境，即名爲持。等即持故。亦名三摩提，義同地也。因位等持，通定散地。果位唯定。唯是有心，亦唯無漏。若云等至，通有無心。若言等引，即唯是有。二皆唯定，漏等皆通。三摩地言，簡彼後二。彰欲説經，暢乎淨慧，慧依定發，故先入矣。
從此第二，光照十方，其義者何？
經：身諸毛孔，放大光明，普照十方恒沙佛土。
解曰：身諸毛孔者，爲欲説經，故先入定。爲驚凡聖，現瑞放光，從佛足輪，上至于頂，遍身毛孔，皆流照故。普照十方恒沙佛土者，有緣斯現，即所照也。
從此第三，雨華供養，文分爲二：初明欲色，後明無色。初文，復三。且初第一，欲界雨華。
經：是時，欲界無量諸天，雨衆妙華。
解曰：欲界六天，天衆無量，各雨妙華而供養故。
從此第二，色界雨華。
經：色界諸天，亦雨天華。
解曰：色界天衆，亦同欲天。
從此第三，合明華狀。
經：衆色間錯，甚可愛樂。
解曰：二界雨華，華多奇狀。衆色交映，故云間錯。樂觀無厭，故云愛樂。
從此第二，無色雨華。
經：時無色界雨諸香華，香如須彌，華如車輪，如雲而下，遍覆大衆。
解曰：時無色界雨諸香華者，此總標也。明無色界，諸宗不同。一切有部《俱舍》頌云：無色謂無色，後色起從心。經部宗云：色、心二種，互相依持。謂彼二宗，皆唯四藴，在欲、色界，無别所依。大衆部云：具十八界，但無麤色，細色非無。如《正理論》具明立廢。如《中陰經》説：如來至無色界，無色衆生禮拜世尊。又《本業經》云：如來説法，無色諸天來入會中。《華嚴經》云：菩薩鼻根聞無色界宫殿之香。又《瑜伽論》五十四云：色、無色天，變身萬億，共立毛端。由此等文，彼非無色。

若爾如何，名無色界？

答：就色不同，有其四種：業果、通果，二色定無；定境、定果，二色容有。云無云有，皆不相違。所雨香華，即定果矣。

香如須彌，華如車輪者，明其形狀也。如雲而下者，皆亂墜耳。

從此第四，地六震動。

經：普佛世界，六種震動。

解曰：普佛世界者，如《華嚴經》云：堪忍世界有佛，號毗盧遮那如來，即大千也。又不唯爾，光既遍照，動亦必俱。故《大般若》云：此大千界六種變動，從此展轉，周遍十方，殑伽沙等諸佛世界，以佛神力六種變動。以彼准此，故經説云普佛世界。

六種震動者，略有三義。

一、動因者，《增一阿含》説有八因：一、隨風輪，上下而動；二者、菩薩入胎出胎；三者、出家道成正覺；四、轉法輪；五、入涅槃；六、神通比丘，心得自在；七、諸天命終，還生勝處；八、衆生福盡，手相攻伐。故皆地動。動有小大，若小動者，如《法華》云：而此世界六動震動。若大動者，文殊偈云：一切諸佛土，即時大震動。《智論》第十云：若菩薩等，動閻浮提，動四天下，小中大千。若佛世尊，動無量故。

二、動相者，如《華嚴》云：所謂震、動、踊、運、吼、擊。初漸爲震，漸大爲動，上下爲踊，往來爲運，大聲爲吼，相鼓爲擊。《大般若》

云：所謂動、涌、震、擊、吼、爆。動即摇動，涌即出没，震聲隱隱，擊即扣擊，吼即發響，爆即聲驚。上六各三，即爲十八。謂動、遍動、普遍動等。小動名動，諸處皆動名爲遍動，遍大傾動名普遍動，餘皆准也。此經總云：六種震動。震動名寬，通十八矣。又《大般若》初、《華嚴》三十六皆云：東涌西涌，西没東没，南涌北涌，北没〔一七〕南没，中涌邊没，邊涌中没。經六種言，或准此故。

三、動意者，如《十地論》第十二云：依四種衆生：一、不善衆生，不識無常，縱心逸蕩，令因地動脩諸善故；二、生天衆生，信現天報，動〔一八〕種傾動，令生厭捨，起求法故；三、我慢衆生，恒起種種我慢如山，令因地動，知無常故；四、呪術衆生，少能動地，便生高舉，令因大動，知己劣故。又如《勝思惟梵天經論》，説有七因：一、令諸魔生驚怖故，二、令時衆心不散故，三、令放逸者生覺悟故，四、令衆生念法相故，五、令衆生觀説處故，六、令成熟者得解脱故，七、令隨順問正義故。今欲説經，治倒生解，故地動矣。

從此第二，大衆驚疑，文分爲四。且初第一，大衆驚疑。

經：爾時，大衆自相謂言：大覺世尊前已爲我等説《摩訶般若波羅蜜多》《金剛般若波羅蜜多》《天王問般若波羅蜜多》《大品》等無量無數般若波羅蜜多，今日如來放大光明，斯作何事？

解曰：大覺世尊，無漏假者。前已爲我等者，謂見已前。説諸般若摩訶等者，摩訶云大，謂《大般若》。《金剛般若》，即第九會。《天王問》者，即第六會。言《大品》者，即第二會萬八千頌波羅蜜多。所言等者，等餘一切塵沙數等諸般若矣。謂前所見説諸般若皆有瑞相，故今生疑，斯作何事，即其意也。

從此第二，仁王思念。

經：時，室羅筏國波斯匿王作是思惟：今佛現是希有之相，必雨法雨，普皆利樂。

解曰：室羅筏者，略也。具足，應云室羅筏悉底，此云豐德。一、具財寶，二、妙欲境，三、饒多聞，四、豐解脱。此室羅筏，即中印度憍薩羅國都城之名。准《西域記》，乃有南、北二憍薩羅，簡異南國，故雙舉也。波斯匿王者，如《鴦掘摩羅經》云：波斯匿者，此云和悦。既覩靈瑞，作是思惟，今佛現是希有之相，必説大法雨。我等諸王云何護國？如來大悲，普悕利樂。一部之興，起于茲矣。

從此第三，問諸衆會。

經：即問寶蓋、無垢稱等諸優婆塞，舍利弗、須菩提等諸大聲聞，彌勒師子吼等諸菩薩摩訶薩，言：如來所現，是何瑞相？

解曰：言寶蓋者，寶積長者持蓋自蔭，或由奉佛故云寶蓋。無垢稱者，即淨名矣。舍利弗者，具足應云舍利弗多羅。舍利，鳥名。弗者，子也。尊者母眼，如鶖鷺目，其相圓淨，其音便辯。因母彰名，稱舍利弗。須菩提者，此云空生，或云善吉及善現也。言彌勒者，此譯爲慈，多脩慈行，又亦是姓。師子吼者，梵云僧思孕反伽娜娜，此云師子吼。舉此等餘，明遍問故。

從此第四，明無答者。

經：時，諸大衆無能答者。

解曰：無能答者，雖劣知勝，願智能知，爲法甚深，無能答矣。

從此第三，作樂供養。文分爲三。且初第一，王等作樂。

經：波斯匿王等承佛神力，廣作音樂。

解曰：如來住定，不合諠繁。波斯匿王及諸衆會承佛神力，故作音樂。

從此第二，諸天作樂。

經：欲、色諸天各奏無量天諸伎樂，

解曰：諸天音樂，不鼓自鳴。今明欲色，

故作天樂矣。

從此第三，聲遍大千。

經：聲遍三千大千世界。

解曰：三千大千，如常分別。

大文第二，現華召衆。文分爲三：一、放無量光，二、現僧祇華，三、召他方衆。且初第一，放無量光。

經：爾時，世尊復放無量阿僧祇光，其明雜色。

解曰：前文放光，不言其數，今此乃云復放無量阿僧祇者，顯其色多。前理後事，表二智故。

從此第二，現僧祇華，文分爲二。且初第一，現僧祇華。

經：一一光中，現寶蓮華，其華千葉，皆作金色。

解曰：一一光中者，所放光明，既無數量，光中華現，准亦應知。千葉金色，彰其葉多，金色上矣。

從此第二，化佛説法。

經：上有化佛，宣説法要。

解曰：如文應悉。

從此第三，召他方衆，文分爲二：初召十方衆，後結申退坐。初中，復四。且初第一，普照有緣。

經：是佛光明，普於十方恒河沙等諸佛國土，有緣斯現。

解曰：有緣斯現者，現大悲之力，普照十方。障重無緣，雖近不覩。無障緣熟，縱遠亦來。故説恒沙有緣現斯〔一九〕。

從此第二，列諸菩薩。文有五對。且初第一，普照無染對。

經：彼他方佛國中，東方普光菩薩摩訶薩，東南方蓮華手菩薩摩訶薩，

解曰：此十菩薩，萬行皆脩，略隨其名以彰勝行。

普光菩薩者，如光普照，不簡高下，菩薩濟利，不簡怨親。蓮華手菩薩者，衆行如蓮，不染塵垢也。

從此第二，歡喜破簡對。

經：南方離憂菩薩摩訶薩，西南方光明菩薩摩訶薩，

解曰：離憂菩薩者，説無分別，自他無憂，或隨聞見皆無憂也。光明菩薩者，所起智悲皆能破闇也。

從此第三，不住最勝對。

經：西方行慧菩薩摩訶薩，西北方寶勝菩薩摩訶薩，

解曰：行慧菩薩者，二利行中，起悲慧行，能不住也。寶勝菩薩者，財、法二寶，施而無竭也。

從此第四，勝受離塵對。

經：北方勝受菩薩摩訶薩，東北方離塵菩薩摩訶薩，

解曰：勝受菩薩者，能與衆生安樂受行，念捨平等也。離塵菩薩者，智常照如，行離塵染也。

從此第五，常喜清淨對。

經：上方喜受菩薩摩訶薩，下方蓮華勝菩薩摩訶薩，

解曰：常得喜受，清淨如蓮，二菩薩也。

從此第三，明其眷屬。

經：各與無量百千俱胝菩薩摩訶薩，皆來至此。

解曰：十方菩薩各各皆有無量百千俱胝菩薩，皆來至此。

從此第四，各獻香華。

經：持種種香，散種種華，作無量音樂，供養如來。

解曰：如文可悉。

從此第二，結申退坐。

經：頂禮佛足，默然退坐，合掌恭敬，一心

觀佛。

解曰：頂禮合掌，身業恭敬。一心觀佛，意業恭敬。默然退坐，唯希法雨。明序分竟。

## 觀如來品第二

大文第二，《觀如來品》下六品經，明正宗分。意明護國，爲經之主。國有淨穢，分爲二護。即前三品，明其内護，護佛菩薩諸淨土故。《觀如來品》彰其果德，《菩薩行品》具明脩因，後《二諦品》前二依故。後之三品明其外護，護諸王等所居土故。初《護國品》明其報得，《不思議品》彰法勝能，後《奉持品》明前二故。又科爲三，前三爲内，第四爲外，下二爲總，總彰經德總明前故。又科爲四：别如二文，總中，分二：先，顯經德，示不思議；後，總彰前，具明二護。又科爲五：初二，爲内，内彰勝劣；次，辨總依，通前及後；次，爲外護，滿本所求；次，因散華，表經奇特。後總前四，内外依持，十三法師從因至果，十六王等無上寶故。又科爲六，開初果因，别則爲云[二〇]，合爲一故。依二判中，内非無外，果非無因，各依勝顯，彰内外普[二一]。於前三品辨次第者，先彰果德，令生欣求，必藉因故修勝行。無論因果，必有所依。又果位中，如智平等。修因趣果，二利雙明。住果修因，皆依境故。又即於境，有分有全。全勝居初，分劣居次，位别勝劣，境後明故。又約果談因，修因趣果，因果雖二，境唯是一，猶斯因果俱得護名。果不對因，更何所護？内護三品，次第應知。

二、釋品名。觀如來者，觀謂能觀，體即是慧。聞思修等，生法俱空，加行本後，俱名觀故。相應俱有，四蘊五蘊，隨應爲性。言如來者，謂即所觀。本覺真常，性非生滅。不覺迷本，妄識輪迴。反本妄除，幻夢俱寂，如歸本來，故名如來。雖去無去，來無所來，對不覺去，故名爲來。又應化身大悲感赴，隨根應現，乘如而來，亦名如來。若云觀空，直談法性。此兼人、法，云《觀如來》。又立品名，有其三種：一者，從略，謂即此品，前廣般若，後觀如來，以略顯廣，名《如來品》；二者，從廣，菩薩行品，自初及末，明菩薩行，名《菩薩品》；三者，當相，謂次四品，依名申義，以彰品號。初、後二品，依廣立名，義類相從。大例唯爾。釋品及次，准上應知。

三、科判者，總科内護三品經文，大分三段。第一，總標，從爾時世尊從三昧起，至云何護佛果、云何護十地行，爲初段也；第二，別答，從佛告波斯匿王言護佛果者，至《二諦品》末云，大王，菩薩摩訶薩護佛果、護十地行、護化有情，爲此也，廣明因果，爲別答也；第三，總結，從波斯匿王白佛言真理是一下，至卷終一紙經文，爲總結也。至文當悉。別科三品，解此品者，於中，分三：一、標二護，二、明問答，三、明獲益。就初標中，文分爲五。

且初第一，從三昧起，其義者何？

經：爾時，世尊從三昧起，坐師子座，

解曰：顯不住道正念正知，故佛世尊將欲演説，從三昧起，警動羣情。言三昧者，梵語也。同三摩地，俱云等持，古譯禪那，云思惟脩及功德林，皆義翻耳。心一境性，謂即等持別境中定。謂欲演説，故云起也。坐師子座者，《智度論》云：非實師子，亦非木石用爲師子，以佛即是人中師子，所坐處床皆得名爲師子之座。彼時大衆，皆悉至誠，佛從定起，昇座而坐。又解坐者，即在義也，非別易處。顯亦正住，無所傾動，故云坐矣。如《大般若》：爾時，世尊於師子座上，自敷尼師壇，結加趺坐，端身正願，住對面念。乃至下云：在師子座，如四大寶妙高山王臨照諸山，威光逈出。以彼准此，義周備矣。

從此第二，佛知王心。

經：告大衆言：吾知十六諸國王等咸作是念，世尊大慈，普皆利樂，我等諸王云何護國？

解曰：正遍知覺，善得他心，知諸國王覩相興願，仰希法雨，文具如前，故佛當根，發誠諦語，告彼大衆，作如是言：吾知諸王咸作是念，世尊大慈，普皆利樂，我等諸王云何護國？彰外護也。

從此第三，總標内護。

經：善男子，吾今先爲諸菩薩摩訶薩説護佛果、護十地行。

解曰：明佛大悲，平等濟護。若唯外護，利樂不均。念外答内，顯悲深普，不請而説也。又若唯外，事相雖嚴，内不澄清，心疾寧念，外嚴内潔，相應義故。又外因内，方得無灾。三毒不除，三灾必起。藉内護外，故先明也。又内外言，約二相説。法唯一味，平等無差，故佛大悲，曾無異説。由悟不悟，脩與不脩，深淺次第，理必然故。善男子者，波斯匿等。吾今已下，明所護人。護佛果者，即此品也。護十地行，即後品也。先果後因，欣趣次第，義如前説。能所護者，能護之法，則唯般若。所護之者，依經分二，聖凡二人，淨穢二土。

從此第四，勑令諦聽。

經：汝等皆應諦聽諦聽，善思念之。

解曰：諦者，審也。攝耳聆音，發生聞慧。善思，思慧。念之，脩慧。審其句偈，思其義理，如説修行，令諦聽等。又復諦者，令心寂靜，對治散亂、掉、動心故。言善思者，令心調柔，治彼邪妄不正思故。言念之者，令心明記，治彼妄失顛倒心故。彼所治者，障生勝慧，謂若有彼性無堪任，猶如覆、漏、穢等三器，得甘露味，失漏無堪，是故世尊誠[三]諦聽等。《智論》偈云：聽者端視如渴飲，一心入於語義中。踴躍聞法心悲喜，如是之人可爲説。

從此第五，大衆讚仰，文分爲三。且初第一，衆讚善哉。

經：是時大衆，波斯匿王等，聞佛語已，咸共讚言：善哉善哉。

解曰：初聞佛語，喜躍無任，咸共一心，至誠仰讚。仰讚之極，是故重云善哉善哉。又初善哉，讚他心德。次一善哉，讚起悲深。三寶不斷，則無七難，是故重言二善哉矣。

從此第二，散華成蓋。

經：即散無量諸妙寶華於虛空中，變成寶蓋，

解曰：初各散華，衆心渴仰，後成寶蓋，一法俱霑。又事雖多，真理唯一。又行雖衆，果必無差。又蓋與華，非多非一，而性與相，非異非同。此表散華成蓋不墜。

從此第三，覆諸大衆。

經：覆諸大衆，靡不周遍。

解曰：靡者，無也。蓋無盈縮，顯說當根不減不增，總標二護。

大文第二，問答釋成。成於中，分二：初波斯匿問，後如來正答。且初第一，總問者何？

經：時，波斯匿王即從座起，頂禮佛足，合掌長跪而白佛言：世尊，菩薩摩訶薩云何護佛果？云何護十地行？

解曰：即從座起，異諸衆也。頂禮佛足者，以已尊頂，禮佛卑足也。合掌長跪者，敬請之儀。白佛言下，申其所問。運身發語，由審決思，三業至誠利樂故問。菩薩等者，舉能行人。云何已下，問所行行。

問：菩薩因位，護義極成。佛果已圓，更何須護？

答：果從因顯，果德已圓，性不離因，故說護果。

若爾，護果即因，與後何別？若因果一，何須分二？

答：此品之内就果談因，後品之中從因

趣果，因果事異，故品別開。約理不殊，故俱説護。

從此第二，如來正答。文分爲三：初略標宗，次別問答，後直問答。初中，分四：一、總標護果，二、徵其所以，三、佛爲釋成，四、結脩般若。初中，分三。且初第一，總標護果。

經：佛告波斯匿王言：護佛果者，諸菩薩摩訶薩應如是住：

解曰：王承佛旨，因果總問。如來别答，先果後因。由前一問，起下三品。三段科中，從此已下大文第二，如來别答。佛告已下，諸主及果并能行人。文如前釋。應如是住者，住悲智心。准《無著論》釋《金剛經》，云何住者，謂欲願也。欲者，正求也。願者，爲所求故，作心思念也。最初發心，入諸善法，欲爲根本。論名正求，或正希求，以欲爲首，方起願故。願於百法，無別體性，依《無著論》，思念爲體。依《莊嚴論》，思欲爲體。依《唯識論》，信、欲、勝解，三法爲體。總三論文，五法爲體，謂彼思、念、欲、信、勝解。以彼欲願，釋此住矣。

從此第二，廣明化利。

經：教化一切卵生、胎生、濕生、化生，

解曰：正明脩行。依前住心，廣大思願，利他行也。

言教化者，隨病設藥也。菩薩利物，遂己修行。悲所度生，廣雖三界，於中含識，唯此四生。《瑜伽論》云：五蘊初起，名爲生也。如孔雀等，從卵𣪊出，名爲卵生。如牛馬等，從胎藏出，名爲胎生。如飛蛾等，從濕氣出，名爲濕生。如諸天等，諸根頓具，無而欻有，名爲化生。如《俱舍》頌云：倒心趣欲境，濕化染香處。卵胎二生，於中有位，由彼業力，起顛倒心，馳趣欲境。雖住遠處，能見父母。於結生位，是男是女，起愛恚心，隨一現前，左右向背，隨所愛合，即生有身，漸次增故。濕生染智，謂遠麌知生處香氣，便生愛染，業有勝劣，香淨穢故。化生染處，謂遠觀見當所生處，隨業罪福，處有苦樂。故說三界因愛受生。生之形狀，中有品類，如常分別。又《瑜伽》說：內心思業而爲其因，外縠、胎藏、濕潤爲緣，卵生具四，胎三，濕二，化生唯一。所謂思業，藉緣多小，從多先明，辨生勝劣，少爲上也。人與傍生各具有四，鬼通胎、化，天及地獄唯是化生。欲色界中，身具五蘊。若無色界，四蘊成身。於有色界，身量大小，頓漸生滅，義如常矣。此明菩薩所化有情，於三界中據處生說依止境界，樂者敘焉。雖菩薩願四生等化，理實所化隨對根緣。難非難處，待時熱等，如無著《論》。何故經中不言界趣？界通非情，趣無中有。又尼乾等執草木生。申此，經云卵等生故。

從此第三，降伏對治，文分爲三。且初第一，對治蘊倒。

經：不觀色相，不觀色如，受想行識，我人知見，常樂淨倒，

解曰：明所治也。前廣化利，令遠散動。住相分別，故令[三]對治。

不觀色相，不觀色如者，此總標也。於五蘊中，舉色爲首。色謂質礙，變礙爲性。如謂真如，無礙爲性。起心分別，見有色如。此分別心，正令除斷。若無分別，勝義相應。一毫之善，發迹至佛。此無分別，遍下言故。

受想行識者，受謂領納苦、樂、捨受。想謂能取怨、親等像。行謂造作善、染諸行，亦遷流故。識謂了別，即眼等識。謂於四蘊，皆離分別，性相平等，境智俱如，治依他故。

我人知見，常、樂、淨倒者，依蘊妄執，先我後法，各有四倒。我謂主宰，依《智度論》，即陰計我有五，離陰計我有五，和合計我有十，總二十也。即陰我者，指陰爲我。離陰計我，

如將車人。和合有十者，如色中我，色作窟宅，我在其中，四陰亦爾。我中色者，我作窟宅，色居其中，四陰亦爾。分別我故。依無著《論》，自體相續，總執五藴相續爲我，計前際我是今世我所執取故。言人者，謂展轉趣餘趣，取執趣未來後生實趣。言知者，數論執我體即是思，受用諸法我爲知者，即現我故。言見者，謂即我執有身見也。如是四種皆我倒矣。常、樂等者，即法四倒，住持自相，能生謬解。謂外道等不了五藴有爲之法刹那不住，妄起常倒。有漏皆苦，妄起樂倒。實不自在，妄起我倒。自性不淨，妄起淨倒。第三，我倒文無者，略，舊經具有。或前我故下一倒字通上我法。由斯二執二障具生，爲障既重，先對治故。又報五藴，自性無記，是所依故。我法二倒，不善有覆，分別俱生，是能依故，唯無分別定慧能治故。此具明今對治也。

從此第二，對治諸行。

經：四攝六度，二諦四諦，力無畏等，一切諸行。

解曰：前所治境起心爲倒，此能治行動念成病，但治俱見，實不除法，由如禾莠，同聚俱生，俱[二四]除其莠，非遣禾也。正行諸行，起能見心，治彼起心，令無分別，行無所行，即正行故。此段經文通賢聖位，地前修習其相未已，有功用住，若有散心，亦未亡相，故通對治。四攝四諦，如上已明。六度、二諦并四無畏，如下當辨。

力謂十力，處非處等，如常分別。

一切諸行者，不唯此所到行門，乃至菩薩所修萬行，通爲觀矣。

從此第三，對能行人。

經：乃至菩薩如來，亦復如是，不觀相，不觀如。

解曰：不唯於行令心不住，觀佛菩薩亦令不住。若心分別，見相見如，此即所治，令無分別。雖佛菩薩勝無與等，無分別位起分別心，即令對治，住無相故。若爾，應離相求。此亦不然。即相觀無，相即無相，非謂相外，别更求無。若更别求，此即爲病。然佛菩薩勝功德聚，若稱念者，障滅河沙於勝義心，故令不住，非謂世諦事相撥無。若起此心，成大邪見，豈符經意無相觀耶？

問：前云菩薩摩訶薩應如是住，此云乃至菩薩不觀相、如，爲復能住即所觀耶？

答：設爾無失。謂令菩薩無相現前，所脩勝行皆無相故。設於勝者，亦不起心，正離自他，住無相故。又解：應如是住，明住心也。教化四生，明脩行也。不觀已下，盡此段文，明降伏也。如次即是智恩斷因，因必具脩，成果三德，至究竟位，報化法身故。初具明佛深意也。

經：所以者何？

從此第二，徵其所以。

解曰：所以不觀相、如者，何所以也？

從此第三，佛爲釋成，文分爲二。且初第一，釋諸法空。

經：以諸法性即真實故，無來無去，無生無滅，同真際，等法性，無二無别，猶如虚空。

解曰：言諸法者，即前五蘊。法性空寂，即真實故。無來無去，無生無滅者，釋法四倒，依蘊妄執，計常樂等。心爲彼薰，識浪流動，故有來有去，有生有滅。若了彼倒，妄體即空，本無來去，無生滅故。

同真際，等法性者，釋諸正行。四攝六度，所脩萬行，皆淨法界方便妙用，用不離體，與理相應，即一一行皆同真際、等法性故。

無二無别，猶如虚空者，釋菩薩等，雖諸法性本來常住，不因顯説無以證修，故佛菩薩出現於世，廣爲開示。然修行者，應正了知能説所説，法界一相，聖凡不二，自他無别，覺性常住，猶如處空。對佛菩薩，應如是觀。又解：五蘊諸法，其性真實，性被妄薰，故有來去，有生有滅，本性空寂，無來無去，無生無滅故。同真際，等法性者，蘊與真性，事理依持，如波依水，故同真際。理不離事，皆等法性。諸法與性，無二無別。了法即性，猶如虛空。又解：法性常住，故無來去。法性不變，故無生滅。由修行者了法性空，所修勝行，心同真際，行等法性。因果事異，所現理同，故云無二。能觀不異，故云無別。長時無間，障盡果圓，猶如虛空，動而常寂，彰果位矣。前解順文，次解依蘊。今前菩薩行離二邊，後解順理，至無上覺，釋法空也。

從此第二，釋我等空。

經：蘊、處、界相，無我、我所。

解曰：明前[三五]我空，舉所依法，顯能依空。

蘊等何義？《俱舍》頌云：聚生門種族，是蘊處界義。聚是蘊義，謂即五蘊，色聚、心聚，故名爲蘊。蘊是有爲，非無爲故。生門處義，謂十二處。六根、六境是心、心所生長門處，由六識身依根取境，名生門故。種族界義，即十八界，爲同類因，各生自類等流果故。何故世尊説蘊、處、界？如彼頌云：愚根樂三故，説蘊處分[三六]三。愚有三者，謂諸有情執我，一常愚心所爲我，爲説五蘊，五蘊之中三是心所故。愚色爲我，説十二處，十二處中十是色故。總愚色、心以爲我者，爲説十八界，十八界中離色、心故。根上、中、下，樂略、中、廣，是故世尊説蘊、處、界。無我、我所者，我即前云我人知見，我所即是彼我資具。此蘊、處、界，從因緣起，其體尚無，況我、我所從計執生而體是有，故皆空矣。

從此第四，結脩般若。

經：是爲菩薩摩訶薩修行般若波羅蜜多。

解曰：若能如上住悲智心，地上地前修諸勝行，不著性相，必得果同，是真修行，至彼岸矣。此上經文略標宗旨，世尊總陳一部之意。下文廣辨，理事小殊，窮其至理，更無異也。又：不唯一部，諸大乘教但是廣文，住修斷障，一理通貫。自下諸文，先略後廣，准此廣悉。

大文第二，明別問答，文分爲三：一、別問答，二、總問答，三、結護果。初別問答，文分爲三：一、明實相，二、明觀照，三、明文字。初，明實相，文分爲二。且初第一，波斯匿王問，其義者何？

經：波斯匿王白佛言：世尊，若菩薩衆生，性無二者，菩薩以何相而化衆生耶？

解曰：世尊略陳，王應具悉，詞微旨妙，歷法廣明，故牒前文而興此問。問之意者，由諸有情迷無慧目，故希菩薩悲以利生。若菩薩衆生同一法性，法性平等，即無二別，若無二別，菩薩更以何法而化衆生耶？

從此第二，如來正答，文分爲二：初明勝義空，後明世俗有。初中，分三：初總明法性，次徵其所以，後釋諸法空。初法性中，文復分二。且初第一，總標法倒。

經：佛言：大王，色受想行識，常樂我淨，

解曰：初列五蘊，總標有爲。後列四倒，總標我法。先標此二，以明法空。

從此第二，正答不住。

經：法性不住色，不住非色。受想行識，常樂我淨，亦不住淨，不住非淨。

解曰：法性不住色，不住非色者，色謂色蘊，除色之餘，皆名非色。住不住者，依對待立，如因見住，便言不住。此中法性，離言絶慮，寂然一相，唯以智證，豈同對待住不住乎？

受想行識，常樂我淨，亦不住淨，不住非淨者，義同於上，故置亦言。初後具陳，例中亦爾，皆不住故。如《涅槃》云：爲一切諸法本性自空爲因，菩薩修空見空。若一切法本性自空，何須菩薩脩空見空？若一切法本性不空，菩薩修空何能見空？佛言雖一切法本性是空，亦因菩薩修空見空。言本性空，所證境空。修空見空，能證智空。以能所證悉皆是空，故能所化皆不住矣。

經：何以故？

從此第二，徵其所以。

解曰：法性非住不住者，何以故？

從此第三，釋諸法空。

經：以諸法性悉皆空故。

解曰：以法性空無住不住，爲明菩薩法性相應，化而不住，同法性故。

從此第二，明世諦有，文分爲三：初總標世諦，次别明諸有，後總結非實。且初第一，總標世諦。

經：由世諦故，由三假故，

解曰：前勝義諦，明諸法空。此世俗諦，明諸法有。由諸性相，體不相離，如斷證修，故次明矣。由世諦故者，此句總標。由者因由，世者可毁壞也，通目一切有漏有爲。言諦者，審義，實義。審實可壞，名世諦故。由三假故，此句别也，謂法、受、名，具如前解，皆世諦故。

從此第二，别明諸有，文分爲三。且初第一，明三界有。

經：一切有情蘊、處、界法，造福、非福、不動行等，因果皆有。

解曰：此明三界有情因果也。

一切有情者，簡非情也。

蘊、處、界法者，業所依也。

造福、非福、不動行等者，如《大般若》云：一者福業，二者非福業，三者不動業也。欲界善業，名爲福業，業能招人天可愛果故。欲不善業，名非福業，損惱有情，招三惡趣非愛果故。色、無色界業，名不動業，能招彼地不動果故。

若爾，何故《俱舍論》云：如世尊説，初靜慮地有尋伺動，第二靜慮有喜受動，第三靜慮有樂受動。何名不動？

答：如彼頌云：約自地處所，業果無動故。雖下三禪有災患動，約處言之，業果不動。如初禪業招初禪果，初禪處業無容轉令二禪處受，業果處定，立不動名，不同欲界有天等業。由别約力，轉令異處人等中受，名動業故。因果皆有者，如上所明，作業感果皆悉有故。

從此第二，明三乘有。

經：三乘賢聖所修諸行，乃至佛果，皆名爲有。

解曰：三乘賢聖所修諸行者，謂由般若，引攝當根，隨自證修，有三别故。言三者，下、中、上根。言乘者，教理行果，即所乘也。言賢者，和善之義，資糧加行也。言聖者，通達修習究竟位也。所修諸行者，隨前三乘所修行也。略分别者：

一、聲聞乘者，如《華嚴》云：上品十善，修自利行，智慧狹劣，怖三界，闕大悲，從他聞聲而得解了，名聲聞乘。依有部宗，前七方便，具如上解。阿羅漢果，如上略明。餘之三果，義如常説。

二、緣覺乘者，如《華嚴》云：上品十善，自利清淨，不從他教，自覺悟故，大悲方便不具足故，悟解甚深緣生法故，名緣覺乘。如《瑜〔三七〕伽論》第三十四獨覺地云：有其五種：一、種性，二、道，三、習，四、住，五、行。

言種性者，有其三種：一、薄塵垢，離憒鬧處，於寂靜處，深心愛樂；二、少悲心，説法利人，心不愛樂，樂少思務，寂靜而住；三、中根性，是慢行類，深心希願無師無敵而證菩提故。

第二，道者，亦有三種：一者、謂於百

劫值佛出世，親邇承事，成就相續，專心求證獨覺菩提，於蘊、處、界、緣起、處非處及諦此六善巧勤修覺故，於當來世速能證得獨覺菩提，名麟角喻；二、有一類，值佛出世，親近善士，聽聞正法，如理作意，未曾修習順決擇分煗等善根，脩前蘊等六種善巧，於當來世證彼菩提，得沙門果；三、有一類，值佛出世，親近善士，聽聞正法，如理作意，證法現觀，得沙門果，而無力能至極究竟阿羅漢果，復修蘊等六種善巧，依出世道，於當來世至極究竟，畢竟離垢，畢竟證得梵行邊際阿羅漢果。後第二三，名部行故。

第三，習者，此亦有三：一、有一類，依獨覺道，滿足百劫修習資糧，過百劫已，出無佛世，無師自能修三十七菩提分法，諸法現觀，得獨覺果，永斷一切，諸煩惱盡，成阿羅漢，此麟角喻；復有一類，依第二道或第三道，由彼因緣，出無佛世，無師自能脩三十七菩提分法；從前二三所脩次第至極究竟，畢竟離垢，畢竟證得梵行邊際，證得最上阿羅漢果，皆部行故。

第四，住者，此亦有三：初，麟角喻，樂處孤林，樂獨居住，樂甚深勝解，樂觀察甚深緣起道理，樂住最極空無願相，安處作意；第二、第三，所習部行，不必一向樂處林野，樂獨居住，亦樂部衆共相雜住，樂深勝解，乃至作意故。

五、獨覺行，一切獨覺隨住彼彼村邑聚落，善護其身，善守諸根，善住正念，隨入彼彼村邑聚落，或爲乞食，或濟度化下劣愚昧。以身濟度，不以語言。何以故？唯現身相爲彼說法，不發言故，示現種種神通境界，乃至爲令心誹謗者生歸向故。

明緣覺竟。

乃至佛果皆名爲有者，大乘賢聖，至下當悉。

從此第三，明諸見有。

經：六十二見，亦名爲有。

解曰：不唯三界及以三乘世俗諦中依他故有，外道染見亦計執有。

六十二見者，依《賢劫經》，謂於五蘊計我、我所，言色是我，我有色，色屬我，我住色中。初句是我，三句我所。受、想、行、識，四句亦然。四五二十，成二十句。五句是我，餘爲我所。此上諸句，依現在蘊。於過、未世亦各二十，成六十句。加斷、常見，六十二矣。如《大品經》《梵網六十二見經》《長阿含經》第十、《梵動品》、《大婆沙論》一百九十九、《瑜伽》五十八及八十七、《智度》《唯識》，皆明諸見。於法不倦，樂者敘焉。

從此第二，總結非實。

經：大王，若著名相，分別諸法，六趣、四生，三乘行果，即是不見諸法實性。

解曰：若著名相分別諸法者，此明妄倒，著相迷真。五法之中，前三法也。言五法者，相、名、分別、正智、真如。《顯揚》第六、《瑜伽》七十四，兩《論》同說：依他攝四，攝彼相、名、分別、正智。圓成實一，攝彼真如。遍計所執不攝五事。彼說：有漏心、心所法變似所詮，説名爲相。似能詮現，施設爲名。能變心等，立爲分別。無漏心等離戲論故，名爲正智。《中邊》第二説：依他起攝相、分別，遍計所執唯攝彼名，正智真如圓成實攝。彼說：有漏心及心所相分名相，餘名分別。遍計所執都無體故，爲顯非有，假説爲名。正智真如能證、所證二俱無倒，圓成實攝。《楞伽》偈云：名相覺想，自性二相。正智如如，是則成相。

言名相者，遍計所攝，二無體故。言覺想者，即是妄想，謂心、心所依他起攝，緣前名相故名覺想。自性二相者，即上三法遍計、依他二自性矣。正智如如，是則成相者，智如二種爲圓成故。《中邊》《楞伽》所明五法，屬此經者，前云法性不住色、不住非色等文，五中後二，正智如如皆圓成故，雖即正智而非無爲，無漏、有爲離倒究竟，《楞伽》説爲圓成實故。後世諦文，是前三法，三界三乘依他起故，即是《中邊》相及分別，《楞伽經》中覺想心故。六十二見，遍計所攝，《中邊》之名，《楞伽》名相。《顯揚》《瑜伽》屬此經者，法性第五，世諦前四，不立遍計，從心説故。

六趣、四生三乘行果者，並如前解。

即是不見諸法實性者，若著名相，分別諸法，乃至行果執爲實有，即不能見諸法實性，顯無執者能見實性。下《二諦品》因此而興。前後次第，至文悉矣。

仁王護國般若波羅蜜經疏卷上二

**校勘記**

〔一〕「妓」，疑爲「技」。
〔二〕「成」，疑爲「咸」。
〔三〕「冥」，疑爲「宜」。
〔四〕「由」，通「猶」。
〔五〕「想」，疑爲「相」。
〔六〕「邊」，疑爲「遍」。
〔七〕「天」，疑爲「夫」。
〔八〕「天」，疑爲「夫」。
〔九〕「天」，疑爲「夫」。
〔一〇〕「説」，疑爲「設」。
〔一一〕「盡」，疑爲「畫」。
〔一二〕「蛇」，《護國司南抄》作「虫」。
〔一三〕「汝」，《舍利弗問經》（《大正藏》本，下同）作「故」。
〔一四〕「幻爲」，《舍利弗問經》作「幻僞之人」。
〔一五〕「説」，底本原校疑爲「訖」。
〔一六〕「無」，據《護國司南抄》，疑爲「元」。
〔一七〕「没」，疑爲「涌」。
〔一八〕「動」，疑爲「種」。

〔一九〕「現斯」，底本原校疑爲「斯現」。

〔二〇〕「云」，底本原校疑爲「二」。

〔二一〕「普」，疑爲「等」。

〔二二〕「誠」，疑爲「誡」。

〔二三〕「令」，疑爲「今」。

〔二四〕「俱」，底本原校疑爲「但」。

〔二五〕「明前」，疑爲「前明」。

〔二六〕「分」，底本原校疑爲「界」。

〔二七〕「瑜」，底本作「喻」，據文意改。

# 仁王護國般若波羅蜜多經疏卷中一

青龍寺翻經講論沙門良賁奉詔述

《觀如來品第二》，明觀照般若。

　從此第二，明觀照中，文分爲二。且初第一，波斯匿王問。

經：波斯匿王白佛言：諸法實性，清淨平等，非有非無，智云何照？

　解曰：舉前法性，以問智也。諸法實性者，即諸法性也。清淨者，非塵染也。言平等者，無高下也。非有非無者，舉如問智也。法若是有，稱有而知。法若是無，稱無而解。既非有無，智云何照？

　從此第二，如來正答。於中，分三：一、明諸法空，二、諸法假有，三、聖智次第。初，法空中，文分爲二：初明境非有，後明智照空。初，境非有，文分爲二：初法自性空，後生滅明空。初，法體空，文復分三。且初第一，答智有無。

經：佛言：大王，智照實性，非有非無。

　解曰：明能照智稱境而觀，非有非無通境智矣。叡法師云：萬物非無，宗之者無相。虚宗非有，照之者無心。故聖人以無心真智照無相虚宗，内外兩冥，境智俱寂，即其照也。

　從此第二，徵其所以。

經：所以者何？

解曰：智照實性，非有無者，何所以也？

從此第三，釋諸法空，文分爲二。且初第一，總明法空。

經：法性空故。

解曰：法者諸法，性者實性。法及法性，悉皆空故。然於諸法，執見不同。凡夫於法執有是非，外道於法執我執法，小乘於法執實色心。大乘於法達無自性，了法即空，名法性空。

從此第二，即法明空。

經：是即色、受、想、行、識，十二處，十八界，七大六界，十二因緣，二諦四諦，一切皆空。

解曰：謂藴、處、界，士夫六界，外道異生，執實起倒，舉以明空。十二因緣，明獨覺觀。言四諦者，明聲聞觀。言二諦者，明菩薩觀。悉無自性，一切皆空。前四後一，如上已明。緣生二諦，至下當悉。

從此第二，生滅明空，文分爲四。且初第一，標生滅空。

經：是諸法等，即生即滅，即有即空。刹那刹那，亦復如是。

解曰：前明諸法無自性空，此明諸法生滅故空，隨對有情，當根破執。是諸法等，即生即滅，即有即空者，謂前藴等諸有爲法，體不堅住，念念遷流，若疾炎過，同懸流度，隨生即滅，念念皆空。然有爲相，或說四者，如《婆沙論》：能起名生，能安名住，能衰名異，能壞名滅。生居未來，餘三現在。又《唯識》云：本無今有，有位名生。生位暫停，即說爲住。住別前後，復立異名。暫有還無，無時名滅。前三現在，滅居過去。此爲正也。說三相者，如《倶舍論》引經說三：一起，二住異，三盡。《論》有兩解，如常今別。說二相者，如此經云：即生即滅。《瑜〔三〕伽》

同此，如彼《論》云：生及住、異俱名生品，滅名滅品。諸弟子衆應觀諸法生滅而住。説一相者，如經偈云：諸行無常。諸者衆也，行謂遷流，通曰有爲，總名諸行。言無常者，如《瑜伽論》八十一云：有起盡故，名無常也。合生滅二，總名無常。五十二説：若由此相，起厭思惟，爲令厭患，離欲解脱，合説生滅爲無常故。何謂無常？有非恒有，無非恒無，二無常相，故云無常。經言生滅，乘略明故。

剎那剎那，亦復如是者，言剎那者，時極少也。如言極微，色極少也。生滅有二：一者剎那，二者一期。此非一期，云剎那矣。何名剎那？緣和合法，得自體須。又行動法，度一極微，如是名爲一剎那量。重言剎那者，破情計也。有情妄倒，執法常有，謂聞諸法生滅故空，即作是念：唯現在法剎那生滅，過去、未來體應常住。爲破此計，故明諸法無始時來，過去已滅，現在今滅，未來當滅，念念遷流，皆剎那滅。是故經云：剎那剎那，亦復如是。

問：即滅爲同剎那，爲復異世？

答：然以一念有多剎那，於一剎那有多生滅，以多生滅成一剎那，即體明空，故同念也。此同《華嚴》偈云：譬如長風起，鼓拂生動勢。二俱不相知，諸法亦如是。生滅即空，不相知也。從此第二，徵其所以。

經：何以故？

解曰：諸有爲法剎那生滅者，何所以故。

從此第三，釋多生滅。

經：一念中有九十剎那，一剎那經九百生滅。

解曰：從麤至細，轉折明空。諸有爲法，漂馳不住，過去已無，未來當無，現在一念，勿謂實有。拆此一念，有九十剎那，勿謂剎那而有實體。拆一剎那，有九百生滅，以多生滅成一剎那，剎那無體。以多剎那合成一念，念無實體。故説諸法念念皆空。

問：念於別境明記爲性，如何此云念生滅空？

答：念名即同，所因有異。彼別境念，明記爲性。此不相應時中假立，一生滅頃，假立念名。念無實體，悉皆空也。

從此第四，結諸法空。

經：諸有爲法，悉皆空故。

解曰：結有爲法生滅故空，及顯無爲寂而常矣。

從此第二，明智照空，文分爲二。且初第一，標智照空。

經：以甚深般若波羅蜜多，照見諸法一切皆空。

解曰：如宗中解。略屬文者，甚深般若，即淨慧也。波羅蜜多，彼岸到也。言照見者，照謂智體，見謂智用。照體即見，目無相心，由此淨慧達彼岸故。言諸法者，謂所照境。境智俱寂，故經説云：一切皆空。

問：前四諦下，一切皆空。此諸法下，一切皆空。二文何別？

答：前唯境空，此亦智空。雖境與智皆自性空，顯智照如，智即無相，故合明矣。

從此第二，歷法明空，文分爲六。且初第一，明内外空。

經：内空，外空，内外空，

解曰：自下經文明其正智。即有觀空，有十八也。此十八空，與《大般若》後四文別，如五十一善現發問，世尊具答。略引彼《經》，釋此文也。言内空者，内謂内法，即是眼、耳、鼻、舌、身、意。此中眼由眼空，鼻等亦然。非常非壞，本性爾故。上言眼者，謂即眼處。由眼空者，眼無自性，眼處即空，餘皆悉矣，如《智度論》四十六説。若不習空，必墮二邊。以空破有，亦不著空。無我我所，本性爾故。下文皆同，恐繁故略。言外空者，外謂外法，即是色、聲、香、味、觸、法。此中色由色空，聲等亦爾。内外空者，謂内外法，内六根處、外六處外六塵處。此中内六處由外六處空，外六處由内六處空，前別後總，偏俱空故。

從此第二，明二諸〔三〕空。

經：空空，大空，勝義空，

解曰：言空空者，謂一切法空，此空由空空。言大空者，謂即十方，東、南、西、北、四維、上、下，此中東方由東方空，南等亦爾。勝義空者，勝義謂涅槃，此勝義由勝義空。二俗一真，相性空故。

從此第三，爲無爲空。

經：有爲空，無爲空，

解曰：有爲空者，謂欲界、色界、無色界，此中欲界由欲界空，色等亦爾。無爲空者，謂無生無住無異無滅，此無爲由無爲空，相無相空故。

從此第四明三世空。

經：無始空，畢竟空，

解曰：無始空者，順古譯也。新云無際空，謂無初、中、後際可得，及無往來際可得，此無際由無際空。畢竟空者，謂諸法究竟不可得，此畢竟由畢竟空，世非世空故。

從此第五，明性相空。

經：散空，本性空，自相空，一切法空，

解曰：言散空者，謂有放、有棄、有捨可得，此散由散空。彼《經》次云：無變異空，謂無放、無棄、無捨可得，此無變異，由無變異空。前有後無，相對相故。此雖闕無，義影對故。言本性空者，謂一切法本性，若有爲法性，若無爲法性，皆非聲聞、獨覺、菩薩、如來所作，亦非餘所作，此本性由本性空。言自相空者，謂一切法自相，如質礙是色自相，領納是受自相，取像是想自相，造作是行自相，了別是識自相，如是等若有爲法自相，若無爲法自相，此自相空。言一切法空者，謂五蘊、十二處、十八界，若有色無色、有見無見、有對無對、有漏無漏、有爲無爲法，此一切法由一切法空。

從此第六，明因果空。

經：般若波羅蜜多空，因空，佛果空，空空故空。

解曰：般若波羅蜜多空者，觀照智空。因空者，等覺已前諸菩薩等一切皆空。佛果空者，諸佛所有力無畏等諸不共法，體寂故空。空空故空者，《智度論》云：空空者，先以諸空破内外等諸法皆空，又以此空破前諸空，是名空空。

問：前空空與此空空何別？

答：前破諸法，故云空空。此破前空，故名空空。

若爾，由諸法有，破故云空。空既非法，空何所破？

答：破諸法已，唯有於空。空亦應捨，故須空空。如藥治病盡捨藥，藥若不捨，藥復成病。恐空成病，以空捨空，故云空空。

從此第二，諸法假有，於中，分二：初明諸法有，後明我法空。初，諸法有，於中，分三。且初第一，標諸法有。

經：諸有爲法，法集故有，受集故有，名集故有，

解曰：前明正智所照皆空。此方便智不壞諸法，即空觀有。諸有爲法者，此句總標世、出世間有爲法也。下別明有。法集故有者，五蘊積集，名法集有。受集故有者，領納作業，名受集有。名集故有者，名謂表詮，習故有。雖此三集義通無漏，此上下文唯約有漏。

從此第二，明世間有。

經：因集故有，果集故有，六趣故有，

解曰：因集故有者，有漏善染所造諸業，是三有因，集諦故有。果集故有者，於三界中總別業，感淨無記果，苦諦故有。六趣故有者，趣謂異熟，地獄、餓鬼、畜生、修羅、

人、天等六，能趣即因，所趣即果。前别後總，明三界矣。

從此第三，明出世有。

經：十地故有，佛果故有，一切皆有。

解曰：十地故有者，文言十地，義攝三賢，菩薩因有。佛果故有者，三身故有，亦得説云：因位進趣，道諦未圓。果位智品，道諦圓故，解脱法身滅諦圓故。對前苦、集即四諦矣。一切皆有者，此句總結世、出世間一切皆有。

又料〔三〕，此文最初一句，總標有爲。中間分三：三集故有，世間故有，出世故有。最後一句，總結有爲。如文悉矣。

從此第二，明我法空，於中，分二：初明我法空，後明不起見。初，我法空，於中，分三。且初第一，標我法相。

經：善男子，若菩薩住於法相，有我相人相，有情知見，爲住世間，即非菩薩。

解曰：謂菩薩雖觀於有，不應住故。住於法相者，即前有爲總名爲法，一一皆有軌持相故。謂若菩薩雖觀諸有，而不壞法，通達實性，不應住相。若住相者，即有執生，迷机謂人，理必然故。有我相者，我人知見，四如前解。外道執我，亦名有情，作業受果，皆計爲我。爲住世間，即非菩薩者，住我法相，即是凡愚爲住世間，非菩薩故。

從此第二，徵其所以。

經：所以者何？

解曰：住我法相，何所以故非菩薩也？

從此第三，結諸法空。

經：一切諸法悉皆空故。

解曰：不了諸空，即非菩薩。悟一切法悉皆空寂，於有不住，即菩薩矣。

從此第二，明不起見，於中，分三。且初第一，明不起見。

經：若於諸法而得不動，不生不滅，無相無無相，不應起見。

解曰：此明菩薩即法觀空。若於諸法而得不動者，若諸菩薩雖觀諸法，達有即空，空故不動。空不動故，不生滅也。言無相者，相謂諸法。無相即空，悟相即空，故云無相。無無相者，非謂遣相住於無相，無相亦遣故無無相。不應起見者，於相住即見生，不住有無即無見也。故肇法師云：般若之門觀空，漚和之門涉有。涉有未始迷空，故處有而不染。不厭有以觀空，故觀空而不證。斯之謂矣。

從此第二，徵其所以。

經：何以故？

解曰：何以不應起見故也。

從此第三，釋法皆如。

經：一切法皆如也，諸佛法僧亦如也。

解曰：初舉諸法，後舉三寶，無論勝劣，一切皆如。《寶性論》云：如三器異，空界不別。一切衆生，菩薩諸佛，皆無差別，同一如也。

從此第三，聖智次第，於中，分四。且初第一，明初聖智。

經：聖智現前最初一念具足八萬四千波羅蜜多，名歡喜地。

解曰：自上所明智照空有，不辨位地，但是通論。准此下文，方明登地，及顯自上多約地前智離有無修不住故。又解：此明觀照，賢聖通論，自下委屬，明聖位故。聖智現前最初一念具足八萬四千波羅蜜多者，謂真見道最初現斷無始已來分別二執種子永盡具諸德故。由此言者，於三賢位一劫修行所有功德，不可比此最初念故。何謂具足八萬四千？對所治惑，有斯數也。如《俱舍》云：如實行對治，所治貪等八萬行別，能對治道其數亦然。言八萬者，謂貪、瞋等十種煩惱，一一皆以九爲方便，足成一百。前分一百，後分一百，合成三百。置本一百，就前分一百，一一皆以九爲方便，合成一千。後分亦爾，復成一千。兼本一百，成二千一百。

已起未起各有二千一百，足滿四千二百。約彼多貪、多瞋、多癡、著、我思覺五人，一一皆有四千二百，成二萬一千。對治三毒等分四人，一一皆有二萬一千，遂成八萬四千。此諸煩惱若約一人，長劫相續，亦不違理。離真見道，無此品殊。就所治種，言八萬矣。又《賢劫經》廣説其相，所謂最初波羅蜜多，乃至最後分布舍利，於中總有三百五十波羅蜜多。一一各有六到彼岸，成二千一百，對治十患，四大六衰，合成二萬一千。復對四患，多貪、瞋、癡及等分者，故成八萬四千。諸波羅蜜多，此通對治，義如常説。又解：由無始來二障麤重，能障淨慧所生功德，有如是數，於初見道二障斷也，爲無爲德最初生顯有斯數故。名歡喜地者，生如來家，住極喜地，下廣明也。

從此第一，通明十地。

經：障盡解脱，運載名乘。

解曰：通十地也。言障盡者，俱生二障，十地分斷，金剛盡故。言解脱者，解謂離繫，脱謂自在。隨於十地障斷顯如，金剛心後解脱圓滿。言運載者，即乘義也。運具四義：運障令盡，運理令顯，運行令滿，運果令圓，至究竟位。此則釋其乘之運用。乘體所謂教理行果，如前解矣。

從此第三，明等覺地。

經：動相滅時，名金剛定。

解曰：動相滅時者，第十地末最後定也。言動相者，如《起信論》云：如風依水而有動相，無明依真而起業相。今等學位如風滅故，動相隨滅而水不滅，彼無明滅，業相隨滅而真不滅。故説此位言動相滅也。名金剛定者，謂諸菩薩至此位中所依勝定猶如金剛，悉能斷除微細障故。

從此第四，明如來地。

經：體相平等，名一切智智。

解曰：體相平等者，此有二種：一、體平等，一切諸佛所證等故；二、相平等，一切諸佛恒沙功德亦皆等也。名一切智智者，此有二智：一切智者，即證如智；下言智者，一切種智，後得智也。真、俗二智，諸佛皆等，此即觀照般若因果位故。

從此第三，文字般若，如《本記》云：有四無上：一、説者無上，二、信受無上，三、所説無上，四、智慧無上。且初第一，説者無上。

經：大王，此般若波羅蜜多文字、章句，百佛、千佛、百千萬億一切諸佛而共同説。

解曰：所證實相，能證觀照，彼二般若必有能詮。然就能詮，諸佛國異。如《維摩經》，或以香飯，或以光明，或以園林，或無言説。此堪忍界即以音聲、文字般若而爲佛事，有此文故。言文字者，梵云便膳那，此翻爲文，文即是字，如言噁阿，依聲所顯，是不相應行藴中字，非墨書字。言章句者，梵云鉢陀，正翻云跡，義翻爲句。句者，章也，詮義究竟，即如經云諸行無常等章句也。正云跡者，謂如象跡。象有四跡，尋跡得象。偈有四句，尋句得義。文字般若，體即四法，謂名、句、文及與音聲。名詮自性，如呼色等，色等諸法自性別故。句詮差別，説無常等，苦、空、無我差別法故。文則是字，顯名句故。聲則音聲，耳所聞故。依聲屈曲，説名句文。彼三離聲，雖無別體，而假實異，亦不即聲。合爲般若，解脱因故。此經文字，勿謂唯是世尊獨説，百千萬億一切諸佛共同説故。

從此第二，信無上，於中，分二。且初第一，明財施劣。

經：若有人於恒河沙三千大千世界，滿中七寶，以用布施大千世界一切有情，皆得阿羅漢果，

解曰：舉喻校量。言恒河者，新云殑伽河也，河中多沙。取一一沙數大千界，此多沙界。滿中七寶，如常分別。以用布施大千

世界一切有情者，彰施廣也。以多沙界所貴七寶，持以布施大千世界六趣、四生一一有情。皆悉等施，故經總説一切有情。皆得阿羅漢果者，得勝果也。彼受施者，一切有情發聲聞心，修自利行。依舊經云，得七賢四果。此直舉勝，言羅漢果，顯所施中至最勝果。

從此第二，彰信受勝。

經：不如有人於此經中，乃至起於一念淨信，何況有能受持讀誦解一句者。

解曰：信心澄淨，衆善之本。若常信者，無已比方。但取於經一念淨信，勝前福故。何況等者，少信尚勝，何況有能受持讀誦心生正解，勝無等故。受持等者，受謂領受，持謂不忘，對文背本，讀誦異也。如《辨中邊論》十法行頌云：書寫以供養，施人聽故讀。受持正開演，諷誦及思修。

前八爲聞，後二思修，謂即三慧。此有彼四，三聞一思，舉其少解，即勝前故。

問：沙界七寶，廣施有情，彼復修行至無學果，具茲三勝，何乃劣於一念信耶？

答：七寶是財，由住相施，彼二雖廣，有分別故。阿羅漢果，自求解脱，是小乘故，所以劣矣。此般若教是諸佛母，出生諸佛，廣大甚深，勝無等者，一念信等即超彼故。若於前文不住相施及以法施無畏施等無相相應，與此淨信受持何别，而言彼劣？

從此第三，所説無上，於中，分二。且初第一，徵問所以。

經：所以者何？

解曰：所以淨信持讀勝者，何也？

從此第二，釋勝所由。

經：文字性離，無文字相，非法，非非法。

解曰：文字性離，無文字相者，明能詮教。言文字者，表詮諸法。無自性故，故云性離。以性離故，即無相也。故《淨名》云：文字性離，即是解脱。言非法者，文字空故。

非非法者，離相所詮，體非無故。又非法者，所詮理智非有相故。非非法者，是所修證，不同兎角，非無法故。由教及理，俱離二邊，故無上矣。

從此第四，智慧無上，於中，分三。且初第一，明般若空。

經：般若空故，菩薩亦空。

解曰：即此文字所詮顯也。般若空故者，境智空也。菩薩亦空者，能行照者，菩薩亦空。

從此第二，徵其所以。

經：何以故？

解曰：何所以故菩薩亦空？

從此第三，釋空所由，於中，分二。且初第一，菩薩因空。

經：於十地中，地地皆有始生、住生及以終生，此三十生悉皆是空。

解曰：舉所依空，顯能依空。於十地者，謂歡喜等依持生長，故名爲地。始生已下，明十地空。於一一地，皆具有三。且如初地，最初見道名爲始生。於初地中具修勝行，時既經久，名爲住生。初地將滿，進求後地，於最後心，名爲終生。即入、住、終，以爲三也。餘九例此，即成三十。雖後三地無別勉勵，任運加行，亦有三故。悉皆是空者，總即十地，別三十生，此之因位能依所依悉皆空故。

從此第二，明佛果空。

經：一切智智，亦復皆空。

解曰：一切智智者，謂佛所有本、後二智。不唯文字及以所詮并菩薩空，乃至佛果諸相永寂，亦復皆空。

上來別解三般若中，皆通因果，如文釋竟。大文第二，總明般若，於中，分三：一、總標境智，二、別釋境智，三、總結皆如。且初第一，總標境智。

經：大王，若菩薩見境、見智、見説、見受，即非聖見，是愚夫見。

解曰：此文通明聖、凡二也。爲前別明三種般若，令諸菩薩如是證修，境智雖同，猶迷悟別故。此下凡、聖對明。然諸菩薩所見境者，即是實相。言見智者，即是觀照。見説受者，即是文字。謂於前二以無相心常證修説，不壞於相得無住者真是菩薩。若心取相，所見境者，即是六塵。言見智者，妄分別智。見説受者，著相説受，迷性取相，愚夫見也。

問：凡境智説與諸菩薩境智説，三體爲同異？

答：住相故非同，照解故非異，故無定矣。

從此第二，別明境智，於中，爲三：一、明凡境智，二、明聖境智，三、別明説聽。初，凡境智，於中，分三：一、總標果報，二、釋三界業，三、結業果空。且初第一，總標果報。

經：有情果報，三界虛妄。

解曰：下明三界分段生死。言有情者，有情世間。言果報者，六趣業果。言三界者，外器世間。言虛妄者，此二因果皆不實也。如《不增不減經》云：清淨法身爲諸煩惱之所漂動，往來生死，名爲衆生。明諸有情本性清淨，謂因無明業所漂動，長眠三界，流轉六趣，往來生死，猶如伎兒種種變現，皆虛妄故。

從此第二，釋三界業，於中，分三。且初第一，明欲界業。

經：欲界分別所造諸業，

解曰：言欲界者，食、欲二貪所屬之界，謂四趣全，天趣一分，及所依處，皆名欲界。言分別者，欲界有情諸識散動，身異想異種種苦樂，起妄分別。言所造者，謂身、口、意妄想造作。言諸業者，業體是思。福非福行，如前解矣。

從此第二，明色界業。

經：色四靜慮定所作業，

解曰：色謂色界。四靜慮地，如前已解。所言定者，心一境性。所作業者，略有三類：一者尋伺，謂初靜慮有尋有伺；若中間禪無尋唯伺；上三靜慮無尋無伺。與此三種相應淨定，即不動行，能生彼故。

從此第三，明無色界業。

經：無色四空定所起業，

解曰：無色二字，如前已解。言四空者，一空無邊處，二識無邊處，三無所有處，四非想非非想處，定義如前。唯無尋伺，有勝淨定之所起業。如《俱舍》云：修如[四]行時，思無邊空。離第四禪生，立空無邊處。依此分近，諸無間道厭下有漏，麤、苦、障三，隨一行相。諸解脱道欣空根本，靜、妙、離三，隨一行相，得生彼四蘊成身，依命根衆同分，壽二萬劫。識等三處，准此應知，壽四萬劫，六八萬劫，定漸勝故。

從此第三，結業果空，於中，分二。且初第一，明業果空。

經：三有業果，一切皆空。

解曰：言三有者，欲有、色有、無色有也。言業果者，業謂有漏，善、不善業，及煩惱障緣助力故。果謂所感諸趣異熟，身命短長，隨因緣力，有定齊限分段果故。一切皆空者，彼無自性，皆空無也。

從此第二，結無明空。

經：三界根本，無明亦空。

解曰：根本無明者，如《唯識》云：第七識俱恒行無明，雖恒相續，非能發業。第六識俱迷理起者，唯取能發福等諸行緣生之首爲根本矣。如《起信》説，無明有二：一者根本，二者枝末。枝末細相，謂業轉現，依此現識，起事識等。即《楞伽》云：境界風所動，七識波浪轉。平相引發，受分段生，即枝末也。言根本者，不如實知真如法一故，不覺心起而有其念。念無自相，不離本覺。猶如迷人依方故迷，若離於方則無有迷。衆生亦爾，依覺故迷，若離覺性則無不覺。此根本也。言亦空者，豈唯業果無自性空，即彼所依根本無明無自性故而亦空矣。

從此第二，明聖境智，於中，分三。且初第一，明變易空。

經：聖位諸地無漏生滅，於三界中，餘無明習，變易果報，亦復皆空。

解曰：言聖位者，此明得人非凡得也。言諸地者，依舊經云：三地九生滅。言三地者，八、九、十地。地地皆有始、住、終生，九生滅也。又四卷《楞伽》云：菩薩摩訶薩得無生法忍，住第八地，轉捨心等，得意生身。又第四云：大慧，聲聞、辟支佛未證法無我，未得離不思議變易生故。又《夫人經》云：一者，阿羅漢；二者，獨覺；三者，已得自在菩薩，受變易身。言自在者，即是八地於相及土得自在也。又《楞伽》第三云：有三種意生身，所謂三昧樂正受意生身、覺法自性性意生身、種類俱生無行作意生身。屬十地者，初至七地得初身矣，其第八地得第二身，九至十地得第三也。由此言者，直往菩薩三文皆同，聲聞、獨覺兩《經》皆説，二乘無學迴心向地前，亦得受變易身，況諸菩薩發地者矣。

言無漏者，此明因也。漏謂煩惱起過無窮，此智無彼，故云無漏。

言生滅者，雖根本智自體生滅，證不生故，非變易因。此唯後得，緣生滅法有分別故，爲變易因故，《唯識》云謂諸無漏有分別業爲此因故。

於三界中，餘無明習者，此爲緣也。障有二種，得變易者無煩惱故，唯所知障。是三界中煩惱之餘故，所知障即無明。《夫人經》

云：無明住地。慈恩譯云無明習地，從無始來，由無明故，數熏習也。《唯識》第八云：由所知障緣助勢力。故爲緣也。無漏爲因，所知障爲緣，故感殊勝細異熟果。

言變易者，此列名也。變是改義，易是轉義。改轉身命，名變易也。此有三名。《唯識論》云：由悲願力，改轉身命，無定齊限，故名變易。或名意成身，由悲願力意願成故。亦名變化身，由無漏力，轉令異本，如變化故。

言果報者，謂諸菩薩，依欲色身，隨諸界地，令彼改轉。細妙光潔，異熟無記五蘊性故。唯自類身及復勝位菩薩等境，非劣境故。故何用資感有漏果？爲自證菩提，利樂他故。謂菩薩等已永斷伏煩惱障故，無容復受。當分段身，恐廢長時修菩薩行，遂以無漏勝定願力，如延壽法，資現身因，令彼長時與果不絶。數數如是定願力助，乃至證得無上菩提。彼復何須所知障助？既未圓證無相大悲，不執菩提有情實有，無由發起猛利悲願。又所知障障大菩提，爲永斷除，留身住故。又《楞伽》云：隨所憶念本願境界，爲成熟衆生，得自覺聖智，由如是等，故資感也。以此而論，變易生死，性是有漏，異熟果攝。於無漏業，是增上果。若有聖教説爲無漏出三界者，隨助因説。如《佛地》説：有妙淨土出過三界，十地菩薩當生其中。准此悉矣。亦復皆空者，豈准分段無自性空，此無自性亦復空故。

從此第二，明等覺空。

經：等覺菩薩得金剛定，二死因果空，一切智亦空。

解曰：等覺菩薩者，於十地後等覺位也。得金剛定者，最後勝定也。二死因果空者，謂此菩薩由有所治分段、變易二種生死微細障也。如何此位有分段耶？由煩惱種是彼因故，又由無漏延分段蘊爲變易故，又本無明從本向末是彼因故。一切智者，能斷智也。

彼能所斷皆無自性，故云亦空。

從此第三，明果德空。

經：佛無上覺，種智圓滿，擇非擇滅，真淨法界，性相平等，應用亦空。

解曰：佛〔五〕上覺者，梵云佛陀，義如上也。勝無與等，云無上覺。此總標也。種智圓滿者，種即事智，智謂理智，智德圓矣。擇非擇滅者，謂即擇滅非擇滅也。擇即淨慧。斷惑顯如，名爲擇滅。緣闕顯如，不由擇力，名非擇滅。解脱圓故。真淨法界者，真謂真如，清淨法界，法身圓故。性相平等者，性謂真如，相謂智等，悉皆圓極，即平等也。言應用者，大悲感赴應化之身，用而常寂，應化圓故。如來所有恒沙功德三身三德亦皆空故。

從此第三，明説聽空，於中，分二。且初第一，明説聽空。

經：善男子，若有修習般若波羅蜜多，説者，聽者，譬如幻士，無説，無聽，法同法性，猶如虚空。

解曰：若有修習般若等者，謂若説聽，亡説聽相。譬如等者，舉喻明也。兩句喻人，兩句喻法。譬如幻士者，幻化之士，或如木人，彼雖轉動，無主宰故。觀身如幻，雖有説聽，亡説聽相，不分別故。法同法性，猶如虚空者，上言法者所有悟解理事之法，同法性者即真如也。於所悟解熾然修行，了相即性，如虚空故。

從此第二，結人、法空。

經：一切法皆如也。

解曰：若有分別，見人法異。住無分別，一切皆如。

大文第三，總結護果。

經：大王，菩薩摩訶薩護佛果，爲若此。

解曰：如上所明總別問答，廣辨修行無分別相，護佛果者，爲若此也。

總是第二别問答竟也。大文第三，直問

直答，於中，分三：初如來發問，次波斯匿王答，後如來印結。且初第一，如來發問。

經：爾時，世尊告波斯匿言：汝以何相而觀如來？

解曰：前明般若，果德已彰。此問如來，即相觀性。又彼時衆雖聞勝空，未解亡相，故佛興問，令正觀矣。爾時等者，文如前解。汝以何相者，以有爲相，以無爲相，而觀如來？

從此第二，波斯匿王答，於中，分三：一、直明實相，二、約法別明，三、結觀如來。且初第一，直明實相。

經：波斯匿王言：觀身實相，觀佛亦然。

解曰：世尊先告，問觀如來，波斯匿答觀身實相，問答不同者，有四義故：一、令觀者悟因知果，觀自實相與如來同，法身一故；二、令觀者悟果知因，如來法身與己同體，但證理圓，即成佛故；三、令觀者悟因果同，於自身處具有如來恒沙功德，應至求故；四、令觀者悟因果同，所修二利皆不住相，即證平等實相法故。具斯衆義，故舉自身。言實相者，真實無相，名爲實相。言觀佛者，佛有三身：一、觀化身權應示現，二、觀報身真常五蘊，三、觀法身二空所顯。真常法身，今此所觀，化即法故，然此下文與《涅槃經金剛身品》及《梵行品》念佛之文、《無量義經》歎佛法身、《維摩經》中《阿閦佛品》《無垢稱經觀如來品》，與此經文同，小異耳。言亦然者，觀自實相同佛法身，云亦然矣。

從此第二，約法別明，於中，總有六十五句，類分爲五：初、約色心，文有八對；二、約事相，文有八對；三、約垢淨，文有六對；四、約知見，文有十對；五、約廢詮，文有兩對。總別不同，三十三對。最初第一，約色相明，於中八對。且初第一，三際俱無。

經：無前際，無後際，無中際。

解曰：所言際者，是際畔義，謂有爲法

墮三世故。三世有二：流轉三世，已往稱前，如前日等；未至稱後，如後日等。法行三世，未至稱前，如言前路，已往稱後，如言過後。色心之法，相自遷流，遂成三世。無爲實相，無前後中，故云無際。

從此第二，三際即離。

經：不住三際，不離三際。

解曰：前說無爲體無三際，此說無爲不住三際。雖無爲法有自相住，不同此中有住不住，故爲異也。謂由實相性自空寂，不可說言住此住彼，故云不住。遍一切法，不可言離。體非住離，得說住離。若定住離，即不俱也。自下諸文，准此應悉。

從此第三，五蘊即離。

經：不住五蘊，不離五蘊。

解曰：五蘊色、心，積聚爲義。實相非聚，故言不住。遍[六]色、心，故云不離。

從此第四，四大即離。

經：不住四大，不離四大。

解曰：言四大者，地、水、火、風，謂堅、濕等，至下當悉。起必俱有，無色處無。實相非彼，故云不住。體遍四大，故云不離。

從此第五，六處即離。

經：不住六處，不離六處。

解曰：言六處者，眼、耳、鼻、舌、身、意處也。前五是色。如《俱舍論》：身根九事，十事餘根。第六意處是心法也，皆心、心所生門處故。實相非彼，故云不住。體遍六處，故云不離。

從此第六，三對合明。

經：不住三界，不離三界。不住方，不離方。明無明等。

解曰：第六對者，三界即離。實相體非生死業果，不住三界。體遍於彼，故云不離。

第七對者，十方即離。所言方者，依色而立。日出爲東，日入爲西，亭午爲南，夜半爲北，方之隅角名爲四維，觀待上下爲十方故。又一塵上皆有方。今此言住離，義有二解。一、遣相門。無處可住，云不住方。無處可遠，云不離方。二、顯德門。實相超有，云不住方。用遍法界，云不離方。

第八對者，明闇即離。明無明者，義有二解。一、依色辯。晝夜異故，又體有光、體無光者，明闇異故，實相非明闇故。二、依心辯。無漏淨慧名之爲明，有漏迷闇名曰無明，實相非心非明闇故。所言等者，非住離也。

從此第二，約事相明，文有八對。於中，分二。初之四對，雙非以明。

經：非一非異，非此非彼，非淨非穢，非有爲非無爲。

解曰：初，一異對。言一異者，義有二解。一、離相門。不被有拘，故云非一。體遍有無，故云非異。二、顯德門。體具萬德，故云非一。萬德皆如，故云非異。由此故云非一非異。

二、此彼對。言此彼者，此謂生死，彼謂涅槃。生死、涅槃，迷悟對待。離言絶待，本來平等，何此彼哉？又此物依色處說如，非即離非此彼故。

三、淨穢對。言淨穢者，義有二釋。一、依色辯。一切聖衆，所居淨土，一切凡愚，所居穢土。又聖與凡，各多淨穢。實相非色，故非淨穢。二、依心辯。諸無漏慧，名之爲淨。客塵煩惱，名之爲穢。實相非心，故非淨穢。由此故云非淨非穢。

四、爲無爲對。非有爲者，諸有爲法念念遷流，實相空寂，故非有爲。非無爲者，然其實相即真無爲，爲遮定執，故云非也。

從此第二，後之四對，雙無以明。

經：無自相無他相，無名無相，無強無弱，無示無說。

解曰：一、無自他對。言自他者，依色、

心立，互相形待，對他説自，對自説他。實相絶待，無自、他故。

二、無名相對。言名相者，名謂能詮相謂所詮，通有無也。實相非彼無名相故。

三、無强弱對。言强弱者，謂色力等依觀待説，實相非彼無强弱故。

四、無示説對。言示説者，有相故可顯示，有名故可演説，此無相故不可示，無名故不可説也。

從此第三，約垢淨明，文有六對。

經：非施非慳，非戒非犯，非忍非恚，非進非怠，非定非亂，非智非愚。

解曰：然六度行，對六弊垢。觀待善惡，有施慳等。實相絶待，非彼等故。

從此第四，約知見明，文有十對。於中，分二。且初六對，約相以明。

經：非來非去，非入非出，非福田非不福田，非相非無相，非取非捨，非大非小。

解曰：一、來去對。諸有動法，有來有去。實相不動，無來去故。

二、入出對。迷入生死，悟出生死，故有入出。又往來法，有其入出。實相寂然，非入出故。

三、福田非福田對。所言田者，如《婆沙論》有其四種趣苦恩德生長福義，實相非有故非福田，實相非無非不福田，又性空故而非福田，具衆德故非不福田。

四、非相無相對。實相常寂，故非有相。妙用隨緣，故非無相。

五、非取捨對。有爲之法可取可捨，實相無爲非取捨故。

六、非大小對。有形質法，可定大小。此無形質，非大小故。

從此第二，後有四對，約境以明。

經：非見非聞，非覺非知。

解曰：實相非色故非見，非聲故非聞，

非香味觸故非覺，非法塵故非知。

從此第五，文有兩對，約廢詮明。

經：心行處滅，言語道斷，同真際，等法性。

解曰：心行處滅者，心緣慮息也。言語道斷者，言説不及也。同真際，等法性者，謂波斯匿王，觀身實相，體同真際，量等法性。然諸有情無始時來，爲我法倒熏習力故自他差別，由業力故所感身形六趣差異。論其實相，皆同真際，等法性矣。

從此第三，結觀如來。

經：我以相而觀如來。

解曰：波斯匿王言：我以上來所説之相觀如來也。

上直答竟。從此第三，如來即結，於中，分二。且初第一，印述所説。

經：佛言：善男子，如汝所説，諸佛如來力、無畏等恒沙功德諸不共法，悉皆如是。

解曰：善男子，實如汝説，不唯實相，而實諸佛證智平等，所有十力、四無畏等恒沙功德諸不共法，悉如汝説，皆如是也。

從此第二，辯觀正邪。

經：修般若波羅蜜多者，應如是觀。若他觀者，名爲邪觀。

解曰：修般若者，應如是觀。言他觀者，但於上文隨偏取一，即非正觀，盡名爲他，即邪觀也。

大文第三，聞法獲益。

經：説是法時，無量大衆得法眼淨。

解曰：謂佛答王説護佛果，無量大衆得法眼淨。法眼淨者，無漏慧也。若證我空，謂即初果。證法空者，即初地矣。

## 菩薩行品第三

將釋此品，文分爲三。

初，辯來意。謂前品初所申二問，先陳果德，前品已明。次，辯勝因。具彰於此，令修行者，觀果修因，欣仰進修，有此品矣。次，釋品名。言菩薩者，如《序品》明。所言行者，起悲智也。修二利行，無住道故。舊云教化，約利他門。得同體悲，利他即自，亦不違也。品第三者，無勞釋矣。

從此第三，分文解釋，於中，分三：第一，波斯匿王問；第二，如來正答；第三，聞法獲益。

且初第一，波斯匿王問，其義者何？

經：爾時，波斯匿王白佛言：世尊，護十地行菩薩摩訶薩應云何修行？云何化衆生？復以何相而住觀察？

解曰：護十地行者，牒先問也。菩薩摩訶薩者，彰能護人，未修已修俱標問故。應云何下，正申三問。意問：發趣修大乘者，云何修行？若修行者，云何化利？若修若化，如何觀察即得離障至果德圓？正爲希求無上果德，從初至末，種不斷故，與此三問，不增減故。然此三問，即是發心求菩提者三種妙觀，厭離有爲，欣求菩提，悲愍有情。三種之心生起次第，斷修化利，未爲初故。又亦得名三聚淨戒，攝善法戒，攝衆生戒，攝律儀戒。治斷次第，修行化利，遠離諸障，順三問故。即智、恩、斷三德之因，如次能得報、化、法身究竟果故。

從此第二，明佛別答，大分爲三：一、明答修行，二、明答化生，三、明答觀察。就初修行，文分爲二：初，略明五忍；後，廣明五忍。初，略明中，文復分三。且初第一，總標五忍。

經：佛言：大王，諸菩薩摩訶薩依五忍法以爲修行，

解曰：此總標也。

從此第二，別列五忍。

經：所謂伏忍、信忍、順忍、無生忍皆上、中、下，於寂滅忍而有上、下，

解曰：所言忍者，忍謂忍可，印許之義，以慧爲體，相應助伴具五蘊性。

言伏忍者，謂折伏也。於三賢位未親證理，依勝解力所修正觀福智二門、自他二利，皆未亡相，分別二障不起現行，二取隨眠伏而未斷，故名伏忍。即忍之忍，忍有彼伏。三釋得名，即《起信》中相似覺也。言信忍者，信謂證信。初、二、三地名爲信忍。順謂順向，順向無生。四、五、六地名爲順忍。無生目如，七、八、九地，慧常照理，名無生忍。寂滅即如，十地佛地，照寂寂照，名寂滅忍。皆通持業、依主二釋。大果難感，故經五忍。萬行難備，漸次而修，從因至果，爲十四忍。

然此五忍，經論有異，如《本業瓔珞經》略爲六性：一、習種性，即十住故；二、性種性，即十行故；三、道種性，即十迴向故；四、聖種性，即十地故；五、等覺性，金剛心故；六、妙覺性，如來地故。亦名六慧：



聞慧、思慧、修慧、無相慧、照寂慧、寂照慧。如次六性，於彼六性，具明四十二賢聖。故雖此五忍與彼六性列數不同，合彼後二爲寂滅忍，即與此經義不違也。

又《瑜伽》四十七說十三住。

第一，種性住，即本性住種性，未入僧祇，即同此《經》十善位也。彼云：謂諸菩薩性自仁賢，性自成就菩薩功德，菩薩所應衆多善法亦有顯現。由性仁賢逼遣方便令於善轉，非由思擇有所制約、有所防護。住此住中，住持一切佛法種子，於自體中已具足有一切佛法一切種故，不能現起上煩惱纏、造無間業或斷善根。廣如彼矣。

第二，勝解行住，即同此《經》伏忍三品。彼云：謂諸菩薩從初發心乃至未得清淨意樂所有一切諸菩薩行，當知皆名勝解行住。於此住中，普於一切餘菩薩住及如來住，皆名發趣。然前住中雖修諸善，性仁賢故所已爲之，非爲菩提故意作也，未名發趣，不入僧祇。此住所修，皆名發趣，故與前別。然此住中思擇力勝所作加行，以彼修慧未得堅固相續無退。慈恩法師云：此說無漏修慧未得，非有漏慧此住不得。或此所説初發心時，十信菩薩八相成道未超五畏，所有修慧未堅固也。又於三處忘失正念：一、於境界可不可意色等六境，其心顛倒，忘失正念；二、於受生彼彼身中，既受生已，忘前生事；三、於所受所持諸法，久作久説，有所忘失。或於一時具足聰慧，爲他説法，勉勵而轉，如闇中射，或中不中。或於一時，於大菩提雖已發心而復退捨。或時棄捨先所受學，淨戒律儀不能受學。或時捨於利樂有情而生厭倦，利益安(七)未能廣大，於諸菩薩所學之中未能普學，菩薩相中未皆成就，在家、出家二分菩薩正加行中未等顯現。於此所説諸行相狀，下忍轉時諸行上品，中忍轉時諸行中品，上忍轉時諸行下品，漸輕微故。入初地時，此一切相皆無所有，乃至廣説。

第三，極歡喜住，亦名淨勝意樂住，即是此《經》信忍下也。

第四，增上戒住，即信忍中也。

第五，增上心住，即信忍上也。

第六，覺分相應增上慧住，即順忍下也。

第七，諸諦相應增上慧住，即順忍中也。

第八，緣起流轉止息相應增上慧住，即順忍上也。

第九，無相有功用住，即無生忍下也。

第十，無相無功用住，即無生忍中也。

第十一，無礙解住，即無生忍上也。

第十二，最上成滿菩薩住，即寂滅忍下也。

第十三，最極如來住，即寂滅忍上也。

雖十三住對十四忍，數即少一，彼乃廣也。初種性住，忍所不攝，同下頌中十善位也。若以十善爲忍方便，即彼與此無寬狹故。

《攝大乘論》從初十信乃至佛地，於中説有三十四忍。地前三忍，於十地中地地分〔八〕爲三十忍，佛地爲一，三十四也。又《真諦記》釋此五忍各治三障，《瑜伽》四十九説爲七地，《唯識論》説五位修習，皆與此經五忍相攝，講者敘焉。

問：經列忍等，云上、中、下，順理應云皆下、中、上，何不次耶？

答：據能行行，理實應然。約所治障，亦不違理。

從此第三，結示修行。

解曰：結也。

經：名爲菩薩修行般若波羅蜜多。

從此第二，廣明五忍，於中，分二：一、廣明五忍，二、結修諸忍。廣明五忍，文即爲五。初，明伏忍，於中，分三：一、習種性，二、性種性，三、道種性。初，習種性，於中，分三：初，標位辯相；次，正解修行；後，結爲聖胎。且初第一，標位辯相。

經：善男子，初伏忍位，起習種性，修十住行。

解曰：伏忍位者，五忍之中，伏忍居首。伏忍之内，三中最初，創入僧祇，故云初也。伏謂折伏，忍義如前，位者位次，此下忍也。起習種性者，起謂生起，超前十善，入忍位也。習者修習。言種性者，順理相應，爲後勝因，故得名種，現種熏習，習成性故。修十住行者，此經略標，不列住名。如《華嚴經·十住品》云：所謂發心住、治地住、修行住、生貴住、具足方便住、正心住、不退住、童真住、王子住、灌頂住，辯住行相，至下悉矣。

從此第二，正辯修行，於中，有四。且初第一，明發心相。

經：初發心相，有恒河沙衆生見佛法僧，

解曰：初發心相者，長耳三藏云：初，習種性有三相發心：一、假想發，二、輕想發，三、信想發。假想發者，藉三種力：一，善友力，謂善知識；二者，行力，謂受律儀；三者，法力，通、別二因，通謂如來藏，別謂信等五根也。由此三力，於佛菩提，假起菩提想，以求自安諸有情，猶如聲聞觀諸非青，假起青想而能伏惑，此中亦爾，名假想發。此後後想，修習不已，義尚難識，譬如輕毛無所倚著，名輕想發。此後後心，信珠顯現，名信想發。得入十信，名發心相也。有恒河沙衆生者，此顯發心，其數雖多，至於不退。入忍位者，其數甚少，譬如魚子、菴羅樹華，彼二雖多，成實極少。見佛法僧者，明發心緣。或復聞說一體三寶自性常住，或見別相住持三寶，猶教誨力於三寶中發起無上良福田想，而生定信，入十信也。

從此第二，明十信心。

經：發於十信，所謂信心、念心、精進心、慧心、定心、不退心、戒心、願心、護法心、迴向心。具此十心，

解曰：初句總標。言信心者，澄淨爲性，善順三寶，離不信故。言念心者，明記爲性，令心不斷，離忘念故。精進心者，遍策三業，皆令不退，離懈怠故。言慧心者，簡擇爲性，令心治斷，離惡見故。言定心者，專注爲性，令心不動，離散亂故。此上五心即是五根，遍生一切諸功德故。亦即五力，不爲一切自所治障所屈動故。不退心者，令五根力具大堪能，必不退起上品邪見，普斷善根，作闡提故。故下卷云：若至忍位，入正定聚，不作五逆，不謗正法。由此而言，至第六心，不爲不善所退動故，四不退中，信不退也。言戒心者，遮防身語，令心調柔，離破戒故。言願心者，出體如前，求菩提願、利有情願不間斷故。護法心者，守護六根離塵境故，守護餘九令不失故，或於三寶不惜身命，常守護故。迴向心者，所修前九及諸勝行，迴

施衆生，迴求菩提，迴向涅槃，不求世間及二乘故。又《瓔珞經》云：謂十信心，各互相資，心心有十，即是修行百法明門，常發無量有行無行大願，得入習種性故。具十心者，明於十信，心須具修，於中隨闕，即非此位。然則此十皆言心者，心謂緣慮，而爲主故。初信等五是心所法，恒依心住，起必相應。不退等五是其勝用，心自在故，俱云心也。此前標云：初伏忍位，起習種性，修十住行。今列十信，云具十心。即顯具修十信心者，方入十住。何以知者？《瓔珞經》說：通賢及聖有此二，初云十住。《華嚴經》中具明行位，地前三十，十住爲初，無別十信。不應十信判爲外凡，即違此中伏忍位故。由此十信於十善位雖即修行，有退有進，猶如輕毛，於十千劫，修習增勝，具足不退，方名入劫，稱習忍位，即十住中發心住攝。

從此第三，利生分齊。

經：而能少分化諸衆生，

解曰：明利他也。如下説云：習種銅輪化二天下。《華嚴經》云：此住菩薩，勸學十法，所謂勤供養佛、樂住生死、主導世間令除惡業、以勝妙法常行教誨、歎無上法、學佛功德、生諸佛前恒蒙攝受、方便演説寂靜三昧、讚歎遠離生死輪迴、爲苦衆生作歸依處。第三主導世間即此輪王，第十爲苦生依即八相成佛故。此經云化諸衆生，即是《華嚴》世出世化。舉初攝後，十住應知。

若爾，如何名少分化？

答：望前十善，可云廣大。望後位，云少分矣。

從此第四，超二乘地。

經：超過二乘一切善地。

解曰：超過二乘、學、無學果一切善地者，依《大般若》，三乘共行十地：一、乾慧地，二、性地，三、八人地，四、見地，五、薄地，

六、離垢地，七、已辦地，八、獨覺地，九、菩薩地，十、如來地。於此十中，菩薩第九。今習種位，由發大心雙修二利，故雖下忍，即超前八，故云超過一切善地。又以義言，二乘皆有見、修、無學，菩薩超彼，故云一切。又《大乘同性經》：三乘及佛，各有十地。此超前二，云一切矣。

從此第三，結爲聖胎。

經：是爲菩薩初長養心，爲聖胎故。

解曰：於三賢位俱名聖胎，舉此攝餘皆聖胎也。所言胎者，自種爲因，善友爲緣，聞淨法界等流正法，修習長養，初地見道，誕佛家矣。

從此第二明性種性，於中，分三：一、標位辯相，二、正解修行，三、結超倒想。且初第一，標位辯相。

經：復次，性種性菩薩，修行十種波羅蜜多，

解曰：性種性者，上言性者，以前習種所修習性而成此性，故云性也。言種性者，以前種、現如同類因引生於此，名種性也，即性之種種之性矣。

問：《瑜伽論》云：一、本性住種性，二、習所成種性。此經乃云：一、習種性，二、性種性。何故《經》《論》前後相違？

答：《論》中所明，先本有性，依本修習，後習成性。經中所明，先明修習，習成種性，後以習成，爲性種性。《論》約本習、未習、已習，經唯修習、初習、久習，各據一義，亦不相違。

言菩薩者，十行菩薩也。如《華嚴經·十行品》云，所謂歡喜行、饒益行、無違逆行、無屈撓行、離癡亂行、善現行、無著行、難得行、善法行、真實行也。修行十種波羅蜜多者，十度行也。十行菩薩各修一行，即十度故。云何修行施等諸行名波羅蜜多？《唯識論》云：要七最勝之所攝受，方可建立波

羅蜜多。一、安住最勝，謂要安住菩薩種性。二、依止最勝，謂要依止大菩提心。三、意樂最勝，謂要悲愍一切有情。四、事業最勝，謂要具行一切事業。五、巧便最勝，謂要無相智所攝受。六、迴向最勝，謂要迴向無上菩提。七、清淨最勝，謂要不爲二障間雜。若非此七所攝受者，所修諸行但名施等，非到彼岸。此位菩薩依相似修登地所行，皆到彼岸。

從此第二，正解修行，於中，分三：一、標十對治，二、正解對治，三、利生分齊。且初第一，標十對治。

經：起十對治，

解曰：起謂生起，十者總標，對謂對觀，治即治遣。然此上卷三品之中，廣明對治，略能行行。下卷三中，廣能行行，略明對治。文可悉矣。

從此第二，正解對治，於中，分三。且初第一，對治四倒。

經：所謂觀察身、受、心、法，不淨、諸苦、無常、無我，

解曰：言觀察者，觀謂對觀，察謂伺察，亦審察也，體即是慧。身、受、心、法者，所觀境也。身謂相續。如《智論》中，身謂色蘊，受謂受蘊，心謂識蘊，法處法界並名法故。不淨等者，能治行也。由無始來妄分別力，於身等四，計爲淨等。爲令觀察，知身不淨，知受皆苦，知心無常，知法無我，即離倒故。又了身等無自性空，即一切倒悉皆離故。

從此第二，對治三毒。

經：治貪、瞋、癡三不善根，起施、慈、慧三種善根。

解曰：上言治者，通能所治。貪、瞋等者，此所治也。謂由意識於可意境貪欲隨增，不可意境瞋、恚隨增，於中庸境無明隨增。由此三種爲不善根，遍生慢等及隨煩惱。此

三若伏，餘隨伏故。起慈等者，能治行也。施謂無貪，捨財法故。慈謂無瞋，與他樂故。慧由無癡，即正慧故。由此三種而爲善根，遍生萬行諸功德故。

從此第三，對治三世。

經：觀察三世過去因忍、現在因果忍、未來果忍，

解曰：忍體即慧，如上已解。觀過去業，起曾因忍。觀現色心曾因之果、當果之因，起因果忍。觀未來法，起當果忍。雖唯現在，過、未體無，所酬所引假變過未。又緣生法，謂無明、行爲前際因，識等五支爲現在果，愛、取有三爲現在因，生、老死二爲未來果。此約分位三際因果。此中爲破執無因果及執斷常，令知因緣如幻似有，故觀察也。此位菩薩觀身等四，令離四倒。觀心等三，離縛修行。觀三世法，有而不實。故令觀察修勝行矣。

從此第三，利生分齊。

經：此位菩薩廣利衆生，

解曰：性種銀輪，化三天下，超前習種，故云廣利。

從此第三，結超倒想。

經：超過我見、人見、衆生等想，外道倒想所不能壞。

解曰：我人等者，義如前釋。等取壽者、作者、命者、士夫、儒童，我之類也。言外道者，邪論諸師。言倒想者，四倒相應之想倒也。不能壞者，彼能執人及所執法所不能壞，由此菩薩勝解力增，邪師邪法悉超過故。

問：二乘外道俱是所超，何故前越二乘，此超外道，勝劣不次？

答：心由頓發，即越二乘。行約漸修，後超外道。又此已超，非正超也。如二靜慮名出苦故。

從此第三，明道種性，文三如前。且初第一，標位辯相。

經：復次，道種性菩薩，修十迴向，
解曰：道種性者，道謂初地平等聖道。此引彼生，與道爲種。道之種種之性，名道種性，二依主故。言菩薩者，舉能行人。修十迴向者，此略標也。如《華嚴經·十迴向品》云：所謂救護一切衆生離衆生相迴向、不壞迴向、等一切佛迴向、至一切處迴向、無盡功德藏迴向、隨順堅固一切善根迴向、等隨順一切衆生迴向、真實迴向、無著無縛解脱迴向、等法界無量迴向。義如下釋。
從此第二，正解修行，於中，分二。且初第一，總標十忍。
經：起十忍心，
解曰：此總標也。
從此第二，正辯對治，於中，分三。且初第一，對觀五忍。
經：謂觀五蘊，色、受、想、行、識，得戒忍、定忍、慧忍、解脱忍、解脱知見忍。
解曰：五蘊及忍義如前解。對觀五蘊，得解脱蘊。謂觀自身語過患，由思願力遮防七支而得戒忍。次觀受蘊妄生領納，諸受漂動，由定專注而得定忍。次觀想蘊取怨等像，戲論分别，起諸名言，如工畫人採畫諸境，由慧簡擇而得慧忍。次觀行蘊造作種種三有諸業，繫縛生死，由慧離繫，解脱自在，得解脱忍。次觀識蘊妄想分别，起諸知見，取著六塵，無分別慧解脱清淨，得解脱知見忍。故對五蘊得解脱蘊。此依言説次第建立。如實義者，無分別慧觀五蘊空，於念念中皆具五忍。
從此第二，對觀三忍。
經：觀三界因果，得空忍、無相忍、無願忍。
解曰：言三界者，所依處也。言因果者，業因識果，即能生也。觀能所感而得三忍，謂於三界及彼因果執有實體，觀遍計空而得空忍。此空所顯清淨真如無十相故，得無相忍。

有漏因果虛妄業生，依之修行，於此不願得無願忍。

從此第三，對觀二忍。

經：觀二諦假實，諸法無常得無常忍，一切法空得無生忍。

解曰：觀二諦假實者，假即世俗，實即勝義，標二諦也。諸法無常得無常忍者，有爲遷謝，刹那不住，得無常忍。觀一切法無自性空，體不生滅，得無生忍。此二引生安、非安立二種正觀，至下當悉。此位菩薩觀流轉蘊得解脱蘊，觀三界因果得三空忍，觀二諦假實得生無生忍，皆依勝解治倒進修，引生聖道，證初地故。

從此第三，結申化利。

經：此位菩薩作轉輪王，能廣化利一切衆生。

解曰：即金輪王，化四天下。超前位故，云廣化也。

從此第二，明信忍位，文三如前。且初第一，標忍辯位。

經：復次，信忍菩薩，謂歡喜地、離垢地、發光地，

解曰：此聖位也。言信忍者，謂證信也。此位菩薩，親證真如，三寶及戒皆證淨故。故此三地俱名信忍。雖後諸地亦有此四，此初現證，得證淨名，加行後得多緣此故。言歡喜者，初獲聖性，具證二空，能益自他，生大喜故。所言地者，依持生長，如智相應，至下當悉。離垢地者，具淨尸羅，遠離能起微細毀犯煩惱垢故。發光地者，成就勝定大法總持，能發無邊妙慧光故。

從此第一，正解修行，於中，分二。且初第一，明斷三障。

經：能斷三障色煩惱縛。

解曰：言三障者，如下經云：初地斷諸無滅三界貪等，二地斷瞋等習，三地滅無明闇。此之三障，至下廣明。然所斷障，如《唯識》

第十，障有二種：一、煩惱障，二、所知障。煩惱障中見所斷種，二乘見道，皆能斷盡。修所斷種，乃至金剛方能斷盡。若菩薩者，見所斷種見道斷盡，修所斷種要至金剛一時頓斷。所知障中，見所斷種亦見道斷，修所斷種從初地後乃至金剛地地別斷。此經所説三地障，倶貪、瞋、癡三。修所斷者，遍六識能發色業。或緣色境，名色煩惱。煩惱自性是縛法故，名爲縛也。謂三地中各修勝行，貪等永除，名爲斷故。

從此第二，明諸行，於中，分二：初，明修諸行；後，結行根本。初，修諸行，於中，分四。且初第一，明四攝法。

經：行四攝法，布施、愛語、利行、同事。

解曰：布施等者，由無貪等善根相應，攝取衆生，義如前解，方便化也。

從此第二，明四無量。

經：修四無量，慈無量心、悲無量心、喜無量心、捨無量心。

解曰：慈悲等者，由無瞋等善根相應，所利無量，義如前解，憐愍化也。

從此第三，明四弘願。

經：具四弘願，斷諸纏蓋、常化衆生、修佛知見、成無上覺。

解曰：菩薩所修必備萬行，所發大願有斯四也。斷諸纏、蓋者，由煩惱故纏縛有情，由所知故覆蓋勝慧不得現起。或十纏、五蓋，見、修二惑，隨其所應，如常分別，所明斷也。常化衆生者，三界四生，一切有情，明常化也。修佛知見者，諸佛世尊恒沙妙行悉皆修習，明常修也。成無上覺者，謂此初地於諸如來無上正覺明當證也。初後自利，中二利他，通因及果，無斷盡故。准《華嚴經》，修行願者，賢位願增，聖位倶故。

從此第四，明三脱門。

經：住三脱門，空解脱門、無相解脱門、無

願解脱門。

解曰：然三脱門，義如前解。若三三昧，通漏無漏，言解脱門即無漏故。又准下文，前之三段於上三地隨次偏增，復三脱門通諸地故。

從此第二，結行根本。

經：此是菩薩摩訶薩從初發心至一切智諸行根本，

解曰：此上所辯四攝等行，謂諸菩薩從初發心隨力修習，乃至成佛，皆以此等爲諸行本。

從此第三，結申化利。

經：利益安樂一切衆生。

解曰：初地菩薩往百佛刹，二地往千，三地往萬，利益安樂彼等生故。

從此第三，明順忍位，文三如前。且初第一，標忍辨位。

經：復次，順忍菩薩，謂焰慧地、難勝地、現前地，

解曰：言順忍者，能順者慧，所順者如，由慧隨順，順向順觀，順後無生，即忍之忍，名爲順忍。如《十地論》第八云：隨順平等真如法故，四、五地中得奥中忍，六地上忍皆悉隨順無生法忍，此忍即非無生忍故。焰慧地者，安住最勝菩提分法，燒煩惱薪，慧焰增故。難勝地者，真俗兩智，行相互[九]，合令相應，極難勝故。現前地者，住緣起智，引無分別最勝般若令現前故。

從此第二，正明斷障。

經：能斷三障心煩惱縛，

解曰：能斷三障者，如下經云：四地永斷微細身邊見故，五地斷隨小乘樂求涅槃，六地能斷三界集因集業麤現行相。此之三障，至下當悉。心煩惱縛者，此上三障唯意識俱，名爲心也。言煩惱者，唯[一〇]《十地論》，三障如次，與三慢俱，謂我法慢、身淨分別慢、

從我慢，説名煩惱故。又《善戒經》説：皮、宍、心三種煩惱，若緣六塵，起貪、瞋、癡。如皮在外，名皮煩惱，若緣内執，起我、我所。如宍在内，名宍煩惱，若迷真理，真俗别别〔三〕。如心在於皮宍之内，名心煩惱。斷次第者，初地見道斷宍煩惱，初至七地斷皮煩惱，八至十地無功用道斷心煩惱。如《瑜伽》四十八云：所知障品，有其三品：一者，在皮麤重，極喜已斷；二者，在膚麤重，八地已斷；三者，在實麤重，如來住斷。《經》《論》斷位，與此不同。皮、肉、心等，通目二障，顯此色、心義同彼故。所言縛者，心爲彼拘，不證自地，正智斷彼，即離縛故。

從此第三，結申利他。

經：能於一身遍往十方億佛刹土，現不可説神通變化，利樂衆生。

解曰：四地菩薩往億佛刹，五地百億，六地千億。不可説者，顯其多也。遍往此等諸刹土中，現通化利。

從此第四，明無生忍，文三如前。且初第一，標忍辯位。

經：復次，無生忍菩薩，謂遠行地、不動地、善慧地，

解曰：言無生者，謂即真理。智證真理，名無生忍。《解深密經》《瑜伽》《唯識》皆説三性名曰無生，本性無生、自然無生、惑苦無生。若能證智，名無生忍。兼所證如，名無生法忍。即忍之忍，通二釋也。遠行地者，至無相住功用後邊，出過世間二乘道故。不動地者，無分别智任運相續，相用煩惱不能動故。善慧地者，成就微妙四無礙解，能遍十方善説法故。

從此第二，正明斷障。

經：能斷三障色、心習氣，

解曰：能斷三障者，如下經云：七地斷諸業果細現行相，八地斷諸功用，九地斷無

礙障。斷此三障也。色、心習氣者，通種、現也，下廣明矣。謂所知障十地，於前六地，各治一分。色、心麤重，彼障下品，故此三地各別斷故。

從此第三，結申利他。

經：而能示現不可説身，隨類饒益一切衆生。

解曰：七地菩薩住百億佛刹，八地住百萬微塵數佛刹，九地住百萬億阿僧祇微塵數佛刹，往彼等土，現不可説身，隨類饒益諸衆生故。

從此第五，明寂滅忍，文三如前。且初第一，標忍辨位。

經：復次，寂滅忍者，佛與菩薩同依此忍。

解曰：言寂滅者，謂即真如。智證寂滅，名寂滅忍。即忍之忍，二釋得名。准下經中，入此地時，斷神通障，至下當悉。佛與菩薩者，舉能忍人，謂此菩薩初入十地名爲法雲，十地後位名爲等覺。同依此忍者，謂此與佛勝劣雖㊂異，同一忍也。

從此第二，正解修行，於中，分三：初，明下、上忍；次，明等妙覺；後，明佛三身。且初第一，明下、上忍。

經：金剛喻定，住下忍位名爲菩薩，至於上忍名一切智。

解曰：金剛喻定者，最後勝定。此定現前，能斷一切微細障種，名金剛定。此定初起菩薩之身，名爲下忍。後解脱位成一切智，名爲上忍。

從此第二，明等妙覺。

經：觀勝義諦，斷無明相，是爲等覺，一相無相，平等無二，爲第十一，一切智地。

解曰：上言觀者，能觀正智。正智有二，等覺照寂，佛果寂照，是能觀智因果别故。勝義諦者，即是真如。真如體同，明同證也。斷無明相者，此微細障第十一地也。此有二解：有説無明體通二障，彼微細種此皆斷故；

有説無明根本不覺，智照本覺故名爲斷。下廣明也。是爲等覺者，結斷位也。一相、無相者，明佛果也。如智體同，故云一相。智冥真理，故云無相。平等無二者，佛佛道齊，等無二也。爲第十一者，十地爲因，佛地爲果，超前十地，第十一也。一切智地者，佛地圓滿，此解脱道結果位也。

從此第三，明佛三身，於中，分三。且初第一，明法性身。

經：非有非無，湛然清淨。無來無去，常住不變。

解曰：非有非無者，性功德也。謂諸如來恒沙性德，不同萬像故云非有，不同兎角故云非無。湛然清淨者，永離衆相，故云湛然，不與漏俱故云清淨，無爲德也。無來無去者，法性身也。性淨本覺，體常不生故云無來，體常不滅故云無去，不隨迷悟性有動靜故云常住，不隨凡聖性有改易故云不變，即法身也。

從此第二，明智德身。

經：同真際，等法性。

解曰：真言真際，即是法身。若云同者，智同理也。謂諸如來等覺位中無明障盡故同真際，解脱位中證理圓極故等法性，此與法身非即非離，俱遍法界，常安樂故。

從此第三，明應化身，於中，分二：初，明應化身；後，明能所化。且初第一，明應化身。

經：無緣大悲，常化衆生，乘一切智乘，來化三界。

解曰：無緣大悲者，悲有四種：一、外道異生，起愛見悲；二、聲聞、獨覺緣欲苦生，起觀行悲；三、菩薩利樂，得同體悲；四、諸佛世尊得無緣悲。常化衆生者，明應身也。謂諸如來居純淨土，爲住十地諸菩薩衆，隨類現身，現大神通，轉正法輪，令彼受用大乘法樂，無有間斷，故云常化也。乘一切智乘，來化三界者，明化身也。能乘者悲，所乘者智，謂從法界最清淨智流出智悲，演諸至教。此即事智乘理智生，以一切智爲所乘故。來化三界者，所化處也。虚空世界，悉皆無邊故。舉所依，明來化也。如《法華》云：我諸子等先因遊戲來入此宅，長者驚入。即此來也，何故須化？如彼又云：我本立誓願，欲令一切衆，如我等無異。如我昔所願，今者已滿足。化一切衆生，皆令入佛道。故現應化，化衆生也。

從此第二，明能所化，於中，分四。且初第一，明所化境。

經：善男子，諸衆生類一切煩惱、業、異熟果、二十二根，不出三界。

解曰：諸衆生者，諸界趣生一切含識。諸佛菩薩化境或殊，其所化生種類唯爾。一切煩惱者，所謂理事發業潤生一切煩惱助發緣也。言業者，福、非福等染淨諸業感生因也。異熟果者，善、染所感無記果也。作業感果，時必不同，前後名異，異之熟等，如常分別。二十二根者，如有頌云：取境續家族，活命受用果。世間出世淨，依此量立根。

言取境者，明等六根。續家族者，女、男二根。言活命者，即是命根。受用果者，所謂苦、樂、憂、喜、捨根。世間淨者，所謂信、進、念、定、慧根。出世淨者，未知當知、已知、具知三無漏根。然此體者，應結頌云：色與不相應，心王及心所。七一一唯十，三體性隨應。

下之二句釋上四也。七者，七色根也。一一者，命、意根也。唯十者，五受、信等，十心所也。三體隨應者，三無漏體，九根等也。性隨應者，色命無記，意、五受、三信等唯善也。

不出三界者，結上所明並界内也。

問：二十二根中，前十九根是有漏故，

可屬界繫。最後三根體是無漏，云何不出？

答：此明所化總相而論，理實三根非界繫也。言不出者，有其二義：一、約彼種未起現行，從所依識，故云不出；二、約現行，二乘無學，等覺已前一切菩薩，雖六或七無漏現行，從所依判，異熟有漏，亦不出也。

從此第二，明能化身。

經：諸佛示導應化法身亦不離此。

解曰：言示導者，開示引導。言應化者，即他受用及大小化，通名應化。應化所依清淨法界，與此能依，體非即離，故説應化俱名法身。謂諸如來普遍法界，應現三界，亦同所化，云不離故。

從此第三，簡外道非。

經：若有説言，於三界外别更有一衆生界者，即是外道《大有經》説。

解曰：諸佛所説界外無生，若言界外有衆生界者，即是外道吠世史迦六句義中《大有經》説，非佛教也。

若爾，二乘無學、十地菩薩所居報土，豈非界外？

答：據隨助緣，即居界外。體是異熟，故非外也。

從此第四，顯化成佛。

經：大王，我常語諸衆生，但斷三界無明盡者，即名爲佛。

解曰：三界二障，通名無明。唯斷煩惱，但免界繫。斷所知盡，名無明盡，即爲佛也。

廣明化竟。從此第三，結申滿位。

經：自性清淨，名本覺性，即是諸佛一切智智。

解曰：自性清淨，名本覺性者，即真如也。依《起信論》，上句絶待，下句對待。對不覺等，説名本覺。即是諸佛一切智智〔三〕，此有二義：有説，真如是佛法身，法身智身，性相平等，體相相從，亦得名爲一切智智，如實非智；

有説，真如即一切智，心歸本原，冥合不異，相用非無别體也。即以真如爲一切智智。二智二身隨應悉故。

大文第二，結修諸忍。

經：由此得爲衆生之本，亦是諸佛菩薩行本，是爲菩薩本所修行五忍法中十四忍也。

解曰：由此得爲衆生之本者，下有二義。有説，此者，上本覺也。謂由本覺隨不覺故，動眠三界，輪迴六趣，故此本覺爲衆生本。亦是諸佛菩薩行本者，無明微薄，本覺力增，心歸本原，從末向本，隨位次第，建立五忍，至寂滅忍，本覺湛然，本無動達，今無静故，此本覺亦是諸佛菩薩行本。有説，此者，即五忍也，是發大乘趣無上者，從始至終修行之本。亦是諸佛菩薩行本者，亦是法界已成未成佛菩薩本。是爲已下，如文易了。

從此第二，答化衆生，於中，分四：一、明十王位，二、明説偈讚，三、明忍境智，四、諸佛同修。初，明十王，於中，分三：一、牒問略標，二、明十王位，三、結明諸佛。且初第一，牒問略標。

經：佛言：大王，汝先問言菩薩云何化衆生者，菩薩摩訶薩應如是化，從初一地至後一地，自所行處及佛行處一切智見故。

解曰：佛言已下，牒前問也。從初一地者，歡喜地也。至後一地者，法雲地也。自所行處者，一一地中菩薩行處。及佛行處者，即彼十地佛化處也，又第十一地如來行處也。一切知見者，菩薩諸佛證真達俗，如實知見，行二利也。

問：初一地者，何非習種性耶？

答：此明十王所行化利。三賢已辨，故此不論。

從此第二，明十王位。於中，分十，一一地中皆分爲五：一、居士廣狹，二、配屬王位，三、修法多少，四、辨修勝行，五、明所利生。初地五中，且初第一，居土廣狹。

經：若菩薩摩訶薩住百佛刹，

解曰：初地菩薩住百大千。云何知然？一化佛土即一大千，百化佛刹百大千故。

問：所居之土總有幾種，以何爲體？何故十地廣狹異耶？

答：准《佛地論》，諸土相對，總分爲二：一淨，二穢。淨中備舉，有十三土：果土有三，因土有十。果土三者，若法性土，真如爲體，恒沙性德依自性故。若報得土，鏡智爲體，諸無漏種依自土故。他受用土，平等性智爲其土體，現大小身依自土故。若變化土，成事智品爲其土體，現變化身依自土故。合他受用及變化身，俱爲第三應化土也。因土十者，十地菩薩所依之土，本識爲體，即是有漏苦諦攝故。若後得智，所變影像即是無漏道諦攝故，隨智勝劣，廣狹不同。衆寶莊嚴皆自智變，有麤妙異，自受用故。乘便明者，若彼二乘變易之土，體同菩薩，但麤劣故。西方淨土地前生者，本識爲體，由佛本願及自行力故得往生。無無漏智所資感故，七寶位劣，自受用也。穢土之中，界趣勝劣，自識所變，准此應知。淨穢異同，生之别業，如常分别。

從此第二，配屬王位。

經：作贍部洲轉輪聖王，

解曰：如《十地經》，初地作閻浮提王。《瓔珞經》說：初地已上，瑠璃輪王。《華嚴經》云：初地作閻浮王。此云輪王。言閻浮者，明住處也。言瑠璃者，明勝妙也。言輪王者，舉輪寶也。居土化境，不相違也。

然今此經，初地菩薩與道種性輪王何别？

答：如下偈云：權化有情遊百國。此百彼一，聖凡勝劣，有多别故。

從此第三，修法多少？

經：修百法明門，

解曰：此經總標，無别名數。《瓔珞經》

云：所謂十信，一一各十。即百法明門。《華嚴經》云：此地菩薩若行精進，捨家妻子，出家學道，於一念頃得百三昧，以淨天眼見百佛國。二、見百如來。三、動百世界，身亦能往彼佛世界放大光明。四、化爲百類，普令他見。五、成熟百類所化有情。六、若欲留身，得百劫住。七、見前後際百劫中事。八、智見能入百法明門。九、化作百身。十、身皆能現百菩薩眷屬。若以願力自在示現，過於是數，乃至百千億那由他劫不能數知。若屬此經，十中第八。通而言者，具此應知。

從此第四，辯修勝行。

經：以檀波羅蜜多住平等心，

解曰：十度之中，施度圓滿，具七最勝。三輪清淨，得無分別，住平等心，此度偏增，一切常捨。餘非不修，隨力分故。

從此第五，明所剎〔一四〕生。

經：化四天下一切衆生。

解曰：以十善道，化利衆生。此後諸王皆十善化，處有廣狹，行有勝劣，以爲異矣。

從此第二，明離垢地，文分爲五。

經：若菩薩摩訶薩住千佛剎，作忉利天王，修千法明門，説十善道，化一切衆生。

解曰：居士漸廣，作天帝釋。廣初地百，爲千明門。修戒度圓，以十善化。

從此第三，明發光地，文五如前。

經：若菩薩摩訶薩住不可説不可説〔一五〕天王，修萬法明門，依四禪定，化一切衆生。

解曰：此地菩薩得諸勝定時分天王，漸廣勝故。

從此第四，明焰慧地，文五如前。

經：若菩薩摩訶薩住億佛剎，作覩史多天王，修億法明門，行菩提分法，化一切衆生。

解曰：知足天王修諸億門菩提分智，化衆生故。

從此第五，明難勝地，文五如前。

經：若菩薩摩訶薩住百億佛刹，化[一六]樂天王，修百億法明門，二諦四諦，化一切衆生。

解曰：所修轉勝，百億諸門。備觀諸諦，化衆生故。

從此第六，明現前地，文五如前。

經：若菩薩摩訶薩住千億佛刹，作他化自在天王，修千億法明門，十二因緣智，化一切衆生。

解曰：居欲界頂，他化天王，所修所悟，悉皆轉勝。以緣生智，化利衆生。

從此第七[一七]，明遠行地，文五如前。

經：若菩薩摩訶薩住萬億佛刹，作初禪梵王，修萬億法明門，方便善巧智，化一切衆生。

解曰：居大梵天，境修俱勝。得方便智，化利衆生。

從此第八，明不動地，文五如前。

經：若菩薩摩訶薩住百萬微塵數佛刹，作二禪梵王，修百萬微塵數法明門，雙照平等神通願智，化一切衆生。

解曰：居遍光淨天，境修轉勝。真俗雙照，現大神通。以大願智，化利衆生。

從此第九，明善慧地，文五如前。

經：若菩薩摩訶薩住百萬億阿僧祇微塵數佛刹，作三禪梵王，修百萬億阿僧祇微塵數法明門，以四無礙智，化一切衆生。

解曰：居遍淨天，境修轉勝。四無礙智，化利衆生。

從此第十，明法雲地，文五如前。

經：若菩薩摩訶薩住不可説不可説佛刹，作第四禪大梵天王，爲三界主，修不可説不可説法明門，得理盡三昧，同佛行處，盡三界原，普利衆生，如佛境界。

解曰：不可説者，如《華嚴經》四十五云，不可説者即一百一十九數，若不可説不可説即一百二十數也。居色界頂，大自在宫，作三界主，境修最勝。得理盡三昧者，照解理極故名理盡，三昧可知，此即最後金剛定也。

同佛行處者，同寂滅忍也。盡三界原者，依《本記》云，阿賴耶識以爲本原。如《起信論》，根本無明而起業識，原集原苦是三界原，聖智斷此故名爲盡。普利等者，謂此地中所利有情證真達俗，悉皆最勝，分同佛境。故《大品經》云十地菩薩當知如佛，又云見性未了，即其義也。

從此第三，結明諸佛，於中，分二。且初第一，結諸菩薩。

經：是爲菩薩摩訶薩現諸王身化導之事。

解曰：如文悉矣。

從此第二，結明諸佛。

經：十方如來亦復如是，證無上覺，常遍法界利樂衆生。

解曰：不唯菩薩依此利生，十方如來亦復如是，常遍法界廣利樂故。

從此第二，明説偈讚，於中，分三：一、大衆供養，二、王説偈讚，三、聞法獲益。

且初第一，大衆供養。

經：爾時，一切大衆即從座起，散不可説華，焚不可説香，供養恭敬，稱讚如來。

解曰：聞法喜慶，供養稱讚也。

從此第二，王説偈讚，於中，分二。且初第一，標王説偈。

經：時波斯匿王即於佛前以偈讚曰：

解曰：所言偈者，此有三解。一云，偈者竭也，攝義竭盡。二云，偈者憩也，語憩息故。三者，梵云伽他，此云諷誦，古譯經者乃至偈他，略去他字，但名爲偈，語訛略矣。

從此第二，正明偈讚。總三十行，於中，分三：初有三行，讚佛三德；次有二十六行半，廣讚五忍；後有半行，結讚禮敬。初，讚三德，於中，分三：一、讚三業德，二、讚所被妙，三、讚所説深。且初第一，讚三業德。

經：世尊導師金剛體，心行寂滅轉法輪。八

辯圓音爲開演，時衆得道百萬億。

解曰：世尊，如上。言導師者，善巧具足，如海導師，彼引得寶，此引成佛。金剛體者，堅固具足。體者，身也。佛身堅固由如金剛，讚身德也。言心行者，悲智具足。四智心品，總名爲心。常照二諦，故名爲行。言寂滅者，解脱具足，逾動逾寂，名爲寂滅，讚心德也。如《淨名》云心淨已度諸禪定，不違此也。轉法輪者，下讚語德，轉者起也。法謂所説教理行果三乘法也。輪者，圓滿由如車輪，摧壞諸障，能運用故。謂佛所轉無上妙法，往他相續以被根宜。轉法輪義，如常分別。言八辯者，八謂八音，辯謂七辯。言八音者，如《梵摩喻經》云：一、最好聲，二、易了聲，三、調和聲，四、柔輭聲，五、不誤聲，六、不女聲，七、尊慧聲，八、深遠聲。言七辯者：一、捷辯，須言即言，無蹇吃故；二、迅辯，懸河澍冷，不遲訥故；三、應辯，應時應機，不增減故；四、無疎謬辯，所説契理，不邪錯故；五、無斷盡辯，相續連環，終無竭故；六、凡所演説，豐義味辯，一一言句多事理故；七、一切世間最上妙辯，具足甚深，如雷等故。言圓音者，一音圓音，義通多解。有説，諸佛無形無聲，爲對根宜，如空谷響，現無量聲，隨其根性，各得一音，等遍十方，故云圓音。有説，諸佛實有色聲，其音圓滿，無異韻曲。如經説云：佛以一音演説法，衆生隨類各得解。有説，諸佛實有衆多音聲，但以佛音無障無礙，一切即一故名一音，一即一切故名圓音。由具衆德，廣爲開演，讚語德故。上三業德，即三密門，事用之中即三示導。時衆得道百萬億者，讚説，當根標所被也。

從此第二，讚所被妙。

經：天人俱修出離行，能習一切菩薩道。

解曰：天人俱修者，若天若人，異類等受，俱能修習大乘出離菩薩道也。由此言者，三乘種性但詣斯會皆修大故。

自上所明，即三寶也。

從此第三，讚所説深，於中，分三。且初第一，明五忍德。

經：五忍功德妙法門，十四菩薩能諦了。

解曰：五忍，如前。言功德者，菩薩所修萬行功德。妙法門者，從凡至聖，深妙法門。十四菩薩者，三賢十地及以等覺，爲十四也。能諦了者，見解證修，能諦了矣。

從此第二，明因果異。

經：三賢十聖忍中行，唯佛一人能盡原。

解曰：因中菩薩，依此趣求，故忍中行。唯佛果圓，德行俱滿，獨盡原故。

從此第三，明三寶藏。

經：佛法衆海三寶藏，無量功德於中攝。

解曰：佛、法衆者，列三寶名，一體真如即忍性故，能説所説諸修行者即别相故。所言海者，讚忍深廣，包含三寶，藴積爲藏。無量功德者，有爲無爲恒沙功德皆積忍中，故云攝也，讚所説深。明三業竟。

仁王護國般若波羅蜜多經疏卷中一

**校勘記**

〔一〕「瑜」，底本作「喻」，據文意改。
〔二〕「諸」，疑爲「諦」。
〔三〕「料」，底本原校疑爲「科」。
〔四〕「如」，據《俱舍論》(《大正藏》本，下同)，疑爲「加」。
〔五〕「佛」，底本原校疑後脱「無」字。
〔六〕「遍」，疑前脱「體」字。
〔七〕「安」，底本原校疑後脱「樂」字。
〔八〕「分」，疑後脱「三」字。
〔九〕「互」，校本校勘記疑爲「牙違」。
〔一〇〕「唯」，疑爲「准」。
〔一一〕「别」，校本校勘記疑爲「執」。
〔一二〕「雖」，底本作「離」，據文意改。

〔一三〕「智智」，底本作「智者」，據文意改。
〔一四〕「刹」，底本原校疑爲「利」。
〔一五〕「不可説不可説」，據《仁王護國般若波羅蜜多經》，疑爲「萬佛刹，作夜摩」。
〔一六〕「化」，疑前脱「作」。
〔一七〕「七」，底本作「八」，據文意改。

# 仁王護國般若波羅蜜多經疏卷中二

從此第二，有二十六行半，廣讚五忍。於中，分二：初有二十四行，廣讚五忍；後有兩行半，讚佛悲深。初，明五忍，於中，分二：初有二十三行，廣明五忍；後有一行，因果對明。就明五忍，大分爲六。初四行半，偏明伏忍，於中，分二：初，通讚四王；後，總明伏忍。初文，復二。且初第一，明十善位。

經：十善菩薩發大心，長別三界苦輪海。中下品善粟散王，上品十善鐵輪王。

解曰：十善，如下。此十善位，經十千劫，方入伏忍，忍方便故。發大心者，所度所斷，所修所趣，悉皆大故，名發大心。長別三界者，前發大心，總有二類：一者直往，二者迴心。若前頓發，心必堅猛，惑雖未斷，定當超故。若後漸悟，二乘有學及無學果，聖道斷障，云長別故。苦輪海者，苦通三界，謂三苦也，依苦、樂、捨，立爲苦故。往返不息，迴轉如輪，昇沈出没，深大如海。中、下、品善者，所修十善時既長久，初、中、後位爲下、中、上，中、下二品作粟散王。小王衆多如彼粟散，從喻立稱。又如劫初，分香稻者以粟散布，名粟散王。若上品者，鐵輪王也。

從此第三，明三賢位。

經：習種銅輪二天下，銀輪三天性種性。道品堅德轉輪王，七寶金輪四天下。

解曰：十住菩薩作銅輪王，十行銀輪，十迴向位作金輪王。然四輪王王化別者，一二三四洲化境爲異，故《順正理》云：從此洲人壽命無量，乃至八萬歲有轉輪王生，減[二]八萬時，有情富樂，壽量損減，衆惡漸盛，非大人器，故無輪王。此王由輪旋轉應導，威伏一切，名轉輪王。金銀銅鐵，輪應別故。若王生在刹帝利種，紹灑頂位，於十五日受齊戒時，沐浴首身，受勝齊戒，昇高臺殿，臣僚輔翼，東方忽有金輪寶現。餘轉輪王應知亦爾。輪主如佛，無二俱生。一切輪王皆無傷害，令伏得勝已，各安其所居，勸導令修十善業道。言七寶者，所謂輪寶、象寶、馬寶、珠寶、女寶、主藏臣寶、主兵臣寶。馬等五寶，有情所攝。珠輪二寶，乃是非情。《正法念經》又有七寶，所謂劍寶、皮寶、牀寶、林寶、殿寶、衣寶、履寶。此等諸寶，皆由修習無嗔善根之所招感。所有威德及王風化，如《正法念》乃[三]《起世經》，彼廣明矣。

從此第二，總明伏忍，於中，今三。且初第一，總明聖胎。

經：伏忍聖胎三十人，十住十行十迴向。三世諸佛於中學，無不由此伏忍生。

解曰：住伏忍者，即名聖胎，三世諸佛從此生故。

從此第二，明難得入。

經：一切菩薩行根本，是故發心信心難。若得信心必不退，進入無生初地道。

解曰：一切菩薩行根本等者，此明入劫菩薩行本，即十信心。此心難發，如前經云：有恒河沙見佛法僧，得入信者數極少矣。若得十信至第六心必不退者，信不退也，定證無生至初地故。雖七住前容作二乘，設爾不久定當得故。又解：若得信心即十信心必不退者，十住第七位不退也，已前容退。如《瓔珞經》云：淨目天子、法才王子、舍利弗等欲入第七，遇緣退故。

從此第三，結名辯相。

經：化利自他悉平等，是名菩薩初發心。

解曰：化利自他者，辯發心相。若時菩薩觀他如自，得平等心而修二利，方名菩薩初發心相，入初住也。明伏忍竟。

從此第二，有五行半，廣明信忍。於中，分二：初，别明三地；後，總結斷障。初，明三地，文分爲三。初，明下忍，文復分三。且初第一，明歡喜地。

經：歡喜菩薩轉輪王，初照二諦平等理。權化有情遊百國，檀施清淨利羣生。

解曰：歡喜等者，標住地名，明其王位。初照二諦平等理者，謂此初證平等真如，斷分别也。權化有情者，或王或佛，權現化身。遊百國者，明化境也。檀度清淨者，勝行利生也。

從此第二，明地得名。

經：入理般若名爲住，住生德行名爲地。

解曰：入者，證也。言般若者，無分别智，證實相理，俱名般若。住者，不動名住，依持義也。住生德行名爲地者，智冥真理，即能生顯爲無爲德。有爲功德因此而生，無爲功德因此而顯。五相顯發，住生二義，故名爲地，道十地也。如《唯識》第九云：如是十地，總攝有爲、無爲功德以爲自性，與所修行，爲勝依持，令得生長，名爲地矣。

從此第三，初心具德。

經：初住一心具衆德，於勝義中而不動。

解曰：言初住者，見道證如，名爲初住。言一心者，即一心真見道也。具衆德者，如前經云：具足八萬四千德也。於勝義者，境第七聲，謂智證真寂而不動。此初入地，例後應知。

從此第二，明中品忍，於中，分二。且初第一，明離垢地。

經：離垢菩薩忉利王，現形六趣千國土。戒度清淨悉圓滿，永離誤犯諸過失。

解曰：標其地名，明王居處，明所化境，明修勝行。戒度圓滿，明其離過，微細不犯矣。

從此第二，明修境智。

經：無相無緣真實性，無體無生無二照。

解曰：上句明境，妄執、緣生、圓成異故。下句明智，達無體故，了無生故，證無二故，明智照解無分別故。雖於五忍，勝劣有殊，論其境智，准此應悉。

從此第三，明發光地。

經：發光菩薩夜摩王，應形往萬諸佛刹。善能通達三摩地，隱顯自在具三明。

解曰：標其地名，明王居處，明所化境，明其得定，明所具德。言隱顯者，五通自在，具有三明，如《序品》也。

從此第二，總結斷障。

經：歡喜離垢與發光，能滅色縛諸煩惱。具觀一切身口業，法性清淨照皆圓。

解曰：結上三地能斷色縛，謂貪等三如前解故。具觀一切身、口業者，顯離色縛，色業自在。言法性者，色心實性即是真如智照圓也。

從此第三，有四行偈，廣明順忍，於中分二：初，別明三地；後，總結斷障。初，明三地，文分爲三。且初第一，明焰慧地。

經：焰慧菩薩大精進，覩史天王遊億刹。實智寂滅方便智，達無生理照空有。

解曰：標其地名，明修勝行，明王居處。實智寂滅者，證如智也。方便智者，緣事智也。達無生理者，即是真如正智境也。照空有者，即是理事方便境故。

從此第二，明難勝地。

經：難勝菩薩得平等，化樂天王百億國。空空諦觀無二相，垂形六趣靡不周。

解曰：標其地名，明修正觀。真俗二智，行相互違，合令相應，故名平等。明王居處。空空諦觀者，初空顯如，後空遣相。或云色

心，或云我法。謂此地中理事合照，故云諦
觀。無二相者，能合難合，令相應無二相故。
垂形以下，明所化境。靡者無也。
從此第三，明現前地。
經：現前菩薩自在王，照見緣生相無二。勝
義智光能遍滿，往千億土化衆生。
解曰：標其地名，明王居處。照見緣生者，
智常照解十二緣生相無二也。勝義智光者，
智緣勝義名勝義智，智能照理故名光能，照
解體圓故云遍滿。往千億土，明所化故。
從此第二，總結斷障。
經：焰慧難勝現前地，能斷三障迷心惑。空
慧寂然無緣觀，還照心空無量境。
解曰：結上三地。能斷三障迷心惑者，
如上見等三種障也。言空慧者，結實智也。
言寂然者，結平等也。無緣觀者，結照見緣
生相無二也。還照心空者，自障既斷，照自
地如，如智德廣，云無量矣。

從此第四，有兩行半，明遠行地，於中，
分三。且初第一，明遠行地。
經：遠行菩薩初禪王，住於無相無生忍。方
便善巧悉平等，常萬億土化羣生。
解曰：標其地名，明王居處。無相無生
忍者，此地菩薩純無相觀，故云無相智證無
生忍。方便善巧者，明修勝行，濟利有情悉
平等故。常萬已下，明所化境。
從此第二，超分段生。
經：進入不動法流地，永無分段超諸有。
解曰：此地菩薩必能進入後不動地法駃
流也。未[三]無分段者，自此已前容有分段受
三界生，今此地申[四]功用分段最後邊故。超
諸有者，無漏定願資彼勝身，令所感[五]報漸
漸增勝，乃至等覺受變易生，超三有故。
從此第三，明所斷障。
經：常觀勝義照無二，二十一生空寂行。順
道法愛無明習，遠行大士獨能斷。

解曰：言常觀者，表無間斷。言勝義者，明所證也。照無二者，真俗雙照，無有二也。二十一生者，明經生也。地地有三，今第七地，經二十一生。智皆照如，云空寂行。理實住地有二十生，最後終生必當得故。順道法愛者，愛善法也。《婆沙論》中名善法欲。《智度論》云頂位未伏順道法愛，不言斷位。此説斷者，謂六地前有定有散，散位起愛，今入此地，雖有加行以結無相，相續現前，無散忻求，永無愛故。無明習者，如下經云：斷諸業果細現行相。諸業果者，即分段生。細現行者，所知障也。執有生滅細相現行，能障此地妙無相道。所知障體即是無明，與前愛俱，入地止斷，故偈説云遠行大士獨能斷也。前長行中，七、八、九地皆無生忍，合爲一文，斷色心習。此別結者，永無法愛，超分段生，功用後邊具此三義，故別結矣。又若大劫數三無數，今第七地第二劫滿。又後二同第三劫，皆無功用，故同結矣。

從此第五，有五行偈，明後三地，於中，分二：初，別明三地；後，總明斷障。初，明三地，文分爲三。初，不動地，文復分二。且初第一，明不動地。

經：不動菩薩二禪王，得變易身常自在。能於百萬微塵刹，隨其形類化衆生。

解曰：明中忍也。標其地名，明王居處，明得勝身。常自在者，現相及土，悉皆自在，明所化境隨類化故。

從此第二，明常不動。

經：悉知三世無量劫，於第一義常不動。

解曰：悉知三世者，明智照也。無量劫者，知過未世俱無量也。於第一義者，此地菩薩雖常證如，真俗雙照常不動矣。

從此第二，明善慧地。

經：善慧菩薩三禪王，能於千恒一時現。常在無爲空寂行，恒沙佛藏一念了。

解曰：明上忍也。標其地名，明王居處，明所化境，明修止觀，智常證如，真俗平等，皆空寂故。恒沙佛藏者，明具德也。恒沙諸佛所流至教，此地菩薩於一念中，四無礙解，皆能了矣。

從此第三，明法雲地，於中，分二。且初第一，明法雲地。

經：法雲菩薩四禪王，於億恒土化羣生。始入金剛一切了，二十九生永已度。

解曰：寂滅忍中，此下品也。標其地名，明王居處，明所化境。始入金剛者，後勝定也。始者，初也。入者，證也。此地末心，起金剛定。初無間道證理現前，惑障永無，照解圓極，名一切了。此等覺位法雲地收。上下各半，顯前後故。明所超生，如文悉矣。

從此第二，明下品忍。

經：寂滅忍中下忍觀，一轉妙覺無等等。

解曰：標忍之名，明下忍觀。言一轉者，辯忍位也。此無間位轉爲解脱，名爲一轉，即名妙覺佛果圓也。無等等者，若前剎那以因望果名爲無等，至解脱位佛佛道齊即名爲等，此下忍位明當轉故。

從此第二，總明斷障。

經：不動善慧法雲地，除前所有無明習。無明習相識俱轉，二諦理圓無不盡。

解曰：標上三地。除前所有無明習者，所知障也。除前七地各治一分色、心障外，餘之細障，於此三地各别斷故。無明習相識俱轉者，謂修所斷煩惱障種，及第七俱所有無明，彼微細種至等覺位，由與識俱，故云俱轉。又如《起信》：根本無明與業識俱，云轉捨也。二諦理圓無不盡者，明等覺位，照解體圓，所斷所棄無不盡矣。

從此第六，有一行半，明正覺位，於中，分二。且初第一，明正覺圓。

經：正覺無相遍法界，三十生盡智圓明。

解曰：梵云三菩提，此云正覺，無上覺也。言無相者，能證所證俱無相也。遍法界者，恒沙功德一一無邊，乃至毛端皆遍法界。三十生盡者，超過十地，彼生盡故。智圓明者，智圓極也。

從此第二，明佛具德。

經：寂照無爲真解脱，大悲應現無與等。湛然不動常安穩，光明遍照無所照。

解曰：言寂照者，明智德圓。無爲真解脱者，明斷德圓。大悲應現者，明恩德圓。無與等者，明上三德俱無等也。湛然不動者，顯恩德也。由佛大悲利他願力，應現大小種種類身。動而常寂，故云湛然。雖示去來，體常不動。言安隱者，示現化也。如食馬麥及現出血，未曾動摇常安隱也。光明遍照者，恩德之體，如淨摩尼，體周法界，照而無照。

大文第二，結前因果。

經：三賢十聖住果報，唯佛一人居淨土。一切有情皆暫住，登金剛原常不動。

解曰：三賢十聖住果報者，約人明也。分段、變易二種生死，若身若土，乘因感果，住果報故。唯佛一人居淨土者，如來亦名無上覺者，隨身所居，皆淨土故。一切有情皆暫住者，約法明也。等覺已前，若賢若聖，有爲生滅，剎那不住。設令證如，亦暫住故。登金剛原常不動者，此有二義：有説，佛果真解脱位，智常證如，如智平等，故名不動，凝然相續俱名常故；有説，佛果金剛定後證寂滅原，身智湛然常不動矣。

從此第二，有兩行半，讚佛悲深，於中，分三。且初第一，總讚悲深。

經：如來三業德無量，隨諸衆生等憐愍。

解曰：總讚三業德無量也。隨諸衆生等憐愍者，正讚悲深。如來大悲，憐愍平等，隨其種性，示無上乘，實悲深故。

從此第二，别讚三業。

經：法王無上人中樹，普蔭大衆無量光。口常説法非無義，心智寂滅無緣照。

解曰：人中樹者，舉喻明也。讚佛身業，蔭除執惱，光能破闇。口常説法者，讚語業也。説即是聲，甚深如雷，具梵聲也。非無義者，外道異生有字無義，二乘狹劣，菩薩未圓，唯佛所説有字有義，皆圓滿也。心智寂滅者，讚正智也，智冥真理，常寂滅故。無緣照者，讚業用也，冥真起化，悉皆無相，照而無照，化而無化。

從此第三，讚説甚深。

經：人中師子爲演説，甚深白義未曾有。塵沙刹土悉震動，大衆歡喜皆蒙益。

解曰：人中師子者，師子出聲，百獸潛伏，如來演説，諸障雲消，故以喻也。爲演説者，讚五忍也。甚深等者，二乘不測故云甚深，曠劫難聞，未曾有故。塵沙等者，以法威力聞所未聞，塵沙刹土皆震動故。大衆等者，大衆聞法，領解歡喜，若凡若聖皆蒙益故。具斯衆德，故讚悲深。三示道中偏讚此者，後誡示導利樂廣故。

從此第三，結讚敬禮。

經：世尊善説十四王，是故我今頭面禮。

解曰：文易可知，此結讚矣。

從此第三，聞法獲益。

經：爾時，百萬億恒河沙大衆，聞佛世尊及波斯匿王説十四忍無量功德，獲大法利，聞法悟解，得無生法忍，入於正位。

解曰：無生忍者，隨其所應，此多地前無生忍也。入於正位者，即初地也。偈與長行有差別者，修行諸忍自利行增，化生爲王利他行勝，偈總上二，即爲異矣。

從此第三，忍位智，於中，分三：一、印述所説，二、忍位境智，三、讚忍德深。初，印所説，於中，分四。且初第一，明往昔因。

經：爾時，世尊，告大衆言：是波斯匿王已

於過去十千劫，龍光王佛法中，爲四地菩薩，我爲八地菩薩。

解曰：引昔因中，明同事也。

從此第二，明今偈讚。

經：今於我前大師子吼。

解曰：讚於佛前得決定說。

從此第三，印可所說。

經：如是，如是，如汝所說，得真實義，不可思議，

解曰：重言如是者，如汝所説印能詮文，得真實義者印所詮義，是故重言如是如是。不可思議者，讚其文義，心言路絶。

從此第四，唯佛能知。

經：唯佛與佛乃知斯事。

解曰：唯佛等者，菩薩修證諸忍未圓，設後如前，悉皆分故。唯有諸佛佛道齊，證解忍圓，故盡知也。

從此第二，忍位境智，於中，分三：一、標忍難量，二、總相徵問，三、分別解釋。且初第一，標忍難量。

經：善男子，此十四忍，諸佛法身，諸菩薩行，不可思議，不可稱量。

解曰：前長行中佛説十王，次於偈中王別讚忍。忍之境智，若因若果，此具明也。此十四忍者，牒前文也。諸佛法身者，謂應化身皆法身也。諸菩薩行者，等覺已前一切行也。思議等者，心不能思，口不能議，過稱量境，云不可也。明佛菩薩皆依此忍，忍之性相思議稱量俱不及矣。

從此第二，總相徵問。

經：何以故？

解曰：何故諸佛菩薩皆依十四忍不可思量也？

從此第三，分别解釋，於中，分二：初別明境智，後釋結難量。初，明境智，於中，分二：一、明佛境智，二、明菩薩境智。初，

佛境智，於中，分三：一、標佛生化滅，二、釋無生化滅，三、結如虛空。且初第一，標佛生化滅。

經：一切諸佛皆於般若波羅蜜多中生，般若波羅蜜多中化，般若波羅蜜多中滅，

解曰：實相般若，無生化滅。諸佛化現，圓應十方，於般若中示生化滅，即王宮生，轉法輪化，雙林後滅，則其事也。

從此第二，釋無生化滅，於中，復二。且初第一，釋無生等。

經：而實諸佛，生無所生，化無所化，滅無所滅。

解曰：謂明諸佛，體遍相圓，動而常寂，無生化滅。

從此第二，境、智俱寂。

經：第一無二，非相非無相，無自無他，無來無去，

解曰：言第一者，勝無等故。言無二者，如智不異故。言非相者，不同色像故。非無相者，不同兎角故。無自無他者，所現應、化勝劣有殊，與法性身無自他故。無來無去者，化現應物，示有去來，體常不動，無來去故。

從此第三，結如虛空。

經：如虛空故。

解曰：靜不違動，動而常寂，即動而靜，如虛空故。

從此第二，明菩薩境智，於中，分二：一、即境觀空，二、即智觀空。初，即境中，文分爲二：一、別相觀空，二、總相觀空。初，別相中，文分爲二：初，即法觀空；後，即受觀空。初，即法中，文復分三。且初第一，標無生滅。

經：善男子，一切衆生，性無生滅，

解曰：顯依真也。一切衆生者，通能所化一切生也。蘊等自性，體即真如，無生滅故。

從此第二，明法不實。

經：由諸法集，幻化而有，蘊處界相，無合無散，

解曰：謂無始來迷自真性，爲相所動，令知〔六〕幻也。由諸法集，幻化而有者，五蘊法也。五蘊和合，故名爲集。此無實體，幻化有也。蘊處界者，明幻法也。言無合者，蘊從緣起，緣自性空，故無合也。言無散者，衆緣假集，暫有顯現，故非散矣。

從此第三，明法性空。

經：法同法性，寂然空故。

解曰：上言法者，蘊等法也。同法性者，同真如性。性相依持，體不相離，了相即性，寂然空故。

從此第二，即受觀空，於中，分三：一、體性清淨，二、明行不實，三、總結明空。且初第一，標性清淨。

經：一切衆生，自性清淨，

解曰：此標衆生真性清淨。與前别者，前明蘊等體無生滅，此明作業自性清淨，前果後因，前法後受，前苦後集，是二别故。

從此第二，明行不實，文復分二。且初第一，明行不實。

經：所作諸行無縛無解，非因非果，非不因果。

解曰：明作業也。所作諸行者，諸即衆也。行謂造作。依身、口、意，造作善、染六趣之業，名諸行也。無縛無解者，由妄所動，爲煩惱縛，求離繫解，故有縛解。了體即真，本自無縛，誰復求解，即無縛解。非因非果者，所作諸行，妄故見有，妄自性空，非因果也。非不因果者，未了自性，妄想漂馳，乘因感果，如幻有也。

從此第二，明受不實。

經：諸苦受行，煩惱所知，我相人相，知見受者，

解曰：明妄受也。言諸苦者，三界通論，總有三苦。三苦不一，故名爲諸。言受行者，

受謂領納，順違俱非境相爲性，名受行也。或於所受善染境中起愛爲業，領彼所作，爲行相也。言煩惱者，煩勞擾惱諸有惱故。言所知者，礙慧不生，障所知故。即二障也。言我相等者，如前已解。障依執生，障寬執狹，具生二障，故别明也。

從此第三，總結明空。

經：一切皆空。

解曰：明所作行乃至受者，隨彼妄情流動以有，皆無自性，故一切空也。

從此第二，總相觀空，文分爲三：一、標境界空，二、釋境界空，三、結如虚空。且初第一，標境界空。

經：法境界空。

解曰：法境界者，即前藴等所作諸行法受二中，三性六趣及以三寳，皆名爲法，標俱空故。

從此第二，釋境界空，於中，分三。且初第一，明三性空。

經：空、無相、無作，不順顛倒，不順幻化。

解曰：言空者，妄倒空故。無相者，真如無相故。無作者，有爲不實，無自作故。不順顛倒者，妄體本空，無所順故。不順幻化者，相無自性，體空寂故。

從此第二，明無相空。

經：無六趣相，無四生相，無聖人相，無三寳相，

解曰：所趣所生，無記三性，彼無自性，照解空故。無聖人者，二乘聖者，十地菩薩，無自性故。無三寳者，别相、住持二種三寳，佛身示現，餘無自性，達無實體，皆無相故。

從此第三，結如虚空。

經：如虚空故。

解曰：照境空寂，如虚空故。

從此第二，即智觀空，於中，分三。且初第一，明智照空。

經：善男子，甚深般若，無知無見，不行不緣，不捨不受，

解曰：甚深般若者，謂正智也。言無知者，無分別故。言無見者，無推求故。言不行者，智冥真故。言不緣者，無緣相故。言不捨者，不易脱故。言不受者，無領納故。此之六義，俱正智也。又解：無所不知，知而無知。無所不見，見而無見。乃至第六無所不受，受而無受。此後六義通真俗也。然後六中，行謂萬行，緣謂理事，捨謂財法或大捨故，受謂真俗不變變故，證真達俗得無住故。

從此第二，明無照相。

經：正住觀察而無照相，

解曰：無分別智正住現前，照而無照，不住相故。

從此第三，結智明空。

經：行斯道者，如虚空故。

解曰：行斯道者，謂諸菩薩依此證修，境、智俱寂，如虚空故。又以此文對不知亡相生正解者，爲立量云：觀照般若爲宗有法。定無照相爲宗之法。法及有法，和合爲宗。無知無見等故，别三合一，以爲因法。由如虚空，此是喻法。若爾，對佛弟子，宗有相符，小乘諸師因犯隨一，若有空者，若無空者，喻犯有俱無俱不成，略有四過。若對外道，宗有所别、能别不極成，同有隨一彼不許，此無知見等取，彼無想非此極成。喻對空論，對無空論，有俱無俱，二三不成。略有六過。有過之量豈能立破耶？此亦不然，爲對大乘初心菩薩未解亡相生正解者，此無過量，小乘諸宗慧解狹劣，外道倒執，耳初不聞，寧以摩尼爾無目者。然此置中，改經而字以爲定字，取文不次性相求故。

由此自上明忍境智，一一文中有多比量，皆無過失，能生正解，樂者敘焉。又於菩薩境智之中，如次亦爲苦集滅道。

從此第二。釋結難量，於中，分二：初釋難量，後結難量。釋難量中，文復分三。且初第一，標不可得。

經：法相如是，有所得心，無所得心，皆不可得。

解曰：法相如是者，前境、智也。有所得心者，取相之心也。無所得心者，無分別智也。皆不可得者，前有得心妄故不得，後無得智真故不得。設非親證，相似緣如，亦不可得。即四句中，初標、次列、後總結矣。

從此第二，釋非即離。

經：是以般若非即五蘊，非離五蘊，非即衆生，非離衆生，非即境界，非離境界，非即行解，非離行解。

解曰：釋上四文，體皆般若，由心迷悟，解縛異也。是以般若者，標可釋法。非即五蘊，幻妄有故，此非幻妄，故即非也。非離五蘊者，實相平等，體遍一切，故非離也。此釋上云由諸法集，幻化有也。非即衆生者，衆生妄倒，此非妄倒，故即非也。非離可知。釋次衆生所作諸行也。非即境界者，前諸境界不了故妄，實相非妄故即非也。非離可知。釋次境界文也。非即行解者，行解即是觀照智也。若住於相，故云非即。若無分別，云非離也。釋觀照故，知斷證修是四別矣。

從此第三，總釋難量。

經：如是等相，不可思量。

解曰：如是上來諸佛菩薩忍之性相，不可思惟，不可稱量，能知其德，過思量矣。

從此第二，明結難量，於中，分三。且初第一，結菩薩行。

經：是故一切菩薩摩訶薩所修諸行未至究竟，而於中行。

解曰：此結標中，諸菩薩行也。言是故者，結上之詞。言一切者，地前地上諸菩薩也，從初發心至未成佛，皆於思中而修行矣。雖忍之性，體無聖凡，依忍辯修，故明菩薩也。

從此第二，結諸佛化。

經：一切諸佛知如幻化，得無住相，而於中化。

解曰：一切諸佛者，此結標中諸佛法身。知如幻化者，知所化生如幻不實，若非教被，無脱幻縛，故起化也。得無住相者，一切凡夫樂住生死，二乘聖者樂住涅槃，諸佛世尊得無住道，大悲大智常所輔翼，由斯不住生死涅槃，身或異同，恒利樂故。而於中化者，界趣聖賢，忍所攝故，於中化故。

從此第三，結忍難量。

經：故十四忍不可思量。

解曰：結也。然據標中釋結别者，釋後結前，文越次也；又復結中，人亦越次。標據果因，結依行化，是二别矣。

從此第三，讚忍德深，於中，分三：一、標利益廣，二、喻説難量，三、諸佛稱讚。

且初第一，標利益廣。

經：善男子，汝今所説此功德藏，有大利益一切衆生，

解曰：讚所説忍，是功德藏生聞思等廣利樂故。

從此第二，喻説難量。

經：假使無量恒河沙數十地菩薩説是功德，百千億分，如海一滴，

解曰：明德廣也。假使無量恒河沙數者，明其多也。十地菩薩者，明其勝也，菩薩之中十地最勝。説是功德者，忍功德也。百千億分等者，舉喻以明，謂忍德圓，量同法界，猶如大海，十地讚説，於百千億分中，其如一滴耳。

若爾，波斯所證極唯十地，何故十地讚乃劣耶？

答：波斯説忍與佛説同，讚忍功德亦同前説如一滴矣。

從此第三，諸佛稱讚。

經：三世諸佛如實能知，一切賢聖悉皆稱讚，是故我今略述所説少分功德。

解曰：此十四忍所有功德，三世諸佛如實能知。一切菩薩，若賢若聖，依忍修行，悉皆稱讚。是故等者，若佛具説者，恐生犯亂，故佛略述少分功德。

從此第四，諸佛同修，於中，分三：初諸佛同修，後明起淨信。初，同修中，文分爲二：初三世同修，後明必修習。初文，復三。且初第一，過現同修。

經：善男子，此十四忍，十方世界過去現在一切菩薩之所修行，

解曰：明此忍門菩薩同修。

從此第二，明佛顯示。

經：一切諸佛之所顯示，

解曰：明同説也。

從此第三，合明未來。

經：未來諸佛菩薩摩訶薩亦復如是。

解曰：例過現也。

從此第二，明必修習，於中，分三。且初第一，明必修習。

經：若佛菩薩不由此門得一切智者，無有是處。

解曰：言不由者，由謂因由，所以之義。若佛菩薩不因於忍，不入是門得成佛果一切智者，無有是處。

從此第二，徵之所以。

經：何以故？

解曰：何以不修忍者，不成佛也？從此第三，釋無所由。

經：諸佛菩薩無異路故。

解曰：諸佛菩薩不依忍門次第修證，更無異路得成佛故。

從此第二，明起淨信，於中，分二。且初第一，明信超劫。

經：若人聞此住忍、行忍、迴向忍、歡喜忍、離垢忍、發光忍、焰慧忍、難勝忍、現前忍、遠行忍、不動忍、善慧忍、法雲忍、正覺忍，起一念清淨信者，是人超過百劫千劫無量無邊恒河沙劫一切苦難，不生惡趣，

解曰：生死長劫，無由聞名。若有得聞，不生疑謗，深生淨信，乃至極少一念淨信者，是人即超百千等者，即超沙劫諸苦八難，不生惡趣，何況多時受持讀誦，起聞思修，而不越哉？

從此第二，明得菩提。

經：不久當得阿耨多羅三藐三菩提。

解曰：由前淨信，豈唯越苦，亦乃不久當得菩提。

從此第三，大衆修行，於中，分三。且初第一，標聞法人。

經：是時，十億同名虛空藏菩薩摩訶薩，與無量無數諸來大衆，歡喜踴躍，

解曰：聞忍之時，同名菩薩與諸大衆，即《序品》中所列大衆，悉皆歡躍。

從此第二，明見諸佛。

經：承佛威神，普見十方恒沙諸佛各於道場説十四忍，如我世尊所説無異。

解曰：以聞法故，承佛威神，即見十方恒沙佛也。各於道場等者，謂一切佛各居本土道場海會，説十四忍。如今世尊所説無異，表能説同，表所説同，以法威力得聞見同。如《華嚴經》，法慧菩薩説十住，功德林菩薩説十行，金剛幢菩薩説十迴向，金剛藏菩薩説十地，一一會終，莊嚴道場，後後轉勝，阿僧祇數寶幢幡蓋，種種嚴飾，令彼時衆普見十方同名菩薩同説修行。今者此經，世尊自説，故見十方恒河沙數諸佛會海皆同説也。

從此第三，如説修行。

經：各各歡喜，如説修行般若波羅蜜多。

解曰：歡喜修行，如文易了。

從此第三，答觀察問，於中，分三：一、總標前問，二、別相對治，三、結正觀察。標前問中，文分爲三。且初第一，總標前問。

經：爾時世尊告波斯匿王：汝先問云，復以何相而住觀察？

解曰：牒前問也。初，明五忍，自利行增；次，説十王，利他行勝。若自他利俱令觀察，總此顯示。觀謂照慧，察謂審諦。觀照審諦，故云觀察。

從此第二，明住平等。

經：菩薩摩訶薩應如是觀，以幻化身而見幻化，正住平等，無有彼我。

解曰：應如是觀者，標示觀行。以幻化身者，觀自如幻。而見幻化者，觀他如幻。正住平等者，無分別智正住現前。無自他相，即平等也。無有彼我者，達有如幻，所脩二利，長時無間，則彼我亡故。

從此第三，結示修行。

經：如是觀察，化利衆生。

解曰：應如是觀，行化利故。

從此第二，別相對治，於中，分二：初別觀諸假，後結示正觀。初，別觀中，文分爲七：一、明法假，二、明受假，三、明名假，四、相續假，五、相待假，六、緣成假，七、因成假。初，明法假，於中，分三：一、明心法，二、明色法，三、總結對治。明心法中，文分爲二：初別明二依，後明爲心廣。初文，復二。且初第一，明迷悟依。

經：然諸有情，於久遠劫，初刹那識異於木石，

解曰：然諸有情者，等覺已前一切聖、凡皆通攝也。於久遠劫者，時無始故，但言久遠也。初刹那識異於木石者，此有二義。有説，初識隨於何趣續生位中？最初刹那第八識也。識有緣慮，異於木石無緣慮故。有説，初識如四卷《楞伽》第一云，諸識有三種相，

謂轉相、業相、真相。言真相者，海東法師云：本覺真心不藉妄緣名自真相，業轉如次也。又《起信論》説業、轉、現，大同《楞伽》，名有少別。海東解云：言業相者，根本無明起靜令動，動爲業識，極微細故。言轉相者，是能見相依前業相轉成能緣，雖有能緣而未能顯所緣境故。言現相者，即境界相依前轉相能現境故。故《楞伽》云：譬如明鏡持諸色像，現識所現亦復如是。又《經》下云：頓分別知自心現身及身安立受用境界，如次即是根身外器，色等五境，以一切時任運現故，此是三細即本識故。

若爾，經初識言爲目何者，依何熏習爲因緣生。

答：最初業識即爲初識，依生起門爲次第故。又遠劫來，時無初始，過、未無體，熏習唯心，妄念爲初，違真起故。又熏習者，《楞伽經》云：不思議熏，不思議變，是現識因。海東解云：根本無明熏彼本覺名不思議熏，本覺隨動説爲熏也。又彼本覺體雖不變，由隨緣故，故説爲變。若熏若變，心言路絶，名不思議。現識因者，據麤顯説，然其理實是業識因。又因緣者，海東法師解《楞伽經》，流注雖等，辯因緣者，本覺爲因，無明爲緣，而起業識，異木石有，同前解故。

從此第二，明染淨依。

經：生得染淨，各自能爲無量無數染淨識本。

解曰：生得染淨者，與身俱生，生便得故，此亦無始所生得也。染有二種，有覆、不善。淨有二種，無記及善。俱生得故。言各自者，從染生染，從淨生淨，如同類因引等流果，爲各自也。能爲無量無數者，一則長劫，時無量數；二則所生染、淨二種，無量數也。染、淨識本者，由前生得引後自類，前爲後本，名識本也。諸識別者，此有二義。有説，第八唯淨、無記，趣生本故。第七亦恒，有覆善故。前六間斷，俱通三性。唯第六識染、淨皆增，修斷事中最爲勝故。雖互熏習爲因故生，此俱本來本有種起，各從自種生染、淨識，爲後本故。有説，業識謂無明力不覺心動故，依於動心而起轉識能見相故。依於能見而起現識，所謂能現一切境界故。依於現識而起智識，分別染、淨，起我法故。依於智識起相續識，住持過去善、惡之業，令不失故，成熟現、未苦樂等報，無差違故。前之三細雖無明起，由不相應淨、無記故。後二染、淨劣勝雖殊，從前而生，業爲本故。有差別者，業從本覺起，本覺爲業本，業生餘染、淨，業爲染、淨本故，以業相爲染、淨本。

若爾，識有幾種，如何熏習爲因緣生？

答：《楞伽經》云：大慧，略説有三種識，廣説有八相。三謂真識、現識及分別事識。海東解云：真謂本覺，現謂第八，餘七俱名分別事識。雖第七識不緣外塵，緣第八故名分別事。若對前師不須問答也。又熏習者，依《楞伽經》，現識及分別事識展轉因故，第八種識爲因生七，前七能熏復重生八，無始時來展轉因故。又因緣者，自種爲因，現識所現諸境爲緣，能合染淨諸識生故。若謂般若無八識者，經無遮來，故引成文釋染淨言，乃得盡理。不爾，初識爲目何者？然於《增一》已説賴耶，引此釋經，幸詳察矣。

從此第二，明色心廣，於中，分二：一、標陳初後，二、明色心廣。且初第一，標陳初後。

經：從初刹那不可説劫，乃至金剛終一刹那，

解曰：前據生起，從細至巖。此舉始終，明中多故。從初刹那者，即前初也。不可説劫者，生死長遠，不可説其塵沙算數，故經但云不可説也。乃至金剛者，菩薩後定，明其終也。雖二乘人至無學位亦起此定，彼未究竟，略不明故。終一刹那者，等覺菩薩依

金剛定無間道時爲最後也。於此中間有幾生滅者，如《楞伽》云：大慧，諸識有二種生住滅，非思量所知，謂流注生住滅、相生住滅。海東解云：言流注者，唯目第八。三相微隱，種現不斷，名爲流注。由無明緣，初起業識，故説爲生。相續長劫，故名爲住。至金剛定等覺一念，斷本無明，名流注滅。相生住滅者，謂餘七識心境麤顯故名爲相。雖七緣八望六爲細，具有四惑，亦云麤故。依彼現識自種，諸境緣和，生七，説爲相生。長劫熏習，名爲相住。從末向本，漸伏及斷，至七地滿，名爲相滅。依前生滅，立迷悟依。依後生滅，立染淨依。後短前長，是二别矣。然今此文即前生滅，相生住滅在其中矣。

從此第二，明色心廣，於中，分三。且初第一，從心生心。

經：有不可説不可説識，

解曰：不可説識者，此有二義。有説，本識從初結生一期壽命，乃至最後刹那滅識，於二中間，刹那不住，識之生滅不可説也。舉其邊者，如有頂地及無間中，從初至後，有不可説，況於長劫，豈可説業[七]乎？有説，業識從初起後，至末斷前，然於中間無始生滅造業受果，於界趣生從心生心，染淨諸識刹那相續，皆不可説，故經重云不可説矣。

從此第二，從心生色。

經：生諸有情色、心二法。

解曰：生諸有情色、心二法者，唯[八]《起信論》，從轉相後而起現相，現境方有色塵，即轉識後而生色也。此亦不然，現識現境因前六熏，豈以現境便從心起，鏡中之像從鏡生邪？如依唯識三類境中，且如性境，於相分中熏色之時，種因心熏，現從識起，從心生色，有何過耶？此亦不然，緣慮質礙一各别故。能熏持種皆自類生，豈以熏持，體即是色。此亦不然，熏持由心，故説心生，若不生，何名唯識？况《楞伽》第三云：謂津潤妄[九]想大種生内外水界，湛能妄想大種生内外火界，飄動妄想大種生内外風界，斷截色妄想大種生内外地界。彼《經》既云妄想種生，説心生色，斯有何過？若礙慮異，定别有體，云何修斷得無漏耶？又佛菩薩毛容巨海，芥納須彌，色若定礙，何不礙彼？但對妄情説礙慮異，得自在者實無異矣。是心之相從心而生，聖教云理之爲定量。

從此第三，色、心蘊義。

經：色名色蘊，心名四蘊，皆積聚性，隱覆真實。

解曰：五蘊之中，初一色蘊，後四心蘊。皆積聚性者，明蘊義也。隱覆真實者，明障真也。清淨法界，其體湛然，由蘊隱覆，不顯現故。

從此第二，别明色法，於中，分四。且初第一，明色生色。

經：大王，此一色法生無量色。

解曰：此總明也。所言色者，質礙爲性，從一色蘊，無始時來，於諸界趣，備受衆身，自類相生，生無量故。

從此第二，明所造色。

經：眼得爲色，耳得爲聲，鼻得爲香，舌得爲味，身得爲觸。

解曰：舉根取塵，不明根也。五塵自類，名數多大，大小乘教，如常釋矣。

從此第三，明能造大。

經：堅持名地，津潤名水，煖性名火，輕動名風。

解曰：於觸塵中有四大觸。堅持等者，堅濕煖動，别其體也。地、水、火、風，列四名也。持攝熟長，辨業用也。文有具闕，義類應知。望前所造，爲緣多少，如常分别。

從此第四，明五色根。

經：生五識處，名五色根。

解曰：然五色根，淨色爲體。根之形量、取境離合、界地有無、并前伏斷，如常分別。

從此第三，總結對治。

經：如是展轉，一色一心生不可説無量色、心，皆如幻故。

解曰：如是展轉者，謂無始來，依一色、心，生不可説無量色心。此明多者，令生厭患，若不治遣，永劫輪迴。皆如幻故者，令觀色心如幻不實，離諸過患，即對治也。

從此第二，明觀受假，於中，分三：一、總標受假，二、明受行相，三、顯示對治。且初第一，總標受假。

經：善男子，有情之受，依世俗立，

解曰：言有情者，簡彼非情。五蘊受者，總名受蘊。若別明者，有別領納故云之受，體即心所遍行中受。法假五蘊，受假受蘊，前總後別，是二別矣。依世俗立者，世俗兩字，如次當釋，明不實故。

從此第二，明受行相，於中，分二。且初第一，明受作業。

經：若有若無，但生有情妄想憶念，作業受果，皆名世諦。

解曰：若有若無者，受所領也。領對現前色、心之法，故云若有。緣實我法過未無法，不對現前，及無體法，故云若無。境雖萬殊，此並攝故。但生有情妄想憶念者，明受妄倒也。領納有無順違俱境，起三性等種種妄想、種種憶念，隨所應故。雖想與念，體非是受，因受由受，相應所領也。作果受果者，福及非福不動等業，故云作業。能感順生順後及不定報，故云受果。雖業與果體是思議，由所領故，名爲受也。皆名世諦者，明不實故。

從此第二，明受所依。

經：三界六趣一切有情，婆羅門、刹帝利、毗舍、首陀，

解曰：言三界者，受所依處。言六趣者，

受所生趣。一切有情者，能起受者。婆羅門等者，明受妄分別也。婆羅門者，此云靜志。刹帝利者，此王種也。言毗舍者，順古譯也，新云吠舍，此爲商也。言首陀者，亦順古譯，新云戍達羅，此爲農也。受於四姓，領解勝劣，令別作業，皆名爲受。

從此第三，顯妄對治。

經：我人知見，色法、心法，如夢所見。

解曰：我人知見者，受妄倒也。色法、心法者，受所依也。受依色、心，起我、法倒，領解種種虛妄法故。如夢所見者，明不實也，夢中謂實，覺已都無故。《唯識》云：未得真覺，恒處夢中，諸佛説爲生死長夜。是故應知作業受果，界趣往還，皆如夢中，悉不實也。若得真覺，當自了矣。

從此第三，明觀名假，於中，分四。且初第一，標名不實。

經：善男子，一切諸名，皆假施設。

解曰：言一切者，爲無爲法，世出世法，故云一切。言諸名者，名謂表詮。一切諸法，隨方萬異，故云諸名。皆假施設者，明不實也。名詮諸法自性之共相，是意長緣，不得法體，故云假也。如《唯識》云名詮自性，此何乃云不得法體。説火所燒，説食不飽，若稱法體，應令貧者多説寶藏，故假施設，明無實故。

從此第二，明本無名。

經：佛未出前，世諦幻法，無名無義，亦無體相，無三界名、善惡果報、六趣名字。

解曰：世諦幻法者，法受二假皆如幻故，明不實也。無名無義者，名謂能詮，義謂所詮。世俗言論，隨情橫設，不稱法境，彼皆不實，故云無也。又諸世間世俗言論，毀其過失，無名義故。亦無體相者，有爲幻法藉諸因緣，無自體相，類前名義，云亦無故。無三界等者，不因佛説，不知三界處之上下及大小故。善惡果報者，作善惡業，當得何果勝劣報也。

六趣名字者，於六趣中受生差別，皆無名字，悉不知故。

從此第三，明佛建立。

經：諸佛出現，爲有情故，説於三界六趣染淨無量名字。

解曰：諸佛世尊所出現者，爲諸有情令出離故，立種種名。説於三界者，示勝劣故。説六趣者，示所生故。説染淨者，示染令斷，示淨令修，世出世間無量名故。

從此第四，明對治相。

經：如是一切，如呼聲響。

解曰：如是一切者，世出世間一切言故。如呼聲響者，正示對治。世諸言論皆不實故，出世言教離相脩故，皆如響矣。

從此第四，明相續假，於中，分三。且初第一，標相續假。

經：諸法相續，念念不住，

解曰：諸法相續者，蘊等不一名爲諸法，



生滅遷流故云相續。如《維摩》云：生者，是虚誑法相續之相；没者，是虚誑法敗壞之相。相即續也。念念不住者，正明假也。

從此第二，明相續義。

經：刹那刹那，非一非異，速起速滅，非斷非常，

解曰：刹那刹那，非一非異者，標生滅法非定一異也。速起速滅，非斷非常者，釋生滅法非定斷常及一異也。若執蘊等過未無者，以速起故，故非斷也。若執蘊等體是常者，以速滅故，故非常也。由非常故，故非定一。由非斷故，故非定異。妙離斷常一異倒者，是謂觀察相續假也。

從此第三，結示對治。

經：諸有爲法如陽炎故。

解曰：如陽炎者，指事明也。春陽發生，郊野氣動。若謂實有，轉近轉無。若謂今無，能誑渴者。故有爲法體非有無，示其不實，

如陽炎矣。

從此第五，明相待假，於中，分二：一、明觀待假，二、明觀〔一〇〕待假。且初第一，明觀〔一一〕待假。

經：諸法相待，所謂色界、眼界、眼識界，乃至法界、意界、意識界，猶如電光。

解曰：諸法相待者，此總標也。待者，藉待，謂蘊、處、界諸有爲法闕緣不起，相待藉也。所謂色界、眼界、眼識界者，明行相也。根、境、識三，若不同世及互闕者，識定不生。境正現前，根正發識，正〔一二〕了境，必相藉待，方照解故。乃至已下舉後例中，皆具三和，明待藉也。猶如電光者，結不久也，假不實故，即滅無故。

從此第二，明形待假。

經：不定相待，有無一異，如第二月。

解曰：不定相待者，此初標也。諸法形待，好醜、高下及長短等，色、心形待，皆不定故。有無一異者，有不自有，待無故有，無不自無，待有故無。一異亦爾，更相形待，無定體也。又假有以形無，得無而有遣，待無而觀有，立有而無去，遞爲往返，俱無體也，一異亦爾。故《密嚴》偈云：世間妄分別，見兎〔一三〕等有角。不了角非有，因言兎角無。分析〔一四〕至極微，求角無所有。要待於有法，而起於無見。

問：此有無等爲一法前後，爲兩法俱時相形待耶？

答：有無俱時，待唯一法，如將一丈對丈五等，即彼一丈而有短相，對五尺等即無短相而有長相故，彼一丈短長二相體俱無故，一法前後例此應知。

如第二月者，結無實體。由眼病故，見第二也。開一觸一，見一謂二。閇一觸一，及眼無病，即無二也。由心病故，妄見有無、一異、好醜及長短等，示令觀察如月無矣。

從此第六，明緣成假。

經：諸法緣成蘊、處、界法，如水上泡。

解曰：諸法緣成者，標有爲也。如穀生牙，藉水土等，何不言生？言緣成者，因生緣成，是二別故。蘊、處、界法者，顯示諸法，此三具攝一切有爲。但言色、心，亦皆攝故。雖於處界亦通無爲，唯取有爲藉緣成矣。如水上泡者，明不實也。水上起泡，泡無實體，從緣成法，法豈實乎。

從此第七，明因成假。

經：諸法因成，一切有情俱時因果，異時因果，三世善惡，如空中雲。

解曰：諸法因成者，標諸有爲必藉因生。此言成者，是生成也。前爲增上，此爲因緣，是二別也。一切有情者，表此有因，遮餘非情，無因緣故。外草木等雖從種起，是增上緣，非因緣故。俱時因果者，於本識中，有漏三性，無漏萬行，一切種子悉皆具故。如現身中同一刹那，從種生現，現能熏種，三法同時，有二因果故。《唯識》云：如炷生焰，焰生燋炷，三法展轉，更互同時。如二束蘆，俱時依住。故二因果必俱時也[一五]。異時因果者，如識中種前後相望。或種現在，果未來世，不俱起故，名異時也。三世善惡者，業種識種必唯現在，作業感果有三世也。如空中雲者，示對治也。如於晴空不見雲狀，遇緣彌滿，雷雨霈作，種於識中亦無形，遇緣界地苦樂顯然。又蘊等種，有無如雲，蘊從種生，如雲故假。

然上七種，觀蘊體用，觀體用名，生滅藉待，現及因故。對治實常，領納名字，斷常自然，空無因例[一六]，有斯七矣。

從此第二，結示正觀，於中，分三。且初第一，明菩薩行。

經：善男子，菩薩摩訶薩，住無分別，無彼此相，無自他相，常行化利，無化利相。

解曰：明正觀也。住無分別者，定慧相

應無分別故。無彼此相者，由無分別，無彼此故。無自他相者，由無彼此，自他平等，無二相故。常行化利，無化利相者，菩薩利物，遂己悲心，雖常利他，不住相故。

從此第二，明愚夫行。

經：是故應知，愚夫垢識，染著虛妄，爲相所縛。

解曰：言愚夫者，舊云愚癡凡夫，亦云小兒凡夫。今此文略，但云愚夫。愚，無智也。言垢識者，無始塵垢妄分別故，名爲垢識。染著虛妄者，不能觀察蘊處界等，如衣潤濕，塵垢隨住，故云染著。不了真實，故云虛妄。爲相所縛者，被虛妄法相所縛故。如《顯揚》十九云：相縛縛衆生，亦由麤重縛，善雙脩止觀，方乃俱解脱。由不了境唯是自心，見被相拘，故云相縛。

從此第三，結示正觀。

經：菩薩照見，知如幻士，無有體相，但如空華。

解曰：菩薩照見等者，明諸菩薩住無分別，照見有爲，達如幻士無體相故。但如空華者，明無體也。目翳見華，無翳無華。同處同時，見不見異，照蘊處界有無亦爾。

從此第三，結正觀察。

經：是爲菩薩摩訶薩住利自他，如實觀察。

解曰：明諸菩薩能如上觀，是脩二利正觀察矣。

從此第三，聞法獲益。

經：説是法時，會中無量人、天大衆，有得伏忍、空、無生忍，一地、二地乃至十地無量菩薩得一生補處。

解曰：由聞法故，各得勝進。若劫外者進得伏忍，三賢位也。空無生忍者，空謂三空，及無生忍，此之二忍通别如前。言一地者，即初地也，乃至勝進至十地故。一生補處者，如《瑜〔一七〕伽》説，知足天身，補處尊故。

## 二諦品第四

將解此品，辯來意者，前之二品别明果因，此顯彼依總明二諦。然於上文《觀如來品》明實相中略明真俗，此處彼文具明一二，境智文字如前次也。釋品者，題云二諦，一者世諦，二者真諦。二智之境，萬行皆宗，空有對明，故云二諦。帶數釋也。言世諦者，謂有爲法，體從緣生，假而非實，故名世諦。言真諦者，實相真如，本性清淨，實而非假，故名真諦。經言世俗及以勝義。初世俗者，梵云三佛栗底，此隱顯義。護法釋云：世謂隱覆，可毁壞義。俗謂顯現，隨世流義。如結手巾，幻爲兎等相現，隱真顯俗。准此應悉。世即俗之俗，具二釋故。言勝義者，舊云第一義也。勝謂殊勝。義有二種：一、境界名義；二、道理名義，真理名義，勝即義也。依他、圓成二智境故，勝智之義，依主釋也。諦者，實也。事如實事，理如實理，理事不謬，俱名爲諦。如《瑜伽》説，諦有二義：一、如所説相，不捨離義；二、由觀此故，至究竟處，故名爲諦。即諦隨應二釋。依人辯者，《涅槃經》云：上智所知，名爲勝義。中智所知，名爲世俗。二智所知，皆通空有。依法辯者，法有勝劣，互相形待而爲真俗，總依五法建立四重。一、假、實二諦。瓶軍林等假爲世俗，藴處界等實爲勝義。二、理、事二諦。藴等事法麤爲世俗，四諦道理細爲勝義。三、淺、深二諦。四諦安立淺爲世俗，二空真如深爲勝義。四、詮、旨二諦。二空真如帶詮世俗，一真法界亡詮勝義。初一唯俗，後一唯真，中間三法亦真亦俗，《唯識》第九、《顯揚》第六皆廣明故。今此經中，依境智辯，有無一二，至文當悉。品第四者，如文悉矣。

釋經文者，大分爲三：一、問答分别，二、明佛同説，三、聞法獲益。就初，問答，於中，分三：一、問答境智，二、問答脩證，三、問答理事。亦得名爲二諦不二、文字不二、法門不二，如文悉也。初，問境智，文分爲二：初，波斯匿王問；後，如來正答。問中，復三。

且初第一，問諦有無。

經：爾時，波斯匿王白佛言：世尊，勝義諦中，有世俗諦不？

解曰：此問境也。勝義真常而爲主故，世俗生滅如客住故，故問勝義中有世諦不？

從此第二，難智一二。

經：若言無者，智不應二若言有者，智不應一。

解曰：若言無等者，此雙難也。若俗無者，智不應二，何故説有真、俗二智。若言有者，智不應一，何故真智證解之時無有二也？約人辯者，凡夫迷真，智唯緣俗，二乘理事定散別緣，地上菩薩實智唯真。五地已前根本證真，後得達俗，於真俗諦，二智不俱。八地已後乃至諸佛，境雖有二，智容俱故。總依此義，隨應問者，若言無者，俗智不應見二。若言有者，真智不應照一。牒境難智，有斯異矣。

從此第三，雙結云何？

經：一二之義，其事云何？

解曰：一二等者，境一智二，境二智一，雙結境智，其事云何？

從此第二，如來正答，於中，分二：初答二諦，後明正智。初，二諦中，文分爲二：一、長行略答，二、説偈廣明。初中，復三。

且初第一，明昔已問。

經：佛言：大王，汝於過去龍光王佛法中已問此義。

解曰：舉昔問故。

從此第二，略答一二。

經：我今無説，汝今無聽。無説無聽，是即名爲一義二義。

解曰：我今無説等者，如《本記》云：有説有聽即是不一，無説無聽即是不二，不一不二即是第一義諦。古釋此文，乃有二解：一云，不一即是二諦，一真二俗，不二即是第一義諦，非真非俗，故名第一義諦；二云，不一即是二諦差別義，不二即是二諦無差別義，非二諦外有第三諦也。今又解云：見有説聽，俗故不一。無説聽相，真故不二。即相、無相，明一二矣。

從此第三，勅聽爲説。

經：汝今諦聽，當爲汝説。

解曰：令審聽也。

從此第二，説偈廣明，於中，分二。且初第一，世尊説偈。

經：爾時世尊即説偈言：

解曰：如文悉也。

從此第二，説偈廣明，於中，分二：一、別明二諦，二、結勸正觀。初，明二諦，於中，分三：一、明二諦體，二、對明境智，三、喻明俗諦。初，二諦中，文復分三。且初第一，明二諦體。

經：無相勝義諦，體非自他作。因緣如幻有，亦非自他作。

解曰：此下三行，上半明真，下半明俗也。無相勝義諦者，明真諦體。無彼十相，故云無相。勝智所證，體即真常，故云勝義。體非自他作者，遮我我所也。體非我作，故云非自。非我所作，故云非他。我我所空，非彼作故。因緣如幻有者，明俗諦體。色、心之法，種爲以〔一八〕因，惑爲似緣，或因即緣，生諸有爲，如幻有故。亦非自他作者，如《大品》云：十二因緣是誰所作？佛言，非佛所作，非菩薩作，乃至非一切人作也。故緣生法無自他作。又如《論》説，諸有爲法不從自生，故非自作。不從他生，故非他作。如前勝義，是故略云：亦非自他作。若具應云：亦不共

作，不無因作。謂有爲法現種熏生，無我我所，
如幻有故。
從此第二，明體有無。
經：法性本無性，勝義諦空如。諸有幻有法，
三假集假有。
解曰：法性本無性者，諸有爲法真實之性，常自寂滅，無相爲性。勝義諦空如者，即此法性不生不滅，常不變易，故云空如。諸有幻有法者，三有不一，故名諸有，言其體者，蘊等色心，名爲諸有，以不實故，名幻有也。三假集假有者，由法、受、名三假集故，有而不實，名假有矣。
從此第三，結明空有。
經：無無諦實無，寂滅勝義空。諸法因緣有，
有無義如是。
解曰：無無諦實無者，我法俱無，故云無無。實相真無，名諦實無。寂滅勝義空者，惑相永滅，故云寂滅。聖智所諦，結勝空也。諸法因緣有者，明前諸有似因緣故名爲有。有無義如是者，結勝義無，智證之無。結世俗有，幻有之有。義如是也。
從此第二，對明境智，於中，分三。且初第一，明體一二。
經：有無本自二，譬如牛二角。照解見無二，
二諦常不即。
解曰：無有本自二者，明諦體也。俗有真無，故云有無。從本已來，性相依持，體非即離，故云自二。譬如牛二角者，謂真俗諦若俗智緣，故見二也。照解見無二者，明其真智離相絕待，證無二也。二諦常不即者，謂由證解無二相也。若真俗有二可相即，真俗諦無二無所即。
從此第二，明遣一二。
經：解心見無二，求二不可得。非謂二諦一，
一亦不可得。
解曰：解心見無二者，明智證也。求二

不可得者，此遣二也。智現證如，求真俗諦二相別者，不可得也。非謂二諦一，一亦不可得者，此遣一也。非謂證如無二有一，求其一相亦不可得。

從此第三，結成一二。

經：於解常自一，於諦常自二。了達此一二，真入勝義諦。

解曰：明前問中境智一二。於解常自一者，無分別智於相無相，解常一也。於諦常自二者，於真俗諦不以解一，即無二也。了達此一二者，了達智諦，俗故不一，真故不二。真入勝義諦者，真是智證，勝義諦者，了達智諦無定一二，即真證也。

從此第三，喻明世諦，於中，分二。且初第一，喻明世諦。

經：世諦幻化起，譬如虛空華。如影如毛輪，因緣故幻有。

解曰：世諦幻化起者，總明有爲幻化起也。次下兩句，別舉三喻。譬如虛空華者，喻妄有也，謂計執性無實體故。言如影者，水鏡等影，皆託質生，喻依他性業緣現故。如毛輪者，合明前也。由翳有異，故見毛輪，若眼翳無，二俱無矣。由心迷故妄見前二，若智證如二俱無故。因緣故幻有者，結世諦法由似因緣，如幻有故。

從此第二，舉幻已明。

經：幻化見幻化，愚夫名幻諦。幻師見幻法，諦幻悉皆無。

解曰：幻化見幻化者，明諸世間能見、所見悉皆不實，是幻化故。愚夫名幻諦者，謂諸異生愚無慧目，常處幻中，名幻諦也。幻師見幻法者，謂諸菩薩得如幻身，能見世諦幻不實故。諦幻悉皆無者，了人法空，悉皆無矣。

從此第二，結勸正觀。

經：若了如是法，即解一二義。遍於一切法，應作如是觀。

解曰：上之兩句，結示上文，了前性相境智如是，解一二義。下之兩句，勸令正觀，性相、真俗不相離故，如是觀也。

從此第二，別明正智，於中，分三：一、明境智空，二、明迷悟空，三、明染淨空。初，境智中，文分爲四。且初第一，標境智空。

經：大王，菩薩摩訶薩，住勝義諦，化諸有情，一而無二。

解曰：明觀照也。同《如來品》實相下文。前對二諦，辯智一二。此明智體照解皆空。菩薩摩訶薩者，明觀行人。住勝義諦者，智相應行。此自利也。化諸有情者，明利他行。佛及有情，一而無二者，此有二義：一者，真理不二，性平等故；二者，事相不二，無分別智不取二相起勝劣故。如《維摩》説：乃受瓔珞，施最下乞人，奉難勝如來，無所分別，等爲法施。即同此中一而無二。

從此第二，徵其所以。

經：何以故？

解曰：何故佛及有情一無二也。

從此第三，釋境界空。

經：有情菩提，此二皆空。

解曰：言有情者，悲所度生。言菩提者，智所求覺。菩提有二，性淨菩提即本覺故，無上菩提究竟覺故。此二菩提與所度生，照解平等，二皆空也。

從此第四，結境界空。

經：以有情空，得置菩提空。以菩提空，得置有情空。

解曰：以有情空等者，以所度生與菩提空無有二也，謂性淨菩提自他平等。此俱空者，有情諸法無自性空，清淨菩提性淨故空。明脩二利無能所相，故以此二性反明空。

從此第二，明迷悟空，於中，分四：一、標諸法空，二、徵之所以，三、釋境智空，四、結境智空。且初第一標諸法空。

經：以一切法空空故空。

解曰：以一切法者，所謂二諦生死涅槃境智俱空。空空故空者，能所俱空，我法俱空，故云空空。照解空寂，故云空空也。

從此第二，徵之所以。

經：何以故？

解曰：何所以故彼皆空也。

從此第三，釋境、智空。

經：般若無相，二諦皆空。

解曰：般若無相者，能照智空。二諦皆空者，生死涅槃，彼二皆空。

從此第四，結境、智空，於中，分二。且初第一，智因果空。

經：謂從無明至一切智，無自相，無他相。

解曰：明本末空。此有兩釋。有説，無始十二緣生，從無明行，乃至最後一切智位，無人相故，名無自相。無法相故，名無他相。人無我、我所，彼二空故，無自、他矣。有説，無始根本無明，順自違他，故眠生死。覺迷反本，違自順他，成一切智。迷悟自他，依對待立，照解絶待，彼皆無故。

從此第二，境性相空。

經：於勝義諦，見無所見。若有修行，亦不取著。若不修行，亦不取著。非行非不行，亦不取著。於一切法，皆不取著。

解曰：於勝義諦者，標所詮也。見無所見者，無分別智，照解理事，悉皆平等，即見無所見也。若有修行，亦不取著者，下别明也。明三賢位所有修行，雖未亡相，修無分别，於諸法中而不執取、起染著也。下取著言，准此應悉。如前義故，云亦也。若不修行者，謂根本智正冥真理而無修相，名不修行，非謂馳散不修行也。又設散位如不散時，於諸法中亦不取著，此依前解。非行非不行者，謂後得智由帶相故，非親證如名爲非行，了幻利樂，非不行也。於一切法皆不取著者，明於理事，皆不著矣。

從此第三，明染淨空，於中，分三：一、標染淨位，二、徵其所以，三、釋染淨空。且初第一，標染淨位。

經：菩薩未成佛，以菩提爲煩惱。菩薩成佛時，以煩惱爲菩提。

解曰：菩薩未成佛等者，此有二義。有説，煩惱菩提互有勝劣，如於凡位，煩惱現增，菩提種劣。於諸聖位，菩提現增，煩惱種劣。於前位中説爲煩惱，於後位中説爲菩提，於成未成説爲二故。有説，煩惱菩提其性無二。於隨染位，性染菩提，動爲煩惱。於性淨位，煩惱妄滅，即爲菩提。染淨雖殊，性不異矣。

從此第二，徵其所以。

經：何以故？

解曰：染淨相違，如何不異也？

從此第三，釋染淨空，文復分二。且初第一，染，淨俱空。

經：於第一義而無二故。

解曰：於第一義等者，謂智證如，煩惱菩提俱不可得，無二體故。

從此第二，明相皆空。

經：諸佛如來與一切法，悉皆如故。

解曰：由智證理，理無二故，由智達事，事相皆如故，説諸佛與一切法悉皆如矣。

從此第二，問答脩證，於中，分二。且初第一，波斯匿王問。

經：波斯匿王白佛言：十方諸佛一切菩薩云何不離文字而行實相？

解曰：問文字也。同《如來品》觀照下文。十方諸佛者，明已修也。一切菩薩者，明現修也。云何已下，問所修法。不離文字者，云何不離也。而行實相者，如何修習而行實相。

從此第二，如來正答，於中，分二：初别答修行，後結護果等。初，别答中，分爲三：

一、明文字相，二、明修實相，三、遣文字相。初，文字中，文復分三。且初第一，總標文字。

經：佛言：大王，文字者，謂契經、應頌、記別、諷誦、自說、緣起、譬喻、本事、本生、方廣、希有、論議。

解曰：佛言等者，牒前問也。謂契經下，列其名也。能說之人有五，如上，所說教法數等塵沙。彙聚區分，唯有此等十二分教。梵語列者，所謂修多羅、祇夜、和伽羅那、伽他、優陀那、尼陀那、阿波陀那、伊帝越多伽、闍多伽、毗佛略、阿浮陀達摩、優波提舍。敵對翻者，如經所列。牒名辯相，如上卷初。義理徵求，如別章矣。

從此第二，明皆實相。

經：所有宣說，音聲語言，文字章句，一切皆如，無非實相。

解曰：此出體也。所有宣說者，標所說也。音聲語言者，諸說佛教聲爲體者，色蘊所攝，即此句也。文字章句者，諸說佛教名爲體者，行蘊所攝，即此句也。一切皆如，無非實相者，謂契經等彼能所詮，攝事歸如，無非實相。又佛說法正爲顯如，離如之外，更無一字，故聲及字悉皆如矣。

從此第三，及(一九)結非如。

經：若取文字相者，即非實相。

解曰：若取文字等者，明取著也。謂無分別，不著文相，是修實相，取文字相即非實相。

從此第二，明修實相，於中，分二：一、依文字修，二、明佛智母。初，文字中，文復分三。且初第一，如文字脩。

經：大王修實相者，如文字修。

解曰：修實相者，牒能修人。如文字修，示所修法。文字所說理事皆如，如文字修得實相故。

從此第二，明是智母。

經：實相即是諸佛智母，一切有情根本智母，

解曰：上兩句，明諸佛已修實相。下兩句，明有情現當修故。謂契經等文字實相所詮理事，事有斷脩，脩有萬行，萬行雖別，實相體同，故言實相爲佛智母也。有情智母者，謂諸有情實相平等，聞名信解，即本母也。又實相者，即是本覺。由本覺故發生正智，至究竟覺，一切智圓，本覺即是諸佛智母。有情智母者，有情由斯爲衆行本，故以本覺爲智母矣。

從此第三，結爲智體。

經：此即名爲一切智體。

解曰：即此實相爲智體矣。

從此第二，明佛智母，於中，分三。且初第一，明佛智母。

經：諸佛未成佛，與當佛爲智母。諸佛已成佛，即爲一切智。未得爲性，已得爲智。

解曰：諸佛未成佛者，明在因也。與當佛爲智母者，謂前實相即是本覺，因中本覺爲無明覆，望後當果必正智圓，與自當佛爲智因也。如如意寶，垢穢塹時，垢盡體圓，說初爲母。諸佛已成佛，即爲一切智者，明果德圓，覺解圓極即爲智也。未得爲性，已得爲智者，辯因果也。因中障覆即爲佛性，果德顯現名一切智。

問：爲復實相爲緣生智，爲復實相即爲智母？

答：有二義：有說，實相體常不變，因聲詮顯名言故熏，熏發識中本無漏種，從種起現，證實相理，因彼緣彼，正智得生，故說實相名爲智母；有說，實相即是本覺。因中本覺有勝堪能，合[三〇]未無明漸次微劣，初地分顯名爲始覺，果位頓圓名一切智，說因本覺即爲智母。法相法性，幸而參詳。

從此第二，明三乘性。

經：三乘般若不生不滅，自性常住。

解曰：言三乘者，三乘之人。言般若者，

實相等也。不生不滅者，明體常也。自性常住者，謂彼實相體不生滅，不變易也。雖三乘者證解不同，論其智體，等無異矣。

從此第三，總明覺性。

經：一切有情，此爲覺性。

解曰：豈唯諸佛及三乘人，不以巨細，一切有情實相平等爲覺性故。

從此第三，違〔三〕文字相，於中，分三。且初第一，遣文字相。

經：若菩薩不著文字，不離文字，無文字相，非無文字，

解曰：若菩薩者，明脩行人。不著文字者，遣如言執。不離文字者，不應撥無。無文字相者，不應住相。非無文字者，謂離分別如文字脩，一一文字皆得實相解脱智也。初離執有，次離撥無，次不住相，後順解脱。

從此第二，遣脩行相。

經：能如是脩，不見脩相，是即名爲脩文字者，而能得於般若真性，

解曰：初之兩句遣脩行相，次之兩句明順文脩，後之兩句得般若性。

從此第三，結脩般若。

經：是爲般若波羅蜜多。

解曰：能如上者，智隨文字而證實相，是即名爲至彼岸矣。

從此第二，結護果等。

經：大王，菩薩摩訶薩護佛果、護十地行、護化有情，爲若此也。

解曰：此文結上果因兩品，顯別依總，彰此勝德，無倒脩習，即護國也。

從此第三，問答理事，於中，分五：一、波斯匿王問，二、世尊總答，三、總徵所以，四、別釋一多，五、結非一二。且初第一，波斯匿王問。

經：波斯匿王白佛言：真性是一，有情品類根行無量，法門爲一，爲無量耶？

解曰：此下經文，近明二諦，遠結上也。如前長科，《觀如來品》初九行經爲總標問，從佛告下至此上結，爲問答也。此下至終，即是第三，總結上文，明前理事，文有遠近，義含通爲，讀者悉矣。

真性是一者，標所證理，真如、法性體是一也。言有情者，通諸聖、凡一切有情也。言品類者，聖中三乘，凡中六趣也。且如人中種類無數，況餘界趣詎可測乎？言根行者，根有三種，上、中、下根，行有頓漸利鈍等異。言無量者，通上四類，一者有情，二者品類，三根，四行，從寬向狹，悉皆無量，標其多也。法門爲一，爲無量者，發二問也。如來所説般若之法，爲如真性，法門是一，爲如有情，法門無量耶？

從此第二，如來總答。

經：佛言：大王，法門非一，亦非無量。

解曰：法門非一者，佛對根宜，當病設藥，一音演説，隨類各解，故非一也。亦非無量者，當病之教雖等塵沙，隨所證理，非無量也。又以所證就有情心，一一門中皆得解脱，故非一也。有情畢竟行無不脩，障無不盡，至無上覺，佛果圓滿，非無量矣。

從此第三，總徵所以。

經：何以故？

解曰：何所以故非定一多也？

從此第四，別釋一多，於中，分二：一、明法一多，二、明諦一二。初，明一多中，復分二。且初第一，明法門多。

經：由諸有情，色法心法，五取蘊相，我人知見，種種根行品類無邊，法門隨根，亦有無量。

解曰：明非一也。由諸有情者，總標類也。言色法者，有色界中，色差別也。言心法者，三界之中，心差別也。五取蘊相者，合明色、心也。取謂煩惱，執取生死，故名爲取。言取蘊者，蘊從取生，故名取蘊，從因爲名，如草糠火。或蘊生取，故名取蘊，從果爲名，如華果樹。或蘊屬取，故名取蘊，從屬爲名，如帝王臣。三界色心，皆名取蘊。我、人知見者，明妄倒也。種種根、行、品類無邊者，如前悉也。法門隨根，亦有無量者，應病之藥，教等塵沙，故云隨根亦無量矣。

從此第二，明非無量。

經：此諸法性，非相，非無相，而非無量。

解曰：明其一也。此諸法性者，即實性也。言非相者，非十相也。非無相者，智所證故，非如兎角畢竟無也。而非無量者，隨證雖多，解脱之理一相一味，非無量矣。

從此第二，明諦一二，文復分三。且初第一，標見一二。

經：若菩薩隨諸有情見二，是即不見一二之義。

解曰：若菩薩等者，謂若菩薩不能亡相，見無所見，而起分別，見實相一，見有情多，故云二也。是即不見一二之義者，即是取相，妄見一二，不能悟解。真不違俗，隨脩證多，解脱門多。俗不違真，實相體一，萬行歸一。此之真俗一二義矣。

從此第二，釋勝義諦。

經：乃〔三〕知一二非一非二，即勝義諦。

解曰：了知一二者，了上一二也。非一非二者，了真非定一，了俗非受二。如上悟解，即無分別勝義諦也。

從此第三，釋世俗諦。

經：取著一二，若有若無，即世俗諦。

解曰：取著一二者，取相執著，見一定一，見二定二也。若有若無者，執俗定有，勝義定無，此皆妄情世俗諦故。

從此第五，結非一二。

經：是故法門非一非二。

解曰：是故等者，可以虛心融其妙旨，是故法門非一非二，破情計也。

自上三門境智、文字及法門者，由依説聽，如文字脩，悟解法門非一非二，從淺至深明二諦故。

從此第二，明佛同説，於中，分三：一、明佛同説，二、明功德多，三、明受持勝。初，明同説，文分爲二。且初第一，標佛同説。

經：大王，一切諸佛説般若波羅蜜多，我今説般若波羅蜜多，無二無別。

解曰：顯同説也。

從此第二，明受持等。

經：汝等大衆，受持讀誦，如説修行，即爲受持諸佛之法。

解曰：一者受持，二讀，三誦，四如説行，四法行也。即是受持一切諸佛所説之法，非唯世尊獨説法也。

從此第二，明功德多，於中，分三：一、標功德多，二、明多佛説，三、明少況多。且初第一，標功德多。

經：大王，此般若波羅蜜多功德無量。

解曰：此般若等者，攝此一部能詮所詮總名般若。人不唯爾，塵沙教法皆名般若。功德無量者，般若功德猶如虚空，不可量矣。

從此第二，明多佛説，文須分二。且初第一，明能説多。

經：若有恒河沙不可説諸佛，是一一佛教化無量不可説有情，是一一有情皆得成佛，是諸佛等復教化無量不可説有情亦皆成佛，

解曰：若有恒沙等者，明多佛也。是一一佛者，化多成佛也。是諸佛等者，復化多佛也。此上三重，喻説諸佛所有數量唯佛能知，顯能説多。

從此第二，顯所説多。

經：是諸佛等所説般若波羅蜜多，有無量不可説那庾多億偈，説不可盡，

解曰：是諸佛等者，明各説般若也。有無量等者，明所説多也。此上所明，於前般

若所有功德有爾所佛，各各説有爾所偈，讚般若德説不可盡。

從此第三，明少況多。

經：於諸偈中而取一偈，分爲千分，復於十分，而説一分句義功德，尚無窮盡，何況如是無量句義所有功德？

解曰：於諸等者，明取一偈，分爲千也。復於千等者，明説一分尚無窮盡。何況等者，況多佛説無量句義所有功德而能測量。

從此第三，明受持勝，於中，分二：初明受持勝，後當得菩提。初文，復二。且初第一，明受持勝。

經：若有人能於此經中起一念淨信，是人即超百劫千劫百千萬劫生死苦難，

解曰：明一念信超多劫苦。

從此第二，明等諸佛。

經：何況書寫受持讀誦，爲人解説，所得功德，即與十方一切諸佛等無有異。

解曰：何況等者，彰持説勝。即與等者，同諸佛説。諸佛所説文句甚深，顯書寫等皆佛所説，人雖勝劣，教理無差，所有功德等無異矣。

從此第二，當得菩提。

經：當知此人諸佛護念，不久當成阿耨多羅三藐三菩提。

解曰：諸佛護念者，顯法勝也。當得菩提法力修行也。

從此第三，聞法獲益。

經：説是法時，有十億人得三空忍，百萬億人得大空忍，無量菩薩得住十地。

解曰：依《本記》者，一得三空，即三賢位三假空也。二得大空，即登地也。三得十地，隨地增進，皆蒙益也。

仁王護國般若波羅蜜多經疏卷中二

**校勘記**

〔一〕「滅」，底本原校疑爲「滅」。
〔二〕「乃」，疑爲「及」。
〔三〕「未」，疑爲「永」。
〔四〕「申」，底本原校疑爲「中」。
〔五〕「感」，底本作「惑」，據文意改。
〔六〕「知」，疑爲「如」。
〔七〕「業」，疑衍。
〔八〕「唯」，疑爲「准」。
〔九〕「妄」，底本作「忘」，據文意改。
〔一〇〕「觀」，疑爲「形」。
〔一一〕「觀」，底本作「形」，據文意改。
〔一二〕「正」，疑前脱「識」字。
〔一三〕「免」，據《大乘密嚴經》（《大正藏》本，下同），疑爲「牛」。
〔一四〕「折」，據《大乘密嚴經》，疑爲「析」。
〔一五〕「也」，底本作「輪」，據文意改。
〔一六〕「例」，疑爲「倒」。
〔一七〕「瑜」，底本作「喻」，據文意改。
〔一八〕「以」，底本原校疑爲「似」。
〔一九〕「及」，疑爲「反」。
〔二〇〕「合」，疑爲「令」。
〔二一〕「違」，疑爲「遣」。
〔二二〕「乃」，疑爲「了」。

# 仁王護國般若波羅蜜多經疏卷下一

青龍寺翻經講論沙門良賁奉詔述

## 護國品第五

解曰：大文第二，後之三品明其外護。初《護國品》正陳外護，《不思議品》表殊勝德，後《奉持品》彰奉持人，除諸灾難。先明外護，王等迺誠，示法令遵，現難思力，依持具德，内潔外清，由是故有後之三品。

辯來意者，依《本記》云：國土有二：一、

世間二乘、凡夫士，二、出世間信至十地士。賊有二種：一、外劫盜賊，二、内煩惱賊。護有二種：一、謂鬼神，二、謂智慧。内外悉是佛菩薩護。已明内護，此明外護，遂諸王願，有此品故。

釋品名者，上釋總名，即此別號，恩惠曰仁，自在曰王，覆攝爲護，率土爲國，具如上解。明護義者，略以四門。

一、能護人者，若佛菩薩攝生如子，爲不請友，如母之慈。《維摩經》云：如菩薩者，謂不離大慈，不捨大悲，深發一切智心而不忽忘，教化衆生終不厭倦。又諸菩薩現種種身，隨念而應，如觀音等，即其護也。又諸王仁惠，慈育爲心，大臣百寮[二]，奉法陳令，亦其護也。若爾自護，何待于經？世出世間，此爲異故。

二、所護法者，謂此般若及餘諸經，更無有法過於般若波羅蜜多者。信受讀誦，依教修行，天龍潛護，尚得成佛，況乎七難，豈不滅哉？若王法者，文武之道，賞罰兩權，進善黜惡，斯爲化本。故《金光明經》第八偈云：國人造惡業，王捨不禁制。斯非順正理，治擯當如法。若見惡不遮，非法便滋長。遂令王國内，奸訴日增多。被他怨敵侵，破壞其國土。

由國正令，亦護法也。

三、能護心者，佛無緣慈，菩薩之悲，應念如響，不言而悉，即護心也。若諸王臣，常以正直，無貪瞋癡，依文奉法，亦護心也。故《正理》云：由彼時人不平等貪，天龍忿責，不降甘雨，故遭飢饉。又彼時人不平等心，非人吐毒，疾疫難救。又彼時人不平等貪、瞋毒增上故，有刀兵互相殘害，由貪、瞋、癡積之於内，三災、七耀灾變于外。内心不平，欲求外護，煎水求氷，不亦難矣。由無貪等，從化如流，即是經中外護之意。

四、所護事者，嚴飾道場，聽受持讀，

孝養恭敬，王臣正治，如下具明，至文當悉。

釋經文者，文分三段：一、正明護國，二、引昔護國，三、聞法獲益。初，明護國，於中，分二：初明護國法，後明除灾難。初，護國法，文分爲三：一、明護國法，二、嚴飾道場，三、明其説聽。初，護國法，文復分三。且初第一，標陳護國，其義者何？

經：爾時，世尊告波斯匿王等諸大國王：諦聽，諦聽，我爲汝等説護國法。

解曰：答先所願。若不諦聽，聞已忘失，故令審也。

從此第二，明護國時，其義者何？

經：一切國土若欲亂時，有諸灾難，賊來破壞。

解曰：一切國土者，十六國也，對諸王等，言一切故。又不唯爾，於贍部洲大小國土，隨教所被，即一切也。若以教被言一切者，即人三洲，但有至教所及之處，亦一切也。天宫龍宫，至教所及，亦一切也。設爾無宂[三]，慈無限故。彼同聞衆，教必被故，若現若當，教所被處，皆一切故。不爾，巨唐豈不護矣？

若欲亂時者，標護時也。國境清平，已明常護。若有灾難，標求護時。有諸灾難者，灾謂三灾，如前所引《正理論》説刀兵、疾疫、飢饉之灾。彼小三灾，在中劫末。灾之前相，相似亦灾。難謂七難，下當明也。賊來破壞者，申難相也。

從此第三，明受持經，其義者何？

經：汝等諸王，應當受持讀誦此般若波羅蜜多。

解曰：令諸王等親自受持，若讀若誦，三法行也。若常持讀，難必不生。若有難生，誡持讀者。如《涅槃經》第二十云：父母之心非不平等，然於病子心則偏多，故勸受持以除難矣。

從此第二，嚴飾道場，於中，分三。且

初第一，嚴飾道場。

經：嚴飾道場，置百佛像，百菩薩像，百師子座，請百法師解說。

解曰：初句總標，次如文悉。令[三]此經中不別言處，如《金光明》第六《護國品》説：時四天王白佛言，世尊，於未來世若有人王，爲護自身后妃王子，於自國土令無怨敵及諸憂惱灾厄事者，世尊，如是人王不應放逸，命[四]心散亂。先當莊嚴最上宫室，王所愛重，顯弊之處，香水灑地，散衆名華，安置師子殊勝法座，以諸珍寶而爲挍飾。乃至下云：時彼人王應著純淨鮮潔之衣，種種瓔珞以爲嚴飾，自持白盖，及以香華備整軍儀，盛陳音樂，步出城闕，近彼法師，運想虔恭，爲吉祥事。以彼准此，義乃具故。

從此第二，香華供養。

經：於諸座前，然種種燈，燒種種香，散諸雜華，廣大供養。



解曰：一一座前廣嚴飾故。

從此第三，百一供事。

經：衣服臥具，飲食湯藥，房舍床座，一切供事。

解曰：一一供事，表其敬也。

從此第三，明其説聽，於中，分三。且初第一，二時解説。

經：每日二時，講讀此經。

解曰：如文悉也。

從此第二，王臣聽受。

經：若王大臣，比丘、比丘尼、優婆塞、優婆夷，聽受讀誦，

解曰：國王大臣，上行下化，四衆聽受，悉皆遷善，即自護也。又《金光明》云：其王爾時，當淨澡浴，以香塗身，著新淨衣，坐小卑座，不生高舉，捨自在位，離諸憍慢，端心正念，聽是經王，於法師所，起大師想。以彼准此，明其敬也。

從此第三，如説修行。

經：如法修行，灾難即滅。

解曰：如法修行者，依前理事，應如説行，服藥患除，理必然故。觀其即事，以略言者，去每[五]四月内譯經畢，我后至道，持讀聽聞。洎夫九月出經百座，秋霖澄霽，卿雲滿空，自卯及申，倏乎萬變。軍容相國爰與百寮[六]，士馬溢郭，傾城縱觀，或禮或躍，零涕如雨。其月二日，恩勅曰：師久植智牙，高懸心鏡，開法王之祕藏，演金口之玄言。三際流傳，四生蒙賴，而道符真聖，理契天人。宿雨扠陰，祥雲流彩。感通之力，朝野同歡。有媿宣揚，用增誠敬也。其月下旬，西戎北狄，蟻聚王畿，無勞强師，蕃醜駭潰。若非明主至信，大臣盡節，上行下化，雷動雲行，道俗精誠，孰[七]能興於此。善法堂號，豈虚也哉。慙不能文，幸而述矣。

從此第二，明除灾難，於中，分二：初明除灾難，後明稱所求。初，除灾難，文分爲二：一、明諸灾難，二、明灾難滅。初，明灾難，文分爲三：一、明鬼神護，二、明其喪亡，三、列諸灾難。且初第一，明鬼神護。

經：大王，諸國土中有無量鬼神，一一復有無量眷屬，若聞是經，護汝國土。

解曰：明諸國中鬼神無量，各有眷屬，聞經護國。此經文總，無别名也。如《金光明》第八説：僧慎爾耶藥叉大將，并與二十八部藥叉諸神白言，世尊，若現在世及未來世所在宣揚布流之處，若於城邑聚落，山澤空林，或王宫殿，或僧住處，我與諸神俱詣其所，各自隱形，隨處擁護彼説法師，令離衰惱，常受安樂。乃至下云：言詞辯了，具足莊嚴，亦令精氣從毛孔入，身力充足，威光勇健，難思智光，皆得成就。及聽法者，若男若女，受持供養，我當攝受，令無灾横，乃至常遇諸佛，速證無上正等菩提。如彼悉矣。

從此第二，明其喪亡，於中，分二。且初第一，明其喪亡。

經：若國欲亂，鬼神無〔八〕亂。鬼神亂故，即萬人亂，當有賊起，百姓喪亡。

解曰：由鬼神亂，次萬人亂，百姓喪亡，庶人弊也。

從此第二，王臣乖爭。

經：國王太子，王子百官，互相是非。

解曰：上不和也。

從此第三，明諸灾難。

經：天地變恠，日月衆星，失時失度，大火大水，及大風等。

解曰：天地變恠者，天衆象變，地有妖恠，此總明也。言日月者，如下經中，即初難也。言衆星者，第二難也。失時失度者，即上二難失時度也。言大火者，第三難也。言大水者，第四難也。言大風者，第五難也。所言等者，等披〔九〕六七。六者亢陽，七者賊來，至下悉矣。

何故有是鬼神先亂，百姓喪亡，王臣不和，七難俱起？如下經云：由贍部洲大小國邑一切人民，不孝父母，不敬師長沙門婆羅門，國王大臣不行正法。由是諸惡，有是難興。此即難因，至下當悉。

從此第二，明灾難滅。

經：是諸難起，皆應受持講説此般若波羅密多。

解曰：是諸難起者，一一難起，皆須講讀，如説修行，即良藥矣。

從此第二，明稱所求，於中，分三。且初第一，明稱所求。

經：若於是經，受持讀誦，一切所求，官位富饒，男女慧解，行來隨意，人天果報，皆得滿足。

解曰：一切所求者，此總標也。此中有七：一、求官位，得榮位故；二、求富饒，得福利故；三、求男女，即皆得故；四、求慧解，得世出世勝知見故；五、行來者，求往來也，二足四足皆安隱故；六、人中果報；七、天中果報。此上皆由受持、讀誦經之威力，所願滿足。如《寶雲經》云：譬如藥樹，名曰善見。若有衆生得其根、莖、枝、葉、華、菓，或見色、嗅香、甞味、得觸，於此十中隨其所得，病皆除愈。是故於經十法行中，隨其持讀，世出世間願皆滿故。

從此第二，厄難解脱。

經：疾疫厄難，即得除愈。杻械枷鏁，撿繫其身，皆得解脱。

解曰：上之兩句，明厄難除。下之三句，繫者得脱。

從此第三，明諸罪滅。

經：破四重戒，作五逆罪，及毀諸戒，無量咎過，悉得消滅。

解曰：破四重戒者，婬盜煞妄性重戒也。作五逆罪者，如《俱舍論》第十八說，所謂煞父、煞母、煞阿羅漢、破和合僧、出佛身血也。然此五中，四身一語，并彼同類，彼廣明故。及毀諸戒者，所謂殘等諸戒也。別解脱戒各有交[一〇]因，律儀有八，實體唯四，依緣具闕，義如常解。然其體者，有宗無表色，《成實》不相應，今大乘宗，依思願種，假立爲體。不隨心戒，四心三性，皆得現前。捨緣別者，有宗五緣，如《俱舍論》第十五頌云：捨別解詞[一一]伏，由故捨命終。及二形俱生，斷善根夜盡。

經部加犯重，法密加法滅，捨緣別故。《瑜伽》五十三：捨有五緣也，捨學處故，犯根本罪故，二形生故，善根斷故，捨同分故，捨苾蒭律儀。若正法毀壞，正法隱没，雖無新受，舊不捨故，得戒未捨，身有律儀，遇緣毀犯，名毀諸戒。無別悔緣，定墮地獄，如常分別。若悔緣者，依大乘教，如《造像經》說：由造經像，三惡道業略受速出而不受苦，如箭射林不住而遇〔三〕。又《觀無量壽》云：有五逆者，亦生西方。又《涅槃》二十云：阿闍世王發菩提心，不入地獄。廣讚發菩提心，如彼文也。又《大方等陀羅尼經》第一云：若犯菩薩二十四戒，若犯比丘等一一諸戒，一心懺悔，若不還生，無有是處。今此經云無量過咎悉得消滅者，即由聞經受持讀誦，罪皆滅矣。

從此第二，引昔護國，於中，分二：初引昔護國，後結勸受持。初，引昔中，文分爲三：一、明昔天王，二、明昔人王，三、例指諸王。初，天王中，文復分三。且初第一，標頂生王。

經：大王，往昔過去釋提桓因，爲頂生王領四軍衆，來上天宫，欲滅帝釋。

解曰：領四軍衆者，象、馬、車、步，爲四軍也。此因緣者，如《賢愚經頂生王品》及《涅槃經》第十二説。

從此第二，帝釋奉法。

經：時彼天主，即依過去諸佛教法，敷百高座，請百法師講讀《般若波羅蜜多經》，

解曰：明依法也。

從此第三，天衆安樂。

經：頂生即退，天衆安樂。

解曰：結安樂也。

從此第二，明昔人王，於中，分三：一、明斑足王，二、明普明王，三、聞法悟解。初，斑足王，文分爲二：初明斑足王，後明得千王。初文，復三。且初第一，明斑足王。

經：大王，昔天羅國王有一太子，名曰斑足。

解曰：梵云提婆羅，此云天羅。言斑足者，以足斑駁，名斑足也。如《賢愚經》及《智度論》敘彼緣也。

從此第二，邪師灌頂。

經：登王位時，有外道師，名爲善施，與王灌頂，

解曰：如文易了。

從此第三，受教祀天。

經：乃命斑足取千王頭以祀塚間摩訶迦羅大黑天神。

解曰：言塚間者，所住處也。言摩訶者，此翻云大。言迦羅者，此云黑天也。上句梵語，下句唐言。大黑天神，鬬戰神也。若禮彼神，增其威德，舉事皆勝，故嚮祀也。何以知者，三藏引別梵夾云：《孔雀王經》說，烏尸尼國，國城之東有林，名奢摩奢那，此云尸林，其林縱廣，滿一由旬，有大黑天神，是摩醯首羅變化之身。與諸鬼神無量眷屬，常於夜間遊行林中，有大神力，多諸珍寶，有隱形藥，有長年藥，遊行飛空，諸幻術藥與人貿易，唯取生人血宍，先約斤兩而貿藥等。若人欲往，先以陀羅尼加持其身，然往貿易。若不加持，彼諸鬼神乃自隱形，盜人血宍，令減斤兩，即取彼人身上血宍，隨取隨盡，不充先約。乃至取盡一人血宍，斤兩不充，藥不可得。若加持者，貿得寶貝及諸藥等，隨意所爲，皆得成就。若嚮祀者，唯人血宍。彼有大力，即加護人，所作勇猛，鬬戰等法皆得勝也。故大黑天神即鬬戰神也。如《賢愚經》說祀羅刹，《普明王經》說取百王以祀樹神，《師子斷宍經》說取百王以祀山神，各隨文矣。

從此第二，明得千王，於中，分二。且初第一，得諸王等。

經：自登王位，已得九百九十九王，

解曰：斑足登位，威力自在，遂得諸王滿斯數故。

從此第二，明得普明。

經：唯少一王，北行萬里，乃得一王，名曰普明。

解曰：彰處得王也。

從此第二，明普明王，於中，分二：一、長行建立，二、以偈說法。初，長行中，文復分四。且初第一，普明諸願。

經：其普明王白斑足言：願聽一日，禮敬三寶，飯食沙門。

解曰：依《賢愚經》，願諸七日也。

從此第二，斑足忍許。

經：斑足聞已，即便許之。

解曰：斑足許也。

從此第三，依法建立。

經：其王乃依過去諸佛所説教法，敷百高座，請百法師，

解曰：明依教也。

從此第四，明説般若。

經：一日二時，講説般若波羅蜜多八千億偈。

解曰：明宣説也。

從此第二，以偈説法中，分二。且初第一，標説偈人。

經：時彼衆中第一法師爲普明王而説偈言：

解曰：標説人也。

從此第二，明所説偈，於中，分四：一、明法無常，二、明諸法苦，三、明諸法空，四、明法無我。初，明無常，又復分二。且初第一，外界無常。

經：劫火洞然，大千俱壞，須彌巨海，磨滅無餘。

解曰：劫火洞然，明火災也。《瑜伽》第二説三大災，謂火水風，相次起故。三中標初，此火災也。大千俱壞者，明一大千同成壞也。下之兩句，九山八海，數各百億，滅無餘也。成住壞空，相次而起，此明壞劫，餘三准知。《俱舍》十二、《瑜伽》第二皆廣説也。

從此第二，有情無常。

經：梵釋天龍，諸有情等，尚皆殄滅，何況此身。

解曰：梵釋天龍者，梵謂梵王，通四禪也。釋謂帝釋，忉利主也。舉此，攝餘諸天處也。

此二自在，勝故標也。言天龍者，八部衆也。諸有情等者，除前所明，餘界趣也。尚皆殄滅者，明無常也。何況此身者，界無大小，情無勝劣，彼皆殄滅，何況此身，示無常矣。

從此第二，明諸法苦，於中，分二。且初第一，明列諸苦。

經：生老病死，憂悲苦惱，怨親逼迫，能與願違。

解曰：生、老、病、死者，此有四苦。憂、悲、苦、惱者，於欲界中，隨遇苦緣，種種憂悲逼切故惱。下之兩句，明其四苦。怨者，怨憎會苦。親者，愛别離苦。言逼迫者，五盛陰苦，謂五蘊身生滅遷流逼迫性故。能與願違者，求不得苦也。又生、老、病、死，五盛陰苦，此流轉苦，通於三界，是行苦故。怨、憎、愛、别，此相違苦，是苦苦攝，唯欲界故。求不得苦，此之受用是壞苦攝，亦唯欲界。依樂受者，亦通色界。

從此第二，明苦因果。

經：愛欲結使，自作瘡疣，三界無安，國有何樂？

解曰：愛欲結使者，此明因也。愛爲有因，能潤諸業。欲謂貪欲，於境馳求。言結使者，結謂結繫，使謂役使，謂貪等十，結繫有情，役使三有，名結使也。又《俱舍》二十一云：結有九種：一、愛結；二、恚結；三、慢結；四、無明結；五、見結，謂三見故；六、取結，謂二取故；七、疑結；八、嫉結；九、慳結。恚、嫉、慳三，唯欲界繫。餘之六種，通於三界。爲結所使，名結使也。自作瘡疣者，三有苦果如瘡疣也。三界無安者，若界若情俱行苦故，有漏逼迫名無安故。國有何樂者，普明所重，愛國愛身，内外不安，示其苦故。

從此第三，明諸法空，於中，分二。且初第一，總明法空。

經：有爲不實，從因緣起，盛衰電轉，蹔有

即無。

解曰：有爲不實者，依他有爲幻不實故。從因緣起者，共相自種親生内外世間，因緣起故。盛衰電轉者，謂有爲法皆有盛衰，起滅如流，不住如電。蹔有即無者，無者蹔如電，有即滅無矣。

從此第二，明界趣空。

經：諸界趣生，隨業緣現，如影如響，一切皆空。

解曰：諸界趣生者，三界六趣及以四生，此總明也。隨業緣現者，明因果也。隨諸趣業，現生彼故。如影如響者，舉喻明也。由業爲質，現果如影，由業如聲，後果如響，又如影響，明不實也。一切皆空者，通明界等一切有爲悉皆空故。

從此第四，明法無我，於中，分二。且初第一，明妄起我。

經：識由業漂，乘四大起，無明愛縛，我我所生。

解曰：識由業漂者，識謂本識，恒轉如流。由業如風，能起識浪，識隨業故，云業漂也。又業種依識，藉現緣起，現起諸業，隨境界風，動本識浪，故云漂矣。四卷《楞伽》第一偈云：譬如巨海浪，斯由猛風起。洪波鼓溟壑，無有斷絶時。藏識海常住，境界風所動。種種諸浪識，騰躍而轉生。業境界風，動生識浪，故説漂也。乘四大起者，有色界也。無色非顯，略故不説。又王之身，即是四大，舉以令悟知不實也。無明愛縛者，無明爲本，發業感生，愛與無明自纏縛故。我我所生者，謂依五藴起我我所也。又於五藴而執爲我，國城資具而起我所，皆由無明起斯見矣。

從此第二，總明無我。

經：識隨業遷，身即無主，應知國土，幻化亦然。

解曰：識隨業遷者，謂總報識隨業而生，舊業無餘，新業將熟，識隨業故，遷往餘趣。身即無主者，身謂相續，即四大身，執受識遷，則無主故。又主謂主宰，即是我也。識隨業往，身即無我，我既無故，我所亦無，身無主故。下之兩句，明我所無。彼先愛身，身尚無我，外國土等，幻化亦然，令知内外皆無我故。謂不了身無常苦空無我我所，横生愛著，恐怖皆生，聞法悟空，斯更何懼？

從此第三，聞法悟解，於中，分三：一、普明悟解，二、諸王悟解，三、斑足悟解。初，普明中，文分爲二：一、普明悟解，二、轉教諸王。初，普明中，文復分二。且初第一，普明悟解。

經：爾時，法師説此偈已，時普明王聞法悟解，證空三昧。

解曰：證空三昧者，若證生空，即得初果，故偈所明，苦諦行故。或聞法證空即法空理，至初地也。

從此第二，眷屬悟空。

經：王諸眷屬得法眼空。

解曰：得法眼空者，如王悉也。

從此第二，轉教諸王，於中，分三。且初第一，往天羅國。

經：其王即便詣天羅國，

解曰：所願既滿，聞法證空，怖畏已無，起所期故。

從此第二，詰示諸王。

經：諸王衆中，而作是言：仁等今者，就命時到，

解曰：諸王衆中者，如前應悉。就命時到者，舉所怖事，令發心故。

從此第三，轉教般若。

經：悉應誦持過去諸佛所説般若波羅蜜多偈。

解曰：即以前偈令誦持也。

從此第二，諸王悟解。

經：諸王聞已，亦皆悟解，得空三昧，各各誦持。

解曰：彼諸王等，因怖發心，因緣俱勝，聞法悟解如普明王。故復云亦得空三昧，各誦持也。

從此第三，斑足悟解，於中，分三：一、斑足王問，二、普明王答，三、斑足悟解。且初第一，斑足王問。

經：時斑足王問諸王言：汝等今者，皆誦何法？

解曰：斑足緣熟，故爲問也。

從此第二，普明王答。

經：爾時普明即以上偈答斑足王。

解曰：如文悉也。

從此第三，斑足悟解，於中，復四。且初第一，斑足悟解。

經：王聞是法，亦證空定。

解曰：聞法證解，如前諸王，故云亦也。

從此第二，明悔邪師。

經：歡喜踊躍，告諸王言：我爲外道邪師所誤，非汝等咎。

解曰：證解喜躍，悔先咎也。

從此第三，令各奉持。

經：汝各還國，當請法師解説般若波羅蜜多。

解曰：廣令流布。

從此第四，出家得忍。

經：時斑足王以國付弟，出家爲道，得無生法忍。

解曰：無生法者，即五忍中第四忍也。菩薩化跡，逆順難思，或引群迷，故現斯事。

從此第三，例指諸王。

經：大王，過去復有五千國王常誦此經，現生獲報。

解曰：説先過去常誦此經，現生獲報，必招後故。

從此第二，結勸受持，於中，分二。且

初第一，勸命受持。

經：汝等十六諸大國王修護國法，應當如是受持、讀誦、解説此經。

解曰：前具引昔，此即勸令修護國法，如上應悉。

從此第二，勸後受持。

經：若未來世諸國王等，爲欲護國、護自身者，亦應如是受持、讀誦、解説此經。

解曰：護國之最，誡後亦爾。

從此第三，聞法獲益。

經：説是法時，無量人衆得不退轉，阿脩羅等得生天上，無量無數欲色諸天得無生忍。

解曰：得不退者，不退有四，信、位、證、行，從淺至深，即初二也。阿脩羅等，等餘七部，得生天也。欲色諸天得無生忍，天台解云：即十行也。或即初地。如《大品經》云：初地菩薩得無生法忍。

## 不思議品第六

將解此品，辨來意者，護國之法，其唯般若，内護修證，亦唯般若。般若威德，無以測量，寄事以明，轉益深敬。故因散華，見佛聞法，得覩希有，神變難思。以事表經，即來意也。

次，釋品名，不思議者，諸佛功德，神變妙用，心言不測，云不思議。故《法華》云：非口所宣，非心所測。《智度論》云：心行處滅，言語道斷。《大般若》云：心言路絶。此等皆釋不思議也。古就散華，以彰品號。此覩神變，名不思議。各依一義，亦不相違。

釋本文者，文分三段：一、大衆散華，二、佛現神變，三、聞法獲益。初，散華中，文分爲三：初大衆歡喜，次散華供養，後王等發願。且初第一，大衆歡喜，其義者何？

經：爾時十六國王及諸大衆，聞佛説此般若

波羅蜜多甚深句義，歡喜踊躍，

解曰：諸王所聞護國之最甚深句義，故喜躍也。

從此第二，散華供養，於中，分三：一、散寶蓮華，二、芬陀利華，三、曼殊沙華。初，散寶華，文復分四。且初第一，標所散華。

經：散百萬億衆寶蓮華，

解曰：寶蓮華者，或衆寶爲華，或華如衆寶，云寶華也。舊云行華，天台解云：表三賢位所修無量福慧之行。今言蓮華，表行不染，又表能詮文字般若句偈無量，皆不染故。

從此第二，華成寶座。

經：於虛空中成寶華座。

解曰：華成寶座，諸佛所依，賢位居初，爲聖之本。又顯文字修證所依。

從此第三，諸佛演說。

經：十方諸佛，無量大衆，共坐此座，說般若波羅蜜多。

解曰：顯同說也。

從此第四，化衆散華。

經：是諸大衆，持十千金蓮華，散釋迦牟尼佛，合成華輪，蓋諸大衆。

解曰：持十千者，舊云萬輪華蓋也。言釋迦者，舉其性氏。言牟尼者，此云寂默，煩惱諠諍永寂默故。蓋佛及衆者，已修未修，行必同故。此佛他佛，說無異故。

從此第二，散芬陀利華，於中，分四。且初第一，標其所散。

經：復散八萬四千芬陀利華，

解曰：王等重散，云復也。八萬四千者，表登地也。如上經云：最初一念，具足八萬四千波羅蜜多。即初地也。舊云散般若波羅蜜多華，從能散心以立華稱。此云芬陀利華者，白蓮華也，即從所散彰其名也。無漏正智，能所表同，於初後地，觀照一矣。

從此第二，華成雲臺。

經：於虚空中，成白雲臺。

解曰：如下經云：譬如有人登大高臺，等覺位也。通表十地，故現臺矣。

從此第三，彰佛演説。

經：臺中光明王佛，與十方諸佛，無量大衆，演説般若波羅蜜多。

解曰：標佛列衆，顯同説也。

從此第四，化衆散華。

經：是諸大衆持曼陀羅華，散釋迦牟尼佛及諸衆會。

解曰：曼陀羅者，此云適意華，見者心悦，即天華也。

從此第三，散曼殊沙華，於中，分四。且初第一，標所散華。

經：復散曼殊沙華，

解曰：大衆散也。復義如前。舊云妙覺，彰果德圓。今言曼殊沙，此云柔濡，能令見者離剛强故，即天華也。人天同會，隨所散也。

從此第二，變作寶城。

經：於虚空中，變作金剛寶城。

解曰：金剛寶城者，表示實相，即涅槃城，猶如金剛，體不可壞。

從此第三，彰佛演説。

經：城中師子奮迅王佛，共十方諸佛大菩薩衆，演説勝義般若波羅蜜多。

解曰：勝義者，即實相也。上三所現華座臺城，顯三般若，文字、觀照及實相故，三賢十聖果圓滿故，如應顯示不思議故。

從此第四，化衆散華，文復分三。且初第一，散華成蓋。

經：復散無量天諸妙華，於虚空中，成寶雲蓋，

解曰：所散天華如寶雲蓋，現不思議。與《如來品》所現雖殊，義如彼故。

從此第二，明蓋廣量。

經：遍覆三千大千世界。

解曰：明其廣量滿大千故。

問：舊經所散，云行等華。此中乃云寶蓮華等，爲是水陸諸時華否？

答：如《大般若》第八十四《散華品》説：爾時，天帝釋及此三千大千世界所有四大王衆天，乃至色究竟天，咸作是念，尊者善現，承佛神力，爲一切有情，雨大法雨。我等今者，宜各化作天諸妙華，奉散釋迦如來及菩薩摩訶薩，并苾芻僧、尊者善現，亦散所説甚深般若波羅蜜多，而爲供養。時諸天衆作是念已，各化種種微妙香華，奉散如來諸菩薩等。是時，於此三千大千佛之世界，華悉充滿，以佛神力於虚空中合成華臺，莊嚴殊妙，遍覆三千大千世界。善現覩已，作是念言，今所散華，於諸天處未曾見有，是華殊妙，定非草木水陸所生，應是諸天爲供養故從心化出。時天帝釋知善現心，謂善現言，此所散華，實非草木水陸所生，亦不從心實能化出，但變現耳。具壽善現語帝釋言，是華不生，則非華也。帝釋問言，爲但是華不生，爲餘法亦爾。善現答言，非但是華不生，諸餘法亦爾。遍蘊處界，四諦十二緣，六度四攝，諸功德法，悉皆不生，並同華也。此前所散，若人若天，般若理同，准舊經中，義同彼矣。

從此第三，雨華供養。

經：是華蓋中，雨恒河沙華，從空而下。

解曰：從蓋雨華，希有瑞也。

從此第三，王等發願，於中，分二：初王等發願，後如來印述。初中，復三。且初第一，王等稱讚。

經：時，波斯匿王及諸大衆，見是事已，歎未曾有。

解曰：異口同音，歎希有也。

從此第二，願佛當説。

經：合掌向佛而作是言：願過去現在未來諸佛常説般若波羅蜜多。

解曰：常説等者，地上菩薩常見佛説，地前處會説或有無，王及大衆發斯誠願。

從此第三，願衆常見。

經：願諸衆生常得見聞，如我今日，等無有異。

解曰：願諸衆生者，除在會中，諸餘界趣及此未來，願常見佛，常聞般若，如今無異。

從此第二，如來印述，於中，分三。且初第一，如來印述。

經：佛言：大王，如汝所説，

解曰：如汝所説者，如《四分律》不與過願，清淨可辨，此願見聞，義不違彼，故佛印云：如汝所説。

從此第二，讚法出生。

經：此般若波羅蜜多，是諸佛母，諸菩薩母，不共功德神通生處。

解曰：初句指法，次顯出生。生佛菩薩，等而爲母，故佛之與法，熟爲先後？云般若法生佛菩薩焉，佛稟法成，法先佛後，如《涅槃經》第四云：諸佛所師，所謂法也。以法常故，諸佛亦常，從般若生，法爲先故。若成正覺，念法悲深，説般若法，佛先經後，教誡示導，令出離故。然佛與法，互相資説，徵求此理，奚所用爲。今此所明，諸佛菩薩皆因般若而得出生，故説般若爲其母也。不共功德者，下明法也，即大小乘十八不共法也。又《瑜伽》説一百四十不共功德。神通生處者，如《華嚴經》十身相作，《涅槃經》中八自在義，皆因般若波羅蜜多爲生處故。

從此第三，結勸受學。

經：諸佛同説，能多利益，是故汝等常應受持。

解曰：諸佛同説，勸受持也。

從此第二，佛現神變，於中，分三：一、標示神變，二、廣現神變，三、結不思議。

且初第一，標示神變。

經：爾時世尊，爲諸大衆現不可思議神通變化。

解曰：不思議者，義如上解。言神通者，謂佛世尊神境智通，此總明也。言變化者，《瑜伽》三十七略有二種：一、能變通，謂改轉故；二、能化通，謂化現故。下對文屬。

從此第二，廣現神變，於中，分四：一、一多相容，二、巨細相容，三、聖凡相容，四、淨穢相容。初，一多相容，文復分三。且初第一，諸華相容。

經：一華入無量華，無量華入一華。

解曰：於所散華一多相入。

從此第二，佛土相容。

經：一佛土入無量佛土，無量佛土入一佛土。

解曰：令衆皆見世界相入。

從此第三，塵剎相容。

經：一塵剎土入無量塵剎土，無量塵剎土入一塵剎土。

解曰：令彼大衆於一塵中見佛剎土，一多相入。此三總是廣狹相容，即是十三所作自在也。

從此第二，巨細相容。

經：無量大海入一毛孔，無量須彌入芥子中。

解曰：令彼咸見海入毛孔、芥納須彌，即是第五轉變自在。

從此第三，聖凡相容。

經：一佛身入無量衆生身，無量衆生身入一佛身。

解曰：令彼皆見凡聖相入，即第九、十，衆像入身、同類往趣二種變也，亦是能化神境智通自他勝劣塵沙身故。

從此第四，淨穢相容。

經：大復現小，小復現大，淨復現穢，穢復現淨。

解曰：佛自現身，或大或小，即是七、八，卷舒變也。現所居土或淨或穢，即十一、二，隱顯變也。此上皆爲破諸情計。

遣事一多，遣相大小，遣身凡聖，遣佛勝劣，遣土淨穢，破諸有情無始時來妄生分別，見一定一，見多定多，乃至見淨定淨，見穢定穢，即法執也。覩佛神變，悟事由心，了相即性，遣諸執故。又《本記》云：變有三意：一者遍空，一華入無量華，爲除不樂大乘障故有遍空；二者轉變，一佛土入無量佛土，爲除執我所障故有轉變；三者顯了，一佛身入無量衆生身，爲除怖畏生死障故有顯了。

問：須彌大海入毛芥中，巨細相違，如何能入？

答曰：西方諸師略作三解：一云，一切諸法以如爲體，所依真如離諸相故，能依諸法，無定大小，故得相容；二云，依唯識理，一切諸法皆不離識，隨心變現，無有定相，故得相容；三云，一切諸法從因緣生，因緣如幻，幻無定相，故得容也。

問：色中有大小，許小能容大，時中有短長，長劫應入短。

答：此無過難。佛得希有，延促自在，促多劫爲一劫，延一劫爲多劫，如是等文，成證非一。

若爾，一劫延爲三，三劫促爲一。一三無定量，此豈不違文。便違佛說，菩薩要經三無數劫，具修萬行，證大菩提。此難不然，果德自在，非因境故。《顯揚》《瑜伽》皆作是說，於不思議强思量者，得誑亂報。

從此第三，結不思議。

經：佛身不可思議，衆生身不可思議，乃至世界不可思議。

解曰：諸佛之身遍衆生身，諸衆生身遍諸佛身，體牙相遍，俱不思議，即第三全，第四少分。乃至世界者，即攝二全，一少分也。心言路絶，名不思議。

從此第三，聞法獲益。

經：當佛現此神變之時，十千女人現轉女身，得神通三昧，無量天、人得無生法忍，無量阿脩羅等成菩薩道，恒河沙菩薩現身成佛。

解曰：得益有四：一、現轉女身，得如幻故；二、天人得忍，見法理故；三、修羅八部成菩薩故；四、恒河沙菩薩現成佛故。

問：一世界中，多佛並出否？

答：輪王尚無二並出者，況乎大覺二並出耶？若爾，如何恒沙菩薩現身成佛？此亦不然，餘界何失？如《法華經》彼龍女故。

問：現身成佛是究竟否？

答：如《大般若》即説十地名十種佛，又餘亦説地前現化。又《法華經分别功德品》，一四天下微塵數菩薩，一生當得阿耨菩提。《法華論》釋即是初地。由此而言，以法威力，故説現成，既言現成，非究竟矣。

## 奉持品第七

將解此品，辨來意者，内、外二護，前已具明，由二奉持，故有此品。違前二科三等無咎。釋品名者，奉謂敬承，持謂不忘，如《智論》説：由信力故聞而信奉，由念力故不忘爲持。若云受持，領納不失。言第七者，如文悉矣。釋本文者，然此品經，古德西明寺測法師、玄範法師、紀國寺慧靜法師，皆以此品爲流通分。天台智者、道安法師、安國大法師，皆以此品爲正宗分。雖皆諸理俱有所憑，今依天台等，義如前故。

科此品經，大分爲三：一、波斯匿王問，二、如來正答，三、聞法獲益。波斯匿王問，文復分三。且初第一，明覩諸佛，其義者何？

經：爾時，波斯匿王覩佛神變，見千華臺上遍照如來，千華葉上千化身佛，千華葉中無量諸佛，各説般若波羅蜜多。

解曰：覩佛神變者，覩前品中現神變也。見千華臺上遍照如來者，梵云毗盧遮那，亦云尾嚧遮那，亦云吠路遮那，此云遍照，亦云大日，至下當悉。准《華嚴》第八，娑婆世界毗盧遮那如來即報身佛也。梵云盧舍那，或云嚧拓那，或云嚧折羅，亦云遍照。依《梵網經》，他受用身也。然此二名，或云體同，前後譯異。或云自他二報身也。如《佛地論》：清淨法界爲自性身，四智心品自受用身。又他受用及變化身皆爲化他方便示現，隨其所現大小異故。准《佛地論》，遍照如來即他受用或應化身，以自受用量同法界，不可説其身量大小，廣如彼矣。如舊經云是一切佛化身主者，若他受用，名應化身，依自報身，起他受用。若大小化，名爲化身。即他受用爲化主也。以自他報，體非即離，俱不違理。此中所見華臺上佛，與前白雲臺，體爲同異。因覩神變，故見多佛，與前同異，俱不相違。此亦不然。前自云化，此有報化，前白雲臺，此云華臺，異則可爾，何得言同？答曰：同處同時，所見各異，定同定異，非不思議。又前散華，華白如雲，以成雲臺，非本雲也。又前所見光明王佛與此所見遍照如來，義極相應，報化大小，俱不違理。千華葉上千化身佛者，大化佛也。千華葉中無量諸佛者，小化佛也。加行資糧，二乘異生，見有異也。同《梵網經》我今〔三〕盧舍那方座蓮華臺，周匝千華上復現千釋迦。一華百億國，一國一釋迦，各坐菩提樹，一時成佛道，義不違也。

從此第二，明法無量。

經：白佛言：世尊，如是無量般若波羅蜜多，不可識識，不可智知。

解曰：如是無量者，明所聞也。謂波斯匿王，如舊經云，行十地行，地上隨應常見諸佛，今覩神變，見大小身，各各宣説般若波羅蜜多，導諸大衆，云無量矣。不可識識者，淺近之識所不能識。不可智知者，下劣之智所不能知。顯所説法多無量故，深不測故，非識知故。

從此第三，正問奉持。

經：云何諸善男子於此經中明了覺解，爲人演説。

解曰：言云何者，正是問辭。諸善男子者，脩行人也。於此經中者，即此經也。所靚雖多，般若同故。言明了者，於諸理事皆明了也。或於理明，於事了故。言覺解者，覺謂現證，解謂悟解，於理明證，於事了解，是故名爲明了覺解。此自利也。爲人演説者，即利他也。

從此第二，如來正答，大分爲二：初，明十三法師奉持；後，明十六國王奉持。就明法師中，文分爲二：一、略明法師，二、廣明行位。初，明法師，文復分三。且初第一，誡命諦聽。

經：佛言：大王，汝今諦聽。

解曰：令審聽也。

從此第二，略示行位。

經：從初習忍至金剛定，如法修行十三觀門，皆爲法師依持建立。

解曰：從初習忍者，標其初也。至金剛定者，舉其後也。如法修行十三觀門者，初、後及中，總十三位。各依行位如法修行，自觀門也。皆爲法師者，此通名也。皆修二利，名法師也。依持建立者，依彼而修，持令不失，初起曰建，終成爲立。

從此第三，結勸供養。

經：汝等大衆，應當如佛而供養之，百千萬億天妙香華而以奉上。

解曰：以法殊勝，在處處尊，在人人貴。於修行者，令諸王等敬之如佛，生尊重故。天妙香華者，舉其勝者，而奉上故。

從此第二，廣明行位，大分爲二：初别明行位，後結申受持。初，别明中，分爲十三，如次當悉。初習種性，於中，分三：初標位辨相，次辨所修法，後結申滿位。且初第一，標位辨相。

經：善男子，其法師者，習種性菩薩，若比丘、比丘尼、優婆塞、優婆夷，

解曰：其法師者，此名總也。通十三位，皆名法師。習種性者，如前釋也。苾蒭二衆，遠離五邪。索迦斯迦，五戒男女。此之四衆，如《序品》釋。

從此第二，辨所修法，於中，分二：初明修十住，後聊簡内外。初中，復二：初明十住，後明修習行。初中，復二。且初第一，標修十住。

經：修十住行。

解曰：三賢之中，此位最劣，當體彰名。十行次勝，業用受稱。後十迴向，賢位最勝。約自行後大願爲名，迴前諸行向正證故。十地菩薩已登聖位，既得現證，從地立名，隨位漸增，有茲異故。初釋住名，先總後别。言十住者，入位不退，故名爲住。住法圓滿，故説爲十。總言十住，帶數得名。即住之住，義通三釋。解别名者，次隨文釋。明住體者，若就所緣，二諦爲體。若就能緣，悲智爲體。合以境智而爲住體。相應助伴，具五藴故。明依身者，唯人三洲，即前四衆，容有凡聖、頓漸二矣。

從此第二，辨住相，文分爲十。且初第一，明發心住。

經：見佛法僧，發菩提心。

解曰：釋住名者，於大菩提，起決定心，入位不退，名發心住也。見佛法僧者，發心緣也。佛謂覺者，能開發故。法謂教等，生正解故。僧謂和合，三乘賢聖良福田故。初因三寶發無上心，至究竟位常現前故。發菩提心者，發無上心，起三妙觀，如前釋也。《攝論》頌云：清淨增上力，堅固心勝進。名菩薩初修，無數三大劫。

大菩提心，以善根爲體，以大願爲緣，

不退屈爲策發，方能起故。善根爲因，名清淨力，此能降伏自所治故。大願爲緣，名增上力，常遇善友令增進故。堅固心者，雖遇惡友方便破壞，終不退捨菩提之心，名堅固也。言勝進者，所修善根運運增長，轉勝進故。前十信心入此住者，由具彼十，於大菩提堅猛不退，齊此方名初劫之始，即以此心爲十住本，此轉增勝成後諸住，乃至極果由此得故。有說：十住同十地行。

從此第二，明治地住。

經：於諸衆生，利樂悲愍。

解曰：解住名者，磨練其心，離垢澄淨，濤汰諸染，名治地住。於諸衆生利樂悲愍者，利謂利益，樂謂安樂。言悲愍者，拔濟行也。如《華嚴》云：誦習多聞，虛閑寂靜，近善知識，了達於義，如法修行，安住不動。

從此第三，明修行住。

經：自觀己身六界諸根，一切無常、苦、空、無我。

解曰：解住名者，審觀自身，遠離空有，正行修習，名修行住。自觀己身者，此總標也。言六界者，地等六界也。言諸根者，謂眼等根。如舊經中五色、五受、女、男、意、命十四根也。謂觀六界及此諸根，生滅逼迫，皆空無我，治彼倒故。

從此第四，明生貴住。

經：了知業行生死涅槃。

解住名者，生在佛家，種性尊貴，此雖長養，已勝餘乘，名生貴住。了知業行生死涅槃者，了知自他善惡業行，此順生死，此順涅槃。如舊《華嚴》偈云：第四生貴真佛子，從諸賢聖正法生。有無諸法無所著，捨離生死出三界。

著有生死，著無涅槃。二俱不著，當出難矣。

從此第五，明具足方便住。

經：能利自他，饒益安樂。

解住名者，巧不滯真，起悲愍物，真俗二行能雙修故，故名此住。上句二利，下句利他。如《經》説云：所修善根皆爲救護、饒益、安樂、哀愍、度脱一切衆生，令離灾難，出離生死，證涅槃故。

從此第六，明正心住。

經：聞讚佛毁佛，心定不動。

解住名者，觀理無二，漸次純熟，聞讚毁佛，心不傾動，名正心住。聞讚佛等者，謂此菩薩善觀諸法無體無性，達如幻夢，故聞讚毁，心定不動也。如《經》説云：讚法毁法，讚毁菩薩，聞説衆生有垢無垢易度，皆定不動。此唯就勝故言佛也。

從此第七，明不退住。

經：聞有佛無佛，心定不退。

解住名者，止觀雙修，緣不能壞，聞説有無，心定不退，名不退住。此亦就勝，唯言有佛無佛，心定不退。如彼《經》説：法及菩薩聞説有無，定不退也。謂能了知無相即相，相即無相，於佛法中，心不退轉。

從此第八，明童真住。

經：三業無失，起六和敬。

解住名者，三業光潔，離染如童，行性成就，物莫能壞，名童真住。三業等者，身口意三離遇失故。如舊經云：謂三業同，戒見學同，六和敬故。如彼《經》説：身行無失，語行無失，意行無失，勤學修習，遊行無數世界，領受無數佛法，現變化自在身，出廣大遍滿音，一刹那中承事供養無數諸佛。三業行矣。

從此第九，明法王子住。

經：方便善巧，調伏衆生。

解住名者，應根善説，妙合所宜，紹嗣法王，名法王子住。方便等者，方便演説皆善巧故，善能調伏諸衆生故。如《經》説云：

法王軌度，法王觀察，法王宴寢，法王讚歎，皆悉勤學。調伏行矣。

從此第十，明灌頂住。

經：勤學十智，神通化利。

解住名者，住位滿足，成就智身，諸佛法水以灌其頂，名灌頂住。然灌頂法，如三藏所持梵本《金剛頂經》説：有五種灌頂，所謂寶冠、印契，以水、光明，及以名號。三賢十聖將成正覺，一一位中，或佛菩薩與灌頂也。勤學十智者，如《經》説云：學三世智、佛法智、法界無礙智、法界無邊智、充滿一切世界智、普照一切世界智、住持一切世界智、知一切衆生智、知一切法智、知無邊諸佛智。初之五智知世界故，如次所謂隨心轉智、正覺照智、照法界智、自在普入智、至處皆嚴智。次之三智知衆生心，所謂知一切心智、知心境界智、知諸根性智。後之二智明其成德，所謂當根與法智、令滅諸惑智。明十智矣。神通化利者，如舊《經》第九解十住偈云：清淨妙法身，應現種種形。猶如大幻師，所樂無不現。或處爲衆生，究竟菩薩行。或復現初生，出家行學道。或於樹王下，自然成正覺。或處爲衆生，示現入泥洹。

此皆神通化利行也。

結爲頌曰：發心治修行，生貴具方便。正心及不退，童真王灌頂。

從此第三，明修習行。

經：下品修習八萬四千波羅蜜多。

解曰：言下品者，三賢初也。修習等者，此位時長，具修福智諸行願也。

從此第二，聊簡内外，於中，分二：初明忍方便，後明正定聚。初，忍方便，文復分二。且初第一，忍前方便。

經：善男子，習忍以前，經十千劫，行十善行，有退有進，

解曰：習忍以前者，明劫外也。經十千

劫者，所經時也。此明直往，不同《涅槃》八萬、六萬、四萬、二萬、十千劫等，此頓彼漸，有差別故。行十善行者，所行行也。身三、口四、意三，爲十。有退有進者，明不定矣。

從此第二，舉喻釋成。

經：譬如輕毛，隨風東西。

解曰：十善進退，如毛東西。

從此第二，明正定聚，於中，分二。且初第一，明正定聚。

經：若至忍位，入正定聚，不作五逆，不謗正法。

解曰：若至忍位者，謂修十善，上品成滿，發菩提心，如前不退，名至忍位。入正定聚者，入謂進入也。即此忍位，名正定聚，不同小乘，《俱舍》第十正性離生名正定故。下之兩句，明不造逆，非闡提故。

從此第二，明忍所治。

經：知我法相，悉皆空故，住解脱位。

解曰：知我法相者，分别二執也。謂由邪教，及由邪師，自邪分别。我謂主宰，法謂藴等，如上所明即藴離藴二十句等，六十二見即我法執，由此二執，二障具生。此伏二執及相應障，伏彼現行，悉皆空故。二執隨眠，皆未滅也。

若爾，何故《華嚴》第十解十位云除滅諸煩惱，永盡無有餘，無礙寂滅觀，是則佛正法。如何此云，隨眠未滅？

答：彼依伏滅邪教邪師所起我法不共無明、伴類煩惱，故云永盡，非謂一切自分别生煩惱及俱生煩惱亦永盡故。故《緣起經》云：内法異生不放逸者，我不説爲無明緣行。謂邪教等所發不共相應無明已永盡故，故不説爲無明緣行。然自分别煩惱及俱生煩惱現行、漸伏種皆未盡，至見道位，分别二障所有種子頓斷盡故，至下當悉。住解脱位者，此伏忍位而有二名，望菩提果故名資糧，望涅槃果故名解脱，解脱分故名解脱位。

從此第三，結申滿位。

經：於一阿僧祇劫，修習此忍，能起勝行。

解曰：於一阿僧祇劫者，所經時也。阿之云無，僧祇云數。劫者梵語也，具足應云劫波者，時分也。譯爲唐言，一無數時也。修習此忍者，結此位也。能起勝行者，起性種性十行位也。

此阿僧祇，略分別者，如新《華嚴經》第四十五《阿僧祇品》，有一百二十數，從初百洛叉至第一百三數名阿僧祇，即無數劫也。如《瑜伽》四十八説十三住竟，下分别云：又即於此一一住中，經多俱胝，百千大劫，或過是數，方乃證得一住成滿。由此應悉，今此經中前十法師一一各增一僧祇者，准此應悉。《瑜伽》次云：然一切住，總經於三無數大劫，方乃圓證無上菩提。謂經第一無數大劫，方乃起過勝解行住，證歡喜住，此就恒常勇猛精進，非不勇猛懃精進者。復經第二無數大劫，方乃超過極歡喜住，乃至有加行有功用無相住，證得八地，此即決定，以是菩薩得淨意樂，決定勇猛勤精進故。復經第三無數大劫，方乃超過無功用住、無礙解住，證得最上成滿菩薩住，即法雲地。當知，此中略有二種無數大劫。一者，日夜半月一月等，筭數方便時無量故，亦説名爲無數大劫。二者，大劫，彼《論》前云：以風災劫筭數方便超過一切筭數之量，亦説名爲無數大劫。若就前説無數大劫，要由無量無數大劫，方證無上正等菩提。又以斯文屬此經者，無數阿僧祇，亦不違理。若就後説無數大劫，但經於三無數大劫，便證無上正等菩提，更無大劫過此量也。

問：論既説云經三大劫，然一大劫爲經幾時？

答：如《瓔珞經》下卷説云：如有大石，方八百里，淨居天衣三年一拂，拂盡此石，名一阿僧祇劫。

問：若如此者，《婆娑論》説釋迦菩薩超九劫等，爲何劫耶？

答：《瑜伽》次云：若正修行最上上品勇猛精進，或有能轉衆多中劫小三灾劫，或有乃至轉多大劫大三灾劫。當知決定無有能轉無數大劫。此同《婆沙》，於修妙相，轉大劫也。

若爾，時既長遠，何由成佛？

答曰：處夢謂多年，覺乃須臾[一四]頃。故時雖無量，悟乃一刹那，常自精勤，勿懷怖懼。由此應説三練磨心。

從此第二，明性種性，於中，分三：初標位辨相，次正辨修行，後結申滿位。且初第一，標位辨相。

經：復次性種性菩薩，住無分別，

解曰：性種性者，如前已解。住無分別者，標此位中修十勝行，遠離自也[一五]取相分別，又了三假無分別觀也。

從此第二，正辨修行，於中，分三：初明修十行，次明所對治，後明所修觀。初中，復二。且初第一，標十慧觀。

經：修十慧觀，

解曰：十慧觀者，即十行也。慧即别境能觀之心，修行施等十勝行也。然十行者，謂施戒等修起名行，行法故圓滿[一六]説爲十。總言十行，帶數得名。即行之行，自他異故。然别名者，若云施等，當體彰名，云歡喜等，約用爲目。出體辨人，如前住故。

從此第二，别明十行，文分爲十。且初第一，明歡喜行。

經：捨財命故，

解行品者，施悦自他名歡喜行，無貪三業爲自性也。捨財命者，捨即施也，由能捨心行施事也。財謂財物資具法財，命謂身宍，及無畏行皆能捨故。

從此第二，明饒益行。

經：持淨戒故，

解行名者，護持三聚，能益自他，名饒益行，受持淨戒三業爲性。持淨戒者，守護律儀三業無失。

從此第三，無違逆行。

經：心謙下故，

解行名者，忍力能治自他恚恨，名無違逆行，無瞋三業爲自性也。心謙下者，種種毀辱逼切惱害，心唯謙下，皆能忍也。

從此第四，無屈撓行。

經：利自他故，

解行名者，精懃修習，心不退亂，名無屈撓行，以懃三業爲自性也。利自他者，遍策諸根，修諸勝行，皆不退屈，能益自他。精進行也。

從此第五，離癡亂行。

經：生死無亂故，

解行名者，善修止品，得勝等持，名離散亂行，定爲自性也。生死無亂者，如《經》說云：於世間中，死此生彼，入住出胎，皆無癡亂。禪定行也。

從此第六，明善現行。

經：無相甚深故。

解行名者，觀法實相，照理現前，名善現行，擇法爲性也。無相甚深者，如《經》說云：念念觀察一切衆生無性爲性，一切諸法無爲爲性，一切國土無相爲性。即相觀性，名爲甚深。修慧行也。

從此第七，明無著行。

經：達有如幻故，

解行名者，善修勝行，不滯空有，名無著行，擇法爲性也。達有如幻者，達諸有爲如幻不實。如《經》說云：觀諸法如幻，諸佛如影，菩薩行如夢，佛説法如響，世間如化。由了此等，不著空有。方便行也。

從此第八，明難得行。

經：不求果報故，

解行名者，常以大願攝勝善根，名難得行，以欲勝解信思念等爲自性也。不求果報者，自修勝行，不希當果，利樂有情，不求彼報也。

從此第九，明善法行。

經：得無礙解故，

解行名者，深達根器，善於法化，名善法行，思擇爲性也。得無礙解者，謂得四種，法、義、詞、辨無礙解力，思擇修習。二利行也。

從此第十，明真實行。

經：念念示現佛神力故，

解行名者，言行相應，所作誠諦，名真實行，擇法爲性也。念念示現佛神力者，如《經》説云：此菩薩摩訶薩成就第一誠諦之語，如説能行，如行能説。隨本誓願，皆得究竟。念念遍遊十方世界，念念普詣諸佛國土，念念悉見不可説諸佛及佛莊嚴清淨國土。示現如來自在神力，遍法界虚空界，現無量身，普入世界。大師子吼，得無所畏，能轉無礙清淨法輪，到佛法海實相源底。行二利行也。

結爲頌曰：歡喜饒無違，無屈離癡亂。善現無難得，善法真實行。

從此第二，明所對治，於中，分二。且初第一，明治十倒。

經：對治四倒、三不善根、三世惑業，十顛倒故。

解曰：前十慧觀是能治行，此下十倒是所治障。言對治者，此是總標。言四倒者，常樂我淨。前習種中第三修行住已辨對治，此中永滅，總聚明也。三不善根者，貪嗔癡也。初歡喜行治彼貪也，第三無違逆行治彼嗔也，第六善現行治彼癡也。三世惑業者，過去因忍，現在因果忍，未來果忍。第七無著行治過現也，八難得行治當果也。約行別治，准此而悉。總聚明者，如上卷。十顛倒者，結所治也。

從此第二，明我、法空。

經：我人知見，念念虚僞。

解曰：我人知見者，舉所治也。前習種性明漸伏除，此舉所治所依之藴念念虚僞，明其不實，顯所治我永所行故。

從此第三，明所修觀行，於中，分二。且初第一，明所修觀。

經：了達名假、受假、法假，皆不可得，無自他相，住真實觀。

解曰：了達名等，體皆虚僞，無有真實，不可得也。前依生起，以法受法而爲次也。此明對治，從易至難，故與前異。無自他相者，謂修十行及治十倒，不住自他分別之相。了三假空，不起分別，此即順向無生之理，真實觀也。天台所謂十行之中有無生忍，此之類也。

從此第二，明所修行。

經：中品修習八萬四千波羅蜜多。

解曰：賢位中故，文易可知。

從此第三，結申滿位。

經：於二阿僧祇劫，行諸勝行，得堅忍位。

解曰：此位長時，於前一上加一劫故。行諸勝行者，結此十行。得堅忍位者，得入後位。

從此第三，明道種性，文三如前。且初第一，標位辨相。

經：復次道種性菩薩，位[一七]堅忍中，觀諸法性，得無生滅。

解曰：道種性者，如前已解。住堅忍中者，堅謂堅固，不可壞義，如《梵網經》謂十迴向爲十金剛也。觀諸法性者，有爲法性也。得無生滅者，達有爲空，了無生滅。

從此第二，正辨修行，於中，分二：初，明十迴向；次，明對治，後辨生差別[一八]。然十迴向，謂已所修發勝思願，各有三義。言迴向者，照理不住曰迴，大悲救物名向，向衆生也。又行不住有曰迴，直趣菩提名向，向菩提也。又於相不住曰迴，達事照如名向，向實際也。由此義故，名爲迴向。迴向圓滿，故說爲十。言十迴向，帶數得名。迴向兩字，六釋不攝，共目一法，非合釋也。此十迴向，各具三義。向衆生者，善根依彼得增長故，又以大悲異二乘故。向菩提者，心依彼發，順向彼故，希無上果速圓滿故。向實際者，善根依彼，必歸理故，智起照如，希證圓故。由此迴向各異三也。然出體者，總即大願，別即四法，定、慧、願、悲，具五蘊故。別名辨相，如次釋矣。

明十迴向，文分爲十。且初第一，明救護一切衆生、離衆生相迴向。

經：四無量心，能破諸闇。

解此名者，拔濟爲救，加衛爲護，於所救護，照解平等，名離相也。又悲能救護，智能離相，離相之行爲迴向也。四無量心者，能救護心也。能破諸闇者，拔濟有情，破煩惱闇。

從此第二，明不壞迴向。

經：常見諸佛，廣興供養。

解此名者，三寶及戒爲不壞信，以彼善根，成此迴向。常見諸佛者，就勝而明，法僧及戒，理必俱故。廣興供養者，彰福資糧，黄供養也。

從此第三，明等一切諸佛迴向。

經：常學諸佛，住迴向心。

解此名者，學三世佛所作迴向，念念修學，成此迴向。言常學者，能受學心。言諸佛者，所受學處。迴向心者，受學之事。如《華嚴》說：諸佛世尊迴向之道，略有三種，所修善根迴向法界無與等故，迴向菩提願圓滿故，迴向衆生近三寶故。受行彼三，即常學故。

從此第四，明至一切處迴向。

經：所修善根，皆如實際。

解此名者，菩薩所脩一切善根，至一切處，成此迴向。所修善根者，所修福慧，自利利他無量行願，諸善根故。皆如實際者，舉喻釋成。實際平等，無處不遍，所修諸行由不住相等實際故。

從此第五，明無盡功德藏迴向。

經：能於三昧，廣作佛事。

解此名者，以所修習無盡諸行功德之法，成此迴向。能於三昧者，明依定也。廣作佛事者，化利事也。如《華嚴》説：謂此菩薩懺除重障，禮敬諸佛。勸請一切諸佛説法。隨喜諸佛及菩薩等一切善根。凡自所修德行知見，迴向莊嚴一切佛國。入不思議自在三昧，善巧方便作佛事故。

從此第六，明入一切平等善根迴向。

經：現種種身，行四攝法。

解此名者，廣修檀施，得三輪淨，住平等心，成此迴向。現種種身者，現諸隨類尊貴之身。行四攝法者，利他行故。如《華嚴》説：或爲帝王，爲轉輪王，施外資財及身宍故。彼有一百二十門，廣示差別。從第二十五，終第二十八，明檀行矣。

從此第七，明等隨順一切衆生迴向。

經：住無分別，化利衆生。

解此名者，廣大善根，方便善巧，隨順衆生，成此迴向。住無分別者，多住相似無分別故。化利衆生者，利他勝行。

仁王護國般若波羅蜜多經疏卷下一〔一九〕

**校勘記**

〔一〕「察」，底本原校疑爲「寮」。

〔二〕「宍」，校本校勘記疑爲「失」。

〔三〕「令」，底本原校疑爲「今」。

〔四〕「命」，底本原校疑爲「令」。

〔五〕「每」，疑爲「年」。

〔六〕「察」，底本原校疑爲「寮」。

〔七〕「熟」，底本原校疑爲「孰」。
〔八〕「無」，底本原校疑爲「先」。
〔九〕「披」，疑爲「彼」。
〔一〇〕「交」，疑爲「支」。
〔一一〕「詞」，據《俱舍論》，疑爲「調」。
〔一二〕「遇」，底本原校疑爲「過」。
〔一三〕「令」，底本作「今」，據文意改。
〔一四〕「臾」，底本作「更」，據文意改。
〔一五〕「也」，底本原校疑爲「他」。
〔一六〕「故圓滿」，疑爲「圓滿故」。
〔一七〕「位」，疑爲「住」。
〔一八〕「次明對治，後辨生差別」，校本校勘記疑爲「後明對治」。
〔一九〕底本原校云尾題新加。

# 仁王護國般若波羅蜜多經疏卷下二

從此第八，明真實相迴向。

經：智慧明了，甚深觀察。

解此名者，所修諸行，福慧無量，皆等真實，成此迴向。智慧明了者，謂觀理事，悟解明了。甚深觀察者，所行合理，名曰甚深。不住有無，即善觀察。

從此第九，明無縛無著解脱迴向。

經：一切行願，普皆修習。

解此名者，不爲相縛，不著諸見，所作自在，成此迴向。一切行者，施等諸行。一切願者，廣大願故。此二相資，起必俱故。普皆修習者，由無縛著，解脱自在，無量行願皆修習矣。

從此第十，明等法界無量迴向。

經：能爲法師，調御有情。

解此名者，所修諸行，離相廣大，皆等法界，成此迴向。能爲法師者，得無礙解，善化導故。調御有情者，演説當根，令善調伏，廣利樂故。如《華嚴》云：如離垢繒而繫其頂，住法師位，廣行法施。起大慈悲，安立衆生。於菩提道，常行饒益，無有休息。以菩提心，長養善根。爲諸衆生，作調御師，示諸衆生一切智道。此即顯示化利行矣。

結爲頌曰：救護不壞等一切，至一切處及無盡。隨順等隨并真實，無著無縛等法界。

從此第二，明所對治，於中，分三：一、明所對治，二、辨生著〔二〕别，三、所修轉勝。且初第一，明所對治。

經：善觀五藴、三界、二諦無自他相，得如實性。

解曰：善觀五藴等者，如前已釋，謂觀五藴得解脱藴，觀三界因果得空等忍，觀二諦假實得生無生忍。無自他相者，謂觀藴等悉不住，無能所故，無自他故，即無分别。

文復分三。且初第一，明三界生。

經：雖常修勝義，而受生三界。

解曰：雖常修勝義等者，釋疑難也。謂此已前所修勝行皆順勝義，當何所生？雖常修習皆順勝義，由感三界分段生死，習種未已，未離相縛，故所修行生三界也。經言三界，總相而明，多唯欲界，如次當悉。

從此第二，徵其所以。

經：何以故？

解曰：徵也。

從此第三，釋其所生。

經：業習果報未壞盡故，於人、天中順道生故。

解曰：言業習者，此爲因也。言果報者，此爲果也。未壞盡者，由未斷彼感生之因故，分段生未壞盡故。於人天中者，唯欲人天受勝生故。何非上二，唯欲人天。有現觀故，此近初地，非彼二故。順道生故者，經生不忘，性成就故。此中所明，直往種性。若迴心者，前變易中已分别故。

從此第三，明所修行。

經：上品修習八萬四千波羅蜜多。

解曰：三賢之上，餘文悉矣。

從此第三，結申滿位，於中，分三。且初第一，明所經劫。

經：三阿僧祇劫，修二利行，廣大饒益。

解曰：三阿僧祇者，於前二上加一劫故，具修二利廣饒益故。

從此第二，明出離行。

經：得善調伏諸三摩地，住勝觀察，修出離行。

解曰：得善調伏者，於三賢位善調伏故。三摩地者，此云等持，修諸勝定，恒相應故。住勝觀察者，下、中、上品，修勝慧故，爲引初地出離行故。又解：修二利行廣大饒益者，此明結上資糧位中多住外門修菩薩行。得善調伏已下文者，明加行位。上之兩句明所依定。得善調伏者，已得上品調伏心故。諸三摩地者，謂明得等所依定故。此四不一，名諸定故。下之兩句明煖等位。依四尋思，四如實智，名勝觀察。此略明者：

一者，煖位，依明得定，發下尋思，觀無所取。謂此位中創觀所取名、義、自性、差別四法，皆自心變，假施設有，實不可得。初獲慧日前行相故，立明得名。即此所獲道火前相，故亦名煖。

二者，頂位，依明增定，發上尋思，觀無所取。謂此位中重觀所取名等四法，皆自心變，假施設有，實不可得。明相轉盛，故名明增。尋思位極，故復名頂。

三者，忍位，依印順定，發下如實智，如實遍知名、義、自性、差別四法，於無所取決定印持，無能取中亦順樂忍。既無實境離能取識，寧有實識離所取境？印前順後，立印順名。忍境識空，故亦名忍。

四，世第一位，依無間定，發上如實智，

即二取空，謂前上忍唯印能取空，今世第一法二空雙印。從此無間必入見道，立無間名。異生法中，此最勝故，名世第一法。

如是煖、頂，依能取識，觀所取空。下忍起時，印境空相。中忍轉位，於能取識如境是空，順樂忍可。上忍起位，印能取空。世第一法，雙印空相。皆帶相故，未能證實。故《厚[二]嚴經》爲成此義，如經偈云：菩薩於定位，觀影唯是心。義想既滅除，審觀唯自想。如是住內心，知所取非有。次能取亦無，後觸無所得。

此位菩薩於安立諦觀苦等四，非安立諦總一真實，別即二空，俱學觀察，爲引當來二種見故。菩薩起此煖等善根，雖方便時通諸靜慮，而依第四方得成滿，託最勝依入見道故。唯依欲界善趣身起，故《顯揚論》第十六云：極厭非惡趣，極欣非上二。唯欲界人天，佛出世現觀。

此上皆是住勝觀察，修順見道出離行故。若依《瑜伽》，三無數劫上來總是明初劫竟。古人立此四加行云：初禪方便非欲界攝，初地方便非初劫攝[三]。應爲質云：初地方便非初劫者，初地方便非凡夫攝。若言未證真故非聖人者，應言未證真故非第二劫攝。若觀斯文，無勞立難。

從此第三，結後勝地。

經：能證平等聖人地故。

解曰：能證平等者，別無漏智親證真如，如即平等聖人地故。

從此第四，明歡喜地，於中，分三：初標入地相，次住地修行，後結申滿地。初文，復三。且初第一，標入地相。

經：復次歡喜地菩薩摩訶薩，超愚夫地，生如來家，住平等忍。

解曰：凡欲登地，先瑞相者，如《金光明》第四云：佛告師子相無礙光焰菩薩言，善男子，初地菩薩是相先現，三千大千世界無量無邊種種寶藏，無不盈滿，菩薩悉見，此與《大寶積》第一百一十五卷中十地文同，即先相矣。歡喜地者，謂初證得出世之心，昔所未得而今始得，生極喜故。所言地者，爲無爲德以爲自性，如前解故。超愚夫地者，愚謂凡愚，無明爲地，無漏斷彼，故云超也。生如來家者，無性《攝論》云：謂佛法界名如來家，於此證會，故名爲生，初生聖胎，紹佛種故。如《十地經》云：過凡夫地，入菩薩位，生在佛家，種姓尊貴也。住平等忍者，真無高下，故云平等。正智證會爲忍住矣。

從此第二，明所證如。

經：初無相智，照勝義諦，一相平等，非相無相。

解曰：初無相智者，謂真見道無分別智證二空理。此最居初，故名初智。雖相見道望脩爲初，此在彼先，故名初也。照勝義諦者，證法性如，二空所顯真勝義故。一相平等者，如智不二，即一相平等。非相無相者，無能所相，即非相無相。

從此第三，明所斷障。

經：斷諸無明，滅三界貪，未來無量生死永不生故。

解曰：斷諸無明者，謂二障中分別起者。無明不一，故名爲諸。雖舉無明，執障皆斷，無明爲本，執障所依，但斷無明，餘皆隨斷，故偏舉也。滅三界貪者，此修斷也。謂貪煩惱與無明俱，障施度增，入初地時，謂貪麤重即永斷故。未來無量生死永不生故者，謂分別惑所造十惡及諸善業感彼惡趣，北俱盧洲長壽天等無量生死，入初地時，永不生故。如《金光明》第四斷二無明。一、執著有相我法無明，謂二障中著有相者，二執爲本，言我法故。即同此中斷諸無明。二、怖畏生死惡趣無明，謂感惡趣諸業果等。即同此中未來無量生死。然此三中，前後見惑，貪爲修惑，顯此三種皆永斷故。斷差別者，謂初無明自性斷故，次三界貪檀行離繫緣縛斷故，無量生死因果皆無不生斷故，前二擇滅，後非擇滅，所證真如即無爲故。

從此第二，住地修行，於中，分三：初明修悲智，次明智一異，後明脩智願。初，明悲智，文分爲三：一、總標悲智，二、明修勝行，三、依地辨德。且初第一，總標悲智。

經：大悲爲首，起諸大願，於方便智，念念修習無量勝行。

解曰：大悲爲首者，利他本故。起諸大願者，行所依故。由行與願牙相依持，此二俱修不偏起故。於方便智者，達俗智也。如《十地經》云：大悲爲首，智慧增上方便善巧所攝諸智。准彼《經》者，顯依悲智，念念修習自利利他無量勝行皆善巧故。

從此第二，明修勝行，文復分二。且初第一，遍修諸行。

經：非證非不證一切遍學故。

解曰：言非證者，方便智故。非不證者，影像故。若依《本記》，真中有俗故云非證，俗中有真故非不證。一切遍學者，住此地中，一無數劫，萬行莊嚴，遍修學故。如《成實論》，廣學異論，遍知意故。如《善戒經》，遍學五明諸論等故。又《華嚴》三十四、《十地論》第二、三，廣明行矣。

從此第二，向一切智。

經：非住非不住，向一切智故。

解曰：言非住者，遍修諸行，不住止之。非不住者，於所修行，心無散亂，常寂靜故。向一切智者，所修行願，悉皆趣入一切智故。

從此第三，依地辨德，於中，分四。且初第一，魔不能動。

經：行於生死，魔不動故。

解曰：行於生死者，利生處也。魔不能

動者，謂四魔也。煩惱、蘊、死，及以天魔，如上《序品》已廣分別。如《佛地論》第一云：初地已上諸大菩薩，在淨土中，離麤四魔，無五怖畏。

從此第二，離諸怖畏。

經：離我我所，無怖畏故。

解曰：離我我所者，分別所起已永斷故。無怖畏有五：一、不活畏，二、惡名畏，三者、死畏，四、惡道畏，五、大衆威德畏。辨五依者，《十地論》第二云[四]：此五怖畏是初地障，第一、二、五依身口意，第三、第四依身。身者，愛憎異故。辨五因者，略有二種：一者，邪智妄取，想見愛著故；二、善根微少故。能對治者，如《十地經》及《華嚴》云：此菩薩離我想故，尚不愛身，何況資財，無不活畏；不於他所希求供養，唯專給施一切衆生，無惡名畏；遠離我見，無有我想，無死畏故；自知死已決定不離諸佛菩薩，無惡道畏；我所志樂一切世間無與等者，何況有勝，無大衆威德畏故。此總云無怖畏矣。

從此第三，常化衆生。

經：無自他相，常化衆生故。

解曰：無自他相者，得無分別，不住相故。常化衆生者，如《十地經》云：又發大願，三界所繫，入於六趣，一切生處，名色所攝。如是等類，我皆教化，令入佛法，悉令永斷一切世間趣，令安住一切智道，盡未來際，無休息故。即常化矣。

從此第四，生諸淨土。

經：自在願力，生諸淨土故。

解曰：自在願力者，願由行力得自在故。生諸淨土者，所謂諸佛受用土故。然此菩薩自受用土，與諸佛土處無有異，體別如前。此受用土，體狀如何，依何乘路即得生故。如《佛地經論》第一云：諸佛淨土周圓無際，其量難測，超過三界所行之處，勝出世間善根所起，最極自在淨識爲相。如來所覩，諸大菩薩衆所雲集，大念慧行以爲遊路，大止妙觀以爲所乘，大空無相無願解脱爲所入門。此經上云脩三脱門，今此又云自在願力，顯願由行得自在故，依彼乘路而得生故。何以知彼此地生耶？彼《論》解云：他受用土，地上菩薩乃得生故。

從此第二，明智一異，於中，分三。且初第一，明根本智。

經：善男子，此初覺智，非如非智，非有非無，無有二相。

解曰：此初覺智者，入地智也。覺謂覺照，即證真智。非如非智者，境、智俱空故。非有非無者，有無俱寂故。無有二相者，能、所兩亡故。即六、七識觀察平等，此二智品最初起故。

從此第二，明方便智。

經：方便妙用，非倒非住，非動非静。

解曰：方便妙用者，達俗智也。體具四德，故云妙用。非倒者，雖帶相緣，不顛倒故。非住者，萬行皆修，非住一故。非動者，緣前如智，不散動故。非静者，乘大智悲，修無住故。又初異外道，次異凡天，動静二種異於二乘，彼無此智不同此故。

從此第三，二智一異。

經：二利自在，如水與波，非一非異，智起諸波羅蜜多亦非一異。

解曰：二利自在者，真智自利，方便利地，於此二利，作用自在。如水與波者，舉喻釋成，水喻本智，波喻後智，此二作用如波水故。非一非異者，由動静異故非一也，離水無波故非異也，即是二智非一異義。智起諸波羅蜜多亦非一異者，依智起行，行與智俱，亦如水波非一異故。

從此第三，明脩智願，於中，分二。且初第一，明所修行。

經：於四阿僧祇劫，滿足修習萬萬行願。

解曰：四阿僧祇者，於前三上加一劫故。修習等者，此中修行與賢異者，准《瑜[五]伽》云：初無數劫名波羅蜜多，於一行中修一行故。第二無數劫名近波羅蜜多，於一行中修一切行故。第三無數劫名大波羅蜜多，一切行中修一切行故。《深密》第四、《唯識》第九亦同説故。今此修習，即第二劫，故與賢位有其異矣。

從此第二，明智願力。

經：此地菩薩無三界業習，更不造新，由隨智力以願生故。

解曰：無三界業習者，業者行也。習謂習氣，通種現也。見所斷者，皆已無故。更不造新者，迷理無明轉新發業，既已斷故更不造新。從此已後，乃至十地所修行願皆不招生，由初入地無明斷故。

若爾，後地無明與前何別？地上菩薩現貪嗔等，豈非業耶？

答：後自無明唯俱生惑，雖有不起，非發業故。又諸菩薩所化有情種種性欲，化緣不一，由大悲力故現貪嗔。如《華嚴》六十八婆須蜜女，《六十六》無厭足王，一一皆得無量三昧，豈如所見同不善故？若爾，地上勝報，彼應無因。此亦不然。謂由地前資糧等位無明發行以爲因故。

由隨智力以願生故者，西方諸師自有兩解。有説，漸悟及智增者，續生煩惱發潤永斷，於三界内無分段生。十王果報，由隨智力無漏定願受變易生。不爾，十王彼應無故。若界外生，非凡境者，諸佛菩薩應非見故。有説，彼有論師名調伏光，依《解深密》作如是説，一類頓悟悲增上者，地前熏習感勝身因，留事惑種，隨智願力潤彼生故。八地已上唯變化生，隨定散地皆得見矣。故七地前十王果等皆實生故。

從此第三，結申滿地。

經：念念常行檀波羅蜜多，布施、愛語、利行、同事，廣大清淨，善能安住饒益衆生。

解曰：念念常行者，十度之中檀度偏增，財法無畏圓滿修故。餘非不修，隨力分故。布施等者，廣大修習皆清淨故。如《十地論》與此少别，彼第三云：以二攝法攝取衆生，所謂布施、愛語二也。後之二攝但信解力，行未通達。善能安住等，結圓滿也。

從此第五，明離垢地，文三如前。且初第一，標入地相。

經：復次離垢地菩薩摩訶薩，四無量心，最勝寂滅，斷嗔等習。

解曰：明入地者，如《金光明經》云：二地菩薩是相先現，三千大千世界，地平如掌，無量無邊種種妙色清淨珍寶莊嚴之具，菩薩悉見。離垢地者，諸微細垢，犯戒過失，皆得清淨，名無垢故。四無量心者，謂於此地斷嗔等習故，四無量與入地心相應起也。最勝寂滅者，所證如也。此同《攝論》證最勝如，謂具無邊勝功德故。斷嗔等習者，明所斷也。習謂習氣，此有二義：一者，嗔等煩惱種子；二者，嗔等所熏麤重無堪任性。等亦二義：一者，等彼忿恚害等諸隨煩惱；二者，等彼俱所知障所斷無明。此復有二，如《金光明》云：一者，微細學處誤犯無明，即此地俱生一分；二者，發起種種業行無明，即彼所起悞犯三業。此無明等，皆障二地極淨尸羅，入二地時皆永斷故。斷差别者，此俱嗔等，但斷麤重無堪任性，不斷種故，以嗔等種是修所斷。《唯識》第十説：修所斷，地前漸伏。初地以上能頓伏盡，令永不行。前七地中雖暫現起，而不爲失。八地以上，畢竟不行。於十地中，不别斷種。至金剛定，一切頓斷。

問：此所知障與嗔麤重，二類不同，爲俱斷否？

答：明所斷者，二類雖殊，非離障外別起無間斷嗔麤重。此無始來，與所知障，俱所知障爲本，以無間道斷本障故。嗔麤重性與所知障麤重性，解脱道中俱時捨故。

斷時別者，無間道起，障種已無，而未捨彼無堪任性。爲捨此故，起解脱道。解脱道起，非唯爲此。及證此品擇滅無爲，即無堪任性與無間道俱滅，證無爲得與解脱道俱生。於十地中，所斷二障，斷種斷習，及能斷道，無間解脱，准此悉矣。

從此第二，住地修行，於中，分二。且初第一，修十善行。

經：修一切行，所謂遠離煞害，不與不取，心無染欲，得真實語，得和合語，得柔耎語，得調伏語，常行捨心，常起慈心，住正直心。

解曰：修一切行者，此總標也。所謂已下明十善也。初，三身業，離煞、盜、婬；次，四口業，遠離虛誑、離間、麤惡、雜穢語故；後，三意業，離貪、嗔、癡不善根故。謂此菩薩戒度圓滿，三業清淨，具十善故。辨此體者，有宗七色三心所故。經部唯思運身發語，審慮、決定、作動三故。大乘亦思，假亦色故。辨差別者，如《十地經論》第四云：十善業道，集因緣故，則生人中，至有頂處。又此上品十善業道與智慧觀和合修行，其心狹劣故，厭畏三界故，遠離大悲故，從他聞聲而解了故，成聲聞乘。又此上品十善業道修治清淨，不從他教自覺悟故，大悲方便不具足故，悟解甚深因緣法故，成獨覺乘。又此上品十善業道修治清淨，心廣無量故，具足悲愍故，方便所攝故，發生大願故，不捨衆生故，希求諸佛大智故，淨治菩薩諸地故，淨修一切諸度故，成菩薩廣大行。又此上上十善業道一切種清淨故，證十力故，四無畏故，一切佛法皆成就故。此即具明諸趣諸乘乃至佛果皆由十善有斯異故。與此相違十不善果，有其三種異熟果者，彼《經》次云：十不善業道，上者地獄因，中者畜生因，下者餓鬼因，由此故生三惡趣。故等流果者，若生人中，煞有二果，短命多病。盜有二果，貧窮失財，不得自在。婬有二果，妻不貞良，不得隨意眷屬。虛誑二果，多被誹謗，爲他所誑。離間二果，眷屬乖離，親族弊惡。麤惡二果，常聞惡聲，言多諍訟。雜穢二果，言無人受，語不明了。貪欲二果，心不知足，多欲無厭。嗔恚二果，常被他人求其長短，又常被他之所惱害。邪見二果，生邪見家，其心諂曲。此即人中等流果故。增上果者，如《婆沙》云：身無光澤，常遭霜雹，身多塵垢，口恒臭穢，時候改變，由多荊确，居處險曲，感外果少，果多辛辣，果少或無。此即人中增上果故。彼《經》結云：十不善道能生此等無量無邊衆大苦聚，故當遠離。以十善道爲法園苑，常自安住，亦勸他故。

從此第二，離過修行。

經：寂靜純善，離破戒垢，行大慈觀，念念現前。

解曰：寂靜純善者，三業寂靜，離諠動故。十善無雜，即純善故。離破戒垢者，行清淨故。行大慈觀者，獲勝定故。念念現前者，無間斷故。

從此第三，結申滿地。

經：於五阿僧祇劫，具足清淨戒波羅蜜多，志意勇猛，永離諸染。

解曰：五阿僧祇者，於前四上加一劫故。具足等者，戒度偏增，餘隨分故。志意勇猛者，行無退故。永離諸染者，清淨圓滿。

從此第六，明發光地，文三如前。且初第一，標入地相。

經：復次發光地菩薩摩訶薩，住無分別，滅無明闇。

解曰：明入地者，如《金光明》云：三

地菩薩是相先現，自身勇健，甲伏莊嚴，一切怨賊皆能推伏，菩薩悉見也。發光地者，無量智慧三昧光明，不可傾動，無能摧伏，聞持陀羅尼以爲根本，名發光地。住無分別者，謂即入地無分別智也。但明能證智，必有所證。如准《唯識論》：此地菩薩證勝流真如，謂此真如所流教法於餘教法極爲勝故。謂由此地所得三慧，照大乘法，證此教法根本真如。滅無明闇者，明斷障也。謂入此地，斷闇鈍障，所知障中俱生一分，障彼三地勝定總持及彼所發殊勝三慧。如《金光明》云：有二無明。一者，未得今得愛者無明，謂障勝定及修慧者。愛謂煩惱，與無明俱，俱能障也。二，能障殊勝總持無明，謂障總持聞思慧者。梵云陀羅尼，此云總持，念慧爲體。依《地持論》，有其四種：一者，法持，持名句文；二者，義持，持所詮義；三者，詞無礙解；四者，辨才無斷。由得忍智故，於此四總持不忘。

此地於法至求無倦。如《十地論》第五云：假使三千大千世界，大火滿中，投身直過，求佛所説一句法故。

從此第二，住地修行，於中，分三。且初第一，顯得三明。

經：於無相忍而得三明，悉知三世無來無去。

解曰：於無相忍者，智緣無相，名無相忍也。而得三明者，一宿住智明，二死生智明，三漏盡智明，廣如前解。悉知三世無來無去者，由此三明，初知過去，次知未來，後知現在，了知三世，達彼體空，無來去矣。

從此第二，明所修定。

經：依四靜慮，四無色定，無分別智，次第隨順。

解曰：依四靜慮四無色者，靜慮無色，如前已解。二界定地，地別有八。此差別者，前七各三，淨味無漏，凡聖别故。有頂唯二，無無漏故。無分别智者，謂即加行、根本、後得俱無分别也。次第隨順者，後得智也。云何知然？謂加行智引根本故，根本智品證真理故，准於後得，種種修行得於八地皆修習故。言隨順者，修習義也。從下至上，隨順趣入，如《俱舍論》第二十八修超等至，彼《論》頌云：二類定順逆，均間次及超，至間超爲成。

於前八地，本善等至，分爲二類：一者有漏，二者無漏。往上名順，還下名逆，同類名均，異類名間，相隣名次，越一爲超。至間超爲成者，謂觀行者修超定時，於有漏八地，順逆均次，現前數習。無漏七地，順逆均次。漏無漏，順逆間次。於有漏地，順逆均超。於無漏地，順逆均超。現前數習，名加行滿。無漏等至，順逆間超，名超定成。此則隨順《大般若經》菩薩摩訶薩師子頻申三摩地、集散三摩地，至下當悉。如《十地論》云：此地菩薩以何義故入禪無色無量神通？

爲五種衆生故。一、爲禪樂憍慢衆生入諸禪故。二、爲無色解脱憍慢衆生入無色定故。三、爲苦惱衆生令安善處，永與樂故。應解彼苦令不受故，入諸禪定起慈悲無量故。四、爲已得解脱衆生入喜捨無量故。五、爲邪皈依衆生入勝神通，令正信故。此地獲得不退禪故，名三昧地，前地非無，此地勝故。然此五中，前之四門屬此段也，第五神通屬次下故。

從此第三，明得五通，於中，分二。且初第一，總標定等。

經：具足勝定，得五神通。

解曰：具足勝定者，前八定也。於中前四，五通所依。得五神通者，此總標矣。

從此第二，别明五通。

經：現身大小，隱顯自在。天眼清淨，悉見諸趣。天耳清淨，悉聞衆聲。以他心智，知衆生心。宿住能知，無量差别。

解曰：於此五中，第一、三、四，境唯

現在，所現聞知皆現在故。境畔際者，如前經云萬佛剎土。第五，知過去，如《十地經》云：如實念知，過去無量百千萬億那由他劫。第二，知未來，准彼過去，義應悉也。又《十地論》明智見者，四通明智，第五明見。然《十地經》列五通者，一者神通，二天耳通，三他心通，四宿命通，五天眼通。依此次第明智見別，不同此也。三業異者，彼《論》次云：初一神通身業清淨，天耳、他心口業清淨，宿命死生意業清淨。所知異者，初一神通能至衆生，所運身勝，解意速異；天耳智通能知說法音聲義故；他心智通隨諸言音皆能盡知，依於此義，種種異名，隨衆生說故；去來二通盡知衆生過去未來所應受化故。釋名出體，如《序品》矣。

從此第三，結申滿地。

經：於六阿僧祇劫，行一切忍波羅蜜多，得大總持，利益安樂。

解曰：六阿僧祇者，如前加也。忍波羅蜜者，此度偏增，餘非不修，隨力分故。得大總持者，四種如前，悉圓滿故。利益安樂者，結利他故。

從此第七，明焰慧地，文三如前。且初第一，標入地相。

經：復次，焰慧地菩薩摩訶薩，修行順忍，無所攝受，永斷微細身邊見故。

解曰：明入地者，如《金光明》云：四地菩薩是相先現，四方風輪，種種妙華，悉皆散灑，充布地上，菩薩悉見也。焰慧地者，以智慧火燒諸煩惱，增長光明，修覺分故。修行順忍者，第三順忍中下品忍也。修謂修習。行謂進趣。忍名雖通，令入此地證真之智名爲順忍，初證此理，忍義勝故。無所攝受者，所證如也。謂此真如無所繫屬，非我繫屬，非我執等所依取故。永斷微細身邊見故者，所斷障也。謂意識俱修斷煩惱身邊見也。言微細者，此身邊見最下品故，不作意緣故，遠隨現行故，説名微細。彼障此地菩提分法，入此地時便永斷故。見俱無明爲所知障，此有二種，如《金光明》云：一者，味著等至喜悦無明，即是此中定愛俱者，於淨定中生味著故；二者，微妙淨法愛樂無明，即是此中法愛俱者。言淨法者，謂真如法及菩提分法十二分教法。此二無明爲所知障，與彼煩惱二愛相應。又二無明從無始來，與意識中任運而生身邊二見相應而起。今入此地，無明斷故，二愛二見皆永不行。斷種斷現，准上悉也。然此地中與前異者，初二三地行施戒修相同世間，今第四地既得無漏菩提分法，名出世矣。

　從此第二，住地修行，於中，分三。且初第一，標所修行。

經：修習無邊菩提分法，

　解曰：言修習者，如《十地論》，謂此地中修菩提分，行相無邊，或所利無邊，或即趣向果德無邊，名無邊也。分者因也，亦支分義。趣果果分，名分法也。

　從此第二，明菩提分。

經：念處、正勤、神足、根、力、覺、道具足。

　解曰：念處等者，前三各四，次二各五，次七，後八，爲三十七。列名出體，如前《序品》，此地所修皆無漏故。如《十地經》修念住勤，一一皆云除世貪憂，神足已下，盡八正道，一一具四，依止厭、依止離、依心〔六〕滅、依止捨。《華嚴經》云：迴向於捨也。如《婆沙》云：慧緣苦集，名爲厭故。能斷惑道，皆名爲離，離煩惱故。滅謂惑無，滅理顯故。捨謂大捨，寂靜住故。廣如《俱舍論》第二十五、《對法》第十具分別也。

　從此第三，明所趣果。

經：爲欲成就力無所畏不共佛法。

解曰：爲趣佛果，文易可知。

從此第二，經申滿地。

經：於七阿僧祇劫，修習無量精進波羅蜜多，遠離懈怠，普利衆生。

解曰：於七阿僧祇者，如前加也。言無量者，衆行廣故，習修不退，皆精進故，此度偏增，餘隨分故。遠離懈怠者，障永斷故。普利衆生者，等利他故。

從此第八，明難勝地，文三如前。且初第一，標入地相。

經：復次難勝地菩薩摩訶薩，以四無畏，隨順真如清淨平等無差别相，斷隨小乘樂求涅槃。

解曰：明入地者，如《金光明》云：五地菩薩是相先現，有妙寶女，寶實〔七〕瓔珞周遍嚴身，首冠名華以爲其飾，菩薩悉見也。難勝地者，修行方便，勝智自在，能得難得，名難勝地。以四無畏者，此有二種。一者，佛果四無畏：一、一切智無畏，二、漏盡無畏，三、障道無畏，四、出苦道無畏，如常分别。二者，菩薩四無畏：一、聞持無畏，二、解脱無畏，三、處衆無畏，四、答難無畏，如前已解。若後四種，希轉增進，廣行利樂，加行引發，入此地故。若前四種，由此地中能證之智，所斷之障，知諸地中障道出道分同果，故名無畏也。隨順真如者，如《十地論》第八云：隨順平等真如法故。准彼論者，謂能證智隨順平等，證真如理中品順忍也。清淨平等無差别相者，所證如也，染淨平等，體無差别，非如眼等有差别故。斷隨小乘樂求涅槃者，所斷障也。謂前地中修菩提分雖得無漏，由所知障令善心等而有欣厭，同小乘等厭背生死、欣求涅槃。此有二種，如《金光明》云：一者欲背生死無明，即是此中厭生死者；二者希趣涅槃無明，即是此中樂涅槃者。此二無明，障於五地無差别道，入五地時便永斷故。

從此第三，住地修行，於中，分三：初明觀諸諦，次明習技藝，後明出障道。且初第一，明觀諸諦。

經：集諸功德，具觀諸諦，此苦聖諦，集滅道諦，世俗勝義，觀無量諦。

解曰：集諸功德者，積集無量行願功德也。如《十地論》第七云：修習菩提心得大願力故，不疲倦心慈悲不捨衆生故，得善根力修習功德智慧行故，不捨衆生力不休息諸行故，正修行力起方便善巧故，無厭足力照見上上地故，得他勝力正受如來加護故，自得勝力得念定慧故。然此八中，總有四對，初二二利，後二自他，廣明此地集諸德也。具觀諸諦者，標所觀也。此苦等諦觀無量者，四諦二諦具攝真俗境無量故，能證之智解無量故。

從此第二，明習技藝，文復分二。且初第一，明習技藝。

經：爲利衆生，習諸伎藝，文字醫方，讚詠戲笑，工巧呪術，外道異論，吉凶占相，一無錯謬。

解曰：爲利衆生，習諸伎藝者，標利他也。技術業藝有無[八]別故。文字者，書記故。醫方者，救療故。讚詠者，文辭故。戲笑者，歌樂故。工巧者，彫鏤等故。呪術者，隱顯等故。外道異論者，十六異論故。吉凶占相者，占謂卜噬，相謂候貌，或於夢寐，或於列宿，皆善占相，能知吉凶無錯謬故。

從此第二，明趣菩提。

經：但於衆生不爲損惱，爲利益故，咸悉開示，漸令安住無上菩提。

解曰：開此示彼，餘文易了。

從此第三，明出障道。

經：知諸地中出道障道。

解曰：知諸地中者，謂知諸地障道出道，入住滿心，皆悉了矣。

從此第三，結申滿地。

經：於八阿僧祇劫，常修三昧，開發諸行。

解曰：於八阿僧祇劫者，如前加也。常修三昧者，禪度偏增，餘隨力分，依定開發諸行願故。

從此第九，明現前地，文三如前。且初第一，標入地相。

經：復次，現前地菩薩摩訶薩，得上順忍，住三脱門，能盡三界集因集業麤現行相。

解曰：明入地者，如《金光明》云：六地菩薩是相先現，七寶華池，有四階道，金砂遍布，清淨無穢，八功德水皆悉盈滿，嗢鉢羅華、波頭摩華、分頭華、芬陀利華隨處莊嚴。於華池所，遊戲快樂，清涼無比，菩薩悉見也。現前地者，行法相續，了了顯現，無相思惟，悉現前故。得上順忍者，明能證智上品忍也。

住三脱門者，如《十地論》第八云：欲入第六地，得一切法自性無相平等故。准彼即顯證三脱門平等真理也。如《唯識論》，此地所證[九]無染淨如，本性無染，非後淨故。能盡三界等者，所斷障也。能盡即是斷盡義也。言三界者，明所依也。集因者，俱生煩惱及識種也。集業者，福非福等諸業種也。皆是集論分段因故。麤現行相者，所知障也。謂由前地觀於四諦二染二淨，執有染淨麤相現行，障於六地無染淨道。謂此無明有其二種，如《金光明》云：一者，觀行流轉無明，即是此中執有染者；二者，麤相現前無明，即是此中執有淨者。取淨相故，相觀多行，未能多時住無相觀。入此地時，彼二無明及集因集業俱永斷故。斷彼種現，准前悉故。

從此第二，住地修行，於中，分二。且初第一，明緣生觀。

經：大悲增上，觀諸生死，無明闇覆，業集識種，名色六處，觸受愛取有生老死等，皆由著我。

解曰：大悲增上觀諸生死者，先起大悲，利生增上，觀諸世間受生死故。如《十地經》云：世間受身生處差別，皆以著我。若離於我，則無生等。無明闇覆者，發業無明，速闇爲性，覆真實理，生死本故。業習者，業謂非福福不動行，習謂熏習也。識種者，總報識種於結生位種生現故。名色者，初結生位非色四蘊總立爲名，羯邏藍等名之爲色，合此二種爲名色故。六處者，名色增長，有明[一〇]等生，六根處故。觸謂觸對，根境識三和合生故。受謂領納，因觸生故。然識等五，約位以明。此之五果種種唯無記，隨業所生，起必俱故。愛謂潤惑。受[一一]增名取。業等六種增長名有，有當果故。隨於諸趣蘊起名生。衰變名老。滅壞名死。言等者，等彼憂悲苦惱也。亦顯緣起長劫輪迴，治道未生，恒無盡故。皆由著我者，菩薩觀彼長劫輪迴，由有我故生死不斷。

從此第二，三脫門觀。

經：無明業果，非有非無，一相無相，而不二故。

解曰：無明業果者，無明、愛、取三是無明，行有兩支，此二通業，識等五支及生老死七支是果。二世皆不違經，隨應悉故。若以本末明因果者，十二支中，無明、愛、取，體是煩惱，爲業苦本，三唯是因。生、老死支，體是異熟，業惑之果，二唯是果。行有識等，乃具二義，生死之因、煩惱之果，亦因亦果故。《瑜伽》第十云：三唯是因，二唯是果，餘之七支通因果故。若以等起明因果者，前前爲因，後後爲果。十二支中，無明唯因，老死唯果，餘望前後亦因亦果故。《瑜伽》第十云：初一唯因，後一唯果，餘通二故。非有非無者，空解脫門也。觀前緣生，我法非有，實性非無。如《十地論》第八云：如是觀察因緣法已，無我作者，自性空離，得空解脱門。一相無相者，無相解脱門也。彼《論》次云：觀彼有支自性滅故，如是不見少法相故，得無相解脱門。而不二故者，無願解脱門也。彼《論》次云：見因緣法無少法相可生願樂，唯除大悲教化衆生，得無願解脱門。此即顯示無願與悲境不二故。又非有故，非無故，一相無相故，知[三]次即空、無願、無相也。而不二故者，以三脱門觀緣生法，境唯一相而不二故。

從此第三，結申滿地。

經：於九阿僧祇劫，行百萬空、無相、無願三昧，得一切般若波羅蜜多無邊光照。

解曰：九阿僧祇者，如前加也。行百萬等者，如《十地經》，於三三昧門，一一各得百千萬三昧現前，大同此也。得一切般若等者，得謂證得，又亦獲也。慧度偏增，餘隨分也。無邊光照者，達空達有，皆無邊矣。

從此第十，明遠行地，文三如前。且初第一，標入地相。

經：復次，遠行地菩薩摩訶薩，修無生忍，證法無別，斷諸業果細現行相。

解曰：明入地者，如《金光明》云：七地菩薩是相先現，於菩薩前有諸衆生應墮地獄，以菩薩力便得不墮，無有損傷，亦無恐怖也。遠行地者，無漏無間，無相思惟，解脱三昧，遠修行故。修無生忍者，五中第四，明能證智，下品忍也。證法無別者，明所證如，謂此真如雖多教法種種安立而無異故。斷諸業果者，明所斷也。地前所感分段業果，極至此地皆永斷故。細現行相者，所知障也。執有生滅細相現行，能障此地妙無相道。此有二種，如《金光明》云：一者，微細諸相現行無明，即是此中執有生者，謂取流轉細生相故；二者，作意欣樂無相無明，即是此中執有滅者，謂取還滅細滅相故。由此二故，純於無相作意勤求，未能空中起有勝行。入此地時，彼等永斷故，於無相不專懃求，即於空中起有勝行，冥真俗境，合本後智，少用功力，即能超故。

從此第二，住地修行，於中，分二。且初第一，明滅定行。

經：住於滅定，起殊勝行，雖常寂滅，廣化衆生。

解曰：住於滅定者，所得定也，《十地》第九云寂滅定，餘論皆名滅盡定也，《大般若》云滅想受定。釋此名者，令不恒行恒行染汙心心所滅故名滅盡，命身安和故亦名定，滅盡之定，依主得名。出此體者，依彼所滅不恒行識二十二法，及恒行識有覆心所，滅十二法種子爲體，依大小乘假實異故。明所依者，此定加行由心息想作意爲先，初修之時必依有頂遊觀無漏爲加行入，次第定中最居後故。雖屬有頂，是無漏故。此定微妙，要證二空，隨應後定所引發故。明得人者，三乘無學及有學聖已伏或離無所有貪，准在人中此定初起，佛及弟子説力起故，人中慧解極猛利故。後上二界亦得現前，如《大般若》三百五十云：菩薩摩訶薩師子頻申三摩地者，入初靜慮，次第往上，乃至滅想受定。彼復下，入初靜慮，名頻申定。若菩薩摩訶薩集散三摩地者，如超等至，從一切地心入滅想受定，於一切地心出名集散故。今此菩薩，於滅盡定入出自在，起殊勝行故。《十地論》第九引《經》云：從第六地能入滅定，今住此地，於念念中能入寂滅而不證滅，畢竟成就不可思議，身、口、意業行實際行。雖常寂滅，廣化衆生者，謂此菩薩第六識全、第七一分，住彼定中，雖常寂滅，第七智品起三業事，廣化衆生故。《十地論》云：行實際行而不證滅，不捨有情即廣化故。

從此第二，明示現行。

經：示入聲聞，常隨佛智，示同外道，示作魔王，隨順世間而常出世。

解曰：示入聲聞者，現入小乘，不同於彼但求自度，廣利有情，隨佛智故。如《十地經》亦云：示同辟支佛，達佛境界故。示同外道者，著諸見也。同衆魔者，樂生死也。隨順世間者，世間凡夫染著顛倒，菩薩示現皆同彼等。常修出世，亦命彼等皆得出世，同類化矣。

從此第三，結申滿地。

經：於十阿僧祇劫，行百萬三昧，善巧方便，廣宣法藏，一切莊嚴皆得圓滿。

解曰：十阿僧祇者，如前加也。行百萬三昧者，如《十地論》云：菩薩住此第七地，能入百千萬菩薩三昧門，淨治此地故。善巧方便者，此偏增故。廣宣法藏者，利樂地〔三〕故。一切莊嚴者，悲智行願以自莊嚴悉圓滿故。

從此第十一，明不動地，文三如前。且初第一，標入地相。

經：復次，不動地菩薩摩訶薩，住無生忍，體無增減，斷諸功用。

解曰：明入地者，如《金光明》云：八地菩薩是相先現，於身兩邊有師子王以爲衛護，一切衆獸悉皆怖畏，菩薩悉見也。言不動者，無相思惟修得自在，諸煩惱行不能動故。住無生忍者，明能證智，中品忍也。體無增減者，明所證也。體謂證會或即真如是諸法體性也。謂此真如離增減執，不隨染淨有增減故。斷諸功用者，所斷障也。言功用者，加行義也。謂由功用，令無相觀不任運起。通前辨者，前之五地有相觀多，無相觀少。於第六地有相觀少，無相觀多。第七地中，純無相觀，雖恒相續而有加行，由無相中有加行故，未能任運現相及土，如是加行障此地中無功用道。彼功用體有二無明，如《金光明》云：一者，於無相觀功用無明，謂無相中未得自在，要由功用方得起故；二者，執相自在無明，謂執相故令於相中不得〔四〕，亦攝土相一分故。云何爲相？謂示現身相及淨土相皆名相故。彼二無明，入此地時便永斷故。由彼永斷故，此中得二自在。此地以上，純無漏道常任運起，三界煩惱永不現行，第七識中細所知障猶可現起，生空智果不違彼故。

從此第二，住地修行，於中，分二：初身心不起，後諸佛加持。初中，復二。且初第一，無身心相。

經：心心寂滅，無身心相，猶如虛空。

解曰：言心心者，前後之心，或心心所也。言寂滅者，明證理也。無身心相者，若身若心，無所施作，寂不動故。上句明心，下句明相，是二別故。猶如虛空者，喻總明也。如《華嚴》云：離一切心意識分別，無所取著，猶如虛空，入一切法如虛空性，各別明故。

從此第二，明不起心。

經：此菩薩，佛心、菩提心、涅槃心，悉皆不起。

解曰：明此菩薩，佛大悲心、趣菩提心、求涅槃心，此等諸心，尚皆不起，況復起於世間之心？

從此第二，諸佛加持，於中，分二。且初第一，諸佛加持。

經：由本願故，諸佛加持，

解曰：由本願故者，由此菩薩本勝願也。謂此地中，入無相海，身心寂滅，若無勝願，永不起故。諸佛加持者，唯有諸佛加護攝持，即能起心趣無上故。如《華嚴》三十八、《十地論》第十俱明十方諸佛悉皆現前與如來智，申其七勸。

今依《華嚴》明七勸者。一者，應趣果德勸。《經》云：善哉，善哉，善男子，此忍第一順諸佛法。然，善男子，我等所有十力、無畏、十八不共諸佛之法，汝今未得，汝應爲欲成就此法，勤加精進，勿復放捨於此忍門。勸進求故。二者，愍念衆生勸。《經》云：又，善男子，汝雖得是寂滅解脱，然諸凡夫未能證得，種種煩惱皆悉現前，種種覺觀常相侵害，汝當愍念如是衆生。勸令化故。三者，令憶本誓勸。《經》云：又，善男子，汝當憶念本所誓願，普大饒益一切衆生，皆令得入不可思議智慧之門。勸滿本願故。四者，訶同二乘勸。《經》云：又，善男子，此諸法性，若佛出世，若不出世，常住不異，諸佛不以得此法故名爲如來，一切二乘亦能得此無分別法。勸雙修故。五者，指事令成勸。《經》云：又，善男子，汝觀我等，身相無量，智慧無量，國土無量，方便無量，光明無量，清淨音聲亦無有量，汝今宜應成就此法。勸修成故。六者，勿生止足勸。《經》云：又，善男子，汝今適得此一法明，所謂一切法無生無分別。善男子如來法明，無量入，無量作，無量轉，乃至百千億那由他劫不可得知，汝應修行成就此法。勸遍修故。《十地論》解云：無量入者，法門差別故。無量轉者，依上上不斷差別故，謂修前二，後後地中至究竟位，皆不斷故。七者，悉應通達勸。《經》云：又，善男子，汝觀十方無量國土，無量衆生，無量法，種種差別，悉應如實通達其事。勸遍知故。説七勸已，彼《經》結云：若諸佛不與此菩薩起智門者，彼時即入究竟涅槃，棄捨一切利衆生業。即是此中加持義故。

從此第二，明起化利。

經：能一念頃而起智業，雙照平等。以十力智，遍不可説大千世界，隨諸衆生，普皆利樂。

解曰：能一念頃者，蒙誡勸已一刹那也。而起智業者，利生業也。雙照平等者，真俗雙照，利行平等。以十力智者，分同諸佛十力智也。遍不可説大千世界者，即前《經》

云百萬微塵數佛刹也。隨諸衆生者，現隨類身，當根利樂也。如《華嚴》云：於一念頃所生智業，從初發心乃至七地所修諸行，百分不及一，乃至百千億那由他分亦不及一。譬如乘船欲入大海，未至於海多用功力，若至海已，但隨風去，不假人力以至大海，一日所行比於未至，設經百歲亦不能及。菩薩摩訶薩亦復如是，積集廣大善根資糧，乘大乘船到菩薩行海，於一念頃，以無功用智，入一切智智境界，本有功用行經於無量百千億那由他劫所不能及。

從此第三，結申滿地。

經：於千阿僧祇劫，滿足百萬大願，心心趣入一切種一切智智。

解曰：於千阿僧祇劫者，越前數也。如前《瑜伽》三無數劫，此地初入第三劫故，與前異故，雖上下文數有多少，三劫所經時無異故。滿足百萬大願者，行願相資，故云滿足，願度偏增，餘隨分故。心心趣入者，無間修。一切種一切智智者，上俗下真，移下智字置於種下，結所趣故。

從此第十二，明善慧地，文三如前。且初第一，標入地相。

經：復次，善慧地菩薩摩訶薩，住上無生忍，滅心心相，證智自在，斷無礙障。

解曰：明入地者，如《金光明》云：九地菩薩是相先現，轉輪聖王無量億衆圍繞供養，頂上白蓋無量衆寶之所莊嚴，菩薩悉見也。善慧地者，説一切法種種差別，皆得自在。無患無累，增長智慧，自在無礙故。住上無生忍，滅心心相者，明能證智，住上品忍，念念寂滅，無相爲相。證智自在者，所證如也。由證真如，智得自在，謂若此地證真如已，於無礙解得自在故。斷無礙障者，明所斷障。此地菩薩得無礙解，由障障彼，名無礙障。此障無明，有其二種。如《金光明》云。一者，於所説義及名句文此二無礙[二五]未善巧無明。言所説者，義無礙也。名句文者，法無礙也。此二各有無量差別，名爲無量。於此二種未得善巧故。二者，於詞辨才不隨意無明。詞謂[二六]無礙，辨才無礙由無明故，不得隨意故。二無明障於此地，四無礙解不得自在，入九地時便永斷故。

從此第二，住地修行，於中，分二：初明無礙解，後明利衆生。初中，復二。且初第一，明護法藏。

經：具大神通，修力、無畏，善能守護諸佛法藏。

解曰：具大神通者，明已得也。修力、無畏者，明修習也。善能守護諸佛法藏者，四無礙解爲佛法藏，善能持説即爲守護。或於四中得初二種爲佛法藏，得後詞辨爲能守護。如《華嚴》云：作大法師，具法師行，善能守護如來法藏，以善巧智起四無礙，用菩薩言詞而演説也。准彼《經》意，十二分教爲佛法藏，具二利行，爲能守護，起四無礙利樂事故。

從此第二，明無礙解。

經：得無礙解，法義詞辯，演説正法，無斷無盡。

解曰：得無礙解者，至此地中，獲無礙智，名爲得也。如《攝大乘論無性釋》云：四無礙解，通以定、慧及彼相應心、心所法以爲自性。法義詞辯者，法者知諸法自相也，義者知諸法差別相也，詞者無錯謬説也，辯者無斷盡説也。如《十地論》第十一云：口業成就也。四無礙境界者，一法體，二法境界體，三正得與衆生，四正求與無量門。初，法體者，遠離二邊生法所攝，如色礙相，如是等也。法境界體者，彼遠離二邊生法所攝中如實智境界，菩薩如彼生法所攝智境界中住，如前色等。何者是色？謂眼色等虚妄分別也。正得與衆生者，於彼如實智境界中，隨他所喜言説正知，隨他言説正知而與也。正求與無量門者，於彼隨他所喜言説〔一七〕正知無量種種義語，隨知而與。彼《論》依經廣解，大精。繁故略也。演説正法無斷盡者，辨無礙也。此有七種，如前解矣。

從此第二，明利衆生。

經：一刹那頃，於不可説諸世界中，隨諸衆生所有問難，一音解釋，普令歡喜。

解曰：隨諸衆生者，人、天等趣。所有問難者，各隨言音種種名義所申問難也。一音解釋者，能解者詞辨二也，所解者法義二也。普令歡喜者，隨其種性利中鈍根，普皆攝益，令歡喜故。如《十地經》云：此菩薩於一佛所，以十阿僧祇百千陀羅尼門聽受其法，於餘無量無邊諸佛亦復如是。此菩薩於一念間，若一大千界，若二三四十百千萬億世界，若十億百億千萬億那由他乃至不可説不可説大千世界，滿中衆生，於一念間，一時問難，菩薩於一念間，但以一音，皆令開解。即於一名句字中説一切名句字，於一義中説一切義，一方音聲中現一切音聲，於一法義中皆應根宜演説無盡，名無礙解。

從此第三，結申滿地。

經：於萬阿僧祇劫，能現百萬恒河沙等諸佛神力，無盡法藏，利益圓滿。

解曰：於萬阿僧祇者，所經時劫越前量故。能現百萬等者，能現此等諸佛神力，明神通也。然此菩薩，十度之中力度偏增。無盡法藏者，四無礙解廣利樂故。

從此第十三，明法雲地，於中，分三：初標入地相，次住地修行，後結申滿位。且初第一，標入地相。

經：復次，法雲地菩薩摩訶薩，無量智慧思惟觀察，從發信心，經百萬阿僧祇劫，廣集無量助道法，增長無邊大福智，證業自在，斷神通障。

解曰：明入地者，《金光明》云：十地菩薩是相先現，如來之身金色晃耀，無量淨光悉皆圓滿，有無量億梵王圍繞恭敬供養，轉於無上微妙法輪，菩薩悉見也。法雲地者，法身如虛空，智慧如大雲，皆能遍滿覆一切故。法雲兩字，如智別故。《唯識論》云：大法智雲含衆德水，蔽如空麤重，充滿法身故。法雲俱智所遍如也。無量智慧思惟觀察者，此即加行遍觀察也。從發信心者，舉最初也。經百萬阿僧祇劫者，至九地滿，所經時也。廣集無量助道法者，助已修習一切行願助道之法也。增長無邊大福智者，明已增長廣大福智。如是觀察，引能證智證寂滅忍，入此地也。證業自在者，明所證也。證者，能證也。業自在者，所證如也。謂此地中證此真如，普於一切神通作業總持定門皆自在故。雖十地中真如無別，隨能證行，假立名故。斷神通障者，所斷障也。神通障者，就勝立名，通障此地，令於諸法不得自在，亦障此地大法智雲及所含藏所起事業。此有二種，如《金光明》云：一者，於大神通未得自在變現無明，即是此中障所起事業者。此中應云，於大神通變現未得自在無明，文則順故。二者，微細祕密未能悟解事業無明，即是此中障大法智雲及所含藏者。由二無明障神通等，入此地時便永斷故。

從此第二，住地修行，於中，分三。且初第一，明利他行。

經：於一念頃，能遍十方百萬億阿僧祇世界微塵數國土，悉知一切衆生心行上中下根，爲説三乘，普令修習波羅蜜多。

解曰：於一念頃等者，明能化時、所遍國土、所化有情，當根攝益，隨一味法各修習故。

從此第二，明修轉依。

經：入佛行處力無所畏，隨順如來寂滅轉依。

解曰：入佛行處力無所畏者，入謂證也，或趣入也，證真利樂佛行處也，力、無畏等不共功德皆趣入故。隨順如來寂滅轉依者，修習果位所轉依也。轉謂轉易，依謂所依，易劣得勝，轉依義故。然彼位別，如《唯識論》，略有六種：一、損力益能轉，在三賢位，由習勝解及慚愧故，損本識中染種勢力，益本識内淨種功能，漸伏現行，名爲轉也；二、通達轉，謂在初地，由見道力，通達真如，斷分別生二障麤重，證得一分真實轉依；三、修習轉，謂通十地，由數修習十地行故，漸斷俱生二障麤重，漸次證得真實轉依；四、果圓滿轉，謂究竟位，由三大劫阿僧企耶修集無邊難行勝行，金剛喻定現在前時，永斷本來一切麤重，頓證佛果，圓滿轉依，窮盡未來，利樂無盡；五、下劣轉，謂二乘位，專求自利，厭苦欣寂，無勝堪能，名下劣轉；六、廣大轉，謂大乘位，爲利他故趣大菩提，生死涅槃俱無欣厭，有勝堪能，名廣大轉。今第三位，已超前二，第五下劣習種已超，趣第四六是所隨順。轉依義別，略有四種：一、能轉道，二、所轉依，三、所轉捨，四、所轉得。如彼第十廣分别故。

從此第三，明伏滅頓漸，於中，分二：初明伏滅殊，後明見頓漸。初中，復三。且初第一，總標伏位。

經：善男子，從初習忍，至金剛定，皆名爲伏一切煩惱。

解曰：從初習忍者，舉其最初。至金剛定者，舉其最後。標陳初後，明其伏也。所言伏者，如餘文中，世道名伏，伏煩惱現，聖道名斷，斷煩惱種。此地伏者，合前二道，俱名爲伏。於伏忍位以世道伏，金剛定前以聖道伏，所謂二障麤品雖無，彼微細者種，由未斷故説爲伏。如《起信論》，斷轉識前枝末無明亦合名斷，望本不覺，故名伏也。

如《本記》云：從初十信至金剛定，未斷阿賴耶識一刹那在，故説爲伏一切煩惱。

從此第二，别明斷滅。

經：無相信忍照勝義諦，滅諸煩惱，生解脱智，

解曰：無相信忍者，謂入初地真見道也。智證真如，故云無相。初信忍也。照勝義諦者，謂證如也。滅諸煩惱者，分别二障，故名爲諸。體俱無明，通名煩惱。見道初斷，故名爲滅。前望俱生，故總名伏。此據分别，當體滅也。生解脱智者，謂法空觀生妙觀察、平等智品，名解脱智。又即《起信論》中法身菩薩始覺位也。

從此第三，明究竟滅。

經：漸漸伏滅，以生滅心，得無生滅。此心若滅，即無明滅。

解曰：此有二義。有説，漸漸伏滅者，依《唯識》第十，修所斷中，煩惱即伏，所知即滅。於十地中，地地皆示，故言漸漸。且煩惱障所有現起，地前漸伏，初地已上皆能伏盡，隨於諸地智障相應，如初地貪，二地嗔等，地地伏故。此障種子，至金剛定，一切頓斷。若所知障所有現起，地前漸伏，乃至十地方永斷盡。八地已上，六識俱者不復現行，無漏觀心及果相續能違彼故。第七俱者，猶可現行，法空智果起位方伏。前五轉識，設未轉依，無漏伏故，障不現起。此障種子，於十地中漸次斷滅，至金剛定方永斷盡，二障伏滅有此異故。以生滅心者，能證智也。得無生滅者，所證如也。此心若滅，即無明滅者，此集起心即第八識，無明習氣恒依此心。心無漏位，有漏識滅，彼無明種皆已滅故。

有説，漸漸伏滅者，依《起信論》，從末向本，如凡夫人覺知前念起惡業故，能止後念，令其不起，雖復名覺，即是不覺。二

乘觀智初發意菩薩相似覺位，覺於念異，念無異相，捨麤分別，名漸漸伏。初地已上法身菩薩隨分覺於念住，念無住相，名漸漸滅。通説名爲漸漸伏滅。以生滅心得無生滅者，以隨分覺生滅之心修證不已，得至究竟無生滅故。此心若滅，即無明滅者，如菩薩地盡等覺位中金剛喻定現在前時，滿足方便即方便道，一念相應即無間道，覺心初相即業相心。因本無明，業相動念。業相心滅，即無明滅。前唯約聖，後亦通賢，互有廣略，不相違故。

從此第二，明見頓漸。

經：金剛定前所有知見，皆不名見。唯佛頓解，具一切智所有知見，而得名見。

解曰：金剛定前者，等覺已前也。所有知見者，證真達俗，慧知見也。皆不名見者，智品未具，覺解未圓，故不名見。唯佛頓解，具一切智所有知見，而得名見者，具四智品，覺解圓極，故名見也。佛智漸圓，云何名頓？汎論漸頓，有其四種：一者，教漸頓，方便説三，直談大故；二者，理漸頓，漸次悟入，照實性故；三者，行漸頓，二乘迴心，直往性故；四者，果漸頓，前二智品漸次而圓，圓鏡智品頓滿足故。所證涅槃，體非漸頓，從能證智，亦不違故。又無上菩提從漸修圓，性淨菩提本滿足故。今佛果位，解理圓極，夢想都盡，覺知自心本不流動，今無所靜，常自一心，住一如床。如《金鼓經》夢中渡河，至彼岸竟，即斯見也。

從此第三，結申滿位，文復分二：初明等覺，後明佛果。初中，復二。且初第一，明等覺位。

經：善男子，金剛三昧現在前時，而亦未能等無等等。

解曰：然於等覺有初後位，此後位也，謂此菩薩住第四禪大自在宮有妙淨土。如《佛地論》第一云：十地菩薩自心所變淨土有二。

若第八識所變淨土，是有漏識相分攝故，雖無漏善力所資薰，其相淨妙，是苦諦攝。若隨後得無漏心變淨土影像，是無漏故，從無漏善種子而生，體是無漏，道諦所攝。居此土中所修覺者，如《瓔珞經》云：等覺菩薩以大願力住壽百劫，修千三昧，千劫學佛威儀，萬劫學佛化現也。

自此已前，明等覺位所修行也。將成正覺起金剛三昧者，如《十地論》第十二、《華嚴經》三十九皆云：菩薩摩訶薩入受職地已，得百萬阿僧祇三昧，皆現在前。其最後三昧，名受一切智勝職位。此三昧現有大寶蓮華忽然出生，其華廣大，量等百萬三千大千世界，以衆妙寶間錯莊嚴，超過一切世間境界，出世善根之所生起，恒放光明，普照法界，三千大千世界微塵數蓮華以爲眷屬。爾時，菩薩其身殊妙，坐此華座，身相大小正相稱可。無量菩薩以爲眷屬，各坐其餘蓮華之上，周匝圍遶，一一各得百萬三昧，向大菩薩一心瞻仰。此大菩薩并其眷屬所有光明及以言音，普皆充滿十方法界，一切世界咸悉震動，惡趣休息，國土嚴淨，同行菩薩靡不來集。此大菩薩，足下放光照諸地獄，膝輪放光照諸畜生，齊〔一八〕輪放光照閻羅界，兩脇放光照諸人趣，兩手放光照天及脩羅，兩肩放光普照聲聞，項背放光照辟支佛，面門放光照初發心乃至九地菩薩，眉間放光普照十方受職菩薩，頂上放光普照十方一切世界諸佛道場。右繞十迊，住虛空中，成光明網，雨莊嚴具，以爲供養。復繞十迊，從諸如來足下而入。爾時，諸佛及諸菩薩知某世界某菩薩摩訶薩到受職位。彼諸菩薩皆來觀察，即各獲得十千三昧。一切諸佛眉間出光，普照十方一切世界，右繞十迊，示現佛事，而來至此菩薩會上，周迊右繞，示現種種莊嚴事已，從大菩薩頂上而入。得先未得百萬三昧，名爲已得受職之位。如轉輪王所生太子，母是正后，身相具足。王令太子坐白象寶妙金之座，綱幔幢幡，散華奏樂。取四大海水，置金瓶内。王執此瓶，灌太子頂。是時即名受王職位。廣如彼故。

然金剛三昧現在前時者，即前經云得先未得百萬三昧中最後三昧也。依此勝定，起無間道，斷微細障。此有二義。有説，此斷第十一地如來地障，有二無明。如《金光明》云：一者，於一切境微細所知障礙無明，即是此中微所知障；二者，極細煩惱麤重無明，即是此中一切任運煩惱障種。此二無明障於佛地，無間道時此斷捨故，本識種現。許異時者，此捨種故。若同時者，此未捨故。有説，斷者，如《起信論》：唯心相滅，非心體滅。滅者，斷也。自相心體，舉體爲彼無明所起，乃是激靜令動，非謂辨無令有。心之動因即是無明，起爲業相。今等覺位，斷本無明。無明盡時，動相隨滅。但滅心相，不滅心體。此二别者，前斷轉識，後斷本識。合取兩文，義符順故。而亦未能等無等等者，此位由劣，未能等佛。佛超此位，故名無等。佛佛道齊，名等等故。

從此第二，舉喻釋成。

經：譬如有人登大高臺，普觀一切，無不斯了。

解曰：登高臺者，顯居頂也，菩薩位極如彼頂故。

從此第二，明佛果位。

經：若解脱位，一相無相，無生無滅，同真際，等法性，滿功德藏，住如來位。

解曰：若解脱等者，此有二義。

前師解云：解脱道也。本識種現，及劣無漏與微細障，所斷所棄，無間解脱，如前悉故。如《佛地論》第三云：四智心品何位得者，大圓鏡智，種雖本有，此解脱位最初現行，一切佛果無漏種子圓滿依附，盡未來際，常無間斷。平等智品，一[一九]初地現行，後後地中，修令增長。法空智果恒常現[二〇]，有漏心時，即便間斷，乃至等覺最後之心，盡未來際，常無間斷。如有漏位，本識恒俱。無漏立[二一]中，常無斷故。妙觀察智，亦初現行，從此已後漸修增長，乃至佛果。若入滅定，亦不行故。成所作智，有説初地皆得現行。如實義者，佛果方起，有漏五根發無漏識未曾見故，於佛果位容間斷故。言一相者，即淨法界一真相故。言無相者，四智心品隨應證如，常無相故。無生無滅者，證如之智，體雖相續，常與如合無間斷故。同真際者，智等如故。等法性者，不變易故。滿功德藏者，有爲功德滿智德身，無爲功德性自滿故。住如來位者，滿之地也。身差別者，所證真理，即自性身。能證四智，自受用身。雖果位中無能所[二二]別，五法性類屬二身故。流出功德，利他二身，地前地上，麤細異故。大悲願力平等無二，隨類所見，勝劣不等，與自二身非即非離，廣如彼故。

後師解脱同前。言一相者，前無間道滅本無明，今解脱道心歸本源，同一相故。言無相者，衆相無故。無生無滅者，智冥真理，無生滅故。同真際者，動相滅故。等法性者，智等如故。滿功德藏者，神解體圓。住如來位者，寂不動故。身差別者，一者體大，真體遍故；二者相大，性德圓故；三者用大，遍法界動而常寂，非即離故。前遣定一，後遣定異，牙相影顯，不相違故。

此上總是第十三法師結申滿位，雖明佛果，故不別開。同三賢中申後位故。

從此第二，結申受持，於此，分二：初[二三]，結申信解。且初第一，結申受持。

經：善男子，如是諸菩薩摩訶薩受持解説，皆往十方諸佛刹土，利安有情，通達實相，如我今日，等無有異。

解曰：如是等者，結總上也。受持解説，往諸佛刹，利樂比佛，勝劣懸殊，化利分同，云無異矣。

從此第二，結申信解，於中，分二：初長行顯示，後説偈重明。且初第一，長行顯示。

經：善男子，十方法界一切如來，皆依此門而得成佛。若言越此得成佛者，是魔所説，非是佛説。是故汝等應如是知，如是見，如是信解。

解曰：皆依此門者，彰同修也。若言越此等，非佛説也。是故等者，勸生正解。知見等者，如《智論》云：若智依止奢摩他故知，依毗鉢舍那故見，此二依止三摩提故信解也。以三摩提作用自在，解内攀緣。由有影像，彼名勝解。

仁王護國般若波羅蜜多經疏卷下二〔二四〕

**校勘記**

〔一〕「著」，底本原校疑爲「差」。

〔二〕「厚」，底本作「原」，據文意改。

〔三〕「攝」，底本作「躡」，據文意改。

〔四〕「去」，疑爲「云」。

〔五〕「瑜」，底本作「喻」，據文意改。

〔六〕「心」，疑爲「止」。

〔七〕「寶實」，《金光明最勝王經》（《大正藏》本，下同）作「衆寶」。

〔八〕「無」，底本原校疑爲「差」。

〔九〕「證」，底本作「識」，據文意改。

〔一〇〕「明」，疑爲「眼」。

〔一一〕「受」，疑爲「愛」。

〔一二〕「知」，疑爲「如」。

〔一三〕「地」，疑爲「他」。

〔一四〕「得」，校本校勘記云一本後有「自在相」三字。

〔一五〕「礙」，疑爲「量」。

〔一六〕「詞謂」，疑爲「謂詞」。

〔一七〕「説」，底本作「語」，據文意改。

〔一八〕「齊」，疑爲「臍」。

〔一九〕「一」，疑衍。

〔二〇〕「現」，疑後有脱文。

〔二一〕「立」，底本原校疑爲「位」。

〔二二〕「所」，底本作「取」，據文意改。

〔二三〕「初」，底本原校疑後脱「結申受持二」五字。依文例，「二」疑當作「後」。

〔二四〕底本原校云尾題新加。

# 仁王護國般若波羅蜜多經疏卷下三

從此第二，説偈重明，於中，分二。且初第一，標佛説偈。

經：爾時，世尊欲重宣此義，而説偈言：

解曰：重頌前義也。

從此第二，偈頌重明，於中，分三：初，有一行，總明三賢；次，有十行，別明十地；後，有一行，結申佛果。且初第一，總明三賢。

經：彼伏忍菩薩，於佛法長養。堅固三十心，名爲不退轉。

解曰：明所依忍，長養聖胎，堅固不退，信位及心，結三不退。

從此第二，別明十地，文有其十。且初第一，明歡喜地。

經：初證平等性，而生諸佛家。由初得覺悟，名爲歡喜地。

解曰：所證所生，初覺悟故。結名可知。

從此第二，明離垢地。

經：遠離於染汙，嗔等種種垢。具戒德清淨，名爲離垢地。

解曰：所離所斷所具德故。

從此第三，明發光地。

經：滅壞無明闇，而得諸禪定。照曜由慧光，名爲發光地。

解曰：所斷所得，定慧自在故。

從此地第四，明焰慧地。

經：清淨菩提分，遠離身邊見。智慧焰熾然，名爲焰慧地。

解曰：所修所斷，焰慧增故。

從此第五，明難勝地。

經：如實知諸諦，世間諸技藝。種種利群生，名爲難勝地。

解曰：所觀所習，合二利故。

從此第六，明現前地。

經：觀察緣生法，無明至老死。能證彼甚深，名爲現前地。

解曰：所觀所證，了染淨矣。

從此第七，明遠行地。

經：方便三摩地，示現無量身。善巧應群生，名爲遠行地。

解曰：勝行相應，現身善巧故。

從此第八，明不動地。

經：住於無相海，一切佛加持。自在破魔軍，名爲不動地。

解曰：所住所勸，文如次前，破天魔軍，極至此地。

從此第九，明善慧地。

經：得四無礙解，一音演一切。聞者悉歡喜，名爲善慧地。

解曰：所得所利，生歡喜故。

從此第十，明法雲地。

經：智慧如密雲，遍滿於法界。普灑甘露法，名爲法雲地。

解曰：如雲遍滿，灑法雨故。

從此第三，結申佛果。

經：滿足無漏界，常淨解脱身。寂滅不思議，名爲一切智。

解曰：言滿足者，即究竟義。言無漏者，漏永盡也。界者藏義，鏡智含容大功德故。或是因義，出生諸乘廣利樂故。常淨解脱身者，轉無常蘊，獲常法故，清淨法界無生滅故，即真解脱體安樂故。寂滅不思議者，菩提涅槃俱寂滅故。此究竟果俱不思議，超過尋思言議道故。名爲一切智者，舉智結名也。

又此諸偈，屬長行科，賢義類一，故不別開。最後果德，如前悉矣。總是第一十三法師奉持文竟。

從此第二，明十六國王奉持，於中，分三：初諸王奉持，次明護國法，後諸王獲益。就初第一，諸王奉持，文分爲五：一、明護國法，二、廣明七難，三、明諸難因，四、明般若德，五、明教興廢。就初門中，文分爲二：初明護國時，後明所付法。初文，復二。且初第一，明護國時。

經：佛告波斯匿王：我滅度後，法欲滅時，一切有情造惡業故，令諸國土種種灾起。

解曰：我滅度者，總舉時也。法欲滅時者，一體、别相悉皆常住，住持三寶時有衰滅，反顯不滅。有修、説、行，即是好時，

無諸難也。一切有情造惡業故者，由法衰滅，十惡增也。令諸國土種種灾起者，由十惡增，有諸難起，展轉釋也。

從此第二，勸王持讀。

經：諸國王等，爲護自身、太子王子、后妃眷屬、百官百姓、一切國土，即當受持此般若波羅蜜多，皆得安樂。

解曰：標勸諸王，舉勝者故。各自持讀，皆獲安樂。

從此第二，明所付法，於中，有四。且初第一，明所付法。

經：我以是經付屬國王，不付比丘、比丘尼、優婆塞、優婆夷。

解曰：唯有國王能建正法，以經付囑，故不付餘。

從此第二，徵其所以。

經：所以者何？

解曰：徵不付餘者何所以也。

從此第三，釋不付意。

經：無王威力，不能建立。

解曰：餘並依王，無力建立。

從此第四，結勸受持。

經：是故汝等常當受持、讀誦、解説。

解曰：王自受持，化及草木，人臣遷善，災難自除，即護國矣。

從此第二，廣明七難，於中，分四：一、明所化境，二、正明七難，三、例明諸難，四、結勸受持。初，明化境，文分爲二：初總明化境，後别明瞻部。且初第一，總明化境。

經：大王，吾今所化大千世界，百億須彌，百億日月，一一須彌有四天下。

解曰：總舉大千，明其化境也。

從此第二，明瞻部，於中，分三。且初第一，總明諸國。

經：此贍部洲，十六大國，五百中國，十萬小國。

解曰：此贍部洲者，從樹立號。洲形大小，身量壽量，作業趣果，如常分别。十六大國者，至下當列。

問：舊經但言十千小國，此言十萬，何乃甚歟？

答：舊經多以教所及處而憑論也。云何知然？如《金光明》第六《護國品》云：此贍部洲，八萬四千城邑聚落，八萬四千諸人王等，各於其國，受諸快樂，皆得自在。乃至慈悲謙讓，增長善根，以是因緣，安隱豐樂。此雖小臏，何所恠焉。梵本不同，各如文矣。

從此第二，有難受持。

經：是諸國中，若七難起，一切國王爲除難故，受持解説此般若波羅密多，

解曰：是諸國中，若常受持，難終不起。脱若有難，即唯受持。作善之家，有餘慶矣。

從此第三，難除安樂。

經：七難即滅，國土安樂。

解曰：如文悉也。

從此第二，正明七難，於中，分二。且初第一，波斯匿王問。

經：波斯匿王言：云何七難？

解曰：問也。

從此第二，如來正答，於中，分七。且初第一，日月薄蝕難。

經：佛言：一者，日月失度，日色改變，白色赤色，黃色黑色，或二三四五日並照，月色改變，赤色黃色，日月薄蝕，或有重輪，一二三四五重輪現；

解曰：文中有五，所謂失度，顏色改變，日體增多，日月薄蝕，及以重輪，如文悉也。

從此第二，衆星改變難。

經：二者，星辰失度，彗星、木星、火星、金星、水星、土等諸星，各各爲變，或時晝出；

解曰：文中有四，所謂失度，及以彗星，五星改變，并其晝出，如文悉矣。

從此第三，諸火焚燒難。

經：三者，龍火、鬼火、人火、樹火，大火四起，焚燒萬物；

解曰：文中有五：言龍火者，礔礰起火。言鬼火者，能爲疾疫。言人火者，世五通者，遇現違緣，意願起火。言樹火者，亢陽過時，樹木起火。大火四起者，不善業熟，隨處火起。皆爲難也。

從此第四，時候改變難。

經：四者，時節改變，寒暑不恒，冬雨雷電，夏霜氷雪，雨土石山及以沙礫，非時降雹，雨赤黑水，江河汎漲，流石浮山；

解曰：文中，有六。一、時節改變。二、冬夏各三〔二〕。三、雨土石山者，《正法念經》第二十說：阿脩羅王與諸天戰，或擎大石，方八百里，或取大山，名波利佉，廣五百由旬，擲打諸天。以天威力，即於空中，箭射石碎，或火燒滅，接彼大山，却打脩羅，中華鬘阿脩羅匈[三]。軍衆破散，走入海下，還住本宮。海中大魚皆大怖散。雨土石山，此之類也。四、非時降雹。五、雨水色變。六、大雨過度，江河汎漲，流石浮山。

從此第五，大風數起難。

經：五者，暴風數起，昏蔽日月，發屋拔樹，飛沙走石；

解曰：初句總標，下三爲難，如文悉矣。

從此第六，天地亢陽難。

經：六者，天地亢陽，陂池竭涸，草木枯死，百穀不成；

解曰：標難如前也。

茲永泰二年景午歲夏六月，自夏乏雨，祈諸山川，有將逾時，竟未嘉應。修述至此，慚不能前。對卷長想，輒申誠告。時乃偶然際會，驗不足徵。天聰俯臨，猥見搜問。其月三十日，詔曰：《仁王》真經，義宗護國。師演述妙旨，弘誓逾深。遂得慈雲結陰，法雨流潤，時稼增茂，年豐有斯。至誠之功，載深喜歎也。此實明主至道，大臣深信，五方菩薩慈力所祐也。

從此第七，四方賊來難。

經：七者，四方賊來侵國，内外兵戈競起，百姓喪亡；

解曰：標難如前。

上來總即七文，別乃二十有九。其中縷紬，數亦多矣。

從此第三，例明諸難。

經：大王，我今略說如是諸難，其有日晝不現，月夜不現。天種種災，無雲雨雪。地種種災，崩裂震動。或復血流，鬼神出現，鳥獸恠異。如是灾難，無量無邊。

解曰：文中有五：一、日月不現，二、天種種灾，三、地種種灾，四、鬼神出現，五、鳥獸怪異。如是等者，例於餘。黑、白二虹，諸不祥相，狼虎肆毒，草木虫傷，若國若家，爲難衆矣。

從此第四，結勸受持。

經：一一灾起，皆須受持讀誦解説此《般若波羅蜜多》。

解曰：言一一者，灾無大小，皆勸受持讀誦解説。已於前云：七難即滅，國土安樂。故此但勸[三]，不重言滅耳。

從此第三，明諸難因，於中，分三。且初第一，波斯匿王問。

經：爾時，十六國王聞佛所説，皆悉驚怖。波斯匿王白佛言：世尊，何故天地有是灾難？

解曰：十六國王者，聖衆雖聞以超怖畏，諸王爲國皆悉驚怖，波斯匿王故發茲問。

從此第二，世尊正答。

經：佛言：大王，由贍部洲，大小國邑，一切人民，不孝父母，不敬師長、沙門、婆羅門，國王大臣不行正法。

解曰：由贍部洲者，舉其總也。於四天洲灾難異者，如《正法念經》第十八云：東弗婆提，若彼洲人不修法行，惡龍增長，震吼大雷，如大山崩，或耀電光。雲中龍現，猶如黑雲，其頸三頭，或作蛇身。彼心柔濡，見是事已，皆得疾苦，故衰惱也。西瞿陀尼，衆生心濡，不修法行，非法惡龍空山嶮處降澍洪雨。一切水濁，彼若飲者，得大衰惱。北欝單越，如第二天，若彼世間不孝父母，惡龍自在起大黑雲，猶如黑山，奄蔽日光，蓮華即合，無有香氣，失金色光，僧迦賒山，鳥鳴[四]麤惡。彼見是事，愁惱怯劣，雲中出風，吹衆樂音，皆悉散滅，不可愛樂。以此爲難，閻浮提中有其四緣：一者飢儉，二者刀兵，三者毒風，四者惡雨。由此緣故，喪失身命。此總明也。北西東南，此四大洲，難漸增故。

大小國邑者，舉其別也。下別六緣：一者，不孝父母，生身本故；二者，不敬師長，成德本故；三者，不敬沙門，良福田故；四者，不敬婆羅門，有志道故；五者，國王不行正法；六者，大臣不行正法。有一於此，必有難生。若具斯六，灾難競起。何以知者？如《正法念》第十九説：云何因緣惡龍脩羅損減不勝，不作衰損壞諸世間？由閻浮提大小國邑若修行正法，孝養父母，供養沙門及諸耆老。若王大臣修行正法，爾時地神諸夜叉等，即向大海婆修吉等法行龍王説是事已，復告虛空諸夜叉等，以疾神力告四天王，如是展轉至上諸禪，悉知是已。乃至時婆修吉自莊嚴已，即往非法諸龍之所，作如是言：汝行非法，非爲善伴。我欲與汝決其勝負。是時非法惱亂，龍王聞是語已，即起莊嚴，震雷耀電，礔礰起火，降澍大雨。由前善等，婆修吉勝，惡龍破壞，令閻浮提雨澤以時，人民安樂，永無灾難。若閻浮提不孝父母，乃至王臣不行正法，婆修吉等龍王破散，諸大惡龍增其勢力，令閻浮提灾旱水澇，人民飢饉，種種灾起。閻浮提中邪見論師不識因果，妄作是言：地動星流，大風大雨。妄説豐儉，或言吉凶，無有真實。若天魔梵，若阿脩羅，不能如是知微細業因緣果報，不能思惟我此法律十善業道，唯佛世尊如實能知也。然十善業，十不善業，遂令彼等善惡地神、二種夜叉，法非法行二種龍王、天、阿脩羅，種種勝負。人中伏咎，獲如是報。彼十八、九至第二十，廣説，大精，講者敘矣。

從此第三，結諸難起。

經：由此諸惡，有是難興。

解曰：文易可知。

從此第四，明般若德，於中，分二：初明般若德，後結勸奉持。初，明德中，文分爲二：初明具衆德，後舉喻以明。且初第一，明具衆德。

經：大王，般若波羅蜜多能出生一切諸佛法、一切菩薩解脱法、一切國王無上法、一切有情出

離法，

解曰：般若波羅蜜多者，示法體也；次，彰佛母，諸菩薩母，解脱法故；次，諸國王願護國者，無上法寶，無與等也；後，一切有情，若稱其名，若復於經受持讀誦，定出離故。

從此第二，舉喻釋成，於中，分三：初總明喻體，次別顯勝德，後結申般若。且初第一，總彰喻體。

經：如摩尼寶，體具衆德：

解曰：如謂舉喻。梵云摩尼，此翻爲寶，順舊譯也。新云末尼，具足應云震跢末尼，此云思惟寶，會意翻云如意寶珠，隨意所求，皆滿足故。體具衆德者，標下衆德也。

從此第二，別顯勝德。

經：能鎮毒龍、諸惡鬼神。能遂人心，所求滿足。能應輪王，名如意珠。能令難陀跋難陀等諸大龍王降霔甘雨，潤澤草木。若於闇夜置高幢上，光照天地，明如日出。

解曰：能鎮毒龍者，鎮惡龍鬼德。謂摩尼寶鎮諸毒龍，止惡風雨，鎮惡鬼神，不行疾疫，不令非法天害有情。能遂人心者，遂人所求德。謂摩尼寶，若有所求，衣服飲食，及諸珍寶，所須皆得。能應輪王者，輪王意珠德。謂摩尼寶應轉輪王，隨王之意，所須皆得。能令難陀等者，龍降甘雨德。謂摩尼寶能令難陀，此翻云喜，跋難陀者，此云賢喜，等者，等[五]和修吉等諸大龍王，隨順法行，降霔甘雨，潤澤草木。若於闇夜者，光照天地德。謂摩尼寶若於闇夜置高幢上，光照天地，明如日出，無所不見。

從此第三，結申般若。

經：此般若波羅蜜多，亦復如是。

解曰：謂此般若具前衆德，能鎮信解一切有情三毒惡龍、五見諸鬼故。又若受持讀誦之者，一切所求官位、富饒、男女、慧解、行來隨意、人天果報等，能遂人心，皆滿足故。又此即是諸佛法王，菩提涅槃無上意珠，從淨法界等流出故。又諸菩薩，起大悲雲，於諸世界，廣爲有情，灑甘露法，當根攝益，皆潤澤故。又此能爲生死長夜大黑闇中寶炬智燈，令受持者發生三慧，破無明闇，如日照故。亦如是言，顯具德矣。

從此第二，結勸奉持，於中，分四。且初第一，勸正供養。

經：汝等諸王，應作寶幢，及以幡蓋，燒燈散華，廣大供養。

解曰：廣建道場，表其敬也。

從此第二，置經之處。

經：寶函盛經，置於寶案。

解曰：寶函寶案，表至重也。

從此第三，行常引前。

經：若欲行時，常導其前。

解曰：王君行時，常以此經導引其前。傳聞西方有佛法處，諸國國王皆以般若爲鎮國寶。王若出行，以經先導，即得國界無灾難矣。

從此第四，住處供養。

經：所在住處，作七寶帳。衆寶爲座，置經於上。種種供養，如事父母，亦如諸天奉事帝釋。

解曰：所在住處者，明置經處。喻申供養，文易悉也。

從此第五，明教興廢，於中，分二。且初第一，明因教興。

經：大王，我見諸國一切人王，皆由過去供五百佛，恭敬供養，得爲帝王。一切聖人得道果者，來生其國，作大利益。

解曰：皆由過去者，明久侍多佛，及聖人來生，種種興建，作大利益。如《金剛般若》云：如來滅後，後五百歲，能生信心，以此爲實。當知是人乃至以於無量千萬佛所，種諸善根，何況人王興建般若？非侍多佛，能致此歟。

從此第二，明諸難起。

經：若王福盡無道之時，聖人捨去，灾難競起。

解曰：如文易了。

從此第二，明護國法，於中，分三：初明護國人，次明護國法，後世尊印述。初，護國人中，文分爲二：初佛令護國，後菩薩敬承。初文，復三：初告示諸王，次誡諸菩薩，後立像供養。且初第一，告示諸王。

經：大王，若未來世有諸國王建立正法，護三寶者，我令五方菩薩摩訶薩衆往護其國。

解曰：建立正法者，此有二種：一、世間正法，如《金光明》云，治擯如法故；二、出世正法，諸佛所説解脱法故。餘文易了，無勞重釋。

從此第二，誡諸菩薩，於中，分五。且初第一，東方菩薩。

經：東方金剛手菩薩摩訶薩，手持金剛杵，放青色光，與四俱胝菩薩往護其國。

解曰：言金剛[六]者，如三藏所持梵本《金剛頂瑜伽經》云，堅固、利用，具二義也。依彼釋者，然五菩薩依二種輪，現身有異。一者，法輪，現真實身，所修行願報得身故；二、教令輪，示威怒身，由起大悲，現威猛故。此金剛手即普賢菩薩也。手持金剛杵者，所起正智猶如金剛，能斷我法微細障故。依教令輪，現作威怒，降三世金剛，三頭八臂，摧伏一切摩醯首羅大自在天諸魔軍衆，能害正法、惱衆生者令調伏故。放青色光者，顯能除遣魔等衆也。與彼東方持國天王及將無量乾闥婆衆毗舍闍衆而爲眷屬。四俱胝者，且一俱胝如《華嚴經》第四十五《阿僧祇品》云，百洛叉爲一俱胝，當此百億也。餘三准知。

從此第二，南方菩薩。

經：南方金剛寶菩薩摩訶薩，手持金剛摩尼，放白色光，與四俱胝菩薩往護其國。

解曰：言金剛寶者，如彼《經》云虚空藏菩薩也。依前法輪，現勝妙身，修檀等行，三輪淨故。手持金剛摩尼者，體淨堅密，猶如金剛，即是金剛如意寶也。隨諸有情，所求皆得也。依教令輪，現作威怒，甘露軍吒利金剛示現八臂，摧伏一切阿脩羅衆、炎魔眷屬、諸惡鬼神惱害有情行疾疫者，令調伏故。放白色光者，顯能除遣脩羅等也。與彼南方增長天王，及將無量恭畔荼衆薜荔多衆而爲眷屬。餘如文矣。

從此第三，西方菩薩。

經：西方金剛利菩薩摩訶薩，手持金剛劍，放金色光，與四俱胝菩薩往護其國。

解曰：言金剛利者，如彼《經》云文殊師利菩薩也。依前法輪，現勝妙身，正智圓滿，得自在故。手持金剛劍者，示其所作能斷自他俱生障故。依教令輪，現作威怒，六足金剛，首臂各六，生[七]水牛上，摧伏一切諸惡毒龍，與[八]惡風雨、損有情者，令調伏故。放金色光者，顯能除遣惡龍等也。與彼西方廣目天王，及將無量諸龍富單那衆而爲眷屬。餘如文矣。

從此第四，北方菩薩。

經：北方金剛藥叉菩薩摩訶薩，手持金剛鈴，放瑠璃色光，與四俱胝藥叉往護其國。

解曰：梵云藥叉，此云威德，又翻爲盡，能盡諸怨故。如彼《經》云摧一切魔怨菩薩也。依前法輪，現勝妙身，事智圓滿，得自在故。手持金剛鈴者，鈴音震擊，覺悟有情，表以般若警群迷故。依教令輪，現作威怒，淨身金剛示四臂身，摧伏一切可畏藥叉、常於晝夜伺求方便奪人精氣害有情者，令調伏故。放瑠璃色光者，顯能除遣藥叉等也。與彼北方多聞天王，及將無量藥叉無量邏刹娑衆而爲眷屬。餘如文矣。

從此第五，中方菩薩。

經：中方金剛波羅蜜多菩薩摩訶薩，手持金剛輪，放五色光，與四俱胝菩薩往護其國。

解曰：言金剛波羅蜜多者，此云到彼岸也，如彼《經》云轉法輪菩薩也。依前法輪，現勝妙身，行願圓滿，住等覺位也。手持金剛輪者，毗盧遮那佛初成正覺，請轉法輪，以表示也。又以法輪化導有情，令無數量至彼岸故。依教令輪，現作威怒，不動金剛摧伏一切鬼魅惑亂諸障惱者，令調伏故。五色光者，顯具衆德，破前諸闇也。與天帝釋及將無量諸天而爲眷屬。餘如文矣。

從此第三，立像供養。

經：是五菩薩摩訶薩，各與如是無量大衆，於汝國中作大利益，當立形像而供養之。

解曰：作大利益者，謂五菩薩各作己利，護諸世間。當立形像者，隨於所在以彩畫等作其形像。尊敬供養，如別軌儀。

從此第二，菩薩敬承，於中，分三。且初第一，菩薩敬承。

經：爾時，金剛手菩薩摩訶薩等，即從座起，頂禮佛足，却住一面，

解曰：彰敬承也。

從此第二，明有經處。

經：而白佛言：世尊，我等本願，承佛神力，十方世界一切國土若有此經受持讀誦解説之處，我當各與如是眷屬，於一念頃，即至其所，守護正法，建立正法。

解曰：我等本願者，一即本願，二即承佛神力也。於一念頃者，明其迅速守護建立般若法故。

從此第三，明除災難。

經：令其國界，無諸災難，刀兵疾疫，一切皆除。

解曰：上二句標，下二句列，七難三灾是所除故。

從此第二，明護國法，於中，分二：初

明有勝法，後説陀羅尼。初中，復二。且初第一，明有勝法。

經：世尊，我有陀羅尼，能加持擁護，是一切佛本所修行速疾之門。

解曰：陀羅尼者，此云總持，神力加持，威靈無疋，摧邪殄惡，名陀羅尼。出體辨類，如前釋故。能加持擁護者，謂諸國王建立正法，及於所在受持之者皆擁護故。是一切等者，此陀羅尼密申實相觀照般若，佛從彼生，因彼成佛，即爲出生速疾門故。

從此第二，明除灾難。

經：若人得聞一經於耳，所有罪障悉皆消滅，況復誦習而令通利。以法威力，當令國界永無衆難。

解曰：所有罪障者，謂若一聞，三障皆滅，況能誦習修行通利，令家令國有諸灾難耶？

從此第二，説陀羅尼，於中，有二。且初第一，標彼同説。

經：即於佛前，異口同音説陀羅尼曰：

解曰：明同説也。

從此第二，説陀羅尼，於中，分二：初明三皈依，後正明宗旨。初中，復二。且初第一，總標三皈。

經：娜謨囉怛娜怛囉夜耶

解曰：梵云娜謨，此云皈命。梵云囉怛娜，此翻云寶。梵云怛囉夜野，此翻云三。彼云皈命寶三，此云皈命三寶，謂由持經誦陀羅尼者密語，乃云皈命三寶也。何須皈依？自下謹依三藏《金剛頂瑜伽經》梵夾對翻解也。如彼《經》云：皈依佛陀者，即得諸佛五菩薩等一切菩薩與諸眷屬皆來加護。謂諸菩薩尊敬菩提心，見發菩提心、皈依佛者，常加護故。皈依達摩，即得帝釋并諸眷屬四天王等皆來加護。謂由帝釋往因危難，得般若法加護獲益，常尊敬故。皈依僧伽，即得色究竟天五淨居等并諸眷屬皆來加護。謂諸菩薩及聲聞僧，居彼天中，住現法樂，常尊敬故。
從此第二，别明三皈，於中，分二。且初第一，明皈佛寶。
經：娜莫阿哩夜吠路者娜野怛他孽多夜囉訶諦三藐三没馱野
解曰：娜莫者，皈命也，亦云稽首，亦云頂禮也。阿哩夜者，此云聖者。吠路者娜野者，此云遍照，亦云大日。如世間日唯照一邊，晝照夜不照，照一世界不照餘世界，但得名日，不得名大。毗盧遮那名大日者，色身法身普周法界，十方世界悉皆照曜，若人稱名皈命禮拜，則得法界諸佛菩薩聖賢八部加持衛護也。怛他孽多夜者，此云如來。囉訶諦者，此云應供，亦云害怨，亦云不生也。三藐者，此云正也。三没陀野者，此云等覺。順此方言，即云歸命聖者遍照如來應供正等覺，即本師也。此闕法寶，下宗旨中廣明法寶，故此略也。
從此第二，明皈僧寶。
經：娜莫阿哩野三滿多跋捺囉野冐地薩怛嚩野摩賀薩怛嚩野摩賀迦嚕抳迦野
解曰：娜莫如前。阿哩野者，此云聖者。三滿多者，此云普，亦云遍，亦云等也。跋捺囉者，此云賢也。言野字者，依聲明法，八轉聲中，第四爲聲，爲彼作禮，故名爲也。下諸野字，皆准知也。謂此菩薩説三密門，廣明行願，若有諸佛不修三密門，不依普賢行願，得成佛者，無有是處。若成佛已，於三密門、普賢行願，有休息者，亦無是處。故皈命也。冐地薩怛嚩野者，舊云菩提，今云冐地，舊云薩埵，今云薩怛嚩。於五字中，此方語略，略彼三字，但云菩薩也。摩賀薩怛嚩野者，此云大勇猛者也。摩賀迦嚕抳迦野者，此云大悲者。順此方言，即云歸命聖者普賢菩薩大勇猛大悲者也。由皈此故，則得十方諸佛菩薩悉皆加護。謂佛菩薩修三密門，行普賢行，得證勝果，故常加護。

此上總明皈佛僧竟。從此第二，正明宗旨，於中，分三：初明觀行，次明三密門，後結明果德。初，觀行中，文分爲二。且初第一，總標所爲。

經：怛你也他

解曰：此云所爲，古云即說。

從此第二，廣明觀行，有十六句，於中，分三：初，十二句，别明因位；次，有兩句，總明果位；後，有兩句，明佛菩薩母。初，明因中，文分爲四：一、明本後智，二、明實相智，三、明二利智，四、明大普賢地。初，本後智，文分爲二：一、根本智，二、後得智。初中，復二。且初第一，明智燈句。

經：枳攘娜鉢羅你閉

解曰：梵云枳攘娜者，此翻云智也。鉢囉你閉者，此翻云燈也。由此智燈破無明闇也。《瑜伽釋》云：以無所得智爲方便，無智無得，即成般若波羅密多智燈，普照一切法界無分别故。

從此第二，明根本句。

經：阿乞叉野句勢

解曰：阿字者，上聲呼也，此翻爲無，然梵本中作此阿字爲隨聲便作惡字呼，經上惡字即此阿字也。乞叉野者，此翻云盡也。句勢者，此翻爲藏，即前智燈爲無盡藏也。《瑜伽釋》云：阿字爲種子。種子有二義，一者引生，二者攝持，至下當悉。言阿字者，能詮一切法本不生義，然此阿字是諸字母，能生一切字也。若得阿字門瑜伽相應，則得諸佛無盡法藏，則悟諸法本來不生，由如虚空，一相清淨，平等無二，即是根本無分别智。

從此第二，明得後句。

經：鉢囉二合底婆娜嚩底

解曰：鉢囉底婆娜者，此云具也，順此方言，具辯才也。《瑜伽釋》云：鉢囉字爲種子，鉢囉字者，詮般若波羅蜜多無所得也。由證諸法本來不生故，獲諸佛無盡法藏，於後得智中具四無礙解，辯説自在。

從此第二，明實相智，文有四句。且初第一，明實相句。

經：薩嚩没馱嚩盧枳諦

解曰：言薩嚩者，此云一切也。言没馱者，此云覺也。嚩盧枳諦者，此云所觀，即一切佛所觀實相也。《瑜伽釋》云：薩字爲種子。薩字者，詮一切法平等義也。住瑜伽者，能緣所緣，悉皆平等，智證真理，入法駃流，即同無邊一切諸佛所觀察故。

從此第二，明圓成句。

經：瑜誐跛哩你澁跛二合寧

解曰：言瑜誐者，舊云瑜伽，此云想應也。跛哩你澁跛寧者，此云圓成，圓滿成實，名圓成也。順此方言，圓成相應也。《瑜伽釋》云：瑜字爲種子，瑜字者，詮一切乘無所得也。觀智相應，證圓成理，即於諸乘教理行果悉皆證得一真法性也。

從此第三，明甚深句。

經：儼避羅努囉嚩誐係

解曰：儼避囉者，此云甚深也。努囉嚩誐係者，此云難測，謂前圓成甚深難測也。《瑜伽釋》云：儼字爲種子。儼字者，詮真如法無來無去，性離言詮，唯自覺聖智離相而證，故云甚深難測也。

從此第四，三世圓成句。

經：底哩野三合持嚩跛哩你澁跛寧

解曰：底哩野持嚩者，此云三世。跛哩你澁跛寧者，此云圓成，即三世圓成也。《瑜伽釋》云：底哩野三字，是梵一字，以爲種子，詮一切法真如平等，塵沙功德性自成就也。此真如法雖遍一切，體非世也。然過現未，從虚妄生，是不相應行蘊所攝，是有爲故，真如雖遍，不同彼故。

從此第三，明二利智，文有四句。且初第一，菩提心句。

經：冒地質多散惹娜你

解曰：冒地質多者，此云正覺心。散惹娜你者，此云能生也。順此方言，即前三世圓成能生菩提心也。《瑜伽釋》云：冒字爲種子，冒字詮一切法無縛義也。若知自身菩提之心自性成就，三世平等，猶如虚空，離一切相，則能了知一切有情心及諸佛心皆如自心本來清淨，則起大悲，深生矜愍，種種方便令諸有情離苦解脱，得至究竟無縛無解，是爲廣大菩提心也。

從此第二，明灌頂句。

經：薩嚩毗矖迦毗色訖諦

解曰：薩嚩毗矖迦者，此云一切灌灑也。毗色訖諦者，此云所灌也。會意翻云：以灌頂法而灌其頂。灌頂法者，彼《經》有五，所謂寶冠、印契，及水、光明、名號，而灌頂也。《瑜伽釋》云：薩字爲種子。薩字者，詮一切法無染著義。由觀自他及諸佛心同一真如，得同體悲，是故獲得不染不著，則得十方一切諸佛法雨灌頂，獲勝地也。謂十地中地地皆得勝上灌頂，三業加持，於無量脩多羅演説自在廣利他故。

從此第三，法海出生句。

經：達磨娑誐羅三步諦

解曰：言達磨者，此云法也。娑誐囉者，此云海也。三步諦者，此云出生。順此方言，謂從法海出生無礙解，無斷盡也。《瑜伽釋》云：達字爲種子，詮一切法染淨二體皆不可得，以正體智斷本識中俱生智障，則成法海流出教法，廣利樂故。

從此第四，無間聽聞句。

經：阿暮伽室囉嚩儜

解曰：言阿字者，上聲短呼。言暮伽者，此云無間斷，古譯云不空者，謬也。室囉嚩儜者，此云間也。順此方言，於諸佛所無間聽聞。《瑜伽釋》云：今依聲論釋無間者，阿字爲種子者，詮一切法本來寂靜，本來涅槃。由證此法，遍周法界諸佛刹土大集會中，於諸佛前所聞教法悉皆憶持，永不忘故。

從此第四，明大普賢地句。

經：摩賀三滿多跛捺囉步彌涅〔九〕哩野諦

解曰：摩賀者，此云大也。三滿多者，此云普也。跛捺囉者，此云賢也。言步彌者，此云地也。涅哩野諦者，此云出生。順此方者，從前諸地所修行願，能出生此大普賢地，即十地後等覺地。然《瑜伽》中，從凡至聖，總爲四地：一者，勝解行地，通目地前；二者，普賢行願地，通目十地；三者，大普賢地，即等覺地；四者，普照曜地，即成正覺地也。依彼釋者，摩字爲種字者，詮一切法我法空也。謂瑜伽者斷微細障，證我法空，即超出此大普賢地，證普照照〔一〇〕曜，成等正覺，福智莊嚴，受用法身俱圓滿故。

上明因竟。從此第二，總明果位，文有兩句。且初第一，果圓滿句。

經：尾野二合羯囉拏跛哩鉢囉跛你

解曰：上之五字，此云受記。下之六字，此云獲得。順此方言，獲得受記，即是先得受記今獲滿足也。《瑜伽釋》云：尾野字爲種子。尾野字者，詮一切法畢竟不可得。由果圓滿，究竟證得一切諸法自性寂靜，自性涅槃，能證皆同一性，不增不減，常圓滿故。

從此第二，明禮敬句。

經：薩嚩悉馱娜麼塞訖哩諦

解曰：薩嚩悉馱者，此云成就人，即是十地諸菩薩成就人也。娜麼塞訖哩諦者，此云作禮。禮有二義：一者，禮彼般若之法；二者，禮彼成正覺人。具此二義，故十地者之所作禮也。《瑜伽釋》云：薩字爲種子。薩字者，詮生滅義。於薩字中，有其阿字詮無生義。然果位中，由證阿字不生不滅，體常堅固，猶若金剛，勝用自在，即能普現無邊應化，種種利樂，示〔二〕有生滅，實無生滅也。

上明果竟。從此第三，明佛菩薩母，文有兩句。且初第一，出生菩薩句。

經：薩嚩冒地薩怛嚩散惹娜你

解曰：言薩嚩者，此云一切也。冒地薩怛嚩者，此云菩薩也。散惹娜你者，此云出生。順此方言，出生一切菩薩也。《瑜伽釋》云：薩字爲種子。薩字者，詮一切法無等義也。由觀此字，心與真如平等平等，一相清淨，即是般若波羅蜜多出生一切菩薩地故。

從此第二，佛世尊母句。

經：婆誐嚩底没馱麽諦

解曰：婆嚩底者，敵對翻云具福者，會意譯云世尊。言没馱者，此云覺也。言麽諦者，此云母也。順此方言，佛世尊母。婆伽梵者，男聲呼也。婆誐嚩底者，女聲呼也。二俱會意譯云世尊。若依聲明敵對譯者，婆伽云破，梵翻云能。能破四魔，名婆伽梵。又云薄阿梵，依聲明論分字釋云：薄名爲破，阿名無生，梵翻爲證。智能證阿，名爲阿梵。由阿梵故，能破煩惱。故佛世尊不生不滅，不來不去，不一不異，不常不斷，不增不減。具如是德，名薄阿梵。又云薄伽梵，薄伽云福智，梵翻爲具。會意譯云：由具福智，莊嚴滿足，名薄伽梵，亦是男聲。《瑜伽釋》云：婆字爲種子。婆字者，詮一切法有不可得，由心染故有生死，由心淨故有涅槃，彼二離心，俱不可得。謂由般若爲生了因，即能出生一切諸佛，故名爲母。上十六句，如《瑜伽經》中，亦屬普賢十六行也。

從此第二，明三密門。

經：阿羅妳〔三〕囉妳阿囉拏迦囉妳

解曰：此十二字，其義深密，唯佛能知。依字釋者，亦得名爲三業清淨。阿字門者，詮一切法本來不生也。囉字門者，詮一切法離塵義也。妳字門者，詮一切法無諍義也。由知諸法不生故離塵，由離塵故得無諍，名阿囉妳也。迦字門者，詮一切法無造作義也。囉字門者，詮一切法清淨義也。妳字門者，詮一切法無諍義也。由知諸法無造作故清淨，由清淨故得無諍，名迦囉妳也。阿字門者，詮一切法本來寂靜也。囉字門者，詮一切法無垢義也。拏字門者，詮一切法無諍義也。由知諸法寂靜故無垢，由無垢故得無諍，名阿囉拏也。迦字門者，詮一切法無造作也。囉字門者，詮一切法無分別也。妳字門者，詮一切法無動義也。由知諸法無造作故無分別，由無分別故不動，由不動故證摩訶般若波羅蜜多，得無住道，名迦囉妳也。

從此第三，結明果德。

經：摩賀鉢囉枳穰播囉弭諦娑嚩賀

解曰：言摩賀者，此云大也。鉢囉枳穰者，此云極智也。播囉弭諦者，離義，到義也。依聲明論分句釋云：播藍伊（上聲）多伊多者，此岸也。播藍者，彼岸也。乘大極智，離生死此岸，到涅槃彼岸，得無住處大涅槃也。娑嚩賀者，離此岸到涅槃彼岸，得無住處大涅槃也。娑嚩賀者，此云成就義，亦云吉祥義，亦云圓寂義，亦云息災增益義，亦云無住義。今取無住義，即是無住涅槃。依此涅槃，盡未來際，利樂有情無盡期故，名娑嚩賀也。上言種子者，有其二義：一者引生義，二者攝持義。且如十字合成一句，以初一字而爲種子，下之九字所有觀智依初別生。又下九字攝入初字，即是初字攝持餘九。由此而言，若知一法，即知一切法。若知一法空，即知一切法空。能於一字專注觀察修諸行願，一切行願皆得圓滿，即陀羅尼總持義故。又此已上義差別者，攝前長行爲十六句，攝十六句爲十二字，攝十二字爲其十字，攝彼十字歸一地字，從廣至略漸深。一字現前，周于法界，性相平等，至究竟位。觀行次第，如別軌儀廣分別耳。

從此第三，世尊印述。

經：爾時，世尊，聞是説已，讚金剛手等諸菩薩言：善哉，善哉，若有誦持此陀羅尼者，我及十方諸佛悉常加護，諸惡鬼神敬之如佛，不久當得阿耨多羅三藐三菩提。

解曰：善哉，善哉，印所説故。諸佛同護，尊敬母故。鬼神敬仰，法威力故。當得菩提，獲勝果故。

從此第三，諸王獲益，於中，分三。且初第一，標諸國王。

經：大王，吾以此經付囑汝等毗舍離國、憍薩羅國、室羅筏國、摩伽陀國、波羅痆斯國、迦毗羅國、拘尸那國、憍睒彌國、般遮羅國、波吒羅國、末吐羅國、烏尸尼國、奔吒跋多國、提婆跋多國、迦尸國、瞻波國，如是一切諸國王等，皆應受持般若波羅蜜多。

解曰：付諸國王，令受持等，尊建正法，永無衆難。此中所列十六大國，與舊經文同小異。與《大集經月藏分》第十六、《大毗婆沙》一百二十四，梵音不同，不可和會。

從此第二，大衆驚歎。

經：時，諸大衆，阿修羅等，聞佛所説諸灾難事，身毛皆竪，高聲唱言：願我未來不生彼國。

解曰：時諸大衆者，總也。阿脩羅等者，別也。諸灾難者，謂七難等。時濁惡故，七難等因惡業增故。不生彼者，有二義也。大悲方便，毁不願生。報力下劣，實不願生。

從此第三，諸王獲益。

經：時，十六王，即捨王位，修出家道，具八勝處、十一切處，得伏忍、信忍、無生法忍。

解曰：捨王位者，有實捨位，身隨出家。有捨王位高慢心故，發菩提心即出家道也。餘八勝等，具如前矣。

大文第三，聞法獲益，於中，分二。且初第一，大衆獲益。

經：爾時，一切人天大衆，阿脩羅等，散曼陀羅華、曼殊沙華、婆師迦華、蘇曼那華，以供養佛。隨其種性，得三脱門、生空、法空、菩提分法。

解曰：爾時一切等者，同聞衆也。初二諸天華，後二人中華。此若實華，如文應悉。若變現者，准上應知。隨其種性者，三乘種性也。得三脱門及生空者，通三乘得也。言法空者，唯大乘得也。菩提分法者，亦通三乘。具如前矣。然般若法得三乘果者，如《大般若》五百九十三，善勇猛言：唯願世尊哀愍我等，爲具宣説如來境智。若有情類於聲聞乘性決定者，聞此法已，速能證得自無漏地。於獨覺乘性決定者，聞此法已，速依於自乘而得出離。於無上乘性決定者，聞此法已，速證無上正等菩提。乃至而於三乘性不定者，聞此法已，速發無上正等覺心。則般若法非唯大乘，亦令二乘得自果故。

從此第二，菩薩獲益，文復分二。且初第一，獲諸勝忍。

經：無量無數菩薩摩訶薩，散狗勿頭華、波頭摩華而供養佛，無量三昧悉皆現前，得住順忍、無生法忍。

解曰：菩薩衆多，云無量數。散赤紅等二色蓮華。三昧及忍，如前釋也。

從此第二，現身成佛。

經：無量無數菩薩摩訶薩，得恒河沙諸三昧門，真俗平等，具無礙解，常起大悲，於百萬億阿僧祇佛刹微塵數世界，廣利衆生，現身成佛。

解曰：無量等者，明菩薩廣也。恒河沙三昧者，明三昧多也。真俗等者，諦境辨悲，明具德也。塵刹成佛，廣利樂故。隨前所聞，皆獲益矣。

## 囑累品第八

大文第三，明流通分。辨來意者，上廣正智，下顯悲深。雖佛智悲常無間斷，約文前後，隨有偏增，於此下文明諸誡故。釋品名者，囑謂付囑，累即重累，荷佛重累，故名囑累。又以此法囑付諸王，賀累弘宣，令佛種不斷。又囑般若，累代流傳，令除灾難，利樂有情。如《大品經》囑付聲聞，《法華經》中付諸菩薩，當根攝益，隨別不同。此令三寶久住，非王不能建立滿請，主所爲故，囑付非餘。分文解者，大分三段：初標所付法，次廣明諸誡，後問名奉行。初，所付法，文復分二。且初第一，標時付法，其義者何？

經：佛告波斯匿王：今誡汝等，吾滅度後，正法欲滅，後五十年，後五百年，後五千年，無佛法僧。此經三寶付諸國王，建立守護。

解曰：今誡汝等者，誡謂教誡，約勅義故。此與諸戒有差別者，隨心轉戒由定道故，不隨心戒勝思願故，此中誡者佛大悲故，恐滅度後正法隱没，諸有情等十惡轉增，長劫輪迴無救護者，誡諸王等令建立故。又誡凡聖任持守護，則諸國境永無灾難故，經等言無不攝故。後五等者，是正法、像法、末法時也。如《大乘同性經》下卷云：如來顯現，從兜率下，乃至住持一切正法、一切像法、一切滅法，如是化事皆是應身也。又《善見論》云：初一千年，若諸弟子勤行精進，得阿羅漢果。第二千年，得第三果。第三千年，得第二果。第四千年，得於初果。從此已後，是我末法。准《論》文，正法之時多得無學，像法之時得前三果，末法之時不得道果。又如別記，正法一千年，像法一千年，末法一萬年。此三別者，有教有行，有得果證，名爲正法。有教有行，而無果證，名爲像法。唯有其教，無行無證，名爲末法。然《法華》《金剛》俱言五百，此言五十，其意者何？如《記法住經》以百分配也，取後五十，舉其衰位，如人百齡，以後五十漸就衰退，以喻法也。由前好世弘建非難，後惡時故皆囑矣。又如《婆沙》，一切有宗説正法五百年，雖説八敬，由不行故。大衆部説正法千年，非全不行，亦有行故。雖有二文，多依後説。又《法住記》云：十六阿羅漢各將無量眷屬，於人壽漸增至七萬歲時，已本願力，用其七寶爲佛造窣堵波，釋迦舍利自然流入塔中。後佛舍利塔總陷入地，至金剛際，時諸羅漢化火燒身入般涅槃。次有七俱胝獨覺出世，化諸衆生，至人壽漸增減八萬歲時，一時各般無餘涅槃，次後彌勒佛出世也。又《蓮華面經》，最後佛法滅盡時，如來舍利陷入龍宮。龍宮法滅，陷入金剛際。次後七日七夜天地大黑，有外道空中聲言：沙門瞿曇法今滅盡，我等當得教化一切法界衆生。發此語已，現身陷入阿鼻地獄。次後彌勒佛出世也。無佛法僧者，如河少水，亦得稱無。故就前三，以經付囑。若全無者，何所付焉？

從此第二，宣説修行。

經：今我四部諸弟子等，受持讀誦，解其義理，廣爲衆生宣説法要，令其修習，出離生死。

解曰：言四部者，出家在家各二如上。言出離者，三乘修習，皆出生死。

從此第二，廣明諸誡，於中，分三：初廣明諸誡，次諸王敬承，後大衆傷歎。初，明諸誡，文分爲七。第一，自恃破滅誡，文復分三。且初第一標，建立人。

經：大王，後五濁世，一切國王，王子大臣，自恃高貴，破滅吾教。

解曰：言五濁者，依《俱舍論》第十二云，所謂命濁、劫濁、煩惱濁、見濁、衆生濁也。所言濁者，如《俱舍》云：劫滅將末，壽等鄙下，猶如滓穢，説爲濁故。《正理》

三十二云：極鄙下故，應棄捨故，如滓穢故，故名濁也。總言五者，帶數釋也。釋別名者，如《瑜伽論》四十四云：一者，命濁，如於今時壽短促故；二者，劫濁，漸次趣入三灾中劫，損資具故；三，煩惱濁，有情多分習近非法，貪嗔癡等所擾惱故；四者，見濁，有情多分壞滅正法，虛妄推求，五見增故；五，有情濁，有情多分不識父母，不見怖畏，諸惡增故。此次第者，壽及資具，鈍利作業，果緣因等，依苦集故。成[一三]有處説：利鈍作業感內外果，依治斷故。出五體者，壽依命根，依識爲性。劫濁、有情，以蘊爲性。煩惱與見，心所爲性。一種，四現，五蘊爲體。立所以者，如《正理》云：豈不壽、劫、有情三濁牙[一四]不相離，見濁即用煩惱爲體。五應不成，理實應然。但爲次第顯五衰損極增盛故。何等爲五？一、壽衰損，時極短故；二、資具衰損，少光澤故；三、善品衰損，欣惡行故；四、寂靜衰損，展轉相違，成諠諍故；五、自體衰損，非出世間功德器故。又《俱舍》云：由前二濁，壽命、資具極衰損故。由次二濁，善品衰損，樂自苦故，或損在家出家善故。由後一濁，衰損自身身量色力念智勤勇及無病故。此對治者，由三善根起諸正見，修十善行，果勝妙故，如常分別。一切國王者，贍[一五]部洲中一切國王也。王子大臣者，如文悉也。謂此三人力用自在，遥承付囑建立正法，而不建立，自恃恃[一六]高貴，乃破滅矣。

從此第二，明其非法。

經：明作制法，制我弟子比丘比丘尼，不聽出家修行正道，亦復不聽造佛塔像。白衣高座，比丘地立。與兵奴法，等無有異。

解曰：制我弟子者，不令出家也。修行正道者，頭陀等也。造佛塔像者，制造佛像，制造塔像也。白衣高座者，在家出家，高下座立。此二非法，如喻悉也。

從此第三，結明不久。

經：當知爾時法滅不久。

解曰：由初一故，傳者全無。由後五故，有而不久。

從此第二，國土破滅誡，文分爲三。且初第一，標能制人。

經：大王，破國因緣皆汝自作，恃己威力，制四部衆，不聽修福。

解曰：制修三學，習戒、定、慧，制修供養，真福業事。

從此第二，明其非法。

經：諸惡比丘受別請法，知識比丘共爲一心，牙〔一七〕相親善，齊〔一八〕會求福，是外道法，都非我教。百姓疾疫，無量苦難。

解曰：別請用掌〔一九〕，毀如外道。由出家衆不善守護，作此非法亂正因故，制修福業，爲不善因，惡鬼惡龍作諸苦難。

從此第三，結明破滅。

經：當知爾時，國土破滅。

解曰：如文悉矣。

從此第三，法滅不久誡，文分爲三。且初第一，標能作人。

經：大王，法末世時，國王大臣，四部弟子，各作非法。

解曰：此總標也。

從此第二，明其非法。

經：擯〔二〇〕與佛教作諸過咎，非法非律，繫縛比丘如彼獄囚。

解曰：依德有德，如教修行，横爲遏〔二一〕咎，非法拘擯如獄囚故。

從此第三，結明不久。

經：當知爾時，法滅不久。

解曰：結也。

從此第四，隨因感果，於中，分三：初標自毀人，次非法獲報，後舉喻釋成。初中，復二。且初第一，標自毀人。

經：大王，我滅度後，四部弟子，一切國王，王子百官，乃是住持護三寶者，而自破滅。

解曰：四部弟子者，住持衆也。國王百官者，立護衆也。教依此二得住世間，不持不護即破滅故。

從此第二，舉喻彰過。

經：如師子身中虫，自食師子肉，非外道也。

解曰：如師子身中虫者，如《蓮華面經》，佛告阿難：譬如師子，若命終者，若水若陸所有衆生不敢噉食，唯師子身自生諸虫還自噉食師子之宍。阿難，我之佛法非餘能壞，是我法中諸惡比丘自毀壞故。如彼《經》中但喻出家，今此經中具明四衆不能行護，喻同彼故。

從此第二，壞法獲報，於中，分三：一、順現報，二、順生報，三、順後報。初中，復二。且初第一，明諸惡。

經：壞我法者，得大過咎，正法衰薄，民無正行，諸惡漸增，其壽日減，無復孝子，六親不和，天龍不祐。

解曰：壞我法等者兩句，標也。正法衰薄等者，明邪行也。諸惡漸增等者，惡行漸增，壽命短促也。無復孝子等者，家無孝子，六親不和也。天龍不祐者，八部天龍捨而去矣。

此〔三〕第二，明灾恠起。

經：惡鬼、惡龍日來侵害，灾恠相繼，爲禍縱横。

解曰：惡鬼、惡龍者，惡鬼疾疫，惡龍旱澇，風雨不時也。灾恠相繼者，衆難競起也。言從横者，南北爲從，東西爲横，明其四方有灾難矣。

從此第二，明順生報。

經：當墮地獄、傍生、餓鬼。

解曰：當墮等者，作不善業有上、中、下，於三惡趣受異熟果。

從此第三，明順後報。

經：若得爲人，貧窮下賤，諸根不具。

解曰：明後報也。

從此第三，舉喻釋成。

經：如影隨形，如響應聲，如人夜書，火滅字存，毁法果報，亦復如是。

解曰：如影隨形者，影與身俱，喻順現也。如響應聲，聲滅響應，喻順生也。如人夜書，火滅字存者，火喻作業，字喻熏習。火字二現，喻一現種。舉己見邊，顯不見故。火業雖滅，字種不亡。招順後報，近遠必熟。又現等有幾，何業定招，染善勝因，如常分別。

從此第五，佛法不久誡，文分爲三。且初第一，標制法、人。

經：大王，未來世中，一切國王，王子大臣，

解曰：設法人也。

從此第二，明其非法。

經：與我弟子横立記籍，設官典主，大小僧統，非理役使。

解曰：西國出家者，不立記籍，亦無主典，僧中統攝，悉皆無矣。非理役使者，同俗策役也。

從此第三，結法不久。

經：當知爾時，佛法不久。

解曰：如文悉也。

從此第六，受邪擯制誡，文分爲三。且初第一，標依法人。

經：大王，未來世中，一切國王，四部弟子，當依十方一切諸佛常所行道，建立流通。

解曰：建立三學，即常道故。

從此第二，明其非法，文復分二。且初第一，明起非法。

經：而惡比丘，爲求名利，不依我法，於國王前自説過患，作破法緣。

解曰：不依我法者，三學之外，盡非佛法。附近破法以事應知。

從此第二，明横制法。

經：其王不別，信受此語，擯立制法，不依佛戒。

解曰：諸部律説：隨佛所制，當如法行。佛所不制，不應横制，制即非矣。

從此第三，結明不久。

經：當知爾時，法滅不久。

解曰：如文悉也。

從此第七，自作破國誡，文分爲三。且初第一，標自作人。

經：大王，未來世中，國王大臣，四部弟子，

解曰：標其人也。

從此第二，明其非法。

經：自作破法破國因緣，身自受之，非佛法咎。天龍捨去，吾〔三〕濁轉增。

解曰：自作破法者，謂四部衆不能依教如法修行也。破國因緣者，國王、大臣自不持正建立正法也。此二相資，正法隱没。天龍不護，五濁增故。

從此第二，結過無盡。

經：若具説者，窮劫不盡。

解曰：近結此文，濁惡無盡。遠結上六，種類無盡也。

從此第二，諸王敬承，於中，分二。且初第一，諸王悲慟。

經：爾時，十六大國王聞説未來如是諸誡，悲啼號泣，聲動三千，天地昏闇，光明不現。

解曰：諸王悲泣，震動大千。日月不現，即昏闇也。

從此第二，依教敬承。

經：時諸王等，各各至心受持佛語，不制四部出家學道，當如佛教。

解曰：如文悉矣。

從此第三，大衆傷歎。

經：爾時，恒河沙等無量大衆皆共歎言：當爾之時，世間空虚，是無佛世。

解曰：傷歎惡時，正慧失滅，住持教没，

即無佛故。

從此第三，問名奉行，於中，分二：初問經名，後明奉行。初中，復五。且初第一，仁王發問。

經：爾時，波斯匿王白佛言：世尊，當何名此經？我等云何奉持？

解曰：問名奉持也。

從此第二，世尊爲答。

經：佛告大王：此經名爲仁王護國般若波羅蜜多，亦得名爲甘露法藥，若有服行，能愈諸疾。

解曰：此經名者，初即仁王請問，從請主以標名。次即依德彰能，愈生死之疾，深累尚遣，況淺近灾咎而不滅者乎。

從此第三，明經功德。

經：大王，般若波羅蜜多所有功德，猶如虚空，不可測量。

解曰：隨諸句義，如空不測。

從此第四，能護王臣。

經：若有受持讀誦之者，所獲功德，能護仁王及諸衆生。

解曰：經力深妙，隨讀護持，大悲威光，等無高下。

從此第五，喻顯受持。

經：猶如垣牆，亦如滅〔二四〕壁，是故汝等應當受持。

解曰：護家護國，二喻受持。

從此第二，大衆奉持。

經：佛説是經已，彌勒、師子月等無量菩薩摩訶薩，舍利弗、須菩提等無量聲聞，欲界無量天、人，比丘、比丘尼，優婆塞、優婆夷，阿修羅等，一切大衆，聞佛所説，皆大歡喜，信受奉行。

解曰：大衆聞法，喜躍奉行也。

良賁嗟居像季，聖不親覩，虚陶玄運，悲捧餘輝。舊疏傳經，久盈區宇。今屬巨唐御曆，四海光臨，再譯斯經，詔令贊述。良賁僧中至下，豈敢筌蹄？但以經發綸行，微螢助日，詢諸舊轍，夕惕臨深，詞旨疎蕪，尤增慚懼。請夫宗匠詳而正焉。

採集經論諸要旨，附贊般若妙難思。以斯片善施群生，願共速登無上覺。

仁王經疏卷下三終

法師智炬高明，詞峯迥秀。親憑梵夾，弘闡微言。幽賾真宗，演成章疏。開如來之祕藏，示群有之迷津。貫玉聯珠，鈎深致遠。再三披閲，頗謂精詳。傳之招提，永爲法寶也。

沙門良賁言：伏奉今年二月十一日恩命，令在内於南桃園修撰新譯《仁王般若經疏》。微僧寡學，懼不稱旨。洗心滌[二五]慮，扣寂求音。發明起自於天言，加被仰憑於佛力。咸約經論，演暢真乘。亦猶集群玉於崑山，納大川於溟海。火生於木，與七耀而俱明。識轉於智，體一相而等照。成道者法也，載法者經也，釋經者疏也。廣度羣有，同於大通，是菩提心，如陛下意。謹以今月八日，繕寫畢功。文過萬言，部有三卷。施行竊慚於愚見，裁成異[二六]於聖恩。并《陀羅尼念誦軌儀》一卷、《承明殿講密嚴經對御記》一卷，今並同進。輕塵玄鑒，祇畏無任。謹奉表陳進以聞，沙門良賁誠歡誠懼謹言。

永泰二年十一月八日奉詔内修疏沙門良賁上表。

**校勘記**

〔一〕「三」，疑衍。

〔二〕「匈」，據《正法念處經》卷二十（《大正藏》本），疑爲「胸」。

〔三〕「勸」，底本作「勤」，據文意改。

〔四〕「鳥鳴」，底本作「鳴鳴」，據文意改。

〔五〕「等」，疑衍。

〔六〕「剛」，疑後脱「手」字。

〔七〕「生」，底本原校疑爲「坐」。

〔八〕「與」，底本原校疑爲「興」。

〔九〕「涅」，底本作「濕」，據文意改。

〔一〇〕「照」，疑衍。

〔一一〕「示」，底本作「等」，據文意改。

〔一二〕「妳」，疑後脱「迦」字。

〔一三〕「成」，校本校勘記疑爲「或」。

〔一四〕「牙」，據《順正理論》，疑爲「互」。

〔一五〕「贍」，底本作「瞻」，據文意改。

〔一六〕「恃」，疑衍。

〔一七〕「牙」，疑爲「互」。

〔一八〕「齊」，疑爲「齋」。

〔一九〕「用掌」，校本校勘記疑爲「朋黨」。

〔二〇〕「撗」，疑爲「横」。下同。

〔二一〕「遏」，疑爲「過」。

〔二二〕「此」，疑前脱「從」字。

〔二三〕「吾」，底本原校疑爲「五」。

〔二四〕「滅」，底本原校疑爲「城」。

〔二五〕「滲」，據《宋高僧傳》《大唐貞元續開元釋教録》，疑爲「滌」。

〔二六〕「異」，據《宋高僧傳》《大唐貞元續開元釋教録》，疑爲「冀」，並後脱「答」字。

（常峥嶸整理）